조선시대 사회사와 한국사 인식

조선시대 사회사와
한국사 인식

김인걸 지음

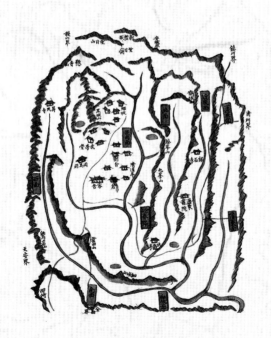

경인문화사

서 문

이 책은 저자가 한국사학계에 첫 발을 들여놓았을 때의 논문부터 비교적 최근의 시평적인 글까지 그간 써 온 글 가운데 14편을 골라 크게 3개 분야로 나누어 엮은 것이다. 때늦게 30여 년의 간격이 있는 글들을 묶어 하나의 책으로 출간하였으니 나름의 변이 없을 수 없을 것 같아 몇 자 적어 서문에 갈음한다.

1부의 <연구 리뷰>에는 조선후기 신분사와 조선시기 사회사에 대한 연구사 검토 논문 2편을 실었다. 앞의 것은 1986년 창립한 근대사연구회의 처음이자 마지막 작품『한국중세사회 해체기의 제문제』(1987)에 실었던 것이고, 후자는 1988년 창립된 한국역사연구회의 사회사연구반에서 만든 책에 실린 글이다. 모두 공동연구의 결과물이다. 모든 연구는 해당 분야에 대한 연구사 검토로부터 시작하는 것이기 때문에 '연구회' 초기에는 연구사 검토와 자료 확보에 열정이 넘쳐났다. 연구생활 초기의 작으로 애착이 가는 글이지만, 집중력에 비해 다루는 폭이 넓지 못하고 의욕이 넘친다는 공통점을 가진다.

2부에는 조선후기 향권의 추이를 다룬 석사학위논문부터, 농민항쟁의 조직기반, 향촌 사회문제, 사족의 거향관, 향촌사회에서 유교적 전통의 지속과 단절이란 주제의 글까지 5편의 글을 배정했다. 필자의 관심분야와 그 변화까지를 보여주는 것이라고 할 수 있지만, 향안 등 지방 사족 집단이 남긴 자료, 첩보류 민장류 등 지방관 자료, 각종 지방지, 문집 등 필자가 집중적으로 검토한 자료들을 눈여겨볼만한 글들이다. 그 가운데 촌락조직 변모와 농민항쟁의 조직기반에 관한 글은 작은 사연이 있다. 일찍이 간행되었지만 이용이 못되다가 늦게야 여러 사람들에 의해 많이 이용되어 오는『임술록』을 제한된 시공간에서 '한 글자도 빼놓지 않고' 읽어 쓴 것이라 특히 기억에 남는다. 미리 검토해 두었던 연구사 정리 노트를 가지고 기존 글들이 얼마나 실증적 기반에 충실한 것인지 따져보는 재미로 '시험출제'라는 격리된 공간이 주는 압박감을 전혀 의식할 수 없었던 추억이 그것이다.

1980년대 초반만 하더라도 '향권'이나 '향전'이라는 용어가 익숙치 않았는지, '鄕權의 推移'라는 논문 제목을 '鄕校의 推移'라고 잘못 표기한 것이 아직도 공공기관의 목록에서 고쳐지지 않고 있고, 일본인들이 『속대전』에 두주를 붙이면서 향전(鄕戰)을 시골사람들의 돌싸움[석전(石戰)]이라고 잘못 새긴 내용이 국가적 사업으로 이루어진 번역서나 백과사전에서도 일부 그대로 실리고 있는 것을 보면 하나의 편견이나 오류를 바로잡는 것이 얼마나 어려운 것인가 실감한다. 지금은 지방사나 향촌사회사 분야가 조선시대사 연구에서 일익을 담당하고 있고, 고문서나 일기 등 자료의 확대로 연구 영역이 넓어지고 있는 것으로 알고 있는바 금석지감을 느끼게 된다.

3부에는 사학사 관련 글 2편, 역사교육 관련 글 1편, 조선시대 연구사 1편, 그리고 정석종, 김필동, 김현영 등 3인의 저서에 대한 서평의 글 3편 등 7편의 글을 실었다. 사학사 관련 글 가운데 앞의 내재적 발전론에 관한 글은 김용섭 교수 정년기념논총의 1권 『한국사인식과 역사이론』(1997)에 실린 것인데, 편찬위원장 고 정창렬 교수의 정중한 부탁을 사양치 못하고 능력에 넘치는 주제를 다룬데다가 '편협한' 주장으로 후배들한테 부담감을 안겨준 것은 아닌가 가끔 자문해보는 글이다. 뒤 「현대 한국사학의 과제」는 한국역사연구회 창립 10주년을 맞아 연구회의 진로를 재점검해보는 목적으로 쓴 것인데, 해방 후 현대 한국사회의 모순구조가 전혀 변하지 않은 상황에서 비롯된 것이겠지만, 초창기 '과학적 역사학'을 제창하고 한국사회가 나아갈 길을 모색했던 선배들의 고민과 필자 자신의 그것이 크게 다른 것이 아니라는 점을 확인할 수 있었던 글이다. 아울러 겉으로 드러나지는 않았지만 검토 과정에서 '신민족주의 역사학'을 기반으로 새로운 역사학의 체계를 고민하였던 고 김철준

교수의 고뇌를 생각하는 시간을 가졌던 것도 기억에 남는다.

한국사교육 관련 글은 오래된 글이기는 하지만, '세계화' 시대에는 정체성 확립의 기반을 마련해주는 자국사 교육이 더욱 강화되어야 하고 이를 뒷받침할 수 있는 새로운 교과서제도와 교과서가 만들어져야 한다는 점을 강조한 것으로서 시의성이 전혀 없는 것은 아니라고 보아 포함시켰다. 나머지 세 분의 글에 대한 서평은 필자와의 이생의 인연이 이끈 글들로서 기억에 남을 만한 것이라 수록하였다. 특히 고 정석종 교수는 평생 지론이 조선후기 정치사에는 민중사가 포함되어야 한다는 것이었는데, 후기사만이 아니라 조선 전체 역사를 다룸에 있어서도 '민중의 참여를 부각시킨다'는 소극적인 차원에서 나아가, 민의 존재를 변수가 아니라 상수로, 그리하여 조선시대사를 국가(국왕)와 지배계급 및 민이라는 이들 3자가 만들어 나간 서사로 볼 것을 제안해 온 필자의 생각도 그 연장선상에 있다는 생각이다.

수록 논문 선정이 그렇고 『조선시대 사회사와 한국사 인식』이라는 책의 제목도 후배 제자들이 정해준 것이다. 책을 묶는 데는 심재우 교수, 송웅섭·김경래 박사 등 저자의 그간 대학원 지도학생들이 큰 역할을 하였다. 아니, 박사학위논문 외에 별도로 한 권의 책으로 간추린다면 그들이 이런 정도의 글이 들어가면 좋겠다는 의견을 전해왔기에 그대로 따른 것이다. 책의 이름에서 짐작할 수 있듯이 필자의 주 전공이 조선시대 사회사이고 대학에서 교육만이 아니라 연구자로서 학회 활동에 발을 담그다 보니 자연히 필요에 따라 연구사나 사학사 관련 글을 써 왔기에 제목이 그렇게 붙은 것이라고 하겠다. 그들이 군이 옛 글을 같이 묶어 내자고 독촉한 것은 이를 통해 필자의 연구 편력을 더듬어 볼 수 있을 것이라는 뜻에서 나온 것이겠으나, 그것보다는 문장의 형식이나 내용이 달라져 나온 것을 통해 타산지석을 삼을 수 있을 것이라는 생각도 없지 않았으리라 생각한다.

처음 대학에 들어와 공부를 시작하고 작업의 장으로 역사를 선택한 것은 조금이나마 나은 세상을 만들 수 있는 방법이 역사 속에 있지 않을까 하는 생각에서였던 것으로 기억한다. 역사는 사람들이 만들어 나온 것이니 이를 공부하면 어떤 새로운 길을 볼 수 있지 않을까 하는 막연한 생각에서였을 것이다. 연구와 삶을 일치시키기가 어렵다는 것을 체득하게 된 것은 아주 후의 일이지만, 대학에서 존경하는 선생님들로부터 자국사와 자국문화에 대한 자부심을 기를 수 있었고, 우리 문화를 반석에 올려놓는 데 일조하는 삶을 살아야 한다는 사명감을 갖게 된 것은 큰 기쁨이자 자랑이었다. 어떤 나라를 세울 것인가, 어떤 사회를 만들 것인가, 어떤 세상을 꿈꾸었나, 이런 생각들이 주마등처럼 스친다.

연구 생활을 해오면서 조금이나마 생각에 달라진 점이 있다면 3부에 실린 「조선시대사 연구가 걸어온 길」에서 언급되듯이 역사는 어떤 설명 틀에 따라 해석하는 것이라기보다는 주어진 환경과 시대적 조건 속에서 역사의 주체들이 자신의 과제를 어떻게 설정하고 어떻게 그 과제들을 해결해 나갔는가를 역사적으로 검토하는 것이라는 생각에 가까워졌다는 것이다. 역사 연구도, 역사 자체와 마찬가지로, 사회 구조와 변동을 설명하는 것도 중요하지만, 조선이라는 나라와 조선을 만들어 온 사람들은 어떠한 길을 가고자 했고 걸어 왔는가 하는 점을 결과론에서 한 발자국 물러나 '역사적'으로 추구하는 것이 되었으면 하는 바램을 가져보는 것이다.

우리가 조선을 유교국가라고 하고 조선사회를 유교사회라 하는 데 반대하는 이들은 많지 않을 것이다. 그런데 조선사회의 유교적 전통을 설명함에 있어서는 대부분 조선 말기 망국의 책임을 져야 했던 양반들의 그것을 기준으로 하고 있음은 일견 모순이 아닐 수 없다. 문중을 이루어 살고 있는 동성촌락에서 산소와 사당에 제사를 지내는 양반의 모습에서 양반문화의 '전형'을 발견하고 그 양반사회의 지속성을 강조하고 그 원인을 찾아나서는 일부 외국 연구자의 인식 태도를 탓할 필요는 없을 것이다. 문제는 조선사회를 연구하는 한국인 내부에서조차 결과론에 얽매여 조선사회의 변화를 설명함에 있어 역사적 접근, '체제적 접근'을 문제 삼고 미래에 대한 전망에 눈을 감는 경향이 불식되지 않고 있다는 점이다. 일찍이 신채호는 유교국가인 한국이 쇠약하게 된 이유가 '유교를 신앙함으로 쇠약함이 아니라 유교를 신앙하기를 그 도로 하지 아니함으로 이같이 되니라' 라고 정당하게 지적한 적이 있다. 조선이 쇠락한 이유가 유교 때문이 아니라 사회를 이끌어 온 유자들이 유교의 본질을 잃고 그 허례허식에만 매달리고 있기 때문이라는 것이다.

정년을 맞이하여 그간 쓴 글들을 하나의 책으로 묶어내려 하니 소회가 한둘이 아니다. 생짜무지의 촌놈들에게 한문 독선생을 소개하여 눈을 뜨게 하시고 한눈팔지 않고 한 십년 한 우물을 파면 길이 보일 것이라고 용기를 주신 지금은 고인이 되신 일계 김철준 선생님, 황량한 공릉동 벌판 교양과정부에서 고대하던 동숭동 교정에 들어서자 근대사학사 강의를 통해 역사학도로서의 사명감과 자부심을 심어주시고 무수한 자료와 후진에 대한 기대로써 학문의 길에 들어서게 해주신 송암 김용섭 선생님의 학은에 감사드린다. 엄혹한 시절 대학 밖에서 우리 문화유산을 가꾸어 오시면서 조선시대 진경문화의 줄기를 세우고 학문의 자세와 사제동행의 모범을 체현하여 공부의 즐거움을 일깨워 주신 가헌 최완수 선생님께도 지면을 빌어 인사드린다. 대학 안에서는 무엇보다 귀와 눈이 밝은 많은 학생들이 있어 쉽지만은 않은 30 여년의 길을 함께 걸어올 수 있었으니 이들에 대한 인사도 빼놓을 수 없을 것 같다.

이 책에서는 가능한 원문에 크게 손대지 않기로 했지만 한두 가지 양해의 말을 해두어야겠다. 하나는 한글 사용을 원칙으로 하고 필요한 경우는 한자를 병기하였다는 점이다. 한문 문장이나 한자 용어를 피할 수 없을 때는 그에 대한 보충 설명을 부기하는 형식을 취했지만, 오래 전 쓴 글에서는 생경한 한문이 불쑥불쑥 나타나 눈에 거슬릴 것이다. 그리고 본서의 제목을 『조선시대 사회사와 한국사 인식』이라고 하였지만 제목에 걸맞는 한국사 인식의 방향을 제시하지는 못하고 있다는 점이다. 사실 역사인식이라는 것이 선험적으로 주어진 것이 아니고 어떤 도식으로 치환될 수 있는 것도 아니기 때문에,

역사 연구자가 역사 인식을 다룸에 있어서는 자신의 연구와 관련해서 나름의 개성 있는 목소리를 전달할 수 있어야 할 것이다. 따라서 사회사 연구자가 전달하는 목소리는 사회사 연구의 결과 얻어진 어떤 지혜나 설명 틀에 대한 기대를 충족시켜 줄 수 있어야 하겠지만, 제목을 위와 같이 붙여놓고 나니 이 책이 기대에 부응하기에는 많이 부족하다는 점이 더 확연해 지는 것 같아 아쉬움이 남는다.

이 책은 양진석 학예관과 정용욱 교수의 주선으로 경인문화사에서 출간될 수 있었다. 기획과 실무를 맡아주신 김환기 이사님과 편집부 제위께 아울러 감사드린다. 오래된 원고를 찾아 직접 타이핑하느라 수고해준 대학원생 이민정, 정성학, 최형보 군에게도 고마운 마음을 전한다.

반평생 변변한 호강 한번 시켜주지 못했음에도 이 책에 수록된 모든 글에 같이 동반해온 동반자 박현경 님께 이 책을 드린다.

2017년 7월   일
소나기가 지나간 관악산 기슭에서
김인걸

| 목 차 |

3부 사론 및 서평

게재 현황

목차	제목	저술 또는 학술지	수록 연대
1장	조선후기 신분사 연구현황	『韓國中世社會 解體期의 諸問題』 下(한울)	1987
2장	조선시기 사회사 연구동향과 자료활용 방안	『조선시기 사회사 연구법』 (한국정신문화연구원)	1993
3장	朝鮮後期 鄕權의 추이와 지배층 동향 ─忠淸道 木川縣 事例─	『韓國文化』 2	1981
4장	朝鮮後期 村落組織의 變貌와 1862年 農民抗爭의 組織基盤	『震檀學報』 67	1989
5장	「民狀」을 통해서 본 19세기 전반 향촌 사회문제	『韓國史論』 23	1990
6장	조선후기 재지사족의 '거향관(居鄕觀)' 변화	『역사와 현실』 11	1994
7장	조선후기 향촌사회에서 '유교적 전통'의 지속과 단절	『韓國史論』 50	2004
8장	1960,70년대 '內在的發展論'과 韓國史學	『김용섭교수정년기념논총:韓國 史認識과 歷史理論』(지식산업사)	1997
9장	현대 한국사학의 과제	『20세기 역사학, 21세기 역사학』(역사비평사)	1998
10장	우리 시대의 한국사 교육	『역사와 개혁』(시간의 물레)	2005
11장	조선시대사 연구가 걸어온 길: '근대기획' 넘어서기	『지식의 지평』 14	2013
12장	사회 '제도'와 '조직' 사이의 거리 좁히기	『歷史學報』 143	1994
13장	조선후기 정치사상사에 보내는 쇳소리	『역사비평』 1994년 겨울호	1994
14장	사회사에서 향촌사회사로	『韓國史研究』 109	2000

제1부

연구 리뷰

1장 조선후기 신분사 연구현황

1. 머리말

'신분'이란 전근대사회의 특수한 집단범주를 가리키는 용어로서 법적
제도와 그것에 의해 규정되는 형식적 차별, 즉 특권과 차대의 외피를 쓴
인간집단을 말한다. 또한 그것은 혈연관계에 의해 세습되는 폐쇄적 집단
으로서 기본적으로 귀속적 성격을 주요 특징으로 갖는다. 따라서 신분의
분류·검출기준은 어디까지나 혈통에 따라 세습되는 법제적 차등에 국한
되게 된다. 이같은 기준에 의거한다면 조선왕조의 신분법제는 기본적으로
양·천제(良·賤制)로 규정된다.[1] 그리고 이러한 신분제는 법제상으로는
1894년 갑오개혁의 일환으로 이루어진 신분제 폐지 이전까지 조선왕조
전시기를 통해 의연히 지속되었다고 할 수 있다.

사실 신분법제란 해당사회의 역사적 조건 위에서 성립하여 당시 사회
성격을 반영하는 한편 동시에 그것에 의해 각 신분층이 크게 제약되기 때
문에, 조선사회의 신분제에 관한 연구는 조선전기를 중심으로 활발하게
이루어져왔고 또 그 성과도 괄목할 만하다고 판단된다. 그 성과의 하나는
기존의 조선사회 신분제에 관한 통설의 오류를 분명히 하고 용어·개념사
용의 혼란과 오류를 극복할 수 있는 기반을 마련한 점일 것이다.[2] 그러나

---

1 유승원, 1986 『조선초기 신분제연구』, 4~12쪽.
2 조선 전기 관련 연구 성과의 주요측면을 잘 반영해 주는 논쟁사적인 논문으로
  는 앞 글 외에 다음의 세 논문이 특히 많은 시사를 준다.

조선전기를 중심으로 한 연구들에 의해 조선시기 신분사 연구의 기초가 마련되기는 하였지만, 여전히 양·천제의 역사적 성격과 용어나 개념정립의 문제가 완전히 해결되지 못한 점, 신분제와 당시 계급구조와의 관련성이 밀도 있게 다루어지지 못한 점 등의 문제가 남아있음도 지적되어야 할 것이다. 특히 제도사적인 연구마저 전무한 조선후기의 신분사 연구의 경우에는 더 말할 나위가 없다.

조선후기 신분사 연구는 1960년대 이후 특히 70년대 들어오면서부터 활발히 진행되었다. 이후 각 '신분층'에 관한 연구가 지속적으로 이루어지고 특히 1980년대에는 '사회세력'의 동향에 대한 연구가 두드러지고는 있지만, 연구의 중심은 호적 분석을 통한 '신분구조'의 해명과 '신분구조 변동'(신분이동·계층이동)의 부각에 두어지고 있었다.3 물론 조선후기 계급구조의 변동과 신분구조의 변동을 관련시켜 이해하려는 노력도 있었지만, 이 같은 연구경향은 발전적으로 계승되지 못하고 주로 호적에 나타난

....

한영우, 1982 「(서평) 이성무 저『조선초기 양반연구』-조선초기 신분·계층연구의 현황과 문제점-」『사회과학논평』창간호.

이성무, 1984 「조선초기 신분사연구의 재검토」『역사학보』102.

한영우, 1985 「조선초기 사회계층연구에 대한 재론」『한국사론』12.

3 조선후기 신분사 연구에 관한 연구사정리로는 정만조, 1984 「회고와 전망-한국사학계, 1979~1983: 조선후기」(『역사학보』104)와 김준형, 1986 「조선후기신분제·향촌질서의 연구현황과 '국사' 교과서의 내용분석」(『역사교육』39) 두 논문이 참조된다. 정 교수는 앞 글에서 해당시기의 '신분제 관계의 연구'를 연구방식에 따라 '①종전과 같이 호적의 직역분석에 의한 통계적 설명, ②어떤 신분층이나 또 그에 속한 개인 및 가문의 신분변동을 살피는 사례연구, ③신분제 동요와 관련하여 향촌사회의 변화 및 사족과 하층민의 동향, 특히 농민을 포함한 민중세력의 성장을 추적하려는 방식' 등 세 가지 유형으로 분류하여 검토한 바 있다. 한편 김 교수는 앞 글에서 일괄적으로 조선후기 신분사 연구의 경향을 '신분제동요에 대한 연구'로 정리하고 있다. 우리는 이 같은 정리에서도 이 부면의 연구 경향을 단적으로 살필 수 있다.

직역(職役)의 통계처리를 통해 '신분이동=신분제의 동요·붕괴=사회발전'을 증명할 수 있을 것으로 가정하고 연구가 진행되었다. 이 같은 연구는 자료취급이나 방법론의 문제에서 많은 한계를 갖고 있었지만, 이후 연구들은 기존의 오류들을 수정하고 그것을 해결·보완하는 차원에서 양적·질적 발전을 이루게 되었다. 이제 각 연구 성과들의 시기별 동향을 먼저 살피고 거기에서 나타난 문제들을 주제별·쟁점별로 검토하면서 앞으로의 연구과제와 연구방향을 모색하기로 한다.

본 연구사 정리에서 검토대상으로 삼은 글은 저서 5권과4 논문 115편이다. 조선전기를 대상으로 한 저서·논문들은 제외하였는데, 그 까닭은 15·16세기의 신분사 연구에 관한 문제는 앞서 언급한 논문·연구사에서 충분히 지적되었고 어느 정도 연구방향에 대한 실마리를 제공하고 있다고 판단되었기 때문이다. 따라서 본고에서 검토대상으로 삼는 조선후기 신분사 연구의 대상 시기는 17세기로부터 19세기(1894)까지가 된다.

검토대상 논문들을 시기별·주제별로 구분하여 표로 정리하면 아래 <표 1>과 같다. 시기별 분류는 형식적인 면이 있지만 그 시기에 따라 논문의 양적인 증가와 질적인 변화를 살필 수 있게 해준다. 한편 주제별 분류는 각 연구의 중심주제에 따라 크게 셋(신분구조·구조변동, 신분층, 사회세력)으로 나누었는바, 물론 분류기준이 작위적인 느낌을 주지만 현재

....

4 김영모, 1977 『조선지배층연구』, 일조각.
　　　, 1982 『한국사회계층연구』, 일조각.
平木實, 1982 『朝鮮後期奴婢制研究』, 지식산업사.
정석종, 1983 『조선후기 사회변동연구』, 일조각.
전형택, 1986 『조선후기 노비신분변동연구』, 서울대 박사학위논문.
이밖에 1921년 日本學術普及會에서 간행한 『舊韓國時代의 社會階級』이 있으나 검토할 수 없었고, 부분적으로 조선사회의 신분·계급구성에 관해 언급하고 있는 단행본들도 검토대상에서는 제외하였다.

연구수준에서 볼 때 현상적인 논문주제 자체에 의거할 수밖에 없는 실정이다. 연구가 더 진행되면 방법론에 입각한 분류나 각 주제의 세분화도 가능해질 것이다. 그리고 앞에서와 같이 셋으로 분류하는 경우에 있어서도 한 논문이 여러 주제를 포괄하는 경우가 있지만 여기서는 그 중심주제에 따라 어느 한 주제에 포함시켰다. 조선후기 신분사 연구에는 당연히 당시의 신분관(사회의식)에 대한 주제가 포함되어야 할 것이지만 그것을 중점적으로 다룬 논문이 그리 많지 않고, 또 이 책에 수록된 사상사분야의 연구사검토에 포함시켜 다루기로 했기 때문에 검토대상에서 제외시켰다. 서평이나 연구사 형태로 쓰여진 글들은 다만 필요에 따라 각주를 이용해 언급하였다. 그리고 해방 이후 북한학계의 연구 성과도 특별한 경우 외에는 구체적으로 검토하지 못하였다.

〈표 1〉 조선후기 신분사 연구의 시기별·주제별 분포

주제 시기	신분구조· 구조변동	신분층	사회세력	계
1기(1910~44)	5	1		6
2기(1945~59)	2	2	1	5
3기(1960~69)	6	8		14
4기(1970~79)	16(1)	13	1	30(1)
5기(1980~89)	24(2)	20(1)	16(1)	60(4)
계	53(3)	44(1)	18(1)	115(5)

* ( )안의 숫자는 저서수.

2. 시기별 연구동향

제1기 : 1910~44년

일제하에서는 극소수의 연구자에 의해 연구가 이루어지고 있었는데,

그 관심도 매우 제한되어 있었다. 예외적인 한두 경우를 제외하고는 연구의 방법도 당시 일반적인 사회통념에 따른 실증적 연구 수준에서 크게 벗어나지 못하였다. 연구자들의 관심의 하나는 특수한 신분층, 예컨대 백정(白丁)·서얼(庶孼)·칠반천역(七班賤役) 등에 대한 해명이고, 다른 하나는 조선시대의 사회신분(사회계급)의 특성을 개괄적으로 검토하는 데 있었다. 전자의 경우는 단순한 호기심에서 비롯한 것으로도 볼 수 있겠는데, 그것도 언급하는 사람의 관심의 정도에 따라 다양하였다. 논문의 형태로 쓰여진 것은 아니지만, 예컨대 *The Korea Review* 지의 「Question and Answer」 항에서의 질문항목에 보이는 Nobility(양반), 상놈, 무당, 판수, 노비, 부녀자의 지위, 소임(座首·別監·面任 등), 무지한 관리, Guild(契) 등도 그 같은 일면을 반영하는 것이다. 이 시기 시카타 히로시(四方博)의 연구에서도 인용된 다나카 도쿠타로(田中德太郎)의 「조선(朝鮮)의 사회계급(社會階級)」(1921)도 마찬가지였는데, 다나카는 여러 해 동안 조선총독부의 통역관으로 근무하여 그 사정에 정통하였다고 한다.

후자의 경우, 그 대표적인 연구자였던 시카타(四方)의 일련의 연구가 기본 자료의 하나인 호적을 세밀하게 분석하고 있고, 그것이 여러 각도에서 이후의 연구에 영향을 끼쳤다는 점에서 주목되지만, 그의 신분사 연구의 핵심논문(5, 괄호 안의 숫자는 「부록」의 논저목록 번호에 해당됨. 이하 동일)도 기본적으로는 "이조 당시의 사회구성의 현상을 추정함으로써 그 사회에 있어서의 재정력·생산력의 기초를 탐구하는 하나의 자료를 삼기 위한 것"을 목표로 하고 있었기 때문에, 호적을 처음으로 신분사 연구에 이용하였다고 하는 연구사적 의의에도 불구하고 본격적인 신분사 연구는 못되었던 셈이다. 그가 신분을 '자료 분석상의 편의'에 따라 양반·상민·노비로 나누어 그에 입각해서 통계 처리한 것이라든가, 그의 조선사회 신분에 대한 인식이 여전히 기존의 사회통념을 그대로 따르고 있었음은 그것을 말해준다.

당시의 일반적인 사회통념으로서 우선 지적할 수 있는 점의 하나는, 조선에 있어서는 신분제도가 폐쇄적이고 엄격하여 사회발달의 저해요인이 되고 있었다는 것이다. 새로운 사회의 건설을 위해서는 기존의 신분제도(당시엔 일반적으로 계급제란 용어로 사용됨)가 불식되어야 한다고 하는 실천적 의의가 개재되어 있는 경우가 있겠지만, 그 같은 통념은 동시에 과거 조선사회를 부정적으로 파악할 수밖에 없었다고 하는 점에서 정체성론의 세례를 받은 것으로 이해된다. 일본인 연구자 시카타(四方)의 경우 그의 연구가 비록 이후의 연구자들에 의하여 의도와는 정반대로 사회발전의 한 지표로 해석되기도 했지만, 자신의 연구를 조선사회발전 저지의 한 근거로 파악하고 있었던 점이[5] 그것을 반영한다. 다른 하나는, 조선사회의 신분을 크게 네 개의 기본범주(양반·중인·평민·천민)로 파악하고 있었다는 점이다. 이 구분은 당시의 연구수준의 한계를 보여주는 것이기도 하고 실제 조선후기 사회의 한 실상을 반영하는 것이기도 할 것이다. 그러나 당시 연구 중에는 이후의 연구자들이 고려했어야 할 점들도 없지 않았다. 예컨대 김정실(3) 같은 경우 그는 사회학적 지식을 이용하여 중인을 평민에 포함시키고 '사회계급'을 귀족(양반)·평민·노예의 셋으로 구분하면서 그것들을 지위의 세습, 계급내혼 등으로 폐쇄된 '봉쇄적 계급'이라고 설명하였다. 그 분류의 타당성이나 용어사용에 문제가 있기는 하지만 중세사회 신분의 주요특징을 이해하고 있었던 것으로 보인다.

....

5 호적 연구 결과에 대한 정체론적 해석은 시카타 히로시(四方博)의 신분·인구관계 논문에서는 구체적으로 표현되고 있지 않다. 그러나 그가 호적을 이용한 인구연구의 목적을 말한 대목이라든가, 신분연구에서 '양반호의 격증과 상민호의 격감, 그리고 노비호의 소실 등 제 현상'을 '사회적 통제의 뚜렷한 결함'이라거나 '그 사회의 부패상'에서 비롯한 것으로 파악했던 점에서 정체성론의 세례를 짐작할 수 있다.

전반적으로 이 시기의 조선후기 신분사연구는 경제사부문의 연구 성과와 비교해 볼 때 양·질 모두에서 수준의 열세를 면치 못하였다.

제2기 : 1945~59년

해방 이후 60년대 이전까지의 시기에는 타분야와 마찬가지로 이 분야의 연구 역시 큰 진전을 보지 못하였다. 이광린(9), 김성준(13)의 기인(其人)에 관한 연구와 김영수의 조선의 사회계급에 관한 글(7) 등이 기존의 연구를 뒤잇는 정도였는데, 승려이자 불교사가였던 김영수의 연구는 '칠반천역'에 승려가 포함된다는 풍설에 반박하기 위해서『경국대전』의 몇 가지 조문을 인용하여 엮은 정도의 수준이었다.

그러나 이 시기에도 고재국의「양반제도론」(1950)과 김용섭의「조선시대 농민의 존재형태」(1955), 그리고 북한의 경우 김석형의 두 저서가 선구적인 업적으로 나왔다는 점이 주목된다.6 고재국은 "집권적 왕조의 관인체계와 그곳에 표시된 직접·간접의 정치적 지배의 상대적 거리관계에 의하여 계층 차별 되어 있다는 점"을 주목하고, 조선의 사회형태를 '양반제'로 규정하였는데, 그것은 "봉건적 지주적인 농민지배의 사회적인 지

....

6 김석형, 1957『조선봉건시대 농민의 계급구성』.
 ____, 1959『양반론』.
 이 두 저서는 삼국시대부터 조선시대까지를 포괄적으로 다루고 있고 주로 15·16세기를 주요 대상으로 삼고 있는데, 특히 한영우 교수의 논문「조선전기연구의 제문제-신분·토지·사상사연구를 중심으로-」(1982『현대한국사학의 동향』)에서 축조적으로 검토된 바 있기 때문에 본 연구사검토에서는 제외하였다. 김석형의 글에서 볼 수 있는 "그 신분이라는 것 자체는 곧 그대로 계급관계 및 계급구성을 의미하지 않았다"라든가, 사회경제적 처지와 그 법제적 표현(신분) 간에는 "기본적인 부합을 볼 수 있지만, 또한 일정한 굴절과 상차가 있다" 등의 표현은 그가 도식적으로 적용하려고 한 "봉건사회에 있어서의 신분이라는 것은 계급의 법률적 표현"이라고 하는 명제와 관련하여 보다 충분히 재검토할 필요가 있다.

위에서 유래"하는 것이었다고 이해함으로써 이후의 연구에 한 논리를 제공해주었다. 김용섭은 본격적인 신분사 연구는 아니었지만 '집권적 봉건국가(集權的 封建國家)'에 있어서의 피지배층인 농민대중(민중)의 존재형태를 구명하고자 한 데서 조선사회의 계급구성과 신분제를 연결시켜 이해할 수 있는 인식의 단서를 본다. 당시에는 방법론상의 문제제기가 제대로 이루어지지 못한 상태였는데, 김용섭은 그 이후 1963년도에 구체적 연구를 내놓았다(11). 대체로 이 시기는 아직 본적격인 신분사 연구가 이루어지지 못한 단계였다.

제3기 : 1960∼69년

1960년대에도 몇몇 새로운 경향이 나타나고는 있었지만 여전히 연구는 활발한 편이 못되었다. 그 초기에 한우근이 「한국사회계층의 근대화과정」(1960)에서 '신분'의 개념을 정의하고 "이조확립기에 이루어졌던 봉건적인 신분체제는 사회진전에 따라 그 후기에 이르러서는 점차로 무너져가지 않을 수 없었다"는 점을 개괄적으로 검토하였으나 이후 그의 연구는 크게 발전되지 못하고 말았다. 이는 당시의 연구 상황이 조선사회를 발전적으로 체계화하는 데까지 나아가지 못하였던 데서 비롯된 것이기도 하거니와, 자신이 언급하고 있는 바와 같이 "이조후기에 있어서 이미 그 맹아를 볼 수 있었다고도 할 수 있는 시민계층의 세력도 자유 활달하게 독자적인 세력으로 성장될 수 없었다는 사실", 그리고 "지배층의 전통에의 고집은 이조후기 사회를 더욱 정체케 하여 국가와 사회의 발전을 저해하였을 뿐만 아니라 도리어 자기 속박을 지어서 급기야는 그들 자신은 물론 이조사회를 전면적으로 붕괴시키는 결과를 초래한 것이었다"고 하는 결과론적 인식에서 말미암은 것이었다.

그런데 비록 여러 한계를 가진 글이지만 이와 같은 본격적이고 포괄적인 조선사회의 신분제에 관한 연구보다는 오히려 이 시기에는 기존의 연구를 잇는 수준의 연구가 중심을 이루었다. 그 중 특히 히라키 마코토(平木實)(33)의 실증적인 노비 연구가 이 시기 말에 나타나서 이후 시기까지 지속적으로 이어지는 것이 주목된다. 그러나 새로운 시각을 요구하던 당시 연구상황에 비추어 보면 연구단계상 어쩔 수 없이 갖게 되는 한계를 벗어나기는 어려운 것이었다. 그러한 선상에서 고공(雇工)·목자(牧子)·공인(貢人)·도시시민(都市市民) 등의 주제에 관한 연구의 확대가 부분적으로 이루어지고 있었다.

한편 그러한 가운데서도 제1기의 호적연구의 성과를 받아들여 그것을 조선후기의 사회발전과 관련시켜 설명을 시도한 김용섭의 「조선후기에 있어서의 신분제의 동요와 농지소유」(1963)는 이 시기 새로운 연구경향의 하나로서 주목된다. 그의 연구의 바탕에는 지주제와 신분제에 기초한 조선의 봉건적 사회구성이 조선후기 농업생산력 발전에 따른 농민층분해의 결과 그 근저에서부터 해체되어 나갔다는 점을 양안(量案)과 호적의 교차분석을 통하여 검증할 수 있다는 가정이 자리 잡고 있었다. 즉 양안분석의 결과 추출된 "중농층(中農層) 이상의 평민이나 천민층에서는 잉여생산물의 축적이 가능하였으므로 면천(免賤)과 양반층에의 상승이 이루어졌을 것"이라는 가설을 호적을 이용하여 확인하려 한 것이었다. 그러나 이 같은 방법론은 그 후 부분적으로 여러 연구에 영향을 미치긴 하였으나 신분사 연구에 있어서는 발전적으로 극복되지 못한 채 문제로서 남게 되었다.

위와는 경향을 달리하는 것으로서, 사회학에서의 계층(이동)론을 받아들여 조선사회에 있어서의 사회이동과 그 사회적 배경을 구명하려는 연구가 새롭게 나타난 것은 또 하나의 연구방법론상의 진전을 보여주는 것이었다. 이 같은 방법론이 아직 체계화된 것이 아니고 또 실증의 면에서 많은 문제점을 내포하고 있었지만 그것은 이후 제4기 연구의 주류적 경향으로 이어졌다는 점에서 주목된다. 그 대표적인 연구는 김영모의 「이씨왕조시대 지배층(Elite)의 형성과 이동에 관한 연구」(1966·67)인데, 이는 이전까지 적극적으로 이용되지 못했던 족보나 방목(榜目)을 신분사 연구에 사용하였다는 점에서도 주목되었다. 그렇지만 그의 연구목적이 기본적으로 "현대사회의 지배층에 관한 연구의 필요성 때문"이었고, "그것은 영광스럽지 못한 근대사의 주역이 어떠한 사회적 성격의 소유자였는지를 알고 싶었고, 따라서 어떠한 성격의 소유자가 우리의 민족적 과제인 영광스러운 조국통일과 근대화를 이룩할 수 있을지 그 실마리를 얻기 위해서"였기 때문에, 그가 연구에서 얻을 수 있었던 것은 우리나라가 "전형적인 혁명을 경험하지 못하였기 때문에 사회적 지속성이 강력히 존재하였던 것"을 확인하는 정도에서 크게 나아가지 못해 아쉬움을 남겼다.[7]

몇몇 새로운 연구경향이 나타나고 있었음에도 불구하고 1960년대에는 여전히 기존의 인식수준을 벗어나지 못하고 오히려 방법론상의 후퇴를 보이는 연구도 존재하였다. 홍순창은 그의 연구(32)에서 전근대사회에서는 신분관계가 전 제도·기구를 운영하는 데 기본적인 요소이고 신분에 따라 지위·직업·대우(위신)·생활양식 등에 엄격한 구분이 있었다는 것을 지적하면서, 그것이 근대화를 저지하는 요인이었다고 보았다. 기존의 연구와 비교해서 자신의 연구가 어떤 의미를 갖는가에 대한 근본적인 물음이 없다는 점과, 인용하는 자료나 인식상의 한계 등으로 인해 그의 연구를 그대로 받아들이기에는 어려움을 느끼게 된다. 이 같은 인식상황 때문에 이후 조선전기를 중심으로 한 본격적인 연구가 촉발되게 된 것으로 볼 수도 있겠는데, 실제 당시 연구는 여러 부면에서 문제점들을 내포하고 있었다.

. . . .

7 김영모, 1977 『한국지배층연구』 머리말.

제4기 : 1970~79년

1970년대에 들어오면 연구방법이나 연구 분야·연구자료·연구의 양이나 질 등에 있어서 커다란 진전이 이루어진다. 또한 많은 연구가 이루어진 만큼 많은 문제점이 드러나기도 하였다. 그 문제점은 연구가 가장 많았던 호적 분석을 통한 신분구조 변동에 관한 분야에서 단적으로 드러나는 바이지만, 신분이동의 통로로서 기능했던 것으로 주목된 과거라든지 기타 친족·도시·농촌사회 등의 신분사와 관련된 여러 연구 분야에서도 마찬가지였다.

연구 분야·연구 주제에 있어서는 각 신분층에 있어 노비(奴婢)·향리(鄕吏)·교원생(校院生)·고공(雇工)·비부(婢夫) 등으로 확대가 이루어졌고, 특히 노비에 관한 연구가 심화되었다. 한편 신분구조와 구조변동(신분이동)이 연구주제의 중심을 이루고 있었는데, 그 동안 검토가 보류되었다든가 새로이 발굴된 호적이 기초자료가 되었고, 그밖에 고문서 등도 연구에 활용됨으로써 이 분야 연구는 커다란 진전이 있었다. 조선전기를 중심으로 한 연구가 신분제, 신분분류의 기준, 신분의 용어·개념 등의 문제를 둘러싸고 기존 연구에 대해 근본적인 물음을 제기하고 있었음에 비추어 볼 때, 조선후기 신분사 연구는 그러한 기본적인 문제의 해결은 접어두고 개개의 신분층을 다룬다거나 신분제 동요·신분구조 변동에 초점을 맞추고 있었던 점은 문제였다고 하겠다. 각 신분층을 다루는 연구들도 몇몇을 제외하고는 이시기 연구의 일반적 경향을 반영하였다.

당시 주류적 연구경향의 이론적 배경이 된 것은 계층(이동)론이었는데, 여기에는 국내 사회학자와 미국인 연구자들이 이 시기 연구에 참여한 것이 영향을 미쳤던 것으로 보인다. 조선후기 신분사 연구에 참여하게 된 국내 사회학자로는 김영모·김채윤·신용하·최재석 등, 미국인 연구자로는 E.W.Wagner, J.N.Sommerville, Susan Shin 등을 들 수 있다. 이 같은 시각에 기초한 연구의 축적에 의해, 물론 모든 연구자들의 견해가 일치했던 것만은 아니지만, 우리는 다음과 같은 가설을 가질 수 있게 되었다. 즉 조선전기에는 각 신분층 사이에 사회이동이 비교적 활발했으나 중기 이후 폐쇄적으로 되면서 17세기에는 하향이동이 주류적 경향을 보이다가 18세기 후반 이후 다시 상향이동이 급격히 전개됨으로써 조선의 신분제는 결국 동요(붕괴)되어 나갔다는 것이다.

위와 같은 이해방식은 연구의 자료, 특히 호적이 갖는 한계 때문에 부정확한 것이긴 하지만 그 나름대로 조선사회의 변화상을 설명하는 데는 일정한 역할을 한 것으로 보인다. 그러나 한편 과연 그 같은 인식이 조선의 역사상을 얼마만큼 반영하는 것이며, 또 그 같은 '계층이동'의 확인을 통해서 제시한 '발전'이 갖는 의미가 무엇이었는가에 대한 물음도 동시에 제기되어야 했다. 이 같은 물음이 뒤따르지 않았다는 것은 당시의 일반적 연구가 60년대 이후의 이른바 '발전론'을 신분사 연구에서 확인하려 했던 의의를 가질 뿐, 그 이상의 것이 아니었다는 점을 의미한다. 실제 조선후기 신분제 동요를 다루었던 많은 연구에서는 이러한 목적·방법론에 크게 의존하고 있었기 때문에 봉건적 사회구성의 한 구성요소인 신분제의 역사적 성격을 정확히 제시할 수 없었고, 호적 분석의 방법이 1930년대의 수준을 답습하고 있었으며, 신분제의 기본성격은 관념적으로 처리되어 용어·개념의 혼란을 불식하지 못했던 것이다.

70년대 연구에 중심적 역할을 하고 이후 연구에 큰 영향을 주었던 것은 정석종의 「조선후기 사회신분제의 붕괴」(1972)인데, 그의 연구방법은 단순한 계층이동론에만 의존하였던 것이 아니고 신분제 동요를 설명함에 있어 조선후기 경제상의 변동과 관련시키고 있다. 그렇지만 신분제 동요를 연구하는 목적을 "봉건사회가 그 경제적 기반으로 삼는 토지문제에 못지않게 사회신분제는 봉건사회를 유지하는 근간이 되는 것이며 이 사회

신분제의 변화는 곧 봉건사회 자체의 변화를 해명하는 작업도 된다는 점"에서 찾고 있는 데서 알 수 있듯이 그의 연구는 신분제 자체를 봉건적 사회구성의 한 요소로 유기적으로 처리하지 못하는 한계를 갖고 있는 것이었다. 이 연구는 광범한 고문서의 활용과 후반부 '노비해방운동' 부면에서 진가를 보여주기도 하였는데, 여러 가지 점에서 당시 연구의 성과와 한계를 동시에 보여준 것이었다고 하겠다.

그러나 이와 같은 근본적인 문제가 밑바탕에 자리 잡고 있었음에도 불구하고 이 시기의 연구는 과거 어느 때보다도 활발히 이루어져 이후 신분사 연구의 기초를 제공하였다. 이러한 기초 위에서 이후 실증적·방법론적 차원에서 문제제기가 가능하게 되었고 부분적으로 그 문제가 보완·해결되어 나갈 수 있었다. 한편 사료비판의 측면에서 실증적으로 문제를 제기한 한영국의 「18·19세기 대구지역의 사회변화에 관한 일시론」(1976)·「조선후기의 고공」(1979)과, "전통문화의 해체과정과 근대화의 수행에 있어서 중요한 역할을 담당했다고 생각되는 중인층의 전 단계에서의 모습"을 살펴려했던 정옥자의 새로운 시각에서의 논문(1978)은 이 시기 주요한 연구 성과로 지적되어야 할 것이다.

제5기 : 1980~86년

1980년도는 현대사에 중요한 획을 긋는 해였다. 1960년대 이후 추진된 이른바 근대화의 허상이 사회전면에 노정되고 새로운 사회세력의 실체가 그 모습을 드러내기 시작하였는데, 사회모순의 해결을 위한 노력이 이 해에 다시 한 번 크게 좌절을 맛보게 됨으로써 사회발전에 대한 인식에 심각한 반성이 이루어지는 한편 사회변혁의 전망에 관한 관심이 고조되게 되었다. 이와 같은 사회적 조건이 그대로 연구에 반영되었다고만은 할 수 없으나 80년대에 들어와서는 중세 해체기의 여러 사회세력(변혁주체)에 관한 연구가 새롭게 나타나고 있음이 주목된다. 이 시기에도 기존의 인식·방법론을 좇아 자료에 따라 연구가 좇아다니는 듯한 인상을 주는 논문들이 상당수 나오고 있으며, 그 중에는 오히려 1930년대·40년대의 수준으로 회귀하는 느낌을 갖게 하는 글도 간혹 존재한다. 그렇지만 대부분의 연구는 과거 연구에 대한 진지한 반성 위에서 이루어지고 있었고, 그 결과 연구의 수준도 크게 진전된 것이었다고 여겨진다. 그 성과 중에서 우선 특정적인 점들을 살펴보면 다음과 같다.

첫째, 신분층을 주제로 한 연구에서 고문서를 적극 활용하여 각 신분층의 존재형태를 구체적으로 밝힌 연구들이 지속적으로 나오고 있다는 점을 들 수 있다. 이수건(58)·이해준(84)·정석종(41)·최승희(104·105·107)·전형택(72) 등의 연구가 그 예이다. 이 같은 작업은 물론 이전 시기에도 없었던 것은 아니지만 그것이 대부분 조선후기 신분제 동요를 방증하는 소극적인 차원에서 이루어졌던 반면, 이 시기에는 대부분 기존의 '신분제 동요'의 인식에 문제를 제기하는 형식을 취하거나 새로운 방식으로 신분층 해명에 접근하는 면을 보이고 있다는 점에서 차이가 나는 것이었다. 그리고 그밖에 정옥자(75·79)·김동필(1982)·이훈상(109·110) 등에 의해 중인(中人)·지방 이서(吏胥)집단·이족(吏族)에 대한 연구가 본격적으로 이루어지게 된 것도 신분층연구의 새로운 경향으로 지적될 수 있다. 이들 연구는 중인신분층의 구체적 존재형태를 밝히는 것이면서도 다음 설명할 바와 같이 '새로운 사회세력'으로서의 의미를 부여하는 노력을 보여주고 있다. 한영우의 「조선후기 '중인'에 대하여」(1986)는 그러한 선상에서 보다 구체적으로 기술직 중인의 성립과정과 정치적 지위를 개괄적으로 검토한 것이다.

둘째, 신분구조·구조변동을 주제로 한 연구에서도 커다란 진전이 있었다는 점이다. 앞서 언급한 최승희의 일련의 사례연구(104·105·107)를 통해서 우리는 기존 호적 분석을 통해 제시되었던 가설들의 문제점을 보다 분명히 인식할 수 있게 되었을 뿐만 아니라, 한영국의 「조선왕조 호적의 기초적 연구」(1985)에 의해서 호적상의 '호(戶)'가 재해석됨으로 해서 호적이용의 새로운 차원을 발견할 수 있었다. 또한 호적 분석의 관건이 되는 직역에 관한 연구가 비록 제한된 것이긴 하지만 최영호(111)·이준구(96) 등에 의해서 새롭게 이루어지면서 유학(幼學)·학생(學生)·업유(業儒)·업무(業武) 등의 직역에 대해 보다 깊이 인식할 수 있게 되었다. 특히 최승희의 「조선후기 신분변동의 사례연구」(1985)와 「조선시대 양반의 대가제」(1985)는 전자의 경우 기존 호적 분석을 통한 연구의 한계를 날카롭게 지적하고, 후자의 경우 조선전기가 중심이 된 것이긴 하지만 '조선시대 양반사회의 귀족적 속성을 보여주는' 대가제(代加制)를 실증적으로 검토함으로써 조선사회 신분제의 성격에 대한 이해의 폭을 크게 넓혀주었다. 이해준의 「조선후기 진주지방 유호의 실태」(1985) 역시 '원유(元儒)'와 '별유(別儒)'를 실증적으로 검토하여 "기왕의 호적 분석 결과 얻어진 19세기 중반의 양반점유율 40~70%라는 결론이라든가, 또 그들이 실제로 신분상승을 하여 종래의 지배적 권익을 분배받을 수 있었던가의 여부는 의문의 여지가 많다"는 점을 보여준 것으로 주목된다. 이와 같은 연구들은 기존 신분사 연구의 한계를 새로운 자료의 발굴과 기존 자료의 재해석을 통해 보완·극복할 수 있다는 가능성을 보여준 점에서 그 의의가 매우 컸다. 그렇지만 거기에서도 여전히 조선의 신분제에 대한 전면적인 검토가 되지 못하고 있다는 점에서 문제점은 남는다.

셋째, 이 시기 신분사 연구의 또 하나의 특징은 기존 연구의 한계를, 우회적인 방법이긴 하지만 사회세력·사회계급의 동향과 관련시켜 극복해 보려는 연구경향이 부각되었다는 점이다. 이는 중세 해체기의 제 사회세력, 특히 변혁주체의 형성기반, 형성과정, 그 지향을 추구하는 의미를 지니는 것으로도 파악될 수 있는 바 이 시기의 가장 큰 특징이라고 여겨진다. 정석종(42)·이해준(85)·김인걸(87·88)·안병욱(89·90)·박찬승(113)·신용하(114·115)·이세영(117) 등의 연구가 그러한 예라고 하겠고, 앞서 언급한 정옥자(75·76)·이훈상(109·110)의 중인(中人)·이족(吏族)에 관한 연구도 여기에 포함시킬 수 있다. 물론 모두가 신분사 연구의 일환으로 이루어진 것만은 아니고 또 신분제를 정면으로 문제 삼은 것은 아니었지만, 신분제 사회에서의 사회계급의 구체적 실태와 동향을 파악할 수 있어야만 당시 사회적으로 기능하였던 신분제의 성격과 그 '동요'에 의미를 부여할 수 있을 것이라는 점에서 연구의 새로운 차원의 하나를 마련했다고 볼 수 있겠다. 사회계급은 신분적 외피를 쓰고 존재했던 때문에 이 방면에 보다 충분한 검토가 있어야 할 것이다. 그러한 점에서 이세영의 「18·19세기의 양반토호의 지주경영」(1985)은 양반토호를 정치·경제상의 변동과 관련시켜 검토하려는 시도를 보여준 것으로 그 시사하는 바가 크다. 다만 위의 연구들에서도 신분제가 유기적으로 다루어지지 않고 있어서 중세 해체기 사회세력의 역사적 성격(신분상·계급상의 위상)이 명확히 드러나지 않고 있으며, 더욱이 논자에 따른 조선후기 사회구성에 대한 인식의 차이로 말미암아 그 성격규정에는 혼선이 빚어질 가능성이 배제되지 않는다는 점이 지적될 수 있겠다.

그밖에 여중철의 인류학적인 접근(83), 최홍기의 사회학적 접근(91·92)이라든가 호적 분석에 있어서의 새로운 시도, 예컨대 한기범(98)의 역속인(驛屬人)의 가계 분석을 통한 신분 변동 고찰 등이 주목된다. 그리고 이 시기에도 문중이라던가 노비·고공 등에 대한 연구가 지속적으로 이루어지고 있으나 앞서 언급한 전형택의 일련의 연구(71·73)와 박용숙의 고공연구(80) 등 몇몇을 제외하면 연구방법의 면이나 실증의 면에서 큰 진전을 보여주지는 못한 형편이었다.

전반적으로 이 시기에는 구체적인 문제의 해명에 있어 취급 자료나 방법론상 많은 발전이 있었고, 또 새로운 문제제기도 활발하게 이루어졌다고 하겠다. 그렇지만 여전히 해결해야 할 과제가 산적되어 있는 가운데 부분적인 측면에서만 문제제기가 되었고, 그것도 자료상 일정한 제약을 피할 수 없었던 점도 간과할 수 없는 문제로 남기고 있었다. 앞선 시기의 이른바 계층이동론에 대한 전면적 검토가 전혀 이루어지지 못한 것이 그 한 예이다. 여기에서 우리는 연구의 입론으로부터 사료비판에 이르기까지 전반적으로 기존의 연구를 다시 한 번 검토해야 하는 단계에 와 있음을 느끼게 된다. 이러한 작업은 조선 사회구성상의 재정립 노력과 개인적 연구로부터 공동연구로의 전환 속에서 그 실마리를 찾을 수 있을 것으로 여겨진다. 그 방향이 조선후기 사회모순의 구체적 내용과 그 모순의 극복과정으로서의 변혁주체세력의 성장이란 문제와 관련지어 정립되어야 함은 물론이다.

3. 주제별 연구동향

(1) 신분구조·구조변동

조선후기 신분사 연구는 조선후기 신분구조 자체만을 한정하여 다루는 경우는 거의 없으며, 다루는 경우라 하더라도 대부분이 그 변동에 초점을 맞추고 있음이 하나의 특징으로 파악된다. 물론 초기의 연구에 있어서 김정실 같은 경우는 "조선의 계급제도가 국가사회를 중압속박하야 사회의 발달진보를 저해했다"는 사회통념에 입각하여 당시 사회학적 지식을 원용, 조선의 '봉쇄적 계급'을 귀족(양반)·평민·노예로 구분하고 그러한 계급구조가 말기까지 고정적이었던 것으로 파악하는 경우도 있었다 (3). 조선망국의 원인을 폐쇄적인 신분제도에서 찾은 셈이었다. 그리고 그러한 인식은 1960년대까지도 일부 지속되어 왔다.

한우근의 경우 「한국사회계층의 근대화과정」(1960)에서 '신분'을 '봉건적인 사회계층'으로 규정하고, "이조의 사회계층은 애초에 어떻게 형성, 경화되어 갔으며 그들 신분층은 어떠한 상태와 지위에 놓여 있었으며 다시는 그러한 신분체제가 어떻게 해이되어 갔는가를, 그리고 그러한 속에 새로 시민계층이 대두·성장하지 못한 원인이 무엇이었던가"를 검토하였는데, 그 과정에서 지배양반층의 분열, 정치기강의 문란, 사회경제상태의 악화, 재정의 궁핍, 전란, 새로 유입된 기독교사상 등에 의해서 경화되었던 신분체제가 해이되어 나갔음을 지적하고 있다. 그러나 그 연구 목적에서도 나타나 있는 바와 같이 갑오경장에 의한 법제적 조치로 반상(班常)·양천(良賤)의 신분적 장벽이 무너지기 이전까지는 신분제는 질곡으로 작용하여 사회발전을 저지하였고, 양반·중인·상인(평민)·천인(노비)의 네 신분계층은 특수한 경우를 제외하고는 기본적으로 고정되어 있었다고 파악하고 있었던 것이다.8

한편, 신분구조의 변동을 다루는 경우라고 하더라도 1960년대 이전까지는 그것은 사회발전의 지표로서 해석되지 않고 오히려 정반대로 설명되기도 하였다. 그 대표적인 예(유일한 예이기는 하지만)를 우리는 시카타(四方)의 연구(5)에서 볼 수 있다. 그는 1937년도의 논문(4)에서는 조선의 신분구조를 양·천만으로 구별했으나, "이 양·천의 구별이 그 당시의 사회제관계를 이해하는 데 있어서 중요한 것은 말할 나위도 없지만, 특권

....

8 한우근 교수의 조선 신분제에 대한 견해는 「근세유교정치의 성격」(1974 『문리대교양강좌』 3, 서울대학교 문리과대학)에서 재확인되고 있고, 이것은 부분적으로 보완되어 『한국사』 10에 「중앙집권체제의 특성」(1977)으로 정리되었다.

계급인 양반계급과 그 외의 양민·천민계급과의 비교 관계도 역시 경솔하게 다룰 수는 없는 것"이기 때문에, 「이조인구에 관한 신분계급별적 관찰」(1938)에서는 조선시대의 '신분계급'을 대체로 양반·중인·상민·천민 등 네 가지로 나누었다. 그러나 호적 분석에 있어서는 "중인은 이것을 호적 면상의 양반·상민으로부터 엄격히 구별할 수 없을 뿐 아니라 노비 이외의 제종(諸種) 천민은 그 당시 특히 소수를 차지하고 있었기 때문에 이것을 특정한 경우 이외에는 거론하지 않고 상민 중에 가산"하여 양반·상민·노비의 셋으로 분류·처리하였다. 그 결과 대구부의 신분계급별 호의 변동을 해석하는 데 있어 다음과 같은 결론에 도달하고 있었다.

"위와 같은 양반호(兩班戶)의 격증과 상민호(常民戶)의 격감, 그리고 노비호(奴婢戶)의 소실 등 제 현상은 인구의 자연적인 증감에 기인하는 것이 아니라 한편에 있어서는 각 호가 그대로 신분적으로 변화하였음과 동시에 다른 한편에 있어서는 노비가 상전집에 몰입(沒入)되어 버린 것이라고 생각하지 않을 수 없다. (중략) 일반적으로 말하자면 사회적으로 비천한 신분을 버리고 한층 더 우월한 신분으로 상승하고자 한 자연스러운 사유에서이다. 하물며 그 당시처럼 신분에 따라서 극히 명백한 여러 가지 특권이 따르게 되는 데 있어서는 더 말할 나위도 없다."

노비감소의 한 원인을 '상전집에 몰입'된 데서 찾고 있다는 점이나 신분상승의 원인을 파악하는 시각에도 문제가 있지만, 그보다 더 큰 문제는 그와 같은 변동이 가능했던 일반적인 이유를 '사회통제에 뚜렷한 결함을 가지고 있었지 않았던가 하는 것'에서 찾고 있었다는 점이다. 더욱이 "이조말기에 가까워질수록 점차 이러한 사실이 심하여지는 것을 보면 그 사회의 부패상은 실로 상상하고 남음이 있을 것이다"라고 단정하고 있었음

에서도 그러한 신분변동을 결코 발전적인 현상으로 파악하지 않았음이
드러난다.

초기연구가 갖는 피할 수 없는 오류도 많았지만 시카타는 자신의 연구
를 통해 많은 새로운 사실들을 밝혀주었고, 또 스스로 자기 연구의 한계
와 앞으로의 과제를 제기하고도 있었다. 예컨대, 납속양반(納粟兩班)은 그
자제가 보인(保人)인 경우에 비추어 볼 때 양반신분으로 볼 수 없다는 점,
실제로 대부분의 직역은 일정한 한 신분에만 국한 내지 고정되어 있지 않
을뿐더러 때로는 적어도 두 가지 이상의 신분에 관련되어 있는 수가 허다
하기 때문에 직역만으로는 신분을 판정하기가 곤란하다는 점, 모칭(冒稱)·
납속(納粟) 어느 것을 막론하고 양반호 증가의 내용을 단지 장적(帳籍)에서
구명하려면 특정한 하나의 호에 대하여 연속된 호적의 기재를 살펴 음미
함으로써 한층 더 구체적인 결과를 기대할 수 있을 것이기 때문에 장래의
계획으로 삼겠다는 점 등을 지적하였던 것은 그 대표적인 예이다. 그러나
그와 같은 중요한 문제를 인식하였음에도 불구하고 그의 연구의 기본성
격은 앞서 시기별 연구동향에서 언급한 바 있듯이 그 자신의 연구목적과
정체론적 조선사회상에 절대적으로 제약된 것이었다.[9] 그렇기 때문에 자
신이 실증적으로 구명한 '신분계급구조'상의 변화를 당시의 사회변동·사
회발전과 관련시켜 설명할 수가 없었던 것이다.

이상과 같은 인식상의 한계는 3기에 들어와 김용섭의 「조선후기에 있
어서의 신분제의 동요와 농지소유」(1963)에서 한 단계 극복되게 된다. 김
용섭은 시카타(四方)의 연구결과·통계적 자료를 받아들이면서도 거기에서

....

9 정창렬, 1984 「한국학연구반세기-근세사(조선후기)-」『진단학보』57.
  이 글에서 정 교수는 시카타 히로시(四方博)가 신분변동을 부정적으로 이해하고
  있었던 점, 또는 정확히 설명하지 못하고 있었던 점을, 시카타의 실증적 연구결
  과가 자신이 입각하고 있던 식민주의적 사관(봉건제결여론 : 봉건제미성숙론)과
  모순되게 됨으로써 논문에서 결론을 유보한 것으로 설명하고 있다.

나타난 현상을 시카타와는 정반대로 해석하여 전혀 새롭게 인식하게 해주었다. 상주(尙州) 지방의 양안과 호적을 이용하여 호적상의 변동을 사회발전의 결과로 설명하였던 것이다. 그는 호적상 반영된 현상을 사회적 측면으로부터의 고찰에 의한 '신분제 동요'로 파악하고 그것의 경제적 배경을 밝히려고 하였던 바, 연구에 따르면 17세기에 한 때 호적법의 강화라든가 호패법의 실시, 공천(公賤)에서의 대구속신제(代口贖身制) 등에 의해 신분변동이 제한되고 신분제가 폐쇄적이었던 시기가 있었지만, 그러나 조선후기 농업경영의 변동에 따른 계급구조변동의 결과 일정한 부를 축적한 부농·중농층이 상급신분으로의 신분상승을 이루어 봉건적 신분제를 허구화시켜나갔다는 것이다. 그는 결론적으로,

> "조선후기에 있어서의 신분제의 동요는 요컨대 이중적인 계기와 성격이 있었던 것으로, 한편으로는 역사의 발전과정에서 농민층의 내재적 성장으로서 제기되는 봉건제의 붕괴과정을 표현해주는 것이었으며, 다른 한편으로는 그와 같은 위기에 처한 봉건지배층이 그에 대한 대책으로서 어쩔 수 없이 취하게 된 사회정책의 한 소산이었다고도 하겠다."

라고 설명하고 있는 바, 조선후기의 신분제 동요·신분구조변동을 봉건국가와 농민층·피지배층의 합작품으로 파악하였던 것이다. 이는 같은 해의 다른 논문에서도 재확인되고 있다(12).

80년대 들어와서, 봉건적 사회구성의 한 지주로서 신분제를 이해하였던 김용섭의 입장은 그 하부구조로서의 봉건적 토지소유를 전제로 하고 있지 못하다는 점에서 일정한 비판을 받기도 하였다. 그러나 위와 같이 조선의 신분제를 국가의 신분직역제(身分職役制)와 관련시켜 설명하고 있는 점은 다음 연구들이 주목하여야 할 것이었음에도 불구하고 이러한 문

제의식은 발전적으로 계승되지 못하고 이후 연구는 주로 계층이동론의 방법론에 의해 대치되고 있었다. 그리하여 앞서 언급한 바와 같이 조선후기 신분구조에 대한 연구는 신분구조변동을 주로 다루게 되었는데, 60년대말 70년대의 신분사 연구의 주경향은 바로 그러한 이론에 입각하고 있었다. 계층이동론은 일정한 기준 하에 설정된 '계층'들 사이의 상·하 이동의 폭을 가지고 사회의 발전정도를 가늠하는 것을 한 특징으로 하는 바, 그 계층이라고 하는 것은 신분이나 계급 개념과는 커다란 차이가 나는 것이다.

여기서 문제가 되는 것은 구조변동을 주제로 다룬 연구자들의 계층분류의 내용과 그 분류기준, 더 근본적으로는 그들이 사용하는 용어·개념이다. 그 연구들은 대부분 기초자료로서 호적을 이용하고 있고, 또 그 분류의 기준을 호적기재상의 특징(호주의 직역, 그 처의 표기)에서 찾고 있다. 그런데 누누이 지적되고 있듯이 국가의 호(戶) 파악의 관건이 되는 직역에 관한 종합적 연구가 전혀 이루어지지 않는 상태에서 그것은 당초부터 한계가 있는 것이고, 더구나 그들 대부분이 조선사회를 신분제사회로 파악하고 있으면서도 그러한 불완전한 분류기준을 갖고 계층이동을 확인하여 신분제의 동요·사회발전의 척도로 삼는 것은 논리적으로도 실증적으로도 모순이 아닐 수 없다. 이러한 모순으로 인하여 전후 많은 연구가 분류방법(신분구조)·용어에 있어 걷잡을 수 없는 혼란을 빚어온 것이다. 이 분야의 대표적인 연구들에서 확인할 수 있는 혼란의 양상은 다음 <표 2>와 같다.

〈표 2〉 연구자별 신분 분류 방법

구분 연구자	발표년도	용어	신분분류방법			
四方傳	1938	신분계급	양반	(중인)	상민	천민(노비)
한우근	1960	신분(봉건적 사회계층)	양반	중인	상인(평민·양인)	천인(노비)
김용섭	1963	신분	양반(A·B)		평민(A·B)	천민
정석종	1972	신분계층	양반		상민	노비
한영국	1973	계급(계층)	제1계급(지배층) 양반·준양반층, 이서층	제2계급(피지배층)양인층, 천역양인·천인층		제3계급(종속층) 노비
E.W.Wagner	1974 (1972)		양반		평민	노비(노예)
Susan Shin	〃	사회계급(사회계층)	양반		상민	천민
J.N. Som-merville	1974	사회계층	양반(향반)		평민	노비(노예)
박성식	1978	계층	지배층(양반·준양반·군관·향리)		피지배층(양민·양천·양천인)	종속층(노비)
김석희 박용숙	1979	신분	양반		상민	노비
노진영	〃	사회신분	양반	평민		천민
김영모	1981	신분	양반·준양반	중인	양인·천역 양인·천인	노비
한기범	1982	〃	양반		평민(상층평민·평민·하층평민)	천민
武田幸男	1983	〃	상층(양반·준양반·중인)	하층(평민)		예속층(천민)
최승희	1985	〃	양반	중인	양인	천인
한영국	〃	〃	양반	중서	평민	노비

위와 같은 현상이 나타나고 있는 것은 결국 일차적으로는 자료에 대한 엄밀한 사료비판 없이 연구가 진행되었던 때문이기도 하지만, 그 근저에는 연구방법론이 가지는 한계가 가로놓여져 있었던 것이 아닌가 한다. 그 밖에 그 같은 점과도 물론 관련되는 것이겠지만 그들의 조선사회 신분제

를 이해하는 시각에서도 문제가 찾아진다. 이는 조선전기의 신분제연구의 진전에 의해서도 보다 확실해졌는데,[10] 즉 조선사회 신분제의 기본성격, 조선사회상에 대한 근본적 물음이 없이 전기의 폐쇄적이었던 신분체제가 몇 차례의 전란과 조선후기의 사회발전에 의해서 붕괴되어 나갔을 것이라는 가정을 암묵적으로 전제하고 있었다는 점이 문제이다. 그렇기 때문에 호적을 이용해서 신분구조변동을 추구했던 대부분의 연구자들은 자신들의 분류기준·용어·개념에 대한 근본적인 물음 없이 어느 시기에는 '신분하강(상승)의 현상이 지배적이었다'라든가 '이러한 신분구조의 변화는 다른 연구자들의 연구결과와 마찬가지로 일반적인 현상이었다'라고 설명할 뿐 그 해석의 모호성을 배제하지 못하였다고 여겨진다. 모든 연구자들이 계층이동론에 입각하여 연구를 진행시켰던 것만은 아니지만, 그 어느 경우라 하더라도 조선사회를 기본적으로 신분제사회라고 이해하고 인정하고 있었던 만큼 이 문제는 재고되었어야 했다. 물론 이상과 같은 한계들을 가진 것이긴 하지만 이 분야의 연구가 거둔 성과도 주목되어야 한다. 이제 그 대표적인 연구들이 거둔 성과와 핵심적인 문제점들을 검토하기로 한다.

시카타 히로시(四方博)·김용섭 이후 처음 본격적으로 호적을 분석하여 이후 이 방면에 큰 영향을 준 것은 정석종의 초기논문 「조선후기 사회신분제의 붕괴」(1972)였다. 이 논문은 시카타의 분석방법을 원용하여 울산지방의 호적을 분석하고 있는 바, 자료가 완벽한 1개의 면(面)을 선택하여 1729년부터 1867년까지의 4개 식년(式年)분을 호주(戶主)의 직역과 호주처(戶主妻)의 기재양식 등을 참고로 하여 분류한 기준(양반·상민·노비)에 따라 그 호수의 증감을 통계처리하고 있다. 그 결과 그는 18세기 초의 피라

....

10 주 1, 2의 논문 참조.

미드형 신분구조가 19세기 중엽에는 역피라미드형으로 바뀌고 있음을 재확인하였고 이를 신분제붕괴 현상의 상징으로 제시하였다. 결론적으로 그는 "18·19세기에 걸치는 약 140여 년간의 호적대장에 반영되고 있던 일반적인 경향은 양반층의 급격한 증가현상과 상민층의 상대적인 격감, 외거노비층의 실질적인 소멸현상 및 솔거노비층의 광범위한 도망현상"이었다는 점을 확인해 주었다. 그는 이러한 현상을 신분제 자체가 무력화되어 나갔음을 반영하는 것으로 이해하였다. 그는 또한 단순한 호적 분석에만 그치지 않고 고문서 등 광범한 자료를 이용하여 신분제붕괴의 일반적 경향을 아울러 검토하였는데, 특히 노비신분제의 결정적 전환의 시기를 18세기 중엽으로 상정하였던 점은 여러 가지 측면에서 음미를 요하는 것이었다. 그리고 그가 그러한 신분제의 동요를 당시 사회경제적 변화와 관련시켜 이해하려고 했던 점은 김용섭의 일련의 업적을 사회신분제에서 확인하려고 했다고 보여 지는바, 이 점 역시 재음미되어야 할 것이다.[11]

정석종의 분석방법과는 달리 E.W. Wagner(48)와 Susan Shin(49)은 한 식년의 장적 내에서 호주와 그 사조(四祖)의 직역을 비교하여 그 이동상을

---

11 정석종 교수의 분석방법과 결론은 같은 지방의 자료를 다루었던 J.N.Sommerville(徐義必)에 의해서도 확인되었다(62·63). 다만, 서(徐)는 18세기 중반 이후 새로운 요소의 대두(새로운 성씨의 출현, 납속·모칭 등)에 의해 기존의 지배질서가 대체될 전조가 나타나고 있었고 과거 향반집단간의 조화는 신·구 갈등에 의해 붕괴되고 있었지만 구지배체제가 완전히 붕괴된 것은 아니었다는 점을 강조하였다. 오히려 그의 연구는 전통적인 향반이 변화하는 사회에서 자신의 지위를 견고하게 유지하는 데 어느 정도 성공하고 있었던 것을 암시해주는 것이었다(62). 그는 여러 자료들을 통해 임란에도 불구하고 꾸준히 지배계급의 지위를 유지해온 향반(귀족계급)이 18세기 이후 여러 도전을 받으면서도 씨족·가문간의 결속 등을 통해 지배적 지위를 지켜왔던 점을 주목하고, "앞으로의 연구는 신호로서 등장한 이들이 19세기에 권좌에까지 올라갔었는가 어쨌는가 하는 것을 연구해야 한다. 즉, 그들의 신분이 그대로 유지되었으며 갱신의 여지가 어디까지 주어졌는가를 계속 연구해야 한다"는 점을 제시하였다.

추적하였다.[12] 그것은 자료상의 제약 때문에 어쩔 수 없는 것이었지만, 이들의 관심은 조선전기 이래의 엄격한 신분제도(계급제도)가 임란 이후로 동요된다는 기존의 통설과 그것을 뒷받침해온 시카타(四方)·김용섭의 가설에 의문을 제기하고 임란 이후, 특히 17세기에는 오히려 신분하강현상·보수화현상이 지배적이었음을 밝히는 데 있었다. 그리고 그러한 경색된 신분체제는 조선왕조말기까지 동요는 보였지만 결코 붕괴되지 않았음을 강조하였다. Wagner는 이미 조선전기에는 계층이동이 매우 활발했다는, 즉 신분상승현상이 두드러졌다는 가정을 과거제 등을 통해 주장해왔기 때문에 그들의 조선시대상을 여기에서 볼 수 있게 된다.[13]

호적분석을 통한 접근은 아니지만 위와 같은 논지를 확인해주고 있는 것이 최영호의 「유학·학생·교생고」(1984)이다. 그는 군역차정(軍役差定) 문제를 중심으로 인조 초에 교생낙강포(校生落講布)를 부과하던 법제가 사족의 도전을 받아 중단되었다는 점을 중시, "17세기 이조사회에 일어난 일련의 변화는 군역 면제의 특권과 사회의 명예를 가문을 위주로 한 사족

....

12 Wagner 및 Shin의 연구와 뒤에 언급할 최영호 교수의 연구에 대해서는 한영우 교수의 「미국내 한국 신분사자료 및 조선시대 신분사 연구동향에 대한 연구」 『한국사론』 13(1985)에 자세히 언급되고 있다.

13 사조(四祖)의 신분변동을 분석한 17세기의 노진영(82)·한기범(97)의 호적연구에서도 17세기에는 신분하강현상이 지배적이었다는 점이 확인되고 있다. 다만 그것을 해석하는 데 있어서 노진영 같은 경우는 "이러한 상승 또는 하락의 신분동요는 전통적 계급사회였던 이조사회가 임진란이후, 사회구성의 변동을 겪고 있었음을 말해주는 것"이라고 하여 다른 연구자들과 차이를 보여준다. 임란을 계기로 하여 신분제가 동요된다는 것은 최영희(17) 이래의 통설이기도 하고 조계찬(65)·문수홍(94)·윤석효(103)·오갑균(116) 등에 의해서 여러 각도에서 검토되기도 하였는데, 문제는 위와 같은 결론이 호적분석의 방법에 기인하는 것은 아닌가 하는 점과, 그러한 '상승·하강' 현상은 어느 시기에도 찾아질 수 있는 가능성이 있는 만큼 그같은 현상이 갖는 의미가 무엇인가를 분명히 해야 한다는 점 등이라고 하겠다.

들만이 독점하고, 그들이 존중하는 명예와 특권을 양인출신 유생들과 나누어가지는 데 인색해졌음"을 강조하였다. 즉 17세기 이후 "사회신분구조가 제도적으로 또한 이념적으로 폐쇄적이 되어갔음"을 지적하였다. 이는 조선전기와의 연결을 가능하게 해주었다는 점에서도 의의를 갖는다. 그런데 Wagner 등이 지적한 이러한 17세기의 보수화현상은 이미 언급한 바 있듯이 김용섭에 의해서도 지적되었기 때문에 그 이후시기에 대한 반론은 되지 못한다는 점에서 약점을 지닌다.

김영모의 일련의 논문(21~31)도 주목되어 왔다. 사회학자로서 이 방면에 가장 많은 저서와 논문을 내놓은 바 있는 그는 앞에서도 언급하였듯이 '오늘날 한국사회의 지배층'에 대한 이해를 목적으로 '조선사회의 지배층'을 검토하는 데서 출발하였다. 따라서 그의 조선사회의 신분구조에 대한 이해는 과거를 통한 신분(계층)이동이 있었다는 것을 근거로 하여 "중세 구라파의 Estate System과 동아(東亞) 힌두사회의 Caste System과도 상이한 특성을 가지고 있다"고 하는 소박한 것이었다(22). 그는 많은 자료를 검토하는 가운데 호적을 광범위하게 분석하여 「조선후기의 신분구조와 그 변동」(1981) 등 정력적인 연구를 내놓기도 하였다. 그의 호적 분석 방법은 위 양자를 병행하여 사용하고 있고 신분분류의 방법도 일반적 경향과 다소 차이가 있으며, 그리고 호적상의 직역을 어느 신분범주에 포함시키는가 하는 점에서도 다른 연구자들과 상당한 차이를 보여준다. 위 논문에서는 4개 지방의 호적이 검토되었는데 그 결과는 역시 시카타(四方)의 것과 대체로 동일하게 나타남으로써 기존의 설이 이에 의해서도 확인되었던 셈이다. 그는 여기서 "호적자료의 조사에 의해 조선후기의 신분구조와 변동을 정확히 이해한다는 것은 무리"이고 "당시 불평등은 이미 직역의 개념보다도 오히려 토지소유에 의한 개념이 매우 중요한 의미를 지닌다"는 것을 정당하게 지적하고 있다. 그런데 그것을 전제로 하면서도, "그러나 신분관계가 아직도 계급관계(예 : 토지소유관계)보다는 사회적 불평 등의 주요한 결정요인이었기 때문에 직역에 의해 신분을 판별하는 것이 보다 타당"하다고 하는 논리적 모순을 범하였다. 그것은 용어나 개념의 사용에 있어서도 마찬가지이다.[14] 이 같은 점은 바로 호적 분석을 통한 기존의 연구에서도 거의 공통적으로 나타나는 현상으로서 제고되어야 할 것이다.

실증적 연구로서 일본 학습원대학에 소장되어 있는 19세기 진해현(鎭海縣)의 호적대장에 대한 종합적 분석을 시도한 다케다 유키오(武田幸男)의 논문(108)도 주목을 요한다. 그는 호적을 분석하는 데 있어서 다양한 시도를 보여주었는데, 특히 일본·한국에 있는 광범한 자료와 기존의 논저를 정리하여 호적연구의 기초를 마련하는 정력적인 노력이 평가된다. 다만 아쉬운 것은 기존의 분석방법이나 그것이 갖는 한계에 대한 전면적인 반성이 부족한 점이다. 한편 최재석(44·45·46)·여중철(83) 등의 연구는 조선후기의 신분구조와 각 신분층의 존재형태를 파악하는 데 참조해야 할 가족형태·친족관계·혼인관계·거주형태 등에 대한 시사를 주고 있다.[15] 그런 면에서 박성식(68)도 각 신분의 구체적 존재형태·지역별 차이 등이 주목되어야 한다는 점을 환기시키고 있다. 그러나 위와 같은 사회학·인류학의 측면에서 이루어진 연구들에서는 용어나 개념의 사용에 있어서 보다 더 심각한 문제를 발견하게 되는 바, 그것은 그들이 원용하고 있는 역

....

14 김영모 교수의 용어·개념 사용 문제에 대해서는 김채윤 교수의 서평 「김영모 저, 『한국사회계층연구』」(1982 『사회과학논평』 창간호)에서도 간단히 지적되고 있다.
15 현대사회의 문제를 다룬 것이긴 하지만 사회학·인류학에서의 연구 중 이 방면에 참조할 수 있는 연구 중 하나씩을 들면 다음과 같다.
   김채윤, 1981 「한국농촌에 있어서의 신분구조의 변형」 『한우근박사정년기념사학논총』.
   조옥라, 1981 「현대 농민사회와 양반-인류학적 사례조사를 중심으로-」 『진단학보』 52.

사연구의 결과들이 가진 문제점이 보다 더 굴절되어 반영되었던 때문이기도 하다는 점에서 역사연구자들의 보다 면밀한 주의를 촉구하는 것이다. 역사연구에서 그러한 성과들을 참조하는 데서도 마찬가지로 엄밀한 비판적 인식이 필요함은 물론이다.

이상에서 언급한 여러 가지 문제점들은 그 나름대로 극복되어 왔다. 기왕의 호적 분석이 가졌던 문제점을 처음 본격적으로 제기한 연구자는 한영국이었다. 그는 「18·19세기 대구지역의 사회변화에 관한 일시론」(1976)에서 1930년대 시카타 히로시(四方博)가 검토대상에서 고려하지 않았던 '신호(新戶)'를 주목, 이를 중점적으로 검토하여 양반이라고 지칭되는 향반(鄕班)류의 상급신분들은 점차 농촌지역으로 이주하는 한편, 신량역천인(身良役賤人)을 비롯한 양인층, 향리류의 중간신분층은 도시지역으로 이주하는 경향이 나타난다는 점을 밝혔다.[16] 그리하여 농촌지역은 양반과 노비층이 주류를 이루게 되고 도시지역의 경우는 중간신분과 양천인층이 주류를 이루게 되었는바, 시카타는 검토대상이 도시에 인접한 농촌지역이었던 점을 고려하지 않았던 데서 19세기의 양반급증현상을 잘못 해석했다고 지적하였다. 그 이후 「조선왕조 호적의 기초적 연구」(1985)에서는 호적상 기재된 '호'를 재해석하였는데, 기존에 하나의 가족으로 파악해왔던 인식이 잘못되었음을 지적하고 가옥(家屋)으로 보아야 할 것임을 제언하였다.

최승희의 일련의 논문도 그러한 점에서 주목된다. 최승희는 향리가문에 대한 고문서를 이용한 두 논문(104·105)에서 중인(향리)의 경우 납속 등의 방법을 통해 품계를 획득하고 나서도 결국 그것을 포기하고 자신의

....

16 호구이동을 다룬 연구로 18세기 단성현의 도망·이거호를 다룬 김석희의 논문 (78)이 있다. 김 교수는 새로운 자료인 언양현의 호적을 발굴하여 검토함으로써 (79), 이후 '협호' '고공' 등에 관한 연구의 진전을 가져오게 하였다.

신분으로 자정(自定)하고 있었다는 점을 밝힘으로써 기존의 신분제변동에 대한 이해는 재고되어야 함을 보여주었다. 그는 조선사회의 신분을 기본적으로 양반·중인·양인·천인(노비)으로 대별하여 이해하고 있는데, 「조선시대 양반의 대가제」(1985)에서는 양반이 조선전기부터 나름대로의 신분적 특권을 유지하기 위하여 특정의 제도(대가제)를 강구해온 귀족적 속성을 지닌 신분임을 보여주려 하였다. 특히 「조선후기 신분변동의 사례연구」(1985)에서는 기존의 호적 분석에 의한 연구의 문제점을 날카롭게 지적하고 있다. 그는 여기서 시카다(四方)가 '유학(幼學)'을 시대의 변동과 관계없이 양반의 직역으로 단정한 것의 오류를 지적하면서, 모록(冒錄) 현상과 19세기에는 중인층이 유학의 칭호를 사용한다는 점을 들어서 19세기의 유학과 17세기의 그것과는 결코 같이 처리될 것이 아님을 분명히 하였다. 그리고 김영모(28)가 양반에 포함시키고 있었던 문·무품계·납속(문·무산직)은 대부분 중인 이하 신분층의 직역으로서 그 모두를 양반에 포함시킬 수는 없는 것이며, '준양반'에 포함시킨 유학·동몽(童蒙), 특히 교생(校生)·원생(院生)·한량(閑良)·무학(武學)·출신(出身)·위소속(衛所屬)·군관(軍官)·과부성(寡婦姓) 등도 18·19세기에 있어서는 대부분 양반의 직역이었다기 보다는 중인의 그것으로 보는 것이 옳은 것이라고 하였다. '잡다한 직역을 어느 신분으로 분류·배정하는가'와 관련하여 직역연구가 미비한 현재로는 각 직역이 당시의 신분구조와 그 변동의 실상을 그대로 반영하는 것으로는 볼 수 없다는 것이다. 그는 이 문제들을 해결하기 위해서는 결국 '신분직역에 대한 개별연구, 각 신분별 가문에 대한 사례연구와 아울러 새로운 연구방법의 모색'이 필요함을 지적하였던 것이다.

최승희가 지적한 것은 부분적으로 이준구의 「조선후기의 '업유·업무'와 그 지위」(1985), 이해준의 「조선후기 진주지방 유호의 실태」(1985)에서도 확인되며, 또한 부분적으로 보완되었다. 최승희·이준구·이해준 등이

1985년도의 위와 같은 논문을 공동연구의 형태로 제출하였다는 점은 주목을 요한다. 이준구는 업무·업유가 시대에 따라 그 개념이 달라진다는 점을, 이해준은 호적의 신빙성문제와 양반신분의 성격이 재고되어야 한다는 점을 잘 보여주고 있다. 특히 이해준은 그가 분석대상으로 한 자료에 나타난 호수(18,601호 이상)와 동 시기 읍지의 호총(15,671호)이 크게 차이가 남을 주목하여, 그 차이 3,000여 호를 탈호(頉戶)로 추정. 당시의 '사회모순을 예증할 존재'로서 지적하였다. 그리고 1811년 당시 총 호수의 23.8%에 해당하는 유호(儒戶) 내에도 상·하의 구분이 있었음을 보여주고 있는데, 이는 호적 분석에 의해 신분변동을 설명하던 기존 연구의 한계를 보완하는 의미를 가지는 것이며 호적자료 외에 새로운 형태의 자료에 대한 관심을 제고시켜 주는 것이라고 하겠다. 그 밖에 호적 분석의 방법에 있어서 식년별로 연결되어 파악할 수 있는 가계를 추출하여 그 신분변동상을 파악하는 방법을 시도했던 한기범의 「17세기 역속인의 신분적 지위」(1984)는 호적연구의 새로운 방법의 하나를 보여준 점에서 주목된다.

그런데 위와 같이 새로운 사실들이 밝혀지고 많은 문제가 제기되었지만, 여전히 새로운 연구방법의 문제와, 조선후기 신분구조를 어떻게 파악하고, 신분변동을 어떻게 해석·평가해야 하는 문제는 그대로 남아있다. 신용하의 「1894년의 사회신분제의 폐지」(1985)에서 보다 분명히 인식하게 되었듯이 1894년까지 조선사회에서는 신분법제가 여전히 남아 있었다. 그런데 호적상에는 분명 커다란 변화·변동의 모습이 보이는 데 이를 어떻게 합리적으로 해석할 것인가, 호적제도의 문란에 그 원인을 돌려야 할 것인가, 그리고 신분과 직역과의 관계 및 신분과 신분사이의 관계는 어떻게 설정되고 있었던가, 결국 조선사회구성상 신분제가 갖는 역사적 의의는 무엇이며 중세해체기의 신분제에 대한 평가는 어떻게 내려져야 할 것인가 등등의 의문은 여전히 풀리지 않고 있다.

이상의 문제들은 우리에게 다시 한 번 신분사 연구의 시각·방법론에 대한 심각한 반성을 요구하고 있다. 그것은 기왕에 조선후기 신분사 연구가 중세봉건사회에 있어서의 신분제의 역사적 의의에 대한 근본적 물음 없이 시작되고 전개되어 나왔다는 점에서, 기본과제의 해결에서부터 연구가 본격적으로 시작되어야 함을 의미하는 것이기도 하다. 조선의 신분제는 지배계급·국가의 이해관계 위에서 성립되었고, 그것은 지배계급의 계급적 위치가 변동되고 국가의 대인민정책이 바뀌어나감에 따라 그 질적 성격이 일정하게 변질되지 않을 수 없었을 것이었다. 따라서 그 운영도 지배계급과 국가 간의 상호 보완·대립 위에서 전개되어 나갔을 것이다.[17] 그것은 당시의 사회구성과 결코 무관하게 다루어질 수 없다. 조선봉건사회는 지주적 토지소유를 한 번도 부정해본 적이 없고, 마찬가지로 신분직역제를 포기한 적도 없었다. 국가가 지배계급의 이해에 일정한 제동을 가한 적은 있었지만(교생낙강포·균역법·호포제 실시 등) 그것은 번번이 지배계급의 반대에 부딪혀 실패하였고, 그것도 재지의 공동체적 운영원리에 의해 굴절될 수밖에 없었다. 지배계급 역시 노비세전법(奴婢世傳法) 등 자신의 이해를 관철시키면서도 당시의 사회경제적 조건하에서 지배방식을 바꾸어 나가면서 각종 경제외적인 강제를 통해 그것을 보완하였는바, 그 한 지주(支柱)가 신분제로 이해된다. 그러한 한에 있어서 한때 국가가 재정적 위기를 타개하기 위하여 실시한 납속책에 의해 피지배계급이 공명첩(空名帖)을 소유한다고 하여 그들이 실질적인 지배계급의 이익을 향유할 수 있는 것은 아니었다.

----

17 주 2의 이성무 교수의 논문에서는 "조선사회는 국가의 관직과의 관계에서 신분이 결정되는 국가신분제사회였다"는 논지를 제기한 바 있는데, 그 개념의 내용이 단순하고 또 실증적으로 뒷받침되고 있지 못하다는 점에서 이 논지는 보완되어야 할 것으로 보인다.

그러나 18·19세기 계급구조가 크게 변화하고 그에 따라 지배계급의 한계가 노정되기 시작하면서부터는, 과거의 계급질서의 역사적 표현인 신분질서는 동요되고 지배계급의 보수화현상이 노골화되는 가운데 계급갈등이 사회전면에 표출되는 바, 그것은 당시 '상하 명분'의 붕괴로 표현되고 있었다. 당시의 신분직역제는 피지배계급의 입장에서 본다면 하나의 질곡으로 작용하는 것이었기 때문에 한편으로는 신분제 내에서 자신의 이익을 관철시키는 방향으로, 다른 한편으로는 그것으로부터 벗어나는 방법으로 그에 대응하였다. 전자가 바로 호적상에 나타난 '양반'의 증가현상이며 후자의 대표적인 예는 누호(漏戶)·탈호(頉戶)·협호(挾戶) 그리고 노비도망(해방) 등이었다. 그리고 전자는 국가가 스스로가 인정하고 있는 것이었으며, 그렇지 않은 경우라고 하더라도 묵인할 수밖에 없는 것이었다. 따라서 그 자체로 자기모순을 반영하는 것이었고, 그것은 국역부담자의 감소=봉건국가의 신분직역제의 위기를 의미하는 것이었다. 이렇게 볼 때 우리는 조선후기 신분사 연구가 당시의 사회구성과 봉건국가의 인민지배방식=신분직역제와의 유기적 관련 속에서 재조명할 수 있는 단서를 얻게 되리라 생각한다.

(2) 각 신분층

1918년에 이마니시 류(今西龍)가 「조선백정고(朝鮮白丁考)」를 내놓은 이후, 기인(其人)·향리(鄕吏)·목자(牧子) 등 특수한 신분층에 대한 연구 및 고공·공인 등에 관한 연구가 간헐적으로 이루어지다가 1960년대 후반 70년대에 들어오면서 노비·향리·고공·교원생·과거급제자 등에 대한 본격적인 연구가 이루어지게 되었다. 초기 연구자들의 관심·호기심에 의해서 단편적으로 연구가 진행되었던 것으로부터 이제 자료의 확대, 문제의식의 제고에 힘입어 이 분야의 연구는 신분사 연구에 짝할 만큼의 발전을 보이게 된 것이다. 그러나 상당수의 연구들은 초기연구가 갖는 한계를 크게 벗어나지 못하여 실증적인 면에서 왕왕 오류를 범하기도 하였고 문제의 시각에서도 문제를 노출하고 있었다. 이 같은 한계들은 문제의식의 발전과 실증적 연구의 진전으로 점차 극복되기 시작하고 있는 단계에 와 있다. 지금까지 연구는 주로 '노비' '중인' 등에 중점이 두어져 왔지만 '양반'과 기타 '특수한 신분층'에 대해서도 그 관심의 폭을 넓혀왔다. 여기서는 각각의 주제와 관련된 대표적 연구 성과들을 시대 순으로 정리하고 그 문제점들을 살펴보기로 한다.

신분층 연구에서 가장 많은 성과가 이루어진 부분은 노비 연구였다. 1960년대 후반 이래 히라키 마코토(平木實)·한영국·이해준·정석종·전형택 등에 의해 추진된 노비 연구는 연대기 외에도 호적·고문서 등이 다양하게 활용되면서 큰 진전을 보여왔다. 히라키는 이 방면에서 본격적으로 가장 많은 글을 써서 단행본 『조선후기 노비제연구(朝鮮後期奴婢制硏究)』(1982)로 정리하였다. 여기서 그는 노비제가 변동되어 간 과정과 노비신분층이 신분적 질곡에서 면천되어간 과정을 해명하려고 하였는데, 그 결과는 다음과 같이 요약된다. 즉, 임란 이후의 혼란 속에서 노비신분층은 군역을 부담하는 등 실질적인 신분상승을 보이고 있으나, 국가의 노비정책강화에 의해서 그것이 저지되고 입역(立役)·신공(身貢) 등의 과중한 부담을 안게 된다. 그러나 그것은 역으로 광범한 노비도망을 유발하였으며 그 때문에 국가는 제도 자체를 완화하지 않으면 안되었다. '신분귀속제도의 완화[노비종모법(奴婢從母法)]·신공의 감량·추쇄작업의 간소화' 등이 그 예이다. 그러나 그러한 조치들에도 불구하고 노비들은 끊임없이 합법·비합법적 방법으로 신분상승을 하든가 도망함으로써, "그 때문에 위정자 측에서는 하는 수 없이 제도 자체를 완화시키지 않을 수 없었고, 그것이 결과적으로 제도 자체의 폐지(1801년 내시노비혁파)를 초래하게 된 것이라고 볼 수 있을 것이다." 히라키의 연구는 국가의 노비정책의 변화를 광범위한 연대기자료를 중심으로 실증적으로 보여주었다는 점에서 그 의의를 갖는다. 그러나 노비제 붕괴의 동기에 대한 설명이나 노비의 실상에 관한 언급이 미흡했다는 점에서 한계를 보였다.

한영국은 「조선중엽의 노비결혼양태」(1977)에서 1609년 울산호구장적 중 공·사노비 1684명과 그 부모들의 결혼관계 총 1,856건을 분석하여 16·17세기에는 양·천 교혼이 널리 성행하였음을 밝혔다. 특히 솔거노비의 경우 그 경향이 두드러지고 있었는데, 이는 1731년(영조 7) 종모법(從母法) 시행 이전의 '종천법(從賤法)'을 이용한 사노비주(私奴婢主)의 노비증식욕구의 반영으로 설명한 점이 주목된다. 당시 노비의 결혼양태는 사노비는 양인과 공천을 침식하고, 공노비는 양인을 침식하는 한편 그 일부를 사천에 의해 침식당하는 모습을 띠었는바, 이는 양인층의 계속적인 몰락과 함께 양역부담자의 감소를 초래하게 된 주요 원인이었다고 설명한다.

그러나 그의 검토는 양·천 교혼의 실상만을 밝히는 것이 아니었다. 그는 조선조의 신분법제의 하나인 종천법·종모법이 갖는 의미, 더 나아가 조선조 신분제운영의 실태와 정체를 고찰하고 조선사회의 성격을 이해하는 방편의 하나로 그것을 다루었다. 그리하여 위와 같은 상황이 전개되었던 점을 밝혀 "신분의 수직이동이 엄격히 규제된 것으로 이해되는 조선에서, 또 경제·재정·군사가 양인에 의존하고 있었다고 여겨지는 조선에서 왜 이러한 교혼이 법제(세조 14년의 종천법)에 의해서까지 뒷받침되게 되었나?"하는 근본적인 물음을 제기하였다. 여기서 문제는 필자가 언급한 바와 같이 당시 공·사노비 100여 만의 0.4%에 불과한 사례에 의해 위의 결론을 일반화하기는 곤란하다는 점이라 하겠는데, 그밖에 종모법 실시의 동기와 그 의미에 대한 천착이 미흡했다는 점도 지적될 수 있을 것이다. 국가의 신분(직역)제 운영과 관련하여 노비제를 이해하고자 하는 것으로 보이는 그의 견해는 그가 다루었던 특수신분층 '두모악(豆毛岳)'연구(54)에도 반영되었다.

이해준의 「조선후기 호서지방 한 양반가의 노비소유실태」(1980)는 한 양반가에 전래되어온 호구단자와 분재기를 통해서 17·18세기의 노비존재 양태를 살핀 것이다. 여기서는 노비수의 증감, 노비의 결혼양태와 사역계 승, 노비의 분재 등이 검토되고 있는데, 위 한영국의 논지에 다소 의문을 제기하고 있다. 그러나 자료가 갖는 한계, 예컨대 1750년 이전 노비결혼 건수 총 58건 중 양천교혼 15%, 반노(班奴)·반비(班婢) 결혼 10%, 나머지 대부분 불명확한 것 때문에 앞으로 더 추적해 보아야 분명해질 것이다. 한편 1750년대 이후로는 양·천 교혼의 사례가 전혀 없고, 노비기록에서 부계기록이 탈락되고 모계기록은 모두가 반비(班婢)로 나타나고 있었음을 종모법 실시 이후의 현상으로 지적한 것은 주목해야 할 것이다.

정석종은 앞서 언급한 논문(40)에서 호적과 고문서를 이용하여 노비도 망(해방)을 주목한 바 있었는데, 「조선후기 노비매매문기분석」(1983)에서 는 1621년부터 1893년까지의 노비매매문기 총 154건을 분석하여 노비의 존재형태를 보다 밀도 있게 설명하였다. 여기에서 그는 노비제 붕괴의 원 인이 노비도망에 있었음을 다시 강조하였다. 그리고 노비제가 실질적으로 끈질기게 존속한 이유로서 「구휼아위노법-구휼청입안(救恤兒爲奴法-賑恤廳 立案)」을 들고 있고, 매주(買主)의 신분에 있어서 유학·생원의 절대수가 줄 고, 대신 상민·노비가 등장하며 고급관료가 많아진다는 사실을 지적하고 있다. 그런데 "노비제는 조선사회의 신분제를 지탱하는 근간이 되는 것으 로서 이의 붕괴는 곧 조선사회신분제 전반의 변혁을 불가피하게 하였는 데 그것은 노비도망이 그 같은 현상을 불러온 진원이 된다고 보이며 18세기 이후가 그 변화기라고 보이나 18세기중엽이 큰 분수령으로 인정될 수 있다고 생각된다"고 하면서도, 노비제와 조선신분제와의 관련성이 어떠한 것인가, 노비도망의 구체적 원인과 그것이 가능했던 이유는 무엇인가 하는 점들에 대한 설명을 약하고 있는 점은 아쉽다.

전형택은 제도사·법제사적 연구와 호적등을 이용한 노비신분변동연구의 한계를 인식하고 조선후기 '노비변동'의 실상과 그 원인을 제대로 파악하기 위해서는 첫째 노비의 실태에 대한 객관적 파악, 둘째 자료의 확대, 셋째 노비제와 사회구조와의 연결 등이 필요함을 전제로 하여, 특히 조선후기 사회경제의 변동과 관련하여 노비제의 변동을 밝히고자 하였다. 그의 연구는 『조선후기 노비신분변동 연구』(1986)로 모아졌다. 이 책은 전 3편으로 구성되어 있다. 그 내용을 각 편별로 간단히 살피면 다음과 같다.

1편에서는 공노비의 경우 법제적으로 일정한 제약을 받았지만 조선후기에 들어와 소속 관사의 경제적 예속상태에서 벗어나고 있었으며(입역→신공 납부), 일부는 부를 축적하여 신분적 예속에서도 벗어나고 있다는 점을 지적하였다. 그리고 사노비의 경우 주인가에 필요한 최소한의 노비를 제외하고는 가족을 단위로 하여 독립적인 생활기반을 갖고 주인가의 경제적 예속상태에서 벗어나 신분적으로만 예속되어 신공만 바치면서 살아가고 있는 자들이 주류를 이루고 있었는 바, 이로 인해 주인가의 노비 지배력이 약화되고 있었다는 점을 밝혔다. 결국 위와 같은 사실이 기초가 되어 노비제가 변동될 수밖에 없었다는 것이다.

2편에서는 국가의 수취체제와 관련하여 노비정책의 변화를 다루었고, 3편에서는 19세기 초 내시노비의 혁파와 관노비제의 폐지를 취급하였는데, 결론적으로 그는 노비제를 유지하고 있던 사회경제구조가 변함으로써 노비는 경제적으로 성장하게 되고 국가의 노비정책까지 바꾸도록 강요하였다고 파악하였다. 그리고 사회의 진전에 따른 의식의 향상으로 노비신분으로부터 벗어나려는 움직임이 끊임없이 일어나, 재정적인 면에서 노비제 유지의 필요성을 상실한 국가에 의해 공노비의 주요부분인 내시노비·각사노비가 혁파되지만, 관노비만은 노동지대적(勞動地代的)인 의무에서 벗어나지 못하고 고종 31년 근대적 제도가 마련되기까지 존속하였음을 지적하였다.

전형택은 "노비제는 신분사적인 면에서 한국중세사회의 한 기반이 되는 것이어서 노비제의 해체는 곧 한국중세사회의 해체를 의미하는 것이 된다"는 가정에서 출발하여, 결과적으로 노비제의 폐지는 신분제의 폐지를 의미하며 동시에 신분제를 바탕으로 성립된 중세봉건사회의 해체를 의미한다고 하였다. 이 책에서 그가 조선후기 사회경제변동과 관련하여 노비제 변동을 해명하려 하였다는 점은 크게 주목된다. 그러나 그 역시 노비제와 조선 신분제와의 유기적 관련, 더 나아가 중세사회구성과의 관련에 깊이 천착하지 못하고 있음은 이 분야 연구의 공통적 한계로 지적되어야 할 것이다. 앞서 언급한 한영국의 논지와 관련하여 보다 더 추구되면 이상적인 결론을 이끌어 낼 수 있으리라고 생각된다.

노비연구 외에 '중인(中人)' 신분층에 대한 연구도 특히 1980년대에 들어와 활발하게 이루어지고 있다. 위로 기술직 중인으로부터 아래로 지방이서(향리)에 이르기까지 광범한 대상을 포괄하는 조선후기 중인에 대한 연구는 크게 두 가지 시각에서 다루어졌다. 양자는 모두 연결되는 문제이긴 하지만, 하나는 그들의 존재형태를 구체적으로 설명하는 방식이고 다른 하나는 이후 시기의 새로운 사회세력으로의 성장이라는 의미를 부여하는 시각이라고 하겠다. 여기서는 전자에 포함시킬 수 있는 대표적인 연구만을 간단히 살피기로 한다.

이수건의 「조선조 향리의 일연구」(1974)는 향리의 상층부를 형성했던 호장(戶長)에 대한 연구이다. 나말여초이래 지방호족에서 유래한 호장이 여말 이래 면리제의 정비과정에서 그 지위가 격하, 경주·안동 등 토성이족(土姓吏族)이 강한 곳에서는 향리사회를 자치적으로 운영하여 군현의 행정실무를 그들의 손아귀에 쥐어 마침내 후기 관기문란(官紀紊亂)과 함께 지방의 경제적 실력가로 등장한다는 논지이다. 많은 기초자료를 발굴·이용하여 이후의 연구에 기반을 마련해 주었다는 점에서 의의가 있었다.

김필동의 「조선후기 지방이서집단의 조직구조」(1982)는 '지방이서층'의 신분적·계급적 성격 및 그 변동을 다루는 것은 유보되고 있지만, "지방이서집단의 신분구성이 변화하고 있으며 따라서 그것의 '신분'으로서의 귀속적 성격이 퇴조하고 있었다"는 점을 밝혀주고 있다. 그는 그것을 지역적 편재와 그들에게 요구되는 독특한 자질에서 찾았다. 그리고 지방이서집단에게 부과되던 향역(鄕役)이 실질적으로 감소되고 그들은 나름대로의 경제적 보상을 확장해감에 따라 조선후기에 있어 이액(吏額)이 증가하고 있었다는 점과, 그것을 주도해 간 가리(假吏)에도 주목하였다.

김우철은 단성호적을 분석하여 「조선후기 향촌사회에 있어서의 이서계층연구」(1985)를 내놓았다. 그는 여기서 이서호주(吏胥戶主)의 사조(四祖)를 분석하여 '시기별로 양인신분에서 점차적으로 지배층으로서의 신분상승적 경향을 보여준다'는 점(주로 납속·노직, 혹은 모록에 의한 것이지만)을 밝히고, 이를 이서계층에서의 신분상승욕구를 반영하는 것으로 설명하였다. 이 같은 견해는 앞서 언급한 최승희의 향리가문에 대한 사례연구(104·105)에서 그 한계가 지적된 바 있다.

이상과 같이 중인에 관한 연구가 주로 지방 향리를 중심으로 연구되었던 것은 이용하는 자료의 성격 때문이었기도 하지만, 그 연구가 진행되던 시기에 향촌사회에 관한 연구경향이 고조되었던 것이 한 원인으로 작용한 것이었다고도 파악된다. 그러나 어느 연구나 중인신분층 전체와의 관련위에서 설명하지 못하고 있었던 한계를 갖는다는 점이 지적되어야 할 것이었다. 그러한 면에서 한영우의 「조선후기 '중인'에 대하여」(1986)는 19세기 중인 통청운동자료를 중심으로 하여 그 의미를 파악하는 것과 함께 중인의 범위와 정치적 지위, 성립시기 등을 개괄적으로 검토하고 있어서 앞으로의 연구에 자극을 주는 것이라고 하겠다.

한편, 양반에 관한 연구는 주로 조선전기를 중심으로 이루어져 왔기 때문에 크게 주목되지 않았는데, 이수건(58)·와타나베 마나부(渡部學)(99)·최재석(46)·송준호(101·102) 등의 연구가 나와 조선후기 양반의 존재형태에 관하여 일정한 이해를 갖게 되었다. 이수건은 17세기를 전후하여 사족(양반)의 토지소유·노비소유관계가 변화하고 있던 것과 관련하여 분재기를 검토하였는데, "조선왕조의 통치체제가 500년이나 장기화할 수 있었던 이유 중의 하나가 바로 양반사대부의 가산분배에 있어서 분할주의를 택한 데 있다고 볼 수 있지 않을까"하는 점을 지적하면서 그것(분할주의)은 '사족신분의 영속성 내지 그 신분유지의 강인성'이 되었다고 하였다. 그리고 최재석은 양반의 존재형태로서의 문중에 주목하고 문중이 1500년대에 형성되지만 17세기에 조직화가 이루어진다는 점, 그리고 그것은 17세기 중엽까지의 재산 자녀균분상속이 봉사(奉祀) 등의 강화로 인해 남자 위주의 상속으로 변화되는 것에 의해 뒷받침된다는 점, 1850년대 대동항렬(大同行列)의 사용으로 문중의 범위가 커진다는 점 등을 지적하였다.

양반사회의 지속성을 강조하는 견해는 와타나베·송준호 등에 의해서도 확인되는데, 특히 송준호의 경우 귀가대족(貴家大族)·가문의 부침은 있으나 양반이라고 하는 특권계층 자체는 영구적 존재로서 그것을 경제적 변동과 관련해서 설명하는 것은 곤란하다고 주장하였다(102). 그 같은 견해는 그의 다른 논문(101)의 부제(부자라고 해서 양반인 것은 아니다. 가난해도 양반은 역시 양반이었고)에서도 보인다. 개념·용어의 사용에 있어서 혼란을 보이고 있다는 점이 큰 문제로 지적되어야 하나, 이상의 여러 논문들과 함께 재음미되어야 할 것이다.

그밖에 도시주민의 핵심 공장(工匠)·상인계급이 봉건관인 중심의 권위에 대항해서 자유권을 획득(탈취)하지 못하였기 때문에 도시의 발달 및 상공업의 발전이 저지되었다고 한 오영모의 연구(19), 이조후기의 공인(貢人) 신분이 국가와의 특수한 관계에 의해 형성된 것이며 그것에는 토호·부상에서 호노(豪奴)·한복(悍僕)에 이르기까지 각 층의 신분이 관여되고 있었다고 본 한우근의 연구(15), 교원생(校院生)은 조선후기에 양인의 피역지도(避役之徒)로 채워져 가고 있었고 서원과 향교가 양정(良丁)을 도피시키고 농민을 수탈하는 기관으로 타락하게 되었다는 송찬식의 연구(66), 그리고 단성현호적대장을 분석하여 역촌(驛村)의 인적구성·역인층의 신분변화를 살피는 가운데 역리의 신분적 세습성이 약화되고 있음을 지적한 최호의 연구(119) 등이 특수한 신분층 연구로 들어질 수 있다.

마지막으로 더 들 수 있는 것은 고공(雇工) 연구이다. 박성수(18)·한영국(53)·박용숙(80)의 일련의 논문이 그것이다. 1960년대 전반 박성수는 농민층 분해로 인한 임노동층 형성의 문제와 관련하여 고공을 다루면서 예속성이 강한 '머슴형'고공이 조선후기에는 자유임노동자적 성격을 가진 '날품형'으로 전화되는 점을 밝힌 바가 있다. 여기에 대해서 한영국은 그러한 이해가 구체적 자료에 의해 검증된 것이 아니기 때문에 재고되어야 한다는 점을 대구부호적에 나타난 고공을 분석하여 제시하였는데, 박용숙은 위와 같은 견해들을 새로 발굴한 언양현 호적을 통해서 재음미하였다. 박용숙의 「18·19세기의 고공」(1983)은 그러한 의미에서 이 방면의 연구가 엄밀한 사료비판과 광범한 사례연구의 진전 위에서 심화될 수 있다는 가능성을 보여주었다.

한영국에 의하면 조선후기의 고공은 시대가 내려오면서 여성고공(특히 비)이 중심이 되고 있었고 청소년층이 주를 이루고 있으며 그 주인[고

주(雇主)]도 관속(官屬)·장인(匠人)·상인(商人) 등 다양하기 때문에 자유임금노동자(주로 단기고공으로서의 농업노동자)로만 파악할 수 없고, 기본적으로 영농(營農) 외의 제역(諸役)에 투입된 무임의 이역인구(吏役人口-노예적 노동인구)로 파악되어야 한다는 것이었다. 그러나 박용숙은 그것은 대구가 도시라는 점에서 비롯된 견해이고 농촌지역인 언양현의 경우에서는 달리 나타나는 점이 주목된다고 하였다. 기본적으로 고공이 자유임금노동자가 아니라는 점과 그들이 나이가 매우 어리다는 점에 있어서는 한영국과 견해를 같이 한다. 그러나 언양현의 경우 고주(雇主)는 대부분이 상층신분에 속하는 양반·준양반·부유한 가호라는 점과, 고공의 성별·신분이 18세기 초에는 남성이 압도적이고 양인·노비로 구성되어 있다가 19세기에 들어가면 모두 양인 여성고공으로 변하고 있다는 점을 지적한 데서 차이를 보인다. 그는 그러한 이유를 1783년 고공법제정 이후 고가를 지급하는 장기고공을 고용하는 대신 노동력이 집중적으로 필요한 시기에 손쉽게 얻을 수 있는 몰락농민인 협인(挾人: 언양현호적에는 전호구의 20~30%에 달하는 협호·협인이 수록되고 있다)을 단기간 고용하여 영농에 투입하고, 영농 이외의 잡역에는 남자보다 여자가 능률적이었기 때문에 이들을 고용하게 된 데서 찾았다. 그리고 그 고주도 경영형부농이나 상층양인농민이었을 가능성이 크다고 보았다. 그러나 그 같은 협인(挾人), 협호(挾戶)의 성격에 대해서는 한영국의 비판(56)이 있고 당시 농업경영의 성격에 대한 견해가 아직 합일점을 발견하지 못하고 있는 상태이기 때문에 이 점은 재검토를 요한다.

이상에서 우리는 각 신분층에 대한 연구들을 개괄적으로 살폈다. 그 연구들은 문제의식과 자료의 확대에 따라 많은 성과를 가져왔다고 여겨진다. 그러나 여전히 각 신분층의 역사적 성격의 구명에 있어서는 공통적으로 충분히 만족할 만한 답을 주지 못하는 실정이며, 상당한 정도로 견해의 일치를 보여주고 있는 경우도 있었지만 역시 인식의 편차가 아직은 크다고 생각된다. 이를 해결하기 위한 본격적인 노력이 경주되어야 할 것이다.

(3) 사회세력

조선후기는 구래의 봉건적 질서가 무너져 나가고 새로운 질서가 태동되는 시기였다. 17세기 후반 이래의 농업생산력의 발전에 의해 농민층 분화가 급속히 진전되고, 그에 기초에 기존의 봉건적 사회구성이 크게 동요되는 가운데 계급구조는 질적으로 달라지고 있었다. 그러나 기존의 계급구조위에 구축된 신분제는 곧바로 붕괴되지 않았다. 자신을 떠받치고 있던 지배계급의 이익을 부정할 수 없었던 조선봉건국가가 신분직역제를 포기하지 않고 있었기 때문이었다. 그것은 그만큼 새롭게 성장하고 있던 사회세력이 아직은 구체제를 붕괴시킬 만한 역량을 축적하고 있지 못하다는 것을 의미하기도 하고, 한편으로는 그들 자신이 신분직역제에 편승함으로써 모순구조를 해결하는 데 주체적일 수 없었다는 것을 의미한다. 이는 그들 스스로가 내부에서는 피지배계급·일반농민(특히 소작농, 임노동층)과 모순관계에 있었기 때문이다.

한편, 봉건국가의 신분직역제 하에서 각종 역을 담당하고 지배계급의 경제적·경제외적 예속 하에 제약받고 있었던 평민·노비들은 변동하는 경제질서 속에서 재생산 기반을 강화하면서 그 중 일부는 부를 축적하여 그 질곡으로부터 벗어나고는 있었지만 그나마 한계를 가질 수밖에 없었고, 대부분은 몰락하여 지배계급의 예속 하에 몸을 의탁하든가 국가의 지배질서로부터 이탈하여 유리하고 지배계급으로부터 도망을 꾀하고 있었다. 이 같은 상황에 직면하여 국가는 지배계급의 이익에 일정한 제한을 가하

고 농민·소상품생산자를 보호하는 가운데 국역 담당자를 확보해보려고
노력하기도 하였지만, 그것은 번번이 지배계급의 반대에 부딪혀 미온적인
조치로 끝나고 말았다. 지배계급 자신도 그들의 신분적 특권을 유지하고
자신의 경제기반을 확보하기 위하여 농민의 안집을 유도해보는 경우가
있었지만 당시 사회변동은 그것을 무위로 만들고 있었다. 그러한 가운데
이제 19세기에 접어들면서 각종 모순이 심화되어 사회전면에 노정되기
시작하였다. 모순의 불씨는 18세기 후반 19세기 전반을 거치면서 점점 달
아오르게 되었는데, 그 온상은 신분제에서도 마련되고 있었다. 앞서 언급
한 19세기 호적에 반영된 직역을 통해 본 호구구성비가 그 면모를 단적으
로 보여준다. 그것은 곧 조선봉건국가의 신분직역제의 위기적 상황을 말
하는 것이었다.

그러면 신분직역제에 그 같은 위기가 초래된 구체적 원인은 어디에 있
는가. 여기에 우리는 당시 신분제사회에서의 각 사회계급의 동향과 대응
양상을 문제 삼지 않을 수 없음을 느낀다. 왜냐하면 당시의 사회모순은
경제적 조건, 제도적 조치에 의해서 해결되는 것이 아니라 사회계급·인간
집단 바로 그들이 해결해 나왔기 때문이다. 1970년대 후반 이래 제기된
일련의 사회세력의 움직임을 추구한 연구들을 신분사와 관련해서 검토할
이유가 여기에 있다.

이미 1950년대 중엽에 농민전쟁연구의 일환으로 김용섭(10)에 의해 조
선사회구성과 관련하여 농민의 존재형태가 검토된 이래, 각 사회계급의
존재형태에 관한 연구들이 있어왔다. 그러나 대부분 경제사적 접근에 의
한 것이었고 신분제와의 관련위에서 하나의 사회세력으로서 다루어진 것
은 아니었다. 신분제·조선봉건사회구성과 관련하여 사회세력·사회계급이
검토되기 시작한 것은 1970년대 말, 특히 1980년대에 들어와서의 일이었
는데, 그것은 1960·70년대의 조선후기 사회경제사연구의 성과를 바탕으

로 하면서 한편 그것이 갖는 한계를 극복하고자 하는 노력의 하나로 이루어진 것으로 이해된다. 여기서는 그 대표적인 연구를 중심으로 하여 각 연구자들의 연구를 검토하고 전반적인 문제점을 지적해 보기로 한다.

안병욱은 「조선후기 민은의 일단과 민의 동향」(1981)에서 기존의 연구가 주로 조선후기 사회변동에 주안점을 두고 새롭고 특별한 변화의 양상을 추출하는 데 주력한 결과 당시의 생생한 실상과 일정한 거리를 노출시켰다는 점을 지적하고, 당시의 실상을 전제로 하여 사회가 어떠한 상태로 나아가고 있었으며 일반 민의 입장에서는 스스로의 해결책을 어떻게 마련하고 있었는가 하는 점 등을 검토하였다. 민 내부의 중간수탈과 계층분화로 인한 갈등현상에서 민 상호간 연대의식이 형성되는 단초를 발견한 그의 관심은 민란으로 연결되었는데, 「19세기 임술민란에 있어서의 '향회'와 '요호'」(1986)는 그 결과의 하나였다. 여기에서 그는 "경제적으로는 일정한 부를 소유하였지만 그에 상응하는 중세적인 권력이나 특권에는 접근하지 못하고 배제된" 요호라는 새로운 계층에 주목하고 이들에 의해 조직적인 반봉건운동이 추진되었는바, 그 조직의 기초가 19세기의 향회였다고 설명하였다. 그들의 활동은 양반·양인·천민으로 구별하는 전통적 신분질서가 변화된 경제관계(계급질서)를 설명하고 구획하는데 더 이상 적절치 못함을 단적으로 보여준 것이며, 신분제 사회 속에서 계급적 질서가 새롭게 형성되는 과정에서 나타나는 전환기의 현상이었다고 파악한 그의 견해는 19세기 조선사회를 이해하는데 중요한 시각을 제시해 주었다. 다만 자료의 제약에 기인하는 것이겠지만, 요호와 향회의 관련이 밀도 있게 다루어지지 못한 점과 요호의 계급적 성격, 신분제사회에서의 위상이 여전히 분명히 제시되지 못한 점이 한계라고 하겠다.

김인걸의 「조선후기 향권의 추이와 지배층 동향」(1981)은 신분제사회에서 향촌사회의 지배층이라고 할 사족이 당시 권력구조 변동 속에서 그들 나름의 신분적 특권을 유지하고자 하는 움직임을 보이고 있었으나, 그 것은 결국 실패로 끝나고 사족이 향권에서 소외되면서 보수화되어 나갔음을 밝히고 있다. 그 과정에서 새로운 사회세력과 기존세력간의 갈등이 향전(鄕戰), 유전(儒戰) 등으로 나타나고 있었는바, 그것은 당시 왕권강화의 시기에 두드러지게 되었음을 설명하고 있는데, 새로운 사회세력의 계급적 성격에 대한 천착이 이루어지지 못하고 있고 향권의 구체적 내용이라든가 향전의 양상과 그 목표를 도식적으로 처리하고 있는 점이 한계라고 하겠다. 그의 다음 논문 「조선후기 향안의 성격변화와 재지사족」 (1983)은 기존 신분제운영원리의 일단과 그 질적 변화를 향안의 성격변화와 관련지어 설명하고, 그 과정에서 재지사족의 동향을 파악하고자 한 것으로 앞 논문의 내용을 보완하는 것이었다. 그 결과 "향안은 재지사족의 신분제적 운영원리의 구현체였던 만큼 18세기 중엽의 향안의 성격변화, 즉 입록(入錄)의 급증이라든가 서얼의 방색(防塞) 등은 재지사족의 보수화"를 의미하는 것이었고, "그것의 파치(罷置)는 기존 신분제적 운영원리의 현상적 단절과 변질을 의미하는 것"으로 파악하였다. 그러나 여전히 그 변질의 구체적 내용 설명은 미흡하다. 그리고 사족지배체제의 역사적 성격과 신분제와 국가의 신분직역제와의 관련, 다시 말하면 신분제사회에서의 국가의 역할을 명확히 하지 못하고 있는 점도 한계이다.

17·18세기의 향안을 검토한 가와시마 후지야(川島藤也)의 「A Study of the Hyangan」(1985)은 지방양반(Elite Kin Groups)의 인적 구성원의 성격과 그들의 지향 변화를 조선왕조의 관료체제 내에서의 권력(Power)과 윤리(Ethics) 두 측면에서 설명한 것으로서, 왕조 전 시기에 있어서 그들의 위치·성격을 이해하는 데 또 다른 하나의 방법을 제시한 것이었다. 17세기 후반에 향안 구성원은 주로 비관인(非官人)으로서 지방 양반가문에 봉사하며 자체결속을 강화해 나갔다든가, 18세기 후반 향안이 지속될 수 있

었다고 하더라도 양반인구의 증가는 향안의 기능을 무력하게 하는 것이었다는 결론이 주목된다. 한편 그와 관련하여 사회학적 개념을 원용하여 지역사회의 전통적 '엘리트'집단의 성격을 밝히고자 한 최홍기의 논문(91·92)은 사회학에서 전통사회의 지식인집단을 어떻게 이해하고 있는가 하는 점을 보여주는데, 신분제를 바탕으로 한 사회질서가 17세기에 평민층의 지식인화로 인해 크게 붕괴된다고 하는 견해는 납득되기 어려운 것 같다. 이해준의 「17세기초 진주지방의 리방재편과 사족」(1982)에 의하면 17세기에 사족중심의 향촌질서가 재편·강화되고 있었기 때문이다.

조선후기의 새로운 사회세력으로서 중인·이족에 관한 연구도 이루어지고 있었는데, 정옥자·이훈상 등이 그 대표적인 연구자이다. 정옥자는 일련의 논문(74·75·76)을 통해 조선후기의 신분제가 양반·중인·상인·천인의 네 계층으로 형성되어 있다는 것을 전제로 하고, "다음 단계로 오는 전통문화의 해체과정과 근대화의 수행에 있어서 중요한 역할을 담당했다고 생각되는 중인층의 전단계의 모습"을 추적하였는데, 특히 「조선후기의 기술직중인」(1986)에서는 '중인계층'의 성격을 보다 분명히 하고, 그들의 신분상승운동, 통청운동(通淸運動)을 1세기에 걸친 신분상승운동의 결과 얻어진 자의식에 기초하여 "이미 사양길에 선 사대부문화에 대체하는 새로운 사회로의 전환기에 처하여 신흥세력으로서의 중인층의 성장을 예고하는 조짐"으로 파악하였다.

이훈상의 일련의 논문(109·110)은 "향리는 조선시대에는 지방행정의 실제 운영집단이었으며, 일제가 한국을 병합한 이후에 엄청난 사회적 진출을 하였던 만큼, 이들 신분에 대한 연구의 부족은 조선후기의 신분제도는 물론, 한국 근대사회의 변화를 조감하는 데 있어서도 장애가 되고 있다"는 전제 위에서 이루어졌다. 향리사회에서의 주도적 가계의 성립과 이들을 중심으로 한 '향리지식인층'의 성장을 추구한 것이다.

한편 정석종의 「조선후기 사회세력의 동향과 정변」(1983)과 이세영의 「18·19세기의 양반사족의 지주경영」(1985)은 당시 정치상의 변화와도 관련하여 사회세력을 다루었다는 점에서 주목되는데, 특히 이세영은 조선봉건사회구조의 해체의 특질과 관련하여 "당쟁과 탕평책실시 이후 중앙정계에서 탈락되거나 좌절되면서 향촌사회에 토착화해가는 사족집단"으로서의 양반토호에 주목하여 그들의 정치·경제적 동향과 지주경영(지주-전호경영+예속적·고역적 노동과 저보수 임노동에 의한 직영지경영)을 구조적으로 살피고 있어서 주목된다. 신분제 사회에서의 그들의 존재가 과연 구체제와 어떠한 관련을 맺고 있었으며, 그것을 어떻게 변질시켜나가고 있었는가라는 점이 그들의 계급적 입장과 함께 보다 구체적으로 추구되었으면 하는 아쉬움이 느껴진다. 그러나 신분제 하에서의 지주층의 존재형태의 한 전형을 보여주었다는 점에서 그 의의가 크다.

마지막으로, 농민전쟁기의 변혁주체로서의 농민군의 존재형태와 그 지향을 다룬 박찬승의 「동학농민전쟁의 사회·경제적 지향」(1985)과 신용하의 「갑오농민전쟁의 주체세력과 사회신분」(1985)도 이 분야 연구 성과의 하나로 주목된다. 그리고 두 연구는 모두 농민군의 계급적 성격과 신분적 지위를 결합시켜서 이해하려고 했다는 점에서 공통점을 보여주고 있는데, 전근대사회의 계급의 존재형태가 신분으로 현현된다고 하는 사실을 다시 한 번 주목하게 해준다.

박찬승의 연구는 조선후기와 개항이후의 사회경제적 변동 속에서 동학농민전쟁의 농민군이라는 변혁주체세력이 어떻게 형성되어 갔는가 하는 점과 농민군이 변혁을 통하여 어떠한 사회·경제체제를 지향하고 있었는지를 구명하고 있다. 그가 진주민란단계에서는 민란의 주 원인이 되고 있던 도결(都結)·통환(統還)의 부담에 일차적으로 모순을 느끼던 요호부민, 즉 자경지가 비교적 많은 중소지주층과 부농층(권력의 배경이 없는 양반

혹은 평민신분)을 주도세력으로 설정하고 있었다는 점과, 동학농민전쟁의 각 단계에서의 참가층과 그 적대세력을 날카롭게 지적하고 있었던 점은 많은 시사를 준다. 결국 농민군의 지향은 경제적으로는 농민적 토지소유의 실현과 그에 기초한 독립자영농을 향하고 있었으며, 사회적으로는 봉건지배층의 억압으로부터 평민층의 해방을 목표로 한 것으로 요약되겠다. 설명과정에서 "반상의 차별이라는 봉건적 신분제도는, 우선 향촌사회에서는 향약·계·오가작통과 같은 공동체적 질서·규제나 향회·유회와 같은 양반·유생층의 독자적인 조직 등에 유지되어 왔다"고 볼 수 있기 때문에, "그러한 양반중심의 향촌 지배기구를 깨지 않고는 봉건적 신분제의 폐지, 평민신분의 해방, 그리고 더 나아가서 근대적인 인간으로서의 자유·자립의 획득은 이루어 질 수 없는 것"이었다는 지적이 주목된다. 이는 이 시기 신분사 연구의 성과를 반영하는 것이기도 하다. 다만 여기에서도 사회적·경제적이라는 2분법이 해소되지 못하고 있는 것은 문제로 남는 것이었다.

신용하의 경우는 농민전쟁의 주체세력을 파악하는 데 있어 기존의 잔반층설과 경영형부농층설을 비판하고, 그 대신 사회신분에 있어서는 '양인층'과 '노비를 중심으로 한 잔민층(殘民層)'이었고 사회계급에 있어서는 '소작농을 중심으로 한 빈농층'이었다는 점을 지적하였다. 그리고 그 목표는 '봉건정치권력의 타도와 그 사회적 기반인 사회신분제도의 폐지'에 두고 있었는바, 농민전쟁이 실패로 돌아가자 그 지향은 개화파의 부르조아개혁에 반영되어 관철(사회신분제 폐지)되게 된다고 하였다. 구체적인 면에 있어서 위 양자가 차이를 많이 보이고 있는데 여기에서도 2분법은 여전히 관철되고 있음을 볼 수 있다.

전반적으로 볼 때 이상의 모든 연구들은 사회구성상 각 계급들의 구체적 존재형태를 완벽하게 설명하고 있지는 못하다. 그것은 조선후기의 사회변동에 대한 인식의 공유에도 불구하고 당시 사회구성상에 대한 인식의 차이, 또는 이해수준의 차이에 연유하는 것이었다고 하겠다. 그리고 각 연구자들이 출발부터 현재의 연구수준의 한계 때문에 사회세력의 사회구성상의 위치를 정확히 설정치 못하고 있었던 데에 기인하는 것으로도 볼 수 있다. 이 점 앞으로의 우리 연구가 봉건제해체기에 대한 과학적 역사인식 위에서 공동의 작업을 통해서 종합적으로 이루어져야 함을 단적으로 제시하는 비, 각 사회세력간의 모순의 표현으로시의 민란·농민진쟁도 그 기반 위에서 과학적으로 해명될 수 있을 것이다.

4. 맺음말

이상의 검토에서 드러나는 바와 같이 1960년대 이후의 발전론적 입장에서 이루어진 많은 연구들에 의해서 우리는 조선후기 신분제에 커다란 변동이 있었음을 확인할 수 있었다. 그것은 이 시기 일련의 사회변동과도 깊이 연결되어 나타난 현상으로서 조선사회 발전의 결과이자 곧 중세사회의 해체를 반증하는 것으로 이해되었다. 그러나 그러한 발전이 갖는 의미는 무엇인가, 그리고 그 구체적 내용이 과연 과학적으로 설명되고 있는가 하는 의문들은 여전히 해소되지 못하고 있다. 많은 자료가 새로 발굴되고 실증적인 연구가 심화되어 나아감에 따라 기존의 자료해석상의 오류들이 밝혀지게 되고, 기존의 인식이 수정되어야 할 필요성이 제고되게 된 것은 그 같은 연구들이 갖고 있던 한계의 한 측면을 반영한다. 그런데 사료비판의 문제와 아울러 특히 중요한 것은 연구방법론상의 문제라고 생각된다.

방법론의 문제로서 먼저 지적될 수 있는 것은 1960·70년대 이래의 일련의 연구가 바탕으로 했던 계층론(계층이동론)의 몰역사성의 문제이다.

사회계층이란 일반적으로 납득할만한 몇 가지의 분류기준(예컨대 부, 사회적 지위, 권력, 교육 등)에 의해 범주화시킨 인간집단으로서 그 자체로서는 인간집단의 존재양태를 어느 정도 설명해 줄 수 있다고 여겨진다. 그러나 그것은 그 내부 구성원들을 연결시켜주는 집단의식·공속의식이라든가 해당 집단의 역사적 성격 등을 설명해주지는 못한다. 이 같은 방법론에 기인하는 것이겠지만, 그러한 연구가 전근대사회 계급의 존재형태로서의 신분, 신분구조에 관한 고려를 배제하고 있다는 점도 문제이다. 이 점은 조선후기 신분사 연구가 그 기초라 할 제도사적 연구의 공백 때문에 어쩔 수 없이 갖는 한계이기도 하지만, 보다 근본적으로는 전근대 신분사 연구의 근본 의의에 대한 엄밀한 고려 없이 연구가 이루어져 온 데서 기인하는 것이다.

조선왕조의 신분법제가 지배계급(사대부)의 계급적 이해, 역사적 성격에 기초해서 성립되었고 국가의 신분직역제에 의해 제약을 받고 있었으며 또한 지배계급은 사회변동 속에서 그들의 이익을 유지하기 위하여 각종 규제 장치를 마련해 나왔던 사실 등을 고려할 때, 조선후기 신분사 연구는 사회변동에 따른 계급구조의 변화가 신분제에 미친 영향이라든가 지배계급·국가의 신분제 고수에 따른 사회모순의 노정 등과 관련해서 호적이 갖는 의미와 호적에 나타난 변화에도 주목해야 할 것이다.

위와 같은 점을 고려할 때 신분사 연구의 중심을 이루어 왔던 호적분석을 통한 기존의 신분구조·구조변동 연구 분야 외에 각 신분층을 주제로 다룬 연구 역시 아직은 상당한 문제점을 안고 있다고 하겠다. 당시의 신분층들에 관한 기초적 연구가 진행되는 초기단계라는 제약으로 말미암은 것이라고 하더라도, 신분층연구는 신분제와의 관련 위에서 각 사회계급을 통일적이고 체계적으로 파악하기 위한 하나의 매개가 되어야 한다. 또한 그러기 위해서는 조선사회의 사회구성과 그 변동에 관한 사회경제사연구와의 유기적 관련 위에서 연구가 진행되어야 하겠다. 이 점은 1980년대 이후 이 분야에서 새롭게 주목되어 온 사회세력에 관한 주제의 연구들에도 동시에 적용할 수 있다. 앞서의 논의 과정에서 드러난 문제점을 몇 가지로 정리하면 다음과 같다.

첫째, 중세 해체기의 사회구성상에 관한 과학적 인식이 필요하며, 그 전제로서 우리나라 봉건사회구성에 대한 보다 깊은 이해가 있어야 한다.

둘째, 신분제는 전근대의 사회구성과 유기적으로 결합되어 이해되어야 한다. 즉 전근대사회에 있어서 계급의 구체적 존재형태로서의 신분에 대한 과학적 인식이 확립되어야 한다. 그런 의미에서 기존의 방법론들은 재검토되어야 한다.

셋째, 보다 많은 사례연구와 자료의 확대가 필요하며 아울러 사료비판도 더욱 심화되어야 한다. 그것은 동시에 제도사적인 연구를 통해서도 보완되어야 한다. 호적에 관한 종합적 연구는 그것을 매개할 수 있는 하나의 방법이라고 하겠다.

넷째, 마지막으로 신분제의 기능 및 그 운영실태가 보다 구체적으로 밝혀져야 하겠다. 이를 위해서는 정치사·경제사·사상사·운동사 등 각 분야사와의 연결이 필수적이다. 조선후기 신분사 연구가 고립되어서는 그 지평을 확대할 수 없을 뿐만 아니라 본연의 역할을 방기하는 것이 될 뿐이다.

1. 今西龍, 1918「朝鮮白丁考」『藝文』9-4, 京都大
2. 田中德太郎, 1921「朝鮮의 社會階級」『朝鮮』3월호
3. 김정실, 1934·35「근세조선의 사회계급」1-4, 『신동아』
4. 四方博, 1937「李朝人口에 關한 一研究」『京城帝國大學法學會論集』9
5. _____, 1938「李朝人口에 關한 身分階級別的觀察」『朝鮮經濟研究』3
6. _____, 1941「李朝時代의 都市와 農村에 關한 一試論」『京城帝國大學法學會論集』12-3·12-4
7. 김영수, 1948「근세조선의 사회계급」『사해』창간호
8. 고재국, 1950「양반제도론-이조사회의 형태의 문제-」『학풍』13
9. 이광린, 1954「기인제도의 변천에 대하여」『학림』3
10. 김용섭, 1955「조선시대 농민의 존재형태」『사총』1
11. _____, 1963「조선후기에 있어서의 신분제의 동요와 농지소유-상주양안연구의 일단-」『사학연구』15(『조선후기농업사연구』Ⅰ, 일조각)
12. _____, 1963「조선후기에 있어서의 사회적 변동: 농촌경제」『사학연구』16
13. 김성준, 1958·59「기인의 성격에 대한 고찰(上·下)」『사학연구』10·11
14. 한우근, 1960「한국사회계층의 근대화과정」『사상계』10월호
15. _____, 1965「이조후기의 공인신분」『학술원논문집』5 인문사회과학편
16. 이종항, 1963「향리제도의 변천과 부패에 관한 고찰-향리의 생태를 중심으로-」『논문집』7, 경북대
17. 최영희, 1963「조선후기에 있어서의 사회적 변동-사회신분제도-궁사노비 혁파를 중심으로-」『사학연구』16
18. 박성수, 1964「고공연구」『사학연구』18
19. 오영모, 1964「이조도시의 시민의 사회적 구성」『논문집』6, 전북대
20. 남도영, 1965「조선목자고」『동국사학』8
21. 김영모, 1964「이조 삼의정의 사회적 배경」『한국사회학』1
22. _____, 1966·67「이씨왕조시대 지배층(Elite)의 형성과 이동에 관한 연구-방목과 족보의 분석에 의한 접근-」『논문집』11·12, 중앙대
23. _____, 1967「이씨왕조시대 과거급제자의 사회적 배경에 대한 고찰」『일산김두종박사회수기념논문집』

24. _____, 1977 「조선지배층연구-관료양반의 사회적 고찰-」, 일조각
25. _____, 1977 「19세기 잡과합격자의 사회적 배경」『한국학보』 8
26. _____, 1978 「조선후기의 신분개념과 신분구조의 변화」『현상과 인식』 2-1
27. _____, 1980 「한말 한성부민의 신분구조와 그 이동」『성곡논총』 11
28. _____, 1981 「조선후기 신분구조와 그 변동」『동방학지』 26
29. _____, 1982 『한국사회계층연구』, 일조각
30. _____, 1983 「한말 농촌사회의 계층구조」『이만갑교수화갑기념논총 한국사
    회의 전통과 변화』, 범문사
31. _____, 1983 「사회신분과 사회계층」『한국학입문』, 학술원
32. 홍순창, 1968 「조선왕조의 사회신분적 구조에 대한 고찰」『동양문화』 8, 영남대
33. 平木實, 1969 「17세기에 있어서의 奴婢從良」『韓國史研究』 3
34. _____, 1971 「十七·八世紀 朝鮮에 있어서의 奴良妻所生의 歸屬에 대하여」『朝
    鮮學報』 61
35. _____, 1972 「十七·八世紀에 있어서의 奴婢의 身貢에 대하여」『韓』 11
36. _____, 1978 「1755年(英祖 31年)에 實施된 內寺奴婢·驛奴婢身貢制의 改革에
    대하여」『朝鮮學報』 87
37. _____, 1980 「1773年(英祖 50年)에 實施된 奴貢制의 廢止에 대하여」『朝鮮學報』
    95
38. _____, 1981 「孝宗 6年(1655)에 설치된 奴婢推刷都監」『韓㳓劤博士停年紀念
    史學論叢』, 知識産業社
39. _____, 1982 『朝鮮後期奴婢制研究』知識産業社
40. 정석종, 1972 「조선후기 사회신분제의 붕괴-울산부호적대장을 중심으로-」『19세
    기의 한국사회』, 대동문화연구원
41. _____, 1983 「조선후기 노비매매문기 분석」『김철준박사화갑기념사학논총』
    지식산업사
42. _____, 1983 「조선후기 사회세력의 동향과 정변-숙종년간의 갑술환국과 중인·
    상인·무인의 정변참여를 中心으로-」『한국사학』 5, 한국정신문화연구원
43. _____, 1983 『조선후기사회변동연구』 일조각
44. 최재석, 1972 「농촌에 있어서의 반상관계와 그 변동과정」『진단학보』 34
45. _____, 1976 「조선시대의 신분계급과 가족형태」『인문논총』 21, 고려대
46. _____, 1983 「조선시대 문중의 형성」『한국학보』 32
47. Edward W. Wagner, 1972 Social Stratification in Seventeenth Century Korea:
    Some Observations from a 1663 Seoul Census Register, *Occasional Papers*

on Korea No.1 (Revised edition 1974)

48. Susan Shin, 1972 The Social Structure of Kŭmhwa County in the Late Seventeenth Century *Occasional Papers on Korea* No.1(Revised edition 1974)

49. 김준헌, 1973 「조선후기 향리층의 경제적 위치-문제소재의 제시-」『한일관계연구기요』3·4합, 영남대

50. 한영국, 1973 「경제도시로의 성장」『대구시사』1

51. ____, 1976 「18·19세기 대구지역의 사회변화에 관한 일시론-대구부호적의 「신호」를 중심으로-」『조선학보』80

52. ____, 1977·78 「조선중엽의 노비결혼양태-1609년의 울산부호적에 나타난 사례를 중심으로-(상·하)」『역사학보』75·76合, 77

53. ____, 1979 「조선후기의 고공-18·19세기 대구호적에서 본 그 실태와 성격-」『역사학보』81

54. ____, 1981 「두모악고」『한우근박사정년기념사학논총』, 지식산업사

55. ____, 1985 「조선왕조 호적의 기초적 연구」『한국사학』6, 한국정신문화연구원

56. ____, 1985 「조선후기의 협인·협호-언양현 호적대장의 협호구를 중심으로-」『천관우선생환력기념한국사학논총』정음사

57. 이수건, 1974 「조선조 향리의 연구-호장에 대하여-」『문리대학보』3, 영남대

58. ____, 1980 「광산김씨예안파의 세계와 그 사회경제적 기반-김연가문의 고문서분석-」『역사교육논집』1, 경북사대

59. 이영협, 1974 「봉건적 신분제와 양반직업문제」『법경논총』9, 건국대

60. 한동일, 1974 「향교의 생도에 관한 일고찰」『임한영박사화갑기념논총』

61. ____, 1981 「향교의 교생에 관한 연구」『인문과학』10, 성균관대

62. John N. Sommerville, 1974, Success and Failure in Eighteenth Century Ulsan- A Study of Social Mobility-, Ph. D. Dissertation, Harvard University.

63. ____, (서의필), 1974 「18세기 울산지방 향반사회연구-신분변화를 통해서 본 사회변동-」『숭전어문학』3

64. 이용조, 1975 「사마방목을 통하여 본 16·17·18세기의 양반사회분석」『사회과학연구』2

65. 조계찬, 1975 「임진왜란기의 신분향상에 관한 소고」『동아논총』12, 동아대

66. 송찬식, 1976 「조선후기 교원생고」『논문집』11, 국민대

67. 이종하, 1976 「조선왕조에서의 노비·고공 및 비부의 법적 지위」『논문집』10, 영남대

68. 박성식, 1978「18세기 단성지역의 사회구조-단성호적소재 직역별통계를 중심으로-」『대구사학』15·16合
69. 전형택, 1978「19세기초 내사노비의 혁파」『한국사론』4
70. ____, 1979「조선후기의 관노비」『역사학연구』Ⅸ
71. ____, 1985「조선후기 노비노동에 있어서의 고립제의 전개」『변태섭박사화갑기념사학논총』, 삼영사
72. ____, 1986「17·18세기 사노비의 존재양태-부안김씨고문서에 의한 사례분석-」『이원순교수화갑기념 사학논총』, 교학사
73. ____, 1986『조선후기 노비신분변동연구』서울대박사학위논문
74. 정옥자, 1978「조선후기 '문풍'과 위항문학」『한국사론』4, 서울대
75. ____, 1981「시사를 통해서 본 조선말기 중인층」『한우근박사정년기념사학논총』지식산업사
76. ____, 1986「조선말기의 기술직중인」『진단학보』61
77. 김석희·박용숙, 1979「18세기 농촌의 사회구조-경상도 단성현의 경우-」『부대사학』3
78. 김석희, 1983「경상도 단성현 호적대장에 관한 연구-18세기 도망·이거호를 중심으로-」『인문논총』24, 부산대
79. ____, 1984「18,19세기 호구의 실태와 신분변동-신례 언양현 호적대장을 중심으로-」『인문논총』26, 부산대
80. 박용숙, 1983「18,19세기의 고공-경상도 언양현 호적의 분석-」『부대사학』7
81. ____, 1984「18,19세기의 노비와 고공-경상도 언양현 호적의 분석-」『인문논총』26, 부산대
82. 노진영, 1979「17세기초 산음현의 사회구조와 그 변동」『역사교육』25
83. 여중철, 1980「취락구조와 신분구조」『한국의 사회와 문화』한국정신문화연구원
84. 이해준, 1980「조선후기 한 양반가의 노비소유실태-공주중호 경주이가 소전호구단자분석-」『호서사학』8·9合
85. ____, 1982「17세기초 진주지방의 이방재편과 사족」『규장각』6
86. ____, 1985「조선후기 진주지방 유호의 실태-1832년 진주향교수리기록의 분석-」『진단학보』60
87. 김인걸, 1981「조선후기 향권의 추이와 지배층 동향-충청도 목천현 사례-」『한국문화』2, 서울대
88. ____, 1983「조선후기 향안의 성격변화와 재지사족」『김철준박사화갑기념사학논총』, 지식산업사

89. 안병욱, 1981 「조선후기 민은의 일단과 민의 동향-정조대 응지민은소를 중심
    으로-」『한국문화』2, 서울대
90. ____, 1986 「19세기 임술민란에 있어서의 '향회'와 '요호'」『한국사론』14,
    서울대
91. 최홍기, 1981 「전통사회에 있어서의 「엘리트」 조직과 활동」『청초배룡광교
    수화갑기념논총』
92. ____, 1983 「조선시대의 지역사회 엘리트집단」『이만갑교수화갑기념논총:
    한국사회의 전통과 변화』, 범문사
93. 김필동, 1982 「조선후기 지방이서집단의 조직구조-사회사적 접근-(상·하)」『한
    국학보』28·29
94. 문수홍, 1982 「조선후기 신분제동요의 일고찰-납속책·공명첩발급을 중심으
    로-(상·하)」『논문집』1, 동국대경주대학
95. 이준구, 1982·83 「조선후기 양반신분이동에 관한 연구-단성장적을 중심으로-
    (상·하)」『역사학보』96·97
96. ____, 1985 「조선후기의 '업유·업무'와 그 지위」『진단학보』60
97. 한기범, 1982 「17세기 단성현민의 신분구성-호적분석을 中心으로-」『호서사학』10
98. ____, 1984 「17세기 역속인의 신분적 지위-단성호적분석을 중심으로-」『논문
    집』13, 대전실업전문대
99. 渡部學, 1982 「仙湖龍巖公派 朴氏의 兩班性-소위 鄕班의 社會的 成立-」『歷史
    에 있어서 民衆과 文化』
100. 박성래, 1983 「조선유교사회의 중인기술교육」『대동문화연구』17
101. 송준호, 1983 「1750년대 익산지방의 양반」『전북사학』7
102. ____, 1986 「조선의 양반제를 어떻게 이해할 것인가-양반제에 관한 오늘날의
    통설이 갖는 몇가지 문제점-」『전라문화논총』1, 전북대전라문화연구소
103. 윤석효, 1983 「임란후」의 노비신분변동에 관한 硏究」『한성사학』창간호
104. 최승희, 1983 「조선후기 향리신분변동여부고-향리가문 고문서에 의한 사례연
    구-」『김철준박사화갑기념사학논총』, 지식산업사
105. ____, 1983 「조선후기 향리신분변동여부고(2)-초계변씨가문 고문서에 의한
    사례연구-」『한국문화』4, 서울대
106. ____, 1985 「조선시대 양반의 대가제」『진단학보』60
107. ____, 1985 「조선후기 신분변동의 사례연구-용궁현 대구백씨가 고문서의
    분석-」『변태섭박사화갑기념 사학논총』, 삼영사
108. 武田幸男, 1983 「學習院大學藏 朝鮮戶籍大帳의 基礎的 研究-19世紀 慶尙道鎭

海縣의 戸籍大帳을 通하여-」『學習院大學東洋文化研究所調査研究報告』
13
109. 이훈상, 1984 「창충사의 건립과 거창신씨 이족」『동아연구』 4, 서강대
110. ____, 1985 「조선후기 경주의 향리와 안일방」『역사학보』 107
111. 최영호, 1984 「유학·학생·교생고-17세기 신분구조의 변화에 대하여-」『역사
학보』 101
112. 川島藤也, 1985 A Study of the Hyangan: Kin Groups and Aristocratic Localism
in Seventeenth and Eighteenth-Century Korean Countryside, *The Journal of
Korean* Studies V.5
113. 박찬승, 1985 「동학농민전쟁의 사회·경제적 지향」『한국민족주의론』 Ⅲ, 창
작과 비평사
114. 신용하, 1985 「갑오농민전쟁의 주체세력과 사회신분」『한국사연구』 50·51합
115. ____, 1985 「1894년 사회신분제의 폐지」『규장각』 9
116. 오갑균, 1985 「분무공신으로 인한 신분변동」『변태섭박사화갑기념사학논총』,
삼영사
117. 이세영, 1985 「18·19세기의 양반토호의 지주경영」『한국문화』 6, 서울대
118. 이우철, 1985 「조선후기 향촌사회에 있어서의 이서계층연구-단성호적의 분석
을 통한 사례연구-」『진단학보』 60
119. 최 호, 1985 「조선후기 역촌에 대한 일고찰-단성현 호적대장을 중심으로-」『중
앙사론』 4, 중앙대
120. 한영우, 1986 「조선후기 '중인'에 대하여-철종조 중인 통청운동 자료를 중심으로-」
『한국학보』 45

2장 조선시기 사회사 연구와 자료활용 방안

1. 머리말: 사회사 연구의 대상과 방법

일반적으로 역사연구자들은 시대나 분야를 한정하여 연구를 진행시키고 있다. 연구자들은 자신의 인식상의 한계라든가 해당시기 자료의 방대함 등 때문에 어쩔 수 없이 시대와 분야를 제한하고, 그가 다루어야 하는 여러 가지 자료 가운데서도 특정한 사료를 선택하여 분석하게 된다. 그리고 이들 사료 분석을 통해 추출된 사실들을 일정한 방법론을 통해 재구성함으로써 객관적 역사상을 추출하고자 노력하는 것이다.

우리가 '조선시기 사회사'연구를 한다고 했을 때, 이는 연구의 대상 시기 및 분야를 일정하게 한정한다는 점을 전제로 하는 말이다. 이때 '사회사'는 '정치사'나 '경제사', '사상사'가 분류사로 이해되고 있는 것과 마찬가지로 하나의 분류사로 볼 수 있다.1 각 대학의 강좌에서도 차츰 기존의 '사회경제사'에서 '사회사'를 분리시켜 개설하는 경향을 보이고 있다.2 이

....

1 아직 연구자들 간에 어떤 공통된 합의가 이루어진 것이 아니긴 하지만, 현재 진행되고 있는 조선시기 역사연구의 대체적인 경향으로 본다면 '사회사'는 '정치사'나 '사상사'와 같은 일종의 분류사의 범주로 이해할 수 있다. 1981년도에 간행된 국편『한국사』제 25권에 수록된 논저목록의 분류체계 가운데 '정치' '경제' '사회' '사상' '문화'의 하나로서 '사회'분야가 설정된 것이라든가, 87년 근대사연구회에서 조선후기사 연구현황을 검토하면서(1987『한국중세사회 해체기의 제문제』상·하, 한울) '사회사연구'를 구분하였던 것 등이 '사회사'를 분류사의 개념으로 사용하고 있음을 보여준다.

같이 '사회사'를 하나의 분류사로 이해할 수 있다면, 분류사로서의 사회사 연구는 연구자의 단순한 관심이라든가 연구대상을 한정시키는 데서 오는 편의성에 의해서 이루어져서는 곤란할 것이다. 그것은 나름대로의 대상과 방법론을 가질 필요가 있다고 하겠다.

그런데 최근 사회사를 분류사로서만이 아니라 하나의 역사파악 방법이나 이론, 나아가 역사인식의 문제와 관련지어 이해하고자 하는 경향이 나타나게 되면서 사회사에 대한 방법론적인 검토의 필요성이 제고되었다.[3] 1970, 80년대 서양사학계와 사회학계에서 소개하고,[4] 또 그것을 한국

....

2 각 대학의 사학과, 국사학과에서 '사회사'강좌를 독립적으로 개설하고 있는 경우는 그다지 많지 않다. 그렇지만 전반적으로 살필 때, 기존의 '사회경제사'는 '경제사'를 의미하며, 상대적으로 '사회사'는 사회제도 일반과 사회신분 계급이나 가족·촌락 등의 주제를 대상으로 하는 분류사를 의미하는 것으로 나타나고 있다. 그리고 풍속이나 일상생활 및 사회운동, 사회사상 등을 사회사의 대상으로 삼는 경우도 발견할 수 있다.

3 사회사를 하나의 역사방법론으로 파악하는 시각은 최근 논의되고 있는 '사회사로부터 심성사로의 이행'이라는 하나의 주제(1989『남현 양병우박사 정년퇴임 기념논총: 역사가와 역사인식』, 민음사)에서도 확인할 수 있다. 이 때 '사회사'나 '심성사'는 하나의 연구대상이나 주제를 다룬다고 하는 점에서 분류사적인 의미를 포함하지만, 그에 머물지 않고 역사를 설명하는 방법의 차이까지 내포한다는 점에서는 역사방법론의 의미를 갖는다고 하겠다.

4 '사회사'란 용어가 사용되기 시작한 것은 일찍이 1925년 이나바 이와키치(稻葉岩吉)의「朝鮮社會史ノ斷面」(1925『東亞經濟硏究』9-3)이라든가, 백남운의「조선계의 사회사적 고찰 (1)(2)」(1927『현대평론』1-6·7) 및 리청원의『조선사회사독본』(1936; 1937년『조선역사독본』으로 개작) 등의 논저에서 찾아볼 수 있다. 그러나 이 때 '사회사(적)'는 역사인식방법이란 함의를 내포하는 것은 아니었고, 이 같은 사정은 해방 후에 있어서도 마찬가지였다. 그러한 가운데 1970년대 서양사학계의 이민호, 민석홍 교수 등이 개별적으로 서구 사회사이론(논쟁)을 소개하고, 사회학계에서는 신용하 교수 등이 사회사란 강좌를 개설하기도 하였다. 그리고 1980년대에 들어와 서구의 사회사 이론은 이민호, 이광주, 신용하, 조성윤 교수 등에 의해 아래와 같은 책으로 묶여져 출간됨으로써 일반에게 본격적으로 소개되었다.

사에도 적용하고자 시도해온 서구 '사회사이론'은 사회사(social history)를 사회의 역사(history of society) 또는 '전체사회사'로 보다 넓은 의미에서 파악해야 한다는 문제제기를 하였다. 여기에 한국사를 전공하는 연구자들도 일정한 영향을 받았고 또 앞으로 어떠한 형태로든 한국사 연구자들에 의해 이 문제가 다루어질 것으로 보이는데, 아직까지는 이에 대한 적극적인 검토가 이루어지지 않은 상태라고 판단된다.

여기에서 우리가 고려해야 할 점으로 두 가지를 생각해 볼 수 있을 것 같다. 하나는 서구의 '사회사이론'이 각국의 역사연구의 전통과 밀접한 관련이 있는 바, 그것은 과거 전통적인 역사학이 가졌던 한계를 극복하고자하는 각국 연구자들의 노력 위에서 나온 것으로서 나름대로의 개성을 가진 것이라는 사실이고, 다른 하나는 그와 같은 이론이 인접 사회과학의 발전과 밀접한 관련을 가지면서 성립, 발전해 왔다는 점이다.

우리의 경우 조선시기를 대상으로 하는 연구에서도, 인접 사회과학과의 연계가 거의 없었다는 특수한 사정을 제외하면, 사회사연구가 기존의 역사학의 성과 위에서 그것을 발전적으로 계승하려는 노력 위에서 이루어져 왔다는 점을 확인할 수 있다. 조선시기 사회사연구는 70년대에 들어와 그 기초가 마련되는데, 뒤에 언급이 되겠지만 여기에는 연구자들이 새로운 자료를 발굴하고 기존의 해석에 대해 진지하게 문제를 제기하는 노력이 있었던 것이다. 특히 조선후기를 다루는 연구자들이 이른바 '사회사'를 연구시야에서 본격적으로 문제 삼게 된 것이 70년대 후반 80년대에 들어오면서부터라고 하는 지적은5 이때의 '사회사'가 기존의 연구(대상과

....

이광주·이민호 편, 1981『역사와 사회과학』, 한길사.
신용하 편, 1982『사회사와 사회학』, 창작과 비평사.
이거스(이민호·박은구 옮김), 1982『현대사회과학의 흐름』, 전예원.
이민호, 1982『현대사회와 역사이론』, 문학과 지성사.
조성윤 편, 1982『현대사회사이론과 역사인식』, 청아.

방법)에 대한 문제제기의 성격을 갖는 것임을 말하는 것이다. 물론 사회
사가 새롭게 주목된 데에는 앞서 언급했던 서구 사회사의 소개가 일정하
게 영향을 미쳤음을 간과할 수 없을 것이다.6 그렇지만 80년대 조선 사회
사의 주류적 경향은 이 시기 국사학계가 학문 내외적으로 처한 문제점에
대한 하나의 반성의 기운을 반영하는 것이었다. 즉, 학문 내적으로는
1960, 70년대 경제사 분야의 연구가 이끌었던 '발전론'이 갖는 문제점이
지적되는가 하면, 현실 변혁운동의 고양에 학문이 능동적으로 대처하지
못하고 있다는 비판적인 문제제기가 있었고, 이에 대한 대응의 한 형태로

....

5 사실 1970년대까지만 하더라도 사회사는 경제사에 붙어 다니는 것이 일반적인
  현상이었다. 그러다가 최근에서야 사회사가 주목을 받게 되면서 점차 분리되게
  된다. 이 같은 사회사의 분리현상은 서구 사회사이론의 영향에서 비롯된 것만이
  아니라, 80년대 현실 사회변혁운동의 고양에 자극되어 '운동사'가 활성화되면서
  변혁주체인 '민'의 사회경제적 형태에 주목, 민의 생활현장인 향촌사회에 대한
  관심이 증폭되었던 사정과 관련된 것이다. 이에 따라 60년대 이후 농업생산력·
  토지소유관계·농업경영 등 경제사에 의해 주도되던 연구주제의 확대가 가능하
  여졌고, '사회사'가 경제사의 종속적인 위치로부터 벗어나 독자적인 영역을
  개척하기 시작하였던 것이다(한상권, 1990 「총론 - 지배구조와 '민'의 저항으
  로 본 중세사회」 『역사와 현실』 3).
6 한국사연구자로서 서구 사회사이론에 자극받았다는 점을 적시한 유일한 연구자
  는 이수건 교수이다. 이 교수는 「나의 책을 말한다」(1991 『한국사시민강좌』 8)
  에서 그의 저서 『한국중세사회사연구』를 구성하게 된 동기를 언급하는 가운데
  그 마지막 부분에서, "한국사회가 1970년대에서 1980년대에 걸쳐 야기된 정치
  사회적 현실이 필자로 하여금 서구의 아날학파(Annales)가 사회사연구의 방법론
  으로 제시한 구조사 또는 전체사(Total History)에 관심을 갖게 하였다"라고 지
  적하고 있는 것이 그것이다. 이 때 이 교수가 주목한 것은 문자 그대로 장기적
  으로 크게 변하지 않고 지속되어온 것으로 보는 사실들이었다. "우리의 전통사
  회에 대한 필자의 시각 가운데 왜 한국은 신라 이래 통일왕조 또는 왕조의 장기
  화가 지속되었는가, 역대왕조는 중앙집권적 지방통치체제를 지속했음에도 지방
  은 군현단위로 각기 개별성과 자율성을 유지 할 수 있었는가" 등이 이 교수가
  의문으로 제기하고 아날학파로부터 발견할 수 있을 것으로 기대한 질문이었다.

서 나타난 것이 사회사였던 것이다.

따라서 조선시기 사회사연구에 있어 자료이용의 문제점을 검토하고, 앞으로의 사회사연구의 발전을 전망하는 가운데 새로운 자료들을 적극적으로 활용하는 방안을 모색하기 위해서는 먼저 그간의 사회사연구가 어떻게 진행되어 왔는가 하는 점을 살필 필요가 있겠고, 그 전에 연구사 검토의 기준을 마련하기 위해서는 연구 방법과 대상에 대한 고려가 선행되어야 할 것이다. 머리말에 대신하여 사회사연구의 대상과 방법을 음미하고자 하는 이유도 여기에 있다.

이미 1987년 당시 조선시기 사회사연구의 대상과 방법을 검토하는 자리에서, 한국사 연구에서 '사회사'란 아직 방법론은 물론 연구영역조차 정립되어있지 못한 분야라는 문제가 제기된 바 있다.7 그리고 그 같은 문제제기는 현재도 유용하다고 생각된다. 물론 서구의 사회사이론을 연구에 적용시키고자 하는 시도가 없었던 것은 아니지만,8 그 이해의 수준은 각양이고 아직은 거기에서 어떤 합의점을 발견하기도 어려운 실정에 있다. 여전히 사회사는 다른 분야사, 예컨대 정치·경제·사상사 등이 다루지 않는 분야를 다루는 역사라는 인식이 일반화되어 있고, 특정의 방법론적인 전제 위에서 언급하는 경우라고 할지라고 이론적 차원에서 그 대상이나 방법을 명시하지 못하고 있는 것이다.

따라서 위의 조선후기사에 대한 연구사검토에서 사회사연구의 대상을 '사회구조와 그 변동'이란 전제 하에 ① 사회의 단위와 조직, ② 사회제도 및 그 운영, ③ 신분제도, ④ 사회변혁운동의 네 분야로 범주화하고 그 각각에 가족 친족 및 사회조직(촌락·향약·계·향안 등. 공동노동조직으로

---

7 고석규, 1987 「조선후기 사회사연구의 방향」(근대사연구회 편, 1987 『한국중세 사회 해체기의 제문제(하)』 「제4편 사회구조와 변혁운동」, 「서」, 한울).

8 주 6 참조.

서의 두레도 이에 포함될 수 있을 것이다), 부세제도·지방제도·교육제도(신분제도), 신분·계급, 각종 변혁운동 등을 배치시킬 것을 제시한 견해를9 일단 주목한다. 이는 해방 후 내재적 발전론의 연구성과를 계승하면서도 그것이 가졌던 경제주의적 한계를 보완하는 차원에서 사회사가 일정한 역할을 해야 한다는 문제의식을 반영한 것이었다. 그리고 이 같은 견해에는 역사발전의 계기와 동력을 확인하고자 하는 실천적인 목적이 전제되어 있었던 것이었다.

그러한 점에서 위의 방법론은 한국에서의 사회사가 서구의 이른바 아날학파류의 사회사 방법론과도 차별성을 가져야한다는 점을 전제하고 있는 것이기도 하였다. 물론 아날학파류의 사회사가 역사를 크게 세 차원(장기지속, 국면, 사건)에서 설명함으로써 역사를 이해하는 방식을 크게 확장시킨 것을 평가하고 각 차원, 특히 '전체'의 차원을 설명하는 방법을 주목한다. 그렇지만 과거 아날학파류의 방식은 각 차원간의 연관관계를 설명하는 데는 큰 약점을 갖고 있다고 본다. 다시 말하면 전체사와 국면 사간의 관계는 어떻게 설명할 수 있는가, 또 국면간의 변화의 계기와 동력은? 거기에서 사건사의 역사적 의미는? 등등의 질문에 대해 아날의 '사회사'에서는 만족할만한 수준의 설명을 발견할 수 없다고 보는 것이다.

그러나 과학적 실천적 역사학을 추구하면서 사회구성사적인 시각에서 사회사의 대상을 범주화시키고자 한 것으로 평가되는 위와 같은 문제제기도 보다 정리되고 구체화될 필요가 있다고 본다. 이를테면 위에서 설정한 사회사가 정치·경제·사상사와 어떻게 유기적으로 결합되고 있는가, 그 주요 대상으로 삼고 있는 '사회구조'라는 것이 사회구성사적인 방법론을 취할 경우에 사회사의 독자적인 영역이 될 수 있는 것인가 등의 의문

....

9 근대사연구회 편, 1987 『한국중세사회 해체기의 제문제(하)』, 한울.

에 대한 만족할만한 답을 제시해야 하는 것이다. 사회사는 어떠한 영역을 독자적인 연구의 대상으로 가질 수 있으며, 또 사회사의 독자적 영역을 설정한다고 했을 때 이러한 논리 자체가 사회구성사적인 역사인식방법과 합치할 수 있는 것인가에[10] 관해 검토가 있어야 할 것이다.

위와 같은 문제와 관련하여 최근 중국 사학계에서 마르크스주의사학의 전통 위에서 '사회사'를 어떻게 발전시킬 수 있을 것인가 하는 점을 모색하는 가운데, 서구 사회사의 발전을 의식하면서 마르크스주의사학의 방법론상 우월성을 강조하지만 그 구체적인 내용을 채우는 데에 있어서는 많은 어려움이 있음을 토로하고 있는 사정을[11] 고려해야 할 것이다. 토론의 마지막에, "마르크스주의의 기본원리는 사회사연구를 대체할 수는 없다. 그러나 그것이 이론지도를 한다면 중국 사회사연구는 훨씬 빨리 발전할 수 있을 것이다"라고 하는 수준에서 정리를 하고 있었던 것이 사회사의 대상 설정과 연구의 진전을 꾀하는 데 있어서의 어려움을 반영하는 것으로 이해된다.[12]

....

10 유재건, 1988 「역사법칙론과 역사학」 『창작과 비평』 59 복간호 참조.

11 南開大學 歷史系 中國社會史硏究室, 1987 「中國社會史 硏究 綜述」 『歷史硏究』 1987-1(한국사회사연구회, 1988 『사회사연구의 이론과 방법』 「부록」에서 재인용). "서양사학의 발전의 측면에서 마르크스주의사학을 보면 마르크스주의 사학은 다른 사학에 비해 사회사를 좀더 일찍부터 자각했었다고 말할 수 있다. 서양사학은 초기에는 다만 정치사·군사사· 외교사의 연구에 치중하였고 후에 비로소 경제사에 주목하였다. 그 후에 서양사학은 하층 사회사를 중시하여 한발 한발 사회사의 영역에 접근해갔다. 그러나 처음부터 경제사·생산방식사·계급구조·계급투쟁사를 중시하여 이로부터 사회사연구에 진입할 수 있었다. 마르크스주의의 기본원리는 사회사연구를 대체할 수는 없다. 그러나 그것이 이론지도를 한다면 중국 사회사연구는 훨씬 빨리 발전할 수 있을 것이라고 憑爾康은 주장했다."

12 위 정리에서 중국의 사회사를 종합적으로 검토하는 가운데 그 대상이 아래에서 볼 수 있는 바와 같이 하나의 통일된 체계를 갖추지 못한 형태로 제출되고 있는 것도 그들의 현 연구수준을 보여주는 것으로 생각된다. 위 정리에서 각 시기

그리고 서양사학계나 사회학계에서 검토해온 서구 사회사의 발전과정에 대한 이해도 시사하는 바가 크다. 이른바 아날학파의 사회사에 대한 인식과는 일정한 거리를 가지면서도 서구사회사의 전통과 그 흐름을 잘 정리하고 있는 홉스봄의 정리는[13] 다음과 같다. 즉, 1970년대 초까지의 사회사연구의 대상은 ① 인구, 친족, ② 도시연구, ③ 계급과 사회집단, ④ 정신과 사회의식의 역사, 문화의 역사, ⑤ 사회의 변혁(근대화나 산업화), ⑥ 사회운동과 사회적 저항현상 등으로 나타나고 있는 바 이들을 중심으로 한 연구경향에서 사회사는 대체로 세 가지 의미를 갖는 것으로 볼 수 있다. 첫째 빈민 혹은 하위계급의 역사 또는 사회운동의 역사, 둘째 풍습·관습·일상생활 등과 같은 잔여적 의미의 사회사 또는 정치학이 빠진 역사, 셋째 경제사와 결합된 사회사(경제와 사회, 사회경제사)가 바로 그것이다. 그는 이 가운데서 특히 세 번째 의미의 사회사에 주목하는데, 이는 19세기 랑케류의 사학에 대한 비판적 의미를 띠고 나타난 것으로서 경제적 진화, 사회의 구조와 변동, 계급이나 사회집단간의 상호관계에 관심을

....

의 연구대상은 다음과 같이 보고되었다.

선진양한(先秦兩漢): ① 등급신분, ② 종족과 혼인, ③ 인구문제, ④ 물질생활, ⑤ 정신생활

위진남북조 수당(魏晉南北朝 隋唐): ① 사회등급 구조, ② 사회단체 사회조직 및 지역공동체, ③ 인구문제와 사회자선사업, ④ 생활방식과 풍속

송요금원청(宋遼金元淸): ① 등급신분과 직업생활, ② 혈연단체, ③ 지역공동체 생활, ④ 인구, ⑤ 생활방식과 습관(물질생활습관, 예제와 풍속, 문화오락, 종교생활, 동족 동화 및 기타)

근대(近代): ① 사회등급과 구조(회당, 공인, 매판, 민족자본가, 지식인), ② 인구와 그 유형(인구, 부녀, 화교), ③ 사회생활과 풍속

13 에릭. J. 홉스보움, 1971 「사회사로부터 전체사회사로」『Daedalus』100(신용하 편, 1982 『사회사와 사회학』, 창작과 비평사 수록). 홉스봄의 사회사인식에 관해서는 박지향 교수의 논문 「홉스봄: 전체사로서의 사회사」(1989 『남현 양병우 박사정년퇴임기념논총 역사가와 역사인식』, 민음사) 참조.

가짐에 따라 하나의 영역을 확보하게 되었다고 파악한다. 이렇게 초기의 사회사는 연구자들의 문제의식과 관련하여 경제사와 결합하여 연구되다가 이후 사회과학의 발전, 사회학의 역사화와 경제학의 전문화에 의해 사회사가 독립하게 되었다는 것이다.[14]

위에서 본 바와 같이 방법론의 측면에서 한국 사회사가 해결해야 할 문제는 적지 않다고 하겠다. 그렇지만 이 같은 문제에도 불구하고 기존 한국사연구에서 '사회사'는 일정한 영역을 확보해 왔다. 근대적인 학문방법에 입각해 한국사연구가 진행되는 가운데 이루어진 인구, 가족, 신분(계층, 집단), 촌락(조직) 등과 같은 연구 분야[15] 외에도 최근에 들어와 사회조직, 사회정책(사상), 농민항쟁, 사회변동 등과 같은 주제들이 사회사연구의 대상으로 확대되어 온 것이다. 이 같은 주제의 확대는 자료의 확대뿐만 아니라 연구자들의 문제의식의 제고에 의해 가능한 것이었다는 점에서 앞으로 이 방면의 진전이 기대된다.

다만 우리가 지속적으로 문제 삼아야 하는 것은 이 분야의 연구가 전체 사회구성과 그 발전의 문제와 유기적으로 관련지어 설명되고 있지 못하다는 점, 사회사 내에서 각 주제의 연구가 그 방법론이나 자료해석상에 있어 편차를 보이고 있다는 점, 그리고 여전히 그 연구의 목적이나 의의를 분명하게 제시하는 경우가 드물다는 점 등이다. 구체적인 사실을 밝히는 데서 연구가 끝날 수는 없는 것이고, 그러한 사실의 단순한 집적에 의해 객관적 역사상이 구성되는 것은 아니기 때문에 분류사로서의 사회사

---

14 서구 사회사의 발전에 관하여는 그 역사인식이나 방법론적인 측면에서 비판적으로 검토되어야할 부분이 많이 있을 것으로 생각되지만, 사회사가 경제사와 결합되어 연구되다가 하나의 독립 영역으로 자리 잡게 되는 경향은 한국사 연구의 경우에서도 확인된다.
15 국사편찬위원회, 1981 『한국사 25』「논저목록」 참조 여기에서 그 중심주제가 되고 있는 것은 가족, 신분계급, 촌락 등으로 나타난다.

가 지향해야 할 방법론에 대한 천착과 각 분야사간의 위상정립이 절실히 요구된다고 하겠다.

2. 조선시기 사회사 연구의 흐름

앞에서 살폈듯이 사회사의 대상이나 방법론의 문제가 여전히 해결과 제로 남는 것이지만, 이제 그 같은 문제 해결의 단서를 마련한다는 의미에서 그간 이 분야의 연구를 개략적으로 살피기로 한다. 크게 본다면 조선시기를 대상으로 하는 사회사연구 동향은 다섯 시기로 나누어 설명할 수 있다.

첫째는 1900~1944년의 연구로서 주로 일본인 학자들에 의해 식민지통치의 기초지식을 제공하기 위한 목적으로 연구가 이루어지던 시기, 둘째는 1945년 이후 50년대의 공백기로 이 기간에 부분적으로 이루어지던 연구가 대부분 식민사관의 정체성론을 벗어나지 못하고 있던 시기, 셋째는 60년대 한국인에 의한 연구가 본격적으로 이루어지면서 식민사관의 정체성론·타율성론에 대한 극복이 시도되던 시기, 넷째는 70년대 기존 사회경제사연구의 성과에 자극받아 연구의 활성화가 이루어지던 시기, 다섯째는 80년대에 들어와 사회경제사연구의 그늘에서 벗어나 새로운 방향을 모색했던 시기가 그것이다.[16]

각 시기 사회사연구에 대한 연구사적 검토는 위에서 언급한 『한국중세사회 해체기의 제문제(하)』에 자세하므로, 여기에서는 앞서 문제제기가 갖는 당위성을 확인한다는 의미에서 각 시기에 이루어졌던 중심 대상주

....

16 근대사연구회 편, 1987 위의 책, 「제4편 사회구조와 변혁운동」 참조.

제(가족·신분계급·촌락)와 해당 주제에 참여하였던 연구자들이 적용하였던 방법론의 측면에서 그간 연구의 흐름을 개략적으로 살펴보기로 한다.

첫 번째 시기에는 언급했다시피 주로 일인학자들에 의해 연구가 주도되었다고 할 수 있는데, 그들이 다루었던 대상은 산업(시장·상업·물산·화전·소작·관습), 촌락(취락·동족부락), 사회조직(계·향약), 재해, 인구, 성, 생활상태(세시풍속·관습), 교육, 지방제도, 부세제도 등 사회 전 방면에 걸치는 것이었고, 그것은 일차적으로 조사보고서의 형태 또는 자료의 수집 정리라는 차원에서 자료집의 형태로 제출되었다.[17] 그리고 이와 같은 작업과 병행하여 그들은 나름대로의 연구방법론에 입각하여 학문적인 접근을 시도하였다. 그 가운데 적용되었던 방법론은 기초적인 문헌고증학에서부터 후쿠다 도쿠조(福田德三)에 의해 시도된 역사학과 경제학의 경제발전단계론, 모리다니 카츠미(森谷克己) 등에 의해 적용된 아시아적 생산양식론, 스즈키 에이타로우(鈴木榮太郎)에 의해 시도된 사회학적 연구방법론 등 다양하였다.

그런데 그들은 처음부터 학문적인 관심에 의해 한국사를 연구한 것이 아니라 일제의 한국지배를 정당화하고 그들의 한국지배에 필요한 기초적인 지식을 얻기 위해 작업에 임하고 있었다. 따라서 그들의 연구주제라고 하는 것이 어떤 학문적 체계 위에서 채택된 것도 아니었고, 연구방법론 여하에 관계없이 연구의 결과는 공통적으로 한국사의 정체성, 타율성을 확인하는 것으로 귀결되고 있었다. 해방 이후까지 영향력을 행사하였던

---

17 식민지시기 일본인들의 한국에 대한 조사보고서는 1900년 러시아에서 간행된 『韓國誌』가 당시까지의 한국관계 서적과 답사나 관찰에 의한 성과에 기초하여, 한국의 역사·지리·지질·기후·농식물·도와 도시·도로와 교통수단·주민·종교·언어·문학 및 교육·산업·상업·국가제도·행정 및 사법·군대·재정 등 한국사회의 거의 전 분야에 대한 기록을 갖추고 있었던 것과 같은 차원에서의 작업이라고 할 수 있을 것이다.

시카타 히로시(四方博)의 경우 호적상에 반영된 인구의 신분계급별 변동 현상을 확인하고서도 그 같은 변동의 이유를 노비의 '상전집에의 몰입'이라든가 '사회통제에 뚜렷한 결함'에서 찾고, 결국 '이조말기에 가까워질수록 점차 이러한 사실이 심하여지는 것을 보면 그 사회의 부패상은 실로 상상하고 남음이 있을 것이다'라고 단정하고 있었던 사실 등은[18] 그 대표적인 예의 하나라고 할 것이다.

그리고 학문적인 차원에서 접근하여 비교적 합리적인 결론에 도달하고 있던 스즈키 에이타로우(鈴木榮太郎)의 경우, 그가 택한 현지답사에 의한 실태조사를 통하여 조선 농촌에 대한 사회학적 접근방법은 해방 후 한국의 사회학자들에게 커다란 영향력을 끼쳤지만,[19] 어디까지나 그의 연구가 일본의 그것을 정확히 파악하기 위한 비교사적 관점에서 한국의 농촌 사회조직을 검토하는 것이었기 때문에 거기에서 한국의 농촌에 대한 체계적인 이해를 기대하기는 어려운 것이라고 하는 점도 고려되어야 할 것이었다.

반면 한국인에 의한 이 방면의 연구는 민족사학의 신채호가 1907년 「한국자치제의 약사」에서 보여주었던 문제의식을 문명사관의 입장에서 계승한 안확의 『조선문명사』와, 문헌고증학에서 김상기의 『동학과 동학란』및 랑케사학계열의 베른하임의 문명사관의 입장을 수용하고 있던 류홍렬

....

18 四方博, 1938「李朝人口に關する身分階級的觀察」『朝鮮經濟研究』 3.
19 양회수, 1967「서언」『한국농촌의 촌락구조』, 고려대학교 출판부 참조.
   "본연구는 서장에 밝힌 바와 같이 주로 남한농촌의 기개(幾個)의 표본촌락의 유의선출(有意選出)에 의한 실태조사에 의거하고 있다. 연구내용에 관하여서는 본서 전체로 하여금 그를 말하게 할 수밖에 없으나 평소에 인접 일본농촌사회학자들의 자국촌락에 대한 진지한 연구에 깊은 감명을 받고 있었든지라 본연구의 행론(行論)에 다른 어느 나라의 업적보다 그에 영향된 많은 면을 노출하여 한국 농촌연구의 독자적인 방법을 수립하지 못하고 허다히 모방에 시종한 점 자괴의 념을 금할 수 없다."

교수의 실증적 연구 「조선향약의 성립」 등이 주목되는데, 아직까지 학적 체계를 갖추고 일인들의 한국사연구를 비판할 수 있는 수준에는 이르지 못한 단계에 있었다. 그렇지만 이 시기에도 사적유물론에 입각하여 한국사의 체계화를 기도한 사회경제사학계열의 연구가 있어 식민사관의 허구성을 정면으로 비판하고 이 방면의 연구의 기초를 마련하였던 사실은 중요한 유산이 아닐 수 없다. 다만 이 경우 연구의 초기단계에서 말미암은 여러 제약에 의해 한국사 전체의 체계화는 곤란하여서 이 같은 한계는 다음 단계의 과제로 남겨지고 있었다.

전체적으로 볼 때 사회사, 또는 사회사적 접근이 시도되고 있었으나 그것이 별개의 방법론을 전제하고 있었던 것은 아니었다고 할 수 있다. 그리고 사회경제사학의 경우 그 같은 분야에 대한 이해를 아우르고 있으나 구체적인 역사상의 구성에서는 여전히 경제결정론적인 편향을 완전히 배제할 수는 없었던 단계에 있었던 것으로 이해된다.

1945~1959년까지의 두 번째 시기는 언급했다시피 이 방면 연구가 부진했던 시기라고 할 수 있다. 이 시기 연구 성과가 빈약하였던 것은 해방 후 인적·물적 자원의 취약과 연구의 기초가 되는 자료의 제약에서 비롯된 것이지만, 근본적으로는 해방 후 새로운 조국건설의 현실적 과제에 대해 연구자들이 능동적으로 대처할 수 있는 학문적 기반의 취약성에 기인한 것이었다. 일제 말기 학문·사상의 발전에 대한 가혹한 탄압이 초래한 결과라고도 할 수 있고, 식민지하에서 한 사회를 운영하는 경험을 박탈당했던 조건에서 학문이 사회의 발전과 유리될 수밖에 없었던 사실에서 비롯한 것으로 이해할 수도 있겠다.

이 같은 조건 위에서나마 초기 새로운 학문건설의 방향을 둘러싼 노력이 없었던 것은 아니지만, 그 같은 노력이 결과를 맺기도 전에 학문역량이 크게 위축되었다. 그렇지만 이 시기에도 주목해야 할 것은 한국전쟁

이후 남한사회의 건설과 관련하여 학계에서는 새로운 돌파구를 마련해야 한다는 자성의 기운이 제고되고 있었다는 점이다. 그에 바탕하여 '역사학회'가 건설되고 이를 중심으로 역사학의 새로운 방향모색이 시작되었다. 여기에서는 인접학문과의 교류가 모색되고 역사학을 과학적 지평 위에 올려놓고자 하는 노력들이 이루어지고 있었다.[20] 그런데 그것은 당시 반공이데올로기 하에서 절름발이를 면하기는 어려웠고, 게다가 그 같은 경향의 연구가 한국사연구에서 주류적 지위를 점할 수는 없는 상태였다. 자연 한국사의 체계화나 그를 위한 사회사분야의 연구 성과도 아직까지는 기대하기가 힘들었다.

1960년대에 들어오면 밖으로부터 자유당 독재정권의 붕괴와, 안으로 그간 새로운 학문건설을 위한 노력에 바탕하여 구체적인 성과들이 나타나기 시작하였다. 국사학계에서 식민사관을 극복하기 위한 문제의식이 고조됨에 따라 한국사를 발전적으로 파악하기 위한 실증적 연구 성과들이 나오기 시작하였다. 그런데 이 시기 국사학에서 사회사연구는 하나의 독자적인 영역을 확보하지 못하고 경제사연구의 발전을 추수하는 수준에서 나아가지 못한 단계에 있었다고 파악되는 바, 신분사 연구에 새로운 활력을 제공한 연구의 하나인 「조선후기에 있어서의 신분제의 동요와 농지소유」(1963 『사학연구』 15)가 사회경제사 연구에 많은 업적을 내고 있던 김용섭 교수에 의해 제출되었다는 것이 당시 사정의 일면을 반영하는 것이라고 하겠다. 김 교수는 지주제와 신분제에 기초한 조선의 봉건적 사회구성이 조선후기 농업생산력의 발전에 따른 농민층분해의 결과 그 근저에서부터 해체되어나갔다는 점을 그가 새로이 분석대상으로 삼은 양안 및 그 해석이 불충분하였던 호적의 분석을 통해 검증하였던 것이다.

....

20 이보형, 1969 「역사학회가 걸어온 길」 『이화사학연구』 4; 고병익 외, 1977 「좌담회: 역사학회 창립당시를 회고하며」 『역사학보』 75·76합.

한편 이 시기에 양회수 등에 이루어진 일련의 농촌사회사연구에서 촌락과 가족 등을 주제로 한 연구들이 이루어지고 그것이 정리되면서 이후 사회사연구의 기초가 되고 있었다.[21] 그런데 이들은 대체로 특정지역을 연구대상으로 선정하여 현장조사와 설문조사의 통계에 의존하는 연구방법을 취하고 있었다. 물론 그 가운데는 문헌학적인 방법을 병행하는 경우도 없지 않았으나 대부분 과거 일본인 연구자들의 문제의식과 연구방법을 크게 벗어나지 않는 것이었다. 문제는 사회사분야를 전체 사회구성의 발전과 연결지워 파악하는 인식론적 지평의 제약으로 말미암아 '사회사'가 역사연구에 있어 갖는 의의를 발견하는 데는 크게 성공하지 못했던 것으로 보인다. 오히려 그 같은 문제의식이 배제된 '사회사'는 '정치·경제·사상사가 다루지 않는 부분에 관한 연구'라고 하는 인식마저 낳게 하였던 것이 아닌가 생각된다.

이 시기 문헌에 대한 종합적 검토 위에서 경제학적인 방법을 가지고 과거 조선시대의 사회조직인 계를 종합적으로 분석한 김삼수 교수의 『한국사회경제사연구-계의 연구-』(1966 박영사)는 특기할 만하다. 그가 당시 이용 가능한 일차사료를 광범위하게 수집하고 기왕의 연구에 대한 학설사적인 검토 위에서 계 연구에 초석을 마련하였다는 점이 높이 평가될 수 있을 것이다. 그러나 여기에서도 그 이론적용의 도식성과 자료의 제한으로 말미암은 한계는 피할 수 없는 것이었다. 이 연구가 갖는 의의는 사회조직을 역사적인 맥락에서 검토하고자 하였다는 것으로 당시로서 선진적인 연구였다. 그렇지만 계의 연구를 통해 중세사회구성상과 그 변화의 계기를 역사적으로 제시하는 데에는 성공하지 못하였다.

1970년대에 들어와 위와 같은 한계들은 극복의 단서를 얻게 된다. 사

⋯⋯⋯⋯⋯⋯⋯

21 양회수, 1967 『한국농촌의 촌락구조』, 고려대학교 출판부.

회학의 분야에서 이 시기에 들어오면 각 주제들을 역사적인 맥락에서 다루는 것이 일반화되고, 이 분야에 국사학자들도 적극적으로 참여하기 시작하였다. 1970년대에는 연구의 방법이나 연구분야, 연구자료, 연구의 양이나 질 모든 면에서 그 이전보다 큰 진전이 이루어지게 되지만, 동시에 많은 연구 성과가 나타나면서 그만큼 많은 문제점들이 드러나기도 하였다.

사회학분야에서 이루어진 성과 가운데 가족, 촌락의 주제와 관련하여 최재석이 문헌자료에 대한 연구에 착수하여 자신의 연구영역을 확대시킨 것[22]이 주목되며, 이후 많은 이들이 문헌자료와 한국농촌에 관심을 가지게 되었다. 여기에 이수건, 이태진 등 역사학분야의 연구자들의 참여가 이루어지게 됨에 따라 실증적 기반 위에서 과거 식민사관논자들이 제시한 이해체계의 오류들을 극복할 수 있게 되었다는 점은 커다란 성과였다.[23] 신분사의 측면에서 본다면 각 신분층에 대한 주제의 확대가 이루어지고 신분구조와 구조변동(신분이동)이 연구의 중심주제로 자리 잡게 되면서, 그동안 검토가 보류되었다든가 새로 발굴된 호적이 적극적으로 검토되기 시작하였다. 이 시기 연구의 경향은 사회경제사의 연구성과를 신분사에도 확인하려는 것이었지만, 이와는 다르게 이 분야에서 이른바 '계층이동론'이 새로운 방법론으로 받아들여 하나의 새로운 이해체계를 세우려는 연구경향도 주목되었다. 그러나 이와 같은 연구들은 연구사적인 자기반성 위에서 하나의 새로운 학문체계를 세우고자 하는 목적의식적인 노력보다

....

22 최재석, 1975『한국농촌사회연구』, 일지사.
23 일본인 연구자 가운데서 하타다 다카시(旗田巍) 같은 이가 전후의 조선사연구의 새로운 재출발을 주장하면서 조선사회의 독자적인 구조 혹은 제도의 배후에 있는 실체를 구명하고자 조선의 군현제도, 토지제도, 가족 신분 촌락에 관한 연구를 진행하여『朝鮮中世社會史の硏究』(1972 法政大學 出版部)를 출간하였던 것도 한국사연구자들에게 일정한 자극을 가져다주었던 것으로 보인다. 이수건, 1991「나의 책을 말한다」『한국사시민강좌』8 참조

는 각 분야에서의 실증성을 확보하고자하는 동기에서 이루어진 측면이 더 강하였다. 그리고 그 연구방법론에 대한 문제의식은 빈약한 것이었다. 이를테면 60년대에 그 단초를 보였던 각 신분계급과 사회구성의 변동과를 연계지어 설명하고자 했던 시도가 발전적으로 계승되지 못하고 계층이동론이 무비판적으로 풍미하고 있었던 예가 그 같은 점을 잘 보여준다고 할 것이다.[24] 한편 서구의 역사학이나 사회과학의 이론의 영향 하에 이루어진 또 하나의 분야가 이른바 사회사와 관련하여 주목되었던 인구사의 분야였는데,[25] 이후 이 방면 연구의 필요성을 제기해주는 것이었다.

전체적으로 이 시기 연구성과들은 우리에게 새로운 사실을 보다 풍부하게 하는 데 기여했고, 그에 바탕하여 우리 사회를 발전적으로 이해할 수 있게 하는 초석을 마련해 주었음에도 불구하고 하나의 학적 체계 내에서 그것을 통일적으로 파악하는 수준에까지 끌어올리지는 못하는 수준에 있었던 것으로 보인다. 역사연구자들 역시 사회사를 타 분야사와 병렬적으로 이해하는 수준에서 크게 나아가지 못하였던 것이다. 60년대 말 제기되었던 시대구분논쟁에서 사회사분야의 연구가 아무런 역할도 하지 못했던 반성이 있어야 할 것이었다. 이 같은 문제의식은 80년대에 들어와 본격적으로 제기되었다.

1980년대 남한사회 내부에서는 과거 60년대 이후 추진되어 온 '근대화'가 초래한 제반 문제가 사회 전면에 드러나고, 그에 조응하여 새로운 사회를 건설하고자 하는 민중의 진출이 그 어느 때보다 폭발적으로 이루어졌다. 그러나 87년 노동자대투쟁으로 최고조에 달했던 민중의 의지가 다시 한 번 좌절됨에 따라 이제 사회와 역사의 발전에 대한 경제주의적

---

24 김인걸, 1987 「조선후기 신분사 연구현황」 『한국중세사회 해체기의 제문제(하)』, 한울 (본서 1장 수록).
25 권태환·신용하, 1977 「조선왕조시대 인구추정에 관한 일시론」 『동아문화』 14.

인식이 크게 수정되어야 한다는 문제가 제기되었다. 여기에서 연구자들은 사회모순의 실체를 새롭게 인식하는 계기를 찾았고, 사회구성과 그 변동을 변혁주체들의 주체적 활동과 관련하여 설명해야 한다는 관점을 보다 선명히 할 수 있었다. 그리고 이 같은 조건 위에서 기존의 서구 방법론의 기계적 적용이 갖는 문제점에 대한 반성도 가능해지게 되었다.

또한 80년내 사회사연구에서는 그 어느 때보다 많은 자료들이 새롭게 발굴되어 연구에 이용되었고, 이의 분석에 기초하여 실증성이 크게 제고되고 주제의 확대가 이루어짐에 따라 조선시기 사회성격이나 그 이행과정에 대한 보다 폭넓은 이해를 가질 수 있게 되었다. 그러나 무엇보다 주목되는 점은 중세 해체기 변혁주체의 실체와 그들의 객관적 조건에 대한 연구, 즉 사회구조와 그 변동을 변혁주체, 특히 생산대중의 성장에 맞추어 체계적으로 이해하고자 하는 연구가 사회사연구에서 하나의 새로운 경향을 이루게 되었다는 사실이다. 80년대에 들어와 폭발적으로 이루어진 농민운동, 노동운동 등 민중운동에 대한 관심의 제고는 사회사연구의 기초 위에서 가능하였던 것으로 평가되는데, 이들 연구들이 갖는 의의는 종래의 조선시기 사회경제사연구가 갖기 쉬웠던 경제주의적 관점을 극복할 수 있는 단서를 제공하였다는 데서 찾을 수 있다.

그렇지만 이상의 연구에서도 문제가 없었던 것은 아니었다. 80년대의 실증적 연구들은 자료나 사례에 보다 중점을 둠으로 해서 소재주의에 빠질 수 있는 위험을 안고 있었으며, 민중운동사의 경우 변혁주체들의 활동에 초점을 맞춤으로 해서 그들이 극복해야했던 질곡, 당시 모순구조, 나아가 기존의 사회구성의 성격에 대한 규명에는 상대적으로 취약해지는 문제를 남기고 있는 것이다.

이상과 같은 조선시기 사회사연구의 흐름을 살피는 가운데서 확인할 수 있듯이, 현재의 사회사연구는 경제사연구가 주로 농업생산력, 토지소유관계, 농업경영 등 농업사와 상공업사를 중심으로 사회의 물질적 재생산구조에 집중하고 사회구성상에 대한 총체적인 접근에 여유를 갖지 못한 상황 속에서 나름대로의 새로운 영역을 확보하게 되었다고 할 수 있다. 따라서 현재 해결해야 할 긴급한 과제는 최근 사회사가 확보한 연구대상을 우리 역사의 체계화와 관련해 어떻게 유기적으로 결합시키는가, 그리하여 어떻게 객관적 역사상을 실증적으로 구성해 내는 가하는 점이라고 하겠다. 여기에서 우리는 사회사연구의 중심 과제가 사회경제사에서 다루어 왔던 사회구성과 그 변동에 대한 체계적 이해와 분리될 수 없음을 알게 된다.

앞으로 사회사가 추구해야 할 것은 지속적인 연구주제 및 자료의 확대와 방법론의 심화 작업이다. 조선시기의 사회구성의 성격을 보다 구체화하기 위해서는 사회사가 지금까지 중심주제로 다루어왔던 가족·친족·신분계급·촌락·인구·사회운동 등의 주제를 보다 확대, 발전시켜야 할 것임은 물론 나아가 새로운 주제의 개발과 그것을 가능케 하는 자료의 발굴을 보다 활발히 진행할 필요가 있다. 그러나 여기에서도 무엇보다 중요한 것은 그 같은 작업에 의해 기존의 인식에서 한단계 나아간 새로운 인식을 가능케 하는 인식의 전환, 방법론상의 전환을 이루는 일이다. 이를 통해 우리 역사를 구체적이고 보다 풍부하게 설명할 수 있으면서도 체계적으로 이해할 수 있는 가능성을 확보할 수 있을 것이다.

3. 자료의 확대와 사회사 연구대상의 진전

위와 같이 각 시기의 연구들이 기존의 연구 성과를 바탕으로 하여 그것이 갖고 있는 한계를 극복하고자 하는 문제의식에 기초하여 발전되어

왔다는 점을 인정하다고 하더라도, 각 연구들이 기초로 하고 있는 자료를 통한 실증적 뒷받침이 이루어지지 못한다면 아무리 새로운 연구라 하더라도 이는 한낱 가설에 머물 수밖에 없다. 실제 새로운 문제제기는 그것을 풀 수 있는 자료가 있기 때문에 가능한 경우가 허다하다. 이 같은 점은 근대사학의 수립에 결정적 공헌을 한 단재(丹齋)와 동암(東岩)이 일찍이 지적한 바 있다.

단재 신채호는 『조선상고사』 총론에서,

> "이왕(已往)에 잇는 기록(記錄)이 그와가티 다 틀리엇스면 무엇에 거(據)하야 바른 조선사(朝鮮史)를 짓겟느냐? 사금(沙金)을 니는 자가 일두(一斗)의 사(沙)를 닐면 일입(一粒)의 금(金)을 엇거나 혹 엇지 못하거나 하나니 우리의 문적(文籍)에서 사료(史料)를 구(求)함이 이가티 어려운 바라. 혹자(或者)는 조선사(朝鮮史)를 연구(硏究)하자면 위선(爲先) 조선(朝鮮)과 만주(滿洲)의 등지(等地)에 지중(地中)을 발굴(發掘)하야 허다(許多)한 발견(發見)이 잇서야 하리라 금석학(金石學) 고전학(古錢學) 지리학(地理學) 미술학(美術學) 계보(系譜) 등의 학자(學者)가 쏘다저야 하리라 하는 운운(云云)이 만흐나 이도 그러하거니와 현금(現今)에는 위선(爲先) 구급(救急)의 방법(方法)으로 존재(存在)한 사책(史冊)을 가지고 득실(得失)을 평(評)하며 진위(眞僞)를 교(校)하야 조선사(朝鮮史)의 전도(前途)를 개척(開拓)함이 급무急務인가 하노라."[26]

라고 지적한 것은 당시 빈곤한 문헌자료의 한계 속에서 그나마 존재해온 우리의 서책, 역사서에 대한 비판적 검토로부터 역사서술이 출발해야 한다는 점을 언급한 것이다. 그리고 동시에 고고학 금석학 지리학 등 여타 보조학문 외에도 연구 기초로서의 문헌자료의 중요성을 강조한 것이라고

....

26 신채호, 1931 『조선상고사』(1948 종로서원), 9~10쪽.

하겠다. 동암 백남운이 기록사로서의 풍부한 전래 사적을 비판적으로 검토하여 연구의 기초로 삼아야 하며, 동시에 '인멸되거나 혹은 묵살된 모든 자료 및 단편'들을 수집, 분석하여 통일된 민족생활의 발전사학을 수립해야 할 의무를 부과 받고 있음을 강조한 것[27] 역시 문헌자료의 중요성을 말하는 것이었다.

그러나 연구의 초기단계에서 오는 자료의 제약은 사실의 객관적 파악에 많은 한계를 안겨주었고, 역으로 일정한 이론이나 선입견에 의한 도식적인 판단에 연구가 이끌리도록 하는 작용을 하기도 하였다. 이를테면 동암 백남운이 "「계」의 본질이 희생적 혹은 공동사회에 속할 것인지 이익사회 혹은 목적사회에 속할 것인지 일점의 의문을 가지는 바이나 비견으로서는 우선 후자 즉 목적사회로 인정하여 두겠다"[28]라고 하여 계의 해석에 있어 퇴니스의 견해를 일부 받아들이고 있으면서도, 그 발생의 측면에 있어서는 계를 공동사회에 있어서의 원생관계라고 보아 상호 모순됨을 보이고 있었던 것은[29] 그의 공동체 개념이 당시 유물사관의 인식수준에 제약되고 있음을 반영하는 것이었다. 이 같은 점은 이청원이 「계」는 그 기원에 있어서는 인류발전의 시원적 단계로서의 원시공산체에 있어서의 상호부조적인 관념이 발달한 유물'[30]로 본 것에서도 드러난다.

따라서 객관적 역사상의 재구성에 의해 한국사를 체계화하기 위해서는 객관적 사실을 반영하는 사료의 광범위한 정리가 필수적으로 요청되는 것이었고, 실제 이후 자료의 공간(公刊)과 새로운 자료의 확대에 의해 연구영역이 확대되고 이에 기초하여 보다 사실적인 파악이 가능하게 되

27 백남운, 1933 『조선사회경제사』「서론」(1989 범우사).
28 백남운, 1937 「조선 계의 사회적 고찰」『학해』, 184쪽.
29 김삼수, 1964 『한국사회경제사연구』, 박영사, 63~73쪽 참조.
30 이청원, 1936 『조선사회사독본』, 149쪽.

었다. 사실 60년대 이후 연구 성과들이 한국사를 주체적인 입장에서 내적 발전과정으로 파악해야 한다고 하는 연구자들의 인식상의 변화에 의해 가능하였던 것이다. 그러나 그 이면에는 그동안 쉽게 접근하기 어려웠던 사료가 공간되고 각 연구자들이 역사상의 재구성을 위해 새로운 자료의 발굴을 위해 기울인 꾸준한 노력이 자리하고 있었다는 점도 강조되어야 할 것이다. 역사상의 재구성에는 객관적 사실을 반영하는 유무형의 사료가 뒷받침되지 않으면 안 되는 것이기 때문에, 그리고 과거의 연구들이 고의적으로 사료를 왜곡하고 역사적 진실을 은폐시켜왔기 때문에 과거 전적에 대한 비판적 검토와 새로운 자료의 발굴은 새로운 역사상의 구성에 필수적인 것으로 요청되었다. 그리고 연구의 초기에는 무엇보다 문헌적 자료의 중요성이 강조되었던 것이다.

사회사연구에서도 각종 문헌자료의 확대에 의해 연구대상이 크게 진전되고 객관적 사실에 대한 이해의 폭이 진전되어왔음을 구체적으로 확인할 수 있다. 분재기 등 각종 고문서의 활용에 의해 가족·친족조직에서 17세기 말을 전후하여 변화가 일어나고 있었음을 확인하게 된 것이라든가,[31] 호적의 분석에 의해 마찬가지 사실이 뒷받침되었던 것[32] 등이 그 같은 예이다. 그리고 이는 여타 촌락(향촌사회)구조 등을 주제로 한 연구에서도 마찬가지였다. 이를테면 조선전기 향촌사회 구조와 관련하여『세종실록』「지리지」의 각 읍 연혁조와 성씨조의 분석을 통해「토성」을 군현제와 관련지어 종합적으로 검토하여 종래 통설화 되었던 '향, 부곡민=천

---

31 최재석, 1983『한국가족제도사연구』, 일지사.
　　이수건, 1981「영남사림파의 경제적 기반」『신라가야문화연구』12.
　　김용만, 1983「조선조 자녀균분상속에 대하여」『대구사학』23.
　　＿＿＿, 1985「조선시대 재지사족의 재산소유형태(Ⅰ)-주로 양동손씨가문의 경우를 중심으로-」『대구사학』27.
32 노명호, 1979「산음장적을 통해 본 17세기초 촌락의 혈연양상」『한국사론』5.

민집단'이라는 설에 의문을 제기하고, 향·소·부곡의 소멸현상을 천민집단의 신분해방이라는 측면에서만 파악할 것이 아니라 사회경제의 발전추세와 함께 임내(任內) 주민의 성장과 지방통치체제 및 수취체제의 발전이라는 의미로 이해되어야 함을 밝힌 것이[33] 예로 들어질 수 있다. 그리고 연대기적인 자료에 대한 실증적인 검토 위에 금석문 자료의 활용에 의해 여말선초의 공동체조직의 변화상을 밝힐 수 있는 계기가 마련된 것이라든가,[34] 금석문 외에 각종 지방문서들을 현지에서 발굴 조사하여 사례연구들을 진행시킴으로써 지나친 일반화에 수반되었던 각종 오류들을 시정하는 한편 그 바탕위에서 기존의 지배층 중심의 연구가 갖고 있었던 한계들을 극복할 수 있는 기초를 마련하게 된 것[35] 등도 이 방면의 연구 성과로 주목될 수 있을 것이다.

위와 같은 사실은 연구의 전통이 가장 오래되었다고 할 수 있는 신분사 연구 분야에서도 확인된다. 이미 70년대부터 고문서들을 적극 활용하여 각 신분층의 구체적인 존재형태를 밝히는 작업이 추진되어 왔지만, 80년대 들어와 그 같은 경향이 지속되는 가운데 최승희 교수가 일련의 사례연구들을 통하여 기존 호적분석을 통해 제시되었던 가설이 갖는 문제점을 보다 분명히 하였던 것은[36] 그 단적인 예에 속할 것이다. 최 교수는

....

33 이수건, 1984 『한국중세사회사연구』, 일조각.
34 이태진, 1972 「예천개심사 석탑기의 분석-고려전기 향도의 일례-」(『한국사회사연구』 수록).
35 이해준, 1983 「매향신앙과 그 주도집단의 성격」 『김철준박사화갑기념사학논총』.
_____, 1985 「조선후기 장흥방촌의 촌락문서 -호남지방 한 동족부락의 조직-」 『변태섭박사화갑기념사학논총』.
_____, 1990 「조선후기 동계 동약과 촌락공동체조직의 성격」 『조선후기 향약연구』.
_____, 1990 「조선시대 향도의 변화양상과 촌계류 촌락조직」 『성곡론총』 21.
36 최승희, 1983 「조선후기 향리신분변동여부고-향리가문 고문서에 의한 사례연구-」 『김철준박사화갑기념사학논총』; 1985 「조선후기 신분변동의 사례연구-용궁현

향리가문의 고문서 분석에 의해 조선후기에 향리가 납속 등의 방법을 통해 품계를 획득하고 나서도 결국 그것을 포기하고 원래의 신분으로 자정하고 있음을 밝힘으로써 기존의 신분제변동에 대한 통설적 이해는 재고해야 할 것을 주장하였고, 양반신분에 대한 사례연구에서는 '유학(幼學)'을 시대의 변동과 관계없이 양반의 직역으로 단정한 시카타 히로시 연구의 오류를 지적하면서 17세기의 '유학(幼學)'과 19세기의 그것은 결코 같이 처리할 수 없음을 분명히 하였다. 이로써 기존 호적에 반영된 직역에 대한 분석을 통한 신분변동을 다루었던 연구들은 근본적으로 재검토되지 않으면 안 되게 되었던 것이다.

그리고 위와 같은 읍지·금석문·고문서 외에 각종 문집이라든가 민장(民狀) 및 지방 관문서로서의 보첩류(報牒類) 등의 적극적인 활용은 과거 관찬사료를 중심으로 한 연구들이 주목할 수 없었던 주제에 관한 연구를 가능케 했다는 점도 지적할 수 있다. '향회(鄕會)'에 관한 연구와[37] '향권(鄕權)'에 관한 연구[38] 등이 그 같은 예에 속한다고 하겠는데, 그밖에 많은 연구들이 기왕에 제도사적 이해에 묶여있던 주제들을 사회세력, 사회구조 및 사회변동 등과 관련하여 재해석할 수 있는 여지를 제공하였던 것이다. 이러한 연구가 가능할 수 있었던 것은 물론 각 사회집단과 그들의 조직적 기반에 대한 이해가 사회변동을 이해하는 데 있어서 중요하게 다뤄져야 할 주제임을 인식하였던 연구자들의 자세변화에서 말미암은 것임은 앞서 지적한 바 있다.

한편, 80년대 들어와 활성화되었던 운동사분야에서도 자료의 확대는

....

대구백씨가 고문서의 분석-」『변태섭박사화갑기념사학논총』.
37 안병욱, 1986 「조선후기 자치와 저항조직으로서의 「향회」」『성심여대논문집』 18; 1986 「19세기 임술민란에 있어서의 「향회」와 「요호」」『한국사론』 14.
38 김인걸, 1981 「조선후기 향권의 추이와 지배층 동향-충청도 목천현사례-」『한국문화』 2; 1988 「조선후기 향촌사회 권력구조변동에 대한 시론」『한국사론』 19.

구체적인 사실의 확인에 기여한 바 크며, 이로써 농민운동사의 새로운 차원이 마련되었다. 1894년 보은취회 시기의 금구취회에 관한 자료의 활용에 의해 '갑오농민전쟁'의 개념을 구체화 하였던 것이라든지,[39] 초고본『동학사(東學史)』의 발굴로 농민전쟁의 조직적 기반이라든가 그 지향에 대한 이해의 폭을 넓힌 것,[40] 그리고『용호한록(龍湖閒錄)』수록 자료 등을 새롭게 이용하여 1862년 농민항쟁의 지역적 범위에 대한 기존의 통설을 전면적으로 재검토를 할 수 있었던 것이나[41] 최근 여러 사례연구들에 의해 19세기 각종 변란이나 농민운동, 향촌사회에 있어서의 계급갈등의 면모를 새롭게 인식되게 된 것[42] 등은 이 분야 연구에 있어서 자료가 점하는 비중이 지대한 것이었음을 잘 반영하는 예들이라고 하겠다.

위와 같은 사실들에서 우리는 그간 자료의 확대가 이루어짐으로 해서 사회사연구의 대상, 특히 연구주제에 커다란 진전이 있었음을 알 수 있었다. 그리고 이 같은 연구대상, 연구주제의 진전에 의해 기존 연구가 갖는 한계들이 보완 극복될 수 있는 가능성을 보게 된다. 최근의 사회사연구는 과거 연구들이 갖고 있던 오류들을 불식하고 실증적으로 새로운 사실의 확인을 가능케 해주었을 뿐만 아니라, 지금까지의 제도사적 연구들에 피와 살을 부여할 수 있었으며 나아가 조선사회의 구조적 성격과 그 변동의

....

39 정창렬, 1985 「고부민란연구(상·하)」『한국사연구』 48·49.
40 신용하, 1987 「갑오농민전쟁과 두레와 집강소의 폐정개혁-농민군편성, 집강소의 토지정책, 다산의 여전제·정전제 및 '두레'의 관련을 중심으로-」『한국사회사연구회논문집』 8.
41 망원한국사연구실, 1988 『1862년 농민항쟁』, 동녘.
42 이영호, 1988 「1862년 진주농민항쟁의 연구」『한국사론』 19.
   이윤갑, 1988 「19세기후반 경상도 성주지방의 농민운동」『손보기박사정년기념한국사학논총』.
   고석규, 1989 「19세기전반 향촌사회세력간 대립의 추이」『국사관논총』 8.
   장영민, 1989 「1840년 영해향전과 그 배경에 대한 소고」『충남사학』 2.

계기나 동력에 대한 이해의 단서를 마련하는 단계에 접어들고 있다고 할 수 있다. 따라서 이제 자료의 확대작업은 단순한 오류의 시정이나 새로운 주제의 발굴이라는 차원에서 더 나아가 조선사회를 이해하는 전반적 시각의 전환과도 연계되어야 할 것을 요구받고 있다. 이 같은 요구에 부응하여 그간 역사연구자들이 크게 눈돌리지 못해왔던 많은 무형의 자료에도 관심을 기울여야 할 것이며, 나아가 인접 사회과학 연구자들과의 연대강화도 다시 한 번 강조해야 할 단계에 와있음을 느끼게 된다.

4. 자료이용의 문제점과 자료활용 방안

앞에서 살핀 바와 같이 최근 10년간 사회사연구는 자료의 확대와 그에 따른 연구대상의 진전에 의해 비약적인 발전을 해왔다고 할 수 있다. 그런데 언급한 바 있듯이 자료의 확대는 연구자들의 문제의식의 진전과 불가불 관련을 갖는 것이라는 점을 지적하지 않을 수 없다. 이를테면 1958년 국사편찬위원회에서 『임술록』을 간행하였음에도 이 자료집이 나온 지 7년이 지난 1965년경이 되어서야 이용자가 나타날 만큼 그 시기 '민란' 연구가 지극히 부족했다고 하는 사실은[43] 자료와 연구자들의 문제의식과의 관련성을 잘 보여준다.[44] 따라서 앞으로의 연구 진전을 위해 보다 구

....

43 박찬승, 1987 「조선후기 농민항쟁사 연구현황」 『한국중세사회 해체기의 제문제 (하)』, 한울.

44 양병우 교수가 콜링우드의 말을 인용하여 "역사가가 질문을 할 때는 언제나 그 질문에 답할 수 있다고 생각하기 때문에, 다시 말해서 어떤 증거를 이용할 수 있으리라는 예비적이고 잠정적인 아이디어를 이미 가지고 있기 때문에 그렇게 묻는 것이다. 그리고 때로는 이미 아는 사료에 새로운 질문을 하는데 그치지 않고, 그러기 위해 새로운 사료를 찾아나서야 한다"고 지적한 것(양병우, 1988

체적으로 연구자들의 문제의식과 관련하여 각 시기 자료이용의 문제점을 살펴보고 그 바탕 위에서 자료 활용방안을 모색해 보기로 한다.

우선 첫 번째 일제시기의 연구에서 보면 앞서 지적한 단재와 동암의 말에서도 확인할 수 있듯이 새로운 자료의 확보라는 것이 절실하다는 점이 인식되고 있었지만, 그것보다는 과거의 전래 전적에 대한 비판적 검토가 우선적인 과제로 부과되고 있었다는 점을 알게 된다. 이 같은 인식은 근대역사학을 성립하는 과정에서 과거 중세사학이 갖고 있던 문제들을 청산하지 않으면 안 된다고 하는 시대적 요청에서 비롯된 것이기도 하지만, 한편으로는 근대적 학문방법이란 미명하에 일제 관학자들이 각종의 자료들을 광범위하게 이용하여 한국사를 왜곡하고 있었던 현실에 대한 비판에서 나온 것으로 이해할 수 있다. 실제 이 시기 한국인 연구자들 가운데 자유롭게 자료를 이용하고 조사·연구할 수 있는 조건을 갖추기란 매우 힘든 상태였고, 따라서 사료비판보다는 역사를 보는 관점이 더 문제시되었던 시기라고 할 수 있을 것이다.

위와 같은 사정은 두 번째 시기에 있어서도 크게 변하지 않았다. 과거 정체성론을 답습하는 연구들이 다수 나오는가 하면, 한국인에 의한 농촌사회연구가 이루어지는 가운데서도 그 방법에 있어서는 일제하에서 배운 것을 그대로 적용하는 수준에 있었기 때문에 새로운 자료의 확대라는 것은 크게 문제될 수가 없었던 것이다. 그러한 점에서 50년대 이후 새로운 학문을 건설해야 한다는 인식을 갖기 시작한 선구적인 연구자들에 의해 새로운 방법론이 모색되고 이와 관련하여 새로운 자료가 적극 연구에 활용되게 되었던 것은 당연한 일이었다고 할 수 있다.

1960년대에 들어오면 과거 식민사학의 유산을 청산하고 민족주체적인

『역사의 방법』, 민음사, 26쪽)은 사료라는 것이 역사가들의 관심에 의해 재해석되고 발굴되는 것임을 말하는 것이다.

입장에서 한국사를 발전적으로 체계화해야 한다는 인식이 보다 확산되고 그를 증명해낼 수 있는 연구주제들이 널리 택해졌다. 그리고 그것을 뒷받침할 수 있는 자료들이 본격적으로 검토되기 시작하였다. 이 같은 경향은 사회과학 일반에도 영향을 미쳐 한국사에 있어서 각 학문이 담당해야할 부분에 관심을 갖도록 유도하였던 것도 이 시기의 특징이었다. 그리고 이 같은 작업은 70년대에 들어와서도 꾸준히 계속되었다.

그러나 구체적인 작업과정에서 새로운 자료가 검토되고 새로운 사실들이 밝혀지게 됨에 따라 한국사를 발전적으로 이해할 수 있는 기초를 마련했다고 하는 점에서는 이 시기 연구가 커다란 공헌을 했음에도 불구하고, 각 연구들이 갖는 역사적 의의에 대한 근본적인 검토는 상대적으로 소홀해지지 않을 수 없었다는 문제를 안게 되었다. 다시 말하면 방법론적인 측면에서 한국사학에 대한 엄밀한 반성이 뒤따르지 못함에 따라 새로운 한국사학의 방향을 제시하는 데는 한계를 보였던 것이다. 앞서 언급한 바 70년대 신분사 연구에 있어서 이른바 '사회이동론'이 받아들여져 적용되기 시작하였지만 거기에서 과거 사회변동과 신분제를 유기적으로 관련지우고자 했던 이 방면의 선진적 연구들이[45] 발전적으로 계승되지 못하였던 것은 그 같은 단면을 반영하는 것이었다. 또한 이 시기 연구들은 한국사의 발전상을 제시하는 데에 중심을 둠으로 해서 그 같은 발전이 갖는 역사적 의미는 무엇인가 하는 점을 밝히는 데에도 크게 성공하지 못했던 것으로 판단된다.

위와 같은 문제의식은 우선 학문 내적으로 실증성의 확보에 대한 의문으로 나타날 수밖에 없었다. 그리고 연구자들로 하여금 사실을 반영하는

45 1960년대 조선후기 신분사 연구 가운데 대표적인 것으로 김용섭 교수의 1963년도 논문 「조선후기에 있어서의 신분제의 동요와 농지소유-상주양안연구의 일단-」 (『사학연구』 15, 『조선후기농업사연구 1』에 재수록)을 들 수 있다.

'더 많은' 자료들로 눈을 돌리도록 하였다. 여기에는 학계 내부에 만연한 방법론적인 검토에 대한 기피현상이 크게 작용하였다는 점도 간과할 수 없을 것이다. 80년대에 들어와 방법론, 연구시각의 문제가 다시 한 번 연구자들의 관심의 대상에 오르지 않을 수 없는 것은 그 당연한 결과였다. 현재 실증성의 확보와 연구방법론, 혹은 연구자의 문제의식이라는 결코 분리될 수 없는 문제를 둘러싸고 일정한 인식의 편차가 나타나기도 하는 것은[46] 위와 같은 우리의 연구조건에 기인한 것이라고 할 수 있다. 이렇게 볼 때 현재 자료이용을 둘러싸고 나타나는 문제점은 크게 보아 하나의 문제로 모아짐을 알게 된다. 즉, 70년대 말 80년대에 들어와 새로운 문제의식의 진전에 의해 연구의 대상이 확대되고 사회사가 하나의 분야사로서 성립되어나가고 있고, 또 구체적인 사례연구들의 축적에 의해 과거의 이

....

46 김현영이 『조선후기 향약연구』에 대한 서평 「조선시대 향촌사회사연구의 새로운 진전을 위하여」(1990 『역사와 현실』 4)에서 "일정한 지역에 대한 사례연구의 경우, 가능한 한 그 지역에 관련된 모든 자료를 총동원하여 활용하여야 할 것이다. 그러므로 불가피하게 자료가 많이 남아있는 지역이 사례로 선택될 수밖에 없다. 단순하게 향약조목 몇 개를 나열하고 그것을 사례연구라고 할 수는 없는 일이다. 성급하게 조선사회에 대한 어떤 결론을 내리기보다는 보다 많은 사례연구를 축적시켜 그러한 토대 위에서 귀납적인 결론을 얻어내야 하리라고 생각한다. 따라서 현재의 사회사연구는 사례연구를 더 많이 집적시키는 일이 급선무일 것이다."라고 강조하고 있는 것과, 고석규가 "우리의 경우 사회사는 이제 겨우 자리를 잡아가고 있는 단계이기 때문에 실증적으로 밝혀야 할 기초적 문제들을 무수히 안고 있다. 그렇다고 하여 사료에 매몰되어 단편적인 사실의 구명에만 그침으로써 사회구조의 전체상에 대한 연구시각의 확보를 미룰 수는 없다. 개별연구는 그 집적을 통해 전체상을 나타낼 수 있는 것이라야 가치를 갖는다. 자료의 발굴 및 효율적 이용도 그 성과를 수렴할 수 있는 사회구조의 전체상이 확립되었을 때 더욱 활성화될 수 있을 것이다."라고 강조하였던 것(앞 책, 『한국중세사회 해체기의 제문제(하)』「서: 조선후기 사회사연구의 방향」)은 완전히 모순되는 견해는 아니라고 하더라도 사회사연구에 임하는 현재 연구자들의 관심의 두 축을 반영하는 것이라고 할 수 있다.

해체계가 갖는 오류들을 명확히 할 수 있었던 것은 커다란 성과라고 할 수 있는 것이었다. 그렇지만 경우에 따라 '사회사'가 '사회구조와 그 변동'을 독자적으로 강조함으로써 '사회구조'를 '경제구조'나 '정치구조' '사상체계'와 분리시켜 이해하는 경향을 가져오게 되고, 결과적으로 그것들을 하나의 '역사'로 묶어 구체적인 역사상을 밝힌다고 하는 문제의식이 취약해진 한계는 아직 불식되지 않고 있다. 이와 같이 사회사의 독자적인 연구대상으로서 존재하는 '사회구조'가 마치 존재하는 것처럼 파악하는 태도, 또는 사회구조를 곧 신분(계급)구조라고 좁게 해석하는 태도 등은 현재 우리 사회사의 방법론의 미비, 문제의식의 빈곤을 반영하는 것이라고 하겠다. 따라서 앞으로 사회사연구자들이 새로운 자료를 발굴하고 그것을 연구에 활용하는 데서는, 그 같은 자료를 통해 새로운 사실을 확인하는 데서 나아가 조선시기 사회구성의 성격과 그 이행의 길을 밝히고 그 내용을 풍부히 하는데 어떻게 기여할 것인가 하는 점을 보다 진지하게 생각하여야 할 것이다. 자료 활용 방안을 모색하기 위해서 우리는 바로 위와 같은 관점을 견지하고자 노력했던 연구들을 주목하고, 그 각각의 연구들이 갖는 한계들을 보완 극복하는 노력을 기울여야 할 것이다.

앞서 강조되었듯이 자료와 문제의식은 상호 긴밀한 관련을 갖는 것이어서, 이미 문제의식을 가졌다고 하는 사실 자체는 연구자가 기존의 이해체계에 도전할 수 있는 실증적 근거, 곧 자료(사료)를 확보하고 있거나 확보할 가능성이 있음을 의미한다고 하겠다. 그렇기 때문에 새로운 자료를 적극적으로 발굴 활용하고자 하는 것은, 단순한 사례의 추가를 위해서가 아니라, 기존의 이해체계를 바로잡거나 수정하려는 적극적인 의미로 파악할 수 있는 것이다. 이와 같은 의미에서 우리는 그 문제의식의 일단을 일찍부터, 특히 60년대 이후 몇몇 연구자들에 의해 이루어진 선구적인 연구 성과들에서 확인할 수 있다. 당시 연구자들은 그 같은 문제의식이 있었기에 어려운 사정 하에서도 식민사관의 타율성·정체성론을 비판하고 우리 역사를 주체적, 발전적 과정으로 이해할 수 있는 기초를 마련할 수 있었다. 그런데 당시에는 그 발전의 과정, 특히 근대로의 이행의 계기를 밝히는데 연구들의 초점이 맞춰짐으로써 그 이행과정에 질곡으로 작용하고 있던 구체제의 성격, 넓게 본다면 조선시기 사회구성의 특성을 밝히는 문제나 그 이행의 다양한 경로에 대한 검토는 상대적으로 소홀해졌던 것도 사실이다. 그리하여 내적 발전과정을 밝히고자 했던 선구적인 연구들이 본의와는 관계없이 좁은 의미의 '자본주의 맹아론'으로 오해되는 결과를 가져오기도 했다.

그런데 여기에서 한 가지 더 고려해야할 점은 당시 사회사연구가 모두 이른바 '내재적 발전론'의 입장에서 이루어지고 있던 것은 아니라는 사실이다. 여전히 실증적인 연구가 주류를 이루고 있었으며, 그 가운데는 단순한 자료해석에 머무는 수준의 것으로부터 조선사회의 기본성격에는 기본적으로 변화가 없었던 것으로 파악하는 연구도 지속되고 있었다. 그렇지만 이 실증적 연구의 흐름 가운데도 그 실증을 바탕으로 하여 조선의 사회성격을 구명하고자 하는 단계로까지 나아간 연구는[47] 주목해야 할 것이었다.[48] 이는 연구자가 다루는 자료가 그의 문제의식에 따라 어떻게 연구의

....

47 한영국, 1977·78 「조선 중엽의 노비결혼양태-1609년 울산부호적에 나타난 사례를 중심으로-」(상, 하) 『역사학보』 75·76합, 77.

48 위 논문에서 한영국 교수는 1609년의 울산부 호적대장의 분석을 통해 16,17세기에는 양천교혼이 널리 성행하였음을 밝힌 바 있다. 여기서 한 교수는 그 같은 현상이 특히 솔거노비의 경우에 두드러지고 있었던 사실을 1731년 종모법시행 이전의 종천법을 이용한 사노비주의 노비 증식 욕구의 반영으로 설명하였다. 그리고 그 구체적인 현상과 결과까지 실증적으로 제시하였다. 그런데 한 교수의 검토의 목적은 양천교혼의 원인과 그 결과를 설명하는 데에만 있었던 것은 아니었다. 그는 조선조의 종천법, 종모법이 갖는 의미, 더 나아가 조선조 신분제 운영의 실태와 그 정체에 주목하여 조선사회의 성격을 이해하고자 하는 목적을

발전에 기여할 수 있는가 하는 점을 잘 보여주는 예가 될 수 있을 것이다.

한편, 1970년대 이후 조선후기를 중심으로 한 연구들이 조선사회의 구성상에 대한 성격규명에 상대적으로 취약했던 점을 보완하는 연구들도 주목해야 할 것이다. 이 가운데는 기본적으로 내적 발전과정으로서 조선사회를 파악하고자 하는 입장을 견지하면서도 연구자 나름의 방법론을 모색하는 경우가 있는가 하면, 실증이라던가 사례연구의 필요성을 보다 강조하면서 조선사회의 독자적인 사회구성상을 제시하고자 한 경우를 발견할 수 있다. 전자의 대표적인 예는 이태진 교수의 일련의 연구, 후자의 대표적 예로는 이해준 교수의 일련의 연구를 들 수 있다.

이태진 교수는 조선성리학, 신유학에 대한 과거 통설로 되어온 부정적 이해를 극복하기 위한 작업에서 출발하여, 그 주체가 되었던 사림파의 경제적 기반의 문제 및 촌락공동체의 변화의 문제, 농업생산력 문제, 나아가 상업의 발달과 인구 변동문제 등에까지 관심의 영역을 확대하여 16세기를 동아시아에 있어 커다란 사회변동의 시기로 비정할 수 있는 단계까지 이르고 있다. 그리고 최근에는 위의 연구 성과를 바탕으로 하여 조선후기 사회변동을 다루는 연구자들이 지향해야 할 바를 시간과 공간을 축으로 검토하면서 결론적으로 상공업연구의 진전을 촉구하였다.[49] 19세기 세도 정치기에 왜곡된 상공업의 구체적 실상을 밝히는 것에 의해 우리의 근대

· · · · · · · · · · · · · · · · · · · ·

가지고 있었던 것이다. 신분의 수직이동이 엄격하게 제한되었던 것으로 이해되는 조선사회에서 양천교혼이 법제에 의해서까지 뒷받침된 이유는 어떤 것인가 하는 근본적인 문제를 제기한 것이 그 점을 말한다. 국가의 신분(직역)제 운영 원리와 관련하여 노비문제를 다룸으로써, 그 연구가 단순한 노비결혼양태의 실상을 밝히는 사례연구에 끝나지 않고 조선사회구성상에 대한 새로운 이해체계를 모색하는 단계에까지 이를 수 있었던 것이다.
49 이태진, 1992 「조선후기 양반사회의 변화-신분제와 향촌사회 운영구조에 대한 연구를 중심으로-」 『한국사회발전사론』, 일조각.

사, 근대로의 이행의 문제가 새로운 실마리를 잡을 수 있다고 보고 있는 바, 조선시기 정치세력과 그들의 경제적 기반의 문제를 밀접히 연결 지어 파악해 왔던 입장을 여기에서도 확인할 수 있는 것이다.

이해준 교수는 지방사연구의 분야에서 그간 각종 지방사료의 수집을 통해 향촌사회구조에 대한 실증적 사례연구를 진행시켜 왔는데, 이 사례연구들에 기초해 기존의 연구들이 조선사회를 지배층 중심으로 이해해 온 방식에 근본적인 물음을 제기하였다는 점에서 주목된다. 이 교수는 그간의 연구를 중간 결산하는 의미에서 정리하였다고 생각되는 최근 논문에서[50] 우리나라 중세사회 거의 전 기간에 걸친 촌락사회의 변모를 나름대로 일관된 체계 하에 정리한 바 있다. 기층민조직이라고 할 수 있는 향도나 그를 계승한 것으로 파악한 촌계류(村契類) 촌락조직의 형태와 그 변화상을 기층민의 입장에서 확인함으로써 우리의 중세구성상을 지배층과 피지배층간의 모순과 그 지양이라는 각도에서 파악할 것을 제시한 것이라고 하겠다.

위의 연구들은 그 각각의 작업방법이나 접근하는 대상이 일정한 차이가 있음에도 불구하고 전체 조선사회를 어떻게 이해할 수 있을 것인가 하는 근본적인 물음 위에서 연구들을 진행시켜 왔기 때문에 위와 같은 하나의 가설을 세울 수 있었던 것이라 하겠다. 여기에서 우리는 구체적인 자료에 대한 실증적인 분석이 연구자의 문제의식과 결부될 때 하나의 총체적인 역사상을 확보할 수 있는 가능성을 얻게 된다는 점을 발견한다. 그런데 이들 조선시기를 대상으로 한 일련의 연구들은 높은 실증성을 바탕으로 하여 조선사회의 성격을 파악하는 하나의 가설을 세울 수 있는 단계로까지 나갈 수 있었지만, 각 시기의 사회발전의 방향과 그것을 추진한

....

50 이해준, 1990 「조선시대 향도의 변화양상과 촌계류 촌락조직」 『성곡논총』 21.

기본 동력을 제시하는 데는 크게 성공하지 못하고 있는 것으로 보인다. 즉, 사회의 변화상을 확인하고 각 시기의 사회현상을 설명하는 데는 성공하고 있지만 그와 같은 변화가 일어나게 된 원인이나 그 같은 변화가 갖는 의미에 대한 설명에 있어서는 약점을 보이고 있는 것이다. 그러한 점에서 우리는 70년대 후반, 특히 80년대에 본격적으로 이루어진 연구 성과들, 특히 조선시기 사회구조와 그 변동을 변혁주체의 성장에 맞추어 체계적으로 제시하고자 했던 사회사연구들을 주목하게 된다.

　1970년대 후반, 80년대 활성화되기 시작한 사회사연구는 60, 70년대 경제사연구가 한국사의 토대를 밝히는 데는 크게 성공했지만 그것만으로는 한국사를 체계화하는 데 한계가 있음을 보고, 더욱이 근대로의 이행의 주체적 계기가 기존의 경제사적 설명만으로는 밝혀지기 곤란하다는 문제의식 위에서 출발하였다고 볼 수 있다. 농민항쟁사의 경우 80년대에 들어와 비약적인 발전이 이루어지게 되는데, 이것이 연구자들의 문제의식의 진전과 80년대 전반 큰 진전을 보게 된 사회사연구, 특히 향촌사회사연구의 성과들에 기초한 것이라는 지적은[51] 이 시기 사회사연구의 특징을 잘 말해준다. 80년대 촌락연구가 사회세력 및 농민운동조직과 관련하여 연구되기 시작한 것, 부세제도연구가 국가재정의 차원에서 나아가 조선사회의 운영원리를 밝히는 차원에서 해명되기 시작한 것, 신분사 연구에서 사회세력에 대한 연구가 새로운 경향으로 대두된 것 등은 이 시기 연구의 경향을 잘 보여주는 것이었다. 그렇지만 언급했듯이 이들 연구 역시 당시의 객관적 조건이나 변혁주체들의 구체적 존재형태의 파악에서 아직도 보완되어야 할 문제점을 안고 있음은 물론이다.

　이제 조선시기의 객관적 역사상을 재구성하고 그 변동의 계기, 이행의

----

51 주 43과 같음.

경로와 이를 이끌어갔던 동력을 옳게 밝히기 위해서는 우리 역사학의 전통을 비판적으로 극복하고 현 시점에서 새로운 역사학을 세운다고 하는 자세로 연구에 임해야 할 것이다. 이 작업은 우리가 딛고 있던 60, 70년대의 이른바 '내재적 발전론'의 내용을 비판적으로 계승하여 보다 풍부하게 하는 것으로서 우리의 역사를 주체적이고 발전적으로 파악하는 작업 이상의 것이 아니라고 생각된다. 그간 사회사연구자들이 보여준 작업가설이나 문제의식, 그리고 기존의 연구가 갖는 한계에 대한 실증적 차원에서의 비판 등이 우리의 조선사회 인식에 커다란 진전을 가져왔음을 부인할 사람은 아무도 없을 것이다. 그렇지만 최근 이루어지고 있는 사회사연구들이 우리나라의 중세사회구성상에 대한 전망을 갖게 하는 데 성공하고 있는가, 또 사회구성의 변화를 이끈 동력을 구체적으로 검증해낼 수 있었는가, 진지한 물음이 그 어느 때보다도 절실히 요구된다고 하겠다. 새로운 자료의 발굴과 그 체계적인 검토는 바로 위와 같은 물음과 연결될 때만이 역사연구의 진전에 기여할 수 있고 우리나라 사회구성의 발전사를 체계화하는 데 일익을 담당할 수 있을 것이다.

우리는 같은 자료를 인용하는 경우라도 그것을 통해 밝히고자 하는 것이 무엇인가 하는 데 따라서 자료를 이용해 연구자가 얻은 결과는 매우 상이하다는 점을 확인할 수 있으며, 반대로 상이한 자료들의 검토를 통해서도 같은 결론에 도달하는 경우를 발견할 수 있다. 그런 어떠한 경우이든 정당한 문제의식이 결여된 연구는 그 자체로 역사의 체계화, 역사인식의 발전에는 크게 기여하지 못하는 것이라는 점을 연구사적 검토를 통해서 발견할 수 있었다. 물론 그 모든 작업에서 엄밀한 사료비판과 실증성이 견지되어야 함은 아무리 강조해도 지나치지 않을 것이다. 이러한 작업은 또 '더 많은' 자료의 확보에 의해 보완되어 나갈 것이다. 그러나 무엇보다도 중요한 것은 그 같은 자료들을 일관된 체계 속에서 묶어 하나의 객관적인 역사상을 구축하겠다는 자세와, 구축해낼 수 있는 이론적 무기를 갖추는 일일 것이다.

5. 맺음말

그간 사회사는 어떠한 방법론적인 함의를 갖지 못한 채 정치사, 경제사, 사상사 등과 병렬적으로 지칭되면서 그것들이 다루지 않는 잔여 분야의 역사로 이해되기도 하고, 최근에는 그것이 서구 '사회사'이론을 방법론으로 채택하는 역사분야라는 식으로 받아들여지는 등 사회사 인식에 혼란이 불식되지 않고 있다. 이는 객관적 역사상, 과학적인 역사학을 수립해야 하는 역사연구자들이 그 본연의 임무에 대한 근본적인 물음을 제기할 수 없었던 그간의 지성사적인 풍토에서 어쩌면 당연한 것이었다고 할 수도 있다. 그러한 점에서 최근 사회사연구의 새로운 방법론에 대한 모색이 이루어지고 있는 현상은 매우 반가운 일이 아닐 수 없다. 그리고 그 내용을 채우고자 하는 실증적 연구들이 축적되고 새로운 자료를 발굴하기 위한 활발한 작업이 진행되고 있는 것도 고무적인 현상이다.

일반적으로 연구자들은 처음에는 사서(史書)나 기존의 연구논문들을 읽고 사실에 대해 이해를 하고 또 문제를 발견한다. 그리고 어느 정도 연구가 진행되면서 문제를 풀기 위해 새로운 자료를 찾아 나서는데, 그것은 어느 정도 자료에 대한 사전정보가 있어야 가능하다. 그리하여 이 같은 반복되는 작업을 통해 답에 접근할 수가 있다. 그러나 좀더 연구를 진행시키거나 전문적인 작업에 임하는 연구자들은 일상적으로 기존에 이용돼 온 자료를 재검토하고 끊임없이 새로운 자료에 접하면서 처음 가졌던 문제점을 풀기도 하고 처음의 문제의식에 수정을 가하는 경우가 일반적이다. 그러한 점에서 역사연구에 있어 자료가 갖는 중요성은 아무리 강조해도 지나치지 않을 것이다. 그런데 지금까지 새로운 자료들을 활용하여 작성된 많은 연구들이 구체적인 사실을 확인하는 데에 있어서는 상당한 성공을 거두고 있음에도 불구하고 우리나라 중세 사회구성상과 그 변동을 밝히는 작업과 무관하게 진행되는 경우도 있어, 이 경우 소재주의에 빠질 소지가 많다고 하는 지적도 있어왔다. 실증적인 작업은 명확한 문제의식, 작업가설 위에서 이루지는 만큼 연구자들이 갖고 있는 그 문제의식을 더욱 분명히 하지 않으면 안 된다고 하는 지적일 것이다. 사실의 확인 위에서 그 사실들을 인과관계에 의해 재구성하여 하나의 설명 틀을 만드는 것이 연구자들의 작업인 만큼 그 같은 지적은 당연한 것이라고 할 수 있다.

앞의 연구사를 검토하는 가운데 우리는 여러 선구적인 연구들에서 조선시기의 역사상을 밝히고 그 발전과정을 총체적으로 이해하고자 하는 노력이 있었음을 확인할 수 있었다. 또한 그 같은 작업을 위해서 각 연구자들이 새로운 자료를 발굴하고 기존의 자료를 재해석하는데 앞장서왔음도 알 수 있었다. 그런데 이 같은 자료의 발굴과 재해석이 연구대상과 연구주제의 확대를 가져오고 기존의 이해체계가 갖는 오류들을 실증적 차원에서 바로잡는데 크게 기여했음에도 불구하고, 그것은 조선사회를 파악하는 기존의 시각을 극복하고 더 나아가 새로운 이해체계를 세우는 데는 아직 충분한 단계에 이르지 못하고 있음을 확인하였다. 이는 사회사연구 방법론의 한계를 반영하는 것이 아닐 수 없다. 여러 가지 제약이 있겠지만 현재에도 여전히 방법론의 문제는 기피의 대상이 되고 있으며 많은 논쟁점이 풀어야 할 과제로 남아있고, 이는 역으로 이후 연구의 발전에 장애요인으로 작용하고 있다는 생각을 낳게 하고 있다.

우리가 자료를 발굴하고 분석 정리하는 것은 바로 이상과 같은 문제의식을 발전시키는 것과 결코 무관한 일이 아니다.

제2부

조선후기 사회사 연구

3장 조선후기 향권의 추이와 지배층 동향
-충청도 목천현 사례-

1. 머리말

18세기에서 19세기로 전환하던 당시 조선사회 내부에서는 사회전반에 걸친 동요가 일고 있었다. 그 동요는 사회 경제적 변동과 일정하게 관련을 지니는 것으로서 관련 연구가 진행되어 옴에 따라 어느 정도의 윤곽을 드러내고 있다. 그렇지만 당시 사회성격을 규명할 수 있는 수준에 이르기에는 아직 충분한 검토가 이루어지지 못한 상태이다. 특히 사회신분제와 관련해서는, 사회신분제가 구체적으로 가능하였던 향촌사회 내부에서 그와 같은 동요가 어떠한 의미를 지니는 것이었고 또 각 신분층의 동향이 어떠했는가 하는 점이 소홀히 다루어진 감이 없지 않다. 당시 사회성격과 관련하여 향촌사회 권력구조 변동과 향촌사회를 운영하며 권력구조의 핵을 담당하였던 지배층, 즉 신분적 특권을 이용하여 권력을 쥐고 세력을 키워 나가거나 혹은 새로이 신분을 상승시키면서 권력에 접근하고 있던 사회세력에 관한 검토가 요청되는 것도 그러한 이유에서라 하겠다. 18세기 후반에 들어서면서 지배층 내부에 위 양자가 병립하여 일정한 대립을 보이기도 하는데, 그 대립은 향권(鄕權) 장악을 둘러싸고 야기된 새로운 국면으로 이해되는 것이다.

향촌사회 지배층 성격자체는 결코 단순한 것이 아니고, 또 각 지역과 시기의 차이에 따라 그들의 움직임이 일정한 것이 아니었다. 따라서 본고

에서는 비교적 관련 자료가 집중되어 있는 충청도 목천현의 경우를 검토
대상으로 삼았는데, 신분구조의 변동을 동적으로 제시해 줄 수 있는 호적
과 지배층 동향을 다각적으로 보여주는 자료가 일치하는 지역이 사례연
구로서는 이상적이겠으나 현재 그 같은 사례가 발견되지 않았기 때문이
다. 그리고 목천현의 경우에 있어서도 자료의 한계로 말미암아 신분질서
의 동요에 대한 기존 지배층의 역반응으로 이해되는 향약 실시와 사족의
향권 장악의 노력이라 할 사마소(司馬所) 복립운동을 주로 다루게 되었다.
따라서 자연 새로이 향권을 장악해 나갔던 세력에 대한 검토는 일단 추후
의 연구로 미루어지게 되었으며 필요에 따라 전반부 권력구조 일반의 변
동을 다룬 부분에서 개괄적으로 언급하게 되었다.

기본 자료가 된 것은 목천현의 읍지인『목천현읍지』,『대록지(大麓
誌)』2종과, 정조 즉위년(1776)과 3년에 연이어 목천에 수령으로 각각 부
임했던 순암 안정복, 이재 황윤석의 재임 당시 기록인「목주정사(木州政
事)」와「목천아중일력(木川衙中日曆)」이다. 이들 자료는 신분질서의 동요
에 대한 지배층의 대응책을 보여주는 것이지 그 자체로 동요의 원인이나
양상을 동적으로 제시하지는 못하는 것이다. 그럼에도 목천현의 경우를
분석 대상으로 삼은 데에는 몇 가지 이유가 있다.

첫째, 읍지편찬은 편찬 당시 상황이 다양할지라도 그것이 조선후기의
한 유행이었으며 읍지는 어느 정도의 읍사정(邑事情)을 총체적으로 포괄
하는 것인바, 위 목천의 양 읍지는 편찬시기에 있어 약 40년의 차이가 나
면서도 그 연계성을 보이고 또 당시 이같이 연속적인 읍지편찬이 이루어
진 예가 드물기 때문이다.[1] 둘째,『목천현읍지』에 기재된 정조 원년(1777)

1『木川縣邑誌』(규장각 도서 No.17382, 이하 奎 17382로 略함)는 필사본으로 순암
　당시의 것은 아니지만, 순암의 읍지편찬 당시의 읍사정을 반영하는 것으로 추정
　된다.『大麓誌』(奎 3259)는 순조 17년에 간인되었는데, 이 간본과 전자를 비교하

정유식(丁酉式) 장적(帳籍)에 대한 순암의 파악이 기존 호적연구에서 밝혀지는 예라든가 일반 연대기, 당시 식자층의 기록과 거의 일치하고 있어서 목천의 신분구조의 일단을 파악할 수 있기 때문이다. 순암은 목천에서의 양정(良丁) 확보의 어려움을 설명하면서 목천의 경우 양인(良人)이 929명, 유학(幼學)이 2,416인이고 유학 중에는 모칭(冒稱)으로 군역을 져야 할 자들이 과반이니 변통을 하려해도 법강(法綱)이 서지 않고 명분이 혼효(混淆)되어 돌이킬 수 없다고 술회하고 있다.[2]

셋째, 이것이 가장 중요한 이유이겠는데, 위와 같은 기록에서 사족의 동향과 양반층의 성격 변화가 비교적 선명히 드러나고 있는 것으로 파악되기 때문이다. 다시 설명되겠거니와 순암이 목천에서 향약을 실시하려 했던 의도나 재지세력의 사마소 복립운동이 갖는 의미에 대한 평가는 조심스러워야 하겠지만, 기존 사림의 기구라 할 서원에 대한 규제가 가해지는 숙종말·영조대 이후의 재지세력의 동향에 있어 한 사례로서 의미가 있을 것이다. 즉 그것은 신분질서 동요에 따른 사족양반의 보수화를 의미하는 것이며, 그 한계는 바로 향촌사회를 이끌어 왔던 사족양반의 지위가 결코 구래의 신분적인 보호만으로는 유지되기 어려웠던 사정을 반영하는 것이라 하겠다.

정조 즉위년 목천에 부임한 수령 안정복은 그가 생각하는바 이상적인

....

면 전자는 순암이 편찬한 읍지와 내용이 거의 동일하며 체제에 일부 착란된 부분이 있고 科宦條의 내용에서 부분적인 차이가 날 뿐이다. 순암의 읍지 <序>는 『대록지』에만 수록되어 있다.

2 『목천현읍지』(奎17382), 軍額條: 良軍 1,850명, 軍奴 409명
"本邑丁酉式帳籍 則良人九百二十九名 而幼學二千四百十六人 其中冒稱可合軍役者過其半 其外托附免役者亦多 良軍之難充可知矣 合有變通而法綱不振名分混淆 可勝歎哉."
시기가 약간 앞서지만 영조 34년(1758)경 興陽의 경우도 마찬가지였다. 常漢이 모두 幼學을 칭하고 納粟品官이 실직자들과 동렬에 서려하니 명분과 기강의 문란이 막심하다는 것이다[『新增興陽誌』(奎 10804), 영조 34년 찬].

정치를 원했다. 전 면에 첩문(帖文)을 내려 향약을 실시하려 했다는 사실이 그 단면으로, 그는 역내 사족을 회유하여 사족들로 하여금 '정명분(正名分)', '입기강(立紀綱)'의 실현에 진력할 것을 기대했던 것이다. 8개 면에 향약실시의 첩문을 내리면서 동시에 읍지를 편찬하였는데 이는 무관한 것이 아니다. 그 해 사마소 복립을 창의하였던 유진한(柳振漢)이 순암의 읍지편찬에 다음과 같이 차운하였다.

二天儒化木之鄕　興史提綱筆法當
五姓貞心山氣正　八坊淳俗水聲長
斯文北學淵源泝　吾道東來日月光
詩禮古家忠孝事　始看書在便君床3

즉 위 시는 강조점으로 표시된 바와 같이 세족(世族) 각 성씨를 읍지에 올리고 인물조에 그들 사족의 조부를 공히 수록함으로써 8개 면에 정풍속(正風俗)·돈교화(敦敎化)를 위한 향약의 실시가 가능케 되었다는 것을 지적하는 것이었다. 사마소 복설(復設)의 논의도 이러한 사정과 불가분 관계가 있는 것이다. 그러나 이제 설명하는 바와 같이 향약실시나 재지세력의 사마소 복립이 그 당시에 이미 여의치 못했다. 향촌사회의 변모와 향촌질서의 동요는 그것을 가능케 하지 않았던 것이다.

본격적인 신분사를 다룬 것이 아닌 만큼 본고는 당시 사회변동과의 관련 하에 향촌사회에서의 양반층 분기와, 그 분열·대립의 양상을 추적하고, 조선후기 기존지배층이 어떻게 종래 신분·지위를 고수하려 하였고, 한편 새로이 상승해가는 세력이 향권을 장악할 수 있었던 배경은 어떤 것

---

3 『대록지』 문예조, 柳振漢은 於于堂 柳夢寅의 6세 족손이다. 그의 祖 光天·光翼은 숙종 40년, 영조 43년에 각각 진사시에 합격하였고, 광익은 호조참관에 증직되었다. 그 자신은 만년에 赴擧하였으나 실패하였다.

인가, 아울러 신분상승을 이루어 가는 세력이 과연 구신분층을 부정할 수 있는 단계에 이를 수 있었는가 하는 의문 등에 착안하여 조선후기 향촌사회 이해의 한 초석을 얻고자 하였다. 논문의 전반부에서 목천현 사례 검토에 앞서 향촌사회 권력구조 일반을 검토하면서 특히 '향전(鄕戰)'을 중심으로 하여 각 사회세력의 지역적, 시대적 특성을 가능한 한 대비시켜 다룬 것은 사례연구에서 오는 이해의 한계를 보완해 줄 수 있을 것으로 보았기 때문이다.

2. 조선후기 향권의 추이

1) 향촌사회 권력구조 변동

(1) 수령권 강화

조선후기에 있어 향촌사회에서의 권력이 어떤 세력에 의해 장악되고 있었고 또 그 주도세력의 성격이 어떠했는가 하는 점은 당시 사회성격을 파악하는 데 있어 하나의 관건이 될 수 있는 문제라 하겠다. 이 문제를 이해하기 위해서는 일단 향촌사회 제 권력기구와 기존 권력기구를 장악하고 있던 세력에 대한 검토가 요청된다. 일반적으로 조선사회의 제 권력기구와 권력구조상 그 핵은 상급 지배신분층이라 할 양반층에 의해 독점적으로 장악되어 온 것으로 이해되고 있다. 그런데 특권신분으로서의 양반을 사족이라고 파악할 때,4 18세기 이후 시대가 내려올수록 향촌사회에

---

4 사족을 보는 시각의 문제를 본고에서 구체적으로 다룰 수는 없지만 다음 기록에서 하나의 가설로서 검토될 수 있으리란 시사를 받는다.

서의 그들의 위치는 중앙정권과의 관련 속에서 점차 바뀌어 나가며 종래 그들이 누렸던 향촌지배권 자체도 크게 도전받게 되는 사실을 발견한다. 그 배경에는 물론 사회경제적인 요인이 작용하는 것이겠지만 그와 관련해서 정치적 차원에서 파악될 수 있는 새로운 국면이 깊이 작용하고 있음을 간과할 수 없다. 이는 왕권강화 현상과 관련된 것으로 보인다.

왕권강화 현상을 종래 사림이라는 정치세력 자체의 모순이 노정되면서 그들 스스로에 의해 새로운 정치방향이 제시될 수 없었던 상황 속에 왕권 하에 그들을 묶고 왕권을 위협하는 제 현상을 부정하는 정치형태로 파악한다면, 그러한 정치국면이 초래된 원인은 일단 향권을 장악해온 사족의 성격 변화에서 구해질 수 있겠다. 이 같은 새로운 국면을 본고에서는 잠정적으로 수령권 강화와 사족의 향권 상실이란 측면에서 설명하려고 한다.

숙종연간 후기로 내려올수록 중앙정쟁의 심화로 대부분 사족들은 중앙권력과의 연결점을 상실해 나가고 양호(兩湖)의 경우 특히 영조 무신난(戊申亂) 이후에 그러한 현상은 두드러져 정부에서는 향촌사회에서의 제 문제를 사족에 일임할 수만은 없었다. 대신 정부는 수령에게 전권을 맡기지 않을 수 없게 되는데 이는 복고(復古) 이상의 의미를 지닌다. 향촌사회에서 수령권의 우위가 조선 전 시기를 통해 부정된 적이 없음은 사실이나, 조선후기에 수령에 대한 견제책과 수령의 전권보장이 특히 문제시되

....

『명종실록』 명종 11년 4월 임진조, 司憲府啓
"兩班(士族)常人(內需司奴) 其分甚嚴 名分到置 則將何以爲國"
『선조실록』 선조 36년 3월 을묘조, 호조계(戶曹啓)
"采得(銀)三千兩以上者 當初指示人 公私賤則免賤 軍保則免軍役後 除授六品影職 庶孽則許通 兩班(東方稱士族爲兩班) 則除授東班六品職"
李民宬, 『紫巖集』 卷2, 「丙子春擬陳時弊疏」(仁祖14, 1636)
"蓋我國之俗 士族·良·賤之分 其來已久"

었던 것은 위와 같은 상황 하에서 이해될 수 있는 것이다.

수령은 당초 많은 한계를 갖고 있었다. 재임기간에 있어서도 거의 2년을 넘지 못해 '수령구임(守令久任)'이 거론되지 않은 적이 없지만 그러한 논의가 실효를 거둔 적은 거의 없는 것이나 다름없었다.[5] 수령은 또한 개개의 읍사정에 밝지 못해 중앙정부에서도 수령에게만 향권을 일임하지 않고 재지품관(在地品官)에게 일정한 특권을 부여하고 수령을 보좌케 했으며 경재소(京在所) 등의 기구를 통해 그들을 견제했던 것이다. 어떤 의미에서는 향권은 재지품관들에 의해 장악되었던 것이라고도 볼 수 있다. 왕권강화의 시기에 수령의 권한이 특별히 늘어난 것이 아니고 또한 수령이 스스로 권한을 강화시킬 수 있는 것이 아니라면 수령권의 강화는 왕권과의 관계에서 뿐만 아니라 재지세력과의 상호관계에서 보다 문제되겠는데, 조선후기 수령권 강화의 기반은 종래 사족양반이라고 보기는 어려우며 그 후예라 하더라도 성격상 크게 변질돼 있었던 것이다.

후기에 와서 향권이 어느 세력으로 넘어가느냐 하는 문제는 다각도에서 검토되어야 하겠지만, 우선 종래 향권을 장악해 왔던 사족에 대한 이해를 가지면서 각 권력기구 자체의 변화를 검토하여 앞서 언급한 바 지배신분층으로서의 사족양반의 성격변화를 염두에 두고 향권의 추이를 추적하기로 한다.

....

5 『新增昇平誌』(奎15591), 事實條, 영조 5년(1729) 찬.
　"本府先生案 始於正統丙辰 (중략) 自正統丙辰(世宗 18) 至弘治乙卯六十年間 爲府使者二十二員 自弘治丙辰(燕山 2) 至嘉靖乙卯六十年間 爲府使者三十六員 自嘉靖丙辰 (明宗 11) 至萬曆乙卯六十年間 爲府使者四十四員 可以知近代守令之數易 而亦可見時勢之多事矣 <新增> 自萬曆丁巳(光海 9) 至淸主雍正戊申(英祖 4) 一百二十年也 芝峯以後凡六十員皆是文官"(괄호 및 강조점은 필자에 의한 것임. 이하 동)
　위에서 보면 수령의 재임기간이 60년마다 평균 3년에서 1.7년, 1.4년으로 점차 짧아져 간 것을 알 수 있는데, 목천의 경우도 마찬가지였다.

(2) 17·18세기 사족의 동향

앞서도 잠시 언급하였듯이 사족은 신분적인 개념의 용어로서 흔히 사대부(士大夫), 사부(士夫)로 표현되고 '속칭 양반(俗稱 兩班)'이라 하여 양반을 신분층으로 이해할 때 양반과 통용되어 온 것으로 이해해도 무방할 것 같다.6 정치적으로는 16세기 이후 사림으로 표현되는데 18세기 향촌사회에서의 유림으로 표현되는 세력의 전신으로 이해된다. 그들이 확실하게 향권을 장악하게 되는 것은 사화를 거치고 난 뒤 사족의 역할이 절실히 요청되면서부터라 하겠는데, 사림의 우세가 확실해졌다 하더라고 감사·수령과의 타협아래 그들의 우월성을 확보하였던 것이고,7 보다 확실한 기반은 향약을 실시하는 단계에서 굳어지는 것이 아닌가 한다.

사족이 조선초기에 가졌던 향촌사회에서의 영향력은 절대적이 아니었다. 그들의 권력기구로 삼으려 했던 유향소가 중앙 경재소의 견제 하에서 벗어날 수 없었고 사마소마저 견제당했던 것이라든지8 대안으로 강구했던 향약보급의 노력에도 불구하고 향리세력을 완전히 규제하기 어려웠던 사정 등은9 그를 말해주는 것인데, 선조 이후 향약 실시가 일반화 되면서 사족의 영향력은 점차 확대되어 갔고 이후 그들의 우위는 확실한 것처럼

....

6 주 4 참조.

栗谷의 社倉契約束 중 「會時座次」(『栗谷全書』 권16)에 보이는 「非士族而稱兩班」하는 「校生·忠贊·別侍之類」와 같은 「庶族有識者」는 사족과 구별되었는데, 신분관의 경직화를 시사해 준다. 다음과 같은 기록도 이해에 도움이 되겠다.

"今之士族 (俗稱兩班) 誠可謂逸樂矣 (중략) 傳子傳孫 有同封爵之世襲 何理也"(『승정원일기』, 영조 즉위년 10월 3일조)

7 柳希春, 『眉巖日記』, 선조2년 12월 21일조

"金道濟 李桂達等 以有蔭子孫爲都將 宋嗣纘抑定陪牌於兵使之行 座中長老皆惡其以鄕吏免役而凌蔑士族 余令座首別監 捧其侉晉杖四十 又將報城主遞其任 人皆快之"

8 이태진, 1972 「사림파의 유향소복립운동」 하 『진단학보』 35, 25~27쪽.

9 『중종실록』 중종 14년 6월 을해조

보였다. 즉, 사족의 유무가 바로 풍속의 '돈후(淳厚)'·'우완(愚頑)'을 말하는 것으로 이해되는 것이 일부 읍지에 보이고 있는데,

上里: 士族賤類雜居 風俗則民貧役煩 禮義無敎
白沙里: 自古無士族之居 風俗則民頑俗蠢 鬪訟不絶
大山里: 間間有兩班之居 無右族 風俗則無知鹿鄙 務農儉嗇10

등과 같은 기록이나, 『진양지(晋陽誌)』11의 「각리(各里)」조에 보이는 '自古士族多居 風俗淳朴', '無士族 風俗頑惡'과 같은 내용의 기사는 사족의 영향력이 향촌에 깊이 미쳤던 것을 말해주고 있다. 이제 그들은 향리세력까지 완전히 휘하에 두고 향권을 그들의 세력 하에 두게 되었으니12 이 같은 상황은 사림집권기에 더욱 강화되었으며 커다란 변동없이 지속돼 의식상에 사족의 우위성은 흔들릴 수 없는 것이 되었다.

그러나 그들 권력기구 내에는 많은 문제점이 내포되어 있었다. 언급하였듯이 처음 그들 자신이 설립을 주장하던 유향소가 경재소에 의해 견제당하고 있었고 사마소도 생진(生進)의 기구로서 유향소와의 대립 속에서 향론(鄕論)을 주장할 만큼 성장했는지는 의문이어서13 결국 수령과의 마찰

....

10 『咸州誌』(奎10985, 奎12249) 各里條.
　이는 경상도 함안군 읍지로 한강 정구의 재임기간 중 선조 20년(1587)에 편찬되었는데, 수령으로 있던 한강이 '서'를 쓰고 있다. 편찬이 완성된 것은 그가 야인으로 돌아온 선조 22년인데 임란 이전의 것임이 주목된다.
11 『晋陽誌』(서울大 古圖書 No.4790-17, 이하 서울大古4790-17로 略함).
12 『輿地圖書』下(국편), 367쪽 慶尙道(晋州邑誌), 壇廟條
　"(姜民瞻 祠) 亂後荒廢 萬曆己酉(光海 1) 巡察使姜籤重建 春秋享時 戶長爲首獻 世傳
　民瞻遺意云 而今改木板屬士林 戶長爲終獻"
13 이태진, 앞의 논문 참조
　사마소 설립 자체가 훈구계열의 유향소 장악에 대한 반발에서 이루어진 것이어

등으로 혁파될 운명을 맞았으며, 유향소 역시 안동 등 경상도 일부지역의 경우를 제외하고는 수령의 시녀로 격하되는 것이 일반 추세였던 것 같다.[14] 여기에 사족들이 그들의 세력기반으로 삼고 자신들의 윤리를 보급할 수 있는 기구를 모색하는데 있어 서원은 적절한 무기였다. 서원이 사림정치기에 대대적인 발전을 보인 것이 우연한 일은 아니었다.

수령과의 마찰을 피하여 독자적으로 운영할 수 있고,[15] 사족의 우위가 확실해진 상황 하에서이지만 과문(科文)을 멀리하는 등 시세에 초연하여 그들의 뜻을 펼 수 있는 것으로 믿었던 데서 '사자장수지소(士子藏修之所)'로서의 서원은 확실히 새로운 기구를 모색하던 사족의 이해에 부합하는 것이었으니, 사실 율곡의 해주향약(海州鄕約)이 서원으로부터 그 실시가 시도되었던 것도 그와 관련된 것이었다. 다시 말해 이 서원의 등장은 향촌사회 권력구조의 변동에서 파악될 수 있는 것으로서 이때 서원은 향권을 장악한 사족의 기구인 것이다. 숙종말년 그 남설이 문제되기까지 재지사족의 근거지로서 향론을 주도하였을 것인바, 이후 서원의 남설은 향론의 분열상을 보여주는 것으로서 '사림정치의 파탄과 짝하는 현상이었다.'[16]

....

서 유자광, 윤필상 등에 의해 이미 연산군대 그 혁파가 건의되었지만, 인조때까지도 해결되지 못하고 거론되었던 것은, 그간 사마소가 나름대로의 향론을 주장했을 가능성도 생각게 해주지만(『명종실록』, 명종 15년 2월 계묘조), 각각의 지역차라든가 관련된 재지세력의 동향은 보다 구체적으로 검토되어야 할 것 같다. 예를 들어 선조대 해남에서 사마소의 일원이었던 박백응(朴伯凝)이 좌수(座首)가 되고 있는 것을 보면(『眉巖日記』, 선조 즉위년 12월 20일, 선조 2년 12월 10일조) 유향소와 사마소 간에 뚜렷한 대립이 있었던 흔적을 찾아보기 어려운 예도 있는 것이다.

14 안동의 경우도 그 기능이 약간 변모되었을 가능성은 영조 9년 향청이 소실되어 중건할 때 鄕射堂에서 그 扁額을 「鄕序堂」으로 바꾸는 데서 시사받을 수 있다(『輿地圖書』下, 534쪽).

15 鄭逑, 『寒岡集』 卷6, 答問條 「西溪書院儒生問」.

16 이태진, 「사림과 서원」 『한국사 12』, 153쪽.

이는 사족의 향권 상실과도 관련되는 것으로 여겨진다.

퇴계 이황은 「이산서원기(伊山書院記)」에서 서원이 인륜을 밝히는 '삼대지학(三代之學)'에 봉사할 것을 전제하고, 문사(文詞)나 과문에 치중하는 '이록지습(利祿之習)'에서 탈피하지 못하는 국학(國學) 향교의 교육을 비판하고 있다.[17] 이러한 사고는 18세기 도암 이재에게서도 보이는데,[18] 그 사이 남계 박세채의 견해는 흥미롭다. 그는 동양서원(東陽書院) 유생들의 '원규(院規)'에 대한 질문에,

> 所謂鄕校欲其全 書院欲其精者 以鄕校則無論科學學問皆所當入 書院則只當取志學者入籍 此等意皆在於書院事蹟也[19]

라고 답한 데서 알 수 있듯이 서원과 향교를 구분하여 서원의 우위성을 당연히 여기면서도,

> 然今難猝然變通 維於入院諸士中 取其有志學問者 別作一籍 輪回肄業 似亦可矣 如何如何

라고 하여 당시 서원의 본래 성격이 상실돼 나갔던 데 대한 대안을 제시하기도 하였다. 박세채는 원생(院生)과 교생(校生)을 귀·천(貴·賤)으로까지 나누어 인식하였으면서도[20] 사족이 향교에 나가지 않는 것을 고폐(痼弊)로

---

17 『輿地圖書』下, 400~401쪽「慶尙道榮川邑誌」.
18 李縡, 『陶菴集』卷25, 「深谷書院學規」.
19 朴世采, 『南溪集』卷52, 「答東陽書院儒問院規」(숙종 17, 1691).
20 위의 글, "別告本規第五條 勿論少長貴賤 註曰 貴謂士族 賤謂校生庶派之類 盖貴賤尊卑乃平時行用文字 故初不爲疑也 (중략) 玆改貴賤字以顯微 下註其位下 又添校生庶派四字爲宜"

여겼던 까닭에,[21] 위와 같은 절충적인 발언을 하게 된 것이다. 이재가 당시 서원의 유명무실함을 신랄하게 비판하였던 것은 그 같은 뚜렷한 기준이 있었기 때문이기도 하다.

물론 서원은 일시에 전국적으로 건립될 성질의 것도 아니었고 또 설립되었다 하더라도 각처의 사족 성격에 따라 그것이 재지사족의 전체 이익을 대변하는 하나의 권력기구로 성장하느냐에는 정도의 차이가 있기 마련이었다.[22] 임란 후 향약을 실시할 때에 있어 유향소전통이 강한 경상도 지역에서는 향청(鄕廳: 留鄕所)이 중심이 되고 있는 것이라든지,[23] 양호(兩湖)의 경우 향청이 직접 향약실시의 구심체가 되었던 예를 발견하기 어렵고 오히려 가숙(家塾)이나 강사(講舍)를 중심으로 한 동약(洞約)이 주가 되고 있는 사실에서 우리는 다양한 향촌기구나 조직에 대한 검토의 필요성을 느끼게 된다.

즉 사족은 서원 이외의 향촌기구를 어떻게 장악·이용하였는가 하는데 대한 이해와 아울러 그에서 왜 밀려나게 되었는가 하는 것이 그 기구나 조직의 검토를 통해 밝혀질 수 있다면 향권의 추이도 따라서 드러나게 될 것이기 때문이다. 그를 위해 다음 몇 가지가 문제의 대상이 되겠는데, 편의상 경재소혁파에 따른 향임층(鄕任層)의 변동과 면리조직(面里組織)의 이중성, 그리고 교원(校院)의 기능변화 등 세 측면으로 나누어 설명코자 한다.

....

21 朴世采, 『南溪集』 卷65, 「文會書院院規」(현종 14, 1673).
22 정만조, 1975 「17·8세기의 서원, 사우에 대한 시론」『한국사론』 2 참조.
   이에 의하면 서원건립 자체가 문인에 의한 것, 후손에 의한 것, 향인에 의한 것 등 다양하였음을 알 수 있는데, 이것들이 모두 향론에 의해 건립되었다고 보기는 어려운 것이다.
23 『永嘉誌』(奎15562) 「鄕規」 新定十條(柳成龍 찬).

(3) 경재소 혁파와 향임층의 변동

권력기구상 일어난 가장 큰 변화라 하면 위 서원의 등장과 이제 설명할 경재소의 혁파를 들 수 있다. 경재소 혁파는 열읍(列邑) 훈도(訓導)의 폐지와 함께 일차적으로는 재정적인 요인에 의한 것이지만[24] 그 복립 건의가 받아들여지지 않는 것은[25] 향촌사회에서 사족의 영향력이 얼마만큼 신장되었고, 그들 중심의 향촌운영이 가능했기 때문이라고 볼 수도 있다.[26] 그러나 이후 그 혁파의 영향은 적지 않아서 경재소의 견제와 보호 속에서 그 기능을 수행하며 경재소와 표리를 이루던 유향소의[27] 성격에 변화를 가져와 장차 일어날 분쟁의 불씨를 제공하였다.

호남에서 으뜸가는 읍중의 하나인 남원(南原)의 경우,

난을 겪고 난 후에 경재소(卿宰所; 京在所)가 폐지되므로 사대부가 향권(鄕權)을 잡는 것을 천히 여겨 꺼리게 되고, 모든 논의가 가부를 정할 수 없게 된 까닭에, 무식하고 염치를 모르는 자들이 방자히 행동하며 향적(鄕籍; 鄕案)을 개인이 발신(撥身)하는 사사로운 쪽지로 알고 향임이 되면 (바로) 집안을 일으킬 수 있는 돈방석에 앉게 된 것

---

24 『선조실록』 선조 36년 정월 갑신조, 비변사 계
　　"備邊司啓曰: "經亂之後 民力蕩竭 急用軍餉 亦難措辦 (중략) 請依前日大臣啓辭 有提督官外 其餘列邑訓導 仍前革罷 且平時各官京在所稱號者 初欲科撿鄕風 而其流終至於 侵虐邑吏之歸 人多苦之 今列邑盡爲蕩破 不成摸樣 而稍稍還稱京在所 以復平日之弊甚不可也 此亦一切革罷 姑勿還設爲便"

25 『광해군일기』 광해군 4년 10월 경인조

26 이수건, 1977 「조선전기 지방행정제도의 성격」 『제7회 동양학학술회의강연초』.
　　사족주도형의 지방행정체계의 확립과 정비라는 각도에서 정리한 글로서 사족위주의 향촌사회 조직이 완전히 갖추어지게 되는 것을 임란후로 잡고 있다.

27 朴祥, 『訥齋續集』 卷4, 「光州鄕案序」(中宗 11, 1516)
　　"鄕所與京邸 相爲表裏 鄕所之統京邸 如縣之事大府 京邸之待鄕所 如大府之制小縣 上下相維輕重相校 其來久矣"

인줄로 알아 (착각하니, 그로 인해) 온갖 쟁단이 극에 달했다. 향적이 재분(再焚)되고 향임에 제 사람을 쓸 수 없는 것도 이유가 바로 여기 있는 것이다.[28]

라고 하는 상황이 전개된 것은 유향소가 사족이 꺼리는 바 되고 수령의 시녀화 하는 계기를 암시해 준다.

사족의 향임기피 현상은 양란 후 군무(軍務)의 증가에 따라 향소(鄕所)에 과해졌던 실질적인 부담의 과중에서 기인하는 것으로 볼 수도 있겠고,[29] 특히 효종 5년 「영장사목(營將事目)」의 반포에 의해 그 기피현상이 두드러지게 되었던 측면도 지적될 수 있을 것이다.[30] 그러나 군무는 각 읍의 실정에 따라 향소나 장관(將官) 등의 책임 하에 다양하게 수행되었던 것이 일반 예였다고 보이며,[31] 또 효종 사후 현종대에 오면 벌써 영장(營將)의 유해무익이 거론되는 것을[32] 아울러 고려할 때 군무는 장관(將官; 將廳)의 책임 하에 수행되는 것이 추세였다 할 것이다. 오히려 그 같은 현상은 경재소의 혁파와 아울러 향임층의 성격변화와 관련시켜 이해해야 할 성질의 것이 아닌가 한다.[33]

....

28 『龍城誌』(國立中央圖書館 圖書No. 의산고2744-11) 卷3, 完議條(인조 17, 1639)
29 朴壽春,『菊潭集』卷2, 「鄕規序」(宣祖 36, 1603)
　　"今之留鄕所 卽古之鄕大夫也 (중략) 頃年以來 遺風以遠 鄕習漸訛 至於壬辰兵燹 禮樂文物 堙沒蕩盡 思古傷今 寧不悲歎 自是以後 賦役日煩 時事日變 爲鄕所者 奔走於差令 汲汲於應供 而身且不保 何暇勵風俗復古義哉"
30 尹善道,『孤山遺稿』卷4, 「呈全南方伯書 趙啓遠 丙申」(孝宗 7, 1656)
　　"甚至各營 近有鄕所姓名疤記成冊上使之規 名爲鄕大夫 而實則以奴隷待之也 何暇望其正風俗 均賦役 輔官政 安民生也"
31 李埈,『蒼石集』卷10, 「答權仲明」
　　"各官管兵規例不同 或令鄕所而掌其事 或令將官而司其責 本郡鄕所之官 只是糾檢風俗等事 而若其抄兵一事 終無與焉 朝家押送之令 朝暮且至 則鄕所三員未知當之者何人也"
32 李端夏,『畏齋集』卷3, 「傳諭懷德復命後辭職仍陳沿路所聞疏」.

위 남원에서와 같은 상황은 여타 읍의 경우도 비슷하여, 17세기 전반 광주(光州)를 제외한 도내 삼대읍인 전주(全州)·나주(羅州)·영광(靈光)에서는 향론이 분열되고 향적(鄕籍)이 파치되는 등 일읍이 마치 전장(戰場)과 같았다고 한다.[34]

이와 같은 형상은 일단 사족이 돼 수습되었다.

> 일국(一國)에 일국의 공론(公論)이 있듯이 일향(一鄕)에는 일향공론 [一鄕公論; 향론(鄕論)]이 있어 향선생(鄕先生)이 독천(獨擅)할 것이 아니며 오직 사대부가 그 공의(公議)를 주장해야 한다.[35]

하여 사족이 대거 향적에 참여할 것을 결정한 것은 인조반정 이후 호남사족의 동향을 보여주는 것이다.[36] 그러나 반정 후 70여년이 지난 후 숙종 19년(1693) 완의(完議)를 통해 향임뿐 아니라 아전에 대한 통제책을 다시 정해야 했던 것이라든지,[37] 같은 남원의 경우 사족으로서 향소(鄕所)·이서 (吏胥)의 '연명작계(聯名作稧)'를 우려하였던 것[38] 등은 이제 사족의 지위가

· · · · · · · · · · · · · · · · · · · ·

33 尹善道, 『孤山遺稿』 卷5, 「鄕祠堂條約」(肅宗 42, 1716)
"竊惟鄕風之太紊 不是土俗之不美天性之不善 只由於儒品失學之致也 民役之太煩 不是 國家之多事官家之不簡 只由於監色不職之致也"

34 『龍城誌』, 完議條.

35 『龍城誌』, 「約束條目」(인조 17, 1639).

36 崔是翁, 『東岡遺稿』 卷2, 「與李地主聖漢」(숙종 38, 1712)
"自經昏朝以來 鄕風大壞 沒廉隅眛文字之類 冒據鄕廳 癸亥(仁祖反正)以後亦未復古 前 輩以是病焉 設立鄕約之規 (중략) 亦已百餘年矣 法久廢弛 亦無足怪也"

37 『龍城誌』, 「癸酉完議」(肅宗 19, 1693).

38 주 36과 같음. 崔是翁은 앞의 『龍城誌』의 서문을 쓴 인물이다.
"鄕約之名 兩廳皆惡 (중략) 士大夫亦慮其中毒 而不肯是非 終至於鄕所胥吏聯名作稧而 極矣"

흔들려 가는 대세를 반영하는 것으로 이해되는 것이다.

이제 유향소는 향소나 향청으로 표현되는 것이 일반적인데, 그 소임인 향임층과 사족 사이의 괴리현상은 심화되어 나갔다. 호남에 국한된 것만은 아닐 터인데, 18세기 들어와서는 '사대부(사족)는 향임을 천역시(賤役視)해서 그들과 동열에 드는 것을 수치로 여겼고 향임이 되는 자는 따라서 오직 지벌(地閥)이 미천하거나 역(役)을 피하려는 자'[39]로 여겨졌다. 이러한 현상은 유·향분기(儒·鄕分岐)로 인식되기도 하였는데 호서의 경우가 분기현상이 가장 현저했고 영남은 유(儒)·향(鄕)의 구별 없이 모두 향안(鄕案)에 오르는 것이 일반적이고 사로(仕路)에도 장애가 없던 것으로 간주되었다.[40]

이와 같은 사정으로 미루어 알 수 있듯이 호서의 경우 사족세력이 강했던 지역에서는 향임들 스스로 사족보다 그들 신분이 떨어지는 것으로 인식하기도 하였다.[41] 아울러 향임은 향안에 오른 자 중에서 차출되고, 그 반대로 향임에 차출되어 향안에 오르는 경우를 고려해 볼 때, 여기서 우리는 향안이 새로운 계층에 의해 장악될 소지가 있음을 이해할 수 있다 하겠다. 19세기 후반의 기록이지만 호남에서도 상한(常漢)이 좌수(座首)의

....

39 魏伯珪, 『存齋全書』上(影印本) 93쪽, 封事條.

40 『정조실록』정조 20년 2월 신축조, 右議政 尹蓍東 啓
　　"湖西 則士夫之鄕而儒鄕懸隔 (중략) 獨嶺南 吏弊最甚 而儒鄕不分入鄕案 而無碍於仕路"
　　『商山錄』乾, 英祖 22(1746), 慶尙道 尙州 관청기록
　　"爲牒報事 各邑設置鄕任者 乃所以佐邑長 而出治者也 (중략) 而至於本州 則無論儒品
　　必差鄕望中可合人 使之承當邑幹者 又是邑例乙仍于"

41 『嘉林報艸』(奎12352) 戊午(영조 14) 12월 5일 및 己未(영조 15) 정월 12일조. 忠淸道 林川 관청기록 "所謂 辛鵬三 本以豪强品官 累經鄕任 濫猾無此"; "(辛鵬三年五十九)矣身 身爲鄕品 處地雖微 本不學巧詐濫猾"
　　문벌세력의 보수화 때문에 비롯된 현상이지만 중앙정부에서도 향임의 족당을 올려 쓰지 않기는 마찬가지였다(『星湖僿說類選』卷3, 尙閥條).

소임을 맡게 되자, '다사(多士)'들이 항의한 것은[42] 그 같은 사정을 고려하지 않고는 납득하기 어려우며 이미 18세기에 서북(西北)에서는 '매향(賣鄕)'이 일상적인 폐단으로 지적되고 있었다.

이 같은 과정에서 갈등이 야기되지 않을 수 없는데, 향전(鄕戰)의 중요한 원인 가운데 하나가 바로 이와 관련된 것이었다. 뒤에 언급되겠거니와 향전은 향권의 장악을 둘러싼 쟁단의 의미를 갖는 것이며, 따라서 매향, 향안에의 남승(濫陞) 등이 향전의 요인이 되고 있었다는 것은 향권이 향임층에게로 넘어가는 추세의 단면을 시사하는 것이다.

18세기 중엽의 일로서 사대부들이 향청에 참가하지 않고 향론을 주도하지 못했기 때문에 풍속이 어그러지는 것으로 판단. 이미 100년 전에 실시되었던 '향회(鄕會)'를 재조직하여 공론을 모으고 거기서 향청을 규제해 보고자 한 순창(淳昌)에서의 노력은[43] 위에 언급된 향전을 사족이 중심이 돼서 해결해 보고자 한 것으로 이해되지만, 그 역시 사족이 향권을 잃어가는 추세의 단면을 말하는 것이다. 이 순창군의 경우는 향적(향안)이 폐치된 후 사대부 중에서 조금이라도 결백을 유지하려던 자는 향청에 관계하여 시비에 끼어들 것을 우려하여 '부도향청(不到鄕廳)', 즉 향청에 가까이 가지 않는 것을 욕(辱)을 멀리하는 상책으로 여겼다 한다.[44]

....

42 『訟案狀題冊』(서울大古5125-10-2) 1889년 정월 26일조, 「多士稟目」, 全羅道.

43 『淳昌郡誌』(서울大古4790-24) 英祖 36년 新增, 公署條
　　"鄕有司節目 風俗之倫薄 實由於鄕綱之不立 而鄕綱之不立 盖由於士大夫之不主鄕論也
　　一自鄕籍廢置之後 士大夫之稍欲自潔者 觀鄕事不啻若隣室之鬪 而以口不言是非 爲避謗
　　之良策 足不到鄕廳 爲逐辱之上計 至使無識無恥之徒 恣縱妄行於其間 而壞淚澆亂之風
　　至此極矣 (중략) 丁丑(英祖 33, 1757)之歲 闔郡會議改定節目 以爲永久遵行之地 此非
　　一二人之臆決也 實是一邑之公論云已"

44 위의 글.

우리는 여기서 저간 향임층이 바뀌어 나간 정황을 파악할 수 있다. 향임을 향품(鄕品)이라 하는 경우도 있는데, 향품은 향곡품관(鄕曲品官)을 지칭하는 것으로 이해한다면 그런 의미에서의 향품은 '유향품관(留鄕品官)'이란 호칭의 잔영으로 좁은 의미의 것이라 하겠고, 오히려 이 시기 향품은 향촌에서 품계를 획득한 향족(鄕族) 혹은 향임층으로 성격 지워질 수 있겠다.45 다만 그 중에는 사족으로서 향족화된 양반[향반(鄕班)]이나 누대 향안(累代鄕案)에 참가해온 자들이 포함되어 있어 그 개념규정에는 신중을 기할 필요가 있다 하겠다. 어느 경우든지 사족에는 못 미쳤다 할지라도 그들은 향중 양반으로서 행세하였으며 사족에 대신하여 향권을 그들 세력 하에 집중시켜 나갔던 계층으로 보아 무방하리라 여겨진다. 향전의 양상으로 유림(儒林)과 향품(鄕品)과의 대립도 그 과정에서 나타난다.

(4) 면리조직의 이중성

사족중심의 향촌질서는 이미 임란이전에 선조대에 들어오면서 틀이 잡히는 것으로 보이는데,46 난후 동(洞)·리(里)는 말할 것도 없고 심지어 일부 군현까지 타읍에 병속시켜야 할 정도로47 그 질서는 교란되어, 그

....

45 18세기에 사족과 鄕品家와의 구별은 확연했던 것 같다.

趙鎭寬(1739~1808), 『柯汀集』 卷8, 「湍金割界事宜狀」

"一邑士族 不願爲松民必也 (중략) 此地便是絶峽 故一兩家外 元無以士爲名者 居民則 利其松都之稅少役輕 莫不願爲之民 而惟是鄕品十餘家 特以松無鄕色 故恐其上下不及 而掉頭不願"

이외에 목천현의 수령으로서 황윤석도 士類(士族: 儒)와 鄕廳之任(鄕族:鄕品)을 구별하여 인식하고 있었던 데서도 그 같은 사실을 시사 받을 수 있다.

『頤齋亂藁』(연세대학교 국학연구원 편) 7356~7359쪽, 「木川衙中日曆」 庚子 6월 20日條 「貶罷自述 幷序」, 이하 『木川衙中日曆』으로 약함.

"士流之賢者 先往見之 鄕廳之任者 冠乃見之"

46 주 10, 11 참조.

상황에서 면·리조직이 그 기능을 발휘하기란 매우 어려웠을 것이다. 특히 인구의 감소나 농민의 유리(遊離)를 비롯한 인구이동은 그 전면적 재편성을 불가피하게 했다. 면리의 재조정이라는 것은 기본적으로는 호구(戶口)의 증감 때문에 불가피한 것이었지만 거기에는 일면 사족의 이해가 반영되기도 했다. 사족이 많았던 지역에 그렇지 않은 타 지역을 합치는 예는[48] 그만큼 사족의 영향력이 컸고 또 그들에 기대하는 바 있었기 때문이라고 볼 수 있겠는데, 사족의 이주가 전개되는 상황에서 그것은 일반적인 현상이었는지도 모른다.

난후 각종 동약류(洞約類)에 보이듯이 사족의 영향력은 컸다. 그들은 족계(族契) 외에 동규(洞規)를 정하기도 하고 강당(講堂)을 열어 세력기반을 마련하기도 하였는데, 그것은 넓은 의미의 향약에 대해 기울였던 그들 관심의 발현이었다. 따라서 일단 재정비되는 면리조직에 직접적인 영향력을 행사하기도 하였을 것이다. 정부에서도 각 방(坊)·면(面)에 도유사(都有司)를 두고 도유사는 유직품관(有職品官)이나 생진유생(生進儒生)으로 담당시키려 하였다.[49] 그 후의 면임(面任) 명칭이 풍헌(風憲)·약정(約正)으로 표시되고 리임(里任)이 집강(執綱) 등으로 표시되는 것 등은 그와 같은 사정에서 비롯된 것이었다.[50]

. . . .

47 경상도의 丹城, 충청도의 陰城 등 지역이 그 한 예인데 丹城은 殘弊로 山清에 속했다가 光海 5년(1613)에 復設되었고(『興地圖書』下「山清邑誌」) 陰城은 임란 후 清安에 속했다가 光海 10년(1618)에 復設되었는데, 陰城의 경우 設官된 당시 縣吏는 겨우 3戶였고 鄕儒도 10人이 채 못 되었다 한다(『陰城邑誌』(奎17394) 英祖 44년 찬, 1768].

48 주 11 『晋陽誌』各里條 참조.
여기에는 亂後 各里의 置廢 상황이 비교적 자세히 기재되고 있다.

49 『號牌事目』(인조 4년, 1626).

50 金起泓, 『寬谷先生文集』下卷, 野乘, 風化條.

그런데 18·19세기 민장류(民狀類)에 나타나는 면·리임은 수령의 행정 하수인으로 사족과는 무관한 소임인데, 리임은 1년마다, 면임의 경우는 향청의 망보(望報)에 의해 체질(遞秩)되며,[51] 보통 중서(中庶) 천류(賤流) 등에 의해 담당되고 있었다.[52] 숙종 37년에 '리정제(里定制)'를 실시하면서 리임의 경우 상존위(上尊位)는 '표저양반(表著兩班)'으로 담당시키고, 한정(閑丁) 등에 관한 일체 실무는 부존위(副尊位) 이하에 일임하며, 상존위는 단지 그것을 검찰신칙(檢察申飭)하는 역할을 수행하도록 법제화하였다.[53] 여기서 우리는 면리의 조직에서 보이는 이중성을 발견하게 된다. 즉 흔히 교화로 표명되는 측면은 사부(士夫 : 士族兩班)에게 기대하고 기타 행정적인 측면은 중간담당자를[54] 개재시킴으로써 향촌문제를 해결하려 했던 것이다. 그것은 정부의 입장에서 비롯된 것이기도 하거니와 관이 중심이 되어 사족을 동원하여 실시하려 했던 향약조직에서도 발견되는 현상이다. 그러나 이는 엄밀한 의미에서 사족이 중심이 된 향약운영방식과는 거리가 있는 것으로서, 사족이 중심이 돼 향약을 실시하는 경우 조적(糶糴)이나 부역 등 봉공(奉公)에 관한 건을 그에서 제외시켜 풍교(風敎)만을 맡길 경우 그것은 의미 없는 것이 되어버릴 것이라는 견해가[55] 주목된다.

....

51 『嘉林報艸』戊午(영조 14) 8월 4일, 「各面下帖」.

52 『備邊司謄錄』숙종 원년 9월 24일 「五家統事目」; 숙종 37년 12월 26일 「良役變通節目」.

53 위의 책, 「良役變通節目」.

54 面에는 또 面主人 등이 존재하였는데 이들은 질청(作廳) 관할 所任으로 우리가 살피려하는 面任과는 별개의 것이다. 面主人의 경우 踏印·牌子를 지니고 面內의 罪人 捉推 등 官을 대행하여 각 사항을 집행하고 面任과 함께 官令을 포고하는 것 등이 그들의 주된 임무였는데, 復戶를 지급받기로 하고 일정한 稟料를 받기도 했는데 질청에 의해 파악되고 있었다.

55 崔是翁, 앞의 책, 「與地主 聖漢」(숙종 38, 1712)
"今若有意復古 而先去此兩節(糶糴, 賦役) 則是猶咽噎而廢食 欲行而刖足也"

조선후기의 향약조직이 흔히 면리조직과 결부해서 갖춰지는 경우가 있긴 하지만,[56] 그것은 위와 같은 상황에서 비롯된 것이지 자체로는 별개의 사족중심의 기구로 이해해야 할 것이다. 수령이 향약을 실시할 경우 그 조직이 향청·향임이나 면·리임과는 전혀 별개의 것으로 취급되는 것도 그것을 말한다. 숙종대의 「오가통사목(五家統事目)」이나 「양역변통절목(良役變通節目)」에서 강제규정을 통해서라도 면리조직에 '표저양반'을 쓰려하였지만[57] 결국 성공할 수 없었던 것은 위 양자가 갖는 성격상의 차이에서 비롯된 것이다.

안정복은 향약을 실시할 때 집강에게 전정(田政)·군정(軍政)·독적(督糴) 등에 관한 책임을 묻기 때문에 사부(士夫)가 그 소임을 꺼리게 되고 따라서 동헌(洞憲)이 해이해진다고 보고[58] 어차피 면리조직과 결부돼야 한다면 존위와 부존위를 두어 존위(집강)는 사부로 택차하여 그에게 풍교(風敎)에 관한 사항만 관장케 하고 기타 관정(官庭)과 관계된 사항, 예를 들어 환자(還上)·한정전대(閑丁塡代) 등에 관한 것은 부존위를 통해 처리하게끔 하였는데[59] 이러한 조치는 당시 민정자료(民政資料) 일반에서 확인할 수 있다. 즉 사족의 경우 관임(官任)의 성격을 띠는 면·리임을 그대로 받아들이지 않았던 데 대한 사족과 수령의 일종의 타협책이었다.

면임과 리임에는 약간의 차이가 있다. 면임은 향청에서 지명하는 것으로 관임적(官任的)인 성격이 보다 강하고[60] 따라서 그 소임이 사족으로서

....

56 『鄕約條目』(서울大古5129-33). 尙州鎭管 金山郡
57 주 52와 같음. 「五家統事目」에선 사족으로 曾經有職者나 武蔭職者를 불문하고 '地位聞望於一鄕者'로 里正·面尹을 삼고 謀避者는 徒配할 것을 규정하고 있으며, 「良役變通節目」에서 역시 各里任掌(上尊位)이라도 다시 表著兩班에게 맡기려 하고 있다.
58 안정복, 『順菴集』 권4, 「答李(慶州)留守箕鎭書」(영조 29, 1753).
59 위의 책 卷15, 「慶州府 慶安面二里洞約」(영조 32).

는 반가울 것이 못되었는데, 리임 역시 면중망보(面中望報)에 의해 결정되는 형식을 거치지만, 리임은 매년 교체되고 각 리의 이해가 어느 정도 반영되므로, 풍교를 관할한다는 의미에서의 존위의 임을 맡는 것은 사족으로서 크게 수치스러울 것은 없었다. 이는 면의 훈장(訓長)의 역할과도 일면 통하는 것이었다. 실제로 각 리에서 존위는 사족에서 택정하고 부존위는 평민 중에서 차출하기도 하였다.[61]

그러나 후기로 내려올수록 향약조직이 유명무실해지고 면리조직에 흡수되는 데 따라 사족이 면리에서 갖는 영향력은 약해져 갔고, 리정제의 실시 이후로 한정(閑丁)의 전대(塡代) 등 존위에게 지워진 고유의 부담이[62] 가중되게 되어 그 소임은 기피하는바 되었던 것이다. 실제 리정은 상한이 담당하는 것으로까지 인식되고 있었고[63] 자연 그 성격도 달려져 나갔음을 알 수 있겠다.

(5) 향교, 서원 기능의 변화

서원이 사림의 기구였고 그들의 기반확대에 중요한 역할을 해 온 것은 인정되는 바이다.[64] 향교 역시 수령의 영향을 크게 받는 것이긴 하나 서원과 마찬가지로 유림들의 한 근거지로서의 역할을 담당한 것이기에 위 양자는 실제 향론을 주도해 온 기구로 인식된다. 그런데 이 양자가 조선후

····················

60 현존 고문서에서 面任인 風憲約正의 帖文을 다수 볼 수 있는데 里任帖文은 발견하기 힘들다.

61 『新定牙州誌』순조 19년 撰(澗松美術館所藏)
  "尊位 以里中士族擇定 ○副尊位 以平民差出"

62 『嘉林報艸』戊午(영조 14, 1738) 12月 初8日 「下帖」.

63 『金馬志』(奎12716) 鄕里記言條(영조 32, 1756) 「村中無常漢 可堪爲里正者」.

64 이태진, 앞의 논문.

기에 와서 양역폐(良役弊)의 연수(淵藪)로 이해되고 있는 것은 무엇을 의미하는 것일까.

교원(校院)이 피역(避役)의 장소로 변화되는 추세라든지[65], 서원이 정제(定制)를 잃고 남설되는 속에서[66] 그 향론주도가 불가능해졌을 것을 우선 추측할 수 있을 것이다. 여기서는 상론할 겨를이 없으므로 목천의 사정을 이해하는 정도에 그칠까 한다.

정조연간 목천 향교의 도유사(都有司) 1인, 장의(掌議) 2인, 색장(色掌) 1인은 각각 '사부(士夫)'가 담당하고 액내교생(額內校生) 30인은 '양민(良民)'으로 충당하고 있었으며, 목천에 유일한 서원인 도동서원(道東書院)의 경우 원생(院生) 20인은 역시 '양민'으로 삼고 장의 1인만 '사림(士林)'으로 충당하고 있었다.[67] 여기서 교생 20인은 향교의 제반 임역을 담당하였던 양민이었다는 사실은 남계 박세채가 '近日痼弊 專以校生守聖廟(鄕校) 而士族有識者不與'라 지적하였듯이 사족들이 교생을 천시하였던 당시 현실을[68] 짐작케 해 준다.

향교의 재임(齋任)과 서원의 재임을 각각 사부와 사림으로 구분·표시한 것으로[69] 보아 위 기록 자체가 신빙성이 있음을 알 수 있겠는데, 위 같은 상황이 유독 목천만의 특수한 사정이 아니라고 본다면, 우리는 교원(校院)의 기능과 그에 참여했던 사족들의 동향에 대해 음미해 보아야 할

· · · · · · · · · · · · · · · · · · · ·

65 송찬식, 1976 「조선후기교원생고」 『국민대학교논문집』 11.

66 정만조, 앞의 논문.

67 『木川縣邑誌』 校院條 "(鄕校) 儒生 有都有司兩掌議色掌 士扶(夫)爲之 居東齋 校生 定額三十人良民爲之 掌校中任役 居西齋"; "(道東書院) 儒生 有掌議士林爲之 院生 二十人良民爲之 校院生皆有月講之規 舊時各面別定訓長 勸課學業 今廢已久 欲更修學定規 而未遑焉"

68 주 20, 21 참조.

69 『木川縣邑誌』, 校院條.

필요를 느낀다. 여기에 정조 때 좌부승지 김하재(金夏材)의 다음과 같은 상소는 우리의 이해를 도와준다.

　　나라 안으로는 관학(館學)이 있고 밖으로는 교원(校院)이 있습니다. (중략) 군현에 이르러서는 학교의 운영이 어그러져 폐가 생긴 지 이미 오래이고, 사자(士子)라는 것이 이록만 좋고 학문에 힘쓸 줄 모르고 (선현에) 치제(致祭)할 줄을 모르니 이 어찌된 일입니까. 한번 재사(齋舍)에 출입하거나 (교원에) 뜻을 둔 자는 향당(鄕堂)의 치점(嗤點)이 되고 유벌(儒罰)이 분분하니, 그 까닭에 모두 (교원에 나아가) 거기서 벼슬 준비를 한다거나 수업을 받으려 하지 않게 되고, (따라서) 성묘(聖廟)를 지키거나 현원(賢院)에 처하는 자는 향곡(鄕曲)의 비천한 부류의 자지(子支)에 불과할 따름입니다.[70]

　　원생을 피역자(避役者)로 보고 군역에 충당시키자는 것이 건의될 정도로[71] 교원의 기능은 달라져 갔던 것이지만, 위에서 보면 사족이 교원을 기피하는 이유가 그렇게 단순한 것으로 여겨지지는 않는다. 목천현의 상황도 위와 다름없었던 것이다.

　　숙종 2년 남인 집권기에 사액받은 도동서원은 한강서원(寒岡書院)으로 이해되고 있는데[72] 그것이 향론을 주도해 나갈 수는 없었다. 뒤에 상술되

....

70 『승정원일기』, 정조 3년 11월 27일조.
71 『승정원일기』, 정조 17년 10월 초1일조.
72 목천의 도동서원(道東書院)은 '죽림강사(竹林講舍)'의 구기(舊基)에 세워진 죽림서원(竹林書院)을 가리키며 인조 13년(1635)에 주자, 김일손 외에 정구를 배향하기 위해 세워졌던 것 같다. 인조 27년 중수하여 읍선생 황종해를 추향하였으며 숙종 2년(1676) 남인 집권기에 충주의 운곡서원(雲谷書院)과 함께 사액받아 도동(道東)이라 이름하였는데, 선조 40년(1607)에 사액된 현풍(玄風)의 도동서원(道東書院)과 이름이 같다(현풍의 도동서원에는 김굉필과 정구가 배향되어 왔다). 흔히 한강서원(寒岡書院)이라 불려 왔으며 고종 신미년 서원철폐 때 마찬

겠는데, 그것은 노론계 인물들의 영향이 커져나갔던 데에 말미암은 것이지만, 영조 4년(1728) 무신난과 동왕 5년 '건저상소(建儲上疏)'에 연루된 황씨(黃氏)의 몰락 등[73] 소론계 인물들이 받았던 충격이 가셔지지 않은 데서 비롯된 향론의 분열에서도 이해될 수 있을 것이다. 서원은 중앙정권의 변동과 밀접하게 연결되어 왔던 것인데,[74] 남설이후 그 금지조치가 강화되면서 신설이 억제되자 향론을 주도할 수 없었던 도동서원의 실태는 위와 같이 되지 않을 수 없었다. 여기서 원생은 서원을 유지하기 위해 마련된 보인적(保人的) 성격을 띠는 것이며 그 수에 들지 않은 일반 유림들과는 차이가 나는 존재로 보아 무방할 듯하다.

유림이 정치적 도전세력으로 변모하지 않는 한 그들의 입장을 무시할 수 없었던 데서 그들의 한유(閑遊)가 용인되었고 서원이 전적으로 부정되지 않은 데서 위와 같은 이중적인 상황이 빚어지지 않았나 생각된다. 교원생에 월강(月講)이라는 형식을 빌어 제약을 가하기도 하였을 것이나, 그것이 가지는 의미도 이전과는 차이가 나게 되는 것이며, 서원 원생은 순조 12년 본 현 흥교사(興教祠)에서 자모(自募)한 원생 15명과[75] 크게 다를 바가 없었던 것이다.

목천에는 그밖에 상당수의 개인 강사(講舍)나 유림의 집회소가 세워지기도 하였다. 그 성격에 있어서는 교원과 근본적으로 차이가 나지만 사족의 '장수지소(藏修之所)', '퇴휴지소(退休之所)'로서의 한 기반으로 이해될 수 있는 것들이었다.

흔히 리숙(里塾)으로 표현되는 서당(書堂)이나 정사(精舍) 서재(書齋) 등

....

가지로 훼철되었고 현재 그 자리엔 민가가 들어서 있다.

73 『영조실록』 영조 5년 2월 계묘조

74 김동수, 1977 「16·17세기 호남사림의 존재형태에 관한 일고찰」 『역사학연구』 7.

75 『大麓誌』校生條.

도 그 연원에 있어서는 서원과 다를 바 없었다. 다만 그것은 개인적인 차원에서 세워진 것이고 정치적인 이해관계에 깊이 개입되지 않은 것으로 파악되었기 때문에 그 중 일부는 서원이나 향현사(鄕賢祠) 등으로 변모되어 갔지만 그렇지 않을 경우 큰 정치적 탄압 없이 존속할 수 있었고, 또 정치적인 배경이 없었기 때문에 후기의 서당은 나름대로의 기능을 지속할 수 있었던 것이라 하겠다.

(6) 사족의 향권 상실

그러면 18세기에 접어들면서 중앙권력에서 제외된 사족들이 유림으로 존재하는 한편, 점차 향권에서까지 소외되어 나가는 계기가 된 것은 어떤 것인가. 우리는 왕권강화가 이루어졌다고 하는 영·정시대를 통해 사족(산림)에게 향촌문제의 해결을 의뢰했던 사실을 거의 찾아볼 수 없다. 정조는 향곡유생(鄕曲儒生)들에게 자문을 구한 바 없지 않으나 그것 자체가 향내사(鄕內事)를 사족에게 맡긴다는 뜻은 아니다. 사족은 종래 사림에서 이제 산림(山林) 혹은 일반적으로는 유림(儒林)으로 표현되고 있는데, 그들 자체가 오히려 향전을 야기하고 향론을 분열시키는 요소로서 왕권강화에 저해되는 세력으로 이해되고 있으며,[76] 사대부들은 오직 명리만을 추구하는 것으로 비쳐졌고, 따라서 백성에게 왕의 뜻을 알게 하고 수령과 향리의 탐오를 견제할 수 있는 방법은 암행어사를 파견하는 길이 최적이라는 것이 정책을 추진해 나간 자들의 공통된 견해로 받아들여진다.[77]

어사파견을 통한 극단적인 방법에 의한 향촌사회의 통제방식은 비단 이 시기에 국한된 것은 아니라 할지라도 수령과 「이향(吏鄕)」을 견제할

----

[76] 『승정원일기』 영조 15년 3월 1일조.

[77] 『영조실록』 영조 41년 12월 무진조 및 『정조실록』 정조 2년 12월 신미조, 정조 22년 11월 기축조.

만한 세력이 향촌사회에서 소외되어 나갔다는 상황 아래서 그 의미는 이 전시기와 일정한 차이가 나는 것이다. 따라서 그 향권 상실의 계기는 사족이 향촌사회에서 향론을 주도할 수 없게 되는 것과 관련해서 검토돼야 할 것이지만, 그것은 또 어느 한 각도에서 설명되어질 수 있는 것은 아니어서 후일의 연구에 미루어야겠다. 다만 사림정치의 한계를 해결할 수 없게 된 상황과 관련시킨다면 그 시기는 왕권 강화기로 잡아 큰 무리는 없으리라 추측해 본다. 서원의 남설 등과 관련해서 숙종 37년 「양역변통절목(良役變通節目)」 이후 끊임없이 제기되었던 이른바 '양역의 폐'를 스스로 해결할 수 없을 때 「리정제(里定制)」는 정부에서 강구한 하나의 고식책이었는바, 족징(族徵)·인징(隣徵)은 묵인되어 갔고 그것은 사족의 기반 자체에도 큰 위협이 되었을 것이다.

이중환(李重煥)이 『택리지(擇里志)』에서 '사대부가거처(士大夫可居處)'를 기록하는 이유는,

> 무릇 국제(國制)가 사대부를 중히 대한다고 하지만, 살육을 함부로 한 까닭에, 소인(小人)이 한 번 정권을 잡으면 국형(國刑)을 빌어 사원(私怨)을 갚으려 드니 당쟁의 화가 수차례 일어났다. 이름이 나지 않으면 쓰이질 않고, 한 번 이름을 얻으면 그를 꺼려 거슬리면 꼭 죽이고야 말아 난사지국(難仕之國)이 되었으니, 정치가 쇠해지면서 시비지쟁(是非之爭)이 크게 일어나고 정쟁이 크면 원한도 깊어져 서로 살육을 하기에 이른 것이다. 아, 사대부가 조정에 뜻을 얻지 못하면 산림(山林)으로 자처하는 것이 고금의 마땅한 일인데 근자에는 그러지도 못한다. 무신제적(戊申諸賊)이 사대부로서 향읍(鄕邑)을 들어 난을 일으켰다는 이유로 그들을 베인 후엔 조정에서 산림의 유벽(幽僻)까지 의심하게 되니 (중략) 조정에 나아가려 해도 명분을 지킬 수 없고, 물러나 야(野)에 머물되 청산녹수(靑山綠水)가 깊어 사대부가 다시 되기 어려우니 어디로 돌아갈 것인가.(『택리지』 총론)

에 답을 얻고자 한 것인데, 그는 "其見疑 不在於品官與中人下人 每在於士大夫"라 하여 사족의 우월성에 대한 믿음을 가지면서도, "爲士大夫而反有羨於農工賈之名 則前日士大夫 泰然尊於農工賈之上 到今眞有所不及 物極則反 固其理然也"라고 하여 농공고(農工賈)를 부러워할 정도로 영락해 가는 사대부의 처지를 강조하였던 것은 다음에서 설명할 바와 같이 그들이 향촌사회에서도 명분을 유지할 수 없는 상황에 처해 그들의 신분유지마저 어려운 형편이 되어갔던 추세를 암시해 준다. 이 같은 사정은 중앙정권의 변동과도 무관한 것이 아니었으니, 무신역적이 다수 양반에서 나왔기 때문에 그것은 상한이 양반을 능욕하는 구실이 되어 외방의 명분이 갈수록 땅에 떨어진다고 느끼고 있었던 것은[78] 그것을 말한 것이다.

수령을 둘러싼 향임·이서의 천단이 견제될 수 없는 상황을 초래했고 그것이 또한 요인이 되어 사족의 향권에서의 소외가 촉진되었던 것인데, 그 근본요인은 앞서 언급했듯이 중앙정권에서의 탈락이라는 정치적인 면과, 경제적인 측면으로 전지(田地)와 노비의 상실도 아울러 언급되어야 할 것이다. 한 예를 들면 영조때 지돈녕(知敦寧) 이종성(李宗城)은 세자에게 호전(戶錢)이 실시될 수 없다는 이유 중의 하나로 호전을 실시하면 사부(士夫)의 마음을 잃게 된다고 하면서, 양반의 숫자가 가장 많으면서도 그들은 또한 빈궁하여 호전을 지운다고 해도 부담키 어려우며 그것을 납부하지 않는다 해서 처자를 가두거나 벌할 수도 없다는 상황을 다음과 같이 설명하고 있다.

조선양반은 한 번 공상(工商)의 업(業)을 가지면 곧바로 상한(常漢)으로 취급받기 때문에 그것 역시 할 수 없고 (따라서) 생계는 농무(農務)밖에 없는데 노비를 데리고 경작할 수 있는 사람은 100이 있으면

78 『승정원일기』 영조 14년 12월 25일조.

한둘도 안 된다. 만일 (다른) 농부와 같이 처(妻)와 함께 몸소 농사를 지으려 해도 한정(閑丁)에 들어 권농(勸農)의 첩문(帖文)이 잇따르니 그 역시 감당할 수 없고, 이러니 공(工)·농(農) 모두가 할 수 없는 노릇이다. 게다가 겉으로는 관혼상제 치레에 양반의 체면을 차려야 하니 어찌 가난하지 않을 수 있겠는가. 경도(京都)·팔로(八路) 할 것 없이 다 기울어진 집으로 명아주같이 흐트러지고 잡초가 무성하며 쓰러질 듯, 눈바람이 들이치고 굴뚝에 연기하나 나지 않는 것을 보면 (그것은) 물어볼 것도 없이 빈사(貧士)의 오막살이다. (중략) 양반자지(兩班子枝)로서 그 궁색하게 살아가는 것이 이보다야 어찌 더하겠는가.[79]

이종성은 양반의 명분을 중요시하고 그들이 향촌사회를 이끌어 가는 지배층으로 국가와의 관계가 특수한 것을 인정하는 입장에 있었기 때문에[80] 위와 같이 표현한 것이라 하겠으나, 실제로 중앙정권에 참여하거나 지주로서 전지나 노비를 소유하지 못하고는 반맥(班脈)을 유지하기가 어려웠던 당시 사족양반의 실정을 대변하는 것이다.

양역변통이 거론된 이후 균역법 실시까지 대갱장(大更張)을 추진할 수 없다는 이유로 "我國規模 名分爲重 徵布之法 納錢之規 只及於平民不及於士族 今已累百年"[81]이란 견해가 지배적이었던 것은 사실이고 그 반대의견으로,

　　오늘날 사족은 세속에서는 양반이라 칭하는데 진실로 논고 먹는다고 하겠다. 문무관리도 아니고 문음(門蔭)의 적(籍)도 없으면서 전택을 소유하고 노비를 부리는데, 한 번 사족이라 불리면 절대 반민(般民)으

79 『승정원일기』 영조 26년 6월 22일조.
80 위의 글 "我東風習 絶異中國 粵自羅麗最重名分 聞見習熟千有餘年 其不可一朝改革也明矣 是故識者 以我朝兩班比昔之封建 以其維持民心 使不敢生變 亦不爲無助於國家也"
81 『숙종실록』 숙종 37년 8월 갑술조.

로 자처하길 거부하니 어떤 관장(官長)도 (이를) 막을 수 없다. (그들은) 어려서부터 늙어 죽을 때까지 관에 한 톨의 곡식이나 한자의 포도 납부하지 않고 (그들 지위를) 자손에게 물려주어 마치 봉작(封爵)을 세습 받은 것과 같으니 이 무슨 이치인가.[82]

라고 하는 의견 역시 실정을 반영하고 있는 것이다. 그러나 이와 같은 대립된 견해 속에서 우리는 당시 사족들이 경제적인 기반이 없이는 그 지위를 누릴 수 없게 되는 현상을 충분히 읽을 수 있는 것이다.

향권의 변동이란 면에서 본다면, 당시 상황에서 사족들이 취할 수 있는 적극적인 방법이란 양반의 대동단결을 도모하여 향청을 그들의 휘하에 두고 향론을 장악할 수 있는 길을 모색하는 것인데, 중앙권력이나 지방수령의 절대성을 인정치 않고는 자신의 지위를 누리기 어려운 상태에서 그것은 지난한 일이었다. 경상도, 특히 안동 유향소 같이 사족간의 공고한 결집력을 보여주었던 몇몇 지역을 제외하고는 '남승향품(濫陞鄕品)' 현상이 점차 일반화되어 갔고,[83] 특히 유·향간의 분기가 현격하였던 양호(兩湖)의 경우 향임이 사족으로서 할 바가 못 되었던 직으로 여겼던 곳에서 이 같은 일은 당초부터 불가능했던 것인지도 모른다. 향임과의 타협이 자신의 신분상 우위를 포기하는 것이기 때문이다.[84]

18세기에 들어와 광주의 영향으로 남원·순천·창평 등지에 이어 순창·구례에서 실시되었던 일향의 '조약(條約)'[85]은 향적(鄕籍)의 복구를 통해 사족의 우위를 재확인하려는 노력에서 나온 것이지만 그 역시 수령의 견

....

82 『승정원일기』 영조 즉위년 10월 3일조
83 『정조실록』 정조 11년 4월 병인조
84 丁若鏞, 『牧民心書』 卷7, 禮典六條, 辨等條 "其或士族奸細蝨附權吏 圖差鄕任者 相興爾汝 不必照管 任其所爲"
85 『鳳城誌』(奎7912) 求禮(정조 24, 1800), 주 35, 37 참조.

제에서 벗어날 수 없었던 것임을 보여준다. 유·향의 분기가 가장 심했던 호서에서는 따라서 사족이 향청과는 별개의 조직을 갖고자 하기도 했는데, 서원이 그 기능을 하지 못할 경우 사마소 등이 그 한 예이다. 그들 스스로 독립청(獨立廳)을 가진다는 것은 각 읍사정에 따라 일단 의미를 갖는 것이라 하겠는데, 그러나 그 사마소는 생진(生進) 이상의 지위에 있는 자들이 중심이 된다는 데에 약점이 있는 것이고, 따라서 그들이 갖는 신분상의 우위성에 바탕하여 이루어진 것임에도 중앙권력과의 강한 결속을 배제할 수 없었던 당시 권력구조의 한계 내에서 이해되어져야 할 것이었다. 실제 향권은 수령을 위요한 토호향족(土豪鄕族)에게 돌아가고 있었다.[86]

'일읍작흠(一邑作欠)이면 쟁자여운(爭者如雲)'하던 일은 이전에 없던 일이었다.[87] 외임을 가벼이 여기고 중앙관직을 중히 여긴 것은 전해 내려오는 얘기에 불과했고 관리의 상당수가 오히려 외임을 추구한 것은 청현직(淸顯職)이 문벌귀족에게 독점되었던 상황 아래서 나타난 현상으로 이해될 수 있고, 관리의 이권추구란 측면에서 파악될 수도 있겠다. 그러나 문제는 왕권강화가 수령권의 강화를 수반한 것이었음에도 집요하게 수령에 대한 견제를 게을리 하지 않을 수 없었고,[88] 극한적인 방법까지 모색하지 않을 수 없었다는 것은 향론의 부재현상과 중앙정권의 약점이 아울러 전제되지 않고서는 이해하기 어려울 것이다. 왕권강화라는 정치형태는 왕권이 흔들리게 될 때 따르는 취약성을 그 체제 안에 이미 내포하고 있었던 것이다.

....

86 『牧民心書』 卷7, 禮典六條, 敎民條.
87 『승정원일기』 영조 즉위년 11월 초5일조.
88 수령천법(守令薦法)의 강화, 별천법(別薦法)의 모색, 고속법(考續法)의 강화 등이 다 그와 관련된 것이지만 그것이 실효를 거두지는 못했던 것 같다.

2) 향론의 분열과 '향전'

(1) '향전'의 개념

우리는 왕권강화로 표방되는 시기에 이제까지 향촌사회에서 지배세력의 역할을 다해왔던 사족이 중앙정권과의 결탁을 통해 그들의 지위를 확보하지 않고서는 그들이 장악했던 향권에서 점차 소외되어 유림세력으로 자수(自修)의 길을 걷든가, 그렇지 않을 경우 향반화(鄕班化)되면서 향권에 참여하기 위해 수령과 타협하여 스스로 향품(鄕品)의 지위로 자신의 신분을 고정시키는 방향으로 크게 나뉘어 가게 되는 상황을 파악할 수 있었으니, 그 배경에는 한편으로 새로이 품관층(品官層)으로 신분을 상승시켜 갔던 세력의 도전이 있었다. 이제 구체적으로 그러한 과정에서 나타난 갈등, 즉 '향전'으로 표현되는 양상은 어떠했으며, 어떠한 각도에서 그 향전이 처리되었는가 하는 것을 검토함으로써 왕권강화에 따른 수령권 강화, 실질적인 의미인 사족의 향권상실, 나아가 향촌사회 지배층 성격의 변화를 음미해 보기로 한다.

향전은 '향중쟁단(鄕中爭端)'으로 향촌사회 지배층 내부의 갈등, 다시 말하면 향론의 분열현상으로 이해되기 때문에, 어떠한 형태를 갖건 향촌사회 내부에서의 모든 분란을 포함하는 것이라고 할 수 있다. 그러나 그 용어가 주로 영·정조시대에 집중되어 사용되고 있다는 데서 일단 그 개념을 검토할 필요를 느낀다. 왜냐하면 향중쟁단은 조선 전시기를 통해 그친 적이 없고 또 그칠 수 있는 성질의 것도 아닐 뿐만 아니라, 한편으로는 그것이 지배층 내부의 갈등을 의미하는 경우라 하더라도 서원을 둘러싼 사족의 대립 같은 특수한 경우에는 일반적으로 향전이라 표현되지 않기 때문이다.[89]

외방 향전이 수령의 '호향(護鄕)·함사(陷士)'한 사실, 즉 수령이 향임·

향족을 비호하고 유림(儒林)을 저해한 데서 거론되어 문제가 된 것은 우리에게 많은 시사를 준다. 향전은 지배층 내부에서도 유·향간의 분기에서 오는 것으로 일단 파악되어진다. 이 사건은 충청도 면천군(沔川郡)의 유생 상소로 드러난 것인데, 영조는 그것을 향전으로 파악하고 소두(疏頭)를 유배시키고 그 소장을 들인 승지를 추고시켰다.[90] 그런데 "外方鄕戰爲今痼弊"라 하여 봉입(捧入) 승지(承旨)를 추고까지 한 사실은 당시 사정과 관련하여 정치적인 요소가 그에 들어있음을 짐작케 한다. 즉 그 시기는 바로 무신난(戊申亂) 후이고 이인좌(李麟佐)가 향촌 사족을 들어 거사한 때문에 정부에서는 사족을 개입시켜 그 난을 무마시키려 했으면서도 그들 재지사족에 대한 견제를 게을리 하지 않았던 사실[91] 등이 아울러 고려되어야 할 것이다.

영조 38년의 담양(潭陽) 향전에서 사정은 확인된다. 담양 향전은 좌수(座首)의 임(任)을 둘러싼 향족(鄕族: 鄕品)간의 쟁단에서 왕의 '부도(不道)'가 노정되었기 때문에 중앙에 알려지게 된 것이었다. 그때 피무(被誣)된 자는 무신(戊申: 李麟佐亂), 을해(乙亥: 羅州封書事件)의 여얼(餘孽)로 간주되었으며 그 같은 현상은 농부가 잡초를 뽑아 없애듯 완전히 제거해야 하는 것으로 인식되었다.[92] 당시 왕은 향전에는 시비가 있을 수 없으며 그것에 시비를 가리려는 것 역시 당심(黨心)으로 여기고 있었는데,[93] 이제 이 사

---

89 서원을 둘러싼 대립이 '향중쟁단'으로 표현되는 경우도 보이는데(沈定鎭, 『霽軒集』 卷5, 「叔寒松公遺事」), 이 경우 鄕班과 유생과의 대립을 볼 수 있다. 이 문제는 추후 다시 검토할 예정이다.

90 『승정원일기』 영조 7년 9월 초6일조.

91 『慶尙道戊申倡義事蹟』(奎9739).

92 『승정원일기』 영조 38년 7월 20일조 "李命源曰 鄕戰退方果有之 而李益輔曾爲忠淸監司 西人謂之得老論監司 欲起鬧端 益輔痛斥之 通四色而用之 故公州至今無鄕戰也 戊申餘孽爲乙亥 乙亥餘孽爲今日 書曰若農夫之去草 宜爲鋤治之道焉"

건을 계기로 각도의 향전을 금하게 된 것이었다.[94]

이상 사실은 향중의 쟁단이 왕권에 위협적인 요소로 전개되든가, 또는 쟁단을 통해 왕권에 위협적인 요소가 노정되고 그것이 또한 쟁단을 심화시켜 나갈 경우 그것은 국왕의 입장에서 결코 용인될 수 없는 것이었기 때문에 왕권에 저해되는 이 같은 모든 향중의 쟁단은 다 향전으로 인식하였던 것을 알게 해 준다. 정조때 와서 향전은 조정에서 지휘할 필요가 없는 것이라고 보고 도백(道伯)을 시켜 처리하도록 하기로 하고[95] 안동교유배(安東校儒輩)의 쟁단에 대해서는 "本事便是鄕戰 故自朝家 不必可否"[96]라고 하는 데서 이후로 향전은 중앙에서 간섭할 일이 아닌 것으로까지 여겨지지만, 향전을 금한 이후로도 그것은 그치지 않았고 향전의 폐는 날이 갈수록 심해져 갔으며 그 양상도 각양이었다. 심지어 향전율(鄕戰律)이란 명목 하에 수령·감사의 천단이 야기되기도 하였다.

여기서 우리는 일단 향전이란 왕권 강화시기 체제에 저해되는 것으로 인식되었던 각종 향중쟁단으로서 향촌사회 권력구조 변동에 따라 종래 향권을 장악해 왔던 사족(유림)과 수령권을 배경으로 한 향품(鄕品)과의 대립 혹은 향품간의 대립 등으로 요약해 볼 수 있겠다. 당시 향전은 어떠한 형태로든 해결 되어야 했는데 향권장악을 둘러싼 대립이 지속되는 한 그것은 심화되고 다양해져 나갔다.

(2) 향전의 원인과 정부의 대책

향전의 원인이란 그 양상에 따라 각양이었다. 그것은 향촌사회 권력구

---

93 『승정원일기』 영조 36년 12월 20일조.
94 『승정원일기』 영조 38년 7월 21일조.
95 『승정원일기』 정조 15년 3월 15일조.
96 『정조실록』 정조 24년 4월 임자조

조 내부의 변동에서 말미암은 것으로서 향권을 둘러싼 갈등관계가 구체적으로 검토됨으로써 추출되어질 수 있겠지만, 그 단면은 밖으로 표출되는 유·향[97] 사이의 대립, 나아가 향품간의 대립 등에서 발견된다. 유·향의 대립은 특히 유·향의 분기가 심했던 지역에서 나타나는데, 종래 신분적 우위를 유지했던 사족의 후예라 할 유림이 그들에게는 못 미쳤지만 역시 양반의 지위를 누려오거나, 새로이 양반층으로 부상하는 향족 세력의 도전을 받게 되는 것에서 비롯된 것으로 보아 향권의 변동이 그 원인이 되고 있다고 하겠다. 정치적으로 이미 사족이 권력체계 안에 포섭되지 않는 한 중앙정권의 동반자가 될 수 없었고 정부에서는, 납속첩(納粟帖)을 계속 발행해야 하는 실정에서 확인되지만, 품관층의 이익을 보장해야 했기 때문에[98] 경제적인 요인에서도 왕권의 보호 아래 수령권과 결탁된 향품의 향권 장악이 한 추세였다. 이런 추세에서 양반층의 확대와 향론의 분열은 위와 같은 향전을 유발시켰고 그에 의해 양반층의 분기는 가속화되었던 것이다.

그에 비해 향품간의 대립은 실제 향임을 차지하기 위한 향족의 노력에서 비롯되는 경우가 있는가 하면, 향안(鄕案)을 둘러싼 '신·구향(新·舊鄕)'의 대립에서 보이듯이 기존 양반과 새로이 양반으로 상승해 가는 세력 간의 갈등에서 비롯되기도 하는데, 전국에 공통되는 현상은 아니지만 이러

....

97 유·향은 넓게는 儒林(儒生·士族)과 鄕品(鄕班·鄕族)을 의미하고, 좁게는 儒任·鄕任을 지칭하는 것으로 파악된다. 19세기에는 儒品·鄕品으로도 표시되어 모두 鄕曲兩班을 의미하는 뜻으로 쓰인 것 같다. 19세기 한 기록에서는 '朝廷之兩班 文武稱之也 鄕谷之兩班 儒鄕稱之也'라는 표현을 볼 수 있다(서울大 古文書235685, 「城主前單子」, 哲宗 13, 1862).

98 『嘉林報艸』戊午(영조 14) 10월 9일조 「各面下帖」"私賑實同知嘉義折衝通政嘉善又今本道成給公文限十年烟役勿侵";『정조실록』정조 원년 7월 병술조, 정조 24년 6월 임자조.

한 추세가 계속돼 나갔다면 그 요인에는 경제적인 측면이 보다 깊이 개재된 것임을 알 수 있다. 아직까지는 이것이 정치적인 측면에서까지 크게 문제되지는 못하였던 것 같다. 향전은 조정에서 간여할 필요가 없다고 했을 때 그 향전은 바로 이와 같은 문제였을 것이다. 그러나 이후 향전이 신·구향 간의 대립에 집중되고 있는 데서 알 수 있듯이 향촌사회 권력구조의 재편은 향품을 중심으로 이루어져 나가고 있었다.

향전은 우선 의리(義理)를 중요시 여기는 삼남(三南)에서 그 폐가 심했던 것으로 인식되었다. 서북(西北) 경우 역시 향전이 문제되긴 했으나 '무식지류(無識之類)'에 의한 것으로 간주되었으니 향전에는 정치성이 간여된 것을 짐작하게 된다.[99] 언급했듯이 정부의 입장에서 보면 왕권에 위협적인 요소는 일체 배제해야 했기 때문에 향전은 결코 용인될 수 없었다. 과연 향전은 삼남에서 가장 심했고, 그것은 정조 7년 비변사에서 올린 「어사재거사목(御使賫去事目)」에 그대로 반영되었다. 토호(土豪)·활리(猾吏)·이향(吏鄕: 奸鄕猾吏)의 제거가 8도에 공통으로 지적되는데, '제도(諸道)의 통환(通患)'인 향전은 유독 삼남어사(三南御史)에 관한 항목에만 보이는 것이 그것이다.[100] 정부에서는 어떠한 형태의 향전이건 완전히 제거하려 하였다. 향전에 관한 부분만 어사사목에서 옮기면 다음과 같다.

> 湖西: "本道以士夫之鄕 (중략) 鄕戰之爭任起鬧者 亦爲重"
> 湖南: "本道人材之盛亞於嶺南 (중략) 至若鄕戰亦爲列邑之痼弊 並加嚴禁"
> 嶺南: "猾吏之侵虐 土豪武斷鄕曲 俱宜痛禁 而托名儒林 互相起鬧 初無曲直之可分
> 　　　均爲鄕 戰之弊習 此等之類 嚴懲勵"

· · · · · · · · · · · · · · · · · ·

99『승정원일기』 영조 38년 7월 20일조.
100『정조실록』 정조 7년 10월 정해조. 關東의 경우에는 향전에 관한 내용이 열거 항목에 기재되지 않고 마지막에 부기되고 있다.

여기서 향전은 당시 일반적이었으며 쟁임(爭任), 즉 유향임(儒鄕任)을 차지하기 위한 분쟁이 주가 되고 있고, 유림을 칭탁한 향중분쟁, 즉 시비곡직을 따질 수도 없는 향론의 분열에서 나타난 현상을 의미하기도 했는데, 모두 활리(猾吏)의 일반 민인에 대한 침탈이나 토호의 무단과 같이 향중의 고질적인 폐단이 되고 있었던 것으로 인식되고 있음을 본다. 그리고 그 지역도 사부(士夫)·유림(儒林)의 세력이 강했던 삼남에 집중되는 것이었다.

그러나 향전이 삼남의 지역에만 국한된 것은 아니었다. 정조 14년 정주(定州) '매향사건(賣鄕事件)'과 직접 간접으로 연결된 것이지만, "해서(海西)의 향전의 폐가 제도에서 가장 심하여 감히 말할 수도 없는 지경에 이르렀다"[101]는 것은 "조정의 법강(法綱)이 해이해져 간 때문"에 나타난 현상만은 아니었다. 관동(關東)의 경우 정도의 차이가 있을 뿐, 그 폐 역시 마찬가지였는데, 수령의 '매향(賣鄕)'에 대한 '구향(舊鄕)' 등 민인의 정소(呈訴)가 조정에까지 영향을 미칠 정도로 큰 문제였다면[102] 향전의 양상도 달라져 간 것을 거기서 엿볼 수 있다. 이전부터 해서(황해도)에서는 향안에 들어야 양반행세를 할 수 있었고,[103] 서북의 경우 본래 사족이 드물었기 때문에 향임은 제일가는 요직으로 행뢰(行賂)의 대상으로 인식되었으며[104] 따라서 매향이 가능한 것이기도 하였다. 서북에서 유림을 칭하고 교원(校院)에 출입하면 모두 사족자손으로 인정되어 군역을 면제받는 터였는데,[105] 서북의 숭문천무(崇文賤武) 경향을 비판하는 과정에서 나온 표현

....

101 『승정원일기』 정조 15년 3월 15일조.
102 위의 글.
103 『승정원일기』 영조 26년 6월 14일조.
104 『승정원일기』 영조 48년 7월 초7일조.
105 『승정원일기』 정조 14년 12월 27일조.

들이지만 실로 호서의 상황과는 판이한 것이다.

매향은 결코 법으로 인정된 적이 없었다. 서강(西江)의 절충(折衝) 정태환(鄭泰桓)은 황해도 봉산군(鳳山郡) 등의 향안은 1,000명이 넘는다는 것을 예로 들며 다음과 같이 향안입록의 폐를 지적하고 있다.

> 각 읍의 향소(鄕所)는 큰 고을이 천여 명이요 작은 곳의 경우 칠, 팔백이 됩니다. 이들의 가세(家勢)로 말하면 (일반) 백성과 다를 바가 없고 (과거보러) 한 번도 경성 땅을 밟지도 않으면서 자칭 양반이라 하니, 국가에도 사실 아무 소용이 없고 그들이 잔맹(殘氓)을 침학함도 심합니다. (중략) 소신(小臣)의 뜻으로는 이들을 유호(幼戶)로 삼아 징포(徵布)하면 국가에 보탬이 되는 바 클 것입니다.[106]

같은 글에서 그는 "삼남은 사부향(士夫鄕)이기 때문에 이러한 부류들이 적고 사부가 없는 곳의 향소는 (그 수가) 더욱 많다"고 하며 양서(兩西)와 관동(關東)의 경우 그 폐가 심하다는 사실을 언급하고 있는 것이다. 그러나 이후 매향의 법이 없는 곳이 거의 없으며 화뢰(貨賂)가 공행(公行)이 되어 각 소임(所任)마다 가격이 있었다는 사실이 지적되고 있는 것은 향임이 전적으로 전화(錢貨)에 의해 차출되는 것은 아니라 하더라도 각 군현의 사정과 결부되어 이해되어야 할 것이다.

소위 화뢰를 통한 '승향승교(陞鄕陞校)'는 향당의 공론에서 나온 것이 아니고 관부의 조종과 그를 원하는 자들 간의 결탁에서 이루어지는 현상으로서 고폐(痼弊)로 여겨져 부정되고 있었다.[107] 매향이나 승향승교는 극히 부분적인 현상이며 영남의 경우 오히려 반호(班戶)의 '양호(養戶)'나 조

....

106 『승정원일기』 영조 48년 5월 28일조.
107 『비변사등록』 정조 11년 4월 18일조.

금이라도 재산이 있는 평민들의 피역(避役)이 보다 큰 문제라는 경상좌도 암행어사 별단에 대한 비변사의 회계(回啓)는[108] 이제 삼남에까지 그러한 현상이 만연될 소지가 있었음을 예견케 해준다. 특히 그러한 현상이 수령에 의해 조장되었다는 사실이 주목된다. 행뢰(行賂)에 의해서 귀천의 구별이 없어지게 되고, 심지어 위보(僞譜)가 등장하며, 관직·계급이 뇌물에 의해서 가첩(假帖)된다면 비단 등위(等位)가 도치될 뿐만 아니라 명분기강은 그 유지가 불가능한 것으로 인식되고 있었다.[109]

이제 향전이 정부에서 간여할 일이 아니었음에도 이 같은 상황이 한 추세를 이루게 된다면, 저간 그 갈등은 명분론적인 데서 이익의 문제로 바뀌어 심화되면서 다양해져 나갔다고 여겨진다. 위 어사사목에는 유·향임을 둘러싼 쟁단이 향전의 주된 현상으로 파악되고 있지만 그 대상은 이같이 다양한바 있어, 그 사례가 부족함에도 불구하고 영·정조대 향촌사회에서의 제반 쟁단을 그 분석 대상으로 삼기로 한다.

(3) 향전의 유형과 그 처리

향전을 위와 같이 향권을 둘러싼 쟁단으로 이해할 때, 향전의 양상은 유·향의 대립, 유·향임을 둘러싼 대립, 향안을 둘러싼 대립, 그리고 향전이라 일반적으로 표현되지는 않았지만 사족 간의 대립 등으로 나누어 볼 수 있겠는데, 이제 그 유형에 따라 전개되었던 향전의 양상과 그것의 처리·종식 과정을 살피고자 한다. 사례가 불충분하지만 그를 통해 우리는 향전의 근본적인 원인에 대한 이해를 더할 수 있고 향촌사회 지배층 성격의 변화를 추적할 수도 있겠다.

....

108 『비변사등록』 정조 11년 5월 3일조.
109 『승정원일기』 정조 12년 정월 22일조.

첫째, 유·향의 대립이다. 이는 사족의 후예라 할 수 있는 유림과 수령권과 결탁된 향임층 또는 향품(향족) 간의 갈등에서 빚어진 현상으로서, 유·향의 분기가 확연했던 기호에서 일반적으로 발견되는 유형이다. 이 같은 대립은 사족의 우위가 확실할 때는 표출되지 않았다. 그 대립이 표출된 것은 조선후기 향품들의 실질적인 영향력이 강화된 것을 의미한다.

유·향의 분기는 사족이 향족을 누르고 향권을 장악했던 데에서 비롯된다. 해주의 경우 본래 유·향의 구별이 없었지만 율곡이 석담(石潭)에 복거(卜居)한 후에 비로소 나타나게 되었는바, 율곡이 학문에 재질이 있는 자는 서원에 적명(籍名)하고 현실적 사무에 능한 자는 향사(鄕社: 鄕所)에 이름을 올린 데서 비롯된 것으로 인식되었다.[110] 향사에 일단 이름이 오른 자는 향임에 차출될 수 있지만 서원 원생의 명단인 원적(院籍)에는 오를 수 없었고, 원적에 든 자는 향적(鄕籍: 鄕案)에 기재하되 향원(鄕員)들과는 구분하여 따로이 특서(特書)하여 향사강회(鄕社講會: 鄕射禮)에 참여시켰는데, 향임은 향헌(鄕憲)의 통제를 받았기 때문에 그와 같은 구분이 생기게 되었던 것이다.[111] 이는 향중 양반 사이에 유·향의 분기가 생기게 되는 한 사례인데 이 같은 현상은 이전 유향소의 기능변화에서 찾아질 수도 있는 것이다. 향촌사회에서 사족의 기반이 확고해지게 되고 한편으로는 향임의 지위가 저하되면서 비롯된 현상으로 파악될 수 있겠다. 향적(향안)이 그 기능을 유지하기 위해서는 사족(유생)의 우위가 확실해야 했다.

그런데 해주에서 그 같은 사정이 얼마간 계속되었는지 의문이다. 『해

------

110 『海州郡邑誌』(奎10892) 鄕規條 "本州俗 舊無儒鄕任之別 李文公卜居石潭之後 始著儒鄕之規 邑之子(才)書者籍名於儒宮(書院) 才幹事者籍名於鄕社(鄕所) 而籍名鄕社者爲鄕員 而不得齒於儒宮 籍名儒宮者 仍特書於鄕籍 以爲同參鄕社之講會 (중략) 凡鄕任能否 官史之善者 副憲稟于鄕憲 黜陟而賞罰之"

111 위의 글. 栗谷의 「海州一鄕約束」과 체제가 같다.

주군읍지』에 향헌 12인이 기재되어 있는데 율곡 이이를 제외한 11인 중 4인이 과거합격자였고 6인이 음사자(蔭仕者)이며 나머지 마지막에 기재된 오수성(吳遂成) 1인은 수직동지(壽職同知)였다.112 향약이 실시될 수 없게 됨에 따라 거기서 그친 것이라 하겠는데 이제 그들이 향족을 견제할 수 있었는지도 의문이었다. 정조 말년에 와서, 율곡이 해주에 거류(居留)한 것이 그리 오래되지 않았기 때문에 그 '유풍여교(遺風餘敎)'가 안동·예안 등과는 차이가 나고, 따라서 해주의 풍속이 크게 어그러졌다고 지적한 것은113 저간 상황이 크게 달라져 있던 사정을 반영한다. 향안에의 남승 (濫陞)을 사족(유림)이 해결할 수 없었던 것이다.114 이 같은 유·향의 분기 현상은 향약이 실시되었건 그렇지 않았건 간에 향적이 있었던 곳에는 모두 해당하는 것으로 보인다. 뒤에 유안(儒案)과 향안(鄕案) 등이 분리되어 별개로 존재하게 되었던 것도 그를 반영한다. 다만 시간적인 차이가 있어 앞서 언급한바 호남 같은 경우 인조연간 사족의 단결로 향론을 수습하고 향임을 그들 세력 하에 두고자 하였던 노력이 있어 타지역에까지 일정한 영향력을 미치기도 했다.115 그러나 이 역시 18세기에 들어와서는 수령과의 타협이 전제되는 것이었다.116 기호의 경우 일찍이 유·향분기가 있었을 것이고 사족의 영향이 강하였기 때문에 당분간 사족의 우위가 지켜졌을 터이지만, 이제 그 대립이 향전으로 표출되게 되면서 그 대립에서 사족이 물러섬으로써 명분상의 우위성을 얻기는 했으나 사족은 중앙정권과

....

112 위의 글.

113 『정조실록』 정조 24년 4월 임자조.

114 『海營啓草』(서울大古5120-84), 哲宗 5年(1854) 3月 10日條. 이에 의하면 해주에는 당시 儒案과 鄕案이 있었음을 알 수 있는데 이전 鄕籍이 분화된 것이라 하겠다.

115 『龍城誌』 完議條.

116 『鳳城誌』 約束條目條.

의 거리에 따라 유림으로 자처하거나 서서히 향반화(鄕班化) 돼 나간 것으로 이해된다.

그 대립을 보여주는 것이 영조말년의 경기도 포천(抱川)의 향전(鄕戰)이다. 영조 51년 포천 안옥(按獄)의 명을 받고 내려간 어사 남강노(南絳老)에 의해 보고된 포천의 향전은 유·향분기에서 연유한 단적인 예이다. 그는 다음과 같이 보고하였다.

　　신이 포천의 일을 여러 가지로 생각해 보건대, 이번 이 일은 다름이 아니라 유·향이 각립(各立)한 까닭에 비롯된 것에 불과합니다. 신이 돌아올 적에 향족으로 관(冠)을 쓴자 3·40인이 길을 막으며 말하기를 "소위 유림이 향족을 멸시하여 업신여기고 향족의 자(제)는 비록 글에 능하더라도 유림에 끼워주지를 않으니, 만약 양주(楊洲), 영평(永平) 등의 예에 따라 유·향 합석을 하면 어떻겠습니까"라고 청하니, 무릇 유·향이 각립하면 향전(鄕戰)의 폐는 그 기세가 금하기 어려울 것 같았습니다. 이후에는 유·향 통용의 뜻을 분부하심이 좋을 듯합니다.117

억측일지는 모르나 사단은 "以今番事言之 儒鄕若是作俑 都事其尤駭擧 旣聞之後 不可無飾 非比黃口充定 關係莫重"이란 전교(傳敎)에서 미루어 보면 군정(軍丁: 閑丁)의 문제에 있었던 것 같다. 문맥을 살피면 향족 이주(李柱)가 아들 문제[고강(考講)]로 노(奴)를 시켜 정문(庭門: 守令)에 호소하여 유리한 입장에 있었는데, 향교 재임(齋任) 이성잉(李聖仍) 등이 당시 경기 도사(京畿 都事)로 있던 동색(同色) 이상래(李相來)에게 위촉하여 수차 관문(關文)을 통해 수령에게 압력을 가하고 드디어 이주 등이 추착(推捉)되자 이주 등은

. . . .

117 『승정원일기』 영조 51년 3월 1일조. 이하 抱川 향전에 관해서는 이 기록에 의거함.

영문(營門)에 정소(呈訴), 사건의 전모가 밝혀지게 되었던 것 같다.

어사의 계(啓)에 따라 사건의 처리는 유림을 엄호하던 도사·재임 등은 과죄정배(科罪定配)하고, 이주는 비록 '원척(元隻)'이지만 이미 형을 받았음에도 풍교(風敎)를 위하여 도신(道臣)에게 결장(決杖)할 것을 하교함으로써 마무리 지어졌다. 전교(傳敎)에,

> 그들 향족의 의사(意思)가 비록 양주·영평 등의 예에 따라 (마무리 지어 줄 것을) 바란다 하더라도 왕(王; 千乘之君)으로서 어찌 구차하게 간섭하겠는가. 이후 팔도에 유·향 작폐자는 곡직을 가리지 않고 (모두) 영구히 향민[鄕民(庶民)]으로 (강등)할 것이다. 이 하교 후에 수령으로서 문제를 감추려하는 자는 본 현의 당괴(黨魁)일 것이니 도신(道臣)은 드러나는 대로 장문(狀聞)하여 영구히 (수령을) 사판(仕版)에서 제외시키도록 하라.[118]

라고 한 것에서 그 처리는 감사·수령에게 맡기고 있음을 또한 알 수 있다. 향전은 조가(朝家)가 간섭할 일이 아닌 것을 밝히고 있지만 그것이 향촌 내에서 스스로 처리될 지는 의문이었다.

위 향전의 경우 향족의 말대로 '유·향 합석'만이 해결책일지도 모르나 그것은 당장 실현될 성질의 것이 아니었다. 양반 행세를 하는 데에는 마찬가지였겠지만 원래 사족과 향족(향품) 사이엔 현격한 차이가 나서 심지어 같이 과장(科場)에 드나들지라도 명분상 사족은 그와 동열(同列)할 수 없었던 것이다.[119] 이 경우 사족(유림)들이 내세울 수 있는 것은 명분론뿐이다. 앞으로 그 사이의 쟁단 처리가 수령에 의해 천단될 것이 예상되는 것은 향족이 유임(儒任)까지 요구하는 것과 마찬가지로 사족에겐 현실적

118 위의 글.
119 『정조실록』 정조 16년 11월 무오조.

인 위협이었다. 유·향의 분기가 심하지 않았던 영남의 경우 수령을 위협하는 어떠한 세력도 토호로 간주되고, 그러한 상황을 빚은 수령이 처벌되었는가 하면, 한편으로는 향전율(鄕戰律)을 빙자하여 유생을 처벌한 감사에 대한 시비가 거론되는 것은[120] 그 같은 사실을 복합적으로 반영한 것이다.

둘째, 유·향임을 둘러싼 쟁단이다. 이는 당시 정부에서 파악한 향전의 주된 현상이다. 이 현상은 이미 중앙정권과의 연결점을 상실한 세력 간의 대립으로 이해되기도 하고, 향권 장악을 위한 신·구 세력 간의 갈등으로도 이해된다. 삼남의 경우에는 향임에 나아가도 그것이 중앙 환로(宦路) 진출에 큰 장애가 되지 않았던 영남에서 두드러졌는데 모두 토호향전(土豪鄕戰)으로 이해되었다. 호서의 경우 유림 간의 대립으로 '신유(新儒)·구유(舊儒)'의 대립으로 표현되기도 했는데,[121] 이 경우 모두 수령을 구함(構陷)하는 것으로 파악되어 향전율로 다스려지고 기뇨(起鬧)한 자 역시 토호로 규정되었다. 그런데 이제 향임을 둘러싼 쟁단의 경우는 향전으로 표현되면서도 점차 '매향(賣鄕)' 혹은 '매임(賣任)' 현상으로 인식되기 시작하는 변화를 발견하게 된다. 매향은 일찍부터 서북에서 나타난 현상인데, 정언(正言) 신복(申馥)의 소(疏)[122]에 대한 국왕의 비지(批旨)를 인용하여 경상도(팔도)에까지 내려진 비변사의 관문(關文)은[123] '어리석은 자들의 발신(發身)을 위한 재물이 장리(長吏: 守令)의 착복의 수단이 되어'가는 고폐(痼弊)를 각 수령에게 경계하는 것이었지만, 우리는 거기에서 향임이 늑매(勒賣)되었던 상황과 매향매임(賣鄕賣任)이 유독 서북에만 국한된 상황이 아니란

120 『승정원일기』 정조 13년 6월 22일조.
121 『정조실록』 정조 16년 3월 계미조.
122 『승정원일기』 정조 9년 12월 4일조.
123 『慶尙監營關牒』(奎15126), 乙巳(正祖 9, 1785) 12月 15日, 到付條.

것을 알 수 있다.

앞서 호남의 경우 임란 후 사대부가 향권을 잡는 것을 천히 여기고 향론을 주관하지 않는 것을 기화로 무식하고 염치를 모르는 자들이 향임이 되면 바로 집안을 일으킬 수 있는 돈방석에 앉는 것으로 알아 쟁단을 일으켰던 상황이[124] 이제 지방 수령에 의해 조장되기도 하였으며, 그로 말미암아 외읍(外邑) 향임의 신차(新差)를 감영(監營)에 보고하게 하자는 건의가 받아들여지게까지 바뀌어 가게 된 것은[125] 바로 향론의 부재와 수령의 천단을 확인케 해주는 것이다. 이후 경상도에서도 '남승향품(濫陞鄕品)' 현상이 지적되었는데, 이미 풍기군수 이한일(李漢一)은 신향허통(新鄕許通: 丁酉節目)의 조치가 내려진 후에 '시정서승지도(市井鉏僧之徒)'와 '여리서우지류(閭里鉏穫之類)'가 향적에 올라 그것에 의해 군정의 감소가 초래되었다고 하여 그들을 다시 군액에 강정시킬 것을 건의하고 있었던 것이다.[126]

이러한 유·향임을 둘러싼 쟁단이 향전으로 이해되었던 것은 앞서 담양향전에서 보았듯이 그것이 중앙정권에 위협적인 요소로 여겨졌기 때문인데,[127] 해남의 괘서고변사건(掛書告變事件)의 경우나[128] 봉산(鳳山)에서 있었던 향임을 둘러싸고 반대자를 제거하기 위한 익명의 투서사건[129] 역시 마찬가지였다. 즉 정부에서는 그러한 향전(쟁단)에 의해서 중앙정권에 대한 비방이 표출되는 것을 인식하고 꺼렸던 것이다. 그런데 이제 위와 같은 정치적인 요인 위에 수령의 매향(賣鄕)이 향전발단의 요인으로 파악

<hr>

124 주 28과 같음.
125 『승정원일기』 정조 11년 4월 27일조.
126 『승정원일기』 정조 6년 10월 7일조.
127 『영조실록』 영조 38년 7월 경진조, 주 93 참조. "先是 潭陽座首李弘範 發向上不道之說 與李昌擧和而唱之 盲人宋錫殷 與聞三年後始告, 蓋因鄕戰而發也"
128 『승정원일기』 영조 50년 10월 28일조.
129 『승정원일기』 정조 15년 3월 15일조.

되는 것은, 지방재정의 측면과 결부된 것이지만, 그것에 경제적인 요소가 깊이 개재되었던 것을 말한다.130 그리고 그것은 단순한 수령의 늑매(勒賣)가 계기가 된 것으로 파악되어질 수만은 없다. 거기엔 경제력을 가지고 신분을 상승시켜 갔던 향품들의 꾸준한 상급신분에의 도전이 전제되었던 것이다.

매향은 명목상으로는 지방관아의 재정확보책으로서 금지조치에도 불구하고 일반화돼 갔는데, 부정적인 측면에선 징뢰(徵賂)로도 여겨졌지만, 서북지방에서 매향이 주가 되었다면 재정확보란 측면에서 삼남의 경우엔 '입본취식(立本取殖)'이 주가 되어 비교된다.131 매향사건 중 규모가 가장 크고 영향이 오래 갔던 것은 정조 14년 정주(定州) 매향사건이다.

정주목사 오대익(吳大益)은 보민고(補民庫)의 자원 확보를 위해 향안을 개수하였는데, 향안에 허록(許錄)케 하는 대가로 문음무(文蔭武) 매성(每姓) 1인, 80여 명과 자원자 중에서 가려 뽑은 300여 명에게 예전(禮錢)이라는 명목으로 총 45,300여 량을 수렴하여 각 민고(民庫)에 충당시키는 한편, 그 중에서 매호(每戶)에 1량씩 분급하여 동리(洞里)에서 취식(取殖)케 하고, 그 식리(殖利)로 각 동리의 요역(徭役)·납포(納布)에 드는 비용을 삼게 하였다.132 이 같은 사실은 그 규모나 방법에 있어 '자비전(自備錢)'을 취식케 하여 제반 잡역가(雜役價)에 충당하거나, 민호(民戶)에서 일정한 액수를 수렴한 다음 그것을 가지고 '식리보용(殖利補用)'하였던 당시 일반수령들의 '민고보용(民庫補用)'과는 커다란 차이가 나지만, 그것이 수시로 비판은 되

....

130 『정조실록』 정조 14년 3월 갑진조 "鄕任之帖 都歸富戶"; 영조 50년(1774) 성천 부사로 나갔던 任聖周는 서북에서 貨賂를 통해 향임이 임명되는 것이 百年痼弊 라고 지적하고 있다(任聖周, 『鹿門先生文集』 卷25, 公移 「鄕任變通節目」).

131 『정조실록』 정조 14년 4월 정묘조 "仍下諭于諸道觀察使 南邑立本之弊甚於西土 賣鄕外 此不正名色 非理誅求 豈獨西邑爲然"

132 『정조실록』 정조 14년 4월 병인조.

면서도 일면 묵인되어 왔던 것이다. 오대익은 민고의 이정(釐整)에 대한 변통을 모색하는 과정에서 향안수정(鄕案修正), 영전대용(營錢貸用), 대동청 전토발매(大同廳田土發賣) 등의 방법을 당시 감사 김이소(金履素)와 상의하였으나 결정을 내리지 못하다가, 위와 같이 종전 '향안개수의 예'에 따라 자의로 대폭적인 향안수정을 결정하였던 것이다.

이는 즉각 원향(原鄕: 舊鄕)의 반발을 크게 불러 일으켰다. 신향(新鄕)과 동열(同列)하기를 꺼렸던 그들은 감영에 정소하여 수령이 향안을 개수한 다는 명목으로 사고(私庫)를 채운다는 것을 호소하였다. 그러나 오히려 향전을 야기한다는 명목 하에 향전율에 의해 정소자가 정배(定配) 당하게 되었으니, 이것이 문제가 되어 목사 오대익이 남해현(南海縣)에 정배되긴 했지만 긍정적으로든 부정적으로든 서북은 물론 다른 지역에까지 영향을 미쳤다. 평안도 용성부(龍城府)의 경우 이미 영조 35년(1759)에 향안에의 '남잡허록(濫雜許錄)'이 향전의 단서가 된다는 이유로 감사 민백상(閔百祥)에 의해 '잡향허록(雜鄕許錄)'이 금지되고 향청의 이름마저 혁파되어야 했는바,[133] 동 읍지(邑誌)는 정주 향안사건으로 향록(鄕錄)에의 추록(追錄)이 한 때 불가능했던 것을 아울러 보여준다.

지방 재정책의 근본적인 개혁이 없는 한 매향은 사라질 수 없는 실정이었고, 실제로 그 뒤에도 관행되어 내려왔다. 다만 '향록허록(鄕錄許錄)'이 새로이 조정의 금하는 바가 되어 겉으로 드러나지 않았을 뿐이었다. 이후 수령의 비중이 커지고 그를 견제할 수 있는 세력의 부재현상이 만연되는 속에서 심지어 파총(把摠)·총관(摠官)과 면임(面任)인 풍헌(風憲)·약장(約長: 約正)까지 일실(一室)을 양호(養戶)하게 되는 것은[134] 매임(賣任)과 무관한 현상이 아니며 각청(各廳) 계방(楔房)의 존재도 마찬가지였다.

....

133 『龍城誌』(國立中央圖書館 圖書No. 일산古2799-1) 留鄕條.
134 『정조실록』 정조 22년 11월 기축조.

셋째, 향안을 둘러싼 대립이다. 이는 위 두번째 유형과도 관련되는 것인데, 앞서 서북의 경우 '매향매임'과 관련하여 향안을 언급한 바 있지만, 엄밀한 의미에서 향안은 그에 참여하기 위한 예전(禮錢)의 문제가 있었다 하더라도, 향안에 오르는 자격이 매매될 성질의 것은 아니었다. 향안은 그 기본성격이 향촌사회의 지배층이라 할 수 있는 사족의 권위의 상징이었다. 상주(尙州)의 향안은 임란 때 없어져 17세기 초에 재성적(再成籍) 되었는데, 그때 서문을 쓴 우복(愚伏) 정경세(鄭經世)는 향안에 대해 다음과 같이 기술하고 있다.

향(鄕)에 안(案)을 두는 까닭은 세족(世族)을 구분하기 위한 것이다. 구별하는 이유는 무엇인가. (그것은) 장차 일향(一鄕)의 기강을 잡고 민속(民俗)을 바르게 하는 길이 그에 있기 때문이다. (그렇다면) 현자(賢者)만을 택해서 기록하는 것으로 족할 터인데 하필 세족을 대대로 기재하는 이유는 (또) 무엇인가. (그것은) 향임으로 하여금 존경하여 두려워할 줄 알게 하고 이민(吏民)을 누를 수 있는 것이 거실(巨室: 世族)이 아니고는 불가능하기 때문이다.[135]

즉, 위에서 볼 수 있듯이 향안이란 사족중심의 체제를 유지하고 그들의 신분유지와 함께 향촌사회의 기강을 위해 필요한 것으로서, 그에 오를 수 있는 것은 명분상으로는 현자이겠으나, 실제 그에 오르는 것은 대로 이어지는 세족이었던 것이다.

임란 이전에 이미 영남의 경우 대부분 읍에 향안이 있었고, 상주의 경우 특히 그 중에서도 세족이 많았는데, 국초 이래 명공거경(名公鉅卿)에서부터 조정에 나아가지 않고 향리에 은둔했던 자들에 이르기까지 모두 향

---

135 鄭經世, 『愚伏集』 卷15, 「尙州鄕案錄序」(光海9, 1617).

안에 기재되고 있었다.[136] 일향의 기강과 민속(民俗)의 교화는 이들에 의해서 이루어져야 한다고 보았던 것이다. 그렇기 때문에 그 세력이 막강한한 하민(下民)의 승향(陞鄕)은 당초 있을 수 없는 일이었고, 사족의 결집력이 강한 곳에서 일찍부터 향안(향적)이 갖춰졌으며, 거기에서 향안입록 자격이 매매될 수 있는 소지를 찾는다는 것은 매우 힘든 일이다.

조선에서의 향안의 시초는 「풍패읍향록안(豊沛邑鄕錄案)」이라 하겠는데 유향소의 좌목(座目)이었다.[137] 이 좌목은 향적(鄕籍)이라고도 하며 유향품관(留鄕品官)의 성명을 기재하였던바, 유향소의 구·시임원(舊·時任員)은 물론 일반 향원(鄕員)을 포함한 것으로 일향의 공론에 의해서 파악된 향중의 품관(사족) 명단이라 하겠다. 향소(유향소)에 둔 것을 향안(鄕案), 경재소에 둔 것을 경안(京案)이라고 하였고, 결함이 생긴 자는 그에서 삭적하였지만 일반적으로 3년 정도 후에는 환록(還錄)하였던 것 같다.[138] 선조 4년 순천 유향소에서 좌목을 성적(成籍)하여 경재소에 발송하려 할 때, 그에 불만을 품고 '향소청(鄕所廳)'에 돌입하여 좌목을 세파(洗破)하였던[139] 유원방(柳元芳) 등 4人이 환록될 때 경재소에서 먼저 경안에 환록하고 그 다음에 유향소에 하첩(下帖)하였던 것으로[140] 미루어 유향소 좌수·별감이 향중의 망보(望報)에 의해 경재소에서 결정되는 것과 마찬가지로 향안 자

136 『慶尙道尙州邑誌』(奎10848) 「鄕射堂」條에는 "本州座首之所 堂藏州內世族姓名錄 謂之鄕案"으로 기재되어 있다. 향안의 防塞에 대해서는 許筠의 「識小錄」 중의 기사가 유명함.

137 『鄕憲』(奎909).

138 앞의 『眉巖日記』 癸酉(선조 6, 1573) 10월 2일조.

139 위의 책, 선조 4년, 신미 2월 7일조. 이와 관련해서 同書 신미 3월 6일, 8일조가 참조된다. 이 향적 훼파가 순천 경재소에 보고되자 경재소 별감 金自汶은 당시 좌수 柳希春의 만류에도 불구하고 사헌부에 단자를 올려 柳元芳 등을 추고케 했다.

140 주 138과 같음

체도 경재소에 의해서 일정하게 통제되고 있었던 것임을 알 수 있다.

그러나 앞서 언급한 해주의 향적과 같이 향안은 상하신분질서 유지를 목적으로 사족을 중심으로 이루어진 것이 일단 그 기본 성격이라 하겠다. 사족 부재의 관서(關西) 용성부(龍城府)의 경우 임란 때 선조가 돌아가면서 삼현연(三顯宴)을 베풀고 상하의 구분을 두기 위해 우족(右族)을 안록(案錄)케 하고 '유향대부(留鄉大夫)'라 사명(賜名)한 데서 향안이 비롯된 깃으로 본 것은[141] 그 같은 일면을 반영한다. 용성부에서는 율곡의 향약에 맞춰 그 기구를 갖췄다고 한다. 임란 후 대부분 향안은 소실된 듯하지만 안동·상주·창녕 등 지역에서는 일찍부터 향안을 수거(修擧)하였던 것 같다. 특히 류성룡(柳成龍)이 작성한 안동 향규 「신정십조(新定十條)」는 이후 영남에서 한 모범이 되었다. 향안에는 내외(본가와 외가)에 허물이 없는 자를 입록케 했으며, 향안에 오르기 위해서는 일향의 공론과 수령의 동의가 있어야 했는데, 물론 향임은 향안에 오른 자로서 공론을 통해 차출되게 되었다.[142]

임란 이후 향안은 그 성적(成籍)된 시기나 성격에 있어서 많은 차이가 나고 있었던 것 같다.[143] 그리고 그 차이에 따라 향안을 둘러싼 쟁단의

· · · · · · · · · · · · · · · · · · · ·

141 주 133과 같음

142 『永嘉誌』(奎5562) 鄉射堂條; 『天嶺誌』 鄉射堂條.

143 嶺南 昌寧鄉案의 경우는 선조 33년에 다시 갖추어졌고(『昌寧鄉案增註』) 호서의 회덕같은 경우는 현종 13년에 와서야 향안이 갖춰졌다(『尤庵先生文集』 卷77, 「懷德鄉案序」). 또 호남의 경우 임란시 광주같은 곳은 일찍 성적되었지만 앞서 언급되었듯이(주 34 이하 37까지 참조) 성적된 곳에서도 사족과 향임과의 마찰로 再焚되기도 하고 다시 성적되든가 상당기간 파치되기도 했다. 또 기호에선 일반적으로 향임을 사족은 기피하였으니 향임을 차출하는 안으로서의 향안이 있었겠으나 그에 사족이 참여하였을 가능성은 희박하다. 「懷德鄉案」이 현종 13년 修擧되고나서 9년 동안 2차례만 追錄이 있었고 이후 파치되었던 것이 한 예이다[「회덕향안」은 처음 본고 작성시 파악하지 못한 상태였으나 그 후 성주

양태도 달랐을 것이다. 영남과 같이 사족이 향안을 장악하고 있고 또 유·향간의 분기가 심하지 않았을 경우에는 사족 가문간의 대립이라든지 앞서 언급한 바와 같이 유·향임을 둘러싼 대립이 예견되지만, 기호와 같이 유·향의 분기가 심했던 지역에서는 유·향의 대립과 관련하여 사족의 향안 기피현상이 있었을 것이다. 사족세력이 약한 서북의 경우는 앞서 언급한 바 있듯이 원향(原鄕)과 신향(新鄕)의 대립 등 신·구향의 대립이 따랐고,[144] 전반적으로 사족의 향권 상실이 확연해지는 시기에는 위 신·구향의 대립이 보다 지배적인 현상이었을 것이다. 그를 복합적으로 반영하고 있는 것은 앞서 언급한 남원의 '향적재분(鄕籍再焚)'과 전주·나주·영암 등 지역의 '향적파치(鄕籍罷置)' 현상이었다.[145]

향안을 둘러싼 쟁단은 원래 사족의 힘에 의해 해결되어야 했던 것이지만 향권이 사족에게서 향품에게로 점차 넘어가는 추세에서 그 해결은 지극히 어려운 일이었고 불가능한 것이기도 했다. 서북에서 일찍부터 수령에 의해 천단되기도 하고, 호남의 경우와 같이 파치된 향적은 사부(士夫)의 주관아래 다시 수거하지만 결국은 수령권 하에 맡기지 않을 수 없게 된 상황이 빚어지는 것, 그 방색(防塞)이 심했던 영남의 경우에서조차 '남승향품(濫陞鄕品)'의 현상이 지적되는 것, 기호의 경우와 같이 아예 향안을 거부하는 것 등은 모두 사족이 향권에서 소외되거나 향권을 수령에게 일임하고 그에 결탁된 향임층에게 향권을 넘겨주는 현상을 반영하는 것으로 이해된다. 현종 13년(1672) 회덕향안(懷德鄕案)에 서(序)를 쓰면서도 우암 송시열이 수신을 강조하고 향안의 하방(下方)에 소록(所錄)되어 있는 향약은 당시에는 그대로 실시할 수가 없다고 여긴 것은[146] 일단 사족의 결

....
탁(1978 「「회덕향약」고」『백제연구』9)에 의해 소개되어 참조가 되었다].
144 주 132와 같음, 定州鄕案事件.
145 주 34~37 참조.

집이 가능했으면서도 저간 사정이 달라졌음을 인식했던 때문인가? 18세기 이후 사족은 향권에서 소외되어, 중앙정권에의 참여가 불가능할 경우 유림으로 자처하거나 리(동) 단위의 향약조직에서나마 그들의 명분을 얻고 있었다 하겠다.

마지막으로 사족 간의 대립이다.[147] 사족 사이의 대립은 위와는 양상이 다른 것으로 향전으로 표현되지는 않았던 것 같다. 사우(祠宇: 祠廟)나 서원을 통한 대립 등이 그것이겠는데, 앞서 언급했던 유임(儒任) 등을 둘러싼 유림의 대립도 어느 면에서는 이에 포함될 수도 있지만 그것이 수령권의 통제 하에 있었다는 데서 차이가 나는 것이었다. 그 배경은 학통이나 색목(色目), 또는 가문 등 다양하였고 또 그것이 상호 복잡하게 얽히기도 했는데, 적어도 조선 중기까지 이러한 대립은 스스로에 의해 해결되었던 것 같다. 그런데 왕권강화 시기에 와서 그것이 노출되고, 수령에 의해서 조정되든가 중앙정부의 통제를 받아야 하는 실정에 놓이는 것은 그들의 향론장악이 불가능해진 것을 반영하는 것으로 보아 그들 한계를 나타내 주는 것이라고 하겠다.

가문을 배경으로 한 사족간의 대립으로 현저하게 나타난 한 예는 안동 태사묘(安東太師廟 : 三功臣廟)를 둘러싼 권·김 양 가문의 대립이다.[148] 여기에 당색(黨色)이 개재되어 있었던 것은 물론인데 향론분열의 한 예로 주목된다. 이 대립은 표면상으로는 안동의 삼공신(三功臣) 김선평(金宣平)·권

---

146 宋時烈, 『尤庵先生文集』 卷77, 「懷德鄕案序」.

147 유림 간의 대립을 포함시킬 수도 있으나, 유림에는 어느 면에서는 향반화된 세력 내지는 사족에서 향반화되어 갔던 세력이 포함되어 사족 간의 대립과는 다소 구분된다. 사족 간의 대립에서는 사족이 어떻게 향반화되었나 그리고 유림의 존재양태가 과연 어떠한 것인가 하는 문제가 초점이 되겠다(한우근, 「중앙집권체제의 특성」 『한국사 10: 조선』, 214~216쪽 참조).

148 이하 설명은 『安東太師廟事蹟抄略』(奎5012)에 의거함.

행(權幸)·장길(張吉) 3인에 대한 작헌(酌獻)의 차서(次序)를 둘러싸고 전개되었는데, 그 싹은 이미 명종연간 감제(減祭)를 주장했던 김농(金農)과 그를 반대했던 진사 권호문(權好文)의 대립에서 보이고 있다. 당시 권호문은 별감으로서 치제를 주관하였는데, 감제를 거부하였고, 김농이 이배(吏輩)가 참석하는 것을 꺼려 감제를 주장한다고 그를 공격한바, 김은 그것을 극구 부인하기도 했는데,[149] 기실은 치제가 권씨 일문에 의해 주도되었던 데에 근본 원인이 있었던 것이다.

이것이 구체적으로 문제가 된 것은 숙종 4년 김씨가문에서 성주(城主: 守令)에 정문(呈文)하면서 부터였다. 그것은 태사묘가 사묘화(私廟化)되는 것을 견제, '수향(首享)'을 바로 잡자는 것이었다.[150] 그로써 향회에서 처리하라는, "姑待鄕會處之"의 데김(題辭)을 받았지만 향회에는 권씨문중의 인물은 전혀 참여하지 않았다. 향청과 향교는 김씨들에 의해 장악되고 있었는데, 향회좌목(鄕會座目)에 보이는 59인 중 권씨는 한 사람도 보이지 않았다.[151] 결국 향회의 결정은 큰 효과를 보지 못하고 수향을 놓고 다투다가 숙종 15년 기사(己巳)에는 권유(權愈) 등이 수향을 권행으로 완전히 바꾸고 묘비를 세워 「권태사묘정비(權太師廟廷碑)」라 하여 제축(祭祝)까지 하였다.[152]

그 사이에 경신출척(庚申黜陟)이란 중앙정권의 변동으로, 숙종 8년 임술에 호군(護軍) 김수일(金壽一)이 소두(疏頭)가 돼서 진정(陳情), 예조의 회계(回啓)에 따라 차서가 바로 되도록 하는 노력이 시도되기도 하였으나[153]

149 위의 책 「金龍宮答權進士書」, 明宗 10(1555).
150 위의 책 「金門呈地主孟胃瑞文」, 肅宗 10(1678), 狀頭 金柱漢.
151 위의 책 「鄕廳鄕校通鄕先生鄕老文」.
152 『輿地圖書』 下 528~529쪽, 「安東邑誌」 壇廟條, 三功臣廟.
153 『安東太師廟事蹟抄略』 「金門壬戌上疏」 疏頭 金壽一.

기사환국(己巳還局)으로 인해 다시 바뀌게 된 것이다. '묘모지건(廟貌之建), 전민지치(田民之置), 재곡지식(財穀之殖)'이 모두 권씨에 의해 주관되었기 때문에 어쩔 수 없는 상황이기도 했을 것이다. 숙종 44년(1718) 성주 수령으로 왔던 권이진(權以鎭)은 태사묘 치제를 관에서 주도하고, 재유사(齋有司) 1인과 고유사(庫有司)만 권씨문중에 맡기고, 도유사(都有司)와 하유사(下有司)는 각각 좌수(座首)와 호장(戶長)에게 맡겨 문제를 해결하고 치제때 향묘(鄕廟)에서 집사(執事)를 차출할 것을 제의하였으나[154] 권문(權門)에서는 따르지 않았고, 그의 몇 번에 걸친 노력도 성공을 거둔 것 같지는 않다. 그 다음에 그가 다시 권문에 호소한 다음 내용이 주목된다.

> 權元帥所定凡于執事 皆以官帖差定云 則其一鄕共尊之事 於差灼然可知 況
> 退溪先生所謂 以權(幸)爲主(享)何害云者 因其事勢 而其曰何害之有者 亦示其
> 未盡善之辭也 今則事勢與前大異 一鄕旣不共事 金氏一門亦無一人未參 則變
> 公廟而爲私祠 盡失其尊之義 至於祝文中 亦稱幾代孫 則其禮節事禮 元非當初
> 立祠之意也 其不可不變通者一也[155]

즉 정치적인 상황이 이전과는 크게 달라진 상태 하에서, 김씨문중에서 전혀 참가하지 않아 사묘(私廟)가 되다시피 한 태사묘를 수령이 중심이 되어 공묘(公廟)로 돌리고 향중의 공론을 모아 보고자 한 것으로 볼 수 있는데, 이는 권씨문중의 반발만 일으켰지 그로 인해 해결이 될 수는 없었던 것이다.[156]

....

154 위의 책 「權城主以鎭意見文」 肅宗 44(1718).
155 위의 책 「權城主再下府司文」 肅宗 45(1719).
156 주 152와 같음. 『輿地圖書』에는 三功臣의 기재순서가 여전히 權幸·金宣平·張吉의 순으로 되어있어 李滉의 「記」의 기재순과 배치되고 있는데, 그만큼 權門의 영향력이 강했던 것을 반영한다.

이 같은 상황은 일단 영조 43년 김수일의 손(孫)인 김시학(金時學)의 상소로써 비로소 김씨문중에 유리하게 타결된 듯하였다.[157] 그러나 권·김 양 가문의 쟁변은 계속되었고 김씨일문이 만든 『태사묘사적(太師廟事蹟)』이 권씨가문의 시조를 무욕(誣辱)한 것이라 하여 다시 문제화되자, 정조는 특명하여 "三版重獻 並行於一時 爲兩家人者"할 것을 하교하였다.[158] 김선평·권행·장길에 동시에 작헌하게 한 것인데 수향(首享)을 없앰으로써 양 가문의 대립을 종식시키려 하였던 것이고, 태사묘를 권·김 양 가문에서 동시에 주관케 한 것이다. 이는 사묘(祠廟)가 중앙정권의 변동과 밀접하게 연결되어 있었던 한 예로서 재지사족의 가문간 대립을 보여준 것이다. 그리고 그 대립이 정조연간에 와서야 일단락 지워지는 과정에서 우리는 재지사족 동향의 일면을 엿보게 된다.

서원은 그 남설의 폐가 크게 문제되는 숙종말까지는 적어도 사족의 우위성을 대변해 왔고 그것이 왕권, 더욱이 수령에 의해 천단될 수 있는 성질의 것이 아니었다. 중앙정쟁의 심화로 인해 각 서원에 대한 중앙권력의 개입이 문제되면서도 서원 자체가 완전히 부정되지 않았던 상황이 그를 반영한다.[159] 그러나 정쟁이 심각해지기 시작하면서 재지사족간에 분열이 일어나고 그것은 서원에도 영향을 미쳐 서원을 통한 사족간의 대립이 예상되었다. 특히 서원에 향선생(鄕先生: 本邑出身의 賢士)이 종사(從祀)되었을 경우 색목이나 정파가 다르게 되면 그 대립은 표면화되기도 하였다. 호남

157 『영조실록』 영조 43년 5월 경오조.
158 『정조실록』 정조 15년 6월 기축조.
159 이태진, 「사림과 서원」 『한국사 12』, 145~147쪽 참조. 牙山의 仁山書院(五賢書院)의 경우 숙종 19년 知縣(守令) 尹弼殷이 奸妄人의 陰囑을 받아 그에 배향한 五賢(南人系)이 본현인이 아님을 이유로 서원을 세울 수 없다 하여 훼철하려 하자, 진사 洪靚가 一鄕多士에 通文하고 수령을 峻責케 했다는 사실(『新定牙州誌』) 역시 서원이 수령에 의해 천단될 성질의 것이 아님을 알게 한다.

의 경우 남인계 서원이 정쟁 속에서 치폐되었던 것이 밝혀진 바 있는
데[160] 세력균형이 깨지게 될 때 열세한 서원은 존속될 수 없는 상황도 야
기되었다.

호서 회덕(懷德)의 경우 강학년(姜鶴年), 강세구(姜世龜)를 배향(配享)했
던 용호서원(龍湖書院)은 『열읍원우사적(列邑院宇事蹟)』에는 용호향현사(龍
湖鄕賢祠)로 기재되듯이 사액(賜額)을 받았던 것이 아니고 또 그 배향인물
이 남인이었던바, 숙종말년의 읍지에는 '서원'이라 기재되다가[161] 정조 10
년경에 편찬된 것으로 보이는 읍지에는[162] 전혀 빠지고 있다. 이는 남인의
실세(失勢)가 서원의 존립기반마저 흔들어 놓았다는 것을 반영하거니와,
정조연간의 읍지에는 「원우사적(院宇事蹟)」에 보이던 기타 사우(祠宇)에
배향된 인물이 일체 숭현서원(崇賢書院) 하나에 정리되고 있는 것은 한편
으로 향론의 경직화와 서원의 기능변화를 보여주는 것이라 하겠다.

향족들이 향현사를 세워 그들의 선조를 배향하는 것이 크게 명분에 어
그러진 것은 아니지 않는가[163] 하는 정부의 지나친 서원통제에 대한 비판
이라든가 가묘(家廟)가 향사(鄕祠)가 되고 또 서원으로 변화되어 나간 상황
은[164] 사실의 양면을 반영한다. 즉 중앙정쟁에서 밀려나는 사족의 입장과
관권과의 결탁을 통해서 향족이 자신의 지위를 드러내기 위해 사우·서원
을 남설해 갔던 입장을 거기서 같이 볼 수 있는 것이었다.

．．．．．．．．．．．．．．．．．．

160 김동수, 앞의 논문.
161 『懷德邑誌』(奎10760).
162 『懷德縣邑誌』(奎17375).
163 『영조실록』 영조 45년 7월 을유조.
164 『정조실록』 정조 3년 11월 정미조.

(4) 향전 종식의 의미

이상과 같이 향촌사회에서 야기되는 어려운 문제들은 종래 지배신분층이라 할 수 있는 사족들에 의해서 스스로 해결될 수 없었고, 문제는 또한 향중 지배층 내부의 모순관계에서 비롯된 것만이 아니라 전체 향촌사회의 분화, 그리고 중앙정국의 변화와 밀접히 관련된 것이기 때문에 매우 복잡한 것이었다. 그리고 한편으로는 왕권강화의 시기에 위와 같은 향전에 대해서는 어떠한 형태로든 해결책이 제시되어야 했다. 우리는 그 과정에서 공통된 현상으로 향권이 사족에서 점차 다음 세력으로 넘어가는 것을 보았고 향권은 관권(수령권)과 밀착되어 전개되어 갔던 것을 살필 수 있었으니, 거기에는 경제적인 측면이 모두 반영된 것이었다.

그것은 결국 사회신분제의 질적 변화를 불가피하게 했다. 그 질적 변화의 문제는 사족에 도전하여 향권을 장악해 가는 향품들의 성격이 보다 구체적으로 밝혀져야만 해결될 수 있을 것이다. 그러나 일단 향전의 전개 양상에서 우리는 명분론에 입각한 신분질서는 붕괴돼 나간 것을 살필 수 있는바 이제까지 향론을 주도하며 향촌사회에서의 지배세력으로서 기능했던 사족의 명분론은 수령과 그를 둘러싼 향임·품관층에게 향권이 넘어가는 추세에 적합한 것이 이미 아니었다. 영조대부터 심각해져 갔던 향전은 앞서 언급했듯이 향권에서 소외되어 나갔던 사족(유림)과 왕권의 비호 아래 서서히 성장해 가던 품관층과의 불가피한 대립으로, 그 대립이 일당 전제체제하에서 집권층의 보수화에 따라 빚어진 모순이 결과라 한다면, 그 종식은 향촌사회 내부에서 새로운 정치세력이 등장하기 전까지 양반 지배층의 자율성 상실을 의미하며, 우리는 여기서 왕권강화가 불가능해지는 세도정치기의 향촌사회 지배층의 한 성격을 이해하게 된다.

향촌사회에서 아직도 중앙정권과 밀착된 사족의 세력은 강했다. 특히 기호는 서울과 가까웠기 때문에 사족의 우위가 쉽게 향족을 압도하는 듯하였다. 향권 자체에 그들이 적극적으로 개입치는 않는다 하더라도 그 영향력은 무시할 수 없었을 것이다. 신분질서의 문란과 신분구조의 변동에서 양반의 특권이 부정될 수 있는 단계로까지 아직 변전(變轉)되지 않은 것은 바로 위와 같은 상황이 개재되어 있었던 것이다. 새로이 상승해 갔던 세력이 구신분층을 부정할 수 있는 단계로까지 나아가지 못한 것은 당시 그들이 갖는 한계였다.

3. 목천현 향약 실시와 사마소 복립운동

1) 향약실시의 배경

조선사회에서 향약은 성리학적 소양을 지닌 향촌사회 중소지주층의 이해를 반영한 것으로서 신분상으로는 사족양반의 우위성을 전제한 것이고 경제적으로는 지주층의 이익을 옹호하는 성격을 지닌 것이다. 이는 려말의 사회모순 속에서 새로이 성장한 신진사대부들에 의해 향약이 수용되었고, 또 그들의 경제적 기반이 지주전호관계의 안정화를 요구하였던 데서 연유한 것이라 하겠는데, 이들 사대부를 중심으로 한 향촌질서 재편의 노력이 계속되는 동안 성리학적 향촌질서 역시 점차로 향촌사회에 뿌리를 내려갔던 것으로 이해된다. 그 향촌질서는 사족이 중심이 되어 민인을 상·하 관계 속에 편제시키고 그 관계를 유지시키는 데서 구현될 수 있는 것이었다. 따라서 사족들은 일차적으로 자신의 이익에 강한 집착을 보이면서도 반면에 일정한 양보를 강조하였다. 즉 향약을 주장했던 세력들이 자신의 윤리를 강조하며 피지배민에 대한 과도한 수탈은 배제하려 하였던 것이 그것인데, 그들의 입장에선 향촌사회의 안정에 위협을 가져오는 어떠한 요소도 제거되어야 했기 때문이다.

향약은 또한 그 실천운동에 있어 소학이 그 바탕이 되어 장유질서가 일차적으로 중요시되지만, 상·하, 귀·천의 명분론에 입각한 배타적 신분관을 그 골자로 하고 있다. 사족 내에서 적서(嫡庶)의 구별을 두는 것이라든가, 양반·하인, 상전·노비의 명분을 강조하는 것, 율곡향약에서 볼 수 있듯이 사족(士族)·서족(庶族)·양인(良人)·천인(賤人)의 계서(階序)를 명확히 하고 있는 것 등이 그를 반영한다. 명분상 각 신분 사이의 위월(違越), 즉 상·하 이동은 용인되지 않는 것이다. 성리학적인 윤리관을 통한 교화의 방법으로 택해진 향약이 사족에 의해 향촌사회에 실시됐을 때, 전단계의 사회모순이 어느 정도 해소되고 향촌사회가 안정을 찾게 된다는 긍정적인 면이 인정되면서도, 아울러 그로 말미암아 신분체제는 더욱 굳어지게 된다는 측면이 지적돼야 함을 느끼는 것은 바로 그러한 연유에서이다.

여기서 우리는 향약과 사회신분제와의 밀착점을 발견하게 되는데, 즉 향촌사회의 신분질서를 유지하는 논리적인 기반이 되었던 향약은 그를 통해 각 신분간의 상·하 관계를 설정하고 일단 계서화된 신분체제를 강화해 나가려 했던 지배신분층인 사족의 무기이기도 하였던 것이다. 조선 후기에 계급 분화가 촉진되고 사회신분제가 해이돼 신분질서가 동요되게 되었을 때, 명분 기강의 혼란을 사족중심으로 해결해 보려 하였던 입장에서 위 향약이 거론되는 것도 마찬가지 이유에서이다.

앞서 우리는 향촌사회에서의 권력구조변동 속에서 나타난 향촌사회조직의 이중성, 향약조직과 면리조직의 공존현상이라든가 향권의 분기현상 등을 살핀 바 있는데, 이는 중앙집권적인 관료체제를 구현하려 했던 정부의 입장과 사족중심의 향촌질서를 유지하려 했던 재지세력간의 이해에 차이가 났던 데에서 비롯된 것으로 볼 수도 있겠다. 따라서 향촌사회에서 구체적으로 향약실시가 갖는 의미란 어떠한 것인가 하는 데 대한 의문을 갖지 않을 수 없게 되는데, 이제 향약실시의 기반은 어디에 있고 향약의 성격이 어떻게 바뀌어져 나갔는지를 검토하여 그 의문에 대한 답의 실마리를 찾아보기로 한다.

임란 후 17세기에 들어와 향약은 주로 동(리) 단위로, 사족이 강력한 영향력을 행사할 수 있는 지역에서 먼저 실시된 것 같다. 사족들은 종전의 구규(舊規)를 수거(修擧)하거나 새로 동규(洞規)를 제정, 동약(洞約)을 실시하려 했다. 이러한 현상은 물론 전국적인 것이었다고 보기는 어렵고, 같은 군현 내에서라도 전 면리에 향약이 실시되는 경우는 거의 없었다. 대부분 지역에서는 이전과 마찬가지로 자연촌락의 성장에 따라 갖춰졌던 면리조직이 그 역할을 담당했을 것이었다.

동약의 일차적인 기반은 족계(族契)였고, 그 위에 가숙(家塾; 講舍)을 통한 후진교수(後進敎授)와 동규(洞規)의 내용이 첨가되는 것이 일반적이었던 것 같다. 대부분 사족들은 문규(門規)나 족계를 통한 자신의 이익기반을 마련한다는 일차적인 단계에 머무는가 하면, 그 중에서는 그것을 발전시켜 향당(鄕黨)에까지 확대시키려는 층들도 없지 않았다. '난이 지난 후 처처에 토지와 노비에 관한 쟁송이 성풍(成風)이 된' 상황에서 사족들이 족계를 중수하여 자신의 결속을 도모하고 황폐된 촌려(村閭)를 복구하고자한 것이라든가,[165] 설명할 바와 같이 이산(尼山)에서 동토(童土) 윤순거(尹舜擧)가 향리에 머물면서 가학(家學)을 일으키고 종약(宗約)과 동규로써 종인(宗人)과 향당을 이끌었다는 것[166] 등이 대표적인 예이다.

족계는 동성계(同姓契)로서 그 자체로는 엄밀한 의미에서 동계(洞契) 등과는 성격상 차이가 나는 것이다. 그러나 그것은 유환(遊宦), 시취(始聚), 유산(流散), 사천(徙遷) 등으로 그 순수성이 유지되기 쉽지 않았다. 여헌(旅

---

165 張顯光, 『旅軒先生文集』 卷7, 「族契重修序」 선조 34(1601).
166 『輿地圖書』 上 476~477쪽, 「尼山邑誌」 古蹟條.

軒) 장현광(張顯光)의 「족계중수서(族契重修序)」에 의하면 옥산(玉山) 장씨(張氏) 동성계에 계원으로서 장씨 외손뿐 아니라 타성(他姓)으로 재향(在鄕)의 뜻을 같이할 수 있는 자도 배제되지 않았던 것을 알 수 있는데,[167] 난후 사족의 이거(移居)가 광범위하게 전개된 데서 비롯된 것으로도 이해할 수 있겠고, 한편으로는 사족층의 결집력을 보여주는 것으로 파악할 수도 있겠다. 여기서 족계가 동계화할 수 있는 소지가 엿보인다. 그 같은 단면을 우리는 난후 광해 3년·8년에 진주(晋州)의 상사리(上寺里)와 금산리(琴山里)에서 각각 실시되었던 동약에서 볼 수 있다.[168]

상사리에서 동약이 실시되는 것은 선조 36년(1603) 병화(兵禍)를 면한 사족들이 구지(舊址)에 다시 안착하면서 동안(洞案)을 부사(復寫)하고 동규를 다시 정한 데서 비롯되었다. 그때 참가했던 동원(洞員) 6,7인이 잇따라 작고함에 10년이 채 못돼, 동안을 개수하면서 서(序)를 쓴 생원 정승훈(鄭承勳)의 「동약서(洞約序)」에 보이는바, 상사리의 동약은 같은 동내에 거주하였던 사족 동원간의 약속이었다. 그리고 그 목적도 자제에게 소학으로써 효(孝)·제(悌)를 알게 하며, 시(詩)·서(書)와 사(史)를 가르쳐 입양(立揚)할 수 있는 자질을 갖추게 하기 위한 것이며, 한편으론 춘추강신(春秋講信)을 통해 동원간의 결속을 도모하기 위한 것이었다. 「춘추강신」은 종래 「악수함배(握手啣杯)」와는 차이가 나는 것으로 인식되었다.

상사리 동약이 향약을 통한 사족의 기반을 마련하려고 했으면서도, 전 동민을 대상으로 한 것은 아니었다는 점이 주목된다. 게다가 그 근저에는 강한 동족(친족)의식이 깔려있는 것을 발견하게 되는데, 동원은 내외원근의 차는 있더라도 본원은 한 조상으로 모두 정순(鄭淳) 1인의 후손이라고

....

167 주 165와 같음.
168 이하 진주의 상사리, 금산리 동약에 대한 설명은 앞의 『진양지』 각리조의 기록에 의거함.

본 것이라든지, 그 중에서도 가장 많았던 정성(鄭姓)과 그 밖의 손(孫)·김(金)·강(姜)들이 서로 혼척관계에 있었다는 점을 강조한 것이 그를 반영한다.

다음으로 금산동약(琴山洞約)은 이보다 시기상으로는 좀 늦은 것이지만 사족간의 약속이란 면에서는 차이가 발견되지 않는다. "人士之同居一洞者數至五六十 則不可無洞案 洞案既成 則不可無洞約"이라고 한 데서 알 수 있듯이 인근 대여촌리(代如村里)가 금산리(琴山里)에 합쳐짐에 따라 사인(士人)이 늘어 그 수가 5,60에 달했기 때문에 동안(洞案)을 만들고 동약을 설(設)하였던 것이다. 동약의 모범은 여씨향약(呂氏鄕約)에 의거하면서도 퇴계동약(退溪洞約)에서 구했고, 그 위에 유전(流傳)되어 왔던 고례(古例)를 첨부, 증손을 가해 시의(時宜)에 따라 동규를 정했다 한다.

생원 성여신(成汝信)이 그 서(序)를 쓰고 있는데, 첨부된 동약절목(洞約節目)이 극히 소략해서 동규의 구체적인 내용은 알 수 없지만, 퇴계의 그것과 성격상 커다란 차이가 있었다고는 생각되지 않는다. 다만 이것이 동민전체를 대상으로 하는 것이었는지 의문이다.[169] 약원(約員)의 구성 등 그 규모나 성격에 있어 상사리의 것과 부분적으로 차이가 남을 알게 되는데, 난후 퇴계와 율곡의 향약이 향촌사회의 안정을 모색했던 사족들의 한 기준이 되었을 때 영남에 미친 퇴계향약의 영향에서 나온 한 예라 할 것이다.

한편, 위 두 예와는 성격에 있어 차이가 나는 것으로서, 기존의 동내에서 사족이 중심이 되면서도 '범민(凡民)' 중 연로자를 동안에 올리고 동임(洞任)이 주관하여 동약(향약)을 실시한 경우도 있고,[170] 또 시기가 약간

----

169 읍지에 보이는 금산 「동약절목」은 呂氏四條에 세주를 붙여 각조의 뜻을 알기 쉽게 한 것이었는데 본동의 고례는 빠지고 있어 그의 규모를 확인할 수 없다.
170 鄭好仁, 『暘溪文集』 卷1, 「鳴山洞契跋」.

늦지만 17세기 중엽 사족과 동민과의 합의에 의해 동계의 형태로 상·하계로 나뉘어져 동약(동계)이 실시되기도 해서[171] 동약의 다양함을 볼 수 있다. 후자의 경우 사족이 중심이 되어 고례를 증손하여 동약을 시행했다 한다.

우리는 이상에서 각 동(리)에는 전래되어 오던 구규(舊規)가 있었으며, 동규는 족계적인 성격을 띠기도 하지만 동내사족들에 의해 운영되었던 것임을 알 수 있을 것이다.[172] 위 동약들은 사족의 영향력이 강력한 곳에 국한된 것이고, 그것이 일향에까지 확대 실시될 수는 없는 것이었다. 진정한 의미에서 향약이 실시되기 위해서는 향론이 모아져야 했고 그러려면 사족의 향권 장악이 확실해야 했다. 난후 사족의 향권 장악의 양태에 따라 향약실시의 방법상에 일정한 차이가 나타나게 된 것도 우연은 아니었다. 사족은 향촌사회에서 자신들의 우위를 확인하는 방법으로 향약실시에 관심을 가졌던 것이고, 따라서 수령이 중심이 돼서 실시되는 예가 있긴 하였지만 그것이 바람직한 것으로 여겨질 수는 없었다. 장현광(張顯光)이 그와 동향인이었던 김세렴(金世濂)이 현풍현의 수령으로 부임하여 향약을 실시하려 한 데 대하여 일정한 회의를 표명한 것도[173] 그러한 때문이다.

....

171 李徽逸,『存齋集』卷4,「梧村洞稧序」"梧村舊無士夫居者 只有村店若干戶氓 (중략) 歲己亥(1659) 南卓爾甫 自仁同始來居之 而韓君景愈亦以是歲卜築焉 又不數歲余亦移寓於此 (중략) 三卜者謀旣定 且召洞中諸老少 諭之以三人者之意 則皆曰 諾 於是約爲上下稧"

172 호서의 경우도 마찬가지였다. 인조 19년 충청도 목천현에서 黃宗海에 의해 실시됐던 동약 중 한 동규의 항목에 "兩班無奴時 一依我洞舊立議 每員各出米三升 下有司前收合以助喪"이라고 한 것에서 '舊立議'가 본현(동)에 전래되었던 것을 본다(『朽淺集』卷7).

173 張顯光,『旅軒先生文集』卷8,「題苞山鄕約冊後」. 蒼石 李埈은 金世濂의 苞山鄕約에 대해서 "金道源苞山鄕約以學規爲先其意甚善 亦可以倣而行之也"(『蒼石先生文集』卷2,「與鄕約都廳」)라고 평하였는바, 수령으로서 향약을 실시하려했을

수령이 중심이 됐을 때 그 방법은 자연 향교를 통하거나, 별도로 각 면에 훈장(訓長)을 두어 훈장으로 하여금 강신(講信)케 하는 형식을 취하기도 하지만[174] 사족의 기구가 못 됨은 분명하다.

영남의 경우는 유향소가 사족들에 의해 장악될 수 있었기에 안동과 같이 향약이 유향소를 중심으로 해서 실시될 수 있었던 것이라든지,[175] 앞서 살핀 바와 같이 호남 광주·남원 등지에서 인조연간 향권을 향선생(鄕先生: 守令)에게 일임하지 않고, 향노(鄕老)·향장(鄕長)·향유사(鄕有司)가 중심이 된 '향회'에서 향소를 장악하고 향규를 제정하여 향권을 장악하려 했던 것은[176] 그러한 의미에서 이해돼야 할 것이다. 즉, 이때 향약실시의 의미는 사회경제적인 측면에서의 검토가 필요하지만, 정치적인 면에서 본다면 사족의 향권장악이 전제돼야 했던 것이다. 우리는 그 속에서 사대부의 명분론의 뿌리가 더욱 깊어졌다 하겠다.

호서 이산(尼山)에서는 윤순거(尹舜擧)·선거(宣擧) 형제가 재향 사인들과 양정재(養正齋)를 세우고 매월 그믐 촌의 수재를 모아 예(禮)·학(學)을 강습(講習)하고, 춘추에는 '독법강신(讀法講信)'하고 향음(鄕飮)·향사례(鄕射禮) 등을 익히게 했다고 하는데,[177] 병자호란의 다음 해인 인조 정축에 윤순거가 낙향하여 동규를 정하고 향당을 이끌었던 기반[178] 위에서 가능한

때의 실시 기반을 시사해준다.

174 서애 류성룡이 선조 13년 상주목사에 부임하여 향교를 중심으로 '月朔行禮'케 하는 한편, 각면에 훈장을 두고 그들로 하여금 '家士'를 가르치게 한 것도 그와 유사한 방법이라 생각한다(『輿地圖書』 하, 435쪽, 「尙州邑誌」 名宦條).

175 『永嘉誌』 鄕射堂條.

176 주 35, 37과 같음.

177 『輿地圖書』 上 476쪽, 「尼山邑誌」 古蹟條.

178 위의 책 인물조 및 『國朝人物考』 中 808~810쪽. 윤증은 비명에서 윤순거가 여씨향약과 율곡 이이의 石潭 社倉法에 의거하여 동약을 실시하였다고 기술

것이었다. 이는 사족의 세력기반이 향리(鄕里)에 있었고 그들의 영향력이
향촌사회에 뿌리를 내려갔다는 양면을 보여주는 것이라 하겠다. 목천(木
川)의 상황도 그와 크게 다를 바 없었다. 병자호란이 지난 뒤 5년 후 목천
에서 동약을 실시했던 후천(朽淺) 황종해(黃宗海)는 여헌 장현광과 마찬가
지로 한강(寒岡) 정구(鄭逑)의 제자이면서도 사계(沙溪) 김장생(金長生)의 문
하에서 예(禮)를 강의 받은 바 있었다. 그는 이전 양반유생 천여명과 함께
정인홍(鄭仁弘)을 논핵할 때 앞장섰던 인물로서[179] 광해군 5년 폐모사건
(廢母事件)을 당하여 폐거업(廢擧業)하고 향리에 은거, 불사(不仕)하며 향리
를 이끌었다.

황종해는 당시 공론의 분열로 말미암아 선비들 사이에 이론이 나타나
고 풍속문란이 비등해져 가는 상황을 바로잡기 위해서는 여항인(閭巷人)
부터 교화해야 한다고 보았다.[180] 그리고 그 방법으론 '갱성의약(更成儀
約)'하는 것이 필요하며 당시를 바로 기회로 여겼던 것이다. 즉 그들은 대
북정권에 비판적인 입장을 같이하였고, 반정(反正)에 적극 참여하지 않았
을지라도 그 입장이 반정 후 확고해지게 되면서 향리에서의 기반을 굳힐
수 있었을 것이며, 호란 이후 명분론이 더욱 강화되면서 명분을 지킨다
는 입장에서 사족의 호응을 기대할 수 있었기 때문에 향약에 큰 관심을
기울였고 또 향권을 그들 세력 하에 둘 수 있을 것으로 믿었던 것이다.

그러나 그때의 향약 역시 한계가 없었던 것은 아니었다. 향약은 사족
의 이해가 일치되고 그들의 향권장악이 확실할 때 그 실시가 가능한 것이

하였다.

179 『國朝人物考』中「黃宗海狀」(許穆 撰). 황종해는 당시 유생 수십 인이 정인홍을
　　맞으려하자 그를 저지하여 前年事(廢母事件)를 상기시켰는바, 이에 유생들은
　　돌아갔다 한다.

180 黃宗海, 『朽淺集』 卷7, 「洞內立講序」.

면서도, 사족은 필요하면 중앙정권이나 그 대변자인 수령의 비호를 거부하지 않았고 따라서 초기에는 어떠한 형태로든 향약을 적극적으로 실시하려 했던 것인데, 그것은 일시적으로 해결될 수 없는 문제였다. 이제 사족의 우위가 흔들릴 수 없는 것으로 여겨졌으면서도 관의 보호를 배제하지 않는다는 것은 그들의 교화의 한계 즉 향촌사회에서의 사족의 취약성을 드러내는 것이었다. 목천에서 동약을 실시할 때 '과실상규(過失相規)'의 한 조목에,

> 兩班則雖犯過 不無知識廉恥 豈有不受洞罰者哉 若下人則無知無恥 非但不
> 爲遷改 必有不受洞罰者矣 如此者 上下通同告官科罪 而上村則呈木川 下村則
> 呈淸州[181]

란 규제사항을 첨가한 데서, 양반은 자체적으로 통제가 가능하였지만 하인(下人; 平·賤民)의 경우는 그 범주에서 절대적인 통제가 불가능했던 것임을 알 수 있다.

목천 동약은 동내 상·하인(上·下人)을 모두 약원(約員)으로 삼고, 끝내 약원에 들지 않으려는 자는 출동(出洞)한다는 강제규정을 갖고 있음에도 위와 같은 조목이 첨부되고 있다는 것은 향약조직 자체가 관권(官權)과 결코 배치관계에 있지만은 않았다는 것을 보여준다. 사족은 관권과 일정한 거리를 유지하면서 지배신분으로서 일반 민인을 동약에 포섭하려 했기 때문에 그 경우 민인은 이중적인 지배를 받게 되는 결과가 될 것이었다. 또한 한계로는 사족간의 분열이라든가 명분상의 혼란이 야기되는 경우 향약실시는 불가능해진다는 것을 들 수 있겠다. 아직까지 그 한계가 밖으로 드러나지는 않고 있었다 할지라도, 그들의 향권장악이 불가능해지는

....

181 위의 책「洞規凡例四十六條」.

시기에 그것은 결국 어떠한 형태로든지 변질되지 않을 수 없게 되는 점을 지적할 수 있겠다.

난후 17세기 향약실시의 기반은 다양하였고 그 실시 양태도 여러 가지였다. 그것은 각 지역 사족의 성격 차에서 비롯된 것이라고 할 수 있겠는데, 그것에서 굳이 공통점을 찾는다면 기반에 종규(宗規: 族契), 학규(學規: 家塾·講舍), 동규(洞規: 洞契)가 순차적으로 복합되어 있다는 점을 들 수 있겠다.[182] 그것이 기반이 돼서 일향에까지 확대되는 경우에, 유향소가 그 실시의 기반이 되기도 하고 따로이 '향회'가 갖춰지게도 되었지만, 그렇지 않을 경우 동약에 국한해서 표출되기도 하였다.

17세기에 들어와 향약을 실시하자는 논의는 다분히 교화의 측면에서 강조된 느낌이 짙고 한편으론 명분론의 강화와 관련되는 것이겠는데, 상·하 신분질서의 재편성이라는 측면에서 파악될 수도 있겠다. 또한 향약 실시를 주도했거나 그를 주장한 인물들은 직접·간접으로 학통에 차이를 보이면서도 사계 김장생과 연결되거나 예학에 보다 깊은 이해를 가졌던 것으로 파악되어 그것이 예학의 보급과도 불가분 관련이 있음을 추측할 수 있다. 현종 원년 이유태(李惟泰)의 2만여 언에 달하는 상소 중 '정풍속(正風俗)'의 한 방법으로 건의된 향약은 사창제(社倉制)를 포함할 뿐 아니라 오가통(五家統)의 약점까지도 보완코자 한 것이었음에도 당시 받아들여지지 못한 것은[183] 중앙 예론(禮論)을 둘러싼 정쟁이 한 배경이 되었던 데서 말미암는 것이기도 했다. 17세기 박세채는 이유태의 만언소(萬言疏)에 대해 언급하면서 교화의 방법으로 자신도 향약책자(鄕約冊子)를 올리는데, 그 자신 바로 향약이 실시될 수 있을 것으로는 믿지 않았다.[184] 그는 다만

182 향약질서가 뿌리를 내리게 되는 데 따라 사족들은 宗會·文會·洞會를 유기적 구성 요소로 인식하고 있었다(『大麓誌』 古事條, 三會堂).

183 『현종개수실록』 현종 원년 5월 계해조 및 6월 기해조.

그 중 일부를 교령(敎令)·금령(禁令)으로 삼아 각사(各司) 관원(官員)들에게 주지시키면 다소 도움을 줄 수 있을 것이라 하였는데, 그것은 이미 향약과는 거리가 먼 것이었다.

다음으로 18세기에 들어와서의 향약(동약) 실시의 배경과 그것에서 제시되었던 새로운 윤리나 금지조항을 검토하면서, 향약의 기능 변화와 종래 신분질서에 일어난 동요의 원인이 어디에 근거하는 것인가를 추정해 보고자 한다. 사실 18세기에 와서도 향약은 전국적으로 실시된 적이 없고, 또 그 기반 자체도 이전과 크게 다를 바 없는 듯하였다. 특정한 지역에서 사족이 중심이 되어 동약이 실시되는 경우가 있는가 하면 수령의 노력으로 일향에 향약기구가 갖춰지는 수도 있었다. 여기서 그 기구가 단지 권선징악이나 윤상(倫常)의 기강을 잡는다는 교화의 측면에서 행정조직인 면·리조직의 기능보좌를 담당하는 정도에 그치는 경우가 있는가 하면,[185] 뒤에 언급할 바와 같이 거기서 사창(社倉)의 이념을 최대로 활용한 흔적을 발견하게 되는 경우도 있어서 향약의 기능도 일률적으로 평가할 수만은 없는 것이었다. 그러나 이전의 향약이 다분히 명분론적인 입장에서 주장되었고, 향약이 지닌 윤리가 사족의 향권 장악으로 교화라는 측면에서 의식상 보편화되면서 향약질서도 당연한 것으로 여겨졌던 데 비해, 이제 향약은 구체적으로 새로운 비판 대상을 제시하여 사족 권위를 강화시키고자 하는 보수성을 띠우며, 다른 한편으로는 향촌사회의 안정을 표방하면서 하층민인의 유리현상을 최대한 막아 그들의 지위를 유지하고자 했던

---

184 『숙종실록』 숙종 14년 6월 을묘조; 숙종 20년 7월 기축조.

185 金榦, 『厚齋集』 卷38, 「割鷄錄」 辛巳(肅宗 27, 1701) 任禮山時. 예산에 수령으로 부임한 金榦은 각 면에 동계약조를 반포하면서 "其洞內作爲一契 嚴立約條 熟講信義 使綱紀維持 風俗淳厚 此亦呂氏鄕約之遺意 而近世京外通行之恒規也"라 하여 일동 상하지인을 일계로 묶고 상·하계로 나누어 동내에서 明倫厚俗之道를 이루게 하였다 한다.

노력의 일환으로 기능했던 것으로 여겨진다.

향적(鄕籍)의 파치(罷置)라든가 유향소 기능의 변화, 향론의 분열 속에서 일향에 향약실시가 어려워지게 됨에 따라, 앞서 언급한 향약 본연의 모습은 재지사족에 의해 추진된 동약류에서 보다 잘 반영되고 있다 하겠는데, 그 대표적인 예를 우리는 영조15년(1739)에 백불암(百弗庵) 최흥원(崔興遠)이 주도한 대구부(大邱府) 부인동(夫仁洞) 동약과 영조32년(1756) 순암 안정복에 의해 이루어진 광주부(廣州府) 경안면(慶安面) 이리동약(二里洞約)에서 찾아보게 된다.[186] 조직의 규모나 그 실시의 방법, 배경 등에서 차이가 나지만 근본 성격은 동질의 것으로 여겨지는데[187] 거의 같은 시기에 실시되었던 이 두 동약은 향촌사회 동요에 따른 농민층의 유리나 신분구조 변동과 관련된 신분질서의 동요 등에 대해 사족의 입장에서 취할 수 있는 한 대응책을 보여준다.

위 두 동약은 서서히 향권에서 소외되어 갔던 사족들이, 수령권과의 적절한 타협을 전제한 것이지만, 관과 어느 정도의 거리를 유지하며 사족이 중심이 되어서 동민을 그들 밑에, 다시 말하면 각 동(리)에 결속시키려 한 것으로 파악된다. 사족이 중심이 되어 동내에 이향(吏鄕)의 침어(侵漁)를 배제한다든가 동내에 토지를 묶어놓고 무전농민에겐 일정한 토지를

---

186 물론 이 시기에 향소를 중심한 향약이나 수령에 의해 실시된 향약의 예가 없는 것은 아니다. 호서의 보은, 목천, 호남의 순창, 옥과 등지에서 수령에 의해 실시된 향약 등이 그것인데, 그 기본 성격에서 사창제를 포함한 동약과는 차이가 나므로 목천향약과 비교하여 설명하기로 하고 뒤로 미룬다. 같은 시기에 호남 장흥 유학 위세봉의 상소는 여씨향약에 의거 坊約·里䆃의 실시를 건의한 것인데 위 二者와 큰 차이가 나는 것은 아닐 것이다(『승정원일기』 영조 10년 12일조).

187 순암은 백불암 사후 그의 묘지명을 쓰고 그 서에서 扶仁洞(夫仁洞)의 結稧에 대해 상세한 언급을 하고 있는데, 兩 洞約의 실시 당시에 상호영향이 있었던 것은 아니라 하더라도 그 뒤 순암은 그 영향을 받았던 것임을 알 수 있다(安鼎福, 『順菴集』 卷24).

분급, 그들의 유리를 막고자 한 것, 또는 각종 금지조항을 통해 상·하 신분질서의 확립을 강조했던 것 등은 향촌사회구조의 변동 속에서 농민층의 유리가 사족에게까지 위협으로 느껴지게 되었고, 또 하층민인으로서 납속(納粟)이나 가자(加資) 등 각양의 방법으로 품관층으로 상승, 상급신분에로 올라갔던 자들의 도전 역시 위협으로 인식된 데서 말미암은 한 대응책이었던 것이다.

대구 부인동 동약의 규모는 4개 리를 포함한 것이고 조직은 면리조직과는 별개의 것으로 동약소(洞約所)를 중심으로 '약존(約尊)'에 의해 주도되는 것이었다.[188] 즉 '동의 약존과 약직(約直) 및 동약소의 이정(里正)·전곡(典穀)은 다만 동약을 주관하여 동규(洞規)를 권장하고 상호 구휼케 함으로써 동속(洞俗)을 바르게 할 따름이고, 관령(官令)에 관계되는 일은 따로 리임(里任: 尊位·副尊位), 공사원(公事員)을 정해 거행시킨다'는 것이다.[189] 전 동민을 약원으로 삼았는데, 약원 사이엔 상·하 구분을 뚜렷이 하였다. 동약은 매년 3월 3일 전 동인이 한 자리에 모이는 때 설행되는데 그 자리[강당(講堂)]엔 상청(上廳)·하청(下廳)의 구분을 두어 상·하인을 참석시키고 상청(上廳)에는 유(儒)·품(品)과 적(嫡)·얼(孽)의 구분을 두며 하청(下廳)에는 양(良)·천(賤)의 구분을 두었다.[190]

이 같이 4개 리의 전 동인을 동약에 들게 하는 배경에는 상한(常漢)의 양역(良役)기피, 증뢰차임(贈賂差任)과 그로 말미암은 양인의 유리(流離; 移徙·逃去)라든가 향청을 둘러싼 '증뢰향참(贈賂鄕參)'이나 사족의 양호(養

---

188 崔興遠,『百弗庵先生文集』卷7,「夫仁洞 洞約」英祖15(1739). 이하 부인동 동약에 관한 설명은 『百弗庵先生文集』에 의거한다.
189 위의 책. 洞 約尊은 사류로서 덕행을 가진 자를 택차하는데, 사류(사족)가 아니면 안 되었다. 동약소 리정과 전곡은 하인에서 택출하였다.
190 위의 책「講舍節目」「先公庫節目」洞案 역시 上案과 下案으로 나뉘어졌다.

戶), 관역(官役) 거부 등에 의한 지배층 내부의 갈등, 또 복식의 문란 등 신분상의 동요가 깔려 있던 것으로 파악되었다. 이와 같은 현상을 규제하고 타개하는 방법으로 동민의 이사(移徙)·(노비) 도거(逃去)는 리정(里正)이 적발하여 동중 약직(約直)·약존(約尊)을 통해 관에 고하게 하고 약중인(約中人)으로 하여금 그 토지를 매매하지 못하게 하는 한편,191 그와 아울러 약중인에서 가난하여 전토가 없는 자 약간을 성안(成案)하여 휼빈고(恤貧庫)에서 사들인 다소의 토지를 그들 형편에 따라 분급할 것을 고려하였다.192 또한 주자의 사창규(社倉規)에 의거 「선공고(先公庫)」를 설치하였는데, 일동의 전세를 총괄하여 관아에 납부하는 대신 동전(洞田)을 복호(復戶)받아 그 밖의 요역에 충당하고 남은 여분으로 약원에게 출식(出息; 利殖) 편의를 제공하는 한편, 민전(民田)에서 서원(書員)의 농간을 배제시키려 한 것이었다.193 이는 관과의 일정한 거리를 유지하려는 의도에서 나온 것인데도, 만일 선공고의 곡물을 갚지 않을 경우는 관에 고하여 징봉(徵捧)케 한다는 조항을 첨부하였다.

신분질서의 문란에 대한 사족의 규제는 하인이 지켜야 할 금제가 따로 규정되는 데서 발견할 수 있다. 노비의 상전에 대한 반역이나 하인의 양반능욕 같은 경우는 종전부터 있어오던 것이나, '糸笠細衣 紊亂名器者 濫乘轎著唐鞋'의 금제가 새로 첨부되는 것은 복식의 문란이 명분의 혼효를 가져오는 것으로 인식되었던 것을 보여준다. 영·정조대 금산군에서 실시된 것으로 보이는 향약의 새로 첨부되는 금제에 "近來小民 勿論良賤 皆着道袍 上下紊亂無以區別 常漢之著道袍者 亦爲嚴禁"194이라고 한 것과 동질의 것이다.

---

191 위의 책 「講舍節目」 "約中人使不得賣其田土 以長其忠厚守分之風事; 此死徙無出鄕之義也"
192 위의 책 「先公庫節目」.
193 위의 글.

백불암의 신분관은 동약을 실시한 뒤 35년 후 강회시(講會時)의 약속을 신칙한 데서 간취할 수 있다. 그간 반계(磻溪)의 저서를 읽어 영향받은 바 있었겠는데,195 그 신분관은 간명하면서도 재향사족의 입장을 잘 보여준다. 위 「강회신약(講會申約)」은 '각수분업(各守分業)·양친봉공(養親奉公)'의 두 조목인데, 우리의 관심은 각수분업에서의 분(分)에 대한 그의 견해이다. 즉 「분」은 명분을 가리키는 것인데 그에는 부자·형제 사이의 분별을 유지해야 한다는 가족규범 외에 양반과 범민(凡民) 사이의 구별이라는 사회신분적 규범을 강조하고 있는 점이다.196 이때 양반은 강회시 상청에 오르고 동안(洞案)에서 상안(上案)에 오르는 유(儒)·품(品)을 가리키는 것이겠는데, 유·향의 분기가 덜 심했던데 연유하는 사고에서 파악될 수도 있겠지만 당시 반(班)·상(常)의 관념을 적절히 표현하는 것이라고 하겠다.

다음 광주(廣州) 경안면 이리동약(慶安面二里洞約)은 순암 안정복이 거주하던 이리(二里)의 제촌민(諸村民)을 대상으로 실시된 것이다. 동민은 상·중·하계로 나뉘어졌다.197 이리동약(二里洞約)이라고 한 데서 가지는 의문은 본 동약이 면리조직과 결부되었던 것인지 확실치 않다는 점이다. 아래 <표>의 동약기구에서198 볼 수 있듯이 동약소임(洞約所任)의 명칭을

194 주 56과 같음. 『鄕約節目』(서울大古5129-33) 尙州鎭管 金山郡

195 崔興遠, 『百弗庵先生言行錄』 卷1, 최흥원은 나이 44세 때(영조 24) 유형원의 『반계수록』을 읽고 반계의 학문을 '近世經論之學'이라 높이 평가하였다 한다. 유형원이 그의 고모부 金世濂에게 수학하여 이미 향약에 관한 이해를 가지고 있었을 터인데 백불암도 반계의 향약에 적지 아니 영향을 받았을 것이다.

196 『百弗庵先生文集』 卷7, 「講會時申約」(영조 50, 1774) "各守分業; 分 父子兄弟 兩班凡民"

197 『順菴集』 卷15, 「廣州府慶安面二里洞約」(英祖 32, 1756). 이하 설명은 이에 의거한다. 記名籍(座目)은 2책으로 만들었는데 상계원을 한 책에 중·하계원을 다른 한 책에 기재하였고, 중·하계원이 기재된 책은 다시 상·하로 권이 나뉘어졌다.

리임의 것에서 그대로 따고 있는 것으로 미루어 리조직의 운영과 차이가 없을 것이었다.[199] 여기서 상계원(上契員)은 사족(양반)을, 중계원(中契員)은 중서(中庶)로 불리던 교생(校生)·서파지류(庶派之類)를, 또 하계원(下契員)은 평민·공사천을 의미하는 것으로 보인다.

순암의 동약실시 배경도 백불암의 그것과 큰 차이가 나는 것이 아니었다. 순암은 수십년래 풍속이 어그러져 가는 상황에서 각 소임(所任: 猾任頑校)의 관을 빙자한 동민 침어가 동민을 유산(流散)시켜 향촌질서가 붕괴되어 가는 것으로 판단하고 동중의 민해(民害)가 제거되면 민심도 자연 수습되어 교화가 가능할 것으로 여겼다.[200] 그는 수백가(數百家)가 되는 동중[201]에서 상·하 명분이 무너지고 풍속이 날로 어그러져 가게 된 것은 약법(約法)이 밝혀지지 않은 데 기인하며, 대대로 거주하던 곳에서 하루아침에 이거(離去)할 수도 없는 상황에서 그 약법을 밝히고 민폐를 제거한다면 풍속이 돌이켜질 수 있을 것으로 믿었던 것이다.[202] 이 같은 민인의 유리

. . . .

198

〈표〉慶安二里洞約機構

名所仕	(俗稱)	人員	身分(資格)
執綱	尊位	1人	上契
副任	副尊位	1人	中契
耆老	三老	3人	中下契
有司	公員	1人	下契
掌務	·	1人	下契
使令	·	2名	公私賤
庫直	·	1名	下契
色掌	·	1名	下契

* 인원 표기에서 人·名의 구별은 신분의 상·하를 표시하기 위한 것으로 보임.
** 전거: 『順菴集』卷15.

199 주 58, 59 참조.
200 『順菴集』卷18,「慶安二里洞約序」.
201 『輿地圖書』「廣州邑誌」에 의하면 영조 己卯式(영조35, 1759) 경안면 이리의 편호는 201호(남 495, 녀 526)이다.

외에도 사족간의 분열 등 지배층 내부의 갈등이 또한 배경이 되었다. 상계원을 대상으로 한 규제[여씨향약부조(呂氏鄕約附條)]에서 붕당에 대한 경계, 중앙정령(中央政令)이나 관장(官長)의 득실에 대한 언급의 회피, 그리고 납속(納粟)·가자(加資: 品官)의 사부(사족) 능욕, 한량초관(閑良哨官)의 사부에 대한 항례(抗禮)에 대한 규제 등을 문제시한 것이 바로 그 단면이다. 이 같은 문제는 사족이 해결해야 할 당면한 과제였던 것이다.

　　문제를 해결하기 위해서는 우선 '유산지민(遊散之民)'을 약원에 포함시켜야 했다. 이전까지는 약원의 대상에서 제외되었던 자들을 모두 포함해야 할 것으로 보았다.

> 噫此下契題名帖也 昔不入約 固是遊散之民 今同一帖便爲約束之人 凡人之心 怠惰於遊散 警惕於約束 遊散不已而流於惡 約束不已而入於善 必至之勢也 (중략) 如有善惡之可言者 各於名下付標而記之 以爲勸懲之道[203]

라 한 데서 알 수 있듯이 전 동민을 동약(동안)에 묶어 유리를 최대한 막고 동시에 권선징악의 효과를 확실히 하고자 했는데, 그러기 위해서는 한편으로 사창의 설치운영이 필요했다. 그는 국가의 환자제도(還上制度)가 사창법과 유사한 듯하지만 전혀 별개의 것임을 잘 알고 있었다.[204] 동민을 관으로부터의 침탈에서 보호하는 한 방편을 그에서 구하려 한 것이었다. 그런데 사창의 운영에서 한 특징이 발견된다. 사창을 중심으로 10리 내의 타동인(他洞人)의 입약(入約)을 인정하고 있으면서 또 한편으론 본동(本洞)의 약원이라도 납속할 힘이 없어 동약에 들어올 수 없으면 납속을 강요하

---

202 『順菴集』 卷15, 「諭下契文」.

203 위의 책 卷19, 「題慶安二里下契名帖」(영조 33, 1757).

204 위의 책 卷15, 社倉條, 社倉法을 그는 송대의 靑苗法에 비유하였다. 국가고리대의 성격을 파악한 것이었다.

지 않았다는 것이다. 입약하기 위해 상원은 10두 하원은 5두씩 납속해야 했는데,[205] 위와 같은 조항은 사창제를 효과적으로 운영하기 위한 것이었다 하겠으나 오히려 동계적인 성격을 띠우는 것을 시사한다.

다음으로 신분질서의 동요에 대해 순암은 양반 자체에도 문제가 있는 것으로 보았다. 앞서 언급한 후천 황종해와 마찬가지로 "約中所言皆古賢訓戒 則兩班雖有犯過者 其知識廉隅異於常人 必無遂非文過不受洞罰之理"라 하여 양반은 자체 내에서 규제할 수 있을 것으로 여겼음에도,[206] "兩班爲常人之表準 過而不罰亦何以糾率庶氓乎"라 하여 그에 의문을 표하고 있는 것이다. 그가 「거향잡의(居鄕雜儀)」에서 퇴계의 예안향약(禮安鄕約)에 대해 언급 "禮安鄕約 士夫恥隨品官之列"이라고 사족의 우위성을 설명하면서도, 앞서와 같이 "納粟加資凌辱士夫 或閑良哨官抗禮士夫"하게 되는 실정을 인식한 때문이 아닌가. 붕당에 의한 사족간의 분열도 문제가 되었을 것이다. 그러나 이같은 문제를 전혀 상계원만의 문제라 보기는 어려울 것이다. 중계(中契)를 설정하여 중간지대를 확보하여 방파제의 역할을 거기서 기대해 보려 하였지만 신분질서의 동요가 해결될 수 있는 것인지는 의문이었다.

이상 두 동약에 의해 우리는 18세기 향촌사회 동요에 대한 재지사족의 한 대응방안을 엿볼 수 있었는데, 그 동요라는 것은 결국 지주제와 신분제의 모순에서 나온 것임에도 그들은 그것을 타결하고 변혁시킬 수 있는 세력은 아니었음이 드러난다. 휼빈고(恤貧庫) 설치를 통해 무전농민에게 일정한 토지를 분급한다든가, 사창(동계)을 설치하고 양반은 평민의 두 배

----

205 摠穀은 100석으로 제한하고 그 자금으로 약원에 대여, 그 利殖으로 각종 동내 비용에 충당했는데, 元穀을 제한한 것은 환곡의 부담이 과중한 곳에선 사창제의 실시가 어려웠던 것을 이해한 때문일 것이다.

206 주 181 참조. 순암은 퇴계·율곡·한강·후천의 鄕約·社會約束·月朔講會·木川洞約 등에 영향받아 경안면 이리동약을 세웠던 것임을 알 수 있다(『順菴集』 卷15).

를 납속, 사창을 운영하여 민폐를 최소한 줄여보자고 했던 것 등은 지주양반의 최소한의 양보이지 경제구조 자체의 변개를 의미하는 것은 결코 아니다.

동약 자체가 종래 사족이 지녔던 모든 특권과 우위성을 부정하는 것이 아니었고, 농민층의 유리나 양반층 내부의 분열과 대립이 바로 사회신분제의 모순에서 비롯되는 것으로 인정하는 것 역시 아니었다. 그것은 당시 하층민인이 질곡으로 느끼던 백골징포(白骨徵布)나 적지렴세(赤地斂稅), 부민징채(富民徵債), 이향(吏鄕)의 침어 등과 세가(勢家)·사부(士夫)의 양호(養戶)·피역(避役)에 의한 군정의 감축에서 오는 부담의 증가 등을[207] 한계가 있는 것이긴 하나 사족 스스로 해결하여 동·리의 안정을 되찾아 보고자 한 것으로 이해될 수 있는 것이었다. 수령의 입장에서도 일면 사기(士氣)를 진작시켜 향촌질서를 부분적으로나마 그들에게 맡기려 하기도 했다.[208] 그러나 사창제를 원용한 어떠한 형태의 향약이건간에 그것은 지방재정의 핵이었던 환자제도(還上制度)와의 마찰[209] 때문에, 부과된 환곡(還穀)이 적을 경우는 예외였겠지만 자체로는 그대로 유지될 수 없는 성질의 것이었다.

동약을 실시하면서 백불암은 조정의 득실이나 수령 장단 등에 관해 일체 입에 올리는 일이 없었고, 다른 사람이 관정(官政)의 득실에 대해 물어오면 반드시 아는 바 없다고 답하였다고 한다.[210] 관과의 마찰을 피한다는데서 순암 입장 역시 마찬가지였다. 녹사(錄事) 양성희(梁成義)가 예안현감으로 왔을 때 퇴계가 민주(民主; 백성과 수령) 사이의 예를 다해 오래도록

207 『영조실록』 영조 10년 정월 기축조 「忠淸道 韓山幼學 李涏上疏」.
208 『영조실록』 영조 32년 4월 신해조, 玉果縣監 宋明欽上書.
209 송찬식, 「농민진휼책의 변질」 『한국사 12』, 37~38쪽.
210 『百弗庵先生言行錄』 卷5, 「處鄕」.

경례(敬禮)를 표했는데, 반대로 양성희는 수령의 위세를 빌어 거만하게 굴자 듣는 사람이 분노했으나, 퇴계선생은 끝내 수령의 못됨을 말하지 않았다는 예를 들면서 순암은 사족의 거향(居鄕)에 대한 의사를 표시하고 있다.[211] 이는 다 향약실시의 어려움을 일면 반영하는 것이라고나 할 것이다. 백불암의 위와 같은 노력은 후에 정조에게까지 알려졌고 당시 지식인들 사이에도 상당한 영향을 주고 있었음을 알 수 있거니와, 그때 갖춰진 '공전(公田)'은 상당기간 본동에 존속하여 동내사(洞內事)에 쓰이게 되었다. 순암의 동약(사창계)의 실제 기능 여부는 확인할 수 없지만 동계의 형태로 전래되었을 가능성이 추측되며, 정조 즉위년 목천현에 부임하게 되었을 때 실시하려 했던 향약으로 이어지고 있었다.

이상과 같이 볼 때 향약은 결국 사족의 향촌통제책으로서의 성격을 갖게 되는 바, 향촌내 제반 실정에 따라 다양한 조직을 갖추고 기능하였음을 알 수 있겠다.

2) 목천 향약조직의 성격

(1) 목천현 향약 실시의 동기

목천현에 향약이 실시된 것은 정조 즉위년 10월 순암 안정복이 수령으로 부임하면서 각 면에 향약실시를 종용한 데서 비롯된다. 목천에는 물론 과거 후천 황종해의 동약이 있었고 이전이나 이후에도 그와 유사한 동 단위의 조직이 부분적으로 존속한 바 있었다. 그러나 그것은 목천현 사족 전체의 동향으로 파악할 수 있는 성질의 것은 못되었던 것 같고 족계나 종약의 성격에서 벗어나는 경우는 드물었다. 당시 널리 실시되었고 또 현

211 『順菴集』 卷15, 「居鄕雜儀」.

재 파악할 수 있는 것은 순암이 목천에 실시하려 했던 향약인데, 따라서 우리가 검토하고자 하는 목천향약도 바로 그것이다.[212]

순암이 목천에서 향약을 실시하려 했던 것은 수령의 입장에서 위정(爲政)의 근본이 '돈교화(敦敎化)·정명분(正名分)'에 있다고 보고, 당시 향촌질서가 동요되는 것은 사족의 향권 상실에 기인하며 그것은 사족들에 의해 해결돼야 할 것으로 믿었기 때문이라 하겠다. 도임 후 처음 각 면에 효유한 첩문에서 그러한 사실이 드러난다.

> 위정의 근본은 오로지 돈교화(敦敎化)·정명분(正名分) 이자(二者)에 있다. 그것이 이루어지게 되면 소소한 일들은 자연히 질서가 잡혀 다스리기가 어렵지 않게 될 것이다. (중략) 이제 (수령의) 직을 맡고 부임한 지 열흘이 못 돼 줄을 잇는 민송(民訟)들엔 풍속을 어그러뜨리고 명분을 범하지 않는 것이 없으니, 그 중엔 상당수가 외설(猥說) 추담(醜談)이고 끔찍하고 듣기에도 경악스런 일들이다. 이는 실로 교화가 이루어지지 않고 명분이 서지 않은 데서 비롯된 것이다. (중략) 이는 비단 나(관장) 자신의 걱정만이 아니니 선비된 자로서 어찌 얼굴 붉혀 근심스럽게 생각하지 않을 수 있겠는가. (중략) 생각건대 풍교(風敎)가 밝지 못하고 명분이 바로 서지 않는 것은 모두 사대부가 그 권위를 실추하였기 때문이다.[213]

그는 정사를 전적으로 이향(吏鄕: 吏胥, 鄕任)에게만 의존하는 것이 가져오는 폐단을 인식하였고,[214] 따라서 그를 견제할 수 있는 세력을 파악, 각 리(동)의 사족을 향권에 끌어들이려 한 것이다. 그 자신 향리(鄕里 : 廣

....

212 순암의 목천향약은 『順菴集』 卷16, 「木州政事」에 비교적 자세히 남아온다. 이후 「목주정사」에서 인용할 때는 『목주정사』로 략함.

213 『木州政事』「到任初諭各面文」.

214 주 200과 같음.

州慶安二里)에서 동약을 실시해 본 경험이 있고, 한편 일찍이 『후천집(朽淺集)』을 통해 후천의 동약을 알고 있었을 뿐 아니라, 부분적인 것이긴 하지만 당시 목천에 대한 이해가 있었다는 것도[215] 향약 실시의 한 동기가 되었을 것이다. 그는 앞서 언급했듯이 크게 흔들려 가던 향촌질서가 안정을 찾으려면 각 동내의 민해(民害)가 일차적으로 제거돼야 하며, '활임완교(猾任頑校)' 등 관을 빙자한 각 소임들의 자횡(恣橫)이나 사족의 권위실추에 따른 명분의 도치 등이 억제되고 바로돼야 하는데, 향약실시를 통해 그것이 가능할 것으로 믿었던 것이다.

(2) 목천현 상황

순암이 도임한 목천은 사회적으로 급격한 변화가 일어나고 있는 것으로 여겨지진 않았다. 그러나 그간 호구의 감소나 인구의 이동 그리고 그와 관련된 신분질서의 문란에 따른 '양역(良役)의 폐(弊)'는 결코 소홀히 보아 넘길 일이 아니었다. 관에서 주관하여 성적(成籍)한 정조1년(1777) 정유식(丁酉式) 장적(帳籍)에서 그것은 확인되었다. 남정(男丁)이 영조35년(1759) 기묘식(己卯式)보다 504구가 더 파악이 되었음에도 양정(良丁)확보의 고충이 따랐던 것은[216] 각종 투탁 외에도 모칭유학(冒稱幼學)의 만연현상 등과 관련이 있는 것이었다.

아래 <표>[217]에서 볼 수 있듯이 호의 숫자에 있어 영조 35년부터 정조

....

215 주 213과 같음. "竊聞此土皆有洞契 凡一洞之內有彰善惡之擧 則一洞之政修 而敎化之明名分之正從此庶幾 此實故人鄕約之意 而比閭族黨之制亦以此也" 이 외에 그의 族弟 鼎銘이 목천 서면 남화리에 거주하여 그와 연락을 취하고 있었던 것도 들 수 있겠다.
216 주 2 참조.
217 아래 <표>는 각 면의 호구증감을 비교하기 위해 작성되었다

원년간 18년 사이에 304호가 준 것은 호구파악이 불철저했던 데에 그 원인이 있는 것만은 아니었다. 근동면(近東面)의 경우 110호가 감소되고 있는데, 인근 일원동면(一遠東面)은 오히려 17호가 증가된 것으로 나타난 것도 그 한 반영이다. 인구는 남녀 1,000여 구가 더 파악된 데 반해 호는 원호(元戶)의 10% 가량이 감소되었다는 것은, 그간 민인의 유리나 이거(移居)현상과 인구파악의 강화라는 양면에서 이해돼야 할 것 같다. 특히 후자는 균역법 실시 이후 양반은 물론 선무군관(選武軍官)의 직임 대상이었던 모칭양반(冒稱兩班)이나 비반(非班)·비상(非常)의 한유층(閑遊層)까지 군정(軍丁)에서 빠져나가게 됨으로써[218] 두드러지게 되었던 것 같다. 즉, 균역법 실시로 양반이 군정에 들지 않는 것이 인정되고 그에 따라 각종 투탁이나 모칭현상이 늘어 각 면리에서는 그의 전대(塡代)를 위해 남정(男丁)을 보다 철저하게 파악하지 않으면 안 되었던 것이다.

명분상으로는 사족(士族: 賓客), 향품(鄕品: 鄕所土民) 그리고 이예상한(吏隸常漢: 吏隸訟民) 사이에 구분이 있어야 했고 그래야 한다는 것이 또 일반의 인식이었다.[219] 그렇지만 위와 같이 신분질서가 동요됨에 이르러서는

〈표〉(『輿地圖書』와 『木川縣邑誌』에 의거함)

各面(戶數) 年代	邑內	北面	近東	一遠東	二遠東	細城	南面	西面	(計)
영조35(1759)	438	679	606	400	334	304	438	443	3640
정조1 (1777)	393	629	496	417	333	231	443	394	3336
(증감)	-45	-48	-110	+17	-1	-73	+5	-49	-304

218 정만조, 1977 「균역법의 선무군관」『한국사연구』 18 참조.
호서의 경우 균역법이 실시된 지 몇 달도 안 되어 '軍保의 子枝로써 선무군관을 삼고 있기 때문에 원망의 소리가 없다'는 말이 어사를 통해 나오고 있음에서(『영조실록』 영조 27년 6월 갑진조) 군정 확보는 더욱 어려워져 갔고 인구의 파악도 강화되어야 했음을 시사받는다.
219 『木川縣邑誌』 公廨條, 內三門 "正門官長賓客容出入 東夾鄕所土民出入 西夾吏隸訟民出入"

신분제 유지 뿐 아니라 군정확보나 환곡운영의 정상화를 위해서도 더 이상의 농민유리나 각종 투탁현상이 방치될 수만은 없었다.

순암은 남인계 인물이었고 목천 역시 남인세력의 뿌리가 있어 상당수의 사족이 그에게 우호적이었을 것이었지만, 과연 그가 바라던바 사족이 즉각 반응을 보일지는 의문이었다. 18세기에 들어와 사족간의 분열현상이 보였고[220] 이후 대부분 사족은 교원(校院)에 나아가는 것을 꺼려 은거, 가숙(家塾)이나 강사(講舍) 등을 통해 후진을 교수하거나 시사(詩社)를 조직하여 종유(從遊)하기도 하고, 더러는 족계나 동계를 설행했던 자도 있었던 것이다.[221]

이에 순암은 사족을 회유하기 위해서도 각별한 노력을 들이지 않을 수 없었다. 읍지편찬은 그러한 노력의 일환이었다. 그는 하루아침에 향약이 각 동에 실시될 것을 기대한 것은 아니었다. 부임한 뒤 3년 후 각 면에 내린 첩문에

....

220 목천엔 일찍이 한강이 우거하여 일정하게 영향을 미쳐왔으나, 숙종대 이후로 우암의 문도들이 거주하기 시작했고, 농암·한수재의 제자라 자처하는 자들로 이어지는 노론계 인물들이 두각을 보였다. 영조 무신란 이후로 실세하였지만 소론계 인물도 다소 존재했던 것 같다. 일단 정조연간에는 남인계·노론계인물이 각립하게 되는 것으로 보이는데『목천현읍지』의 儒行條에는 그에 따라 인물이 이분되어 기재되고 있다.
위 분열의 조짐은 영조 4년 무신에 확인되었는데 亂軍이 진천을 장악하게 되자 木川 鄕所에서는 그들을 맞기 위해 兵을 모으게 되었는데(應賊聚兵), 應賊을 거부하고 창의하여 僞兵使 安厚基를 石橋에서 물리친 소위 「十六義士」에 남인계나 소론계 인물은 전혀 가담치 않았음을 볼 수 있다(『大麓誌』).

221 남면 절곡의 홍교암 일원동면 하류동의 四教堂(後의 三會堂) 및 세성면 新基의 淸流講舍와, 창의한 지 60년 뒤 순조 5년에 세워지는 것이지만 동면의 英會堂이 講舍類에 속할 것이고, 士者의 모임으로 銀石山의 이름을 딴 銀石詩社와 전직 현감 등이 주동이 된 六逸契 등이 있었다. 동약류로는 뒤에 언급하겠지만, 유정서가 청류강사를 중심으로 설치했던 「義倉」(族契, 洞契)과 동면 반계에서 우암의 제자였던 尹案의 족질 尹以泰의 동약 등을 들 수 있겠다(『大麓誌』 참조).

이제 들으니 동면(東面)에 동약이 실시되는 동이 있다고 하는데 각 면 각동에서도 차차 효과를 보아 하루에 얼마씩이라도 실시하면 머지 않아 예속(禮俗)이 갖추어질 것이다.[222]

라고 한 것은 과연 향약실시가 지극히 어려웠던 것임을 알게 한다. 사실 그가 실시한 향약도 18세기 재지사족이 중심이 되었던 향약과는 일정한 거리가 있는 것이었다.

(3) 향약 실시 과정

순암은 기존의 동계를 향약에 활용하려 했다. 그는 도임하면서 각 면에 유문(諭文)을 돌려,

들건대 본 읍에는 모두 동계가 있다고 하는데 (중략) 이는 고인의 향약의 뜻이고 비려족당지제(比閭族黨之制) 역시 이에서 비롯한다. 바라건대 각동의 제군자는 동헌(洞憲)을 수명(修明)하여 위 이자[二者(敎化, 正名分)]를 행케하며 (중략) 하임배(下任輩)에게, 후록(後錄)하는 각 건절목(各件節目)을 한 통씩 베껴 각리(各里) 두목(頭目)에게 의리의 소재를 소상히 알게 하면 어찌 족하지 않은가[223]

하고 사족에게 동헌(洞憲)을 수거할 것을 기대했는데, 그 기반은 동계였다. 「각건절목(各件節目)」을 각 리 두목(頭目)으로 하여금 상·하민을 취회(聚會)케 하여 매 월삭(月朔)에 독약(讀約)시킨 것에서 보면 그것은 아직까지는 단순히 초임수령의 관례적인 효유문에 해당하는 것으로 보였다.

수개월이 지나도 유문(諭文)의 효과는 나타나지 않고 민송(民訟)은 더

222 『木州政事』「勸行鄉約八面下帖」.
223 주 213과 같음.

해갔다. 이에 다음해 전년의 것을 보강해서 각 면의 상호(上戶)와 사부가(士夫家)가 주관하여 '결계독약(結契讀約)'할 것을 재차 명하였는데, 이때 방법은 동약과 방역소(防役所)를 결부시켰다는 데서 이전과 차이가 났다. 그리고 이때 동은 면·리와도 별개의 것이었다. 「유각면결동문(諭各面結洞文)」에 의하면 "당장 이에 의거하여 동계를 수명(修明)하고 이미 없어진 동은 다시 수거(修擧)하고 나뉘어진 동은 합쳐서 100호에 달하게 하며 영쇄(零碎)한 촌락이 각자 동을 칭하는 것은 불가하다"하여 100호 단위의 동계를 조직하려 하였던 것임을 알 수 있다. 이와 같이 일단 동계가 마련된 다음에 동약이 가능할 것으로 보았다.

방역소는 당시까지 민결(民結)에서 수렴하여 왔던 수령 교체시 고마전(雇馬錢)이 주는 폐해를 줄이고자 설치한 것인데, 당시 식년(式年)을 맞아 성적(成籍)할 때 장적(帳籍)의 서사(書寫)를 일체 관에서 주관하고 그에서 얻어진 서사조(書寫租)를 갖고 작전(作錢)하여 그 기금을 삼고자 한 착상에서 나온 것이다. 그는 이 기금을 늘리는 한 방법으로 각 면에 분급 취식(取殖)케 하였는데, 기금이 늘 경우 이전(利錢)을 각 동에 저치(儲置)하여 수령의 신구 교체시는 물론 국가 비상시, 민간의 부의(賻儀) 등에 이용하면 민폐가 다소 줄 것으로 보았다.[224] 당시 일반 수령의 자비곡(自備穀)과 다른 점이라면 그것을 아전이나 향소에 맡기지 않고 면리 민간에 맡겨 취

----

224 이와 같이 수령이 貸錢取殖하여 大同役 등 일부 徭役價에 충당함으로써 戶斂이 나 結斂을 최대한 줄이려 한 예는 많았다. 그러나 대개 수령의 위와 같은 취식 은 한계가 있어, 곧 바닥이 드러나 환곡으로 다시 채워야 하는 등의 폐단을 유발, 비판의 대상이 되고 있었다. 한 예이겠지만 영조 34년(1758) 임실현감으로 부임한 임성주의 경우 自備錢을 각면에 분급하였는데 각면으로 하여금 그 중 일부로 토지를 사들이게 하고 거기서 나온 稅穀(買土收稅)과 元錢의 일부에서 나오는 이자를 합쳐 民役에 드는 비용에 충당하도록 한 것이 주목된다(『鹿門先生文集』卷25, 公移「補民廳節目」).

식케 하는 것이었다. 그때 각 동에 분급된 「방역전(防役錢)」은 동계전(洞稧錢)의 성격을 띠는 것이다.

방역소를 관가에 설치하여 향소의 아전에게 맡기면 출납에서 야기되는 폐를 막을 길이 없다는 이유를 들어 각 면 각 동에 분장시키려 하였는데,[225] 이 같은 점을 각 면에 주지시키고 사족에겐 「돈교화(敦敎化)·정풍속(正風俗)」에 관련된 사항을 맡기고, 관임(官任: 副尊位)에겐 일체 관사수거(官事修擧)를 책임지워 관과의 연락을 취하도록 하는 자신의 입장을 밝히고,[226] 그 해에 「방역소추후절목(防役所追後節目)」을 만들어 구체화시켰다. 그는 방역소를 사족의 권한에 맡기는 대신 사부로써 도집강(都執綱)을 삼아 면내 제사를 그에 맡기고 각 동의 상존위 역시 사족 중에서 담당해 주기를 바랐다.[227]

그런데 처음 서사조(書寫租)를 작전(作錢)한 200량을 각 면 상호(上戶)에 고리대로 맡겨 400량을 만들었어도 이는 각 동에 분급할 만한 양이 못되어서, 다음해(정조 2,1778) 3,000여 민호에서 호당 1전씩 거두어 방역소에 유치하고 난 다음, 이전까지의 장리전(長利錢)을 합한 600량을 각 동에 분급, 매동(每洞) 15냥씩을 본전(本錢)으로 삼아 동내에서 취식케 하였다. 이때 식리(殖利)는 연간 5할이었다.[228] 이같이 동계가 완결된 후에 동단위로 가을에 모여 「독약권징(讀約勸懲)」케 하였으니, 동계를 완전하게 하기 위해서 동약은 당연히 필요한 것으로 보았던 것이다.[229] 이같이 구상된 각

---

225 『木州政事』「防役所節目」.
　　일반적인 경우 방역소가 향청에서 관장되고 있음은 『淳昌郡邑誌』雇馬廳條에 보인다. 순창의 경우 雇馬廳의 別有司는 좌수가 例兼하였다.
226 위의 책 「各面都尹禮吏告目」.
227 위의 글.
228 위의 책 「防役追後節目」.
229 위의 글 "此法旣定而各洞分掌 則洞契亦完結 必不如前日之或罷或結也 洞契元結

동의 동약실시 방법은 경기도 광주 경안면 이리동약(二里洞約)을 모범으로
하였다. 순암은 경안면 동약의 규모를 줄여「동회의(洞會儀)」를 만들었는
데 그 근본 구상에는 차이가 없었을 것이었다. 다만 이리동약이 약원(約
員)을 상·중·하계로 나누었던 것인데 목천의 경우 그것이 그대로 지켜졌
을지는 의문이다. 적어도 동민을 상·하계로 나누고 명분상 혼란을 사족에
게 해결지우려 했음은 추측할 수 있겠다.

위와 같은 과정을 거쳐 목천에서 향약의 뼈대가 갖추어졌지만 그것이
바로 실시되지는 못한 듯하다. 방역소를 설치한 뒤 1년이 지나서야 동면
(東面) 일부에 동약이 실시되기 시작했다는 말을 들었다는 것이 그것이다.
정조 2년 2월 수유환가(受由還家)하였다가 칠도정사(七度呈辭)가 거부돼 그
해 7월 환관(還官)하면서 후천묘(朽淺墓)에 '견인치제(遣人致祭)'하고[230] 적
극적으로 동약실시를 권장하면서 상당한 호응을 기대하였는데, 읍지를 편
찬하게 된 것은 그와 관련된 일이었다. 그리하여 다음해 4월 그가 기관(棄
官)하기 전까지는 서면(西面) 등 일부 지역을 제외하고는 어떠한 형태로
든 동약 조직이 갖춰졌고 동안(洞案)도 수거(修擧)된 것 같아, 다음 목천
에 수령으로 부임하는 이재(頤齋) 황윤석(黃胤錫)도 그 조직을 인정하고
있었다.[231]

(4) 향약구조

목천 향약조직은 면리조직과는 별개의 것이지만, 한편으로는 그것을
보완하는 역할을 한 것으로 파악된다. 이는 수령에 의해서 주도되었다는

....
　　則不可無洞約勸行之道"
230　安鼎福,『順菴先生年譜』先生 67才, 정조 2(1778).
231　黃胤錫,『頤齋亂藁』(연세대 국학연구원 편) 중『木川衙中日曆』정조 4년 경자
　　3월 정미조,「木川西面秣院洞案序」.

데에 그 원인이 있는 것인데, 향약이 독자적인 상부기구를 갖지 못하고 면·동 단위의 조직에서 끝난 데에서 확인된다. 그 기구는 『목주정사(木州政事)』에서 파악하면 아래 <표>232와 같이 정리되는데, 그 중 존위(尊位)는 관임(官任)과는 성격이 다른 것이고, 따라서 사족들이 꺼릴 필요가 없다는 것이 순암의 생각이었지만 사족이 그 소임을 기꺼이 맡으려 하였을지는 의문이다. 왜냐하면 대동역(大同役)으로 호렴(戶斂), 결렴(結斂)으로 충당하는 경우의 전령체계(傳令體系)는 하달시 '관(官)→도유사(都有司)→면존위(面尊位)', 상달시 '동부존위(洞副尊位)→관(官)'의 형태를 취해 존위의 입장을 관임과는 별개의 것으로 하면서도, 모든 책임은 면존위(面尊位)가 져야 했기 때문에233 일반 면임인 풍헌(風憲)·약정(約正)과의 차이를 거기서 발견하기 어려운 것이다.

또 방역전(防役錢)은 사채와는 성격이 다른 것임을 이유로, 대출하고 수봉(收捧)하기가 곤란할 경우엔 관에서 면임을 시켜 징봉(徵捧)케 했기 때문에234 불가불 당시 기능한 면리조직과 분리될 수 없음이 명백해진다. 각 동에서의 본전(本錢)은 감축되지 않는 범위 내에서 방역전이 지출되어야 하며, 모자랄 경우는 다시 전결(田結)이나 인호(人戶)에서 수렴(收斂)해야 한다는 조항 역시 리정제(里定制)에 의한 수취체제 하에서 본 동약조직이 벗어날 수 없음을 암시한다. 여기서 방역소(防役所)만 없어진다면 종래 면

232   〈표〉木川縣 鄕約機構

單位 \ 名稱	洞約所任	(備考)	防役所所任	(備考)
一鄕	×		都有司	使喚2
面	尊位(都執綱)	士夫	有司	使喚1
洞	(上)尊位	士夫	×	
	副尊位	平民	×	

233 『木州政事』「防役追後節目」.
234 위의 글.

리조직에서 사족이 그 소임을 맡기를 꺼려한 데 대한 편법임이 드러난다.

문제는 동약이 설행되고 동안(洞案)이 철저하게 수거(修擧)됐느냐 하는 데 있다. 「동회의(洞會儀)」가 『목주정사(木州政事)』에는 생략되어 있어 확인할 수 없지만 동안에는 전 동민이 기재되었을 터인데, 상계와 (중)하계와의 구분이 있었고 그간 마찰이 있었음에235 미루어, 사족은 상계안(上契案)에 양·천민은 하계안(下契案)에 기재하였겠지만 그 중간 판별이 불가능한 경우 처리는 쉽지 않았음을 알 수 있다. 경안면이리동안(慶安面二里洞案)에 중계원(中契員)을 따로 구분했던 이유도 그에 있었다. 당시 동안 작성에 대한 자료가 없어 그 같은 상황이 어떻게 처리되었는지 확인할 수 없다. 다만 순암 후임으로 이재 황윤석이 부임하여 아직 동안이 수거되지 못하고 있던 서면(西面) 말원(秣院)의 동안에 서(序)하면서, 서면은 사족이 적고 평민이 많기 때문에 평민을 먼저 기재한 후에 사족이 그것을 수정해서 관에 올려 확인받게 한 사실을236 통해 우리는 타면의 동안은 사족이 중심이 되었던 것임을 알게 된다.

동약(洞約)의 하부기구는 동계(洞契)였다. 이 동계는 순암 당시 100호로 제한한 인위적인 조직으로 본래 방역소 운영을 위해 성립된 것이므로, 따라서 이는 전술한 일반 동계와는 성격상 차이가 나는 것이었다. 일반 동계가 리나 자연촌 단위의 것이었음에 비해, 본 동계는 동약과 면리조직에 의해 이중적으로 파악되어져야 했기 때문에 상부기구가 약하거나, 특히 이 경우 방역소가 해체된다면 의미를 상실하고 와해될 것이었다. 따라서 이 조직의

---

235 위의 글 "各爲上契而所行不善 或籍此爲武斷之奇術者 群相規責 無爲小民之口實 可也 聞昔年西面李姓人事 其爲士林之如何"

236 주 231과 같음. "惜也 八面之中惟一西面 士夫少而平民多 遂謂約可無也 男則道袍女則綵轎 不復尊畏 聖朝前後之令甲 而徒以中間 一武人鑄錯 爲一抵賴欛柄 意一噎而終廢食可乎 天敍人彝之敎 獨阻於一面可乎 余誠自反且恧 (중략) 洞約舊案之復 自平民始 夫然後士夫得而伸 而官長得而慶矣"

존속 여부는 바로 방역소의 존재, 동약의 설행 여부와 직결된 것이다.

방역소의 운영은 방역전에 달려 있었다. 방역전은 신구관교체시(新舊官交遞時), 국가유고시(國家有故時), 관가유고시(官家有故時), 국마고실시(國馬故失時) 및 각종 진하(進賀)·진상시(進上時) 부비(浮費) 등의 비용을 충당하기 위해 설치된 만큼 일단 그때마다의 호렴, 결렴에 따른 민해(民害)를 방지한다는 외미를 지닌 것이었다. 반면에 자금 자체가 관에서 조달한 것이고 또 본전의 결축(缺縮)을 메꾸기 위한 전결·인호로부터의 재수렴(再收斂)이 인정되는 터였기 때문에 운영 여하에 따라서는 관의 비용충당을 위한 고식책에 불과할 수도 있었다. 그러나 마찬가지로 운영 여하에 따라서 급전취식(給錢取殖)하여 여유가 생기면 방역(防役) 외에 각 동에 부과되는 각종 요역이나 동내 부비의 부담이 덜어져 동민에게 일정한 혜택이 돌아올 수도 있었다. 그것이 가능하려면 상계나 각 소임의 범용(犯用)이 배제돼야 했고 부실호(富實戶: 上戶)를 택해 급전취식해야지 동민에게 균분하여 하호에게 부담이 되어서도 안 되었던 것이다.[237] 이 동계가 자생적인 조직과 무관한 것이 아니라면 그 운영에도 기대를 걸어볼 수 있는 것이었고, 그 성격은 관의 과도한 수탈에 따른 분란과 동민의 유리를 최대한 막아보자는 데에서 드러나는 것이라 하겠다.

방역전은 당분간 유지·운영되었고, 자금이 고갈됐을 때 더 보태지기도 했다.[238] 그러나 이것은 어디까지나 대동(大同)의 역(役)에 충당하기 위한 것이었지 일반 호렴, 결렴하던 항목의 비용에 전용(轉用)되어서는 안 되고 또 될 수 있을 만큼 넉넉지도 않은 것이어서 곧 한계가 드러날 것이었고, 100호라는 인위적인 단위가 오래 지켜질 수 있는 것도 아니었다. 그 후

----

237 『木州政事』「防役追後節目」.

238 『木川衙中日曆』庚子 6月 17日條

　　"李生定中與黃生玑來見 李卽本縣防役錢 首□□也 爲余□□刷價 將令通文事者"

'동전(洞錢)'[239]이라든가 '동전(洞田)', '동계답(洞稧畓)'[240] 등으로 고종 때까지 전래된 동계는 그 변형된 형태이며 목적이나 규모에 있어서도 상당한 차이가 나는 것이었다. 이 동전(洞錢)은 관청의 부비조달을 위해 면단위로 존재했던 청안현(淸安縣)의 '향약전(鄕約錢)'[241]과 큰 성격차가 나는 것은 아닌 것 같고, 동계전(洞稧田)은 규모가 각 동마다 차이가 나고 또 전혀 없는 동이 대부분이고 그 양태도 특정 동의 동전이 타면에 있는 등 다양하여 순암 당시의 동계와는 거리가 나는 것이었다.

이 같이 동계의 성격이 달라졌다는 것은 이전에 이미 자연촌단위인 동(리)이 계의 단위가 되었다는 것을 보여주는 것인데, 그것은 과세 내지는 요역수취의 단위였던 데서 말미암는 것일 뿐 아니라 인위적인 동의 구성이라든가 당시 위와 같은 동약의 실시가 불가능한 데서 오는 결과이기도 했다. 이후 존속할 수 있었던 동약이라는 것은 한 동·리의 우월한 성씨(가문)가 중심이 돼서 약원(約員)에게서 일정한 액(額)을 수렴하여 자금을 확보하고 유사(有司)를 정하여 이식케하고, 일정한 액수에 달하면 여분으로 동중 상장시(喪葬時)의 비용이나 장적시(帳籍時) 잡비 등 동내 부비에 보조하기도 하고, 서당(書堂) 등 공해(公廨)의 유지에 드는 비용으로도 충당하는가 하면, 관곡(官穀: 糶糓) 납입시 대용으로 활용케 하기도 하는 일반 동계라 할 것이었다.[242] 목천에서 그 전형은 세성면(細城面) 신기(新基)에서 유정서(柳廷瑞)에 의해 실시되었던 족계(族稧)에서 볼 수 있다.[243]

. . . .

239 『木川詞訟錄』 고종 13년 11월 16일조.

240 『木川郡量案』 광무 4(1900).

241 「北面鄕約稧員等等呈」(서울大 古文書 No.188050) 철종 11년 경신 윤3월.

242 『□□洞稧』(서울大古5129-17), 영조 37(1761) 再成案. 이 洞稧의 案에는 성안 후 27차례의 약원 추입에 관한 기록이 있어, 1902년까지 약원의 변동을 볼 수 있다.

243 『木川縣邑誌』 文藝條, 柳定瑞 "守正(細城面新基始居)之玄孫 有文學 晚厭時論之

(5) 향약조직의 특성

이상 드러난 것에서 그 특징만을 간단히 요약하면 다음과 같이 설명될 수 있겠다. 첫째, 면리조직이 갖는 취약점을 사족을 참여시킴으로써 보완하여, 신분질서 문란에 따른 쟁의(爭議)를 사족에게 해결지우려 하였다는 점이다. 동안(洞案) 수거(修擧)에서 그 단면을 본다. 둘째, 동약과 방역소를 결부시켜 운영할 것을 목표하였다는 점이다. 이는 소극적인 것이긴 하지만 동내에 대한 이향(吏鄕)의 침어(侵漁)나 과중한 요역부담을 제거하여 농민유리를 최대한 줄이자는 의도에서 나온 것이라 하겠다. 셋째, 그로 말미암는 것이겠는데, 동약이 동계적(洞稧的)인 성격을 띠우게 된다는 것이다. 이는 아직도 관, 즉 면리의 영향에서 벗어날 수 없었다 하더라도 동계(洞稧)가 장기간 존속될 수 있는 계기가 되었다.

넷째, 동계를 사족에게 주관시키면서도 상호(上戶: 富民)에게 그 운영상 기대는 바 컸다는 점이다. 방역전(防役錢)을 취식(取殖)할 때 균분을 피하고 부실호에 급전(給錢)케 한 것은 빈잔호를 보호할 목적에서 취해진 방책으로 이해할 수도 있겠고, 같은 조항에서 족징(族徵)·인징(隣徵)을 인정한 사실을 고려한다면, 이는 현실적으로 자금 확보를 위한 목적에서 나온 것으로 이해될 수 있겠다. 마지막으로 규모가 동약에서 벗어난 것이 아니었다. 다시 말하면 향약의 상부기구가 결여돼있다는 점을 들 수 있다. 이는 당시 순암이 사족의 자체 분열을 인식하였던 소이에서 비롯되는 것인가?

이 같은 사정을 보다 분명히 이해하기 위해 전후한 시기 수령에 의해 실시된 향약의 몇 예를 살펴보자. 우리는 우선 영조 23년(1747) 충청도 보은현(報恩縣)에서 당시 수령 김홍득(金弘得)이 주도했던 향약을 발견한

....

紛爭 與弟雲瑞(肅宗乙酉進士) 遁跡山林 (중략) 自號聾叟 廷瑞倣范仲淹故事 謨於宗族計戶聚穀春散秋斂 婚喪有助 貧窘相恤 官糴催督 以此補之 或値荒歉 亦以此周之 名義倉 英宗戊申始設 至今賴之云"

다. 그 자신이 도집강(都執綱)이 되어 다음 <표>244와 같은 기구를 조직, 향약을 실시하려 하였다. 향교를 중심으로 사부(士夫)를 모으고 그들에게 면내 풍교(風敎)에 관한 사항을 위임하였는데 리 단위 조직은 별도로 정하지 않았다. 그는 전래의 동규(洞規)를 전제하고 위 같은 상부기구를 갖추도록 하였는데, 그 실시 동기나 목적은 여타 향약과 대동소이하며 그 특징은 다음과 같다. 첫째, 위와 같은 상부조직으로써 향소(鄕所)를 견제하고 있다는 점, 둘째, 독약시(讀約時) 약원(約員)은 양반, 중서(中庶)에 국한시키고 선악적(善惡籍)을 갖춘 점, 셋째, 향약에서의 시벌(施罰)을 인정하는데 사류는 그에서 제외되었고, 하인(下人)의 경우는 물론이지만 중서(中庶)에게도 벌을 가하게 하였는데 순종치 않을 경우 고관치죄(告官治罪)케 한점, 넷째, 다음 신관도임시(新官到任時) 신관 수령이 그 조직을 인정치 않으면 조직을 폐기하고 인정하는 경우에만 향약을 수거(修擧)하게 한 점 등이다.

한편 수령이 주도하면서도 향청이 향약실시의 중심이 되었던 경우도 있었다.245 상부조직으로 향약소(鄕約所; 鄕廳)가 중심이 되어 각 면에 약장(約長)을 두고 월삭회(月朔會)를 행케 하였는데, 도약장(都約長)은 명분상

....

244 〈표〉 보은현 향약기구

單位	一鄕	(資格·身分)	各面	(資格·身分)
명 칭	都執綱	守令	契長	鄕校·儒生
	都契長	士族兩班	色掌	中庶
	副契長	〃	別檢	良賤
	禮長	鄕校都有司	(使喚)	

* 전거: 鄕約條目(奎482)

245 주 194와 같음. 경상도지역에서 수령에 의해 실시된 경우인데 시기는 경술년(정조 14, 1790)으로 추정된다. 약속조목에 백불암의 동약과 유사성이 발견된다. 부록에 복식문란 등에 대한 금지조항과 영조 이후 通淸 관계 기록이 난삽하게 첨부되어 있다.

향망자(鄕望者) 1인을 유(儒)·품(品)이 회합(會合)한 자리에서 '권점삼망(圈點三望)'하여 관에 보고한 뒤 결정하였으며, 부약장(副約長)은 좌수(座首)가 겸하였다. 별감(別監)도 향회에서 택출(擇出)하게 되어 있었다. 향약은 필히 양반에서부터 시작돼야 할 것으로 보았고, 따라서 각 면의 월삭회(月朔會)는 기본적으로는 양반의 모임이었다. 실시 목적은 여타 향약과 두드러진 차이를 보이고 있지 않다.

영조 32년(1756) 순창(淳昌)에 도임한 군수 이휘지(李徽之)는 각 면에 지망(地望)이 있는 사자(士子)로 하여금 도윤(都尹)을 삼고 그로 하여금 춘추강신(春秋講信)을 주관하고 포선벌악(褒善罰惡)케 하였는데 만일 그 면에 적당한 사람이 없을 경우 인근 면에서 대신 택출하게 했다고 한다.246 이 경우 그 상부조직으로 향선생(鄕先生), 향노(鄕老), 향장(鄕長), 향유사(鄕有司)를 따로 두어 거기서 향소(鄕所)를 견제케 하였는데, 한마디로 호남의 '향회(鄕會)'를 복구할 목적에서 취해진 방식이었다. 그 하부구조는 파악되지 않지만 면·리가 있어 그 기능을 수행했음을 추측할 수 있다. 이휘지는 호역청(戶役廳)을 고마청(雇馬廳) 안에 따로 설치하고 1,000량을 특별히 그곳에 기부하여 민인의 연호역(烟戶役)을 제감(除減)하기도 했는데, 언급했듯이 그 전(錢)은 향청에서 주관하여 존본취식(存本取殖)하는 것이었으며, 이 경우 도감(都監) 1인, 색리(色吏) 1인을 따로 더 두었다. 존재(存齋) 위백규(魏白珪)가 정조 20년(1796) 옥과현(玉果縣)에 부임하면서 구상하였던 것도 율곡향약을 증손하여 각 면에 실시코자 한 것이었는데 '공근충서(恭謹忠恕)'의 사자(四字) 이상을 의미하는 것이 아니었다 한다.247

이렇게 본다면 당시 상당수의 수령들이 향약에 기울였던 관심의 정도에는 차이가 있었다 하더라도 그 관념 자체는 당시 일반적이었던 것임을

246 주 43과 같음. 이하 설명은 이에 의거함.
247 魏白珪, 『存齋全書』 上(影印本) 481쪽 「鄕約序」.

추측할 수 있겠는데, 문제는 그 조직을 어떠한 형태로 갖추어 실시하였던 가, 또 어떠한 층을 이용하려 하였고 각 사회세력의 반응은 과연 어떠했 던가 등에 놓인 것이라 하겠다. 목천 향약이 위 몇 향약과 일정한 거리가 나는 것도 바로 그러한 점에 있었다. 그 두드러진 차이는 사족과 상호(上 戶)를 최대한 동계에 끌어들이려 했다는 것과 동약으로써 동계조직과 상 호 표리를 이루게 했다는 점, 그리고 별도로 향약의 상부기구를 마련치 않았다는 데서 나타나는 것으로 보인다. 이는 순암의 동약 실시 경험이 그대로 반영된 데서 비롯되는 현상으로 이해할 수도 있겠고, 유·향의 분 기가 심하고 사족간의 분열이 존재했던 목천의 상황에 대해 비교적 정확 한 이해가 있었던 순암의 입장이 개재되었던 데서 말미암은 것으로 볼 수 있겠다.

그러나 향약의 전면적 실시는 불가능했다. 근본 원인은 사회변동에 따 른 향촌질서의 동요를 사족 자체에서는 어떠한 각도에서 수습하려 했던 것인가를 다시 밝히는 데서 찾아지겠는데 여기에 바로 당시 사족들의 동 향에 대한 검토가 요청되는 소이가 있다. 즉, 순암 자신의 입장에서 강요 된 위와 같은 인위적인 동계·동약이 재지사족들에게 즉각 호응을 얻을 수 있었던 것인가가 그 향약실시의 성공여부에 대한 열쇠로 여겨지기 때 문이다.

3) 목천 사마소 복립운동과 향약 실시의 한계

(1) 목천 사마소 복립운동 기반

순암이 향약을 실시케 하는 데 기울였던 노력은 상당했고 또 그것에서 어느 정도의 성과는 기대될 수 있는 것이었다.[248] 그의 향약은 원래 각 동에서 민폐를 제거하여 민인을 안도시킴으로써 신분질서를 포함한 향촌질서의 안정을 기대할 수 있을 것이라는 점에 착안되었던 것이며, 그것은 당시 사회변동에 따른 농민층의 유리와 신분제의 동요에 대한 지배층의 소극적인 대안의 하나로 볼 수 있는 것이었다. 그의 향약실시가 어느 정도 효과를 가져왔던가는 아직 미지수였다. 이임(離任)하던 해 2월부터 4월까지 그가 진휼(賑恤)했던 기민(飢民)이 2,000여 인이었다 하나, 20년 가까이 지난 정조 20년 5월 당시 목천에서 파악된 정월에서 4월끼지의 진휼받은 기민이 6,000구를 넘고 있었던 것은[249] 단지 수령의 수치조작에서 나온 현상만으로는 여겨지지 않는다. 또한 그가 향촌사회의 안정을 저해하는 일체 요소를 배제할 것을 기해, 지배층의 윤리라 할 수 있는 향약을 강조하여 그것이 또 얼마간 실시될 수 있었다 하더라도 수령의 노력만으로 모두가 해결될 수는 없었다.

향약은 재지지주로서 또 사족신분으로서 향촌사회의 구조변동이 야기시키는 각종의 혼란에 대해서 위기의식을 느꼈던 층들, 그리고 그러한 혼란을 사족이 중심이 돼서 해결해야 할 것으로 믿었던 식자들에 의해서 이제까지 제기돼 왔으며, 또 부분적으로 향촌사회에서 실시되기도 했던 것이다. 그것이 실시될 수 있으려면 현실적으로 사족의 영향력이 절대적인 것이 되어야 했다. 순암이 방역전(防役錢)을 매개로 삼아 인위적으로 동계를 설하려 했을 때 동약이 그것과 표리를 이룰 수 있었는지가 의문시되는 것은 그 때문이다.

즉 사족이 서서히 향권에서 소외돼 나갈 때, 수령이 향약을 통해 그들

....

248 『木川衙中日曆』己亥 12月 20日條「鄕約申飭傳令」참조.
　　순암 다음에 수령으로 부임했던 이재 황윤석은 도임 후 3개월이 지나도록 傳令에 효과를 기대하기 어렵게 되자 기존의 동약 상·부존위에게 전령하고 향약을 신칙하였다.
249 『順菴先生年譜』및 『정조실록』정조 20년 5월 병신조.

의 위치를 재확인시키고 향내사(鄕內事)를 얼마간 그들에게 의존하여 해결해보려 한 것은 명분상 사족에게 받아들여질 수 있는 것이었지만, 현실적인 지위가 보장되지 않고는 오히려 그 같은 향약이 사족에겐 굴레로 여겨질 가능성마저 없지 않은 것이다. 사족의 우세가 확실했던 동면(東面)에서 동약이 제일 먼저 실시됐다고 하는 것은 그런 측면에서 의미가 있다. 이는 현실적으로 사족의 우위가 확실한 지역에서 향약실시가 가능하고 의미를 갖는 것이었지 그렇지 않은 경우 그 조직 자체가 활발히 운영되기란 어려운 것임을 반증하는 것이다. 다시 말하면 권력구조의 재편이 사족 스스로에 의해 이루어질 수 없을 때 위와 같은 면·동단위의 계조직이 사족의 기구가 될 수는 없는 것이고 거기에서 사족의 적극적인 역할을 기대할 수는 없게 되는 점이 지적돼야 할 것이다.

여기에 사족들이 향품을 견제하고 향품세력을 현실적으로 향권에서 압도할 수 있는 기구를 모색하게 되는 요인이 있는 바, 수령의 입장에서도 그것을 부인하는 것은 아니었다. 순암이 기관(棄官)하던 해 기해년(정조 3, 1779) 향약을 전 면에 실시하려 했던 것과 같은 시기에 사마소 부설 논의가 있어 일단 결옥(結屋)된다는 것은 그런 의미에서 이해될 수 있다.

사마소는 앞서 언급한 바 있듯이 양호·영남 등지에서 경재소에 장악된 유향소와 대립하여 재향 생진층(生進層)에 의해 주도된 기구였지만, 혁파당하거나 잔존하여도 그 본연의 자세를 상실해 나갔던 것이 한 추세였던 것 같다.[250] 이는 이미 유향소를 사림세력 하에 둘 수 있게 된 상황에서 그 의미가 상실되었던 때문이기도 하고, 재정적인 면에서 복립할 수 없게 된 데서 연유하기도 하였을 것이다. 그러나 그 본연의 기능, 즉 수령이나 그와 결탁된 유향품관(留鄕品官) 등을 견제하며 향론을 주도하였던

....

250 주 13과 같음.

경험은 재지사족에게 하나의 힘이 되었을 것이다. 이제 사마소에서는 청금록(靑衿錄)·사마안(司馬案) 등을 갖추고 실력으로써 향권을 장악하게 되는 경우도 있었는데, 조선후기 향권의 변동 속에서 나타난 새로운 양상 중의 하나였다.

숙종 14년에 중건된 함창(咸昌) 사마소(司馬所)와[251] 동왕 27년 창건된 아산(牙山) 사마소(司馬所)는[252] 실력으로 향권을 장악하려 했던 재지사족의 노력으로 보이는 예들이다. 함창의 경우 경신출척(庚申黜陟)으로 남인의 실세가 확연했던 시기에 사마소가 세워졌는데, 그 다음 해에 기사환국(己巳還局)이 이루어졌으면 그에 영향받은 것이겠지만 3년 뒤 임신[壬申(癸酉?)]에 임호서원(臨湖書院)이 세워지고 있다. 일련의 과정과 서원의 배향인물이 '향선생(鄕先生)'이라는 데 비추어 사족의 보수화를 그에서 볼 수 있으며, 모두 사족이 실질적인 향권 장악의 방법을 모색하는 과정에서 나타난 현상으로 이해된다. 아산에 사마소가 복립되는 것은, 앞서 언급했듯이 숙종 19년 인산서원(仁山書院)의 치폐 때문에 수령과 읍 유생 사이의 마찰이 있던 다음해 갑술옥사(甲戌獄事)를 계기로 서인이 다시 정권을 장악한 뒤이다.[253] 인산서원이 남인서원이었다는 이유도 있었겠지만 서원만으론 사족의 향권 주도가 사실상 어렵게 되어갔던 사정 하에서 이해될 수

····················

251 『輿地圖書』下 688쪽 경상도「咸昌邑誌」. 함창사마소에서는 세종 20년부터 영조 35년까지 배출된 생진·문과 합격자를 기재한 사마록을 갖추고 있었다.

252 『新定牙州誌』(순조 19년 간). 아산사마소는 참판 任弘望과 진사 洪叙夏, 생원 兪得基 등이 중심이 되어 창설한 것인데「新·舊榜 生進」의 회합장소로 춘추에는 거기서 講信禮를 행하였다고 한다. 소임으론 장의 2원, 서원 1명, 고직 1명, 사령 1명이 있었으며 田土, 稅船외에 保直 20명을 갖추고 있었다. 『新定牙州誌』(牙山縣邑誌, 필사본, 奎17384)에「今廢」로 기재되는 것을 보아 이후 적어도 순조연간까지는 아산에 사마소가 존속하였음을 알 수 있다.

253 주 159 참조.

있는 것이었다.

(2) 사마소 복립 창의와 그 인물

목천(木川) 사마소(司馬所)는 『순암연보(順菴年譜)』에 의하면 경내사자 (境內士子)가 학업을 익히는 장소로서, 순암이 떠나던 해에 세워졌으며 복립에는 관에서 일정한 보조를 한 것으로 되어 있고 학규(學規)를 만드는 데 순암이 조언한 것으로 나타난다.[254] 그런데 같은 해 편찬된 읍지에는 사마소에 대해,

> 읍내 서리(西里)에 있었는데 현재 없음. (사마소는) 경내 생원진사 가 왕래하고 머무르는 곳으로 과거에는 각 읍에 모두 두어졌다. 퇴폐 (頹廢)된 이후로 생진(生進)이 나오지 아니함에 물의(物議)가 있어 중건 하려 하나 이루어지지 못하고 있다.[255]

고 기재되어 있어 상호 모순되는 것을 알게 된다. 여기서 실제 사마소 중 건에 관한 순조 때의 증보된 기록을 검토할 필요가 있는데, 그 기사는 다 음과 같다.

> 정종 기해(정조 3, 1779)에 유진한(柳振漢)이 중건을 창의하고 황전 (黃瑱), 김섭(金涉), 이의일(李義一) 등이 경내유생들에게서 재력을 거두 어 사창(司倉)의 남쪽에 옥사(屋舍)를 지었다. (그 뒤) 무진년(순조 8, 1808)에 (비로소) 유영한(柳永漢), 황유중(黃有中) 등이 구재(鳩財)하여 고지(古址)에 중건하였는데 김계상(金啓祥)이 일을 맡아 하였다.[256]

----

254 『順菴先生年譜』 "三年己亥 先生六十八歲 復設司馬所 卽邑中士子肄業之所也 自 國初設而中廢 故乃自官助其財力 又立約條 諭諸生復設之"

255 『木川縣邑誌』 公廨條.

이것에서 보면 사창(司倉) 남쪽에 세워졌던 사마소 건물의 성격이나 기능은 그리 단순한 것이 아님을 알겠는데, 우선 처음에 사마소를 세우는 데 앞장섰던 인물부터 분석해 보기로 한다.

유진한(柳振漢)은 흥양[興陽(高興)] 유씨(柳氏)로서[257] 그의 선대가 목천에 은거하기는 5대조 활(活)[258]부터였다. 활은 인조 즉위년에 정형(正刑)된 어우당(於于堂) 몽인(夢寅)의 질(姪)로서 그 해 같이 천극(荐棘)되었던 인물이다. 가계에서 볼 수 있듯이 활 이후 광천(光天)과 광익(光翼)만이 숙종 40년, 동왕 22년에 각각 진사시에 합격하였을 뿐이고 그 역시 말년에 부

256 『大麓誌』 公廨條.
257 유진한의 가계에서 필요한 부분을 『만성대동보』와 『대록지』에서 정리해보면 다음과 같다.

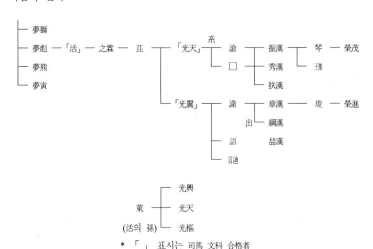

* 「 」 표시는 司馬 文科 合格者
□ 표시는 확인할 수 없는 者
고딕 표시는 확실치 않은 경우임

258 유활은 선조 39년 문과에 합격, 관이 교리에 이르렀는데 목천 이원동면 만매촌에 우거하였던 데에는 그가 본현인 김계종의 사위였다는 요인이 작용하였던 것 같다.

거(赴擧)한 적이 있지만 실패해서 관계(官界)의 진출에서 보면 목천에서는 영락(零落)한 축에 들었던 것으로 보인다. 조부 광천이 고서를 널리 모아 스스로 성책(成冊)한 것이 200여 권이었다 하고, 광흥은 역학(易學)에 밝았다 하니, 이 같은 사실을 통해서 그가 일단 가학을 통해 성장할 수 있었음을 알 수 있겠다.

그런데 류진한의 학연을 찾을 수 있는 자료가 발견되지 않음으로 과연 그에게 수학하던 자들이 어떠한 인연으로 진한을 찾았는지가 의문되지 않을 수 없다. 그의 족조(族祖) 광흥(光興)이 일찍이 퇴계의 시에 차운한 시가 『목천현읍지(木川縣邑誌)』에 실리고 있고, 또 그가 순암의 읍지편찬에 대해 차운한 시에 '二天儒化木之鄕' 운운한 것과 '斯文北學淵源泝 吾道東來日月光'한 것을 미루어 볼 때[259] 그가 남인계 인물이 아니었나 추측해 볼 수 있겠다. 즉, 그의 차운시에서 '이천(二天)'은 한강(寒岡)과 순암(順菴) 2인을 지칭한 느낌이 드는 것이다. 언급했듯이 그는 향약 실시에 대해서도 호의적인 태도를 취했었다. 그가 일찍이 족조 광흥과 사우(士友) 김운재(金運載), 남취흥(南就興) 등과 함께 '사우장수지소(士友藏修之所)'로 강사(講舍)를 세우려 했을 때 영조 20년경 당시에는 세워지지 못하다가 60년이 지난 뒤 순조 5년에야 결실을 맺어 강당[講堂(永會堂)]이 서게 된 것이 주목된다. 영조 초년에 세성면(細城面) 신기(新基)에 청류강사(淸流講舍)가 세워지고, 근동면(近東面) 반계(潘溪)에는 우암 제자 윤취갑(尹就甲)의 서실(書室)이 중심이 되었겠지만 영조연간 윤씨가문[260]을 중심으로 족계(동약)가 설치되

---

259 주 3과 같음.

260 본관은 남원으로 목천에 거주하기는 醉夫 尹?契의 弟 混이 이원동면 석교에 거주하면서이다. 混의 증손 就甲은 그 뒤 근동면 반계에 서실을 짓고 옮겨 살았는데 우암의 「서실기」가 있었다 한다. 취갑의 子 棨 역시 우암에 수학하여 괴임을 받았다고 하는데 棨는 李翔, 郭始徵과 교분을 맺어 소위 「木川通文」의 주역이 되었던 것으로 이해된다(『黨議通略』 辛酉擬書條; 『肅宗補修實錄』 숙종

는 등의 사실과는 대조적인 것이다. 그것은 관계에의 진출이나 경제적인 여건 등 가세의 열우(劣優)에 기인하는 것으로 볼 수도 있겠는데, 모두가 무신난(戊申亂) 이후 재지사족들이 관계에의 진출이 아니라 향촌에서 사류, 자제의 결집·교육을 통해 기반을 마련하고 있었던 예에 속하는 것이긴 하지만 류광홍 등의 노력이 당시 결과를 보지 못했던 것은 그들 세력의 고단함을 보여주는 것이었다.

은석시사(銀石詩社)는 『대록지(大麓誌)』에 보이는데, 그 결성시기는 불명하지만 『목천현읍지(木川縣邑誌)』에는 실리고 있지 않아서 영·정조연간 당시의 것으로 추정해 본다면 그 역시 순암과 어떤 관계가 있지 않았나 생각된다. 그에 참가했던 자는 15인였는데,[261] 시사(詩社)를 주도했던 김양행(金養行)은 처사(處士) 김시관(金時觀)의 자로 일찍이 폐거(廢擧)하고 은거할 적에 순암이 그를 찾아 경중(敬重)히 여기고 진실로 학문지사라 칭하였다는 사실이 그를 뒷받침한다. 그런데 시사를 주도했던 양행은 바로 농암(農巖) 김창협의 제자였던 김시관(金時觀)의 자이고 또 시사의 일원인 황성(黃械)·황정(黃根) 2인은 우암 문인이던 만(鏋)의 손으로 각각 생원 붕하(鵬河)의 차자·장자였는데 본관은 창원(昌原)이다. 성(械)은 영조 23년 문과에 합격, 관이 설서(說書)에 있었다 한다.[262] 시사 성원간의 관계에 대한 구체적인 사실을 알 수 없어 그에 참여했던 인물의 성격을 단정짓기는 어려울 것 같다. 그러나 위의 사실을 미루어 노론계 인물이 시사를 주도했음은 추측할 수 있을 것이다. 시사에 동참했던 류후, 류도성·도행·도천은 시론

43년 9월 계축조 참조).

261 『大麓誌』에 기재되는 은석시사에 참여했던 인물의 순은 다음과 같다.
   김양행, 황성, 김중산, 류후, 권제, 권성, 황정, 이세열, 류진한, 남취홍, 류철한, 류도성, 류도천

262 黃根의 子 仁鶩은 이재가 貶罷되어 돌아갈 때 그를 찾았던 것으로 미루어 鏋이후 창원황씨는 노론계였음을 알 수 있다(『木川衙中日曆』, 경자 6월 18일조).

(時論)을 피해 은거하였다는 정서(廷瑞)의 자·손이었고 따라서 그들 간에 뚜렷한 색목(色目)의 구분이 있었던 가에는 의문이 따른다.263 여기서 우리는 순암이 노론계 인물들까지 회유하려 한 사실을 발견하게 되는데, 사마소 건립도 이 시사와 어떤 관계가 있었던 것인가.

위와는 달리 영조 5년 「건저상소(建儲上疏)」로 말미암아 회덕(懷德) 황씨(黃氏)의264 가세가 기울게 된 것이 주목된다. 이들은 임란 전부터 목천에 세거하였는데 우삼(右三)의 손이다. 학연은 종해(宗海)에서 이어지는 것으로 여겨져 남인계열에 속한 것 같다. 사단은 서얼이었던 황소(黃燒)에 의해서 상달되었던 「건저상소」가 받아들여지지 않은 데에 있었는데, 이에 연루되어 소 외에 그의 적족(嫡族) 옥(鈺: 初名 玉鉉)과 전 순천부사 찬(燦) 그리고 위(煒)가 각각 물고(物故), 절도정배(絶島定配), 물고(物故), 극변정배(極邊定配)된 사실은265 황씨종문(黃氏宗門) 뿐 아니라 남인계 유생들에

....

263 주 261 참조. 이들 은석시사의 인원은 선대 유지림, 김득신, 권헌, 이극태, 김만중, 한빈, 김면, 김대년, 황곡립 등이 「蘭亭古事」에 의거하여 修禊하고 교유하였던 데에서 모범을 구했던 것 같다. 그들 선대에는 전혀 색목의 구분이 있었던 것 같지 않다.

264 주 257과 같은 방법으로 회덕 황씨의 가계를 정리하면 다음과 같다.

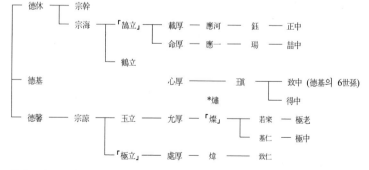

265 『영조실록』 영조 5년 2월 계묘조.

게도 충격을 주었을 것이다.

사마소 중건을 창의한 황전(黃瑱)은 바로 회덕 황씨에서 남은 인물 중의 하나였다. 위에 보이듯이 찬(燦)이 정형(正刑)되고 소와 옥현[玉鉉(鈺)]이 정배됨으로 인해 그의 위치 역시 불안하였다. 가계에서 그가 덕휴(德休)의 5대손인지 덕기(德基)의 5대손인지가 확인되지 않지만 덕형계(德馨系)는 아닌 것 같다. 『목천현읍지』에 오르는 인물만 보면 아래,

```
(黃) 友參 ── □ ┬ 德休 ┬ (宗幹)
              │      └ 宗海 ── 鵠立 ── □ ── □ ── 鈺
              └ 德基
```

등 6(7)인인데 덕형계는 전혀 배제되고 있다. 이는 「건저상소」의 충격이 읍지 편찬에 반영된 것으로 볼 수도 있고, 사실 덕형계가 향품에 지나지 않았기 때문일 수도 있다.266 옥(鈺)은 초명이 옥현(玉鉉)으로 만년에 선조 종해(宗海)의 유지인 세성면(細城面) 도잠동(陶潛洞: 孔村)에 축실(築室)하고 은거하며 많은 후진을 배출하였고, 향리고사(鄕里古事)를 모아 「공촌지(孔村誌)」를 만드는 한편 「도동원지(道東院誌)」를 찬하여 일향의 선사(善士)로 칭송되었다 한다. 황전이 사우 김섭과 함께 외천사(外天寺)에 종유하며 읊은 다음 시는 옥이 영조 30년 갑술 나이 쉰여덟으로 세상을 떠난 뒤 가세나 자신의 위치가 결코 나아질 수 없었던 당시 그의 암울한 심정을 그리고 있는 느낌이다.

길게 울리던 절간의 종소리도 이제 스러지고,

....
266 『영조실록』 영조 원년 7월 병오조, 司憲府 啓 "順天府使黃燦本以鄕品 濫通仕路 累典縣邑恣意貪饕"

떨어지는 나뭇잎 소리만이 소소(蕭疎)하다.
술을 치어 노래나 하게,
흉금을 털어 할 말이 무에 더 있겠나.[267]

다음, 김섭은 황전의 사우였으며 숙부 사일암(思一菴) 김운재(金運載)에게 수업하였고, 문장육체(文章六體)가 당세에 빼어났는데, 성품이 인자하고 사람을 대하는 데나 학문을 접함에 있어 절도가 있었고 유아풍(儒雅風)이 있었다 한다. 사일암이 류진한의 사우이고 거업(擧業)을 폐하고 외암(畏菴) 이식(李拭)에게 배우고 또 영주(瀛州) 유광천(柳光天)에게 사사하였다 하니까, 김섭도 유진한과는 사제간이나 다름없이 가까웠음을 추측할 수 있겠다. 가계는 확인되지 않는다.

마지막으로 이의일은 도동원장(道東院長)을 지낸 극태(克泰)의 손 득하(得夏)의 증손이다. 본관은 전주인데 가문의 학연이나 교우관계와 영조 무신란 당시의 창의(倡義) 등을 보면 그는 위 인물들과는 상당한 거리가 있었던 것 같다. 그에 대한 기록이 발견되지 않으므로 아래 가계에서[268] 가능한 한 그의 배경을 살피기로 한다. 그의 증조 득하는 숙종 13년 정묘 사마시에 합격, 관에 나아가지 않고 종족과 사교당(四敎堂)을 세우고 후학

267 『大麓誌』文藝條.
268 주 257과 같은 방법으로 전주 이씨의 가계를 정리하면 다음과 같다.

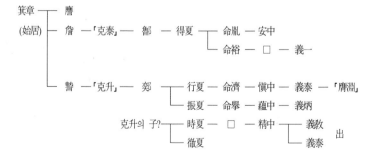

을 교수하였으며 사림들의 추대로 도동원장을 지낸 바 있다. 득하는 이상
(李翔), 곽시징(郭始徵)과 도의지교(道義之交)를 맺었다 하는데 이상과 곽시
징은 모두 우암의 문도였다. 다음 극태의 종손 시하(時夏)는 문장·필예(筆
藝)가 모두 능했지만 조졸(早卒)하여 사류가 애석히 여겼다 하며, 시하의
손 정중(精中)은 거업(擧業)을 중단하고 봉암(鳳巖) 채지홍(蔡之洪)에게 수학
하고 병계(屛溪) 윤봉구(尹鳳九)를 스승으로 삼았다 하는데 봉암, 병계는
황강(黃江) 권상하(權尙夏)의 문인이었던 것이다. 철하(徹夏) 역시 도암(陶
菴) 이재(李縡)의 문도로서 수학(數學)에 능했다 하므로 이 같은 사실로 미
루어 보면 학연은 노론계에 두고 있었지 않았나 생각된다. 실제로 그의
조 명유(命裕)와 족조 명제(命濟), 족증조(族曾祖) 진하(振夏)는 영조 무신란
때 16의사 중의 3인이다. 의일이 선대의 영향에서 얼마만큼 벗어났는가
의문이지만 그가 위 3인과 같이 일을 한 데에는 선대가 도동원장을 지낸
바 있었다는 것이 인연이 되기도 했을 것이다.

이상 살핀 바에 의하면 그들 스스로는 생진(生進)도 아니었고, 따라서
엄밀한 의미에서 보면 사마소를 세울만한 조건을 갖춘 인물들이 아니다.
위 4인의 가세가 타성인(他姓人)보다 결코 나을 것도 없었다. 영조 이전의
경우도 마찬가지지만 영조대에 한해서만 보더라도 문과합격자 6인, 사마
시 합격자 6인, 12인 중에 문화(文化) 류씨(柳氏)가 5인, 창원(昌原) 황씨(黃
氏)가 3인이었고 나머지 4인도 안동(安東) 김씨(金氏), 청주(淸州) 이씨(李氏)
로 보인다. 숙종 이후 중앙정쟁에 회의를 품었던 자들이 '불사(不仕)'를 사
림의 도를 지키는 길로 자처하였다 하더라도[269] 적어도 생진의 불출(不出)
은 재지사족에겐 불만스러운 것이 아닐 수 없었다. 정부의 입장에서도 그
들을 회유하는 길은 오직 과거밖에 없다는 한계를 인식하면서도 아직은

....

269 『숙종실록』 숙종 원년 12월 신사조.

다른 방법을 찾고 있지 못하는 형편이었다. 순암의 경우도 수령의 입장에서 예외는 아니었을 것이다.

언급했듯이 순암 안정복이 수령으로서 김양행을 찾은 것이나 황덕기의 6세손 치중(致中) 형제의 행의(行義)에 예우하고 황종해의 묘에 견인치제(遣人致祭)한 것 등이 사족회유의 한 방법이었다면 으레 그들의 출사에 대한 관심이 따랐을 것이었다. 그가 사마소복설에 재력을 보조하고 약조(約條: 學規)를 세워 '경내유생(境內儒生)의 이업지소(肄業之所)'로서의 역할을 그것에 기대했다는 의미에서 보면, 『순암연보(順菴年譜)』의 기록이 전혀 근거가 없는 것은 아니었다. 순암이 향약실시를 위해 향중의 사족을 동원하려 하였고 그 방법으로 읍지를 편찬해서 그들의 선대와 현재의 지위를 확인해 줌으로써 지지를 구했을 것이라는 점은 언급한 바 있다. 그의 읍지 편찬에 대해 우호적인 반응을 보였던 류진한이 그의 사우 김운재의 조카인 김섭과 섭의 사우 황전의 협조를 받고 이의일까지 포섭하여 사마소복립을 창의했다는 것은 바로 사마소복립의 배경에도 순암의 영향이 있었음을 시사해 주는 것이다.

그렇지만 사마소의 건립에 생진들의 호응이 없다면 그것은 의미를 상실하게 된다. 사마소 건립은 경내 전 사족의 견해가 일치되지 않으면 불가능한 것이고 당시 그것을 기대한다는 데에도 무리가 없지 않았다. "중건하려 하지만 이루어지지 못하고 있다"는 기록은 그러한 사정에 연유한 것이었다고 하겠다. 위에서 보았듯이 실제 사마소를 세울만한 여건이 갖춰져 있었다고 보기 힘든 때문이다.

여기서 주목되는 것이 바로 은석시사(銀石詩社)이다. 그것이 노론계의 인물이 중심이 되었음은 언급한 바 있지만, 시사의 일원이었던 류진한을 통해 순암은 시사에 접근할 수 있었을 것이며 스스로 사수격(社首格)인 김양행을 찾기도 한 사실이 주목되는 것이다. 순암이 사족을 회유하려했던 것이나 류진한이 사마소복립을 창의한 것도 따지고 보면 뒤에는 이 같은 배경이 존재했던 바, 류진한이 그 배경을 갖고 남인계 인물인 황전과 제자뻘인 김섭, 그리고 노론계 인물 중 하나인 이의일 등의 협조를 얻어 경내유생들을 모은 결과가 바로 읍내 사창 남쪽의 옥사(屋舍) 사마소였다고 본다. 이렇게 볼 때 사마소의 복립을 주도한 자들이 생진 유생이 아니며 그것을 운영했던 세력도 따라서 의문시된다는 문제가 있긴 하지만 일단 그 복립에 경내의 상당수 유생이 참여하였던 것임은 사실로 여겨 무방할 것 같다.

(3) 사마소 복립의 의미

이렇게 보면 결국 사마소의 복립이란 향약조직이 갖는 한계를 보완하고 실질적인 사족의 우위성을 확보하기 위한 그들 나름의 움직임이었다 할 것으로, 위에서 본 바와 같이 그것에는 수령의 역할이 일면 자극을 주었던 바도 적지 않았을 것이지만 순암이 원하는 바 '사자이업지소(士子肄業之所)'의 성격을 띠우기에는 사족의 결집력이 그리 강한 것은 못되었던 것 같다. 그 목적 자체가 부거(赴擧)를 전제한 과거합격자 배출을 통한 법제적 지위의 획득이라는 데서 크게 벗어난 것이 아닌 까닭에 현실적으로 생진이 배출되지 않으면 그 의미는 상실되는 것이며, 복립 자체가 종래 고수해 왔던 사족의 명분론과도 거리가 있는 것이었다. 또 생진이 각 가문에서 균형있게 나오지 않을 경우 사족간의 거리는 그만큼 현격해질 것이 분명하였다. 그렇게 되고나서 사마소가 사족의 이익을 대표하는 기구가 되기는 사실상 불가능한 것이다. 여기서 사마소가 갖는 향론의 장악이라는 것에도 일정한 한계가 있음을 알게 된다.

사마소가 고지(古址)에 중건되는 순조 8년까지 약 30년 사이에 문과합격자가 3인, 생진이 12인이었는데, 사실상 이들 15인은 위 사마소복립을 주도했던 자들의 자제와는 무관한 자로 간주된다. 그 중 상당수가 문음(門蔭)의 특전을 받던 자들의 후손이거나 위 은석시사(銀石詩社)의 일원였던 노론계 인물의 자제·족질로 여겨지는 것이다. 순조 8년 중건을 담당했던 자들 역시 그 자신 생진이 아니었다. 중건된 뒤『대록지(大麓誌)』가 편찬될 때까지 약 10년간 생진이 5인, 문과합격자가 3인이 나와 사마소가 그 같은 자들에 의해 얼마간 유지될 수 있었을 것이나,[270] 순조 12년 홍교사(興敎祠)에 김시관이 설향(設享)된 사실은 사마소가 재지사족의 이익을 전체적으로 대변해 주는 권력기구가 될 수 없었다는 약점을 단적으로 보여주는 것이었다.

약점은 사족 내부의 분열에서만 볼 수 있었던 것은 아니었다.『대록지』편찬시 성씨조엔 무려 181개의 성씨가 기재되는데『목천현읍지』의 21개에 비하면 현저하게 는 숫자이다.[271] 이들 새로이 기재되는 성씨는 본관의 동이(同異)를 불문하고 동·리에 각각 정착한 인물을 표시하고 있는데 소위 양반행세를 했다는 축에 든 모든 자들을 망라한 느낌이다. 새로이 성씨를 기재하는 경우 조상의 관직 등을 내세우면서 사족의 후예임을 표방하기도 하나 그 중에도 성씨를 기재하는 자 스스로는 관직에의 진출이라든가 생진의 지위획득이 가능했던 명실을 갖춘 사족인 경우는 극히 드물고 대부분 여러 경로로 품계를 획득하거나 선대를 추증함으로써

----

270 『忠淸南道木川郡量案』에 司馬所 畓이 읍내면에 극히 적은 것(1부 6속)이긴 하지만 보인다. 고종 연간에는 철폐된 것 같지만 이전에는 어느 정도의 규모는 있었을 것이었다. 생진문과합격자 8인 역시 사마소 중건을 담당했던 자들의 가계와는 거리가 있다.

271 목천읍지의 각면에 기재된 성씨의 숫자를 비교하면 아래와 같다.

時代(典據) \ 各面	邑內	西面	北面	細城	近東	南面	一遠東	二遠東	(計)
正祖 3년(木川縣邑誌)	·	2	4	3	3	1	4	4	21
純祖 17년(大麓誌)	17	22	47	19	18	34	16	8	181

양반행세를 할 수 있었던 것으로 여겨진다.

실제로 전에는 보이지 않던 향임(鄕任)의 성씨가 보이기도 하는데[272] 한 마디로 향품(鄕品)들이 성씨조에 이름을 올릴 수 있게 된 사정을 반영하는 것이다. 그들은 부조(父祖)의 지위를 윤색하거나 참록모람(參錄冒濫)하기도 하였을 것이나[273] 우리는 그렇게 된 상황에 오히려 의미를 부과해야 할 것이다. 이는 당시 목천에서 사족이 몰락, 향권에서 소외돼 나갔던 상황에서 빚어진 결과로도 이해될 수도 있겠고, 이제 사족 자체의 규제나 결속에 의한 신분 유지도 현실적으로 불가능해져 간 사실을 반증하는 것으로 파악되기도 한다.

사족의 현실적인 지위확보를 통한 향권장악의 노력이 사마소 자체가 갖는 한계로 말미암아 사족세력을 오히려 분열시키고 그들이 지녔던 명분마저 부정하는 결과를 초래하고 만 것이다.

(4) 목천향약 실시의 한계

조선후기 농촌사회 분화의 가속화는 향촌질서의 기반 자체를 근본적인 데서부터 흔들어 놓고 있었다. 그것은 조선후기 경제구조 변동에 따른 무전농민의 증가, 농민층 유리현상이나 계급구조 변동에 의한 신분직역제의 한계가 노정되는 현상, 양역폐(良役弊)의 현저한 증가 등에서 인식되어지고 있었던 것인데, 이를 수습하기 위한 향촌사회 지배층 사족들의 노력

....

272 『木川衙中日曆』에 의하면 향임의 성씨로 파악할 수 있는 성씨는 소·윤·김·이 등인데 이중 소씨는 『木川縣邑誌』에는 보이지 않던 성씨이다. 『大麓誌』에는 소씨가 서면에 본관은 진주로 첨사 明宇가 始居하였던 것으로 기재된다.

273 鄭東愈, 『畫永編』1(影印本), 159쪽 "列邑必各有志 始皆古人之實錄也 近來守令 或因朝令修潤增補 所增不過人物孝子烈女數目爾 邑中人士無不爲其父祖生心顯揚 因緣參錄冒濫居移 而若小加取舍則便成仇讐 此實文獻之大弊也 (중략) 以此觀之 地誌之人物記蹟恐不可盡信也"

중 하나가 향약실시에서 표출되기도 하였다. 그러나 향약은 그것 자체가 갖는 속성, 즉 지주층의 이해를 대변하는 것이며 사족을 중심으로 하는 상·하신분체제 구현을 위한 체계라는 것 때문에, 당시 사족의 영향력 여하에 따라 좌우되는 것이긴 하지만, 18·19세기 사회변동 속에서 용이하게 실시될 수는 없는 것이었다. 향약은 농업협동의 방법으로 농촌지식인들에 의해서 건의되기도 했고, 권농(勸農)의 방법으로 정부에서도 배제한 것은 아니더라도 정부에서는 농촌교화를 위해서는 향약보다는 학교교육이 앞서야 한다고 판단하였고, 또 교화없이 실시되는 향약은 본래 목적과는 달리 향당에서의 쟁투에 이용될 것을 염려하고 있었기 때문에 그를 강권할 필요는 없는 것으로 보았다.274 정조는 이미 전국에 「향약윤음(鄕約綸音)」을 반포하고 『향례합편(鄕禮合編)』을 인출케 하여 그 실시를 권장하면서도, 지평(持平) 이경신(李敬臣)의 상소 중 향약실시에 관한 실천적 강목(綱目)의 재천명에 대한 건의에 대해 "飮酒所以勞農也 序齒所以尊年也 予所惓惓者 在於斯"275라 답하여 그 뜻이 딴 데 있음을 보여주고 있다.

　향약은 또한 재지사족의 이해가 일치될 때 적극적으로 실시될 수 있는 것이고 한편으론 사족의 영향력이 강할 경우라야 가능한 것이기도 했다. 앞서 언급한 바 있거니와 향론이 분열되고 양반층 내부에 갈등이 표면화되는 시기에 향약을 실시한다는 것 자체가 또 하나의 향전을 유발할지도 모르는 상황에서, 수령의 입장에서 보아도 그러한 상황을 향약실시로 무마시킬 수 있는 것은 못되었다. 그러나 향론의 분열로 인한 공론의 부재현상과 이·향이나 면·리임의 작폐를 목민관으로서 방치할 수만은 없었다. 다산이 향약을 목민관의 한 중요한 사업으로 여겼으면서도 향약실시에 따른 폐단을 지적한 것은 많은 시사를 준다.276 다산은 호남 보성(寶城)에

274 김용섭, 「18세기농촌지식인의 농업관」, 『조선후기농업사연구 I』, 일조각, 64~65쪽.
275 『승정원일기』 정조 24년 2월 22일조.

서 향약실시로 인해 교파(校派)와 약파(約派)의 대립이 야기돼 쟁단이 심해졌던 사실을 목도한 바 있었기 때문에[277] 여헌 장현광이 임란전의 일이지만 보은현감(報恩縣監)으로 있을 때 따로 조직을 갖추지 않고 '월삭월반회(月朔月半會)'에서 읍중의 부노(父老)들을 통해 교화시키려 했던 것을 높이 평가하였던 것이다.[278] 이는 다산이 저간 향약실시를 둘러싼 문제점을 잘 이해하고 있었던 데서 비롯된 생각이라 여겨진다.

목천현의 경우 위 같은 순암의 향약실시도 조선후기 사회변동 속에서 나온 산물이었기 때문에 당초부터 난관이 예상되었던 것이다. 사족간의 분열은 물론 신분제 동요란 현실적인 여건이 사족중심의 신분질서의 강화를 의미하는 향약실시를 불가능하게 만들고 있었던 바, 순암은 그것을 인식하였고, 따라서 사족세력을 회유하는 한편 그들을 향약에 동원하려 하였음에도 상부기구를 배제하고 기존 동약을 이용, 방역소(防役所)를 그에 결부시킴으로써 동계조직화를 꾀했던 것이라 하겠다. 그렇지만 그것은 인위적인 조직이었고 계전(契錢) 자체도 관에서 조달된 것일 뿐 아니라, 계전 설치의 목적도 쇄가(刷價) 등 관역(官役)에 따르는 비용 충당을 위한 것이었기 때문에 종래의 동약이나 동계와도 차이가 나는 것이어서 머지 않아 동계는 형태를 바꾸어야 했으며 동약도 그 안에서의 실시가 불가능하게 되었던 것이다.

동계는 비록 방역전(防役錢) 등의 운용에 있어서 향청 이향(吏鄕)의 간섭이 배제되었다 하더라도 면·리조직과 불가불 떨어질 수 없는 관계에

....

276 『牧民心書』 卷7, 禮典六條 「敎民」條.

277 위의 책.

278 위의 책 "張旅軒爲報恩縣監 與父老約月朔月半之會 令各言民瘼闕失補益糾正 執孝弟勵廉恥 尊德行黜敗俗 皆移風善俗之大法也" 이는 허목이 지은 여헌의 「비명」에서 다산이 재인용한 것이다(『國朝人物考』 上).

있었다. 면임의 통제를 받지 않을 수 없게 된다면 그것의 기능은 면·리조 직을 보완하는 역할 정도에 그칠 것이었지 자율성에도 한계가 있음이 분명했다. 특히 그 운영이 사부(士夫)와 상호(上戶)에 맡겨졌는데 그들간 경제적인 면에서 우열이 현격해졌을 때 이해관계가 일치되리란 보장도 없었다. 사족이 면·동의 소임을 기피하게 된 요인에도 따지고 보면 이 양자가 복합되어 있었을 것이다. 이후 동계는 동단위로 부과되었던 각종 요역에 드는 부비(浮費)나 관청 상납에 드는 비용, 그리고 동임, 면임 등의 품료(稟料)를 마련할 목적에서 설치되는 동전(洞田)·동계답(洞稧畓)·동전(洞錢)을 매개로 자연촌이나 리 단위로 재조정되지 않았나 한다.

동계와 동약이 어느 때 확실히 분리되었는가는 명확치 않다. 일부 지역에서는 앞서 언급한 동면(東面) 윤이태(尹以泰)에 의해 이루어진 동약이나 세성면(細城面) 유정서(柳廷瑞)가 설치한 동계와 같은 형태의 동계가 유지되기도 했을 것이지만 그것은 엄밀한 의미에서 족계, 동계의 성질을 갖는 것이지 향약과는 거리가 나는 것으로 보인다. 일원동면(一遠東面)의 옛 사교당(四敎堂: 李得夏 所建) 자리에 세워진 삼회당(三會堂)에서 순조 초년에 종회(宗會)·문회(文會)·동회(洞會)를 열고 동회에서는 강신(講信)을 하는 등 고규(古規)를 살리기도 하였다.[279] 하지만 거기서 동안이 갖춰지고 상·하 민간의 약속(約束)이 이루어졌던 것으로는 보이지 않는다. 그 역시 족계나 동계적인 성격을 띠는 것이었다.

사마소가 처음 사족의 결집력을 보여주는 것으로서 동계가 갖는 위와 같은 한계를 사족 스스로 해결, 보완하려 했다는 노력을 나타내는 것이지만 읍지 성씨조의 변환에서 단적으로 볼 수 있듯이 사마소의 복립 자체가 사족세력의 권위, 영향력 확대에 결정적인 역할을 한 것으로는 보이지 않

....

279 『大麓誌』 古事條.

는다. 이는 현실적으로 향약 실시가 불가능했던 사실과 분리되어서 이해될 것만은 아니었다. 사마소가 동약의 상부기구로서의 기능을 못할 경우 동내에서의 사족의 지위는 이전과 다를 바가 없는 것이었고, 사회변동의 추세를 기존 사족만의 힘으로는 바꿀 수 없는 때문이다. 바로 여기에 목천 향약이 갖는 한계가 드러나는 것이다.

4. 맺음말

이제까지 우리는 조선후기 향촌사회 내부에서 일어나고 있던 지배층간의 갈등에 대한 검토를 통해 향권의 추이를 부분적으로나마 이해할 수 있었고, 목천현의 사례를 통해서는 향촌사회 분화로 말미암는 신분질서를 포함한 사회신분제의 동요에 지배층이 어떻게 대처하였는가를 볼 수 있었다. 이제 그 과정에서 파악된 사실을 정리하여 맺음말로 삼고자 한다.

향촌사회 권력구조에서 나타난 변동은 향권을 장악해 왔던 사족이 제권력기구에서 점차 소외되며 향권은 왕권의 대행자인 수령을 위요한 향임층 향품에게 넘어가는 추세였다는 것으로 성격지워질 수 있었다. 이는 사족의 환로(宦路)에의 단절이나, 전택·노비 등과 같은 경제력의 한계에서 오는 현상으로 파악할 수도 있겠고, 다른 한편으론 경제적인 능력을 배경으로 성장해갔던 세력의 도전에 사족이 밀리게 되면서 나타난 것이라고도 하겠다.

그 과정에서 야기된 갈등은 유·향의 대립에서 단적으로 설명될 수 있겠는데, 사족이라는 신분관에 철저했던 유림세력과 경제력을 배경으로 양반층으로 상승해 나갔던 세력간의 갈등이었다. 이는 향전이란 명목하에 왕권강화에 저해되는 요소로 파악되기도 하였는데, 이유는 그로 인해 양반층 내부의 갈등이 밖으로 표출되고 그것이 바로 왕권을 위협하는 것으로 인식되었던 때문이었다. 이는 곧 중앙정권의 위약성에서 비롯된 것이지만 모두 향중에서 해결돼야 할 문제였으며, 그 해결방안은 따라서 향촌사회의 실력을 누가 쥐는가에 따라 결정이 나게 되는 것이어서 각 사회세력의 성장의 차에 의해 다양한 바 있음을 알게 된다. 그럼에도 이 향전이 야기되었다는 것 자체는 벌써 사족의 지위가 신분적으로 보장될 수만은 없는 것임을 반증하는 사실로 주목해야 할 것이었다.

유·향의 대립으로 대표되는 향전의 근본은 사족중심의 신분체제가 굳어지고 명분론에 입각한 상·하, 귀·천 의식이 경직화되었던 데 연원하고 있었음에도 오히려 이제 왕권강화의 시기에 그것이 표면화되고 또 현실적으로 종식되어야 했다는 사실에서 사회신분제의 질적 변화를 발견하게 되며 명분론에 입각한 사족 중심의 신분질서의 한계가 드러남을 본다. 여기서 사족의 동향은 크게 셋으로 나뉘어 가는데 하나는 현실적 지위를 확보하기 위해 부거(赴擧) 출사하는 것이고 그렇지 못할 경우 유림으로 자처하여 자수(自修)의 길을 걷던가 마지막엔 향품(鄕品)의 지위로 자신을 고착시켜 나가는 것이다.

목천에서의 상황 역시 마찬가지였다. 모칭유학(冒稱幼學)의 만연이나 수많은 기민(飢民)의 발생은 향촌사회 안정을 불가능하게 만들고 있었다. 수령으로 목천에 부임한 순암 안정복은 신분질서가 문란되고 민송(民訟)이 끊이지 않으며 민폐가 심각해져 가는 현상을 목격하였다. 그는 이 같은 실정이 사대부가 권위를 실추하여 명분 기강이 서지 않고, 이서(吏胥)의 작폐가 동(洞)에 미쳐 민생이 곤폐(困弊)하게 된 때문에 비롯한 것으로 인식하였다. 사대부로서 또 수령으로서의 입장을 보여준 것이다. 그가 향약(洞約)을 실시하려 했던 이유도 그 실시 방법도 그러한 인식 속에서 파악할 수 있는 것인데, 당시 향촌질서가 근본에서부터 흔들려 간 이유를 정확히 이해하고 있었다고 하기는 어려운 것이었다.

순암은 향약을 실시케 하기 위해 기존 동계를 최대한 포섭하려 했는데 동계의 기반은 족계, 동계에 있었고, 존속되어 온 것이라면 사족의 강사(講舍)나 가숙(家塾)이 중심이 되었던 것이었다. 사족이 이러한 동계에 관심을 갖는 것은 하층민 유리가 바로 자신들의 세력기반을 위협하는 것으로 여겨졌던 때문으로 농민층 분화와 무관한 것이 아니었다. 그러한 동계에서 동약(향약)을 실시하게 함으로써 신분질서의 문란에서 빚어지는 쟁단의 해결을 사족에게 일부 위임하려 했던 것이다.

순암은 현실적인 필요도 작용했겠지만 동계를 결속시키기 위해 방역소(防役所)를 설치하고 방역전(防役錢)을 각 동에 분장시켰다. 이는 동약만 배제한다면 일반 동계와 전혀 동일한 것이다. 방역전의 유지를 위해서는 상호(上戶)가 필요하였고 그것을 규제할 사부(士夫)가 있어야 했기에 동약과 방역소를 연결지우고 사부·상호가 주관토록 하였고, 명분은 동내에 부과되었던 과중한 부담을 일부 제거하고자 한 데서 구했다. 방역전이 관에서 조달된 것이고 그 목적도 수령교체 등의 쇄가(刷價) 충당에 지나지 않은 바나 다름없었는데, 또 100호를 1동으로 인위적으로 설정하였고, 그 안에서 사족이 일정한 역할을 해주기 기대하면서도 면·리임의 간여를 배제하지 않았으니, 엄밀히 보면 사족이 중심이 된 기구나 조직과는 전혀 별개의 것이 되어버린 것이었다.

순암이 사족중심의 신분체제가 재확인될 때 풍속이 갖춰지게 되는 것으로 인식하였으면서도 위 같은 동계를 구상하게 된 것이 단순히 고마전(雇馬錢) 확보만을 위한 것에 원인이 있지 않다고 하면, 우리는 그것에서 향촌사회 운영방식의 질이 달라져 나갔던 사정을 추측할 수 있을 것이다.

한편 향약을 실시하기 위해 사족을 회유하는데 거기엔 색목(色目)의 구별이 있을 수 없었다. 경내 모든 사족의 도움 없이는 동계조직이 의미가 없기 때문이었다. 그러나 그의 그러한 노력에도 불구하고 동약이 실시되었던 곳은 일부 지역에 지나지 않았다. 사실 사족의 우위가 확실한 곳일지라도 앞서와 같은 조직의 한계 때문에 사족이 그에 적극 개입할 수 있었는지는 의문이었다. 이제 그들은 확실한 신분보장의 조건이 주어지는 부거(赴擧)가 아니고는 지위를 유지할 수 없는 상황에 이르러, 그 같은 동계를 가지고는 문제가 해결되지 않으리란 것을 충분히 알 수 있었다. 기존 관인의 일정한 참여가 있었겠지만, 자신이 생진(生進)이 아닌 유생들 사이에 재력이 모아져 사마소가 복립된 사실이 그를 말한다.

목천에서 사족이 동약에 대해 적극적인 반응을 보일 수 없었음은 언급한 바와 같다. 그들은 거의 교원(校院)에 나아가지 않고 유림으로 자처하든가, 더러는 그 중에 관계에 계속 진출할 수 있는 부류도 있어 유림에 일정한 영향을 주었을 것이다. 그러나 이제 유림들이 부거출사(赴擧出仕)를 전제한 사마소를 세우고 나서도 자신들의 지위가 전과 달라질 수 없음을 느낄 때, 그들이 내세웠던 명분을 더 이상 주장할 수 있을 것인가. 이 사마소의 복립이라는 것이 순조 8년에 가서 이루어졌다는 것은 아직도 중앙권력과 연결된 사족세력의 영향에서 양반층이 크게 탈피할 수는 없었던 것을 시사하는 것으로 보아 무방할 것이지만, 우리는 여기서 보수화되고 관에 밀착되어 갔던 당시 재지사족들의 성격과 향후 진로를 발견하게 된다.

4장 조선후기 촌락조직의 변모와
1862년 농민항쟁의 조직기반

1. 머리말

자본주의적 생산방법이 농촌사회 전반을 규정하기 이전 단계에 있어서 농촌사회의 촌락조직과 그 안에서의 농민들의 생활상이나 의식 등을 규명하는 것은 우리나라 중세 사회구성상을 해명하는 데 있어서 뿐만 아니라 이후 자본주의화 과정에서 농민과 초기노동자들의 사유와 행동을 이해하는 데 있어 중요한 문제의 하나이다. 조선사회에서 18세기 후반, 19세기와 같이 근대로의 이행이 진행되던 시기의 사회변동을 다룸에 있어서는 바로 이와 같은 점이 주목되어야 할 것이다.

특히 19세기에는 정부나 지배계급이 공동체적 규제를 강화하는 가운데 그것을 매개로 하여 기존체제를 유지하고자 하는 의도가 두드러지고 있었지만, 동시에 그 내부에서는 농민층분해가 진행되고 기존의 조직과는 별개의 새로운 조직이 새롭게 형성되고 있었고, 이는 결과적으로 과거의 공동체적 질서를 허구화시켜나갔던 것으로 이해된다. 이 두 가지 계통의 조직은 서로 관련을 갖는 것이었지만 시간이 지날수록 그 목적과 지향의 차이로 인해 대립적인 관계에 놓이게 되고, 결국 농민항쟁과정에서 표면화되기에 이르렀다. 이제 19세기의 항쟁과정에서 농민들은 자신의 위치와 요구를 보다 분명히 자각할 수 있었으며, 그것은 기존의 체제 내에서는 해결될 성질의 것이 아님을 알게 되었기 때문이다.

그러나 아직까지 농민들이 자신의 일상적 생활의 욕구를 반영하고 이를 결집시킬 수 있는 조직을 갖추기에는 역량이 부족하였다. 새로운 조직을 만들어 나가고는 있었지만 그것의 사회적 기능은 아직 전면화 되지 못한 상태였으며, 이것이 지니는 힘을 농민들이 인식할 수 있기까지에는 많은 경험과 시간을 필요로 하는 것이었다고 생각된다. 여전히 농민들은 동(洞), 리(里)로 표현되는 촌락을 기본단위로 하여 이를 통해 통제를 강화하고자 했던 봉건정부의 억압과 그 내부에서의 지배계급의 수탈을 감내해야만 하는 위치에 있었던 것이 일반적인 상황이었고, 역설적으로 말해 농민들은 그 같은 조건 속에서 자신의 힘을 키워나가고 있었던 것이다.

최근 이 방면의 연구는 크게 두 가지 경향 속에서 이루어지고 있는 것으로 판단된다. 그 중 하나는 봉건정부의 부세정책의 변화와 관련하여 동·리가 납세단위화하고 있었던 점을 밝힘과 아울러 그것을 매개로 하여 사회적 갈등이 어떻게 표출되고 있었는가 하는 점을 추구하고자 하는 경향이고,[1] 다른 하나는 기존 사족중심의 동약(洞約), 동계(洞契)와는 달리 촌락사회 내부에서 농민들의 의사를 반영하였던 촌락조직으로서의 두레나, 그것을 포함하는 '촌계(村契)'들이 성립 발전하고 있었다고 하는 사실에 주목하는 경향이[2] 그것이다.

전자의 결과 우리는 신분제적 사족지배체제의 동요와 관주도의 촌락질서의 재편을 어느 정도 확인할 수 있게 되었으며, 후자의 결과 조선사회의 향촌질서를 지배층 중심으로 이해해오던 점을 극복하고 후기에 있

---

1 김준형, 1984 「18세기 이정법(里定法)의 전개」 『진단학보』 58; 김인걸, 1984 「조선후기 향촌사회 통제책의 위기」 『진단학보』 58; 김선경, 1984 「조선후기 조세수취와 면·리운영」, 연세대학교 석사학위논문.
2 신용하, 1987 「갑오농민전쟁과 두레와 집강소의 폐정개혁」 『한국사회의 신분계급과 사회변동』(한국사회사연구회 논문집 8); 이해준, 1989 「조선후기의 동계·향약과 촌락공동체조직의 성격」, 향약연구회 「조선후기의 향약연구」발표 요지.

어 농민적 향촌질서의 형성과정을 재검토할 수 있는 가능성을 확보하게 되었고, 이 후의 변화에 대한 전망을 가질 수 있게 되었다. 아울러 위의 성과를 바탕으로 그 같은 새로운 촌락조직이 19세기 농민항쟁의 전개과정과 어떻게 관련되고 있었는가 하는 점에까지 인식을 확대할 수 있게 된 사실도 주목된다.

그런데 이 점과 관련하여, 근대로의 이행기 변혁운동에 있어서 촌락조직, 농민조직이 어떠한 형태로든 중요한 역할을 맡고 있었다고 하는 사실을 확인할 수 있었음에도 불구하고, 최근의 연구에서는 상당한 견해의 차이가 있음을 발견하게 된다. 이를테면, 납세공동체로서의 면·리조직이 이용되고 있었다고 하는 견해와[3] 순수한 노동조직이었던 두레 또는 초군조직이 조직적 기반이었다고 하는 견해가[4] 대립되고 있는가 하면, 그와는 달리 위와 같은 조직들은 기본적으로 농민경제의 고립 분산적인 성격과 농민층 내부의 계급구성의 다양성 등으로 인해 그것이 변혁운동의 조직으로 전화하는 데는 일정한 매개가 필요하였다고 하는 점이[5] 지적되기도 하는 것이다. 이 같은 견해차이가 나타나게 된 원인은 여러 가지가 있을 수 있는데, 아직 충분한 사례연구가 뒷받침되고 있지 못한 연구 상황에서 쉽게 결론을 내릴 수는 없지만, 무엇보다도 가장 큰 원인은 이 시기의 촌락조직에 대한 일정한 편견과 농민항쟁의 조직기반에 대한 이해의 부족에서 비롯된 것이 아닌가 생각된다. 지금까지 밝혀진 사례들을 그대로 받아들여 그 조직기반이 다양했다고 설명하는 것으로만은 만족할 수 없을

....

3 고동환, 1987「조선후기 농민항쟁의 역사적 성격-임술민란을 중심으로-」『한신』 3; 오영교, 1988「1862년 농민항쟁 연구-전라도 지역의 사례를 중심으로-」『손보기박사정년기념 한국사학논총』.
4 주강현, 1988「조선후기 변혁운동과 민중조직」『역사비평』 2.
5 이윤갑, 1988「19세기 후반 경상도 성주지방의 농민운동」『손보기박사정년기념 한국사학논총』.

것이다. 19세기 들어와 전면화, 일상화되는 농민항쟁의 성격과 그 단계적 발전을 구명하기 위해서는 물론, 그 과정에서의 제 사회세력간의 관계나 농민들의 생활상, 의식의 발전을 이해하기 위해서는 더욱 풍부한 연구가 요청된다. 그리고 그 대상 시기도 개항 이후까지 확대되어야 할 것이다.

본고에서 1862년 농민항쟁의 객관적 조건의 하나를 이루고 있었던 각 지역의 촌락조직과 그 변모를 항쟁의 조직기반과 관련하여 검토하고자 하는 것은 현재의 연구 상황에서 볼 때 많은 한계를 안고 있다. 지금은 보다 정치한 사례연구들이 절실히 요구된다. 그러나 이 문제를 중심으로 이견이 노정되어 있고, 이 시기의 문제가 바로 다음 시기 문제와 직결되어 있는 만큼 일단 어떠한 형태로든 이견들이 정리될 필요가 있다고 판단되어 지면을 빌리기로 하였다. 본고의 일차적 목표는 기존 시각에서 나타나는 편차를 해소하고 이후의 연구에 하나의 전망을 모색하고자 하는 데 있지만, 동시에 이 시기 일부 연구에서 볼 수 있는 바와 같이 계급구성이나 당시 사회의 기본모순과 항쟁의 일반적 성격이나 발전단계를 미리 설정해 놓고, 새로 나타나는 자료나 현상들을 그것에 맞추어 설명하려는 데서 오는 일방적 평가가 갖는 방법론상의 문제점을 보완하고자 하는 것도 본고가 의도하는 목표의 하나이다.

필자는 이른바 '민란'을 기존체제에 대한 전면적 변혁운동으로 이해하고 있고, 따라서 그것은 항쟁의 조직자와 항쟁에 참여했던 제 사회세력의 의식과 행동에 의해 발전하는 것이며, 동시에 운동은 그들의 존재기반과 분리될 수 없는 것으로서 당시의 객관적 조건에 의해 일정한 제약을 받고 있었다고 생각한다. 농민항쟁과 촌락조직과의 관계도 그 같은 각도에서 조명할 때 그 실마리가 풀릴 수 있을 것이다. 그런데 언급했다시피 조선후기 촌락사회내부에서는 커다란 변동이 일고 있었다. 이 문제를 다룸에 있어 기존의 연구 성과를 바탕으로 하여 촌락사회의 변모를 검토하는 것은 농민들의 존재기반으로서의 촌락조직을 정태적으로 이해하는 데서 오는 오류를 피하고 문제를 보다 분명히 하기 위한 것이다.

2. 조선후기 촌락조직의 변모

조선후기 농촌사회의 기본적 생활공간이었던 촌락과 그 조직에서 나타나는 가장 커다란 특징은 동·리가 최말단의 행정단위, 납세단위로 굳어짐에 따라 그것이 여러 형태로 그러한 변화로부터 영향을 받으면서 변모하고 있었다는 점일 것이다. 여기에는 봉건정부의 부세정책이 결정적인 역할을 한 것이지만, 그렇게 될 수 있었던 조건은 촌락 내부에서 찾아야 할 것이다. 그러나 이 문제는 여러 방면의 많은 연구의 축적이 있어야 해결될 수 있기 때문에 여기에서는 일단 정부의 향촌사회 통제책과의 관련 속에서 확인할 수 있는 사실을 중심으로 하여 촌락조직의 변모를 살피기로 한다.

필자는 위와 같은 점을 기존의 사족중심의 동계의 성격변화라고 하는 측면에서 18세기를 전후로 한 시기를 대상으로 하여 개괄적으로 검토한 바 있는데,[6] 이제 그 점을 다시 확인하고, 이후 19세기의 사정을 검토함으로써 본고의 주제를 해결할 수 있는 하나의 실마리로 삼고자 한다.

이 방면의 최근 연구 성과에 따른다면 사족중심의 동계는 16세기 이래의 전통을 가진 것으로서, 그 기본 목적은 향촌사회에 있어서 사족 중심의 지배질서를 확립, 유지하고자 하는 것이었다. 중심 내용은 지주제를 기반으로 한 농촌경제의 안정과 부세체계의 장악을 통한 상하 신분질서의

....

6 김인걸, 앞의 논문.

유지였고, 이를 위해서 사족간의 결속뿐만 아니라 하민(下民)을 통제할 수 있는 장치를 갖추고 있었는바, 동안(洞案), 동규·동약(洞規·洞約), 동재(洞財)가 그것이었다. 한편 이를 바탕으로 하여 아래로는 하민들의 사계(私契)라 할 제 조직들을 흡수·파괴하고, 위로는 군현차원의 기구와 유기적 연관을 맺기도 하였다. 안동 하회에서의 예가 그 대표적 사례라고 할 수 있겠는데,[7] 그 같은 동계조직이 유향소 조직이나 향안(鄕案)조직과 관련되었던 예는 영천 등지에서도 확인된다.[8] 이 같은 일련의 과정 속에서 향촌사회의 촌락조직은 16, 17세기적인 정형을 갖추게 되었다고 판단되는데, 그것은 관권과의 타협을 통한 재지사족의 향촌지배의 기반이 되고 있었다. 그리고 그것이 촌락조직에 미친 영향은 거의 절대적인 것이었다. 18세기 관주도의 향약이 사족들에 의해 추진되어 왔던 동계질서를 당연한 것으로 받아들이고 있었던 것도 그 때문이다.

그런데 이 같은 동계조직은 무엇보다도 하층민들과 보다 깊은 관계를 맺으면서 운영되었던 것이기 때문에 하층민들의 동향과 관련하여 지역에 따라 일정한 편차를 갖고 있었고 시기에 따라 변화하지 않을 수 없었다는 점이 지적되어야 할 것이다. 특히 사회 변동기에는 그 점이 보다 극명하게 나타나게 된다. 우리는 조선후기 촌락조직이 어떠한 계기에 의해 어떻게 변모하고 있었으며 변화의 결정적 시기는 어디로 잡아야 할 것인가 하는 문제 등에 대해 구체적이고 완벽한 증거를 많이 확보하지는 못하고 있다. 그렇지만 촌락조직에 지배적 영향력을 행사하고 있었던 기존의 동계가 이후 어떻게 변모하고 있었으며, 변화된 여건 속에서 동(리)의 운영이

. . . .

7 정진영, 1985 「16세기 안동지방의 洞契」『교남사학』 창간호.

8 『동안(洞安)』(고려대 No. 신암B8 A156)「嘉靖三年甲申正月二十五日 洞中立議」(中宗 19, 1524) "一. 各宅墓枝及禁林犯伐者 二駄笞五十 一駄笞三十 一負笞二十論罪 再犯者 各其奴主卽行齊馬首不服之員移報鄕所重論事"

어떻게 이루어지고 있었는가를 통해 그 변화상을 이해하는 것은 가능하리라고 생각된다.

기존 동계의 변모는 그 운영방식의 변화에서 찾아 볼 수 있을 것이다. 예컨대 16세기에 있어서도 그 사례가 전혀 없는 것은 아니지만, 17세기 말에 들어와 계재(契財)의 운영에서 나타나는 특징은 동계가 그 이전과는 판이하게 달라져 나갈 수밖에 없음을 예견케 하는 것이었다. 즉 그 이전까지만 하더라도 동내의 혼상부조 등 각종 비용을 마련하기 위해서는 구성원들이 그때그때 현물을 수합하는 것이 일반적 관례였고, 노동력이 필요한 경우에도 각 호(戶)에서 출정(出丁)하고 있었다. 그러나 이제 17세기 말에 들어오면서 부터는 일정한 자금을 확보하여 그 이자를 가지고 비용을 충당한다든가, 경우에 따라서 계답(契畓)을 마련하여 거기에서 생기는 도지로 문제를 해결하는 경향이 주류를 이루게 된다고 하는 사실이다.[9] 이렇게 될 수 있었던 데에는 17세기 한 세기에 걸쳐 이룩된 생산력 발전의 기초 위에서 상품경제가 발전하고, 16세기 이래의 전통을 가진 시장의 발달이 본격화되고 있었던 사실이 고려되어야 할 것이다.[10]

그런데 무엇보다도 중요한 것은 이 같은 조건의 변화가 바로 동계구성원들 간의 기존의 사회관계를 크게 바꿔놓고 있었다는 점일 것이다. 이 점은 인적조직으로서의 동계조직의 변화를 불가피하게 하는 것이었다. 17세기까지만 하더라도 '상하합계(上下合契)'의 형태로 조정할 수 있었던 동계가 이제 18세기에 들어오게 되면서는 하계(下契)를 포섭할 수 없게 되었던 사실은 그 점을 단적으로 반영하는 것이다. 그러나 18세기에 재지사족의 영향력이 촌락사회에서 곧바로 상실된 것을 아니었다. 위와 같은 변화

9 김인걸, 앞의 논문, 121~122쪽.
10 이태진, 1986 「16세기 동아시아의 역사적 상황과 문화」 『변태섭박사 화갑기념 사학논총』.

를 기초로 하여 봉건정부에서 관주도의 향촌통제책을 강화시켜 나가는 가운데서도 사족들을 적극적으로 끌어들이려고 하였던 것은[11] 아직도 이들의 영향력을 배제할 수 없었던 시대적 상황을 반영하는 것이었다. 당시 재지사족들은 그것을 이용하여 기존의 체제를 고수하려는 시도를 하면서 또 다른 자구책을 강화해 나갔다. 17세기 말, 18세기 관주도의 향약에 그들이 참여했던 것이 전자의 예라고 한다면 동족촌락을 형성하고 족계, 문계, 학계 등을 강화하거나 의장(義莊)을 설치하고 자신들의 족적 결합을 다지고자 했던 것은 후자의 예라고 할 수 있는 것이었다.

이제 18세기 말, 19세기에 들어오면서 사정이 달라지게 된다. 18세기 말 동약(동계)의 대표적 사례의 하나였던 대구 부인동 동약이 하민들의 분동(分洞)요구에 의해 그 기능이 축소, 상실되어 갔던 데서 그 단적인 예를 보게 되는데,[12] 관에서 주도하였던 향약(동약)의 경우에도 그 운명은 마찬가지였다.[13] 이미 이 시기의 각 동(리)는 사족의 통제에서 벗어나고 있었던 것이다. 이 점은 18세기 후반 특히 광범위하게 작성되고 있었던 목민서류의 하나였던 『칠사문답(七事問答)』의 문장조(文狀條)에 '분동'이 하나의 항목으로 포함되고 있었다는 데서도 잘 드러난다.[14] 물론 19세기에 들어와서도 상당기간 기존의 동계가 지속되는 경우가 있고 또 같은 목적을 가진 동계(동약)이 새롭게 만들어지는 경우가 없는 것은 아니다. 그러나 전자의 경우 그것은 족적 기반을 유지하기 위한 폐쇄적 성격을 띠는

....

11 『비변사등록』 숙종 37년 12월 26일 「良役變通節目」.

12 정진영, 1982 「조선후기 향약의 일고찰-부인동 동약을 중심으로-」 『민족문화논총』 7, 영남대학교.

13 김인걸, 1981 「조선후기 향권의 추이와 지배층 동향-충청도 목천현 사례」 『한국문화』 2 (본서 3장 수록).

14 『七事問答』 「文狀」 二十八條 "一. 分洞分里所志 則題以猝難變通 姑勿煩訴云云後 徐察利害 處之合洞可也 (合洞同)"

것이 일반적 경향이었고, 후자는 하층민들의 저항에 직면하여 그에 대응한다는 의미가 강한 것이었다.

19세기 중엽 농민항쟁에 접하여 사족이 동약(동계)를 만들어 그에 대응하려고 했던 경상도 성주의 예가 적절히 지적된 바 있는데,[15] 이 시기에 있어서 사족들은 다기한 형태로 자구책을 마련하고자 했지만, 이는 19세기 전반 송규필이 「향약서(鄕約序)」에서 "예(禮)라는 것은 사람에게 있어 농부가 농사를 짓는 것과 마찬가지이다. 농부가 수확이 없다고 어찌 농사를 포기하겠는가"[16] 라고 표현했던 데서 알 수 있듯이 고육지책으로서의 성격이 강한 것이었다. 그 극명한 예를 19세기 말 항재 이익구가 밀양에서 실시하려고 했던 「퇴로동약(退老洞約)」에서 보게 된다. 이익구는 과거 백불암 최흥원이 대구 부인동에서 실시했던 동약을 하나의 전형으로 삼아 밀양에서도 동약을 실시하고자 했는바, 그것은 농민군의 움직임에 대한 자구책이었고 이 역시 그대로 실시될 수 없었다.[17]

그러면 18세기 후반, 19세기 전반에 있어서의 촌락사회는 어떻게 운영되고 있었고 그 안에서의 촌락조직은 어떠한 모습으로 나타나고 있었는가. 언급했다시피 이 시기 촌락사회에는 사족이 중심이 된 조직만 존재했던 것은 아니었다. "村村有契 家家有契"[18]라는 표현과 같이 이 시기에는 촌

---

15 이윤갑, 앞의 논문.

16 송규필(1780~1847) 『남고문집』 권3, 「鄕約序」.

17 이익구(1838~1912) 『항재문집』 권6, 「退老洞約」(오세창·권대웅·정진영·조강희 편, 『영남향약자료집성』, 423~429쪽 수록) "余寓本洞之越三年壬辰(1892) 始有賊警 因約會太項月山佳山道方洞位良九壯洞諸友及頭民 謀所以備禦 爲事目 名曰七洞條約 議竟不成 若賊勢愈甚 或官府有令 隣里協議 則可擧而行 故姑附條約于左
一.各洞戶丁 五家作統 五人爲伍 伍置一長 或二伍爲列 列置一長 該伍列 惟各其長 團束聚齊 無敢違越
一.每人各備鐵槍竹槍或統砲 每戶各備火炬一兩箇 每月一次聚點 (하략)"

18 『상곡팔리효계향약절목』 무주, 철종 7(1856).

락단위로 가족단위로 결계(結契)가 이루어지고 있었고, 또한 "어부계, 사망계, 사촌계 등과 같이 수사위명(隨事爲名)한다"[19]는 표현에서 알 수 있듯이 각각의 목적에 따라 민간에서는 각종의 계 조직이 발달하고 있었다. 이 같은 조직이 각 촌락사회에서 갖는 위상이 어떠한 것이었는지, 또 그 구체적 내용이 어떠한 것이었던 가는 관련 자료가 많지 않아 명확히 밝혀내기가 쉽지 않다. 그러나 다음 두 사례에서,

> 今乃以淳風美俗 永久遵行之義 各署名銜 上下同案 名之曰石水洞洞契 盖與世俗殖貨先利之契 向有異焉也[20]
>
> 先哲之作契立條者 欲其同歸於大同之本然也 夫何挽近 以俗習尙利 所謂契事者 徒務於錢財之末 而各懷異意 反喪本然之性也 (중략) 余用是爲憂 與同里同井之人 合力鳩財 創立洞契 是契之成也 不在於錢財而在於義理[21]

라고 했던 데서 역으로 추론할 수 있듯이, 당시 일반적으로 계는 구성원들의 요구에 따라 일정한 자금을 마련하고 그것을 취식(取殖)하는 것을 그 중심내용으로 하고 있었다고 하겠다.[22]

다만 그 경우에 있어서도 누가 어떠한 목적을 가지고 대상을 누구로 하여 결계하는가 하는 것이 문제가 되겠는데, 우리의 관심과 관련하여 여기에서 주목되는 것은 18세기말 영천의 예에서 보는 바와 같이 동내에서의 결계나 사족들의 통제가 이후 불가능하게 되어갔다는 점이다. 18세기 영천(永川)에서는 향약(동약)을 실시하면서 그 규약에,

....

19 이규경(1788~?) 『오주연문장전산고』 권36下, 「香徒辨證說」.
20 손영로(1820~1891) 『수서집』 권4, 「石水洞洞契序」.
21 이규채(19세기 말) 『묵와유고』 권4, 「新月洞契序」.
22 김필동, 1988 「조선시대 계의 조직구조적 성격과 그 변화」 『논문집』 15-1, 충남대학교 참조.

一. 同里之人 自作私契 而謀避鄉約者 則卽爲報官 屬公其私契什物 而還入
　　鄉約事[23]

라고 하는 규정을 두고 있었으나, 1783년 이후 더 이상의 동원명단이 추
록되지 못하고 있었던 사정에서 그와 같은 점을 알게 된다.[24]

　　이와 관련하여 또 하나 주목되는 조직은 농민들의 공동노동조직으로
서의 두레이다. 두레조직은 수전농업 지역에서 이 시기 이앙법의 보급이
라는 농법의 보급에 조응하여 크게 발달하고 있었던 것으로 추정되고 있
는데, 그 기본단위가 각 동, 촌락이 되고 있었으며 그 구성원은 기본적으
로 농업노동에 참여하는 자였으며, 이 두레의 발달은 17·18세기 일반 농
민층의 경제력의 상대적 향상을 대변하는 것으로 주목되고 있다.[25]

　　이상과 같이 18세기 후반, 19세기 전반의 촌락사회에서는 그 지향하는
바에 따라 각기 양태를 달리하는 여러 조직이 발전하고 있었다. 그렇지만
아직까지는 그 어느 것도 변화되는 조건에 상응하여 촌락사회를 이끌어
갈 새로운 운영원리로까지 나아간 것은 아니었다. 오히려 그 틈을 이용하
여 관권이 깊숙이 침투하고 있었고 그 내부에서 사회적 갈등이 내연하고
있었던 것으로 판단된다.

　　촌락사회에 관권이 절대적 영향력을 행사하게 된 것은 이미 18세기부
터의 일로서 그것은 봉건정부의 부세정책의 변화와 깊은 관련을 갖는 것
이었다. 그러나 이 시기의 관권이 갖는 의미는 상대적으로 큰 차이가 있
었다. 대체적으로 보아 이전 까지만 하더라도 기존의 조직 운영원리가 어
느 정도 반영되고 있었다고 한다면, 이제 촌락사회는 관권의 일방적 통제

---

23 『望亭鄉約案』「鄉約法」(『영남향약자료집성』, 195~199쪽 수록).
24 위의 글.
25 이태진, 1989「17·8세기 향도조직의 분화와 두레발생」『진단학보』 67.

하에 놓이게 되었던 것이다. 그 배경으로서 내부에서의 농민층분화와 밖으로부터의 화폐납의 일반화가 지적될 수 있다. 그 결과 이제 관임(官任)으로서의 면리임의 영향력이 커나갔음은 물론, 향임과 이서층들의 개입에 의해 동의 운영에 있어서도 파행성이 나타나고 있었다.

이 시기 촌락사회에는 관임으로서의 존위(尊位), 리임(里任)[동임(洞任)] 계열과, 그와는 달리 동론(洞論)[동회(洞會)]을 모으는 데 중요한 역할을 담당했었다고 판단되는 두민(頭民), 두두인(頭頭人)이 있었다. 각각의 명칭과 그 담당자는 지역에 따라 일정한 차이가 있었지만, 대체로 존위는 양반 중에서 담당하고 동임은 '상한(常漢)'이 맡는 것이 보통이었으며, 두민은 '대소두민(大小頭民)'이라는 특수한 경우가 아니면 상민으로서 '老成稍知人 事者',[26] '有根着 身手膂力者'[27]를 지칭하는 것이 보통이었다. 그런데 이들의 영향력을 어느 정도 인정함에도 불구하고 "每以有風力解事人 定爲糾察官 以爲檢察頭頭人 俾不得任意行私事"[28]라는 규정을 두고 있었던 데서 알 수 있듯이 그 자율성이라는 것이 과연 어느 정도 인정될 수 있는 것이었는지 상당히 의심스러운 것이었다. 그것은 이 후 동리가 납세단위화 됨에 따라 동중공론(洞中公論)이라고 하는 것이 극히 제한되어 나갔기 때문이 아닌가 생각된다.

참고로 정조말 홍양호가 지방관의 지침서로 자성한『목민대방(牧民大方)』의「십오상련지제(什五相聯之制)」에 보이는 다음 리소임(里所任)과 관련된 내용을 보자.

---

26 『치군요결』十二, 「正風俗」.
27 『비변사등록』 순조 29년 12월 11일.
28 『政要』 一 「軍政 (里定節目)」(『조선민정자료』, 41쪽 수록).

<표 1>『목민대방』의 里所任

명칭	인원	자격	소임
里監	1	(里內) 鄕品·中庶中 識文字 有風力者	掌一里內 文報及風化禁令勸農等事
里正	1	庶民中 勤幹解事者	掌一里內 檢納差役推捉等事
譏察將	1	將校中 勤幹者	掌一里內 巡警禁令等事

위 <표 1>에서 보이는 이들 소임은 하나의 관임으로서 대체로 보아 리감은 존위에, 리정은 동임(洞任)[동장(洞長)]에 해당한다고 하겠다. 그런데 위 기록이 구체적인 이들의 동내에서의 역할을 그대로 보여주는 것은 아니다. 그러나 1745년 상주 청남면 동오리에서 있었던 옥안처리과정에서 보면 동회가 동중회의(洞中會議)로서 일동상하지인(一洞上下之人; 100여 인)이 동중의 일을 처리하기 위해서 열렸고 그 소집에는 동장과 존위가 일정한 역할을 하고 있었던 사실에서[29] 우리는 어느 정도의 상관관계를 알 수 있으리라고 생각한다. 즉 이들은 동중공론을 조정하며 그 가운데 일정하게 동 구성원들의 의사를 대변하고 있었다고 하겠다.

각 리의 소임 가운데 가장 중심적인 역할을 하고 있었던 것이 리정이었다고 생각되는데, 그는 당초부터 면역의 대상은 아니었던 것으로 보이며,[30] 점차 그 임무가 다양해지고 관임으로서의 부담이 가중됨에 따라 그에게 일정한 급료가 주어지게 되었다고 판단된다. 한편 그 소임은 고역으로 파악되기 때문에 일반 상민이 그것을 맡았던 것으로 이해하고 있다. 그렇지만 모든 지역에서 다 그러했는가 하는 점은 또 검토해 보아야 한

29 『상산록』「孫惡只獄案」(『한국지방사자료총서』3, 여강출판사, 289~356쪽 수록) 참조.

30 주 28과 같음(같은 책 42쪽). "一. 又有物故檢驗之法 極甚虛疏 (중략) 或以生爲死 是去等 (중략) 其餘里正輩段 無役者則充定良役 有役者兼定束伍之事"

다. 이 같은 점을 구체적으로 생각하게 해 주는 것이 경상도 경산현과 의령현의 다음 예이다.

1856년 경산현에서는,

> "各洞洞任 雖曰苦任 這中自有聊賴之資 自各該洞中 隨力或以田畓付給 或
> 以錢穀區劃 故無賴虛浪之類 不分東西視爲利窠 或挺身而圖差 或借名而擧行
> 此等之弊所謂班民者尤甚 洞洞皆然"[31]

하였던 상황이었고, 1807년 경상도 의령현의 경우 100여호가 되는 대촌이었던 부산면 경산동 동수(洞首) 유학(幼學) 이후(61세)가 '矣身洞 自來班村 故矣身爲洞首 使喚段 洞掌林春京擧行'이라고 하고, 동 임춘경[동장(洞掌); 동장(洞長)]이 '以生理艱窘之故 本縣夫山面景山洞掌隨行'이라 했던 사정이[32] 그 것이다. 여기에서 볼 때 동임을 양반이 맡는 경우도 있었고, 그 소임을 맡는 이가 해당 촌락의 인적구성 여하에 따라 다를 수가 있다고 하는 점을 알 수 있는 것이다.

이러한 사정은 19세기 전반, 민장에 대한 간략한 처리결과를 모아놓은 자료인 『영암군소지등서책』(1838)에도 일부 반영되고 있다. 다음의 기록이 그것이다.

> 「七月二十五日」「二十六日」
> 1. 昆二面嚴吉 金奴春同狀 以本里居曺武同 本以城底之漢 蔑視兩班詬辱矣
>   上典 嚴治事
>   題內 自該里上戶聚會嚴治 以懲後弊是遣 如有拒逆之端 更爲報來事 本
>   里上戶

---

31 『옥산문첩』「傳令鄕廳揭示各面大小民人等」.
32 『검안』一(규장각도서 No. 12347)「林春京初查」.

2. 北一藥泉洞 金必成狀 以矣兄畓五斗落 成文許給於盧成守 而今春矣兄身
　 死後還退事
　 題內 本里上戶公議平決 毋至更訴之地向事 上戶
3. 郡內面場嚴 化民文正澤文圭三等狀 以松溪河哲官 不知名分 行悖文永勳
　 依律嚴治事
　 題內 官旣決處 渠亦知罪 更無可施之罰 姑觀來頭 如或如前是去乃 又有
　 如河者更出是去等 不但自官治之 先白木里元居上戶聚會公議 嚴懲以報
　 向事 洞中
4. 西面鹽場 張萬玉狀 以矣身田畓十斗落 聞里金元太處許給耕食矣 不幸元
　 太今年身死 其上典柳班依前收獲 今春結還錢 同畓稅米代納之 則來頭還
　 上 以柳班出秩事
　 題內 耕食其土 則稅米誰懲乎 決非兩班之行事 須自該里上戶公議平決
　 張民之還 必以柳奴之名還徵 毋至更訴之弊事 賑恤色

위 자료에서 알 수 있는 것은 강상(綱常)의 문제뿐만 아니라 본 리의
전답환퇴(田畓還退)라던가 차경(借耕)에 따른 결환전(結還錢) 등의 문제에
대해서까지도 본 리의 상호(上戶; 兩班)에게 그 처리를 맡기고 있는 것인데
(강상의 문제는 해당 문중에 맡기는 경우도 있었다), 위에서 동중공론이
라고 했을 때 그것은 양반들에 의해 처리되어야 하는 것으로 생각했던 당
시 지배계급의 인식의 단면을 보이는 것이었다.

그러나 그것이 부세의 문제이거나 관령(官令)의 문제와 관련될 때에는
사정이 달랐다. 같은 자료에서, 석자제역촌(席子除役村)에서 민인들이 각종
잡역이 많기 때문에 그것을 감해주든지 그렇지 않으면 석자역(席子役)을
다른 동네로 옮겨달라고 등장(等狀)을 내고 있었는데, 이에 대해 번거롭게
소송하지 말라고 일방적으로 관에서 처리했던 것이라던가,[33] 세미(稅米)를

----

33 『영암군소지등서책』 무술(헌종 4, 1838) "(七月) 二十六日 昆一面地宗里 趙宗元
　 鄭千孫等狀 以矣里以席子除役村 各項雜役極爲許多 同雜役蠲減 與他盛村中席役

상납하기 위해 논 5두락을 팔려고 하는데 면임이 못 팔게 방해한다고 하는 소장(訴狀)에 대해 "自洞中 公議爲之事"라는 판결을 내리면서 동장과 면임에게 그 처리를 맡기고 있는 것,[34] 또는 위의 자료 마지막 건에서 보이듯이 결환전 문제의 처리는 동내 상호(上戶) 양반들에게 일부 맡기면서도 결국은 진휼색(賑恤色)에게 그 결과를 챙기라고 지시한 것 등이 그 점을 보여준다.

이는 이미 이와 같은 문제에 대해서는 공의(公議)라는 것이 기능하기 어려웠던 당시 사정을 반영하는 것이기도 하였다. 예컨대 북이면 신흥리의 리임이 같은 리의 김효직이 환전(還錢) 9량을 받아먹고 갚지 않으려 하는 문제를 처리해달라고 보고했을 때, 수령이 "自該里 公議平決 毋至紛紜之弊"라고 했음에도 불구하고 리임은 "該里上戶亦爲有矣 該里無公議者" 하기 때문에 관에서 추급(推給)해달라고 재차 보고하고 있었던 것은[35] 바로 그 같은 사정을 보여주는 것이었다. 이상의 사실로 미루어 볼 때 제반 관역(官役)이라던가 부세에 관한 사항은 철저하게 관임을 통해 해결하려고 했으며, 따라서 리(동)중공론[里(洞)中公論]이라고 하는 것도 극히 제한된 범위 내에서만 의미를 가질 수밖에 없었다는 점을 이해하게 된다.

여기에서 문제는 그러면 관임으로서의 면리임이 전적으로 관의 입장만을 대변하는 것이었는가 하는 점이다. 그리고 그러한 그들이 촌락사회의 여러 조직들과는 어떠한 관계를 맺고 거기에서 어느 정도의 역할을 하

....

移定事 題內席村偏苦官所稔知 各項雜役之禁斷 第當令飭是在果 移定一款 不可遽議 更勿煩訴事"

34 위의 책 기해(헌종 5, 1839) "三月初十日 郡內屯德裵成甲狀 以矣身番錢與稅米上納無路 所農沓五斗落 放賣計料 面任沮戲事 題內 自洞中公議爲之事 洞長 面任"

35 위의 책 기해(헌종 5, 1839) "三月二十三日 北二新興星任徐上吉狀 以矣里金孝直 還錢九兩償出事呈訴 題內自該里公議平決 毋至紛紜之弊事 該里上戶亦爲有矣 該里無公議 自官推給事 題內兩漢之中必有一漢之賊 轉報鎭營次 兩漢捉上事 面任"

고 있었는가 하는 점도 문제이다. 기본적으로 면임은 향청(좌수)의 망보(望報)에 의해 관으로부터 차첩(差帖)을 받는 존재이고,[36] 또한 일반적으로는 그것으로부터 얻어지는 이익이 있었기 때문에 차임채(差任債)를 내고 있었고, 따라서 관권과는 운명을 같이 해야 하는 존재였다.[37] 물론 이들이 촌락사회에, 특히 부세행정에 깊이 개입할 수 있었던 것은 각종 부세가 금납화됨에 따라 기존의 공동체적인 조직을 매개로하지 않고서도 부세행정이 가능해진 조건의 변화가 전제된 것이었다. 그러나 이들이 직임을 떠나게 되면, 특히 강제에 의해 직임을 박탈당하게 될 경우에는 사정이 달라질 수밖에 없음도 고려해야 할 것이다. 이들의 입지기반은 여전히 촌락사회였기 때문이다.

한편 리임(동임)의 경우에 있어서도 시기가 내려올수록 관임적 성격이 강해짐에 따라 기본적으로는 면임과 같은 성격을 띠게 되었다고 볼 수 있을 것이다. 이들이 관첩(官帖)을 받고 있었다는 사료를 확인할 수는 없지만, 관임으로서 그들이 갖는 한계는 여러 가지가 있었다고 생각된다. 정조 19년(1795) 경상어사의 보고와 그 처리결과에 따르면 당시 창원에서는 부사 이여절(李汝節)의 남장(濫杖)에 의해 25인이 사망한 사건이 있었는데, 이것이 어떻게 처리되고 있었는가 하는 데서 이들의 한계를 알 수 있다.[38] 즉 당시 사망자 중 전윤성의 부, 임분삼, 이광록, 조경세 등 4인은 동수(동임)[洞首(洞任)]직을 수행하다가 각각 '徵族還上 定日未納' '以結錢不善檢

....

36 『민장초개책』 경상도 영천(헌종 12, 1846) "六月二日 座首以奉香林只風憲望報 題差紙成給向事 戶房"

37 면임은 그 소임을 맡는 자의 입장에 따라 그 직을 기피하는 경우도 있을 것이다. 같은 책 6월 17일자 및 6월 18일자 "林只風憲朴奉采 以面任頉下事呈 題風憲 非賤役 於汝榮耀向事"; "化民金周翰金載奎等 以齋奴朴奉采面任頉下事呈 題昨日 已題於朴奉采之訴 而公私自有先後 更勿煩訴事"

38 『일성록』 정조 19년 8월 11일·24일. 이하 창원사건에 대한 설명은 이 기록에 따른다.

納'·'以牟還不善檢納'·'檢還不勤' 등의 이유로 곤장을 맞고 죽었으며, 같은 이유로 사망한 자에는 면임(약정 황돌아) 1인도 포함되어 있었다.

이 사건의 처리과정에서 부사 이여절이 남장을 친 문제를 어떻게 볼 것인가를 둘러싸고 논란이 있었지만, 그러나 정조의 한마디로 처리결과는 예정된 것과 다름이 없게 되었다. 정조는 만약 관장(官長)이 사적인 원한에 의해 남살했다면 마땅히 그를 사율(私律)로써 상명(償命)해야 하는 것이고, 그렇지 않고 공적인 처리과정에서 그 같은 결과가 초래되었다고 한다면 그 형은 극히 가볍게 처리되어야 한다는 기준을 제시하고 후자의 방식으로 처리했다. 당시 봉건권력의 대리자였던 명리(命吏)로서의 부사, 수령의 권한이 얼마만큼 강력한 것이었는지를, 또 관임으로서의 당시 면리임의 권한과 한계가 어떠한 것이었는가를 다시 생각게 해주는 사건이었다.

위와 같은 상황은 19세기에 들어와서도 크게 달라지지 않았다. 오히려 관권과 그에 기생하는 층들의 발호는 사정을 더욱 악화시키고 있었고, 면리임 역시 그에 순응하지 않으면 안 되었던 것이 일반적 상태였다. 당시 관에서는 관권에 저항하지 않는 범위 내에서 특권층들의 이익을 비호함으로써 그 존립기반을 유지하고 있었기 때문이었다. 토호의 무단, 서원 향교에서의 향촌민 수탈, 이·향의 발호, 특히 아전의 수탈은 이 시기를 특징 짓는 구조적 성격까지 띠고 있었다. 이때 주요 수탈 대상은 부민층이었지만, 그 대상이 이들에 국한된 것만은 아니었다.

18세기 이래의 공동납의 강화는 촌락 구성원 일반으로 하여금 그것에 어떠한 형태로든 대응하지 않으면 안 되도록 강요하였던바, 내부 구성원의 역학관계여하에 따라 대상과 방법도 다양하게 나타나고 있었다. 그러나 공동납적 부세정책은 당시 조건 속에 봉건정부가 취하고 있었던 고식책의 성격을 크게 벗어난 것이 아니었다. 그것은 기본적으로 소농경영의 안정을 전제로 하는 것임에도 불구하고 특권계급들이나 조금이라도 부를 축적한 층들은 각종 부담에서 빠져나가고 있었고 일반 농민층마저 당시 농민층분해과정 속에서 동요 일탈하고 있었기 때문이다. 오히려 그것은 내부의 대립을 격화시키는 결과를 가져오고 있었는 바, 19세기 농민항쟁 과정에서 첨예화되었던 상·하민 간의 대립은 그 한 반증이었다. 19세기에 접어들면서 모순구조가 심화되는 가운데 변화된 상황 속에서 관의 일방적 통제는 더 이상 불가능하게 되었다. 각 사회세력들은 농민항장과정에서 자신이 처한 입지를 확인하면서 자신들의 주장을 펼쳐나가게 된다.

3. 농민항쟁과 촌락조직

앞에서 설명한 바와 같이 19세기 전반의 촌락사회는 그 내부에 각기 지향을 달리하는 인적 결합관계, 조직을 포함하고 있었는데, 그 가운데에는 과거의 조직이 생명력을 상실하는 가운데 그 내부에서 일부 조직이 보다 극단적인 형태로 강화되기도 하고 그와는 달리 새롭게 형성되어 발전하고 있었던 농민조직이 영향력을 행사하기 시작하였다. 족계나 문계조직 등이 전자의 예라고 한다면 두레조직 초군조직 등은 후자의 대표적 예라고 할 수 있는 것이다. 그렇지만 아직까지는 그 어느 조직논리도 당시 변화된 조건 속에서 촌락사회를 이끌어갈 새로운 지배논리로까지 전화된 단계에는 도달하지 못하고 있었다고 판단된다. 오히려 전환기에 힘의 공백을 틈타 관권의 개입이 노골화되고 촌락사회는 관의 깊숙한 통제 하에 놓이게 됨을 발견한다.

관의 일방적 통제는 절대적 한계를 갖는 것이었다. 18세기에 들어와 채택되었던 공동납의 결과가 그러했고,[39] 이 시기 부민층을 끌어들이려던 각종 시책이 결국 수탈로서의 의미를 띠게 됨에 따라 커다란 반발을 초래하게 되었던 사정도 그 점을 반영하는 것이었다. 농민층 분해, 상품경제의 발달, 화폐의 전국적 유통 등에 의해 촌락민들을 묶어맬 수 있는 공동체적 끈이 느슨해지는 가운데 이제 그와 같은 방법으로는 더 이상 당시 폭발하고 있던 중민(衆民)들의 욕구를 해결할 수 없게 되었다.

이 시기 향촌사회 각 사회세력들은 사회모순의 실체를 구체적으로 인식할 수 있게 되었으며, 그에 따라 기존의 체제에 안주하지 않고 자신들의 주장을 보다 적극적으로 드러내기 시작하였다. 그 주장은 각자가 처한 입지에 따라 개인적 차원에서 때로는 집단적 차원에서, 합법적 공간에서 때로는 그것을 뛰어 넘은 차원에서 제기되고 있었고, 그것은 일시적 현상이 아니라 일상적으로 전개되어 나갔다. 그리고 그 대상도 구체적 문제의 성격에 따라 부차적이고 개별적인 문제에서부터 당시 사회가 안고 있었던 기본모순에 이르기까지 다양한 것이었다고 생각된다.

여기에서 우리가 주목해야 할 것은 그 같은 문제제기가 이 시기에 이르면 단지 개인적인 차원에서 머무르는 것만이 아니라 집단적으로, 지속적으로 이루어지고 있었다고 하는 사실이다. 이때 그 논의의 장은 일상적 삶의 공간이었던 촌락, 노동과정이 될 수도 있었고, 당시 민인들의 삶의 필수적 부분을 이루고 있었던 장시가 커다란 역할을 하기도 하였다. 이앙법의 전반적 보급에 따라 촌락단위의 집단적 노동이 일반화되고 있었고 당시에는 모든 생산이 단지 자기소비만을 목적으로 하지 않고 있었기 때문이다.

집단적으로 논의되었던 내용에는 실로 여러 가지가 포함되리라고 생각되지만, 가장 중심이 되었던 문제는 토지문제와 부세문제였다고 생각된다. 당시에는 차지경쟁을 이용하여 지주층들이 빈번하게 작인들을 교체하

....

39 김인걸, 1984 앞의 논문.

고 있었고 토지매매도 활발하게 이루어지고 있었기 때문에, 자연 일상적 생활에 있어서 필수적인 토지를 둘러싼 문제가 그 핵심이 되었던 것을 알 수 있다. 그러나 보다 많은 공감대를 형성할 수 있는 것은 부세문제였다. 앞에서도 검토하였듯이 관주도의 향촌통제책 하에서 그 핵심내용이라 할 부세정책이 당시 민인의 전 삶을 압도하고 있었기 때문이기도 하거니와 그 수행은 향촌사회 내부의 조직을 매개로 하지 않으면 안 되었기 때문이다. 그리고 거기에는 앞서 언급했다시피 토지문제와 관련해서는 지주나 양반층, 상호(上戶)의 이해관계가 일정하게 작용하고 있었지만, 부세문제와 관련해서는 어느 정도의 공통된 이해가 가능했던 당시의 사정도 관련되고 있었다고 판단된다.

이 문제와 관련하여 당시 합법적 공간에서 가장 중심적 역할을 담당하면서 민인들의 이해관계를 반영하고 있었던 기구, 조직으로서 최근 향회가 주목된 것은 이 방면의 연구에 있어서 큰 진전이었다. 이전 시기까지 재지 지배층이라 할 사족들의 지배기구였던 향회가 수령의 부세자문기구화되고 그 구성원에 있어서도 일정한 변동이 있게 되면서 단지 부세결정과정에 있어서 관권에 기생하는 차원을 넘어서 민인의 이해를 대변할 수 있게까지 된 것은 이 시기 민인의 성장을 잘 보여주는 것이라 할 수 있다. 그러한 가운데 이제 향회는 농민항쟁의 조직기반으로까지 전화하기도 하였던 것이다.[40]

1862년 농민항쟁에 관한 연구가 이 시기 집중적으로 폭발되었던 각 지역의 항쟁의 원인을 근본적으로 구명하고 그 발전과정에 있어서 제 사회집단간의 이해관계를 동태적으로 파악하여 반봉건 농민항쟁의 발전단계 속에 적절히 위치지우고, 나아가 그 조직기반의 문제까지 검토할 수

---

40 안병욱, 1986a 「조선후기 자치와 저항조직으로서의 향회」 『성심여대논문집』 18; 1986b 「19세기 임술민란에 있어서의 「향회」와 「요호」」 『한국사론』 14.

있게 된 것은 커다란 연구 성과라고 할 수 있다. 그런데 근대로의 이행기에 있어서 농민항쟁의 역사적 성격을 객관적으로 파악하기 위해서는 그것을 추진할 수 있었던 물적 토대가 무엇이었던가, 그리고 그것이 봉건권력에 의해 좌절할 수밖에 없었던 한계 등을 동시에 고려해야 한다고 할 때, 결정적인 것은 항쟁의 주체들이 자신의 의사를 관철시킬 수 있는 물적 토대의 취약성과 봉건권력을 타파할 수 있는 조직기반이나 이념의 부재문제였다는 점을 지적하지 않을 수 없다.

조직문제와 관련해 볼 때, 언급했다시피 기존의 연구에서 지적되고 있는바 첫째 납세공동체로서의 면리조직이 항쟁에 이용되고 있었다고 하는 견해나 둘째 두레, 초군조직 등과 같은 생산, 노동조직이 거기에서 주요한 기반이 되고 있었다고 하는 견해, 그리고 셋째 그 같은 조직들이 기본적으로 고립분산적 성격을 가지고 있었기 때문에 군현 내부에서 조차도 그것이 항쟁에 동원되기 위해서는 일정한 매개가 필요하였다는 견해 등은 새롭게 검토되어야 할 필요가 있다고 생각된다. 왜냐하면 무매개적으로 납세공동체가 이용되고 있었다고 설명하는 것은 자칫 그 안에서의 농민들의 사회경제적 처지나 그들의 주체적 인식, 활동을 부정하는 것이 아닌가 하는 오해를 불러일으킬 소지가 있으며, 그 이전 단계에서조차 빈번하게 제기되었던 반봉건운동을 동태적으로 설명할 수 있는 여지를 축소시킬 위험이 있기 때문이다. 그리고 생산·노동조직을 주목할 경우, 앞서 지적한 바와 같이 그것이 농민들의 의사결집의 기반으로서 농민항쟁의 조직기반이 될 수 있는 개연성은 충분히 상정할 수 있는 것이지만, 향촌사회 권력구조 안에서의 노동조직의 위상을 실증적으로 구명할 수 없다면 위와 마찬가지로 공허한 설명으로 끝날 위험이 있다.

세 번째의 견해에도 문제가 없는 것은 아니다. 즉 이 견해는 중세해체기 향촌사회의 촌락구조에 대한 이해를 지극히 단순화시키거나 고정화시킴으로써 그 안의 주민구성이라던가 계급배치의 다양성, 역동성을 사상하는 것이 아닌가 하는 우려를 배제할 수 없기 때문이다. 과연 모든 지역에서의 항쟁이 새롭게 형성되고 있던 노동조직을 조직화해내고 있었던가 하는 점이 뒷받침될 때 이 설명은 보다 큰 설득력을 갖게 될 것이다. 이미 18세기 말 같은 면리 내에서도 빈부의 격차가 현격히 커지면서 대립이 노정되고 있었고,[41] 같은 동리에 거주하는 동족 간에도 그 점은 마찬가지였던 것이다.[42] 이와 관련하여 위와 같은 하부조직의 문제가 아직은 부세 문제처리에 있어서 매개고리가 되고 있었던 향회와도 본격적으로 관련지어 이해되고 있지 못하고 있기 때문에 이러한 검토는 이 시기 향회의 역사적 의미를 이해하는 데 있어도 일정한 도움을 줄 수 있을 것으로 생각된다.

사실 현재까지 검토대상이 되어 온 자료에 국한시켜 본다고 하더라도 위의 세 가지 견해들은 모두 일면 타당한 근거들을 가지고 있다. 그렇지만 조직기반의 문제는 항쟁의 원인, 항쟁주체들의 문제의식, 그 발전과정에 있어서의 단계성 등의 문제와 깊이 연결된 것이기 때문에 조직구성원의 객관적 조건과 주체적 활동을 고려하지 않은 채 일방적으로 주도층에 의해 '동원되었던 것'으로만 이해되어서는 곤란할 것이다. 그 같이 이해되어서는 조직기반의 의미가 정확히 포착되기 어렵거니와, 항쟁주체들의 역동성이나 항쟁의 발전과정을 설명하는 데 있어서 곤란해지게 된다.

따라서 이하에서는 바로 위와 같은 점을 염두에 두면서 기왕에 군현단

---

41 『승정원일기』 정조 23년 4월 9일 "近來人心不古 該面該里之中 亦多有富戶稍實之類 而以無厭之欲 兼幷廣作 有積而又積之計 全無資助貧民之義 任其失業契其流散 而其身役還上 分懲於殘戶 可勝歎哉"

42 『한계유고』 권9, 「附痛慕錄」(이윤갑, 앞의 논문 639쪽에서 재인용) "我洞同居一族 而貧乏者多 歲或窮荒 不能自支 公賦亦不能以時"

위로 취급되어 왔던 관련 자료들을 가능한 촌락조직의 문제와 연관시켜 유형별로 검토함으로서 문제에 접근해 보도록 한다. 명확히 드러나지 않는 경우를 제외하고 각 지역의 관련 자료를 검토의 편의상 논문 말미에 「부록」으로 싣기로 한다.[43]

「부록」의 관련 자료를 통해 확인할 수 있는 유형으로서 들 수 있는 첫 번째의 것은 기왕의 연구에서 주목되어온 바와 같이 항쟁의 조직기반으로서 향회가 가능하고 있는 경우이다.[44] 그 대표적인 예를 영남 단성에서 보게 된다. 단성에서 향회의 향론을 주도하고 그것을 항쟁으로 이끄는 데 주도적 역할을 하였던 사람은 재지사족이었던 김령, 김인섭 부자였다. 이들은 향회의 권위를 배경으로 하여 향원(鄕員)들을 끌어들이고 불참한 향원들에게는 벌전을 부과하며 또 중민(衆民)들의 힘을 동원하여 문제를 해결하려고 했던 것으로 파악된다. 이들은 향론을 빌어 향임(鄕任), 이임(吏任)을 차출하는 등 읍권을 장악하고,[45] 그에 필요한 경비를 토지로부터 마련하기도 하였다.

「부록」 자료 ①에서 볼 수 있는 바와 같이,

....

43 농민항쟁 관련 자료의 배열은 최근 이 방면의 종합적 연구라고 할 수 있는 『1862년 농민항쟁』(망원 한국사연구실, 1988, 동녘)에서의 순서에 따랐고, 그 대상도 삼남지역으로 국한시켰다.

44 안병욱, 1986a 앞의 논문; 망원한국사연구실, 1988 『1862년 농민항쟁』, 동녘, 116~130쪽 참조.

45 단성에서는 隣邑例에 따라 吏·鄕을 차출하였다고 했는데(『일성록』 철종 13년 7월 11일, 김인섭 原情), 이 같은 사정은 임술항쟁 이후 인근 선산에서 고종 1년(1864) 당시 감사 서희순의 지시에 따라 취해진 조치에서도 확인된다.

"第念變怪所由來 則專由於鄕所阿附民情(瘼)隔於官 首吏奸頑國穀盡歸於私 苟欲防後來之弊 只在公兄鄕所之得人 座首鄕薦 是累百年流來古規 至于今年亦已遵行 而本廳有非薦不入五字揭板 而間或有干囑圖差者 每每獨亂 自今後恪遵揭板古規 非鄕薦入者 一鄕共斥之 公兄乃官首吏 當自官差出 而如有犯分蔑法之頑吏 剝割生民之奸吏 濫刑者 一邑公會呈單請汰"(「營門踏印完議」, 『영남향약자료집성』 242쪽 수록)

"(김령이) 분기하여 한번 호령함에 群黨이 모두 모였고, 衆民을 지휘함에 그의 통제에 따랐고, 面面戶戶가 어길 수 없었다. 또한 그 이름을 점검하여 절반이 도착하지 않자 한 가지로 참가치 않은 사람에게 闕錢 5兩씩 급히 督捧하였으니 그 합한 것이 2,000餘 兩이나 되었다"

라고 했을 때, 여기서 궐전(闕錢)을 내야 했던 400여인은 향원이 아니었나 추측된다.[46]

다만, 이 당시 동원되고 있었던 중민(衆民)의 성격과 그 조직이 문제가 되고 이와 관련하여 '面面戶戶'를 어떻게 해석할 것인가 하는 점이 문제가 된다. 그런데 이 점은 김인섭이 1861년 2월 17일에 감사 김세균에게 올린 단자에서 군교 포졸 등 군임(軍任), 도감 검독 등 향임(鄕任), 풍헌 집강 등 면리임(面里任)이 세족(世族)과 향민(鄕民)들을 수탈하는 상황을 구체적으로 지적하고 있었던 사실에[47] 비추어 볼 때, 이들을 납세공동체의 구성원으로서 면리임에 의해 동원되었던 일반 농민들로 볼 수 없음은 추측할 수 있을 것 같다.

같은 유형에 속한다고 판단되는 함양의 경우 자료 ⑯에서 보는 바와 같이 '령(令)을 듣고 와 모인 자가 대부분 고노용부(雇奴傭夫)였다'는 사실에 비추어 보았을 때 이들을 향원들에 의해 동원되었던 층으로 일단 유추해 보아도 무리는 없으리라고 생각된다. 물론 거기에는 사족들에 의해 사적으로 예속되어 있던 사람들만 포함되어 있었던 것은 아니고 다수의 일

. . . .

46 여기에서 그 숫자에 얼마만한 신빙성을 부여할 수가 있는가 하는 것이 문제이다. 그러나 같은 자료에 所入經費를 매 결당 1兩씩 본 읍의 結摠에서 거두어 사용한 것이 1,200여 兩이었다고 적기되고 있는바, 당시 실 結數가 1,310結이었음에 비추어(망원한국사연구실, 앞의 책에서 재인용), 그 신빙성은 매우 높다고 생각한다.

47 망원한국사연구실, 앞의 책, 117·121쪽.

반 농민이 포함되고 있었을 것이다. 왜냐하면 당시의 동(리)는 하나의 공동납단위로 파악되고 있었고, 따라서 자료 ⑨, ⑯, ㉗, ㉘, ㉗ 등에서 볼 수 있는 바와 같이 벌전(결전) 부과가 구상가능한 동원방법이 될 수 있었다는 점, 그러나 동시에 같은 함양의 경우 자료 ⑰, ⑱에서 확인할 수 있듯이 동원대상이 되었던 사람들이 항쟁의 주도층이 바라는 대로만 움직이고 있었던 것이 아니라 전혀 별개의 차원에서 조직적으로 움직이고 있었다는 점 등을 고려해야 하기 때문이다. 자료 ⑰은 중민과 항쟁의 조직자들 사이의 이해관계가 반드시 일치하는 것만은 아니었다는 점을 생각하게 해주며, 자료 ⑱은 당시 50여명의 함양민이 17세 김총각의 지휘아래 둔취하면서 읍을 공격하고, 나아가 인근 읍에까지 통문을 돌려 항쟁에 적극 참여할 것을 유도하고 있었던 모습을 보여준다. 이 같은 유형은 단양 이외에도 함양, 거창, 성주, 선산, 인동, 경주, 창원 등 주로 영남지역에서 발견되는데, 이는 영남의 경우 18세기 이래 타 지역에 비해 상대적으로 유향의 분기가 현저하지 않았고 여전히 재지사족들의 향소(향청)에의 참여가 일정하게 이루어지고 있었기 때문이었다고 볼 수도 있을 것이다. 그러나 19세기 전반 일반적으로 향회는 수령의 부세행정의 자문기구의 성격을 강하게 갖는 것이었고, 따라서 그것은 기존 지배신분층이었던 사족들의 입장을 그대로 반영할 수는 없는 것이었기 때문에 그 이유는 또다른 측면에서 찾아져야 할 것이다.

이 점과 관련하여 전라도 장흥의 경우 전 보성군수 고제환에 의해 주도되었던 항쟁이 "挾憾脅官 擅踚迻於吏鄕之任者 卽迺(嶺)南亂民之一串悖習"[48]으로 지적되고 있었던 점이 주목된다. 즉 이 유형의 특징은 항쟁의 주도층들이 중민의 힘을 이용하는 동시에 재지 지배층의 권위를 배경으로 하여

----

48 『비변사등록』 철종 13년 7월 19일; 『임술록』 71쪽.

향권을 장악하고(이것의 실내용은 이향임 등 제 직임을 장악하는 것이다) 읍정(邑政)에 자신들의 이해관계를 관철시킴으로써 수령권을 무력화시키는 것이었다고 하겠다.

그 같은 점에서 본다면 꼭 같은 형태는 아니더라도 위와 같은 유형이 비단 영남의 경우에만 국한된 것은 아니었다고 할 수 있다. 즉, 자료 ㉟, ㊿ 등에서 볼 수 있는 바와 같이 전라도 익산에서는 통문을 돌려 읍회를 개최하여 다중의 힘을 동원하여 수령을 겁을 주어 쫓아내고 읍권을 장악하여 각 면임들을 부릴 수 있었으며, 순창에서는 떠나고자 하는 수령을 가로막고 수향수리(首鄕首吏; 座首·吏房)를 자신들의 의사에 따라 차출하도록 하고 있었던 것이다.

언급한 바 장흥의 경우 자료 ㊼에서 볼 수 있듯이 당시 읍권(邑權)을 장악하고 있던 유향(儒鄕; 鄕儒)들에 대한 공격의 성격을 강하게 띠는 것이었다. 항쟁의 주모자로 지목되었던 고제환이 어떠한 조직기반 위에서 중민들을 동원하고 있었는가는 불명확하다. 이 점과 관련해 볼 때 그가 이전(철종 원년, 1850) 보성군수로 재임하던 당시 이포(吏逋)를 보충하기 위해 향회를 이용하여 '요호권분(饒戶勸分)'을 실시하는 가운데 '사민(士民)'들의 반발을 초래함으로써 파직을 당했던 사실[49]이라던가, 임술년 당시 '민중을 이끌고 공정(公庭)에 들어가 관장(官長)을 위협하고 이향(吏鄕)을 마음대로 내쫓거나 임명하고 이민가(吏民家)를 불지른 것'에서 앞장섰던 것으로 지목되었던 사실[50] 등으로 미루어 기존의 향회조직을 그대로 이용하고 있었던 것으로 보기는 어려울 것 같다. 그럼에도 불구하고 『임술록』의 찬자가 위의 영남의 경우와 같은 유형으로 파악했던 것은 그가 조관(朝官) 출신이었다는 점과 관권을 무력화시키고 읍권을 재지세력이 장악

---

49 『비변사등록』 철종 원년 5월 9일; 『일성록』 동년 5월 9일·10일.
50 『일성록』 철종 13년 7월 2일 「全羅左道三邑暗行御史金元性書啓」.

하는 데 따른 정부의 위기감에서 비롯된 것이라고 볼 수 있다.

다음 두 번째 향회의 형식을 빈다고 하더라도 항쟁의 방식과 조직의 면에서 첫 번째 유형과는 전혀 다른 면모를 보이고 있던 경우를 볼 수 있다. 그 대표적인 예의 하나가 진주항쟁이다. 자료 ③은 진주농민항쟁의 원인, 전개과정, 조직기반, 주도층 등에 대해 당시 안핵사로 파견되었던 박규수가 종합적으로 정리해 보고한 잘 알려진 문건이다. 사실 진주를 비롯한 영남 일반에서 재지사족들이 항쟁의 전 과정에서 상당한 역할을 했던 데에 기인한 것이겠지만, 박규수는 대민들의 움직임에 지나치게 집착하여 항쟁의 구체적 동력과 그 기반을 정확히 포착하는 데서는 한계를 보였다.

자료 ④~⑦은 통상 읍 향청 등에서 열리던 관주도의 향회와는 달리 유계춘 등이 수곡시(水谷市)에서 별도의 도회(都會)를 갖고 여기에서 문제를 제기하고 있었음을 보여준다. 당시 시변강반(市邊江畔)에 모인 30여 인은 유계춘이 몇 개의 리에 돌린 통문내용에 동의하여 모인 사람들이다. 전직 향임을 포함하여 대민(大民)들이 중심이었다. 이들을 소집하는 방식은 향회 소집방식에 따랐다고 생각된다. 물론 잘 알려진 대로 수곡도회에서의 결정은 유계춘이 의도한 바대로 내려지지는 못했다. 그렇지만 상당수의 인원들이 문제제기에 동의하고 있었고, 최소한 문제를 공개화시키는 데 성공하였다는 점에서 위와 같은 모임이 갖는 의의는 매우 큰 것이었다.

그런데 구체적 항쟁의 전개과정에서 이 모임과 당시 참가자가 어떠한 역할을 수행했는가는 보다 면밀하게 검토되어야 할 것이다. 왜냐하면 그 조직기반은 위의 예들과는 전혀 유형을 달리하고 있었기 때문이다. 이 점을 잘 보여주고 있는 것이 자료 ⑧~⑮이다. 이들 기록에서 확인할 수 있는 사실은, 첫째 항쟁의 주체들은 수곡도회와는 별개로 수청가회의를 개최하고 이를 통해 거사계획과 조직을 점검하였다. 둘째 조직기반이 되었던 것은 '초군(樵軍)'이었고 이들의 동원을 위해 한글로 된 '초군통문'이 사용되기도 하였다. 셋째 초군조직은 동단위로 편제되어 있었고, 이들의 동원(議送樵軍, 起送樵軍)에는 면임(풍헌)과 동임 및 동내두민(洞內頭民)[51]이 일정한 역할은 담당하였다. 넷째 항쟁에 참가치 않을 경우 궐전(闕錢)을 거두는 등 강제력을 동원하고 있었다.[52] 다섯째 항쟁 참가자가 초군조직에 들어있는 사람에 국한되어 있었던 것만은 아니고 양반, 상인(商人)들이 포함되고 있었다는 점에서 그 신분에 있어서도 특별한 제한이 있었던 것은 아니었다는 점 등이다.

이상에서 우리는 1862년 진주항쟁이 '초군작변(樵軍作變)'이라고 일컬어지고 있었던 사정을 이해하게 된다. 다만 초군조직이 그 기반이 되고 있었음에도 불구하고 이들이 주체적으로 항쟁을 조직화해내고 자신들의 요구사항을 정면으로 제기하고 있었는가 하는 점은 의문이다. 즉 실제 행동에 있어서는 자신들의 이해와 배치되는 세력에 대해서 철저하게 징계하고 있었지만, 그들의 공식적인 구호는 여전히 도회에서 제시되었던 '도결(都結)과 통환(統還)의 혁파'에서 더 나아간 어떤 것이 사전에 준비되었다는 증거를 아직 발견할 수 없기 때문이다. 이 같은 사실은 당시 향회가 중민의 이해를 전반적으로 대변하고 있었던 것은 못되었다는 점을 반영하는 것이라 할 수 있다. 여전히 향회는 대민들이 중심이 되어 운영되면서 관권의 시녀역할에서 크게 벗어나지 못하고 있었던 것이 일반적 상황

....

51 주 26, 27, 28 및 다음 자료 참조.『일성록』철종 13년 6월 1일 全羅右道暗行御史趙秉式 書啓 "(高山) 邑民約會將有悖擧 則該倅侵夜登途景色蒼黃 (중략) 第以民習言之 迺敢於該倅離衙之後 千百爲群 抹巾持杖 毁撤校吏四五人家 臣旣露蹤而猶不知敢 故捉其頭民幾漢 且喝且喩 始乃經夜退去"

52 항쟁에 晉州의 全洞이 참여하고 있었던 것은 아니었지만, 당시 한 관찰자는 그 영향력이 대단했음을 전해주고 있다.『嘉營錄草』"翼日(2月 19日) 曉後 以介川里不參之闕錢二百兩 逢授本寺 曰將補客舍重修云(只捧一里闕錢 則一境之皆動可知)"

이었으며 그 때문에 향회는 민인들의 의사와는 대립적 위치에 있던 경우가 적지 않았음을 말하는 것이다. 그래서 위와 같이 별도의 모임을 통해 문제를 해결하지 않으면 안 되었던 것이다. 그 점이 보다 확연하게 드러나는 예가 상주의 경우이다. 자료 ㉝, ㉞가 그 같은 사정을 이해하게 해준다.

상주에서는 소민들이 면임 김일복을 중심으로 항쟁을 전개하고 있었다. 즉, 상주에서는 대민들이 누차 향회를 열고 있었지만 전혀 문제를 해결하지 못하고 있던 점을 비판하고 소민들이 독자적으로 행동에 나섰던 것이다. 그리고 이 때의 모임은 민회로 불리웠다. 한편 논의의 장으로 장시가 이용되고 있던 사실도 나타난다. 물론 그 진행과정에 있어서 표면상으로는 조관양반(朝官兩班)을 장두(狀頭)로 삼아 결가, 환곡, 군포 등의 문제를 관과의 타협을 통해 합법적으로 해결한다면 생진대민(生進大民)을 장두로 삼는 것보다 훨씬 용이할 것으로 생각했고, 일을 추진하는 과정에서 문제가 야기된 것이라고 표방하고 있었다. 그렇지만 어디까지나 소민들이 주체가 되고 있었다는 점에서 그 조직적 기반의 문제도 타 지역의 경우와는 차이가 있었으리라 생각한다.

사실 그 이전 선무사 이삼현의 주재 하에 열린 대소민회의에서 환곡의 포흠부분에 대한 처리문제를 둘러싸고 소민들은 대민들과 정면으로 맞서서 이서배가 착복한 환곡의 이자를 자신들은 부담할 수 없으며 굳이 부담해야 한다면 토지에다 부과할 것을 주장할 정도로 결집되어 있었다.[53] 이 같은 기반위에서 문제해결의 실마리가 보이지 않는 가운데 인근 읍의 항쟁소식에 고무되어 읍에서 별도의 모임을 갖고 항쟁을 전개해 나갔던 것이다. 그런데 조직기반과의 관련 속에서 생각해 본다면 전체 31개 면 가

---

53 망원한국사연구실, 앞의 책, 221~223쪽.

운데 읍에 들어가 적극적으로 참여하였던 것은 6개면이었다는 문제를 어떻게 해석해야 할 것인가.[54] 즉 막 모내기를 끝낸 음력 5월 14일의 시점에서 농민들을 이끌고 읍내로 들어갔던 사람들과 그렇지 못했던 면민들과의 관계문제는 어떻게 볼 것인가 하는 등의 문제는 여전히 남는다.

한편, 기존의 관권에 기생하여 읍민을 수탈하는 데 앞장섰던 세력을 일소하고 별도의 모임과 조직을 바탕으로 하여 항쟁을 전개했던 또 하나의 대표적 예를 함평에서 발견하게 된다. 전라도의 경우 항쟁이 구체적으로 향회와의 관련 속에서 진행되었던 예가 확인되고 있지는 않지만, 함평에서는 탁월한 조직자에 의해 각 면리의 민인들이 조직적으로 동원되고 있었다. 이 점이 상주의 경우를 보완해 줄 수 있을 것이다. 자료 ㉛~㉝이 그 점을 보여준다.

함평항쟁에서 주도적 역할을 담당했던 이는 경상접장(京商接長)이었던 정한순이었는데, 그는 '출파(出派)'로 지목되고 있었다.[55] 또한 여기에는 읍리(邑吏)와 향인(鄕人)이 같이 참여하고 있었고, 각 면리에서 여론형성에 큰 영향력을 행사하였다고 여겨지는 훈장, 그중에서도 정길진·김백환·진경심·홍일모 등이 적극 참여했던 점이 주목된다. 이들은 면임을 통해 각 면리의 주민들을 조직적으로 동원하고 있었던 것이다. 각 면리에서 참가하고 있었던 중민들이 자신들의 면리 이름을 쓴 기치(旗幟)를 내걸고 참여하고 있었던 것이 그 점을 잘 말해주고 있다. 이들은 '불모이동(不謀而同)'하였던 세력들이고 각 면리에서의 요호(饒戶)들도 군량을 제공하고 있었

---

54 위의 책 225~226쪽 참조.
55 위의 책 259~260쪽 참조. 坐派·出派 등으로 항쟁의 조직자를 구분하였던 것이 전라도에만 국한된 것만은 아니었다. 이삼현이 선산의 경우 주모자 전범조를 出派로, 退吏 김능집을 坐魁로 파악하고 있었던 것이 그것이다(『임술록』 208쪽 「鍾山集抄」 四月 十九日).

던 만큼 대중적 기반을 확보하고 있었기 때문에 그 같은 조직화가 가능했던 것이다. 한편 이들이 향교를 거점으로 하여 둔취(屯聚)하면서 한동안 읍권을 장악할 수 있었던 것은 정한순이 표방하였던 바 '보국위민(輔國爲民)'의 구호와도 관련하여 향촌사회 제 세력의 지지기반을 확보할 수 있었기 때문이라고 할 수 있을 것이다. 그리고 그것은 역으로 기존의 권력기구가 그 역할을 하는데 있어서 결정적 한계를 노정한 사실의 반영이라고도 판단된다. 자료 ⑱에서도 볼 수 있듯이 순천의 경우 익명의 통서(通書)에 의해서도 3,000여 명이 모여 명화적이나 다름 없이 읍의 지배기구 전체를 철저하게 공격하였던 점도 그것을 말한다.

그러나 모든 지역에서 위에서 검토한 바와 같이 향회를 통해서건, 아니면 일부 향원이나 주도세력의 조직화를 통해서이건 간에 항쟁이 전 군현차원에서 조직적으로 전개되었던 것만은 아니었음도 고려되어야 할 것이다. 이미 함양의 경우 사족, 향원들이 중심이 되어 군현차원에서 활동하고 있을 당시에도 17세의 김총각의 지휘아래 50여 명의 함양민이 둔취하면서 독자적인 활동을 전개하고 있었던 점을 지적한 바 있지만,[56] 향회 등과 같은 매개가 없이도 직접 농민, 초군들이 봉기하여 행동으로써 자신들의 주장을 펼쳐나가고 있었다. 전라도의 강진 임피 등지와 경기도 평택 등지에서의 농민들의 활동이라던가, 충청도 회인 등지에서의 초군들의 활동이 그것이다. 자료 ⑭에서 볼 수 있듯이 전라도 일대에서 뚜렷한 주모자가 없이도 5~600명 혹은 300여 명씩 둔취하면서 선무사의 순행을 가로막고 자신들의 요구조건을 제시하고 있었던 당시의 사정을 고려할 필요가 있다. 곧 그것이 조직화되면 군현단위의 항쟁으로 전화되게 되는 것이다. 그러나 당시에 이 같은 동력이 곧바로 항쟁의 조직기반으로 전화되고

....

56 「부록」의 자료 ⑱ 참조.

있었던가 하는 판단에는 신중을 기할 필요가 있다.

강진에서는(자료 ㊾) '이앙지민(移秧之民)'이 폐단을 고쳐줄 것을 칭하며 구병사(舊兵使) 이희영이 교체되어 돌아갈 때 길을 막고 병사(兵使)의 수종과 관속들을 공격하고 있었고, 급기야는 과거 병사의 신임을 얻고 있었던 관속들의 집을 불질러 파괴하는 단계로까지 나아가고 있었다. 병사는 자신에게 불만을 품고 있던 이서배들의 짓이라고 변명하고 있었지만,[57] 당시 이른바 '두레'의 성원이었다고 할 농민들이 집단적으로 행동에 나섰던 드문 예이다. 그러나 이 점은 아직 두레조직이 당시의 일반적 항쟁에 있어서 조직적으로 동원되고 있었다고 하는 실증적인 자료가 풍부하지 않은 상황에서 볼 때, 당시의 항쟁은 이들의 조직 기반 위에서 이들의 이해를 직접 반영할만한 단계에까지 나아간 것은 아니었다고 이해하는 것이 보다 합리적이라고 생각된다. 왜냐하면 자료 ㊿, ㊹에서 볼 수 있는 바와 같이 전주 함열 임피 익산 네 읍에 걸쳐있는 장항보(獐項洑) 불당보(佛堂洑)의 보세(洑稅) 문제를 둘러싸고 내수사 및 사부가(士夫家)와 농민들 사이에 분쟁이 일어나고 있었고, 평택에서는 제언상송(堤堰相訟)문제를 가지고 농민들이 집단적으로 읍에 들어가 자신들의 주장을 행동으로 표출하고 있었음에도 불구하고 이 같은 힘이 당시의 군현단위의 항쟁으로 바로 연결되고 있었던 것은 아니었다고 판단되기 때문이다. 실제 임피에서는 보세(洑稅) 문제를 가지고 인민들이 항의를 하는 가운데 사람이 죽고 무고한 사람이 유배를 당하고 있었고, 전라우도 지역을 조사했던 암행어사 조병식이 보고 석상에서 이 문제를 가장 시급히 해결해야 할 폐단으로 지적하고 있었지만, 그 역시 이를 당시의 항쟁 일반과 관련지어 파악하고 있었던 것은 아니라는 사실도 바로 위와 같은 사정을 반영하는 것으

57 『일성록』 철종 13년 7월 23일 全羅前兵使李熙永原情.

로 판단된다.

위와 관련하여 자료 ㊳, ㊿~⑩, ⑫, ㊿에서 보이는 초군(樵軍; 草軍)들의 활동에 대한 해석도 보다 면밀하게 검토되어야 할 필요가 있다. 남해에서의 초군들은 그들이 일반 농민과 크게 구분되는 존재가 아니었고 그들은 면단위에서 동원되고 있었다고 할 수 있다. 그런데 충청도의 경우, 농민군들이 가장 활발하게 움직이고 있던 5월의 기록이 극히 부족한 형편에서[58] 그 판단은 유보되어야 할 것이지만, 회인의 초군들이 사부가의 금양작벌(禁養斫伐)에 대한 통제에 저항하여 봉기하고 있는 점이라던가, 회덕의 초군 수천 명이 읍을 공격하고 더 나아가 청주의 반촌(班村)을 공격하고 있던 사실 등은 읍회나 향회 등을 매개로 하지 않고서도 항쟁이 전면화될 수 있다는 점을 보여주었다는 점에서 시사적이다.

충청도의 경우 타 지역에 비해 상대적으로 조관사족(朝官士族)의 영향력이 강하였고, 따라서 수령이라든가 그에 결탁한 이향층의 힘이 그다지 크지 못했기 때문에 영남에서와 같이 재지세력이 중심이 된 반관투쟁이 드물고 농민군, 초군들이 항쟁의 주체로 나서서 양반가, 반촌을 직접 공격하는 유형이 지배적이었다는 지적은[59] 매우 타당한 것으로 보인다. 그러한 점에서 농민항쟁의 반봉건적 성격이 극명하게 드러난다고 할 수 있을 것이다. 그렇지만 동시에 그 같은 투쟁이 자신들의 요구를 관철시킬 수 있는 반관투쟁, 즉 읍권 장악을 시도할 수 있는 단계로 까지 나아가지 못하고 대부분 일시적이고 산발적으로 끝날 수밖에 없었던가 하는 점이 고

---

58 망원한국사연구실, 앞의 책, 334쪽 참조. 임술년 5월에 집중된 충청도 항쟁에 대한 자료의 부족에 대해 이 책에서는 안핵사나 선무사를 파견치 않고 대부분 감사의 단편적 보고에 따라 처리했던 점을 지적하고 있다. 이와 관련하여 임술항쟁에 대한 가장 풍부한 사실을 보여주는 『일성록』에서 이해 5月分이 결본되어 있다는 사실도 주목할 수 있을 것이다.

59 위의 책, 334~337쪽 참조.

려되어야 할 것이다. 군현차원을 넘어서서 회덕, 은진민의 경우와 같이 청주와 여산을 공격하고 있었다는 점에서 국지성의 극복 당시 반봉건운동의 일반성의 관철을 보여줬다고 평가됨에도 불구하고 그 같은 힘들을 반봉건투쟁으로까지 조직화되지는 못하고 있었던 것이다.

물론 충청도에서도 향회가 일정한 역할을 하고 있었다. 향회구성원 내부에서 관의 일방적 수탈에 반대하여 지속적으로 문제를 제기해 오고 있었고,[60] 그러한 가운데 그 뜻을 관철시키고도 있었다. 자료 ⑥에서 볼 수 있듯이 임천에서 일읍의 민인들이 정소운동에서 나아가 향교에서 모여 논의하는 가운데 직접 관청을 공격하고 있었고, 연풍에서는 관의 '결전에봉(結錢豫捧)'을 철회하게 만들기도 하였다.[61] 충청좌도암행어사 김익현이 별단(別單)에서, "폐단을 제거하기 위한 정소와 향회시에 들어가는 비용을 마련하기 위해 통문을 돌려 돈을 거두는 폐단을 엄히 금지할 것"을 건의하면서 "최근의 삼남패요(三南悖鬧)는 이들이 키우지 않는 것이 없다"고 말한 것은[62] 당시 향회의 향원들이 항쟁에 있어서 일정한 역할을 하고 있었음을 알게 한다.

그러나 그것이 곧바로 위의 농민항쟁으로 바로 연결될 수 있는 것인가는 보다 면밀하게 검토되어야 할 것이다. 이후 임천에서의 항쟁이 '진장소원(陳狀訴寃)'하는 단계에서 더 나아가지 않은 것은 어떻게 해석해야 할 것인가. 항쟁의 결과 소민들에 대한 무마용의 하나로 이정청에서 제기하였던 동포제(洞布制)를 시행하기 위하여 다음 해 정월 청안현에서는 향회

---

60 안병욱, 1986a 앞의 논문.

61 『일성록』 철종 13년 6월 22일 延豊縣監金思默原情 "昨秋以應勅時急之致 與民會議 捧結錢挪當 此則他邑皆然 而不意亂民與猾吏筒同 誣呈巡營謂之預捧加結 渠不欲相持 先捧三百兩卽爲還給"

62 『일성록』 철종 13년 6월 28일.

를 열어 이 문제를 논의하도록 조치를 취하기도 하였다. 그러나 논의과정에서 소민들은 새로 동포제를 취하거나 예전대로 결납(結納)할 것을 지지하고, 대민들은 그에 반대하여 군정(軍丁)은 예전대로 소민들에게 모두 맡기고 구납부족조(舊納不足條)만 자신들이 담당하겠다고 나섬으로써 다툼이 일고 소민들이 대민의 집에 불지르는 사태로까지 진전되었다.[63] 사실 이 같은 문제는 그 이전 단계에서도 내연되어 있었고 타 지역에서는 앞서 언급한 바 있듯이 임술항쟁과정에서 나타나고 있었던 것이다.

그러한 점에서 자료 54, 55에서 나타나듯이 공주에서 정소단계에 있어서조차 소민들의 의사가 상대적으로 강하게 표출되고 있다는 점과, 이어 무리를 이루어 읍촌(邑村; 吏鄕, 班民)을 공격하는데 몇몇의 와주(窩主)가 활동하고 있었다고 하는 점이 주목되는 바, 이 후의 항쟁의 진로를 예시하는 것이었다.

이미 당시에 농민항쟁의 원인이나 주도층의 평가에 있어서 다양한 견해차가 노정되고 있었는데,[64] 그것은 항쟁의 조직기반을 어떻게 이해하는가하는 점에 있어서도 마찬가지였다고 생각된다. 그런데 당시 봉건정부나 관료의 입장에서 파악했던 조직기반에 대한 이해는 나타난 현상을 문제삼는 정도의 피상적인 수준에 머무르는 경우가 많았으며, 그것도 보고자가 어떻게 인식하고 있는 가에 따라 큰 편차를 보이고 있었다. 조직적 기반의 문제에 있어서 어떤 체계적인 이해를 하고 있었는지 의문이 아닐 수 없다. 당시 농민들이 집단적인 움직임을 보이고 있었음에도 불구하고 그것을 당시 항쟁 일반과 연결 지워 파악하고 있지 못하고 있었음은 그것을 반영하는 것이다. 이는 역으로 당시의 항쟁 일반이 농민적 기초위에서 이루어지

---

63 『일성록』 철종 14년 정월 18일 淸安縣監洪畯原情.
64 김용섭, 1974 「철종 임술년의 응지삼정소(應旨三政疏)와 그 농업론」 『한국사연구』 10 참조.

고 있었던 것만은 아니었다는 사실을 반영하는 동시에 농민 스스로가 자신들의 힘과 조직을 바탕으로 하여 반관투쟁에 나서고 있는 단계로 나아가지 못하고 있었음을 의미하는 것으로 해석될 수도 있는 것이었다.

위에서 살핀 바와 같이 임술항쟁의 조직기반은 다양하였다. 항쟁의 유형을 주도층과 관련하여 크게 대별해 본다면, 첫째 향원(재지사족, 양반토호)들이 중민을 동원하는 경우, 둘째 기존 향회에 반발하는 주도층이 향회와는 별도의 모임을 통하여 항쟁을 이끌어 가는 경우, 셋째 별도의 와주가 있어 항쟁을 조직하는 경우, 넷째 농민(초군) 스스로가 집단적으로 행동으로써 자신들의 의사를 표명하고 있는 경우 등으로 구분해 볼 수 있을 것 같다. 그리고 각각의 경우 그 조직기반이 뚜렷하게 구분되는 것은 아니라고 할지라도 전이자(前二者)에 있어서는 각 동(리)에 거주하고 있었던 민인들이 그 기반이 되고 있었지만 대체로 기존의 향촌조직이 이용되고 있었고 그 규모도 전 군현차원에 걸치는 것이었다고 할 수 있다. 그러나 후이자(後二者)의 경우에 있어서는 초군(유리민), 두레농민 등 농민적 기초가 보다 강하였으나 그 규모에 있어서는 군현차원으로까지 확대되는 경우가 드물다.

이 같은 사실은 임술년 농민항쟁의 성격을 이해하는데 또 하나의 단서를 제공해 줄 수 있을 것으로 생각한다. 즉, 최근 진주의 경우를 중심으로 이루어져 온 임술항쟁에 대한 연구를[65] 통해 우리는 항쟁의 준비와 초기 단계에서는 지주 부농 등 진보적 요호부민들이 주도적 역할을 수행하지만 항쟁의 발전 과정에서 그들이 탈락하고 주도권이 빈농 초군에게 넘어가면서 보다 철저한 반봉건운동으로 나아가게 된다고 하는 사실을 확인할 수 있었다. 이 점은 당시 초기 주도층에 의해 제시되었던 슬로건이 대

....

65 망원한국사연구실, 앞의 책; 이영호, 1988 「1862년 진주농민항쟁의 연구」『한국사론』 19 참조.

중적 지지기반을 확보하고 있었음에도 불구하고 기본동력이었던 소·빈농들의 이해와 반드시 일치하는 것만은 아니었다는 사실을 반영하는 것이기도 하다. 그렇지만 위에서 살폈듯이 소·빈농들의 인식이 항쟁 과정에서 보다 철저해지고 있었다는 점과 동시에 고려되어야 할 것은 항쟁의 조직자들이 기본적으로 어떠한 조직적 기반 위에서 출발하고 있었는가 하는 차이에 따라 항쟁 초기부터 그 지향이라던가 항쟁 양상이 다를 수밖에 없었다고 하는 점이다. 임술년에 폭발하였던 일반 항쟁이 국지적 성격을 대부분 탈피하지 못하고 단명으로 마치게 되었던 이유의 하나는 그 조직기반의 취약성에 있었던 것이다.

4. 맺음말

1862년 농민항쟁은 우리나라 중세 사회의 제반 모순이 농축된 하나의 분기점이었고 동시에 그것은 앞으로의 사회운동의 방향을 예시해준 거대한 사건이었다. 해체기에 직면한 조선사회를 전면적으로 개혁함이 없이 체제를 유지하고자 했던 그 동안의 봉건정부의 정책은 임술항쟁에 의해 여지없이 그 허구성이 입증되었음은 물론, 항쟁에 참여하였던 제 사회 세력은 이를 통해 자신이 처한 객관적 조건을 보다 분명히 인식함과 아울러 항쟁의 실패를 경험하면서 새로운 출구를 모색할 수 있는 계기를 갖게 된 것이다.

본고는 1862년 농민항쟁의 성과와 한계를 생각하는 가운데 기존의 연구에서 다소 소홀히 취급되어 온 조직기반의 문제에 주목하게 되었고, 거기에서 나타난 견해 차이를 어떻게 합리적으로 설명할 수 있을 것인가 하는 점을 검토대상으로 삼게 되었다. 기존의 연구에서는 임술항쟁이 기본적으로 농민적 이해를 반영하는 것으로서, 표면적으로는 당시의 부세제도 부세행정의 모순을 매개로 하여 그에 가장 첨예하게 대립하고 있던 지주·부농층이 초기단계에서 주도층으로 등장하지만 항쟁의 발전에 따라 그들은 탈락하고 일반농민(소·빈농)이 새로운 주체로서 등장하게 된다고 파악하고 있다. 그리하여 그 주장 자체도 부세문제에만 머무르지 않고 기본 모순이었던 지주제 모순의 문제에까지 확대되게 되는 것으로 보는 것이다. 여기에서 전자를 강조할 경우 자연히 항쟁의 조직기반으로는 부세징봉기구를 주목하게 되는 것이며, 후자를 주목할 경우 새로운 농민조직이 강조가 되는 것 역시 자연스러운 것이라고 할 것이었다.

그러나 그 같은 견해는 항쟁의 조직기반 자체를 전면적으로 분석한 위에서 도출된 것은 아니었다는 점에서 일정한 문제를 안고 있다고 생각되었다. 또한 그 같은 조직들이 고립적이고 개별분산적인 형태로만 존재하고 있었던가 하는 점도 재검토되어야한다고 생각한다. 위에서 검토한 바와 같이 각 견해가 임술항쟁의 실제 조직과는 일면 연결되면서도 그렇지 못했던 것은 바로 그 같은 문제의 타당성을 말해준다. 즉, 항쟁의 초기단계에서부터 어떠한 조직에 기초하고 있었는가 하는 지향의 차이가 나타나고도 있었으며, 그에 의해 항쟁의 양상이나 거기에서 요구되었던 주장들에 있어서도 차이가 있었던 것이다. 본고가 전반부에서 촌락조직의 변모를 검토하였던 것도 따지고 보면 이점을 방증하기 위한 것이었다고 할 수 있다.

실제 18·19세기 조선의 촌락사회는 크게 변모하고 있었다. 촌락사회는 기존의 사족지배체제의 틀을 벗고 관의 부세행정체제에 종속되어가는 가운데 그 자율성을 상실하고 있었음에도 불구하고, 그 내부에서는 새로운 농민조직을 만들어내고 있었다. 또한 각 사회세력의 지향을 반영하는 각종 조직이 발달하기도 하였다. 촌락질서의 전면적 재편이 이루어지고 있었던 것이다. 그렇지만 각 촌락사회는 그 내부 구성원의 역학관계 여하에 따라서 그 조직의 위상에 있어서 상당한 편차가 있었다. 어느 곳에서는 여전히 사족이 영향력을 행사하고 있었고, 다른 곳에서는 그와 달리 면리조직의 역할이 두드러지기도 하였다. 농민조직으로서의 두레나 초군조직의 모습도 지역 간에는 일정한 편차가 있었을 것이다. 여기에서 어느 것이 일반적 경향을 대변하는 것이었는가에 대해 단정을 내릴 수는 없다. 그렇지만 항쟁은 바로 이와 같은 다양한 기반위에서 전개되고, 따라서 항쟁의 조직자들이 어떠한 조직기반위에서 출발하는가 하는 점이 항쟁의 성격을 규정하는 데 있어서 매우 중요한 문제의 하나였던 것이다.

위에서 검토한 바와 같이 1862년 농민항쟁의 조직기반은 더 크게 보면 둘로 대별될 수 있는 것이었다. 단적으로 대별해서 본다면 하나는 기존의 지배기구를 이용한 것이었고, 다른 하나는 그것과는 달리 순수한 농민조직 또는 같은 지배기구 내에 아직 매몰돼 있는 것이었지만 기존의 사회체제에서 유리되고 있었던 농민들, 초군조직이 그것이었다. 우리가 1862년 농민항쟁을 고찰할 때 그 주류적 경향은 전자에 그 비중이 두어지고 있었음을 부인할 수 없다. 그러나 그 기본 동력이 후자에 있었으며 그 같은 움직임이 동시에 분출되고 있었다고 하는 점 또한 주목해야 할 것이다. 전자에 기반한 농민항쟁이 결국 당시 사회 모순의 담당자였던 농민들의 이해를 충분히 대별할 수 없었기 때문에 단기간의 항쟁으로 결말나고 있었음은 당시 사회모순의 기본 성격이 어떠한 것이었는가를 잘 말해 주는 것이었다.

이제 항쟁의 과정을 통해서 농민들은 물론 당시 항쟁을 주도했던 사회세력이 자신들이 처한 객관적 조건을 보다 분명히 인식하게 되었으며, 역량의 한계를 체험하게 됨으로써 다음 단계의 항쟁을 준비하게 된다. 이후 반봉건항쟁이 지배계급의 울타리에서 벗어나고 단순한 경제투쟁의 단계를 뛰어넘어 더욱 치열하게 전개되어 나아가게 되는 것은 자연스런 과정이었다.

〈1〉 단성

① 蓋其(金欞) 起鬧之端 憤其逋還 二萬七千餘石空穀之捧 攘臂一呼 群黨齊會 指揮
衆民 聽其節制 面面戶戶卽刻無違 及其點名折半未到 一併以闕錢五兩式星火督
捧 合爲二千餘兩 (중략) 稱以擧事所入浮費 乃以每結一兩式磨鍊 收捧於本邑結
總 合爲一千二百餘兩(壬戌錄, 52~53쪽, 慶尙右道暗行御史李寅命 別單)

② 移逋於民間 民訴大起 (중략) 衆民依營關施行之意 屢屢呈訴本官 不爲施行 反以
呈議送之罪 使吏校輩毆打衆民 渠之父(金欞) 爲鄕中所牽挽 不幸參涉矣 (중략)
於斯之際 一鄕發論呈稟營邑 以鄰邑例差出吏鄕 而竟未施行矣 (日省錄, 哲宗 13
年 7月 11日, 前正言金麟燮原情)

〈2〉 진주

③ 其曰都結其曰統還者 亂民之所稱冤而藉口者也 其曰里會其曰都會者 亂民之所群
聚而謀事者也 其曰回文其曰通文其曰榜書者 亂民之所嘯聚爲之期會者也 其曰
杻谷水谷水谷市德山市者 亂民之初會再會起鬧始亂之地也 都結統還非獨小民之
不願 而里會都會皆是大戶之主張 (壬戌錄, 22~35쪽, 晉州按覈使査啓跋辭)

④ 果於正月二十九日 以二月初六日 水谷市都會 呈邑呈營之意 矣身主張通文 而初
一日加 西鄭元八及靑巖姜千汝 亦以此事委寄 曰吾輩五六里 以統還革罷次入邑
貴里亦爲來參云 而矣洞則不去(晉州樵軍作變謄錄, 제6호 문서, 류계춘에 대한
조서)

⑤ 姜右(宇·于)默段 始也參涉於鄕會 可知喜事之徒 終焉委書於杻谷 明是挾雜之類
此變則縱無相關 其習則有難全恕 (자료③과 같음. 晋陽樵變錄 참조)

⑥ (今二月初六日) 適値水谷場市之日 多人聚市之中 間有都會之說是如乎 許多聚人
未知誰是都會中人是乎㫆 市邊之畔 見人三十餘人會坐 故往聞會議之說(자료④
와 같음·제5호문서, 김윤화에 대한 조서)

⑦ 趙學勉段 參會水谷 雖曰家近之致 曾經鄕任 自是喜事之徒 諺書之榜才到於會中
撤市之說遽發於座上 渠以年老之人 坐在上頭 不能嚴斥他紛紜 主論之目未免自
取 (자료 ⑤와 같음)

⑧ 本里李啓烈 卽校里(李命允) 之六寸而樵軍之座上也 日不記二月初來言 曰作樵軍
回文 輪示本洞 則似有應從之望 而吾旣無識不能自爲 汝其借述以給云 故矣身

果以諺書 依歌詞體作之 (위와 같음)

⑨ 金正寔段 亂民恐嚇之說 每云不參者徵捧闕錢 則渠爲本洞頭民 惻於其說議(起)送
樵軍 雖不可遽斷以倡 而何必以打市刿貨買喫酒飯等說 誘送雇兒乎 平日包藏 於
此可知 (위와 같음)

⑩ 曺錫哲段 本洞樵軍起發入邑也 三更唱聚之說 雖曰洞任之所爲 五面派給之饋 旣
有渠招之自服 推諉從妹夫之指使未免粧撰 參涉樵軍 情跡誠極痛惡 (위와 같음)

⑪ 黃應瑞段 風憲異於凡民 邑屬俱是慣面 安敢咆喝之說 雖爲發明之端 渠旣指揮
(知委)洞任起(送)樵軍則縱不領率而同往 亦有參涉之形跡 (위와 같음)

⑫ 許瑚段 渠爲本洞班民 年且老大 而不識事理 旣參樵軍輩 起送之際 又往水淸街
會議之際 河童面質之招不啻丁寧 孫兒痘疾之說自歸粧撰 雖非同參作亂之類 難
免不能禁之止責 (위와 같음)

⑬ 許正太段 水淸街會議之際 旣謂偕往 湖南地行商自歸落空 隨入樵黨的然可知
(위와 같음)

⑭ 私奴孟乬貴大等段 三十洞人旣與(於)相率而入邑 兩村毀家又復參涉於到處 (위와
같음)

⑮ 裵石仁段 旣往水淸街會議之際 必須樵軍輩入邑之日 而供招專事援引 面質未免
橫堅 苟無情犯之是實胡乃荒亂之如此 縱非渠洞之倡先 足爲樵黨之隨從 (위와
같음)

〈3〉 함양

⑯ 狀頭朴萬純禹書龜許炯等段 作亂時擧措 則成言稅木價之濫定 先發通文聚會 又
以危言恐喝 若有不來之人先毀其家亦捧罰錢(중략) 聞令來會之民 太半是雇奴傭
夫 號曰樵軍 聽其指揮(중략) 所到村落造飯等待饒戶盡蕩 聞其破毀之家 多是民
怨之人 (壬戌錄, 51~52쪽, 자료 ①과 같음)

⑰ 去月二十九日到付咸陽 前郡守吳敬善牒呈內 本郡設置 亦於二月分 郡守赴擧上
京之後 乃乘空官 亂民輩稱以革弊 發文聚黨效嚬付邑 (중략) 欲集邑權 而座首以
下 將吏皂隸無不自鄕蹂陟(중략) 究厥兒圖則出自頑鄕之爭任(중략) 末乃衆民始
知其見欺於亂類 而受害不少 則反欲打殺三狀頭 更將聚會 故自官各別禁斷 (壬
戌錄, 45쪽, 右兵營狀啓 六月二十五日)

⑱ 又於日前 有十七歲總角 發令咸陽民五十餘名 直到于佳坪鄭氏所居村 或毀瓦家
或燒草家數十餘戶盡爲消蕩 而只餘空虛 又向邑內盡毀官屬家 殺越吏三民二五
人 因爲屯據 咸倅則潛往營門而避禍矣 其所屯之賊 又爲通文于長水縣民 謂以若
有冤痛之事云 則將移到于長水云云 且通文于隣近邑嘯聚徒黨 則無賴之輩 亦多

影從 不知將來之何如云 (龍湖閒錄 三, 三南民鬧錄上 三月二十九日)

〈4〉 거창

⑲ 亂民狀頭李時奎崔南奎李承文等段 (중략) 以威脅謂得計以討索謂適時 爲民所畏
不敢不從 爲吏所喉如公如私 乃其從中生財之意一也 等其起鬧之端 卽日移貿邸
債還戶等事 發通聚黨倂倣他邑之模樣 裏巾操捧 亦用樵軍之裝束 (壬戌錄, 52쪽,
자료 ①과 같음)

〈5〉 성주

⑳ 同治元年壬戌二月日 本邑外村愚民輩 轉聞晉州爻象 且値空官機會 謂以邑弊紏
正 發通各面 (徐宅鉉, 『星州民擾時前吏房徐宅鉉辨巫錄』)

㉑ 本州士族之動 不干涉於邑事 想已洞悉 而鄕校爭任之雜類 與士於冰炭 必欲甘心
亦想俯諒矣 今番起鬧專出於此輩 外假除弊之名 內售逞憾之計 以爲藉名言托民
之術 鄙家及校長之橫遭阨會牋此之由 而無知衆民 積憤於吏奸之恣橫 場市一榜
及匿名一通 萬人齊起如影如響 (李源祚, 『凝窩先生續集』 卷9, 答舊明府書)

㉒ 星州牧使報內 牧使到任後 槪聞前後邑變 則三月二十六日 本州大小民人幾萬名
聚會於邑底沙場 作黨攔入城中 吏校家舍之毀破者爲三十二戶 搶産者爲三十餘
戶 又於四月十二日 聚會於外村明岩場基 毁燒人家者爲八戶 而搶産者不知爲幾
許家 (壬戌錄, 44~45쪽)

㉓ (五月十四日) 民曰 各面之民尙不退散者 卽以昨日七兩定給之甘結 認出震怒之處
分 故姑爲退出 欲於今日以十兩處分 奉以遵行矣 余曰結價則吾所不知者也 七兩
又云不足 則雖五兩三兩未爲不可 而汝等之罪 決不可容貸矣 民曰旣蒙生活 盍垂
終始之澤乎 各面頭民一齊在此 均被罪罰以活萬命焉 余責之愈峻而民之請罪愈
益懇至 余曰 (중략) 汝等須以官家請罪也 (壬戌錄, 219쪽 『鍾山集抄』)

㉔ (五月二十二日) 又四十里至星州 僅免擧火之撓 本倅出見 故問近日民情 則向於
宣撫移發之日 有八九十民人 來入官庭自願被罪 故諭以旣已開悟 則不必罪之而
各各散去 一自三月以後 所謂鄕會無日無之五六百人常常來鬧於邑底 而近頗從
容 更無一民於邑底矣 聞甚喜幸 (壬戌錄, 223쪽)

㉕ 臣所居星州 適値空官 亦不免效尤而起 場市一榜萬人齊會 毁破人家殆過數十 雖
卽解散 不至如他邑之蔓延 而其爲犯分蔑法則一也 (중략) 方其時也 街巷偶語 以
爲營邑因循控訴無效 如欲洩憤莫如邑會 來柜撥襬之徒 閒雜無名之類 一唱萬和
群聚作變 外議不諒 或以倡亂之罪歸之於大民 而小民之於大民 素所憎疾 外假除
弊之名 內售逞憾之計 小而驅脅 大而焚蕩 肆其氣焰莫敢誰何 (承政院日記, 哲宗

13年 8月 9日, 行護軍李源祚疏)

〈6〉 선산

㉖ 各面亂民輩 以結錢事 四月初二日 齊集官庭 脅勒官長 成出八兩完給之文 而燒
毀吏家及班戶 爲近五十戶 尙撓不息 (중략) (4月)二十九日 宣綸於客舍之庭 各
面來會之民 每面或二三人三四人 頗從容整齊 (중략) 全範祖放還之路 忽又作鬧
曰吾輩經營之事 雖有營邑處分 而適値宣撫之行 可以牢定矣 又復發綸於各里 自
午後稍稍來集 (중략) 全哥曰營門始則誤以亂民下燭至有捉囚之擧 而燭其誠心爲
民之狀乃爲放釋 而至以下納一事 使之專管矣 結錢八兩初非不得之事也 老退吏
金龍集者通鍊邑事 若使執籌查簿則當以八兩爲之 而無不足之理云矣 (壬戌錄,
206~207쪽)

〈7〉 개령

㉗ 開寧縣監金厚根牒呈內 本縣班民金奎鎭 稱以邑弊矯捄 暗自發文 輪示三面是乎
所 聚考其通文辭意 則如有不從之民 先毀其家且罰其洞盜除良 所用錢財當勒徵
富家云云 (壬戌錄, 41쪽, 巡營狀啓 四月)

㉘ 探問民變之由 則 (중략) 始有尙州(?) 晋州丹城之變 隣壤之民又復相謂 曰某邑以
民撓而還弊將釐某邑以民撓而結價將減 我邑之弊何嘗不及於彼邑 而從容以過乎
但無知事之人爲之首耳 浮浪喜事之輩遂作通文 輪示各面 以某日約會 而若有不
參者當燒其家又徵罰錢 蚩蠢之氓 互相恐怵 一齊來集 則突入官庭 (중략) 勒成文
蹟 而村民之於邑吏 小民之於大民 積有嫌怨 常二切齒者也 (중략) 燒毀家舍者
皆吏家及班戶也 別無稱亂之窩窟根核 而人心胥動猝難妥帖 (壬戌錄, 224쪽)

〈8〉 인동

㉙ 府使李根奭出見 問作亂之由 則亦以都結事 前月初十日 亂民群聚突入 以十二條
件之並革罷事 府使自書完文 只給亂民 而當場人吏及奴令 盡皆逃散 (중략) 此邑
作梗愈甚於善山 (중략) 仁同之張卽旅軒後裔也 文蔭諸人亦過五六人 而伊日爲
亂民所驅 並皆跣足不冠作前鋒入官衙 恐喝官長勒受完文云 嶠南士氣之一至於此
豈勝憂歎 (壬戌錄, 209~210쪽)

㉚ 仁同邑民鬧事 去四月初十日 鄕民數千裏巾持杖齊會邑底 咆喝本官無所不至 以
爲吏逋則勿徵於民 結價則每結爲七兩五錢 逃故軍丁千餘名永爲頉給 無論上下
納 軍保每名二兩式酌定之意 促出完文 作黨威脅 則其時本官 不勝其迫脅 依其
言成給 而猶爲不散 焚燒外村班民家舍爲十一戶 邑內逋吏家舍爲四十三戶 蓋自

昨年十月至今年四月 前後鄕會爲十三次 而其主事倡論無一會不參者 卽前正言
張膺杓也 只着宕巾單衣執杖爲民所先驅者 亦張膺杓也 外地朝官 或有只參始論
者 或有被其迫脅者 而今於廉探之際十手所指衆口所目 皆歸於張膺杓 (日省錄,
哲宗13年 8月 29, 慶尙左道暗行御史任承準 別單)

③ 前官時 欲與鄕人矯捄弊瘼 書速面請於朝士士人 自七月至十二月 鄕會凡六七次
而渠則 八耋病親之下 無以暫時離側 未得一番往參矣 自鄕中再度投札 攻責備至
故不得已隨衆一參矣 正月有鄕會而渠託病不性矣 二月初本官之書速 吏喝到底
勤懇 故强又一參 (중략) 火變時則前二日 本官委訪於鄕中某某家 歷入渠家 曰聞
亂民輩日間將起鬧云 當日則不得不與某某朝士 共議調劑亦須入來云 故渠早朝
入府兼爲省親之計矣 中路猝遇萬餘人 扶曳扼致之辱 盖見鄕內朝士士人 徃徃迫
脅於火燒風稜之中 而亂民輩以渠不參渠會 直入府中之故 裂破衣冠 凌踏無比
(日省錄, 哲宗 13年 閏8月 27日, 前正言張膺杓原情)

③ 仁同府使牒呈內 四月初九日鄕會云云 而本府北三若木西面民人輩 嘯聚徒黨 直
到若木面卜星里前縣令申晦應家 毁破家産 (중략) 九面民人響應來到者 數不知
爲幾千人 (壬戌錄, 44쪽)

〈9〉 상주

③ (尙州公兄文狀) 五月十五日 本州小民等 謂以三政矯捄作黨入邑 放火連燒班戶與
民家 同月十六日 又爲火燒民吏家 前後被燒合爲百餘戶 (日省錄, 49쪽)

③ 尙州風憲金日福初招 以爲本邑與還弊年增痼瘼 故規正次爛議諸民 曰如我輩雖千
呈萬訴 必無實效 不若境內某某兩班請爲狀頭後 結價則每結八雨式 還上則臥本
取耗 軍布則二兩式備納 而如不聽從並爲刻迫之意 完議已定矣 五月十二日官有
捉待之令故入于吏廳 則公兄曰三政已爲從民願矯捄矣 汝往民會所以散去之意曉
諭 使之退去云 故卽往會所傳諭 則諸民不聽 齊往班家請爲狀頭 則皆不許聽(중
략) 三政爲弊之事 一一已達於鎭營 而自昨冬大民屢次鄕會 但貴酒食之費於民間
終未歸一 故小民以爲若鄕官兩班爲狀頭 則與官家議定尤易於生進大民 故小民
等果請金承旨爲狀頭 而金承旨不在家 故燒其家舍 (중략) 而若公廨見燒事 以身
布有每戶六兩八錢之議 故已自春初 場市之間或有是議 而其時則渠果挽解矣 今
番見燒果未知何人所爲云 (日省錄, 哲宗 13年 6月 24日, 慶尙監司李敦榮 馳啓)

〈10〉 경주

③ 慶州之民 亦以燒木事 三十二洞作黨千餘 而入官府不於怪悖之境故事不得成 留
數日而各歸矣 不過累日 自鎭營捉入狀頭者七人 嚴刑卽放 而一邑之民 更爲騷擾

不知未來之如何 (龍湖閒錄三, 129쪽)

〈11〉 창원

㊱ 狀頭金石柱金台秀金宗吉金東吉 始因還弊等事 呈邑呈營以致紛紜 雖無扶雜作梗
之擧 各面之發通 似涉效嚬之跡 究其情節不可曰無罪 臣已嚴刑懲礪而放送 (日
省錄, 哲宗 13年 7月 5日, 慶尙右道暗行御史李寅命 別單)

㊲ 十一月十九日 昌原府使馳報內 本邑有變乖 如火益烈 如水莫遏 今月初八日 府
東面琴山居金大宗 稱以還作錢夥 不可無矯捄 發通各里聚會多民 放欲作梗 故發
遣卒校 使之捕捉 (중략) 又於今十四日 府西面甘泉金東吉 中里鄭義之 接踵而起
嘯聚徒黨 遍里循各 脅之以徵罰 憂之以燒家 禍迫如此 民莫敢不聽 一晝夜之間
徒衆不知爲幾百 (중략) 又於今十七日聚會 其勢益大 其徒不可以千百計 曾經面
任者一人家 及時座首之家先爲放火 及至十八日 一邑四面之衆 雲屯蝟集 景色如
此 無異難離 (중략) 所謂金大宗 雖云逃躱 入於其中自爲領魁是喩 所謂金東吉
係是首倡 今此乖擧 出於此漢指揮是喩 又未知如鄭義之者幾人於其黨 (壬戌錄,
99~100쪽)

〈12〉 남해

㊳ 七面民人等狀內 矣等以樵童牧堅之輩 不勝宿昔忿苑之際 不期會而會者數千人
其獵猛虎突出衝火 大警父母案前之心 矣等之罪萬死無惜 然吏鄕者做事劃策者
也 一縣之英雄也 擧邑之豪强也 矣等者荷鎌負械者也 登山樵軍也 出野之農夫也
安知事體也 豈識義理哉 (중략) 而加出移貿者 於吏之荊棘也 於民之霜雪也 (壬
戌錄, 101쪽)

〈13〉 익산

㊴ 今此變怪 怨由於都結 (중략) 亂類輩憑藉等訴 馴致此變者 有關法綱 (중략) 林致
洙段 以老黠之種粗解文字 昧事而好事 始集亂類 虛名發通 一境響應千人風從
(중략) 縱其徒黨 討覓結剩 分派各面 指揮措處 皆出其手 (중략) 李義植段 外托
發通等狀之說 內蓄劫逐官長之計 和應於蘇聖鴻之違憾 納謬乎林致洙之借名 (중
략) 白泰洙等段 發通邑會無座不參 (중략) 各面有司金啓憲等八人 只因悖類之招
致 使之逢授結剩錢 則別無可問 (壬戌錄, 60쪽, 益山按覈使啓跋)

〈14〉 함평

㊵ 「壬戌四月十六日 咸平公兄文狀」鄭翰淳 嘯聚徒黨 橫行各面(村里) 燒毀人家 攫

奪民財 聲聞狼藉矣當日已時量 同黨不知幾千名 標立旗幟 屯陳於邑前市邊是如可
一時應聲四邊分派 各持竹槍 攔入東軒 (龍湖閒錄三, 57쪽)

㊽ 「咸平亂魁鄭翰淳招內」 昨春以後 許多弊瘼中 最尤甚之計板從排 宮結加徵 還簿
虛張事矯捄次 屢呈京營 至於擊錚 而判下文蹟 終不施行 (중략) 逐土豪痛懲奸吏
次 一丈痛(通)文 闔境之民 不謀而同 (중략) 竹槍云者 老弱各持竹杖 或先或後
則其可曰竹槍乎 旗幟云者 以片紙 各表其面里名 則亦可曰旗幟乎 (중략) 至於毀
家者之如干米穀取而食之 各面饒戶之隨力分給 此豈掠奪民財是乎旀 (龍湖閒錄
三, 73~74쪽)

㊼ 「咸平按覈使啓本云云」 鄭翰淳段 本以京商接長 今爲出派渠魁 往來京鄉 十件民
瘼 一邑通論 而借憑藉之端 售欺徧之計 跡露僞印怨甚勘配 倡頑率衆 曳官長燒
人家 聚會幾千 屯結一朔 汚穢校院 騷訛朝野 揭竿刴竹 此何物也 輔國爲民 又
何稱也 抄戶攘奪儲畜皆空 籍民點閱湯火如赴 (중략) 締結邑吏 伺察査官 指揮吏
胥 督促調停 (중략) 各面訓長金百煥等十四人段 望風響應 (중략) 各面面任李敦
一等十三人段 調丁給餉 旣是訓長之事責 (龍湖閒錄三, 90~91쪽)

㊸ 然則籍村里撤場市 而驅合之者誰歟 列旗槍燬閭舍 而嚇脅之者誰歟 (중략) 跡其
始終釀出事變 昇逐命吏者 一則翰淳二則翰淳也 (중략) 各面訓長之發丁領率 抄
戶齋粮 俱犯罔赦之罪 而其中 金百煥 陳敬心 洪日模之密語計事 同惡相濟 係是
萬目所覩 (중략) 在逃之鄉人 金相元以下六人 及訓長鄭吉鎭 所犯俱係緊重 各鎭
營刻期詗捕 令道臣從重酌處 (壬戌錄, 66쪽 및 備邊司謄錄, 哲宗 13年 5月 29日)

〈15〉 부안·금구

㊹ 宣撫使謄移內 (중략) 第於(五月) 七日 自全州離發轉向咸平 行過金堤按安等地
到處邑民 百千爲群皆以虛卜闕額還逋之寃徵事 許多爲弊之說 前遮後擁 迭相評
訴 皆願痛革弊瘼 俾蒙極救之澤 (중략) 忽初九日扶安縣中路悖民 無慮千餘名 結
聚店街 先訴捄弊之狀 而又以本邑吏金晉說 多年作弊流毒平民事願於當場俾爲斯
民之生道 (중략) 又於十一日 路由於金溝邑 而一境民(大小民人)屢千名 謂之捄
弊 通文齊會邑中 攔入官庭亘滿街路 言辭之狂悖聲勢之豪悍 已無論比 亦以已上
納稅錢稱以高價 還卽推納 幾許名虛額稱以寃徵一併革罷等十餘件難從之事 (중
략) 外此所經他邑 亦有五六百名 或數三百名 三里五里間 歷歷屯聚到頭還集 由
是晝日之行 不過爲三四十里而止 每見其首倡前驅之漢 則擧皆泛浪潑皮之類無一
解事而操身者 以此推之 其所悖擧者 不可盡謂之在捄弊也審矣是白乎所 (龍湖閒
錄三, 83~84쪽)

㊺ 扶安呈 以今五月初八日 宣撫使入縣 其翌日向往古阜之路 三巨里 境內大小民人

數千名 作黨遮路 稱以民瘼 還弊與作錢軍弊條目 別紙納錄 有聲攀轅 曰此皆吏
房金晋說之舞弄也 (壬戌錄, 67쪽)

㊻ 金溝呈 以五月十一日未時量 本縣二北洛陽兩面 無賴數百名 以移轉還爲民弊事
等訴 故依民願題給矣當日宣撫使入縣 而鷄鳴後 一境無賴亂類屢千名 稱以民瘼
矯捄 成一立案冊子呈于宣撫使 請出成貼 (중략) 盖本事雖以矯捄爲言 觀其擧措
欲爲駭悖 (위와 같음)

〈16〉 장흥

㊼ 長興公兄文狀內 本府府東面平化里居高寶城濟煥(渙) 以兩稅作板事 聚黨千餘名
今(五)月十三日申時直向府內南門外 儒鄕(鄕儒)鄭邦賢任在星 下吏周信佑等家舍
盡爲燒毀 又欲入城中毀燒各廳云 則同鄭邦賢任在星 (等)亦聚會府內(民)人數百
名 直徃(府東面平化)高寶城家(舍) 及其姪彦柱與奴子家(舍) 幷(亦)爲燒燼事(緣
由)云云 (壬戌錄, 68쪽 및 龍湖閒錄三, 74~75쪽)

〈17〉 순천

㊽ 節到府順天府使徐臣輔牒呈內 本府境內民人 以惡名通書 稱云矯革邑弊 嘯聚徒
黨數千名 白 巾纏頭 各持竹杖 今十五日午時量 一邊聚會于邑之南門外三里許
一邊聚會于東門外喚竹亭川邊是如可 同旧亥時量 直入城中 (중략) 無異明火賊
無論鄕所與吏校奴令 見輒歐打 幾至死境者無數 翼日是在十六日 打殺吏房金百
權 旋入作廳刑廳 各項文簿公錢 無遺燒火 (중략) 又毀破軍奴廳 (중략) 及十七
日夕散歸之時橫行面里毀人家舍 儵掠牛隻是乎所 其首倡亂類之誰某姑難摘發
(龍湖閒錄三, 85쪽)

〈18〉 강진

㊾ 五月二十五日 全羅監司(鄭獻敎)狀啓 舊兵使自營離發時 移秧之民 謂以說弊 遮
路侵逼 又爲作黨燒毀人家事(遞歸之路 亂民聚黨呼訴 竟至座車見碎) (壬戌錄,
68~69쪽 및 日省錄, 哲宗 13年 7月 2日)

〈19〉 순창

㊿ 淳昌郡守李承白 則亂民趙世謙等 始稱舊弊之矯捄 旋摘小吏之罪過 衝激衆民約
日濟會 狀殺下吏 燒毀人家 似此變怪振古所無 而官欲遞歸 則猶自遮道願留 而
首鄕首吏 卽一邑之重任 而曲循亂民之言 遽然除差 未免損體 (日省錄, 哲宗 13
年 7月 2日, 全羅左道三邑暗行御史金元性 書啓)

〈20〉임피

(51) (秉武曰) 最其中時急之弊 卽所謂獐項洑佛堂洑是也 此處在全州咸悅臨陂益山西
邑之交 而爲生民次骨之怨 若復今年收稅 則其弊難言矣 此乃內司與士夫家勒奪
民洑 科外收斂者 而營邑袖手肆行侵漁 甚至於狀害人命刑配無辜 此若不極命革
罷俾歸於民 則非惟興情無可安之地 竊恐悖亂之擧行將接踵而起 豈不大可懼哉
臣之臨陂露縱時 人民輩千百爲群 以此呼訴 所見甚愁亂矣 (日省錄, 哲宗 13年 6
月 1日, 全羅友道暗行御史趙秉式 召見時)

〈21〉회덕

(52) (五月十二日) 忠淸監司兪章煥狀啓 懷德樵軍輩 謂有所寃 擁入官庭 聚會徒黨 燒
毁人家 (壬戌錄, 72쪽 및 龍湖閒錄三, 67쪽)

(53) 忠淸監司兪章煥 以懷德樵軍 衝火於淸州牧邑村人戶事 馳啓(朝鮮王朝實錄, 哲宗
13年 5月 癸卯)

〈22〉공주

(54) 「錦伯啓本 十六日(5月)」 公州各面草軍數百 今月(5日)初十日 成群來會 五里許
錦江津頭 (중략)至翌日聚會民至六千名矣 直向本府呼訴 (중략) 現納後錄之一張
所志而乃是本府所呈者也 一稅米以七兩五錢式恒定 一 各樣軍布 勿偏徵於小民
均排於諸戶也 (龍湖閒錄三, 77쪽)

(55) 稱以呼訴 動輒成群 放火邑村而後已 要之皆亂民也 況他道浮浪之漢混入其中者
尤以痛駭 (중략) 或主張發通或乘勢煽虐 必有窩窟指使 不但爲李亨夏一漢而止
(壬戌錄, 73쪽)

〈23〉은진

(56) 初十日公兄來告內 堤內大小民人數千名 聚會竹東面三巨里店 轉回城東面 班民
李象龍大小家 及其山直家舍合九戶 一時燒毁 (龍湖閒錄三, 75쪽)

(57) 全羅監司鄭獻敎 以恩津民數千名 越境至礪山府 燒毁人家事 馳啓(朝鮮王朝實錄,
哲宗 13年 5月 壬寅)

〈24〉청주

(58) 淸州牧使李忠翼牒呈內 今十三日 樵軍數千名 衝火於宋參奉敎熙家 全村一時延
燒 宋班欽三家 亦爲燒毁 合兩虛燒毁四十戶 (龍湖聞錄三, 89쪽)

〈25〉 회인

⑤⑨ 縣監徐護淳牒呈內 今十四日 木縣樵軍輩 謂以士夫家禁養斫伐 二十四里之內 所
經村閭 皆爲衝火 (위와 같음)

〈26〉 문의

⑥⓪ 縣令李龍夏牒呈內 今十因日 本縣民數千名 持杖揮旗 放火于宋班家及宋贊善家
墓幕 毀破吏家三戶 齊入官庭 以結價軍丁等事 達夜等訴 (위와 같음)

〈27〉 임천

⑥① 臣(鄭基會)於前月十七日 露蹤於林川時 聞有群民激忿於猾吏侵漁班民武斷之害
聚會邑村 行將起鬧云 (중략) 其夕擧一邑二十一面之民 殆近萬人 而來詣官門陳
狀訴冤「書啓」前郡守李審在(중략) 每當京營納番之期耗作之時 則只知族徵里徵
面徵結歛民歛賣鄕而已 如是而邑豈曰有守 民何以圖生 以至今春一邑民人 有呈
邑呈營之擧 而又會鄕校 攔入官庭陞階上軒 無限擾眂 更無官民之分 (日省錄,
哲宗 13年 6月 3日, 忠淸右道暗行御使鄭基會 召見時 및 書啓)

〈28〉 진잠

⑥② 樵軍輩 聚會作黨 燒毀人家事 (龍湖閒錄三, 80쪽)

〈29〉 연산

⑥③ 樵軍輩 聚會徒黨 燒毀人家事 (위와 같음)

〈30〉 평택

⑥④ 聞平澤民人等 以堤堰相訟事 成群入城綁縛何許人於通衢之上 毆捽顚倒 光景駭
悖云 (日省錄, 哲宗 13年 4月 22日, 備邊司啓)

5장 민장(民狀)을 통해 본
19세기 전반 향촌 사회문제

1. 머리말

우리 역사에 있어 19세기는 기존의 중세적인 질서가 해체되는 가운데 근대사회를 건설할 새로운 변혁주체가 성장하고 변혁운동이 활발하게 전개되던 시기였다. 지금까지 이루어진 조선후기 사회에 대한 연구 성과에 의하면, 그 같은 사회의 발전은 18세기 이래 조선사회 안에서 이룩된 생산력의 발전에 기초한 농민층분해의 산물인 동시에 그 과정에서 나타난 사회모순을 해결하고자 하는 사회 각 세력의 끊임없는 항쟁의 결과였다고 이해할 수 있다. 조선사회를 지탱해 왔던 지주제와 사회신분제가 모순을 노정하게 됨에 따라 새롭게 성장하고 있던 세력은 물론 당시 몰락의 길을 걷고 있던 일반 농민층들이 그 모순을 제거하고 아래로부터의 변혁을 추구하고자 항쟁의 대열에 나서고 있었다는 것이다.

그러나 가장 중요한 문제의 하나라고 할 수 있는 변혁주체들의 성격과 각 변혁운동에 나타나고 있었던 지향들에 대해서는 현재의 연구들이 아직까지 일치된 합의점을 도출하지는 못하고 있는 것 같다. 1862년 농민항쟁 단계까지 만을 대상으로 한다고 했을 때, 당시 항쟁에서는 왜 기본 모순이었다고 상정되는 지주제나 신분제의 전면적 부정이 제기되지 못했던가 하는 데 대한 설명에 있어 견해의 차이가 나타나는 것이 그 점을 잘 반영한다.[1] 이 같은 견해의 차이는 당시 사회전면에 드러난 대표적 사례들을 분석하는 가운데 분석에 적용한 인식의 틀에서 비롯된 것일 수도 있고, 주도층의 성격에 맞추어 당시 항쟁일반을 성격 지우려 한 데서 비롯된 것일 수도 있다.

그렇지만 위와 같은 문제에도 불구하고 조선후기의 사회상을 파악할 수 있는 기초적인 사료의 발굴과 분석이 진전됨에 따라 우리는 보다 객관적인 당시의 사회상에 접근할 수 있는 가능성을 확보하게 되었다. 그 가운데에서도 19세기 사회 각 세력의 보다 구체적인 움직임을 포착함으로써 당시 사회문제의 실상을 파악하는 것은 현재 제기되고 있는 19세기 사회의 성격과 변혁운동의 단계적 발전을 이해하는 데 있어서 필수적인 과제의 하나이다.

19세기 각 사회세력의 동향을 파악하기 위한 노력은 과거 여러 연구자

---

1 임술농민항쟁에서 지주제 문제가 제기되지 않은 것을 항쟁의 주도층이 가졌던 계급적 한계로 파악하는 견해가 있는가 하면, 부세제도 및 그 운영과 관련해서 지주제모순이 부세문제를 매개로 하여 표출되고 있었던 것으로 보는 견해가 있다. 이와는 달리 당시의 기본 모순을 국가적 토지소유 하에 있어서의 국가-농민 간의 모순으로 파악하는 견해도 있다. 필자는 항쟁에 참여하고 있던 제 세력의 조직적 기반의 문제와 관련지어 이해할 필요가 있다는 문제제기를 한 바 있다. 이상의 논의와 관련해서는 다음의 논저가 참조된다.

망원한국사연구실, 1988 『1862년 농민항쟁』, 동녘.

이영훈, 1988 『조선후기 사회경제사』, 한길사.

정창렬, 1984 「조선후기 농민봉기의 정치의식」『한국인의 생활의식과 민중예술』.

안병욱, 1986 「조선후기 자치와 저항조직으로서의 향회」『성심여대논문집』 18.

고동환, 1987 「조선후기 농민항쟁의 역사적 성격」『한신』 3.

이윤갑, 1988 「19세기후반 경상도 성주지방의 농민운동」『손보기박사정년기념 한국사학논총』.

이영호, 1988 「1862년 진주농민항쟁의 연구」『한국사론』 19.

김인걸, 1989 「조선후기 촌락조직의 변모와 1862년 농민항쟁의 조직기반」『진단학보』 67.

송찬섭, 1989 「1862년 진주농민항쟁의 조직과 활동」『한국사론』 21.

들에 의해 지속적으로 진행되어 왔다. 토지소유관계나 농업경영의 양상을 통한 접근, 당시 제기되고 있었던 각종의 개혁안들에 대한 분석을 통한 접근도 있었고, 그것들을 대규모의 항쟁이나 역사적 사건들과 관련시켜 검토하기도 하였다. 그렇지만 그 같은 작업에서 드러나는 공통된 문제점의 하나는 연구자들이 갖고 있는 기본적인 인식의 틀 위에서 작업이 이루어졌다는 점이고, 그렇기 때문에 각각의 연구가 설정하고 있는 19세기 사회상은 당시의 실상과는 어느 정도 거리가 있을 수밖에 없으며 결과적으로 위에서 언급한 바와 같은 견해의 차이가 있게 된 것이 아니었나 생각된다. 따라서 가능한 한 폭넓게 일차자료들을 검토한 위에서 당시의 사회상을 재구성하는 작업은 여전히 중요한 의의를 가지는 것이라고 하겠다.

본고가 구체적으로 당시 향촌사회의 일반 민들이 제기하고 있던 문제들을 일정하게 반영하고 있던 민장(民狀)을 분석 대상으로 하여 당시 사회문제를 추적하고자 하는 것은 바로 그와 같은 문제를 부분적으로 보완함으로써 19세기사 연구에 조금이나마 보탬이 되었으면 하는 바람 때문이다. 필자는 전에 한 두 논문에서 [민장치부책(民狀置簿冊)]의 일부를 인용한 바 있었으나 그 본격적인 검토는 미루어오고 있었는데,[2] 최근에 이 방면의 연구가 활성화됨에 따라 검토의 단서가 마련되어 이제 그 첫 시도를 하게 되었다.

본 논문에서는 일차적으로 19세기 전반, 구체적으로는 1862년 농민항쟁이 일어나기 이전의 시기에 각 군현단위에서 작성되었던 민장(民狀)에 대한 처리결과를 모아놓은 기록, 민장치부책을 검토한다. 민장은 현재 고문서의 형태로 전해 내려오고 있지만 그것들은 시기적으로나 지역적으로 분산되어 있어서 연구에 본격적으로 활용하기에는 아직 어려운 형편인

---

2 김인걸, 1984 「조선후기 향촌사회통제책의 위기」 『진단학보』 58; 김인걸, 1989 위의 논문 참조

반면, 민장치부책은 일정 시기, 지역의 문제를 집중적으로 반영하고 있어서 편리한 점이 있다.

그렇지만 다음에 언급이 되듯이 이 자료는 관, 즉 수령의 입장에서 민장의 내용을 축약하고 그 처리 결과를 간단히 적은 것들을 묶어 놓은 것이기 때문에, 각 민장의 자세한 내용을 파악하는 데는 곤란이 따른다. 따라서 가능한 한 시기적으로나 지역적으로 그 대상을 확대하여 비교 검토하는 것이 필요하다. 본 논문에서는 우선 전국적인 농민항쟁이 일어났던 1862년 이전의 것을 그 대상으로 하였다. 검토의 결과가 보다 설득력을 갖기 위해서는 그것이 이후의 내용들과 비교, 검토되어야 마땅할 것이다. 따라서 이번 논문에서는 그 대략적인 내용을 소개하는 데 중점을 두고자 하며, 그 종합분석을 통한 이 시기 사회문제의 성격규명 등과 같은 본격적인 검토 작업은 추후의 과제로 미루어 두기로 한다.

2. 수령의 지방통치와 민장의 자료적 성격

민장(民狀)은 말 그대로 민이 관부에 올리는 소장을 의미한다. 그것은 소지(所志)[발괄(白活)], 등장(等狀), 단자(單子), 원정(原情), 상서(上書) 등과 같은 고문서의 형태로 전해오는데, 그 내용은 소송, 청원, 진정 등 관부의 판결과 도움을 요청하는 모든 민원이 그 대상이 되기 때문에, 당시의 사회상과 사회문제들을 파악할 수 있는 일차적인 자료가 된다.[3] 그런데 이 같은 자료들은 고려 말 이래 고문서로서 확인되고 있지만, 그것이 개별 분산적으로 전하는 것이기 때문에 일정 시기 일정 지역에 있어서의 사회

....

3 최승희, 1989 『한국고문서연구』, 지식산업사, 306~337쪽 참조.

상을 종합적으로 이해하는 데에는 그 활용에 있어 어려움이 따르게 된다.

그러한 점에서 비록 그 자세한 내용을 파악하는 데는 한계가 있지 만 19세기 각 지방의 수령들이 민장의 개략적인 내용과 그 처리 결과 들을 모아놓은 민장치부책은 해당 시기, 지역의 관련 자료들과 같이 검토된다면 당시 사회의 실상과 사회문제를 파악하는 데 유용하게 이 용될 수 있다고 하겠다. 그것은 해당 자료가 집중적으로 모아져 있어 서 일정 시기 지역의 사회문제를 종합적으로 이해할 수 있는 여지를 제공하기 때문이다.4

현재 남아있는 군현단위에서 작성된 민장치부책은 필자가 확인할 수 있는 한 모두 19세기 이후에 작성된 것들이다. 언급했다시피 이미 고려말 의 소지가 확인되고 있고, 고려 우왕 원년 2월의 수령고적법(守令考績法)에 대한 교서에 수령에 대한 평가기준의 하나로 '사송간(詞訟簡)'이 포함되고 있음을 미루어 볼 때,5 수령의 민장에 대한 처리는 유래가 오랜 것이었다 고 할 것이다. 그러나 수령들이 각 민장에 대한 처리결과들을 모아놓고 정사에 일일이 참고하게 된 것은 그리 오랜 일이 아니었던 것으로 생각된 다. 그것은 18세기 이래 본격적으로 작성되기 시작한 각종의 「목민서」류 의 지침에서 확인해 볼 수 있다.

즉 18세기 영조대에 작성된 것으로 추정되고 있는 잘 알려진 『치군요 결(治郡要訣)』에서는 '소위 민장이라고 하는 것은 모두 대수롭지 않은 다 툼에 관련된 것이다'라고 전제하고, 민의 고락은 오로지 신역(身役), 전호

---

4 민장치부책은 비단 각 지방의 수령만이 남겼던 것은 아니었다. 민장을 처리할 수 있는 기관에서는 모두 비치하였고, 그 처리의 주체가 누구냐에 따라 치부책 의 성격에도 일정한 차이가 있었다. 이 가운데서 향촌민의 일차적인 소장을 처 리하던 기관이 각 군현이었기 때문에 여기에서는 일단 이 자료를 선택하였다.

5 『고려사』 권75, 選擧 3 銓注.

역(田戶役), 잡요역(雜徭役) 및 토호(土豪) 간리(奸吏)의 침학과 같은 '대절목 (大節目)'으로부터 비롯하는 것이니 이 대절목을 잘 처리하는 데 힘쓰라고 권고하고 있다. 그런데 정조대의 것으로 추정되는『선각(先覺)』에서는 민 장 중에서 윤기(倫紀), 전정(田政), 군정(軍政), 환정(還政), 관속작폐(官屬作 弊) 및 기타 다스려야 할 일과 관련되는 것을 공책(空冊)에 일일이 기록하 여 그 처리결과를 확인할 수 있도록 조치하고 있다. 민장의 중요성이 그 만큼 중요시되어 가고 있었음을 반영하는 것이라고 하겠다. 또『선각』에 서는 별도로「문장이십팔조(文狀二十八條)」를 추록하고 있다.[6] 그 28조의 내용은 첩정(牒呈), 이문(移文), 전령(傳令), 보장(報狀) 등과 같은 관문서에 관련된 것과, 민장의 내용 및 그 처리에 관한 것으로 구분되어 있다. 여기 에서는 민장 중에서 중요한 것을 골라 제시함으로써 그 처리에 참고하도 록 권유하고 있는 것이다.

한편 19세기 순조대에 작성된 것으로 추정되는『거관대요(居官大要)』 에서는 민장 처리 문제가 보다 본격적으로 다루어지고 있다.

> 소지(所志)는 매일 통인(通引) 및 형방(刑房)으로 하여금 모면(某面) 모인(某人)의 소어대략(訴語大略)을 뽑아서 일일이 책자에 기록하도록 하고 때때로 펼쳐보면, 한 가지 일로 두 번 정소(呈訴)한다든가 잡아 대령하라고 하였는데 오지 않는 일 등과 같은 잘못된 폐단을 막을 수 있다.[7]

라고 한 것이 그것이다. 이 점은 거의 같은 시기, 19세기 중반에 편찬된 것으로 추정되는『목강(牧綱)』에 매우 구체적으로 적시되고 있다.[8] 다음의

---

6 內藤吉之助 편, 1942『조선민정자료 목민편』(이문사, 1977), 223~228쪽.
7 위의 책, 259쪽.
8 김선경, 1987「「민장치부책」 해제」『한국지방사료총서: 민장편』, 여강출판사.

기록이 그 점을 잘 말해준다.

　　무릇 소지 뎨김의 말단에는 반드시 고과형리(告課刑吏)의 이름을
써서 간폐를 막아야 한다. 또 공책(空冊)을 많이 매어서 각 면의 민소
(民訴)의 대략과 뎨김을 분류하여 일일이 등서(謄書)한 후에 원장(原
狀)은 장민(狀民)에게 돌려주고 후일 참고로 삼게 한다. 혹 판결을 못
받아 이름을 고쳐서 다시 소송을 제기하는 경우라든가, 하루에도 두
번씩 정소(呈訴)하는 경우가 있는 바, 일일이 다 살필 수가 없는 까
닭에 매번 전일 소지 등록해 놓은 것을 참고하고 열람하면 소득이
적지 않을 것이다.[9]

　이 같이 19세기에 들어와 각 수령의 민장에 대한 처리가 강조되면서
수령으로 하여금 날마다 그 처리기록을 남겨두라고 권고하게 된 까닭은
무엇일까. 18세기 수령이 고을을 다스리면서 남긴 기록 중에서 상당한 분
량을 차지하고 특징적인 것이 보첩류(報牒類)이다.[10] 앞에서 언급한 『선각』
의 「문장이십팔조」의 내용에 해당되는 것이었다. 즉 18세기에는 수령이
민장의 처리기록을 별도로 남기는 경우는 드물었고, 보첩류에 그 중요한
사항만을 등재하고 있었던 것으로 보이는 것이다. 그런데 그 같은 보첩류
의 기록이 19세기에도 그대로 계속되는 가운데 이 시기에 들어와 민장에
관한 부분이 따로 더 작성되고 있다는 사실이[11] 주목된다. 이는 그만큼

....

9 『조선민정자료총서』, 여강출판사, 1987, 201쪽.

10 보첩류의 명칭은 公事, 牒報移文成冊, 報草, 報牒, 牒草, 牒移, 文帖(抄), 文籍, 公
　移, 公文謄錄, 謄錄, 日錄 기타 다양하게 쓰였다. 내용은 수령이 상급기관에 보고
　한 牒呈, 동급기관에 보내는 移文, 하급기관에 내리는 傳令 등이 그 중심이 되고
　있다. 그러나 그 가운데에는 각종 옥사의 처리 기록이라든가 면리에서 올라온
　보고에 대한 처리 및 민간의 청원에 대한 처리내용을 포함하기도 한다.

11 19세기에는 민장만이 별도로 작성되었던 것은 아니고, 과거 보첩류에 같이 등

민장의 내용이 다양해지고 그 처리의 중요성이 증대하고 있었다는 점을 말하는 것이고, 그것은 역으로 민의 요구가 점차 거세어지고 있었던 사실을 반영한다고 보아도 무방할 것이다. 실제로 현전하는 거의 대부분의 자료는 지침서들이 권고하는 대로 민장에 대한 처리기록을 날짜별로 남기고 있다.

그런데 19세기의 민장치부책이 모든 민장과 그 처리결과를 모두 포함하고 있었는가에는 의심의 여지가 있다. 그것은 19세기 전후반을 비교해 보았을 때, 해당 자료의 유실의 문제를 고려에 넣는다고 하더라도, 그 분량이 19세기 후반의 것에 비한다면 19세기 전반의 것으로 현전하는 것이 극히 드물기 때문이다. 모든 수령이 위 목민서들에서 강조하듯이 날마다 민장들의 처리결과를 충실하게 남기고 있었는가 하는 점도 의문이다. 민장에 대한 처리결과는 실로 다양하게 남아 있다.[12]

또 한 가지 고려되어야 할 점은 본고에서 다루고 있는 자료는 비교적 날짜별로 충실하게 민장의 처리결과를 모아놓은 것이기는 하지만, 그 내용을 통해서 당시 향촌사회의 전반적인 문제, 그 가운데서도 민의 입장을 전체적으로 파악할 수가 있을 것인가 하는 점이다. 본래 민장은 민이 법

....

재되고 있던 檢案類도 따로 편찬·정리되고 있다. 검안은 살인사건의 처리기록이다.

12 지역과 시기가 정확히 확인되지 않는 경우이긴 하지만 그 내용으로 보아 19세기의 것이라고 추정되는 같은 계통의 자료 중에는 날짜별로 민장처리 결과를 모은 것이 아닌 것이 상당수 발견된다. 그 중에는 민장의 처리결과 중에서 자신이 중요하다고 생각되는 것들을 간략히 뽑아놓은 것도 있고, 그 중에서도 어느한 사건의 처리결과만을 따로 모아놓은 것이 있는가 하면, 후일 목민서의 편찬에 참고로 하기 위한 목적에서 편찬한 것 같은 인상을 주는 아주 자세한 편찬서도 있다. 『民狀題辭抄出』(상백古951.65-M665), 『民狀歸正顚末』(일사古951.05-M665), 『訟題』(奎古5125-99) 등이 그 대표적인 예이다. 또한 19세기의 보첩류에도 관련 내용이 수록되고 있다.

의 테두리 내에서 자신이 모순으로 여기는 문제들을 관권의 힘을 빌어 해결하고자 하는 목적에서 작성된 것이므로, 그것 자체가 민의 동향이나 입장을 모두 반영하는 것이었다고는 볼 수는 없을 것이다. 더구나 그 같은 민장마저도 민 스스로가 작성하지 못하는 경우가 대부분이었으며, 그것이 관정(官庭)에 올라가는 데 있어서도 이서(吏胥)들이나 문졸(門卒)들의 방해가 있었다.

그러나 그 같은 한계가 있음에도 불구하고 그 점들을 고려하면서 내용을 분석한다면 1862년 농민항쟁 전단계의 향촌사회문제, 그 중에서도 특히 민의 동향을 파악하는 데에는 많은 도움을 줄 수 있을 것으로 기대된다. 이미 지적된 바 있듯이 사회모순의 담지자였던 19세기의 민은 자신들이 갖고 있는 문제점들을 우선은 합법적인 테두리 내에서의 정소(呈訴)운동을 통해 해결을 시도하기도 했고 더 나아가 무력봉기로까지 나갔던 바, 그 귀결이 1862년 전국적으로 일어났던 농민항쟁이었다.[13] 따라서 민장치부책은 합법투쟁기의 정소운동의 결과물로서 이해할 수도 있는 것이다.

한편 본고에서 검토하게 되는 민장치부책에는 민이 수령한테 제출한 소지와 그 처리만이 수록되고 있는 것은 아니다. 물론 민장이 중심이 되고는 있지만 그 밖에도 각종 품목(稟目), 고목(告目), 면리임(面里任)이 보고한 문보(文報), 관속(官屬)들의 소장(訴狀) 등이 포함되고 있다. 따라서 그것은 19세기 전반 향촌사회의 제 문제를 이해하는 데 기초적인 지식을 제공해 준다. 물론 민장치부책 외에도 이 시기 향촌사회의 제 문제를 포괄적으로 이해할 수 있게 해주는 자료로서 앞서 언급한 바 있는 목민서, 민정 자료류의 기록이라든가 수령에 의해 작성되었던 보첩류의 기록이 있다. 18·19세기 집중적으로 작성되었던 이들 수령에 대한 지침서와 수령의 치

....

13 안병욱, 앞의 논문 참조

사(治事) 기록은 지금까지 연구자들에 의해 부분적으로 이용되어 왔다. 이들을 집중 분석하면 거기에서 보다 보편적인 사실의 내용들을 추출해낼 수 있을 가능성이 있다. 그러나 이들 자료는, 연대기의 경우도 마찬가지겠지만, 당시 지배층의 입장에서 정리하고 있는 것이기 때문에 어디까지나 2차 자료로서의 성격을 가질 수밖에 없다. 지역적 특성이라든가 구체성에 있어서 일정한 한계를 갖지 않을 수 없고, 따라서 그 같은 점을 보완한다는 의미에서도 민장치부책이 갖는 자료적 가치는 크다고 하겠다.

본고에서 직접 검토하게 되는 19세기의 민장치부책은 3종이다.[14] 모두 서울대학교 규장각도서로서 그 중 2종은 1838년(헌종 4)과 1839년에 각각 작성된 『영암군소지등서책(靈巖郡所志謄書冊)』(奎古5120-158, 奎27509)이고, 다른 하나는 1846년(헌종 12)에 작성된 『민장초개책(民狀草槪冊)』(奎古5120-177)이다. 앞의 2종은 전라도 영암군의 기록으로서 헌종 4년 7월 1개월간의 기록과, 헌종 5년 3월과 4월 2개월간의 기록이고, 후자는 경상도 영천군의 기록으로서 대상 시기는 헌종 12년 5월, 6월, 7월에 걸치는 실제 2개월간의 기록이다.

3. 민장에 나타난 향촌 사회문제

앞서 언급한 바 있듯이 19세기에는 각종의 목민서가 작성되고 있었다. 여기에는 수령이 고을을 다스리면서 처리해야 할 민원의 대략적인 내용

---

14 19세기 전반의 미장치부책으로 확인되는 자료로는 본고에서 다루는 3종 외에도 황해도 감영에서 작성한 『海營訟案』(奎古.5120-13)이 있다. 이는 해서지방의 군현 단위에서 작성된 민장치부책이 발견될 경우 비교분석이 될 수 있으리라고 생각된다.

과 그 처리방식이 포함되어 있어서 그것이 각 수령들에 의해 일정하게 참고 되고 있었다고 생각된다. 우리가 검토하게 되는 민장치부책에 보이는 민원의 내용들도 위 목민서에서 지적하고 있는 범주에서 크게 벗어난 것은 아니었다. 이를테면 19세기의 『목강』에서는 「치군요결」의 대지(大旨)를 따라 '군(軍)[신역(身役)], 전(田)[전정(田政)], 적(糴)[적사(糴事)] 및 연호요역(烟戶徭役)[요역(徭役)]과 토호간리 민간침학(土豪奸吏 民間侵虐)'과 같은 대절목을 중심으로 하여 수령이 처리해야 할 민원의 대강을 소개하고 그 처리방법을 논하고 있었는데,[15] 그 내용들이 한층 자세하고 우리가 검토하는 자료에서도 대체적으로 확인되고 있는 것이다.

그 점은 『치군요결』 민소조(民訴條)에서 대절목 외에 다루고 있는 내용이 「노비(奴婢)」, 「토지(土地)」, 「재산(財産)」, 「추노(推奴)」, 「징채(徵債)」, 「임농탈경(臨農奪耕)」, 「쟁수급소소쟁투(爭水及小小爭鬪)」 등으로 상대적으로 소략한 데 비해서, 19세기의 『목강』 분류례제조(分類例題條)에서 다루고 있는 내용은 「양반견욕어상한(兩班見辱於常漢)」, 「상한견침어양반(常漢見侵於兩班)」, 「노비전답재물(奴婢田畓財物)」, 「징채(徵債)」, 「피타(被打)」, 「탈경(奪耕)」, 「사소쟁투급쟁수(些少爭鬪及爭水)」, 「군정물고(軍丁物故)」, 「칭반종반훈예등 허다탈역(稱班宗班勳裔等 許多頉役)」, 「결부상좌(結卜相左)」, 「환자상좌(還上相左)」, 「산송(山訟)」, 「면리분등장(面里分等狀: 或官屬等狀)」, 「다사품목(多士稟目)」 등 19조나 되고 있었던 사정에서도 짐작할 수 있다.[16] 그

....

15 18세기의 『治郡要訣』 民訴條에는 大節目에 「糴事(還穀)」의 내용이 포함되어 있지 않고, 臨下條에 「軍·田政 戶·徭役還上等大節目」이란 표현이 나온다. 이는 환곡문제가 18세기 후반 이후 19세기에 들어와 크게 문제가 되었던 사정과 관련된 것이라고 하겠다.

16 茶山 丁若鏞은 『牧民心書』 刑典, 聽訟條에서 「人倫」「骨肉相爭」「田地」「牛馬」「財帛」「墓地」「奴婢」「債貸」「軍簽」 등에 대한 처리의 문제를 다루었는데, 군정에 관계되는 것을 제외한다면 주로 개인간의 사적인 분쟁을 그 주요 대상으로 거

렇지만 민장치부책에 나타나고 있는 내용이 위의 각 조목에 그대로 해당되는 것만은 아니었다. 그리고 위의 목민서들에서 지적하고 있는 각 조목의 구체적인 내용도 그것 자체로만은 정확히 파악되기 어렵다. 따라서 아래에서는 위의 대절목과 대분류를 참조하면서 민장에서 드러난 민원의 의미, 향촌사회문제를 검토하기로 한다.

〈표 1〉 헌종 4년(1838) 7월 『영암군소지등서책』 내용 분류표(총 187건)

(1) 田政(10건)

청원사항	주체	건수	이유	처리
田稅 頉給	개인, 里任	8	成川浦沙, 仍禾落漏, 未秧, 農監橫起, 監色削減	조사후 처리 (書員)
〃	개인	1	陳田族納	否
田稅 蠲免	개인	1	書齋結卜落漏	조사후 처리

(2) 軍政(91건)

청원사항	주체	건수	이유(내용)	처리
軍役 頉下	개인, 里任	31	疊役, 除役村, 父子兄弟從軍, 兩班, 黃口, 破村 외	조사후 처리 (面契)
軍役 塡代	개인(39) 里任(10)	49	死亡, 老除, 遊離, 逃亡, 誤徵 외	〃 「待歲抄」
番價 減下	개인	3	加徵 외	
受賂 加徵	개인	3	面任, 主人 作奸 외	
還定本役	개인	2	重役移定	
面契文報	淸元契	2	面內各軍丁依前施行, 舊弊新瘼	
〃	下有司	1	誤報番錢推給	

. . . .

론하고 있었다. 그 가운데 부세 등의 문제도 거론하고 있었지만, 이는 戶典이나 兵典條의 내용에 보다 자세하다.

(3) 還政(9건)

청원사항	주체	건수	이유	처리
戶還 頉給	개인, 里任	9	逃亡, 遊離, 死亡, 至貧 외	

(4) 雜役(8건)

청원사항	주체	건수	이유	처리
雜役 頉給	개인, 里任	7	逃亡, 除役村, 軍役擔當 외	
雜役 分當	里任	1	分洞(分里)	

(5) 相鬪(48건)

소송내용	주체	건수	이유	처리
田畓	개인	9	稅米不納, 暗賣, 典當還退, 勒耕 외	
債貸 推給	개인, 집단	9	債貸不納, 畓價, 馬價 외	
牛馬 탈취	개인	6	債錢不納 외	
勒徵 抑徵	개인	4	漁網所傷 외	
山訟	개인	4	偸葬, 禁葬 외	
柴場	개인	3	還退, 文記奪取 외	
倫紀	개인, 집단	3	兩班詬辱, 不知名分行悖, 山直行惡 외	
雜技賭博	里任	1		
기타	개인, 里任	9	被打 외	

(6) 기타(21건)

청원(소송) 내용	주체	건수	이유(내용)	처리
奸吏侵虐	개인	6	作直呑食, 籍色加書, 營軍校來侵, 將校例錢勒奪, 別差亂打班民 외	
立旨成給	개인	5	藿田買得, 家舍額壓, 面契公納 외	
虛戶頉給	개인	2	無主, 虛戶	
推給	개인	2	雇價, 戶失柴草與鎌子	
火災優恤	개인	1	材木, 還穀 등 지원	「非分還時不可」
기타	里任	1	逃走人家垈稅及錢還 里擔當	
〃	里正	1	契錢不納者 自官督捧	

| " | 洞任 | 1 | 基洞民人洪用卜等 不遵洞議 | |
| " | 개인 | 2 | 人命救助襃賞, 路資支援 | |

앞 분류표는 헌종 4년 7월의 「민장치부책」에 나타난 각 소지(청원)의 내용과 그 처리에 대한 개략적인 내용이다. 언급한 바 대절목, 대분류에 따라 청원(소송) 내용과 그 주체, 해당 건수 및 이유(구체적 내용 포함) 등으로 분류하여 적기한 것이다.[17] 이제 위 분류표를 중심으로 민장의 내용을 검토하기로 한다.

이 해 7월 한달에 올라와 처리, 기록된 민장의 총 건수는 187건으로서, 그 내용은 목민서들에서 강조하고 있는 바와 커다란 차이가 없음을 느끼게 해 준다. 즉, 총 187건 중 110건(58.8%) 이상이 이른바 삼정(전정, 군정, 환정)의 운영상의 문제에 집중되고 있음이 그것이다. 그렇지만 그 중에서도 상투(相鬪) 부분이 48건(25.7%)으로 적지 않은 비중을 차지하고 있다는 점이 주목되어야 할 것이다. 아울러 삼정의 경우에 있어서도 당시 민인들이 개인적으로든 집단적으로든, 또는 면리임의 입을 통해서든 공개적으로 문제를 제기하고 있었다는 점과, 그것에 대한 관의 입장은 거

----

17 각 민장의 내용은 구체적으로 위 분류의 어느 한 항목에만 해당하는 경우가 아니고 여러 항목과 관련되는 것이 상당수 발견되지만, 여기에서는 그 중심적인 내용을 기준으로 하여 어느 한 항목에 포함시켰다. 또한 '奸鄉(猾吏) 침탈'과 같은 항목에 해당하는 내용은 전 부세부문에 걸치는 것이기도 하기 때문에 가능한 한 각 해당 부세부문에 포함시키고, 어느 한 부문에 포함시키기 어려운 경우에는 「기타」 항목에서 처리하였다. 해당 건의 처리문제는 각 건마다 그 기준이 일정치 않기 때문에 거기에서 고통적인 특징이 발견되지 않을 경우에는 별도로 적기하지 않았다. 한편 청원(소송)의 주체에 있어서 같은 문제의 경우에도 그것이 개인인가 집단인가, 아니면 각 職任인가가 다르게 나타나는 경우가 종종 있기 때문에 그 주류적인 경우를 앞에 표시하고 그 밖의 경우에는 ( )안에 표시하거나 생략하였다. 이상과 같은 처리 기준은 이하 아래의 경우에도 마찬가지이다.

개가 미봉책으로 일관하고 있다는 점 역시 관심을 환기시키는 것이다.

이를테면 전정의 경우에 있어서 이 해 7월 25일에 북이면 화산의 이도항이 먼 친척의 진전결(陳田結)(11복 5속)을 매년 족납(族納)해오고 있으니 수세대상에서 제외시켜 달라고 했을 때, "年久成案 今無變通 更勿煩訴"라고 청원을 기각시키고 있는 것이[18] 그 한 예이다. 또한 이 경우, 다른 건에 대해서는 말할 것도 없거니와 리임이 천포사답(川浦沙畓)을 탈급해달라고 요청해 왔을 때에도 한번 대대적으로 조사할 테니 '姑爲退去 以待傳令'하라고 지시하였던 것을[19] 통해서 알 수 있지만, 대부분 모두 '조사해서 처리할 터이니 기다리라'고 뎨김을 내리고 있었다. 그리고 그 처리는 대체로 서원(書員)에게 맡겨지고 있었다. 다산 정약용은 이와 같은 수령의 고식책을 통렬하게 비판한 바 있다.[20]

우선 가장 많은 민원이 집중되고 있던 삼정의 문제에 나타난 특징을 보면 다음과 같다. 먼저 민인의 요구조건과 그 처리의 측면에서 보면, 전정의 경우 그 요구조건이 대부분 전세의 감면 내지 면제(탈급)에 집중되고 있다. 이 때 민인들은 그들의 정당성을 서원의 작간이나 감색(監色)·농감(農監) 등의 농간에서 찾고 있었다. 그리고 그 처리는 언급한 바 있듯이 대부분 조사해서 처리하겠다는 식으로 일관되고 있었으며, 그것도 서원 등에게 맡기고 있었으니 호랑이 입에 먹이를 갖다 바치는 격이 아닐 수 없는 것이었다.

군정의 경우에도 사정은 크게 다르지 않았다. 민인들 요구의 대부분은

18 『靈巖郡所志謄書冊』(奎古5120-158) 7.25~11(이하 건명 번호는 해당 민장치부책의 날짜와, 같은 날짜에서의 사건처리의 순서에 따른 일련번호를 의미한다).

19 위의 책, 7.25~49.

20 정약용, 『목민심서』 刑典六條, 聽訟 上(다산연구회, 『역주 목민심서』 Ⅳ, 창작과비평사, 249~250쪽).

군역의 감면이나 면제와 관련된 것이었고, 그 이유는 당시 식자들에 의해 일반적으로 지적되고 있었던 것과 거리가 있는 것이 아니었다. 이와 관련된 민장에서는 직접적으로 간리(奸吏)의 가징(加徵)을 문제삼고 있는 경우도 있었지만 대개가 자신들의 처지를 설명하고 그 개선을 요구하는 수준의 것이었다. 물론 소지의 형태로 문제를 해결하고자 하였을 때 그 이상의 요구를 거기에서 기대하기는 곤란한 것이지만, 아직까지 군역에 있어서의 근본문제가 어디에서 비롯되는 것인가 하는 데 대한 문제제기는 찾아보기 힘든 것이었다.

그렇지만 군역문제의 처리에 있어서는 나름대로의 독자적인 조치가 취해지고 있었다는 점이 주목된다. 즉, 전체 청원건수 91건 중 66건(73%, 면임처리 12건을 포함하면 78건, 86%)을 면계(面契)(또는 면임)로 하여금 처리시키고 있었던 것이 그것이다. 여기서 청원계(淸元契)의 구체적 운영 실태에 관하여 자세히 언급할 여지는 없지만, 군내면(郡內面)의 삼소청원계(三所淸元契) 상유사(上有司)의 본소(本所) '구폐신막(舊弊新瘼)'에 대한 문보(文報)에 대해 군수가,

> 군정(軍丁)은 민원(民願)에 따라 결정한 것으로서 이미 규례(規例)가 이루어졌으니 지금 어찌 다시 번거롭게 하는가. 병색예급(兵色例給) 또한 민원(民願)에서 나온 것으로서 누구를 원망하며 누구에게 허물을 돌릴 것인가. '천포적간지유루(川浦摘奸之流漏)'는 마땅히 조사해서 처리할 것이지만 처음 리보(里報)에서 누락된 것이니 다시 무슨 근거로 처리하겠는가. 번거롭게 다시 보고하지 말 것이다.[21]

라고 뎨김을 내리고 있는 데서 확인할 수 있듯이, 그것은 민의 자발적 의

....
21 『영암군소지등서책』, 7.25~19.

사에 의해 결정한 것이니 문제 역시 스스로 해결하라는 것이다. 그리고 송지면(松旨面) 청원계(淸元契) 하유사(下有司)의 "김개금(金介今)의 경포지역(京砲之役)은 잘못 보고한 면임한테서 징납(徵納)해야 하는 것이 당연한데 면계(面契)가 그것을 담당해야 하는 것은 억울하니 이미 납부한 번전(番錢)을 (면임에게서) 받아달라"고 하는 민장에 대해서 "오보(誤報)가 만일 적실하다면 세초(歲抄)를 기다려 망보(望報)한 뒤 전대(塡代)하라"고 데 김이 내려지고 있었던 것을[22] 보면, 본계(本契)는 군정(軍丁)의 부족부분을 보충하는 데 기본 취지가 있었던 것이 아닌가 생각된다.[23] 이는 뒤의 헌종 5년 3월분 군정 부분의 면계전(面契錢)항에서 보이는 "면계전을 납부할 길이 없으니 직접 역을 지겠다"고 하는 청원이라든가, 자주 거론되는 계답(契畓)의 문제 등에서도 확인된다. 그 임원에는 집강(執綱)[계장(契長); 양반(兩班)], 상하유사(上下有司) 등이 보이고 있어 그 지방 양반들에 의해 주도되었다고 추측해 볼 수 있으나 모든 면에서의 사정이 반드시 그러했던가 하는 것은 더 검토해 보아야 할 것이다.

다음 청원 주체의 측면에서 봤을 때, 전정의 경우에는 대부분 개인이 그 주체가 되고 있지만 삼정 중에서 특히 군정과 잡역(요역) 부분에서는 리임(또는 면임)의 보고가 상대적으로 많이 나타나고, 그 중에는 집단적인 등장(等狀)이 다수 보이고 있다는 점이 주목된다. 이를테면 군정의 경우 91건 중 리임의 보고가 14건[전면임 3건, 청원계서목(淸元契書目) 3건을 포함하면 20건]이고 등장은 8건인데, 개인이 올리는 경우에 있어서도 각

....

22 위의 책, 7.27~2.
23 이보다 약간 앞선 시기 호서지역의 한산, 서천, 석성 등지에서 같은 이름(淸元契)으로 만들어졌던 이른바 保民契가 각각 '補用於軍器修補物力', '補用於防兵船改造改槖物力', '俾防民役'을 목적으로 설치되었고 그것이 주로 이서들에 의해 주도되고 있었다는 사실(『일성록』 순조 22년 8월 24일 公淸右道暗行御史 李彦淳書啓)이 참조가 된다.

동(리)의 문제를 다루고 있는 것을 포함하면 그 비중은 더 커지고, 그 점은 환곡이나 요역부분에서도 마찬가지이다. 특히 요역의 경우에는 개인이 올리는 경우가 8건 중 3건으로서 상대적으로 등장 4건(리임보고 1건을 합하면 5건)보다 비중이 작다.

여기에는 군역의 경우, 수령이 "此等事 自面報來是遣 決勿使當者如是煩訴 毋至後日自面疊當事"[24]라고 하는 수령의 배제(背題)가 있어서 민인이 면리임을 통해서 민원을 처리하고도 있었을 것이라는 사정에 기인하는 것으로도 볼 수 있다. 그렇지만 그 후에도 여전히 개인들의 민원이 압도적으로 다수가 올라오고 있었던 점을 고려한다면, 그 같은 사정 외에도 이 지방에서 군역문제가 면리단위로 그 자체 내에서 해결되어야 했음에도 불구하고 여전히 그 내부에 많은 문제가 있었다고 하는 점이 더 주목되어야 할 것이다. 즉, 군역 전반을 처리하고 있던 면계가 자체 내에서 처리할 수 있는 부분은 매우 제한적이었고, 결국 모든 부담이 개인들에게 돌아가고 있던 사정을 면계가 근본적으로 해결할 수는 없었던 것이라고 하겠다. 이는 면계의 조치에 대해 해당지역 양반이 반발하고 있었던 것이라든지, 동계(洞契)에서 동계전(洞契錢)을 운영하는 데 있어서 계전불납자(契錢不納者)를 자체 내에서 해결하지 못하고 리임이 관에 의뢰해서 처리하고자 했던 사실 등에 의해서도 확인된다.[25]

한편 환곡의 경우 이 시기 가장 문제가 되었던 것 중의 하나였지만, 이 민장치부책에서는 상대적으로 차지하는 비중이 그리 크지 않은 것으

....

24 『영암군소지등서책』, 7.23~3.
25 위의 책, 7.28~11 및 7.28~17 참조. "北一面 松石亭 辛有基等狀 以民里束伍金連山 卽大川洞趙曾邦之奴者也 今春逃走故闕漢所當面契及村契錢束伍器械 代渠之牟禾次知 其矣上典趙班擔當次爲言矣 今不穩當 禁斷事 題內"; "東門內里丁金貴同狀 以矣里所當諸役責應次 收斂作契矣 洞契錢不納者 自官督捧事 題內 依所訴施行事 鄕廳"

로 나타난다. 그것은 기타 부분에 보이듯이 소장이 올라온 시기가 '분환시(分還時)'가 아니었기 때문이라고 할 수 있을 것 같다. 그런데 그 가운데서도 호환탈급(戶還頉給) 요청이 20일에서 30일 사이에 9건이 올라오고 있고, 그 주체는 리임, 개인(양반, 평민 등), 집단 등으로 다양하지만 그 이유가 양반의 경우 '가세빈궁(家勢貧窮)', '지빈(至貧)'이었다는 것[26] 등을 제외하면 대부분 도망이나 유리, 사망이었다고 하는 점이 주목된다. 이 지방에서의 환곡은 대부분 호환(戶還)[환전(還錢)]으로 운영되고 있었고 그것은 호세(戶稅)의 성격을 다분히 지니는 것으로 보이는 것이다. 여기에서 그 처리는 9건 중 6건이 사창(司倉)에게 맡겨지고 있었으며, 대개가 "조사해서 처리하라"고 뎨김이 내려지고 있었지만 한편 "해면해리지공의(該面該里之公議)"를 참작해야 함이 표방되기도 하였다.[27]

그러나 그 면리의 공의(公議)가 과연 얼마만큼의 효력을 갖는 것이었는가는 의문이 아닐 수 없다. 그것은 다음 해 3월의 환정 문제로 북이면 신흥리 리임 서상길이 동리(同里)의 김효직이 환전 9량을 투출(偸出)한 일로 소장을 냈을 때, 관에서는 해리(該里)의 공의(公議)에 따라서 처리하라고 하였지만 리임이 다시 소장을 올려 "본 리에 상호(上戶: 양반)들이 있기는 하지만 공의가 없으니 관에서 받아줄 것"을 요청하던 사실에서[28] 유추해 볼 수 있는 것이었다. 즉 환곡 자체가 호세(戶稅)로서의 의미를 갖게 되었을 때 면리 자체에서 그것을 해결할 수 있는 여지는 군역과 마찬가지로 매우 제한적일 수밖에 없었던 것이다.

그러나 이렇게 면리가 납세의 기본단위가 됨으로 해서 그 내부의 민인들 사이에 갈등이 조성되는 측면도 있었지만, 한편으로는 공동의 이해관

---

26 위의 책, 7.22~6; 7.25~2.
27 위의 책, 7.25~2 외.
28 『영암군소지등서책』(奎 27509-1) 헌종 5년 3월 3.23~8; 3.24~1.

계가 걸려있는 문제와 관련해서는 민인들 간의 합의가 도출되고 관 역시 이를 받아들이는 경우도 나타나고 있었다. 이를테면 곤일면 지종리[석자제역촌(席子除役村)]의 석점호수(席店戶首) 조복남이 동리(同里)의 조석문, 조기철 양민(兩民)이 원생(院生)과 번량군관(番粮軍官)에 투탁하여 석자대전(席子代錢)을 납부하지 않는다고 소장을 올린 데 대하여, 군수가 "이 같은 현상이 계속되면 석촌(席村)의 민호(民戶)가 남아나지 않을 것이니 즉시 그 리(里)의 역(役)에 환속시킨 후 보고하라"고 서창(西倉)에 지시를 내리고 있었던 사실,[29] 또 곤이면 대흥동의 화민(化民) 이재진이 "동리(洞里)가 파망(破亡)했으니 각항(各項) 예납(例納)을 모두 탈급해 줄 것"을 요청한 것에 대해, 관에서 알겠다고 처리하고 있는 것[30] 등이 그 같은 예들이다. 이 같은 예들은 요역(잡역) 부분에서 많이 찾아지는데, 군역 등 여타의 부분에서도 크게 보아 다를 것이 없었다.

이상이 부세운영에 있어서 나타나는 특징들이라고 한다면, 상투(相鬪) 부분에서는 위에서 보기 어려운 여러 문제들이 나타나고 있어서 주목된다. 여기에서 주요 쟁점이 되고 있었던 것은 전답(田畓), 채전(債錢), 우마(牛馬) 등 재산에 관한 것이었고 따라서 이에 관한 소송의 주체도 대부분 개인이었다. 48건 중 윤기(倫紀), 산송(山訟) 문제로 인한 양반등장(兩班等狀) 3건, 면계전(面契錢)에 관한 계장(契長)과 양반 간의 쟁투 1건, 개인 간의 구타사건에 관한 리집강(里執綱)의 보고 1건, 기타 리임(里任)보고 1건 등을 제외한 42건이 모두 개인에 의해 제기된 문제였다.

이 중 우리의 관심을 끄는 것 중의 하나는 전답 매매과정에서 드러나는 전세의 귀속문제이다. 이를 이해하는 데 참고가 되는 것은 서면 염장(鹽場)의 장만정의 소장과 그 처리결과이다. 장만정은,

....

29 『영암군소지등서책』 헌종 4년분 7.26~2.

30 위의 책, 7.30~28.

이 몸은 전답 합(合) 10두락을 동리 김원태(金元太)에게 주어 경식
(耕食)시키고 있었는데, 불행히 원태가 금년에 죽으매 그의 상전 류반
(柳班)이 전과 같이 수확하고도 올봄의 결환전(結還錢)과 동답(同畓)의
세미(稅米)를 대신 납부하게 하니 다음 번의 환자(還上)는 류반(柳班)에
게서 거두도록 할 것[31]

을 요청하였고, 그에 대한 수령의 뎨김은 다음과 같았다.

경식기토(耕食其土)한 즉 세미(稅米)는 누가 내야 하는가. 결코 양반
(兩班)의 행사가 아니다. 반드시 해리(該里)에서 상호(上戶)가 공의평결
(公議平決)하고, 장민(張民)의 환자는 반드시 류노(柳奴)의 이름으로 다
시 바치도록 하여 다시 소장이 올라오는 폐단이 없도록 할 것이다.
진휼색.[32]

여기에서 확인할 수 있는 것은 일반적으로 이해되고 있는 바와 같이
세미(稅米)[지세(地稅)]는 경작자가 내는 것으로 여기고 있었다는 점과, 타
면(他面)과는 달리 환곡이 결환(結還)의 형태로 운영되고 있었고 그 부담도
작인(作人)이 지는 것이었다는 점, 그리고 그 같은 문제의 해결에 그 고을
의 양반이 일정한 영향력을 행사하고 있었다는 점 등이다. 그런데 후자의
문제는 그것에 양반이 관련되었기 때문인 것으로 파악되는 바, 그 같은
예가 다수 발견된다. 그런데 위와 같이 전세납부의 문제에 있어서 그 부
담을 일반적으로 작인이 지고 있었는가 하는 데에 의문의 여지가 없는 것
은 아니다. 이를테면 다음 해 3월 19일(헌종 5년, 3.19~14) 북이면 화원의
호신매가,

．．．．．．．．．．．．．．．．．．．．

31 위의 책, 7.26~14.
32 위의 책, 위의 글.

이 몸이 박찬옥(朴贊玉)의 답(畓) 4두락을 세미분당(稅米分當)의 조건
으로 갈아먹고 있었는데, 그 중 진탈분(陳頉分) 7복(卜)을 해당 찬옥이
독차지하고 나누어주지 않으니 분반탈하(分半頉下)해줄 것

을 요구하였던 것은 세미(稅米)의 부담이 기본적으로는 지주와 작인 사이
의 계약에 의해 결정되고 있었던 것이 아닌가 하는 생각을 갖게 해주는
것이다.

한편 언급하였듯이 양반이 관련된 '윤기'의 문제를 처리함에 있어서
본리(本里)[해리(該里)] 상호(上戶) 또는 동중(洞中)에게 맡기면서, '自該里上
戶聚會 嚴治以徵後弊', '不但自官治之 先自本里 元居上戶聚會公議 嚴徵以報', '自
該里上戶捉來嚴治 以杜後弊' 할 것을 지시하였던 것[33] 등이 주목되는 것이지
만, 그것은 반촌(班村)의 경우에 해당되는 것이었고 일반화할 수 있는 것
은 못되었던 것 같다. 이후 상투의 문제가 상대적으로 크게 증대하고 그
내용이 매우 다양해지고 있었으며, 부세의 운영을 둘러싸고 민인들의 이
해관계가 크게 대립되는 가운데 반상(班常), 상하 간의 대립도 거세지고
있었던 사정 등은 그 점을 말해주는 것이다.

마지막으로 기타 부분에서 주목되는 점은 위에서 언급하였듯이 각 동
에서 민역의 문제를 해결하기 위하여 결계(結契)하고 있었다든가, 그 가운
데서도 동민들의 이해가 반드시 일치하지는 않아서 문제가 야기되고 있
었고, 또 그 해결을 관에 의뢰하고 있기도 했다는 점 등을 들 수 있다.
여기에서는 간리의 침학, 각종 입지의 발급을 통한 소유권의 확인을 위한
민인 등의 소청도 중요한 비중을 차지하고 있다.

....

33 위의 책, 7.25~22; 7.25~44; 7.29~5.

〈표 2〉 헌종 5년(1839) 『영암군소지등서책』(3월분) 내용분석 분류표(총 248건)

(1) 田政(43건)

청원사항	주체	건수	이유	처리
田稅 頉給	개인	13	書員加(疊)錄(出), 誤出 외	조사후 처리
田稅 移錄	개인	21	誤出, 族徵, 逃亡, 死亡, 陳田 외	〃
摠戎畓	개인	5	舍音加出, 浮費加斂, 陳田 외	
奸吏 加徵	개인	3	夤位加徵, 摘奸色納賂偸食, 倉吏偸食	
기타	戶首	1	流離人牟禾穀放賣納稅	

(2) 軍政(47건)

청원사항	주체	건수	이유	처리
軍役 頉下	개인, 里任	19	疊役, 虛名出錄, 白骨黃口, 死亡, 除役村(里) 誤徵 외	
軍役 移錄	개인	13	不當, 族徵, 身役還定, 面任査定軍 외	
軍役 塡代	개인, 里任	6	死亡, 班脈的實 외	
面契錢	개인	5	推給, 移錄, 契畓禾穀族徵, 上任空作己物, 面契錢辦納無路代雇立擧行 외	
奸吏 加徵	개인	1	主人 再徵	
기타	개인	3	納付錢還推, 代錢	

(3) 還政(8건)

청원사항	주체	건수	이유	처리
種租 지급	개인	4	落種無路, 起墾役糧無路 외	
還穀 推給	개인, 里任	2	移居, 「還錢偸出 自官推給」	
奴廳立本 지급	개인	1	稅米辦納無路	
還米 帖給	書院齋任	1	影堂造成時 役糧不足	

(4) 雜役(10건)

청원사항	주체	건수	이유(내용)	처리
雜役 頉給	집단	3	村樣凋殘, 移居 외	
雜役 勿侵	개인(집단)	3	戰船代將差出, 契防 외	
雜役 減給	개인	1		
기타	개인(집단)	3	防堰之役分定, 雜役結徵, 雜役統同爲之(磨堪)	

(5) 相鬪(116건)

소송내용	주체	건수	이유(내용)	처리
債貸 推給	개인	41		
山訟	개인	18		
田畓	개인	16	還退, 偸賣, 相續, 抑奪 외	
奪耕	개인	5		
不給禾穀	개인	2	지대거납	
禾穀加徵	개인	1	지대수탈	
爭水	개인	1		
松楸偸斫	개인(집단)	8	偸斫, 偸賣, 偸去	
甕店鑿土	개인(집단)	3		
倫紀	개인	6		
被打	개인	7		
기타	개인(집단)	8	雇價, 災頉, 稅米移徵, 身役移錄, 面契침탈, 土豪침탈 외	

(6) 기타(24건)

청원(소송) 내용	주체	건수	이유(내용)	처리
奸鄕猾吏 侵奪	개인	6	大同有司, 奸吏, 面任, 都將, 監色, 使令	
立旨成給	개인	8	奴婢放賣, 牛隻被去, 失物, 位土還退, 女息放賣, 債錢延期 외	
官牛出給	개인	1	「官牛一隻矣里出給事」	조사보고
農監改遞	개인	1	無識不堪	
기타	개인(집단)	8	贖錢, 書齋入學物種支援, 營底債延期, 庶母服制事, 求人, 結役 외	

앞 <표 2>에 포함된 헌종 5년(1839) 3월에 처리된 민장의 총 건수는 248건이었고 그 가운데 전정 등 부세운영에 관한 것은 108건(43.5%), 상투에 관한 것이 116건(46.8%)이었으며 그 나머지 기타가 24건(9.7%)이었다. 여전히 부세에 관한 문제가 중심적 내용의 하나를 구성하고 있었지만 상대적으로 상투 부분이 압도적인 비중을 차지하고 있는 것이 큰 특징의 하나였다. 여기서는 앞의 검토내용과 관련하여 중복되는 내용은 가능한 설명을 줄이고 각 부분에서 드러나고 있는 특징적인 면모를 중심으로 하여 간략히 그 내용을 검토하기로 한다.

먼저 삼정, 부세운영의 문제와 관련된 민장의 내용은 앞서 언급한 것들과 기본적으로 차이가 없었다. 전정에서 전세를 탈급하거나 이록(移錄)해 달라고 요구하였던 것이 주류를 이루고 있었던 것이라든가, 군정에 있어서 탈하(頉下), 이록(移錄), 전대(塡代)가 38건(81%)으로 이 부분에 있어서 중심이 되고 있었던 것 등이 그것이었다. 그리고 각각에서의 이유도 앞과 다른 점이 없다. 그러나 그 가운데에는 앞에서 볼 수 없었던 내용들이 없지 않았다.

전정에 관련된 것에서 주목되는 것은 총융청 소속 전답의 전세문제에 관한 청원이 새롭게 보이는데, 여기서는 주로 마름(舍音)의 작간이 주 대상이 되고 있었다. 한편 호수(戶首)가 해당 리의 전세납부를 위해 유이민이 남기고 간 모화곡(牟禾穀)을 방매(放賣)하겠다는 보고를 하고 관의 재가를 얻고 있었는데, 관에서는 그 처리를 동임(洞任)에게 맡기고 있다는 점도[34] 주목된다. 이는 군내면 배성갑이 자신의 답전(畓錢)과 세미(稅米)를 상납할 길이 없어 짓고 있는 논 5두락을 팔려고 하는데 면임이 방해를 한다고 청원해 왔을 때, 수령이 '동중공의(洞中公議)'에 따라 처리하라고

----

34 『영암군소지등서책』(奎 27509~1) 3.10~4.

뎨김을 내리면서 그 처리를 동장과 면임에게 맡기고 있었던 것과도[35] 관련하여 부세납부라든가 토지의 매매가 상호 일정한 관련을 갖고 있었던 사정을 반영하는 것으로 파악된다.

면임이 해당 면의 전세나 군역세 등을 일단 마감하고 후에 해당인을 찾아 추급하고 있었던 사정도 그와 관련된 것이었다고 생각되며, 이와 관련해서 북평면 장전의 윤대은이,

> 이 몸의 동성(同姓) 10촌 윤윤상(尹允尙)이 송지면(松旨面) 세운동(細云洞)에 살고 있었는데, 그가 죽은 후 진결(陳結) 17부(卜) 9속(束)을 우리네가 담당하다가 해리(該里)에 14량(兩)을 주고 리중(里中)에서 담당하기로 하고 두민(頭民) 등에게 수기(手記)를 받은 바 있으니, 첨부한 수기(手記)를 보고 참조하여 입지(立旨)를 성급(成給)해 줄 것[36]

을 요청하여 입지(立旨)를 받아내고 있었던 것도 참고가 된다. 즉, 전세납부가 반드시 개인에 의해서 이루어지고 있었던 것만은 아니었던 것이다. 그리고 전세의 징수에 있어서 일정한 신분적 차등이 있었다고 하는 사실도 고려의 대상이 될 수 있을 것 같다. 그것은, 정확한 의미는 다시 검토되어야 하겠지만, 양반들이 '회미(回米)'를 부과한 데 대해 항의를 하자 수령이 즉각 서원(書員)과 봉상색(捧上色)에게 명하여 그것을 탈급(頉給)해 줄 것을 지시하고 있었던 것에서[37] 알 수 있다. 서면 봉산의 윤원이 '본면의 서원(書員)이 (내가) 양반인 것을 모르고 회미(回米) 명목으로 소경(所耕) 2부(卜)를 출부(出付)한 것'에 대해 소장을 내서 탈급을 요청하고 있었던 것도[38] 마찬가지 예이다.

....

35 위의 책, 3.10~23.

36 위의 책, 3.20~17.

37 위의 책, 3.19~4; 3.19~9; 3.21~10.

한편 군정과 관련해서는 언급한 바 있는 면계전, 면계답의 문제가 보다 구체적으로 드러나고 있었던 점이 주목된다. 청원계에서는 언급한 바 있듯이 계전을 운용하고 있었고 나아가 계답을 설치하여 그것을 보완하고도 있었는데, 동(同) 계전이 탕갈되기도 하였고 계답의 운영과 관련해서 작인들이 면계의 침탈에 반발하기도 하였다. 그 외에도 청원계는 상유사가 중심이 되어 양반인가 아닌가 하는 문제들에 대해서 관의 자문에 응하고 있었다.[39] 또한 전(前) 면임들이 자기 이름하의 군역을 탈하(頉下)해 달라고 하는 소청이 다수 보이는데, 이는 군역이 면리 내부에서 총액제로 운영되고 있었던 사정과 관련된 것이었다.

그 밖에 잡역문제와 관련해서는 제역촌(除役村), 계방촌(契房村 : 全州主人契房) 등의 이유로 제역(諸役)에서 빼달라고 하는 요구들이 제기되고 있었던 점 등이 여기에서도 계속 나타나고 있었는데, 가장 주목되는 것은 곤이면의 신구 선산 양리(兩里)의 민인이 제기하고 있었던 문제였다. 즉, 그들 중의 일부가 강진의 땅을 갈아먹는데 있어 '고마출역(雇馬出役)'이라는 이름으로 매 결당 1량씩을 내고 있는데 강진민으로서 영암 땅에 와서 갈아먹는 자들은 애초부터 아무 잡역이 없으니 불공평하다는 것이었다. 그들은 따라서 강진사람들한테도 결당 1량씩을 받아서 역부담에 보태달라고 요구하고 있다.[40] 수령은 강진에 이문하여 조정하겠다는 뎨김을 내

---

38 위의 책, 3.19~4.

39 위의 책, 3.8~3. "北一始 淸元契上有司稟目 沙新基 李仁義班脈的實事 題內 待歲抄塡代次 別置付事 兵色" 위 李仁義에 대한 淸元契稟目의 보고가 위와 같았음에도 불구하고 該里 有司의 태도는 반드시 그것에 따르고 있었던 것만은 아니었던 듯, 위 보고가 있은 지 4일 뒤에 당사자가 다시 '班裔로서 軍役에 橫入'한 데 대하여 소장을 내고 있었다(같은 책, 3.12~4). 이때 관에서는 '因嫌誤報 大關後弊 江亭有司率來對卞事'라고 뎨김을 내렸다.

40 위의 책, 3.7~2.

렸다. 이른바 결역(結役)과 관련된 것이었다. 이 같은 요청은 다음달 북평면(北平面) 민인들의 등장에서도 제기되고 있었다.

다음으로 검토가 필요한 부분은 앞에서 언급하였듯이 가장 많은 민원이 집중된 상투(相鬪)의 문제이다. 부세문제 전체를 합한 것보다도 많은 116건의 이 관계 소송은 주로 채전(債錢)과 전답(田畓)에 관한 것이 중심이 되고 있었다. 그리고 비록 다수는 아니지만 탈경(奪耕)문제와 작인(作人)의 지대거납과 그 반대인 지주의 지대수탈에 관한 소송 등이 크게 문제되고 있었던 점도 주목해야 할 것이다. 그리고 그와 관련해서 전세나 군역부담의 문제와 관련된 쟁투도 늘고 있었다는 점은 특히 주목을 요하는 것인데, 이는 삼정의 문제 그 자체가 내부갈등을 유발시키고 있었다고 하는 사실을 반영하는 것으로 이해되는 것이다. 이를테면 북이면 이목동의 임상우 등이 "작년 10월에 동리의 류의혁(柳宜赫)에게서 논 7마지기를 샀는데 올 봄에 세미를 나한테 받으려 한다"고 하는 소장에 대해 수령이 "진진상송(陳陳相訟) 물위번소(勿爲煩訴)할 것"을 명하고 있었던 것은[41] 그 한 단면을 보여주는 것이다. 전답의 매매는 그 자체에서 끝나는 것이 아니라 위에서 본 바와 같이 여러 문제가 관련되고 있었기 때문이었다고 하겠다. 이 같은 경향은 이후에도 한 추세를 이루고 있었던 것으로 파악된다.

아울러 송추의 투작(偸斫) 등과 관련된 소송, 금양산소(禁養山所) 근처라는 이유로 진전(陳田)개간을 위력으로 금단하고 있던 양반에 대한 민인들의 집단적 저항에 대한 관의 비호,[42] 또 그와 모순되는 민인들이 사대부 금양을 침범하는 데 대한 관의 금지조치 등등은 이 시기의 산송의 문제와도 관련하여 우리의 주목을 요하는 문제이다.

....

41 위의 책, 3.19~11.

42 위의 책, 3.12~12. "(西終面) 金明麟等狀 以矣身陳田還起 同面坪里 朴班 禁養山所 近處 威力禁斷事 題內 曠占禁耕 已是法外 嚴飭禁斷事 面任"

기타 간리(奸吏)의 침탈 외에 토호의 침탈에 대한 민의 저항이라든가, 남편이 죽은 후 번전(番錢)과 세미(稅米)를 납부할 길이 없어서 또는 연명할 길이 없어서 자신의 12살, 13살 난 딸을 방매하겠으니 증명서를 발급해달라고 하는 여인의 요청 등은 이 시기의 다른 중요한 한 면을 보여주는 것이라고 하겠다.

〈표 3〉 헌종 5년(1839)『영암군소지등서책』(4월분) 내용분석 분류표(총 164건)

(1) 田政(13건)

청원사항	주체	건수	이유	처리
田稅 頉給	개인	5	陳結疊出, 加錄, 再徵	
田稅 移錄	개인	2	族徵	
摠戎畓	개인(집단)	6	舍音 稅米加徵, 京行浮費推尋	

(2) 軍政(47건)

청원사항	주체	건수	이유	처리
軍役 頉下	개인, 里任	29	疊役, 死亡, 老除, 虛名, 班脈(瑢裔), 族徵, 雇主見充 외	
軍役 移錄	개인, 里任, 집단	16	死亡, 誤出 외	
기타	里任, 집단	2	保米納稅次牟禾放賣, 土地放賣走去 금지 외	

(3) 還政(4건)

청원사항	주체	건수	이유	처리
倉主人抑奪	개인	3		
還米 지급	下吏	1	名下結錢辦納無路	

(4) 雜役(1건)

청원사항	주체	건수	이유	처리
雜役 勿侵	집단	1	聖廟除役村(戶結還及雜役勿侵)	

(5) 相鬪(79건)

소송내용	주체	건수	이유(내용)	처리
債貸 推給	개인	21	債錢不給, 面契錢, 牛價錢, 偸去物, 失物 외	
田畓	개인	14	畓價不給, 偸賣, 還退, 奪去, 起墾, 畓價再徵, 放賣방해, 抑奪 외	
臨農奪耕	개인	2		
地稅	개인	5	지세불납, 稅米移錄	
稅錢不納	개인	1	지대거납	
爭水	개인	1	龍井洞과 倉里 사이의 洑 싸움	
山訟	집단	10		
松楸偸斫	개인	10		
倫紀	개인(집단)	7	下吏의 兩班능욕, 以少凌長, 通奸, 門孼行惡, 媤家구박 외	
被打	개인	4	龍池樵軍의 道岬寺僧 구타 외	
기타	개인	4	面契有司침학, 驛吏침탈 외	

(6) 기타(20건)

청원(소송) 내용	주체	건수	이유(내용)	처리
奸鄕猾吏 侵奪	개인	5	別監, 松監, 面任, 尊位(里任), 倉主人 등 侵虐	
立旨成給	개인	1	田畓	
求請	개인(집단)	11	堤堰修築次 錢糧貸下, 老父救療之資, 廢畓開墾次 分配軍頉給, 官牛대여, 書齋 鼎一坐, 解囚, 포상 외	
酒禁	洞長	1	酒禁요청	
기타	개인(집단)	2	康津民중 耕食靈巖者에게 分排出役	

앞 <표 3>의 4월에 처리된 민장 총 164건에서 파악할 수 있는 내용 역시 3월의 그것과 큰 차이는 없다. 전정 등 부세에 관한 문제가 65건으로 전체의 39.6%를 차지하고 있었고 상투에 관한 부분이 79건으로 48.2%, 그 나머지 기타가 20건, 12.2%를 점하였는바, 상투 부분이 상대적으로 큰 비중을 차지하고 있었던 것도 역시 마찬가지 경향을 보여주는 것이었다.

먼저 부세와 관련하여 여기서 주목해 볼 수 있는 것은 군정의 문제이다. 앞에서도 언급한 바 있듯이 군역은 기본적으로 개인이 담당, 전대(塡代)하고 그것이 불가능할 경우 리(里)[동(洞)]에서 해결하는 동시에 그것을 총괄하는 장치로서 이곳에서는 면계를 운영하고 있었다. 관에서는 이 면계를 통해서 군역문제를 조정하고 있었던 것이다. 선파자손(璿派子孫)의 군역충정에 대한 등장에 대해 "면계(面契)에서 면임을 초치해서 조사를 해서 보고하라"고 지시하고 있었던 것,[43] 군내면 둔덕리의 홍달문이 지난해 세초시(歲抄時) 자신이 사는 리의 무망군(無亡軍) 4명을 면계각소(面契各所)에서 전대해야 함에도 불구하고 한 명도 전대하지 않았으니 면계에 이록(移錄)해달라고 하는 소장에 대해 "면계각소(面契各所)에 왕소(往訴)하라"고 지시하고 있었던 것[44] 등이 그 점을 잘 보여주는 것이었다.

그러나 언급하였듯이 여기에서 모든 문제가 처리되고 있었던 것만은 아니었던 것 같다. 이를테면, 4월 18일 군내면 청풍원의 서학천이 한대동 이가복의 첩역(疊役)을 오보(誤報)한 면계에서 징수하지 않고 청풍원에 이징(移徵)한 것에 대한 소장에 대해 "면계에 가서 상의하라"는 지시를 내리고 있었지만,[45] 그것이 처리가 되지 못하였던 듯 그가 6일 후에 다시 소장

....

43 『영암군소지등서책』(奎 27509-2) 憲宗 5년 4월분 4.26~2.

44 위의 책, 4.25~2.

45 위의 책, 4.18~2.

을 내고 있었던 것이 그 점을 보여준다. 4월 24일의 소장에서 서학천은 자신이 사는 리는 2호밖에 되지 않는데 그 중의 하나는 '반댁(班宅)'이어서 자신이 중역(重役)을 지고 있는데, 죽고 없는 경정(京正) 김덕원의 번전(番錢)을 면계에서 담당해야 함에도 불구하고 면계의 집강은 자신의 요구를 들어주지 않는다는 점을 다시 하소연하고 있었다.[46] 이에 대해 수령은 "당시 잘못 보고한 유사(有司)에게 받아내되 계재(契財)는 거론하지 말라"는 지시를 계임(契任)과 색리(色吏), 주인(主人)에게 내리고 있었다.

군역은 여전히 동(리) 단위로 해결되지 않으면 안 되었던 것으로 여겨지는 바, 군내면 이문 리임 임복이가 관장(官匠) 1명을 전 면임 최치달에게 이록해달라고 하는 보고에 대하여 "담당할 사람이 없으면 너희 리에서 마땅히 납부하라"고 하는 관의 뎨김이라든가,[47] 북이면 거리산 리임 서평엽의 번전이록(番錢移錄)에 관한 소장에 대해 "공의(公議)에 따라서 양촌(兩村)에서 분당이납(分當以納)하라"는 지시를 양촌동장(兩村洞長)에게 내리고 있었던 것[48] 등이 그 점을 보여준다. 그리고 거기에는 일정한 방침이 있었던 듯 하니, 곤일면 망우정의 이삼원이 선파자손이니 물고노제(物故老除)를 모두 탈급해달라는 소장을 낸 데 대해 "자유법전(自有法典)하니 법전에 따라서 시행할 것"을 색리에게 지시하고 있었던 것은[49] 그 같은 사정을 짐작하게 한다.

한편, 이 4월 달의 소장의 내용과 그 처리에 있어서 가장 주목되는 점은 상투 문제와 관련된 것이다. 그 원인으로서는 역시 채전(債錢)의 추급(推給)과 전답을 둘러싼 쟁투가 거의 반을 차지하고 있었는데, 그와 관련

....

46 위의 책, 4.24~1.
47 위의 책, 4.3~1.
48 위의 책, 4,4~8.
49 위의 책, 4.5~4.

하여 면계전이나 면계답의 문제가 새로운 쟁점으로 크게 부각되고 있었던 것이 주목된다.[50] 그 가운데 확인되는 "면계답(面契畓) 4두락 삼대경식(三代耕食)"과 같은 표현에서 면계답의 연원이 상당히 오래된 것이었다는 점을 알게 되는데, 이것이 구체적으로 청원계와 어떠한 관련이 있는 것인가 하는 점은 더 검토가 요구되는 문제이다.

또한 여기에서는 송추투작(松楸偸斫) 문제가 빈번하게 일어나고 있었고, 그와 관련된 것이겠지만 용지의 초군들의 도갑사 승려 구타사건이 크게 문제되었던 것도 주목된다. 이에 대한 자세한 내용은 파악할 수 없으나, 수령의 처분 가운데,

초당(樵黨)은 본래 한 명 뿐이 아닐 터인데 (중략) 리임동장(里任洞長)이 또 어찌 붙잡아 올리지 않는가. 그 사사로이 비호함을 가히 알 수 있다. 여기에는 반드시 사적인 이해가 얽혀있을 터이니 듣는 대로 결코 용서치 않을 것이다. 알아서 거행하라. 그간에 어찌 한명의 초군(樵軍)도 붙잡아 올리지 않았는지 잠시 보고 추후에 마땅히 엄처할 것이다.[51]

라고 하는 내용에서 우리는 당시 초군들의 한 모습을 살필 수 있다.

기타 제언을 수축하기 위해서 북일면의 교변, 덕진, 신정 등 3리의 민인들이 관전(官錢)을 대출해 줄 것을 요구하고 있었던 것,[52] 또 북일면 영흥리의 리임이 폐답(廢畓)을 기간(起墾)하기 위해 설역(設役)하였으니 분배군(分配軍)을 탈급해달라고 요청하고 있었던 것,[53] 그리고 옥천면 어평리

....

50 위의 책, 4.3~18; 4.5~5; 4.6~3; 4.27~3 등이 그 대표적인 경우이다.
51 위의 책, 4.3~2.
52 위의 책, 4.24~9.
53 위의 책, 4.1~1.

의 민인들이 농사를 위해 관우(官牛)를 빌려달라는 요청을 하자 관에서는 "우척(牛隻)은 해면(該面)의 관우(官牛) 중에서 이목(移牧)하고 기타 잡역은 조사해서 탈급할 것"[54]을 지시하고 있었던 것 등이 주목된다. 그리고 앞 달 3월 7일에 곤이면의 민인들이 제기하였던 강진민으로서 영암땅에 와서 농사를 지어먹고 사는 사람들에 대한 결역 부과의 문제가 4월 16일에는 북평면의 사람들에 의해서도 제기되었다는 점도 주목해야 할 것이었다. 북평면 장전, 장등, 좌일, 신풍, 홍해 등지에 거주하는 민인들의 그와 같은 요구에 대한 관의 처리는 "우선 감영(監營)에 보고한 후에 강진의 예에 따라 처리하겠다"고 하는 것이었지만[55], 이 문제가 4~5년이나 끌어오고 있었다고 하는 사실도 알 수 있게 해주어서 주목된다.

그 밖에 서면 구림의 박영진 박상진 등의 문얼(門孽) 임(林)과부의 행악(行惡)에 대한 소장에 대해 수령이 "향강(鄕綱)에 크게 관계가 되는 것이니 저간의 사정을 동계(洞契)에서 자세히 조사하여 보고하라"는 지시를 계임(契任)에게 내리고 있는 것[56] 등도 주목된다. 이 시기 구림리에는 대동계가 운영되고 있었는데,[57] 그 역할과 관련하여 재검토될 수 있는 것의 하나라고 생각된다.

54 위의 책, 4.15~1.
55 위의 책, 4.16~2.
56 위의 책, 4.3~3.
57 김인걸, 1984 앞의 논문, 110~115쪽 참조.

〈표 4〉헌종 12년(1846) 영천군 『민장초개책』 내용분석 분류표(총 176건)

(1) 田政(20건)

청원사항	주체	건수	이유(내용)	처리
田稅 頉給	개인	8	疊出, 加出, 誤出, 移錄, 起陳出秩 외	조사후 처리
田稅 移錄	개인	10	注非(飛)잘못, 加出 외	
田稅 代納	風憲	2	上納次「不給結錢」分을 替當	

(2) 軍政(44건)

청원사항	주체	건수	이유	처리
軍役頉下	개인, 里任	33	사망, 疊役, 老除, 黃口, 逃亡, 驛吏子, 契房洞 외	
軍役移錄	개인	2	疊役, 族徵(價布頉條 移錄結卜)	
奸吏침학	개인	2	色吏, 束伍隊長 외	
기타	개인	7	將校後裔 兵校資裝價布冤徵, 選武喪頉 외	

(3) 還政(1건)

청원사항	주체	건수	이유	처리
史庫錢出給	집단	1	「本洞史庫錢 12兩 3錢 3分 尙不還布」	

(4) 雜役(10건)

청원사항	주체	건수	이유	처리
衙修理役頉下	집단(개인)	1	鄕廳소속, 軍器소속, 契房, 分洞 외	
雜役 勿侵	집단	1	「依例雜役勿侵事」	
面主人침학	公事員	1	「該面主人 替納修理錢督捧」	
勿侵完文成給	집단	1	「大小民人등 以鄕廳所屬完文成給事」	

(5) 相鬪(43건)

소송(청원) 내용	주체	건수	이유	처리
債貸 推給	개인	13	債錢, 牛價, 牛隻, 雇貰, 馬夫貰, 藥價, 訴訟浮費, 失物 외	
奴婢推尋	개인	6		
山訟	개인	5	偸葬 외	
山地	개인	2	買山방해	
松楸	개인, 집단	7	偸斫, 邑底樵軍輩 斫伐松楸 외	
被打	개인	3		
倫紀	개인	2	常漢凌辱兩班, 救活奴婢背恩構陷	
기타	개인	5	價布(軍役), 背約, 越境刈草 외	

(6) 기타(58건)

소송(청원) 내용	주체	건수	이유(내용)	처리
給由	下吏 외	22	下吏, 記官, 戶長, 兵校 휴가요청	
各所任頉下	개인	8	面任, 戶長, 刑吏, 別將, 使令, 通引 외	
風憲望報	座首	1		
所任차출	개인	1	貿販次 官奴役차출	
各所任보고	所任	5	別將(闕額及烽臺頹圮) 風憲(失火), 官奴(矯救)	
立旨成給	개인	4	買田, 貸錢推給, 失物, 改名	
求請	개인	7	罪人供饋, 淸, 火災結構, 營囚處分, 孝行表彰, 席戶錢出給(席匠戶首) 외	
酒禁	洞任	1	酒戶禁斷	
場市稅	場監考	1	市稅減給	
기타	개인(집단)	8	差紙成給(行商등), 堤堰防築지원, 獄事浮費 외	

위 <표 4>는 경상도 영천군의 헌종 12년 윤5월 28일부터 7월 2일까지의 민장치부책의 내용을 간략히 분류해 본 것이다. 이 자료에는 총 176건의 민장과 그 처리결과가 수록되어 있는데, 앞의 경우의 마찬가지로 부세

문제에 관한 것이 전체 75건(42.6%)으로 가장 많고 기타 58건(33%) 상투 43건(24.4%)의 순으로 되어 있다. 여기서 기타부분이 상대적으로 큰 비중을 차지하고 있는 것은 위에서 검토한 영암의 경우와는 달리, 이 자료에는 하리(下吏), 기관(記官) 등의 급유[給由(휴가)] 요청(22건)이라든가 면임, 호장, 별장 등의 각종 보고 등과 같은 관속들의 소장이 상대적으로 많은 때문이었다. 이 같은 내용을 통해서 우리는 해당지역의 행정운영의 실태를 일부 파악할 수 있다는 점에서 참조가 되는 것 중의 하나이다.

부세운영의 문제와 관련해서는 큰 비중을 차지하는 것이 군정 문제(44건)이었고 여기서도 환곡의 문제는 1건, 그것도 봉화에서 넘어온 사고전(史庫錢)의 분급 문제였다고 하는 사실은 이 때가 환곡분급철이 아니었기 때문으로 파악된다. 전정문제는 20건, 잡역의 문제가 10건이었다. 이 가운데 전정의 문제는 주로 이래이거(移來移去) 과정에서 잘못된 주비(注飛)의 문제와, 서원(書員)의 잘못에서 말미암는 전세의 이록과 탈급문제가 주로 제기되고 있었다. 그 처리는 '계판(計版)'에 따라서 시행하라든가, '주비처(注飛處)'에 가서 보고하라는 식으로 이루어지기도 하였지만,[58] 대부분 서원에게 조사해서 보고하라는 식으로 일관되고 있다. 그 중 풍헌(風憲)[면임(面任)]이 상납을 위해 '불급결전(不給結錢)' 부분을 자신이 대신 납부하였는데도 해당인이 갚지 않는다고 하는 소장을 내고 있던 사정이라든가,[59] 공사원(公事員)이 마찬가지로 전세를 대신 납부하였는데도 내야 할 사람이 내지 않는다고 정소하고 있는 사실[60] 등이 주목된다.

다음 군정문제에 있어서 요구조건은 다른 경우와 크게 다르지 않았다. 다만 그 처리와 관련해서는 몇 가지 주목되는 점이 발견된다. 즉 여기에

----

58 『民狀草槪冊』(奎古. 5120-177) 6.11~2; 6.27~1.

59 위의 책, 6.2~9; 6.19~2.

60 위의 책, 6.2~14.

서도 군역은 기본적으로 면, 리(동)에서 해결되고 있었다. 봉향면의 상망 공사원이 백골징포의 탈하와 봉수군의 탈하를 요구하는 정소에 대해 군수가,

> 어느 면 어느 동을 막론하고 어찌 한유지민(閑遊之民)이 없겠는가. 박원택(朴元宅)의 가포(價布)는 올 봄에 너희 동(洞)이 이미 담당하였으니 대망지전(代望之前)에는 책임이 너희 동(洞)에 있다. 봉군(烽軍)의 일은 또한 전(前)의 전령(傳令)이 있으니 번소(煩訴)하지 말라[61]

라고 지시하였던 것이 그 점을 말해주는 것이니, 이는 '본읍의 군포(軍布) 수가 1000여에 이르는데도, 죽은 사람이 많고 한정을 얻기 어려워서 그것을 채울 길이 없음은 일읍이 다 아는 사정'[62] 때문이기도 하였다.

그러나 그것이 동내에서 제대로 처리되고 있지는 못하였던 듯, 각 민인의 탈역의 요구는 계속 올라오고 있었고 그에 대해 수령은 번번히 '자대(自代)'하면 빼주겠다고 얘기하고 있었다. 물론 간혹 세초색(歲抄色) 등에게 명하여 그 청을 알아서 처리해줄 것을 명하고는 있었지만, "득자대(得自代) 갱소안일(更訴向事)"[63], "부득자대(不得自代) 실난거탈안일(實難去頉向事)"[64], "금득자대(今得自代) 즉즉탈비난안일(則卽頉非難向事)"[65] 등과 같은 뎨김이 10건 가까이나 되었다. 임지면 내동 민인들이 김반(金班)의 사노 점금의 속오군전을 동징(洞徵)하지 말고 그의 상전이나 점금의 부 천석의 상전에게 이징해달라고 하는 등소에 대해, 관에서는 일단 공형에게 조사

....

61 위의 책, 6.22~2.
62 위의 책, 6.22~4.
63 위의 책, 6.2~3.
64 위의 책, 6.2~7.
65 위의 책, 6.27~3.

해서 보고하라는 지시를 내린 후, 다시 점금의 상전에게서 받아내고 동징하지 않겠다는 것을 동중에 약속하고 있었던 것은[66] 바로 동내에서 자대하고 있던 사정을 반영하는 것이었다.

그와 관련하여 북면 지화의 김광국이 정소하여 9년전 세초색[정유년 세초색(丁酉歲抄色)] 김응호가 가포탈조(價布頉條)를 결부(結卜)에다 이록한 문제를 제기하자 관에서는,

> 무토출부(無土出卜)한 즉 칭원(稱寃)하는 것이 가(可)하나, 기흥(基興)의 체포(替布)가 이미 오래 되었으니 김응호가 어찌 아무 말도 없이 10년 동안이나 대신 납부하였겠는가. 지금은 거론할 바가 아니다. 당년대정(當年代定)에 필요한 것은 즉시 비급(備給)하여 둘 다 불만이 없도록 할 것[67]

을 지시하고 있었던 것에서도 면리대정(面里代定)의 문제와 그를 둘러싼 면리임과 민인들 사이의 갈등의 문제가 그리 간단한 것이 아니었음을 알게 된다고 하겠다.

잡역과 관련해서는 동리의 민인들이 집단적으로 여러 이유를 들어 역을 면제해 줄 것을 요청하고 있었는데, 그 이유로서는 대부분이 이른바 계방촌(契房村)이라고 하는 점을 들고 있었다고 하는 점이 주목된다. 그리고 그 가운데에는 '대소민인'들이 자신들이 사는 리(동)가 향청소속이라고 하는 점을 들어 잡역에 대한 '물침완문(勿侵完文)'을 성급해 달라고 하는 요청도 있었다.[68]

한편 상투 부분에 있어서 특히 주목되는 점의 하나는 초군들의 송추투

66 위의 책, 6.2~11; 6.2~16.
67 위의 책, 6.12~9.
68 위의 책, 6.28~13.

작과 관련된 민인(民人), 사부(士夫), 이교(吏校) 등 상호간의 쟁투문제이다. 이를테면 6월 25일 망월면의 유학 박대인 등이 지난 가을 읍저의 초군들이 작란한 사실에 관한 정소에 대해 수령이 내린 뎨김은 '사민(士民)'의 입장을 일면 견제하는 듯하지만, 기본적으로는 그들의 입장을 따르고 있었다.69 그리고 그보다 조금 앞서 산이면의 송노(宋奴) 금봉이 읍저초군들의 자벌송추에 관한 정소를 올린데 대해서 관에서 내린 뎨김에서도 그 짐은 역시 마찬가지였다. 수령은 뎨김에서,

> 읍(邑)과 촌(村)의 형세가 사뭇 다른 바, 과연 이와 같은 폐에 대해서는 항상 통탄해 왔다. 정소 중에는 초군(樵軍)의 수괴(首魁)가 없으니 지명한 자를 모두 주살(誅殺)한다면 그 수를 헤아릴 수가 없을 것이다. 기왕에 애매하게 되었으니 지금까지는 이교(吏校), 노령(奴令)이 제대로 다스리지 못했다고 치고, 그 고노(雇奴)가 다시 이와 같은 일을 하거나 읍리(邑里)의 민(民)이 다시 전습(前習)을 되풀이 하면 마땅히 별도로 엄히 징계하여 후폐가 없도록 할 것이니 위선 이 뎨김을 가지고 윤시(輪示)할 것70

을 지시하고 있었다. 여기에서 주로 문제가 되고 있었던 것은 읍저의 초군들이었다. 그리고 거기에는 이교배(吏校輩)나 사령(使令)들이 일정하게 관련되어 있었던 것으로 보인다. 그러나 민인들이 양반들의 '송계(松契)'의 작폐를 문제 삼고 있었다는 점이라든가, 영암의 경우에서 언급하였듯이 사부가(士夫家)에서 금양(禁養)을 표방하면서 민간의 개간이나 작벌(斫伐)을 금지시키는데 따른 문제점들에 대해 수령이 반드시 입장을 같이하는 것만은 아니었다는 점71 등을 동시에 고려해야 할 것이다.

....

69 위의 책, 6.25~6.
70 위의 책, 6.22~8.

그 밖에 노비추심 등 노비문제를 둘러싼 쟁투문제도 적지 않은 비중을 점하고 있었으며, 구활노비(救活奴婢)의 배은구함(背恩構陷)이라든가 상한의 능욕양반(凌辱兩班) 등 윤기의 문제도 그와 무관한 것은 아니었다. 기타 말암면 신천의 화민(化民) 김진규 김이현 등의 신천제언 방축(防築) 문제에 관한 정소에 대해 수령이 "한 번 감영에 찾아가서 보고해 보겠다"고 뎨김을 내리고 있었던 것 역시 주목을 요하는데, 이 문제를 수령 스스로가 처리하지 못하고 있었던 것은 음미해 볼 일이다.

4. 맺음말

이상 3종의 민장치부책에서 드러나고 있는 사회문제들을 개괄적으로 살펴본다면, 우선 청원의 내용과 관련하여 주목되는 것은 총 775건의 민장 중 부세문제와 관련된 것이 366건(전정: 86건, 군정: 229건, 환정: 22건, 잡역: 29건)으로 전체의 47.2%를 점하고 있었다고 하는 점이다. 여기에 부세문제로 인한 '상투(相鬪)' 등을 더 고려한다면 부세문제가 차지하는 비중은 더욱 늘어날 것이다. 그렇지만, 그 내부의 운영의 문제에 있어서는 지역에 따라서 우리가 일반적으로 이해하고 있는 것과 반드시 일치하고 있었던 것만은 아니라는 점 또한 지적되어야 할 것이다. 이를테면 군역의 문제에서 단적으로 드러나고 있는 것이었지만, 영천의 경우 '자대'가 강조되고 있었던 반면, 영암의 경우에서는 '면계'가 커다란 영향력을 행사하고 있었던 것은 그 한 예라고 할 것이었다.

한편, 위와 같이 청원내용에 있어서 부세부분이 차지하는 비중이 컸음

---

71 주 42 참조

에도 불구하고 상투부분이 역시 상당한 비중을 점하고 있었으며(286건: 전체의 36.9%), 이는 같은 지역 내에서도 후반부에 더 집중되고 있었다는 점에서 주목되어야 할 것이었다. 개인과 개인 간의 대립은 주로 전답의 매매라든가 채대(債貸, 고리대) 등을 중심으로 해서 나타나고 있었고 이것이 상투에서 중심적인 문제였다고 할 수 있지만, 그 가운데에는 개인과 집단, 집단과 집단 간의 대립이 반상(班常) 간에 또는 부세문제를 둘러싸고 제기되고 있었던 점도 주목되며, 이는 검토과정에서 부분적으로 지적되었듯이, 부세문제가 내부의 갈등을 조성하고 있었던 것과도 무관한 것이 아니었을 것이다. 그러나 또한 그 가운데에는 탈경(奪耕, 소작권문제)이라든가 지대거납 지대수탈 등 본질적인 문제가 개재되고 있었다는 점도 간과해서는 안 될 것이었다.

다음 청원주체의 측면에서 보았을 때, 비록 합법적인 공간에서의 청원이라고 하는 한계가 있는 것이었다고 할지라도, 민인들이 개인적 차원에서 또는 집단적 차원에서 공개적으로 여러 문제들을 제기하고 있었다고 하는 점이 주목되어야 할 것이었다. 이미 앞에서 언급한 것이지만 이 시기 수령들에 대한 지침서들에서 일일이 날짜별로 민원의 내용과 그 처리결과들을 정리하여 치사(治事)에 참고하라고 하는 당부를 하고 있었던 것도 그러한 민인들의 움직임과 무관한 것은 아니었다고 생각된다.

이 때 집단적인 정소는 특히 군역과 요역(잡역)의 문제를 중심으로 하여 계속적으로 제기되고 있었는데, 전세나 환곡을 둘러싸고 그 같은 움직임이 상대적으로 적었던 것은 해당 자료가 갖는 계절상의 이유와도 관련시켜 이해해야 할 것이라고 생각된다. 그 가운데 동내의 이해문제와 관련하여 동민들의 집단적인 움직임은 주목되는 것이었다. 한편 이 시기에는 그 같이 부세문제와 관련한 집단적인 움직임만이 있었던 것은 아니었다. 초군들의 활동 등이 그 한 예라고 할 수 있는 것이었는데, 그러나 초군들의 성격도 결코 단일한 것만은 아니었다고 하는 점 역시 고려되어야 할 것이었다. 읍저(邑底)에서 활동하고 있었던 층들과 각 촌의 초군들과는 차이가 있었던 것이다.

마지막으로 그 민장들에 대한 수령의 처리가 어떠하였는가 하는 점 역시 중요하다고 할 수 있는 것인데, 검토과정에서 드러난 바이지만, 그것은 결코 일률적으로 논할 수는 없는 것이었다. 그럼에도 불구하고 대체적인 경향을 살핀다고 한다면 그 처리는 대부분 형식적이고 미봉적인 것이었다는 점을 지적할 수 있을 것이다. 이는 당초 수령의 지침서들에서도 그렇게 권장하고 있는 것이기도 하였을 뿐더러, 당시 수령의 입장에서 처리할 수 있는 문제라는 것이 극히 제한적이었던 데에 보다 큰 원인이 있었던 것으로 보인다.

이상, 위 검토과정에서 특징적으로 드러나고 있던 문제점들을 중심으로 하여 간단히 정리하였는데, 이는 물론 당시의 식자들에 의해서도 상당 부분은 지적되고 있었던 문제였다. 본 검토가 19세기 전반의 사회문제의 핵심적인 내용이 어떠한 것이었는가 하는 점을 보다 분명히 하기 위해서는 해당 지역의 구체적인 사회 사정을 보여주는 자료를 더 확보해야 함은 물론, 분석에 있어서도 민장을 올린 주체들과 그 내용들을 보다 밀도 있게 다루어야 했다고 생각된다. 아울러, 처음부터 전제한 것이긴 하지만, 같은 시기의 사례를 더욱 많이 확보해야 하는 문제가 있다. 그리고 이전, 이후의 내용들과의 비교검토가 이루어질 때 보다 구체적인 이 시기의 사회문제를 설명해 낼 수 있을 터인데, 이 점도 문제로 남는다. 이 같은 문제들은 추후 후속작업을 통해서 보완해야 할 것으로 생각된다.

6장 조선후기 재지사족의 '거향관(居鄕觀)' 변화

1. 머리말

우리나라 중세사회 지배체제는 흔히 중앙집권체제로 이해되고 있다. 그리고 이 중앙집권체제는 지방제도로서 군현제를 갖추고 있었다. 이 같이 본다면 국가권력의 대표자인 국왕, 군주는 중앙집권 관료체제와 군현제를 매개로 하여 민에 대한 전제권을 행사해온 것으로 설명할 수 있고, 이것을 우리 중세사회 나아가 동아시아 전제국가의 특질로 강조할 수도 있을 것이다.

그런데 중세사회에서 국가의 민에 대한 지배는 재지의 지배층 및 공동체적 질서를 매개로 이루어지고 있었다. 따라서 중세사회의 성격과 그 발전을 체계적으로 이해하기 위해서는 국가와 지배층 및 민(피지배층)이라는 3자간 역학관계의 성격과 그 변화를 주목하여야 한다.[1] 관료제나 군현제와 같은 제도적 장치만을 고려해서는 중세사회의 역동적 변모과정을 설명할 수 없을 뿐만 아니라, 중앙집권적 전제국가라고 하는 체제적 특성만을 강조할 경우 정체론적 인식에 빠질 위험이 있기 때문이다. 조선시기의 사회상을 설명하는 데서도 위 3자간의 관계를 동태적으로 파악할 필요가 있다고 하겠다.

....

[1] 한국 중세사회의 지배구조를 국가, 지배계급, 민 3자간의 역학관계의 변화, 특히 민의 성장에 주목하여 체계적으로 검토한 것으로는 1990 「특집: 한국 중세사회의 지배구조와 '민'의 성장」, 『역사와 현실』 3이 있다.

필자는 조선시기 '향권(鄕權)'의 구조와 그 담당층의 변화를 살피는 가운데, 16·17세기의 향촌사회 권력구조와 18·19세기의 그것이 질적으로 차이가 있었음을 알 수 있었다.[2] 그리고 검토의 과정에서 16·17세기에는 수령을 정점으로 한 관의 행정조직 외에 재지사족이 중심이 된 향촌지배 기구가 독자적 기능을 수행하고 있었는바, 이러한 사실은 16·17세기의 관인들이 지방적 근거를 가지고 활동하고 있었던 데서 비롯된 것임을 추론할 수 있었다. 실제로 조선중기 재지 사족은 향권을 장악하여 지방사회를 지배하고 있었고, 배타적인 것은 아니었지만 관권으로부터 일정한 독자성을 확보하고 있었던 것이다.[3]

최근의 많은 연구들은 조선후기, 특히 18세기 이후 기존의 '양반사회'가 크게 변화하고 있음에 동의하고 있는 것으로 지적된다.[4] 변화의 동인으로서는 1960년대 이래 통설로서 자리를 잡아온 내재적 발전론의 설명틀 외에, 당시의 상공업의 발전과 도시의 발달, 농업의 상대적 위축문제가 더 고려될 수 있을 것이다.[5] 18세기 이후 사회경제의 변동과정에서 중앙권력집단의 경제적 기반이 변동하고, 국가가 새로운 계층을 권력의 동반

2 김인걸, 1991 『조선후기 향촌사회 변동에 관한 연구-18, 19세기 「향권(鄕權)」담당층의 변화를 중심으로-』, 서울대학교 박사학위논문.

3 16·17세기 재지사족의 향촌 지배체제가 "근본적으로는 선초이래 줄곧 추구되어 온 중앙집권화와 그 연장선상에서 결코 부정되지 않았던 관권에 의해 일차적으로 규정되고 있었다"는 점과 그것이 끊임없이 농민층의 저항에 직면하였던 불안정한 것이었다는 점이 지적되기도 한다(정진영, 1990 「16, 17세기 재지사족의 향촌지배와 그 성격」『역사와 현실』 3, 106·118쪽 참조). 그렇지만 당시 국가, 지배층, 민 3자간의 역관계에서 재지사족이 중심이 된 향촌지배구조가 새롭게 구축되어 기능하고 있었던 점이 주목되어야 할 것이다.

4 조선후기 사회변동과 양반사회 변동에 관한 이태진 교수의 연구사 정리(「조선후기 양반사회의 변화-신분제와 향촌사회 운영구조에 대한 연구를 중심으로-」『한국사회발전사론』, 일조각, 1992) 참조

5 위와 같음.

자로 삼게 됨으로써 양반, 재지사족들의 정치적 쇠락은 필연적인 것이라는 설명이 가능해진다. 향촌 사회의 지주적 기반 위에서 겨우 '양반'으로서의 체모를 유지하는 것 외에는 정치권력으로부터 소외된다는 것이다. 이제 19세기 중앙정치사는 지방, 농촌 사회와 완전히 분리될 수 있게 된다. 그런데 이러한 분리가 과연 가능한가.

조선중기의 재지사족의 정치적 영향력 행사를 그들의 농업저 기반의 문제만으로 설명할 수 없듯이, 조선후기 그들의 정치적인 영향력 상실을 단순한 경제적 기반의 위축만으로 설명할 수는 없을 것이다. 재지사족은 중앙정계와의 단절 속에 대부분 향반화하고, 정치적 영향력도 현저히 위축되었지만 19세기에도 여전히 그들 나름의 대응책을 모색하고 있었고, 바로 이것이 중세말기 모순구조의 중요한 한 부분을 점하는 것이었다. 그들의 동향을 배제하는 것보다 어떻게 정치적 영향력을 상실해 나갔는가, 그 이유를 밝히는 작업이 필요하다고 하겠다.

본고는 이와 같은 문제를 음미해보기 위해 재지사족의 '거향관'의 변화를 살피고자 한다. 조선시기 재지사족은 말 그대로 지방, 향촌사회에 존립 기반을 두고 있었으므로 향촌에서 어떻게 생활하는가, 곧 '거향'에 지대한 관심을 갖고 그에 대한 많은 기록을 남기고 있다. 그러나 이때의 거향은 단순히 향촌에서의 삶의 문제만이 아니라 그것을 포함하여 더 넓은 의미에서 정치적 성격을 띤 사안이었다. 이 시기 지배층들은 중앙정권 참여를 놓고 출처를 문제삼은 것과 마찬가지로 향촌사회에서도 거취문제를 중요시하였다. 조선중기에는 거향처신의 문제가 인물평에 중요한 항목으로 들어가기도 하였고, 중앙정계에서까지 시비대상이 되었다. 따라서 이들의 거향관이 변화하는 모습을 추적하면 그들의 정치적 영향력 상실의 원인이나 그것이 갖는 의미를 파악할 수 있을 것으로 기대된다.

이 같은 문제를 다룸에 있어서, 먼저 자료상의 한계를 지적하지 않을 수 없다. 18·19세기 많은 인물들이 남긴 기록들을 일일이 검토하는 것도 쉬운 일이 아닐 뿐만 아니라 모두가 관련자료를 남기고 있었던 것은 아니었다. 그리고 그들의 거향관을 반영하는 자료는 무수히 많지만 이들을 유형화하기에는 아직 이른 감이 없지 않다.6 한편 거향의 자세를 굳이 문자로 표현된 것만을 갖고 검토하는 한계도 있을 것이다.

그런데 조선 중·후기의 재지사족의 거향관은 퇴율(退栗)의 행동과 저작에 크게 영향을 받은 바 있고, 그들의 거향관은 조선시기 문인들의 문집에 상대적으로 풍부히 남아있다. 따라서 본고는 퇴계 이황과 율곡 이이의 거향관이 하나의 전형으로 되고 있다는 점에 착안해 그 전형의 변화를 각종 문집에 수록된 관련자료를 중심으로 검토하고자 한다. 그리고 조선 중기의 거향관이 정치적 성격이 강한 것이었다고 판단되기 때문에 본고에서도 일단 거향관의 정치의식 변화에 초점을 맞추기로 한다.

2. 재지사족의 '거향관'의 정치의식

조선시기 재지사족들은 그들의 기반이 향촌사회에 있었기 때문에 향촌사회에서 살아가는 데 필요한 기본적인 자세를 여러가지 형태로 제시하고 있었다. 자손이나 문생들에 대한 훈계를 담은 글이 기본적인 것이라고 할 수 있지만, 향촌사회를 운영하기 위한 각종 완의(完議)나 절목(節目) 등과 같은 규약의 형태도 있고, 그 가운데는 「거향잡의(居鄕雜儀)」 등과 같은 전문적인 논고로 정리된 경우도 있었다.

대개 그와 같은 글들은 기본적으로 공맹(孔孟)이 강조한 향당(鄕黨)7에

---

6 이해준, 1993 「조선시기 사회사 자료의 수집과 정리」『조선시기 사회사 연구법』, 한국정신문화연구원 참조.

서의 자세와 그에 대한 정주(程朱)의 해석에 기초하고 있었는데, 향당은 부모와 종족이 거주하는 곳이므로 믿음있고 진실되게 행동하며 항시 자기를 낮추고 겸손하게 근신하라는 내용을 근간으로 삼고 있다. 그러기 위해 향당에서는 모나는 행동을 해서는 안되고 나이를 존중해야 하였다. 그리고 가능하다면 중앙 관인의 시비를 문제삼는 것도 자제할 것이 요구되었는데, 징주의 "그 지위에 있지 않으면 징사에 참여하지 말라[不在其位 不謀其政]"는 논리에 근거한 것이었다.

그런데 그 구체적인 내용을 살펴보면, 조선사회에서의 그것은 정주의 해석에 기초한 성리학적 향당 윤리규범만이 아닌 매우 정치적인 성격의 것이었음을 곧 알게 된다. 그 핵심적인 내용은 관부와 일정한 거리를 유지하고 국법의 테두리 내에서 자신들의 향촌지배를 관철시킨다는 것이다. 이는 거향에 있어 사족들이 취해야 할 가장 급선무가 무엇인가에 대해 조선중기의 대표적인 학자들이 지적한 내용들을 통해 확인할 수 있다.

조선중기 사족의 거향관을 가장 체계적이고 요약적으로 정리한 이는 순암 안정복이었다. 안정복은 공자 맹자 등 중국 학인 6인의 사례와 퇴계 율곡 등 3인의 조선 학인의 사례로써「거향잡의」를 구성하였는데, 그 특징은 조선학인의 사례에서 잘 드러난다. 안정복은 예컨대, 퇴계 이황의 경우 첫째, 거향에 있어 부역(賦役)을 하호(下戶)보다 반드시 먼저 납부한 것, 둘째, 예안현의 풍속에 사인(士人)들이 유향소 품관(品官)의 반열을 따르는 것을 수치로 삼는 것에 대해 "향당(鄕黨)은 부형과 종족이 있는 곳으로 나이를 귀하게 여겨야 한다"는 논리를 내세워 훈계하였던 것, 셋째, 녹사(錄事)

---

7 향당은 周代의 행정구획으로 향은 12,500호, 당은 500호가 거주하는 지역을 가리키는데(五家爲鄰 五鄰爲里 四里爲族 五族爲黨 五黨爲州 五州爲鄕), 조선사회에서 향당은 일반적으로 군현단위의 향촌사회를 지칭하였다. 그리고 향당은 일반적으로 향리, 시골을 의미하지만, 조선에서의 그것은 인적 조직으로서의 의미가 보다 강한 용어로 사용되었다.

양성희가 예안현감으로 와서 지주(地主=守令)의 권위로 거만하게 군 것을 개의치 않고 백성과 수령사이의 예[민주지예(民主之禮)]를 다했다고 하는 것 등 세 가지를 특기한 바 있다.[8] 퇴계의 이 같은 거향자세는 성리학적인 향당윤리만이 아니라 관과의 거리를 유지하면서 향당을 운영하는 재지사족의 정치의식을 잘 보여준다.

서애 류성룡의 제자인 이전(李㙉)이 노년에 아들 신규에게 "주가(州家)의 정사득실(政事得失)을 입 닫고 말하지 말며, 혹 와서 말하는 이가 있어도 그에 응해 답하지 말라. 이것이 거향에서 제일 중요한 것이다"라고 부탁하였다.[9] 다른 사람의 허물을 함부로 얘기해도 화를 입을 수가 있는데, 하물며 '민과 지주와의 관계[민주지분(民主之分)]'는 지엄한 바 더욱 경외해야 한다는 것이다. 이 역시 거향에서 제일 중요한 것이 관과의 마찰을 피하는 것이었음을 강조하는 말이겠다.

그런데 이때 관과의 관계는 일방적인 상명하복의 관계가 아니었다. 사족이 수령을 왕명의 대변자로서 '민(民)과 주(主)의 예(禮)'로써 각별히 대하라고 했던 것은 그들 스스로가 언제든지 수령의 입장이 될 수 있었기 때문이기도 했지만, 그렇게 함으로써 관의 간섭을 배제하려는 데 목적이 있었던 것으로 이해해야 할 것이다. 영천인(榮川人) 권성오는 그의 부친 권호신이 "일찍이 지주(地主) 이공(李公)을 보러 들어가서 오랫동안 읍(揖)하고 절[拜]을 하지 않았지만, 이공 또한 꺼리는 기색이 없었으니 다른 사

---

8 安鼎福(1712~1791), 『順菴集』 권15, 「居鄕雜儀」.

9 李身圭(1600~1681), 『酉溪集』 권3, 「懽侍日錄」 "一日侍側 書一紙以敎 曰州家政事得失 絶口不談 或有來言 亦勿酬答 此是居鄕第一義也 妄談人之過惡 乃取禍之道也 況民主之分至嚴 尤當謹畏也" 이신규는 月澗 李㙉의 아들이자 蒼石 李埈의 조카이다. 그는 '향당품목'에 대한 답변에서 향안의 正案을 만들 때는 몇몇 향임들한테 맡길 것이 아니라 일향이 모두 모여 처리해야 탈이 없을 것임을 지적하기도 하였다(위의 책, 권2, 「答鄕薰槖目」).

람들이 대장군 읍객(揖客)을 오늘에야 다시 보았다고 하였다"는 점을 자랑
스럽게 말하고 있었던 것은[10] 당시 수령과 사족의 관계가 대등한 관계였
음을 상징적으로 보여준다.

율곡 이이 또한 그의 『격몽요결』 접인장(接人章)에서 친구들과 같이 있
을 때는 마땅히 도의로써 강마(講磨)해야 하며 문자와 의리만을 말해야지,
세속의 비루한 말이나 시정의 득실, 수령의 현부, 타인의 허물 등은 일체
입에 담아서는 안된다고 경계하면서, "거향의 선비는 공적인 일로써 예견
(禮見)을 할 때나 부득이한 경우가 아니면 관부에 출입해서는 안된다"는
점을 강조하였다.[11] 안정복이 율곡의 사례로 인용한 것도 바로 이 대목이
다. 전체적으로 보아 관부와 일정 거리를 유지하라는 뜻을 담고 있는 것
이라 하겠다. 이이의 「해주일향약속(海州一鄕約束)」의 체계 또한 그러한
뜻을 잘 표현하고 있다.

장성인(長城人) 변이중은 거향에서 제일 급선무는 관가의 부역을 기간
에 맞춰 조달하는 것이라는 점을 「향헌(鄕憲)」에서 강조하였다. "공가부역
(公家賦役)을 기간에 맞춰 조달하는 것이 거향에서 제일 급한 의무이다. 만
일 어기고 범하는 자가 있다면 경중에 따라 벌을 내릴 것"이란 조목이
그것이다.[12] 향헌은 사족들의 군현단위 향촌지배 규약으로서 재지사족 공
동의 이해를 반영하는 것이었다. 여기에서 우리는 거향의 문제가 향촌에
서의 일반 생활이나 윤리의 문제만이 아니라 사족의 향촌사회운영 전반
의 문제와 관련된 것이었음을 다시 확인하게 된다.

....

10 權省吾(1587~1671), 『東巖先生文集』 권4, 「陶村聞見錄」.

11 李珥(1536~1584), 『擊蒙要訣』 「接人章 第九」 "與朋友處 當以道義講磨 只談文字
   義理而已 世俗鄙俚之說 及時政得失 守令賢否 他人過惡 一切不可掛口, 居鄕之士
   非公事禮見及不得已之故 則不可出入官府"

12 邊以中(1546~1611), 『장성향교지』 「鄕憲」.

이상에서 보았듯이 문제는 관과 일정 거리를 유지하고[물출입관정(勿出入官庭)], 수령의 현부나 정사의 득실을 논하지 말며[물론관정득실(勿論官政得失)], 부세를 제 때 납부하라[근조부(謹租賦)]는 주문 그리고 향촌사회에서 분란을 일으키지 말라는 주문이 다만 개인의 이해나 화를 면하자는 차원에서 제기되는 것이 아니었다는 사실이다. 이들이 이 같은 조건을 거향의 선비, 사족들한테 요구하였던 것은 그것이 그들의 향촌운영권, 일향지배권을 행사하기 위한 조직운영, 조직기반과 밀접한 관련을 갖기 때문이었다.

위에서도 언급한 바 있듯이 퇴계가 예안현의 선비들이 유향소 품관의 반열에 따르는 것을 수치스럽게 여기는 것을 문제삼아 '향당상치(鄕黨尙齒)'의 논리를 빌어 사(士)가 품관의 밑에 거(居)한다고 하더라도 예에는 문제될 것이 없다고 강조하고, 학봉 김성일이 만일 향중의 집강(執綱)을 만나면 그가 비록 나이가 어리더라도 예를 더해야 함을 지적한 것[13] 등은 위와 같은 거향관의 문제가 사족 개인의 보신문제만이 아니라, 향당·향회의 운영문제와 관련되고 있음을 보여주는 것이다.[14]

후대의 일이지만 영천인(榮川人) 박시원이 거향은 처자(處子)와 같이 해야 함을 강조하면서, "거향의 요체는 부딪치거나 거스르지 않는 것을 위주로 삼으며 간혹 향론이 둘로 나뉠 때를 당하면 나는 처신하기를 마음을 조금도 동요하지 않고 빈 배와 같이 고요히 하였으니 다른 사람도 또한 그것을 심히 원망하지 않았다"는 점을 노년에 자손들에게 남겼던 것[15] 역

---

13 주 8과 같음.

14 영해인 李涵(1554~1632)이 "當官處事 用公廉勤 敏獲上下心 及居鄕 持是道不變 品題人物 維持鄕憲 一以公心處之"한 사실을 그의 아들 시명(時明)이 자랑스럽게 행장에 쓰고 있는데, 이 역시 거향의 문제가 사족들의 향촌사회 운영, 특히 향회의 운영과 관련이 있는 것이었음을 보여준다(이함, 『운악선생문집』 부록 「행장」 참조).

시 거향이 지배층의 공론, 향론과 관련된 것임을 잘 보여주는 것이라 하겠다.

율곡이 「해주일향약속」에서 "향원(鄕員)이 죄가 없음에도 장차 형을 받으려할 경우가 있으면 같이 의논해서 관정(官庭)에 나아가 단자를 올려 구해 풀어 주고, 민원 가운데 아주 긴요한 것이 있으면 또한 여럿이 의논해서 관정에 선다"는 항목을 두고 있었던 것도[16] 거향관의 정치적 성격을 알게 해준다.

앞에서 언급한 바와 같이 향당 운영에서는 기본적으로 선현의 가르침에 따라 공론에 따르며, 스스로 모나는 행동을 해서는 안됨이 당연한 것으로 권장되었다. 일반적인 거향의 자세로 시대를 불문하고 강조되었던 것은 바로 이 점이었다. 그렇지만 거기에서도 시비가 일어날 경우 무조건 덮어두는 것은 공자의 가르침에 비추어보아서도 바람직한 것이 아니었다. 공자는 자공(子貢)의 물음에 같은 향인 가운데 선한 자나 악한 자나 모두가 좋아하는 것으로는 미진하고 향인 가운데 선한 자가 좋아하고 선하지 않은 자가 미워해야 하는 것이라고 가르쳤다. 선악을 분명히 해야 권징의 효과가 있을 것이기 때문이다. 그러므로 공론에 따른 시비의 결정이 매우 중요시 되지 않을 수 없었고, 이를 둘러싸고 상당한 논란이 불가피하였다.

남명 조식이 부녀의 실행(失行) 문제로 관련된 하씨가를 훼철한 것에 대해 퇴계가 우려를 표명한 것,[17] 타우(打愚) 이상(李翔)이 류두성의 옥사에 개입한 것에 대해 그의 선생인 우암이 퇴계의 남명 비판을 인용하여 책망하고 금지시켰으나, 타우가 역시 퇴계가 온계동 향인에 준 글을 인용하여 반박하고 듣지 않자, 우암이 다시 "비난할 위치에 있지 않으면서 하

15 朴時遠(1764~1842),『逸圃集』권5,「居鄕如處子之說」; 주 33 참조.
16 이이,『율곡전서』권16,「海州一鄕約束」.
17 李滉,『퇴계선생문집』권22,「答李剛而 庚午?」.

필 그리할 필요가 있는가", "그 말을 들었으면 다만 집을 옮겨 멀리 피하면 그만이지 하필 소송 당사자(원척)가 되어 상대방의 함정에 스스로 빠지려는가"라고 엄히 지적하였던 것[18] 등이 그 예들이다.

위와 같은 예는 그 후에도 두고두고 인구에 회자되어 '군자거향(君子居鄕)'의 논리로 인용되었던 것 같다. 군자는 인심 좋은 고을을 택해야 하고 혹 풍속이 추악하여 더불어 사람대접을 할 수 없는 경우가 생기면 귀를 막고 듣지 않든가 이사를 하여 멀리 피하는 것이 상책이라는 것이다.[19] 이는 후대에 변질된 인식으로서 시비를 분명히 해야 한다는 논리와 모순된 것이라고 하겠다.[민주지분(民主之分)]

앞서 언급한 이전의 경우, 그 아들 등이 "근래 향중의 논의가 틀어지고 있습니다"고 하자, 이에 대해 "마땅히 의리의 시비를 살펴서 따르든가 거부해야지 같은 부류의 눈치를 보고 미리 판단해서는 안된다. 이것은 주자의 말씀이니 깊이 생각하라"고 교시하였던 것은[20] 향당의 윤리가 기본적으로 순순해야 하는 것이었음에도 시비를 분명히 한다는 점이 전제되어 있는 것을 알 수 있게 해준다. 이 같이 시비가 문제되었기 때문에 역으로 "향당에서는 순순해야 한다[鄕黨恂恂如也]"라는 공자의 말이라든가 정주의 "그 지위에 있지 않으면 정사에 참여하지 말라[不在其位 不謨其政]"의

....

18 宋時烈, 『송자대전』 권131, 「雜著」.

19 朴性陽(1809~1890), 『艮窓朴先生文集』 권9, 「艮窓鎖錄」 "君子居鄕 必擇仁里 或有風谷醜惡 難齒人類者 塞耳而不聞 移家而遠避 則可謂不惡而嚴矣 南冥之撤毁河家 打愚之立證柳獄 盖以嫉惡如讐之意 必欲窮治 而反取無限訾謗 殊可戒也 退溪答龜巖書 及尤菴雜錄論辨此事 極爲謹嚴 (중략) 愚意 則非獨此事 凡係鄕里悖俗 不可以私力掃除者 皆當如是處之耳"

20 이신규, 『유계집』 권3, 「懼侍日錄」 "一日侍側 男等曰 近來鄕中論議携貳 乃敎曰 自當顧義理之是非 以爲從違 不當視同列之喜怒 以爲前却也 此乃朱夫子語也 念之念之"

논리가 더욱 강조된 것이라 하겠다.

향당에서의 거향과 관련된 시비는 단지 윤리적인 문제에만 그치는 것이 아니었다. 윤리적인 것과 관련된 것이라 하더라도 정치적 쟁점으로 곧 연결되는 것이었기 때문에 모든 시비가 곧 정치성을 띠게 되었다. 그리고 그것은 향당의 응집력을 기반으로 하는 것이었기 때문에 수령의 경우에도 쉽게 다룰 수기 없는 문제로 되고 있었다.

효종4년(1653) 문의현령으로 부임하였던 노서 윤선거의 증손 윤변이 노론세력과 깊이 연결되어 있던 그 곳 토호들의 압력 속에 '청정근신(淸靜謹愼)'하여 큰 허물없이 임무를 완수할 수 있었던 것을 후손이 연보에 특기하였던 것은 당시 사정을 알 수 있게 해준다. 그 곳에서는 "읍의 풍속이 희박하여 토호가 무단을 일삼는데, 이들이 모두 회천(懷川, 회덕)에 출입하는 자들이다. 관장의 동정을 지적하여 반드시 그것의 시비를 따지니 전후에 부임해온 자 가운데 임무를 완수하고 가는 자가 드물었다"는 것이다.[21] 그는 "사대부가 거향에 있어 관의 요역을 면하려고 한다는 것은 무단이 아니면 예절을 무시하는 것이니 모두 도리가 아니다"고까지 생각하였던 인물이었다.[22] 당시 관권의 대변자인 수령에 비판적이었던 지방세력, 토호로 지목된 세력이 가지는 정치적 성격을 짐작하게 해준다.

이렇게 거향의 문제가 정치 쟁점화하는 소지가 있었기 때문에 그것은 인물평가의 중요한 기준의 하나가 되고 있었으며, 중앙정권에서 인물의 출척에도 중요한 기준이 되고 있었다. 영남인 곽진이 자신의 「사우록」에서 여러 인물들에 대해 촌평하는 가운데 "품계가 2품까지 올랐지만 거향

---

21 尹拚(1616~1673),『都正公遺稿』권2, 부록「都正公年譜」"十一月 拜文義縣令；
  邑俗溔薄 土豪武斷 皆是懷川出入之人 指摘官長之動靜 而必是非之 前後來爲者 鮮
  有完人 公下車之後 淸靜謹愼 (중략) 人不敢疵毁 而頌聲洋洋焉"
22 위의 책, 권2 부록「遺事」.

에서는 근신하고 은밀하였다[位至二品 而居鄕謹密]", "거가처향에 하나도 구차한 일이 없었다[居家處鄕 無一毫苟且之事]" 등과 같이 표현하고 있었던 것,23 우암 송시열이 유식에 대한 평가에서 "50년 동안 향거하였지만 터럭만큼도 비의로써 조정의 평가에 오른 일이 없었다[鄕居五十年 無一毫以非義之事 見議於朝評]"고 하였던 것24 등이 그 같은 점을 보여준다. 명재 윤증의 제자였던 권구도 관과의 마찰을 극력 피하려 했던 류수연의 '거향근신(居鄕謹愼)' 태도를 높이 산 바 있다.25

조정에서 구체적으로 문제가 되었던 전주인 헌납 이기발의 경우, 효종 4년(1653) 사헌부로부터 "성행이 비뚤고 몸가짐이 비루하며 거향처신이 크게 괴이하다"는 점으로 탄핵을 받은 바 있는데, 그의 거향에서의 죄목으로 거론된 내용들은 송정(訟庭) 출입, 향권 농단, 관부의 정령 간여 등이었다. 특히 그의 간섭으로 인해 전후 수령이 모두 그 고통을 감내할 수가 없었다는 것이다.26 그런데 그는 병자호란에 창의하였던 인물로서27 당시 호남에서 명분과 절개를 지킨 몇 안되는 사람으로 칭송받은 바 있는 인물이었다.28 위 사건은 이기발이 교체되는 선에서 무마되었는데, 거향의 문제가 중앙관계에서 정치적 쟁점이 되고 있던 사실을 보여준 또 하나의 예이다.

이와 같은 사정은 17세기 후반 초려 이유태가 2차 예송문제로 유배생활을 할 당시 자손에게 내린 「정훈(庭訓)」의 한 조목 「거향지도(居鄕之道)」

23 郭峋(1568~1633), 『丹谷集』 권5, 「師友錄」.

24 庾軾(1586~1650), 『德谷先生文集』 권4, 「墓表」 宋時烈 撰.

25 權絿(1658~1730), 『灘村先生遺稿』 권7, 「謾錄」.

26 『효종실록』 효종 4년 5월 무진조.

27 李起淳(1602~1662), 『西歸遺稿』 권7, 「倡義時檄文」(丙子, 1636).

28 曹熀(1600~1665), 『九峯遺集』 권3, 「事實輯錄」 次子 挺五 撰 "先君子嘗云 南中士以名節自守者 有李獻納起淳兄弟 李修撰壽仁 林佐郎㙔 朴進士忠挺 纔數人耳"

에서도 확인할 수 있다. 그는 여기에서 공자의 유지[유훈(遺訓)] "향당순순여야"라는 것을 본받을 것을 전제하면서 6가지 내용을 거론하고 있었는데, 향인의 상사 조문, 향인 가운데 선악자에 대한 대응, 상한을 다루는 법, 지주(수령)에 대한 예 및 관리 다루는 법, 자신의 노복이 다른 사람과 싸울 때 처리하는 법, 지주의 학정이 있더라도 절대 말하지 말라는 것 등이 그것이다.

초려의 경우에서 주목되는 것은, 같은 사족집단 내에서의 '악류(惡類)'에 대한 대응방식과 '상한(常漢)' 및 수령과의 관계에 관한 것이다. 첫째 문제와 관련해서 그는 악류는 피하고 보지 않으면 그만이라고 전제하면서, 만일 향풍(鄕風)을 일으키고 사습(士習)을 교정한다고 악류를 공격하여 주리(州里)에서 용납하지 않는다면 오히려 괴이하고 험악한 분위기만 조성할 것이니 신중하라고 경계하고 있다. 그들이 드러나지 않게 음해하려고 할 뿐만 아니라 기세 있는 자는 끼리끼리 모여 결국 무리가 나뉘고 서로 공격할 것이기 때문이라는 것이다. 사족 내부의 분열과 관련된 것이었다.

다음 상한과의 관계에서는 그들이 침욕하더라도 사소한 경우는 참고, 문제를 일으킨 상한의 부형이 관에 치죄를 의뢰할까 두려워 미리 죄를 다스려줄 것을 청하더라도 상한 스스로 태장을 치도록 해야지 양반이 나서서 손을 대서는 안 된다는 것이다. 만일 불행히 다른 병 때문이라도 맞은 자가 죽는 경우 낭패라는 이유 때문이다 관, 국가와의 관계를 보여주는 것으로 국가의 법적 장치를 효과적으로 이용하고 있었던 점을 알게 해주는 것이다.

그리고 수령과의 관계에 대해서는 두 조목을 할애하였는데, 한 조목은 수령이 처음 도임하면 그 곳에 사는 백성의 예로써 한번 방문하면 그만이지 자주 관문을 출입하면 안 된다는 것, 관리[이서(吏胥)]의 경우에는 간섭할 필요가 없으며, 비록 그들이 사족을 능멸하는 경우가 있더라도 향외(鄕外)의 사대부는 향사당[향품(鄕品)]과는 다르니 사족이 스스로 다스리지 말고 중요한 경우에는 향사당에서 공론을 가지고 고관치죄(告官治罪)케 하는 것이 좋을 것이란 내용이다. 다른 한 조목은 지주(수령)의 학정에 대해서도 절대 그 말을 입 밖에 내서는 안 된다는 것과 인근 수령의 시정득실 경우에는 더더구나 다른 사람과 평론할 것이 아니라는 것 등이다. 사족의 신분적 우월성에 바탕하면서 향론을 좌우하였던 이들의 입장을 보여주는 것이라 하겠다.[29]

위와 같은 내용들에서 우리는 향당윤리에 기초하고 있는 거향의 문제가 관과 일정한 거리를 유지하면서 향촌사회를 운영해가는 사족들의 향당운영 논리로서 정치적 성격이 강한 것이었다는 점을 확인하게 된다.

16·17세기 향촌사회에서 거향을 문제삼는 경우, 그것은 거의 모두가 관과의 마찰이나 정치세력간의 갈등과 관련이 된 것이었다. 주가정사(州家政事)의 득실을 논하거나 시비를 따지는 것, 관정에 출입하는 것, 조부(租賦)를 제때에 납부하지 않는 것 등을 금지시킨 것이라든가, 토호로 지목하여 비판할 때 민전 침탈이나 민에 대한 사역(使役), 사형(私刑) 등을 명분으로 내걸었던 것 등이 바로 사족의 거향과 관련된 중심적 문제들이었다. 따라서 이 같은 문제의식 속에서 자리잡게 된 거향관은 바로 국가의 농민지배(수령의 민에 대한 지배)와 사족의 하민지배간의 모순 속에서 형성된 것임을 지적할 수 있을 것이다. 이 모순의 해결을 위해 사족들은 자신의 양보와 절제를 강조하였고, 이것이 재지사족의 거향관으로 나타났는바, 퇴계와 율곡은 그것에 하나의 전형을 제공하였던 것이라 하겠다.

....

29 李惟泰(1607~1684), 『草廬全集』上, <庭訓>·「居鄕之道」(한남대 충청문화연구소, 479~480쪽).

3. 향촌 운영원리의 위축과 정치의식의 약화

17세기 말, 18세기에 들어와서도 위와 같은 조건에는 커다란 변화는 보이지 않는 듯하였다. 특히 이 시기에는 중앙의 환국정치라는 급격한 정국의 변화가 전개되고 있었고,[30] 이와 관련하여 지방세력이 심각한 갈등을 일으키고 있던 시기였기 때문에 거향지도, 거향처신의 문제는 줄곧 정치적 비판의 대상으로 자리잡고 있었다. 그리고 재지세력의 분열과 정변 참여가 드디어 영조 4년(1728) '무신란(戊申亂)'으로 고조되자,[31] 집권층은 이 무신란을 계기로 지방세력을 철저하게 견제하기 시작하였다. 이후 중앙권력에 비판적인 세력은 '무신여얼(戊申餘孼)'로 간주되어 처단되었다. 그 결과 재지사족 등 지방세력의 입지는 현저히 위축되었다.

그렇지만 재지사족의 힘이 바로 꺾였던 것은 아니다. 그것은 기본적으로 이들이 주자학적 세계관을 유지하는 한, 정치의 전면에는 나서지 않는다고 하더라도 지배층으로서의 지위를 내놓으려 하지 않았기 때문이다. 실제 이들 보수적 양반들은 양반층에게까지 군역을 지우려 했던 호포론을 결사반대하며 그 명분으로 조선양반은 옛날의 봉건제후와 같다는 점을 거론하기도 하였다.[32] 그들의 주장이 관철될 수 있는 시기가 지났지만, 그 같은 생각은 전혀 사실무근이 아니었다. 전 시기 수차의 전란에 사족을 모으고 동민과 노복을 동원하여 '의병'에 참여한 것을 '양반'이 국가의 근간이 되는 근거로 강조하고 국왕 역시 그 같은 논의를 부정할 수 없었던 것이다. 재지사족의 정치력도 그 같은 향당의 결속력 위에서 행해지고

....

30 홍순민, 1986 「숙종초기의 정치구조와 '환국」 『한국사론』 15 참조.
31 이종범, 1985 「1728년 무신란의 성격」 『조선시대 정치사의 재조명』, 범조사.
32 김용섭, 1984 「군역제 釐正의 추이와 호포법」 『증보판 한국근대농업사연구 상』, 일조각, 265~267쪽 참조.

있었다고 하겠다.

따라서 이후 중앙권력의 지방통제가 강화되게 될 때, 그 핵심적 내용은 재지사족의 조직적 기반을 파괴하고 그들을 향권에서 소외시키는 것이었다. 이에 대해 재지사족은 각종의 방법으로 대응하였고, 역으로 재지사족의 대응형태에 따라 중앙정부도 일정한 대책을 취해 나갔다고 할 수 있다. 조선후기 거향관은 바로 이와 같은 정치적 지형 위에서 변화하고 있었다.

18, 19세기 재지사족의 거향관은 여러가지 형태로 제시되고 있었다. 먼저 가장 많은 경우는 자손에 대한 훈계나 가정의 가훈 형태로 표현하고 있었는데, 그 가운데는 하나의 독립적 형식을 갖춘 「거향잡의」 등으로 정리하고 있는 경우까지 발견할 수 있다. 그리고 구체적인 글을 남기지는 않았지만 직접적인 행동으로 거향의 자세를 보여준 경우도 있었는바 향규의 정비를 통한 결속 모색이라든가 향약이나 동약의 실시는 그 대표적인 예들이라고 하겠다. 이제 각종 문집 등에서 확인할 수 있는 예들 가운데 비교적 내용이 풍부한 것들을 중심으로 퇴율 이래의 정치의식의 변화란 측면에서 거향관을 검토해보기로 한다.

먼저 자손이나 문인들에게 주는 글들을 살펴보면 크게 두 가지 특징을 발견하게 되는데, 하나는 기존의 내용과 달리 향당 윤리가 크게 위축되는 경향이고, 다른 하나는 이와도 관련된 것이지만 기존의 거향관에서 다루었던 내용들이 「거가(居家)」라고 하는 내용의 일부로 편입된 사실이다. 후자의 경우는 전자의 내용을 형식적인 측면에서 반증해주는 것이라고도 하겠다.

앞서 언급한바 있듯이 19세기 전반 영천인 박시원은 "거향은 처자와 같이[居鄕如處子]"라는 신조로 살아왔기 때문에 큰 비난을 받지 않을 수 있었음을 상기하면서 그와 같은 태도를 자손들에게 부탁하고 있다.[33] 그는 공자의 말씀대로 향당에서는 공손해야 한다면서 "부딪치지 않고 어기지 않는 것"을 거향의 요결로 삼았다. 그리하여 간혹 향론이 둘로 갈라진다고 하더라도 마치 빈 배와도 같이 조용히 처신하였기 때문에 다른 사람의 심한 원망을 듣지 않을 수 있었다는 점을 칠십이 넘은 나이에 자손에게 다시 강조하고 있었던 것이다.

이 같은 그의 인식은 인물평에도 그대로 반영되었다. 그는 김영익이란 인물에 대한 「뇌사(誄辭)」에서 김영익이 "거향은 처자와 같이, 처세는 매미껍질같이" 하였다고 호평했으며,34 그의 할아버지 박정구에 대해서는 거가처향이 근실했으며 "일찍이 다른 사람에 대한 시비나 정사의 득실에 대해 말하거나 따진 바가 없었다"는 점을 강조하였다.35 자손에게 거향처신을 조심하라고 한 것으로 미루어 여전히 이들의 동향이 향촌사회에서 아직도 무시할 수 없는 것이었음을 추론할 수 있다.

그런데 이때 거향의 자세는 매우 소극적인 것이어서 선배들이 시비를 따지고 관권과의 긴장관계를 유지하던 것과는 현격한 차이가 있었다. '거향여처자'란 말은 이미 17세기 말, 18세기 초에도 유행했던 모양으로, 앞서 언급한 권구 같은 이가 당시의 시인 옥설이란 사람한테 들었다는 시 한 수를 옮겨놓고 있는데, 거기에도 "거향여처자(居鄉如處子) 수관여전사(守官如戰士)"란 구절이 보인다.36 이 표현은 정치적 격변기에 재지사족의

....

33 朴時遠(1764~1842), 『逸園集』 권5, 「居鄉如妻子之說」 "鄉 父兄宗族之所在 故吾夫子大聖 在鄉黨有謙卑遜恂恂 似不能言 況衆人乎 予嘗於古書 得居鄉如處子之語 書以揭壁鑑湖 (중략) 居鄉要訣 以不磯不韋爲主 間值鄉論岐貳 而余處之怗如及其風恬浪 靜如虛舟 然人亦不甚怨之也 至今七十餘年 庶不爲鄉隣所嗤點者 實壁書這五字元符也"

34 위의 책, 권5, 「金僉樞永翼誄辭」.

35 위의 책, 권6, 「祖考處士公府君行狀」.

36 권구. 앞의 책, 권7, 「謾錄」 "居鄉如處子 守官如戰士 處子當畏人 戰士惟有死 兒曹

위기의식을 보여주는 것으로서 '거향여처자'가 '수관어전사'와 비교되어 언급되고 있었다는 점에서 19세기의 그것과는 차이가 있다.

위와 같은 19세기 거향에서의 소극적 태도는 바로 앞 시기, 18세기 후반 천사(川沙) 김종덕(金宗德)의 경우 향당에서의 거취문제를 따지고 유자(儒者)가 관장(官長)을 추종하는 것을 경계하여 관장이 굽혀서 보러 온다면 모르되 그가 오지 않으면서 나를 부른다면 가서는 안될 것이라고 강조하였던 것과[37] 비교해도 차이가 있다. 그는 문습, 가습, 촌습, 향습 등 습속에서 벗어나는 것이 매우 어려우며, 나라에 도가 없으면 '위행언손(危行言遜)'이 매우 어려운 것이라고 제자들에게 가르칠 정도로 옛 도의 실현에 열정적이었는데, 그 정치적 실현이 완전히 좌절된 이후 후배들에게서 그 같은 모습을 기대하기란 쉬운 일은 아니었을 것이다.

그런데 더욱 우리의 관심을 갖게 하는 것은 이와 같은 '거향'의 논리가 불식되고 있는 것은 아니지만 그것이 별도로 제시되는 경우는 극히 희박하다는 점이다. 그것은 대부분 「거가잡의」나 「거가잡록」의 내용에 포함되어 나타나고, 자손에게 주는 훈계 글에서도 거향의 문제가 별도로 취급되는 경우는 거의 발견할 수 없게 된다.

안동인 이가진이 「거가잡의」에서 여러 가지 내용을 열거하는 가운데 그 마지막 부분에서 관정의 득실에 대해 말하지 말고, 관에서 부과하는 세금을 기한 전에 완납하라고 하였던 것이[38] 그 대표적인 예라 할 것인데, 이 같은 내용은 과거에는 '거향지도(居鄕之道)'란 이름으로 별도로 취급되

書諸紳 勿謂平平耳 余得此詩於詩人玉屑"

37 徐活(1761~1838), 『邁埜集』 권4, 「草廬聞見錄」.

38 李可振(1832~1886), 『平潭文集』 권4, 「居家雜儀」 "勿言官政得失:程子曰 居是邦不非其大夫 此理甚好 令是一邑之長 則何敢言其政之得失乎 不在其位不謨其政 矧可言得失乎. 官稅早爲了輸:官稅是國納 則爲民食土者 國納何可愆期也 雖貧約之甚 無力可辨者 須惕念勿致追悔"

었던 것들이다. 그는 별도로 자손들에게 조정의 득실이나 관장의 현부에 대해 함부로 말하지 말라고 경계하기도 하였다.[39]

이제 거향의 문제가 향론이라든가 향촌사회의 운영의 문제와는 별개의 것으로 가정 내의 문제로 들어옴에 따라, '거향지도'는 '거린지도(居隣之道)'로까지 표현되게 되는데, 그야말로 향촌에서의 삶의 방식 이상의 의미를 갖기 어렵게 되어간 사정을 거기에서 읽을 수 있다. 권사윤이 「거가잡록」에서 이웃에 이기려고 하거나 시비를 하지 말라고 한 것,[40] 배상설이 마찬가지로 「거가잡의」에서 인리간의 불화를 경계하였던 것[41] 등이 그 같은 예들이다.

이와 같이 향촌사회에서 그들의 처신에 관한 사항이 일반적으로 '거가'란 주제나 '가훈' 등에 포함된 것은 그들이 향촌사회에서 존재하는 한 그 같은 문제들이 여전히 중요한 것이었기 때문이지만, 이를 다른 각도에서 보면 향당윤리가 위축되고 그것이 가족윤리에 흡수되어 나감을 의미하는 것으로 해석할 수 있을 것이다. 가훈이나 정훈의 경우는 더 종합적인 검토가 요구되나 대체로 19세기 이후에는 거기에서 거향의 문제가 빠지고 있는 경향을 보여준다. 일부 19세기의 가훈에서는 '친구를 사귀고 손님을 맞는 것' '이웃과 사귀는 것' '세금을 잘 내는 것' 등 과거의 거향에서 문제 삼던 항목을 포함하는 경우를 발견할 수 있다. 그렇지만 그 비중은 크지 않고 대부분의 가훈에서는 거향과 관련된 내용을 볼 수 없게 된다. 제자나 자손에게 내리는 글에 거향의 문제를 별개로 취급하고 있던

---

39 위의 책, 권4 「戒子孫」 "朝廷得失 官長賢否 不可妄議 雖或仕宦入朝 君前則可直言極諫 退而私處 則不可妄言某事是某事非"

40 權思潤(1732~1803), 『信天齋文集』 권3, 「居家雜錄」 "居隣之道 切不可以角勝爲務 蓋我欲角勝於彼 則彼亦欲角勝於我 是非何可講究 而戰爭何時可息乎"

41 裵相說(1759~1789), 『槐潭先生文集』 권1, 「居家雜儀」 "凡居隣之道 不可以角勝爲心 蓋隣里不和 非隣里之不善 我之信義不孚故也"

선배들의 경우와는 크게 대비되는 것이었다.

다음 거향에 관한 논리를 체계적으로 검토하고 있는 경우인데, 순암 안정복과 지오재 선시계, 고산 임헌회 및 묵오 이명우의 경우를 보자.

순암 안정복은 기호남인으로서 경기도 광주에 살았는데 역대 향당의 운영원리와 관련된 글들을 종합적으로 검토, 총 15개조로 구성된 「거향잡의」를 남겼다.[42] 그는 9명의 인물의 예를 가지고 위 논고를 구성하였는데, 기본적으로 공맹, 정주의 향당윤리에 대한 이해 위에서 조선의 퇴계, 학봉, 율곡의 거향관의 핵심이라 할 내용들을 보강하여 그의 거향관을 피력하였다.

우선 순암이 공자의 향당논리에서 주목한 점은 세 가지로서 향당에서는 신실해야한다는 것, 나이를 존중해야 한다는 것, 선악인을 구별하여야 한다는 것이 그것이다. 주자의 해석에 의하면 향당은 부형과 종족이 거하는 곳이기 때문에 항상 겸손해야 하는 것이고, 일향에는 마땅히 공론이 있기 마련이지만 선악을 명확히 하지 않을 경우 같은 부류끼리 서로 어울려 적당히 넘어가든가 선행을 권장할 수가 없기 때문이라는 것이다. 맹자 역시 향당에서의 '상치(尙齒)'를 무엇보다도 중요시했지만 순암이 맹자에서 특히 주목하였던 것은 세상 풍속에 휩쓸려 시골에서 군자소리를 듣지만 '요순의 도'를 회복하려 하지 않는 위선자, 곧 '향원(鄕愿)'에 대한 경계였다. 향촌에서 이웃끼리 싸우는 것을 말리는 것도 미혹한 것으로서 문을 닫아거느니만 못하다고 한 맹자의 말을 인용한 것이 갖는 의미는 그러했다.

다음 주자의 예에서[43] 주목한 것은 향당에서는 대부(大夫)를 비난하지

----

42 안정복, 『順菴集』 권15, 「居鄕雜儀」. 안정복의 거향관에 관한 설명은 위 기록에 의거함. 문집에는 형식상 14개조로 되어 있는데, 공자 관련 3개조, 맹자 관련 2개조, 한나라 석경, 후한 장담과 관련된 것 각각 1개조, 주자 관련 3개조, 호문정공 관련 1개조, 퇴계 관련 2개조, 학봉 관련 1개조, 율곡 관련 1개조 등 15개조로 나누어 강을 세우고 그 밑에 내용을 서술하고 있다.

않는다는 것과 여씨향약을 시행하려면 서과(書過), 행벌(行罰) 등과 같은 조목은 빼고 시행하라는 것 등인바, 전자는 관인에 대한 예를 갖추어야 한다는 것이고 후자는 향당에서의 시비나 논란을 야기하는 것에 대한 경계를 의미하는 것이었다.[44]

그리고 조선의 예로서 퇴계와 학봉, 율곡의 경우를 들고 있는데, 그 내용은 앞서 언급한 바 있듯이 관과 일정한 거리를 유지하면서 향촌(鄕村)사회를 운영하는 데 필요한 자세들과 관련된 것이었다. 퇴계가 거향에 있어 부역은 반드시 하호보다 먼저 내고 품관들을 무시하지 말며 수령에게는 예를 다하라고 한 것, 학봉이 향중(鄕中) 집강자(執綱者)가 비록 자신보다 나이가 어리더라도 가례(加禮)하라고 한 것, 율곡이 『격몽요결』에서 거향의 선비는 부득이한 경우가 아니면 관부에 출입하지 말며 수령에게 간청하는 일은 일체 하지 말라고 한 것 등이 그것이다.

이상의 내용들은 모두 사족이 향당에 거주하면서 지켜야 할 도리라고 순암이 생각하였던 것인데, 북송 호문정공의 예를 제외한다면 일반적인 향촌사회에서의 삶에 대한 태도와는 거리가 있는 '거향관'의 원형에 가까운 것으로서, 다분히 원론적이고 그만큼 관념적인 것이라 하겠다. 그렇지만 원칙 그 자체에 대한 인식이 철저했다는 점에서 당시의 현실에 대한 그의 비판적 견해를 능히 짐작할 수 있을 것이다. 그런데 이 같은 비판의식도 19세기에 접어들면서는 찾아보기 힘들게 된다. 향당에서의 자세를

....

43 주자의 예를 검토하기에 앞서 한·후한의 석경과 장담의 예를 들었는데 그 중심 내용은 출사한 관인이라도 향리에서는 겸손히 그 예를 다해야 한다는 내용을 담고 있다. 사족이 관에 예를 다해야 한다는 내용에 대한 대응논리라고 하겠다.

44 안정복은 '거향잡의'에서 주자의 예에 이어 중국의 예로서는 마지막으로 北宋의 胡安國의 예를 들었는데, 호안국은 거향에서 물건이나 돈을 빌리면 약속을 분명히 하고 기일을 엄수, 조금도 틀림이 없었다고 한다. 꼬투리를 잡히는 일이 없어야 함을 지적한 것이라고 하겠다.

언급할 때면 흔히 다른 사람의 장점이나 단점을 따지지 않는 것을 미덕으로 여기고 성인의 학문이 해이해져감을 걱정하는 그런 것으로 되어갔던 것이다.[45]

다음 지오재 선시계의 경우를 보자. 선시계는 존재 위백규의 문하에 출입한 장흥 사람으로 19개조로 구성된 '거향잡의'를 남겼다.[46] 그의 「거향잡의십구조」는 크게 세 부분으로 나뉘는데 각각 거가, 거향, 처세의 주제와 관련되고 있다. 1~7조까지의 애경사에 관한 것이고, 16~19조까지의 과장(科場) 출입 등 처세에 관한 내용인바, 이 같이 본다면 전체 내용은 거가와 처세에 관련된 것 가운데 향당에서 문제가 되고 있던 것들을 같이 묶은 것으로 볼 수 있다. 율곡이 『격몽요결』에서 거향 처세의 문제를 각각 구분해서 파악하고 있던 것과 차이가 있는데, 이 같은 정리방식은 중앙정계와 단절된 향촌사대부의 현실 처지를 반영하는 것이라고 하겠다.

여기에서 특히 우리의 관심 대상은 둘째, 셋째 부분이다. 둘째 부분 가운데 8조는 교원(校院)에서의 쟁임(爭任)과 구임(求任)이 유사(儒士)의 수치라는 것, 9조는 교원에 출입하여 토색하지 말라는 것, 10조는 교원에서는 통문(通文), 벌문(罰文)의 일이 빈번한데 남을 포상하는 데는 참여해도 남의 악을 드러내는 데에는 참여하지 말라는 것이고, 11~15조는 함부로 출입하지 말고 사람을 가려서 사귀되 당우(黨友)를 모으지 말라는 일반적인 것으로 되어 있다.

셋째 부분은 과장 출입에 관한 것과 일반 처세에 관한 것. 16, 19조가

---

45 19세기 인물에 대한 평가에서도 향당에서의 자세가 자주 언급되고 있지만 그것은 내용이 없는 의례적인 것으로 되고 있었다. 영남인 서영곤(1831~1913)에 대해 "處鄕黨也 口不言人長短 惟患流俗之淪胥 聖學之解弛也"(徐永坤, 『兼山先生文集』 권6, 「行綠」)라고 평가한 것 등이 그것이다.

46 宣始啓(1742~1826), 『知吾齋遺稿』 권3, 「居鄕雜儀十九條」.

그것으로, 과장에서는 정거(停擧) 문제 등을 따지는 경우가 있는데 잘못 끌려들어가면 횡액을 당하니 조심하라는 것과, 청촉이나 뇌물로 과거에 합격하려 해서는 안된다는 것을 주문하고 있다. 17, 18조는 가난하다고 타인에게 아부하거나 부귀를 가졌다고 남한테 뽐내지 말라는 것과, 재물은 바른 방법이 아니면 돈 한 푼, 쌀 한 톨도 구하지 말라는 것이다. 과거가 처세의 입구이기에 이에 포함되었다고 하겠다.

이 같이 본다면 당시 재지사족의 중요 공통관심사가 여기에 대부분 포함되고 있다고 볼 수 있는데, 주목되는 것은 관권과의 관계라든가 부세 문제가 사상되고 있다는 점이다. 거향관의 정치의식의 약화, 변질을 보게 된다.

한편 19세기 중엽 고산 임헌회는 내용을 더 원론적인 차원에서 조리있게 요약한 바 있다. 임헌회는 「거향팔계」에서 ①관부에 출입하지 말라 ②향교나 서원에 출입하지 말라 ③관장(官長)의 시시비비를 따지지 말라 ④다른 사람의 장단(長短)을 논하지 말라 ⑤환곡을 청하여 받아먹지 말라 ⑥공납의 기한을 연기하지 말라 ⑦도살하지 말라 ⑧방납하지 말라 등 8가지 사항을 간략히 지적한 바 있는데,[47] 16·17세기 이래 선배들 교훈의 핵심의 일부를 정확히 파악하고 당시 문제시되고 있던 점까지 보완한 것이다. 그렇지만 여기에서는 향촌 운영원리의 핵심이라 할 향론에 대한 문제의식이 배제된 한계를 보게 된다.

이러한 한계를 이해하는 데 그의 스승인 매산 홍직필의 경우가 참조된다. 홍직필은 1845년 황고 신수이 「행장」에서 신수이가 "항상 공경 근신하고 겸양하여 물러나는 것으로 도를 삼았다. 공문에 출입하지 않고 향회에 참여하지 않으며 조용히 스스로를 지켰는바, 구차하게 무리가 되지 않

47 任憲晦(1811~1876), 『鼓山集』 권8, 「居鄉八戒」.

으면서도 또한 여럿 앞에서는 순순히 대하여 모를 드러내지 않아서 일향의 상하가 모두 그를 기꺼워하였다"고 쓰고 있었다. 거향관의 원형에 가까운 인식을 보여주는 것이다.

그런데 매산이 위와 같이 설명하였던 신수이는 무신란(이인좌란)을 비판하고 관과의 타협적 태도를 보이면서도 향약과 향사당에 글을 써주었던 인물로서 결코 향론에 수수방관하던 인물은 아니었다.[48] 이와 같은 점들을 고려한다면 결국 18세기적 상황을 이들도 깊이 인식하고 있었으나, 향회 등 조직적 활동에 관해서는 이들이 말할 형편이 되지 못하였기 때문에 그 설명이 매우 피상적이고 관념화되고 있음을 말하는 것이라 하겠다. 이들은 기본적으로 스스로 해결할 수 있는 능력이 없으면 나서지 말라는 그들의 선생 노주(老洲) 오희상(吳熙常)의 말에 동조하고 있었기 때문에[49] 위와 같이 인식하고 있었으며, 관으로부터의 비난에만 급급한 듯한 소극적 면모를 보였던 것이다. 향촌사회에서 조직적 기반을 갖지 못한 한계에서 비롯된 인식이라 하겠다.

마지막으로 덕산인 이명우 역시 「거향팔계」에서 원칙론적인 대강을 제시한 바 있는데,[50] 앞의 임헌회의 경우와는 다른 면모를 보여준다. ①효우(孝友)를 두텁게 하라 ②종유(從遊)에 근신하라 ③사치를 버리고 검약을 지켜라 ④자신의 일에는 반드시 인내하라 ⑤공납은 반드시 먼저 내라 ⑥사형(私刑) 가하는 것을 금지하라 ⑦횡욕 당하는 것을 삼가 피하라 ⑧향사(鄕事)에 간섭하지 말라 등의 내용이 그것이다. 여기에서는 향중의 일

----

48 愼守彝(1688~1768), 『黃臯集』 권5, 「重修洞契序」; 「鄕約序」; 「鄕射堂再重修記」 참조

49 洪直弼(1776~1852), 『梅山續集』 권5, 「老洲吳先生行狀」 "(先生曰) 若發言 制行不足見憚 是亦鄕愿已矣 鄕愿之害甚於異端"

50 李明宇(1836~1904), 『默吾遺稿』 잡저 「居鄕八戒」. 이명우는 충청도 덕산에 거하면서 어릴 적 추사 김정희의 문하에 종유한 바 있고 당시 명류라 할 박규수, 김병학 등과 가까웠던 인물이다.

에 간섭하지 말라는 말이 보이기는 하지만, 역시 16·17세기에 볼 수 있었던 향당운영이라든가 관부와의 관계에 대한 언급은 찾을 수 없다.

위 내용은 그야말로 시골에서 사는 사대부가 조심해야 할 내용 그 자체를 설명한 것이라고 하겠는데, 과거 거가(居家)의 내용으로 되었던 효우(孝友)의 문제까지 거향에 포함시키고 있는 것이 바로 그 같은 점을 시사한다. 앞에서 일반적인 거가의 문제를 다룬 글들이 거향에 관한 내용의 일부를 포함하게 된 사정과 짝하는 현상이라고 하겠다.

이제 구체적인 행동으로 거향의 자세를 보여주었던 경우를 살피기로 하자. 언급했듯이 이 경우는 크게 두 가지 유형으로 나누어 설명할 수 있을 것이다. 하나는 일향 단위에서 집단적으로 문제 해결을 모색하는 경우이고, 다른 하나는 개인적 차원에서 거주지를 중심으로 동약이나 향약을 실시하였던 경우이다. 이 밖에도 많은 다른 유형이 있을 수 있고, 또 위에서 검토하였듯이 자손에게 거향의 자세를 몸으로 보여주고 훈계의 글을 남기는 것도 중요한 행동의 하나라고 볼 수 있지만 여기에서는 일단 구별하기로 한다.

구체적 행동으로 거향의 자세를 보여주는 예의 원형은 퇴율에게서 찾을 수 있고, 그 뒤 많은 이들이 향촌사회에서 퇴율의 예를 좇았는바, 자세하고 간략한 차이가 있을 뿐 재지사족이 남긴 거향관에 관한 글에서 볼 수 있는 공통된 현상이었다. 그런데 주변상황이 바뀌고 사족의 존립기반의 변화가 나타나면서 그 대응방식 또한 변화하지 않을 수 없었으며, 특히 집단적 대응이라는 것은 18세기 이후 거의 불가능해져 갔다. 향권이 사족의 수중에서 수령과 이향층의 수중으로 넘어가는 상황에서 관권에 저해되는 사족들의 움직임은 무단적 행위로 지목되었고, '억강부약(抑强扶弱)' 즉 무단적 행위를 자행한다고 판단되는 양반은 억누르고 상한을 부추긴다는 정책은 18세기 중엽 이후의 대세였다.

이러한 속에서나마 관권과 타협하면서 사족이 등을 댈 수 있는 향교나 서원을 통해서라도 향론을 모아보고자 했던 18세기 중엽의 노력도 성과를 거두기가 어려웠다. 앞서 각 인물들이 향교나 서원에 출입하지 말라고 권고하고 있었던 사정이 바로 그러한 면을 반영하는 것이었다. 그렇지만 개인적 차원에서의 노력까지도 모두 통제되고 있었던 것은 아니다. 18세기 후반 대구 부인동에서 백불암(百弗庵) 최흥원(崔興遠)이 보인 노력은 그 대표적인 예의 하나이다.[51]

최흥원은 그 자신 부인동에 거주하지는 않았지만 부인동 땅의 대부분을 소유하고 있던 최씨가의 지주경영의 안정과 신분제 유지를 위해 동약을 실시하였다.[52] 이 동약은 사족의 촌락지배를 위한 장치였던 것이다. 그런데 그의 언행록에는 그가 향촌에 거하면서 집안이 넉넉치 않았으나 조세에 근면하여 수납할 때는 반드시 주변사람보다 먼저 하였고 곡품은 반드시 정실한 것으로 하였으며, 국가에서 크게 금하는 바는 더욱 경계하였다고 적고 있다.[53] 그는 관과의 대립을 피하라거나, 부세를 제때 납부하라고 하는 등 구체적인 거향의 자세를 문자화하지는 않았지만, "시임 수령의 잘못이 있거나 뭇 징후가 상도에 어긋나고, 그 밖에 사방에 독충과 맹수의 재앙이라도 있으면 반드시 한밤중 걱정에 스스로 편안해하질 못하였다. 혹 풍년이 들어 민심이 기뻐하면 그들과 더불어 경하하면서 가로되, '이는 어찌 성상께서 백성을 사랑하고 농사를 권장하는 정사가 있어 천심을 감동시킨 때문이 아니겠는가'라고 말하였다"고 한다. 수령의 정사에

---

51 부인동 동약에 대해서는 다음의 논문 참조. 김용섭, 1985 「조선후기의 대구 부인동동약과 사회문제」『동방학지』 46·47·48합; 정진영, 1990 「18·19세기 사족의 촌락지배와 그 해체과정-대구 부인동 동약의 분쟁을 중심으로」『조선후기향약연구』, 민음사.

52 정진영, 1990, 위의 논문 참조.

53 崔興璧(1739~1812), 『蟲窩先生文集』 권13, 「先師百弗庵先生言行總錄」.

대한 간접적인 비판의식을 보여주는 것이다.

그는 또 일찍이 정자의 말을 인용하면서 하필 왕의 명을 받은 관리[일명지사(一命之士)]만이 (백성들에게) 혜택을 줄 수 있겠는가라고 반문하면서, 직위를 갖지 않은 자라도 이 같은 마음을 갖는다면 가히 힘에 따라 백성을 건질 수 있는 것이라고 말하곤 하였다 한다. '부재기위 불모기정'의 논리와는 사뭇 거리가 있는 발언이 아닐 수 없다. 관에 대한 비판의식이 그들의 향촌사회에서의 위치와 역할에 좌우됨을 알게 해준다.

18세기 후반 재지사족의 이 같은 자세는 앞서 언급한 대산(大山) 이상정(李象靖)의 문인이었던 천사 김종덕의 경우에서도 확인할 수 있다. 그의 제자 서활이 관찰한 바에 따르면, 김종덕은 제자들에게 출처거취에 엄격해야 함을 강조하면서, "조정에 출처의 의가 있듯이 향당에서도 거취의 명분이 있으니 관장을 좇아 참알(參謁)하는 것을 유자들은 경계해야 할 것이다"라고 한 바 있다.[54] 관, 수령과 긴장관계를 유지하려 하였음을 알게 해준다. 그는 또 가사에는 일체 관심을 갖지 않았음에도, 매번 환곡을 바쳐야 할 때를 당하면 반드시 곳간에 나가 앉아 가동(家童)에게 정곡을 정확히 계량하여 보내도록 지시하였고 그것도 반드시 남보다 먼저 내도록 하였다는 사실 역시 마찬가지이다. 관으로부터 아무런 책을 잡히지 않아야 자신들이 할 소리를 하고 산다는 뜻이겠다. 나라에 도가 있으면 '위언위행(危言危行)'이 어렵지 않지만 나라에 도가 없으면 '위행언손(危行言遜)'이 매우 어렵다는 공자의 말씀을 자주 하였던 것도 그와 관련된 것이겠다.

그렇지만 그 같은 재지사족의 비판의식도 향당의 공론에 의해 뒷받침되기가 힘들게 되면서, 시대가 내려올수록 관념적으로 되어갔던 것이 일반적 현상이었다. 중앙정부에서는 재지사족이 관권과 대립적이지 않는

---

54 徐活, 앞의 책, 권4 「초려문견록」.

한, 또 조직적으로 대항하지 않는 한 그들의 권위를 부정할 필요가 없었기 때문에 전통적인 거향관이 유지될 수 있었지만, 그것이 유지되는 경우라 하더라도 그 실현이 조직적으로 뒷받침되지 못하는 현실 속에서 그것은 관념화될 수밖에 없었던 것이다. 대부분의 경우 18·19세기 재지사족의 거향관에서 향당윤리에 기초한 정치의식의 발현을 찾아보기 힘들게 된 이유도 바로 여기에 있었다.

19세기 후반 『논어』 향당편에 대한 박규환과 박창현의 해석은 위에서 설명한 바와 같은 향촌사회 운영원리의 위축과 정치의식의 약화를 잘 보여준다. 박규환은 「향당편강설(鄕黨篇講說)」에서[55] 향당편이 공자의 문인이 기록한 것으로 성인의 일거수 일투족과 '사친충군(事親忠君)', '교우접료(交友接僚)' 및 '의복음식(衣服飮食)'까지 부지런히 살펴 거의 모든 것을 자세히 기록하여 후세에 남긴 것이니 진실로 그림 아닌 그림이라고 평가하였다. 그런데 그가 향당편을 통해 강조하려 했던 것은 '사친충군'과 동료간의 관계 및 일상생활에 관한 것으로서 선배들의 그것과는 현격한 차이를 보여준다.

이 같은 점은 박창현의 경우 더욱 두드러지는데, 그는 「향당화성인설(鄕黨畵聖人說)」에서[56] 향당편을 공문의 제자들이 공자의 일거일동을 자세히 기록한 것으로 후세의 귀감을 삼을 만한 것이라고 평가하면서 향당편에 '사친지절(事親之節)'에 관한 것이 없음을 문제 삼았다. 그는 그 이유를 공자가 3세와 34세에 부친과 모친을 각각 여의었는데 제자들이 진견한 것은 그 나이 35세였다는 점에서 찾았다. 만일 제자들이 공자의 사친에 대해 보았더라면 반드시 그 '사친지절'을 잘 기록해서 후세의 귀감이 되도록 하였을 것인데 아깝다는 것이다. 향당의 윤리가 가족윤리, 가문윤리

55 朴圭煥(1840~1923), 『夷南文集』 권2, 「鄕黨篇講說」.
56 朴昌鉉(1876~1946), 『師性齋遺稿』 권2, 「鄕黨畵聖人說」.

로 위축되어감을 보여주는 것이라 하겠다.

19세기 후반 산청인 배찬이 '부자 형제 독서 행신 및 치산'에 관한 글을 지어 자식들에 내린 글을 「거향가관론오(居鄕可觀論五)」라 명명하고, 당대의 송병순이 "거향오론(居鄕五論)은 타락해가는 풍속을 경계하고 바르게 할 수 있는 절실한 것으로 진실로 말세의 사장가들이 능히 미칠 수 없는 것"이라고 칭한 비 있다.[57] 가정을 다스리고 자제를 가르치기 위한 글을 '거향오론'이라 명명한 것은 이제 거향의 문제가 향당윤리와는 완전히 괴리된 것이었음을 보여 준다. '거향관'이 갖는 정치적 의미가 상실된 것이었다.

물론 이때도 그가 행신조(行身條)에서 언어를 신중히 할 것을 거론하면서, "향촌에 거하면서 관정을 득실을 말하고 낮은 지위에 있으며 조정의 득실을 말했다가 고금 비방 속에 죽어간 자가 얼마인가"라고 경계한 것을[58] 보면 정치적 인식이 없지 않았음을 알 수 있다. 그는 1894년 농민전쟁을 당해 "그들이 만약 보국안민지도가 있다면 어찌 국왕한테 고하지 않고 명분에 없는 군사를 일으키는가"라는 뜻으로 '동요(東擾)'를 비난하였고, 당시 감사가 지시한 향약 실시에 참여하기도 하였다.[59] 이 같은 점을 고려한다면 위에서 그가 거향에 있어 관정의 득실을 말하지 말라고 경계한 것은 16·17세기의 선배들이 목표하고 있었던 것과는 정반대의 것임을 알 수 있다. 선배들은 비판을 할 수 있었고 또 비판하기 위해서 함부로 비판하지 말라고 당부하고 있었는데, 이제 그 반대가 된 것이다. 국가, 중앙권력으로부터 당하지 않으려면 입조심하라는 말은 전에는 상상할 수

....

57 裵瓚(1825~1898), 『錦溪集』, 「錦溪集序」.

58 위의 책, 권2 「居鄕可觀論五」 "居其鄕 言官政之得失 在下位 言朝廷之得失 古今 之死於誹訕者 幾人乎"

59 위의 책, 「本里鄕約序」·「興學堂倡義所會盟案序」 참조.

없는 것이었고, 이같은 의식은 중세 지배층이었던 사족의 정치의식과는 거리가 먼 것이었다.

19세기에 접어들면서 재지사족은 정치적 영향력을 완전히 상실한 것처럼 보였다. 특히 권력이 서울의 일부 벌열가문, 외척에 집중되면서 경향분리가 뚜렷해지고 삼남으로부터의 정계진출이 급속히 축소되던 상황은[60] 그 같은 생각을 갖기에 충분한 조건이 되었다. 이는 서울에서 보면 더욱 분명한 것일 수 있었다.

다산 정약용은 18세기 말 19세기 초, 당시 사회문제를 해결하는 방편의 일환으로 취해진 향약 실시문제와 관련하여 매우 비판적인 지적을 한 바 있다.[61] 수령 가운데 재주가 좀 있는 자는 의례 향약을 실시하려 하는데 향약의 해가 도적보다 심하다고 보았다. 그는 보성의 예를 들어 향약 실시를 빌미로 소민에 대한 토색만 심해질 뿐이며, 게다가 향약 실시 세력인 약파(約派)와 향교에 출입하는 교파(校派) 간에 분란만 야기되어 풍속이 전라도 내에서 가장 나쁜 곳이 되어버렸으니 참고하라는 것이다. 그는 또 당시의 향반들이 무엇을 해결할 수 있는 능력을 갖고 있는가에 대해역시 비판적인 생각을 갖고 있었던 것으로 보인다. 향회에서 향반들이 관과 아전들의 농간에 놀아나고 있었던 점을 지적한 것은[62] 그의 향반에 대한 불신을 단적으로 보여준다.

그는 자식들에게 사대부의 가법으로 사환이 끊겼다 하더라도 서울에 의탁해서 문화(文華)의 안목을 떨어뜨리지 않도록 당부하였다.[63] 그 자신

---

60 한국사연구회 19세기정치사연구반, 1990 『조선정치사 상·하』, 청년사; 유봉학, 1992 『18~19세기 연암일파 북학사상의 연구』, 서울대학교 박사학위논문 등 참조

61 정약용, 『여유당전서』 5(『목민심서』 권7) 「教民」 예전 제3조(경인문화사 영인본, 『여유당전서』 5, 462쪽).

62 정약용, 『목민심서』 권6, 「平賦」(위 책, 433~434쪽) 호전 제5조

63 정약용, 『여유당전서』 제1집 시문집 제18권 「示二兒家戒」(경인문화사 영인본, 『여유

죄적(罪籍)에 있어 자식들을 시골에 있게 할 수밖에 없지만, 가능한 한 왕성의 10리 내 근교에 살면서 생활이 좀 넉넉해지면 곧 시조(市朝)로 나가야 한다고 이르고 있다. 관에의 진출 역시 포기해서는 곤란하다고 생각했고, 한번 넘어졌다고 일어서지 말라는 법이 없다고 보았다. 세상은 이미 많이 변하고 있는데 시골 구석에 박혀서는 문제를 파악할 수 없고 문제에 대처할 능력을 기를 수 없으며, 문제를 해결할 수 있는 힘을 갖기란 곤란하다는 점을 보여주는 것으로 여겨진다.

위와 같은 생각은 다산만의 것은 아니었다. 18세기 말, 미호 김원행의 문인 박윤원은 여주에 살게 된 조카 박종보에게 6조목의 경계하는 글을 써주었는데,64 거향에 있어 몸소 농사를 짓되 조금이라도 촌민들과 이(利)를 다투어서는 안된다고 하면서 그렇게 하면 수치는 면할 수 있을 것이라고 일렀다. 거향은 말 그대로 시골에 사는 것 이상의 내용을 담고 있지 않다. 아울러 말을 조심하라고 하면서 "여주는 경화(京華)에 가까워 사대부가 많으니 그 사이에 반드시 의론과 시비가 있을 것이다. 논의에 힘쓰는 것은 좋되 시비에 끼어드는 것은 좋지 못하니 절대로 간섭하지 않는 것이 가하다"고 하였다. 향촌에서의 시비는 금기 대상이 되는 것이다.

위 박윤원의 조카 박종희는 '거향이해(鄕居利害)'를 묻는 친구에 대한 답에서 서울 살던 사람이 시골에서는 결코 살 수 없다고 단언한 바 있다. 과거 합격도 못하고 가난한 경우엔 자식까지 욕만 보이고 가르칠 수 없고, 누군가 병들기라도 하면 약조차 구하기 어려우며, 흉년이라도 되면 도와줄 이도 없어 거리에 나앉기 맞춤이라는 세 가지 이유를 들고 있다. 또 그렇지 않고 과환도 혁혁하고 재산도 풍족하여 노년에 은퇴하고자 하는 경우에도 마찬가지인데, 그 피해는 가난한 경우보다 더 크다고 보았다. 아

당전서』 1, 378쪽).
64 朴胤源(1734~1799), 『近齋集』 권3, 「六條戒語書與從子宗輔」.

무리 논밭과 집을 크게 마련해도 친척이 없어 만나느니 촌맹이라 지식이 한미해지고 필경 보신도 못하고 자손까지 버리게 되며, 마찬가지로 약을 구할 수가 없고, 기근이 들면 주변 사면 인리(隣里)에서 조석으로 구걸하고 멀리 가난한 이들이 운집하여 노략질하고 방화까지 할 것이니 다시 회복할 수 없다는 것이다. 속담에 송아지나 망아지는 시골로 보내고 사람은 서울로 보내라고 하는 것이 이치에 마땅한 것이니 결국 다시 돌아오고 마는 것이 확론이라고 단정하고 있다.[65]

서울에서 나서 자란 박성양도 앞서 언급한 바와 같이 퇴계와 우암의 예를 인용하여 '군자거향 필택인리(君子居鄉 必擇仁里)'를 주장하고 풍속이 좋지 않아 같이 살 수 없는 자가 있으면 귀를 막고 듣지 않든가 이사를 하여 멀리 피하는 것이 좋다고 하였고, 더 나아가 그는 향리의 패속 가운데 개인의 힘으로 없앨 수 없는 것도 위와 같이 처리하라고 권고하고 있었다.[66] 향촌에서 사족의 정치적 영향력, 집단적 대응을 전혀 고려하지 않는 태도를 보여주는 예들이다.

이상은 분명 조선후기, 특히 19세기에 기존의 재지사족의 거향관에서 향당윤리, 향촌사회 운영원리가 크게 위축되고 정치의식이 약화되고 있던 사정을 보여주는 것이었다. 그리고 이는 재지사족의 사회경제적 기반의 약화나 중앙 권력에서의 소외와 짝하는 현상이었다고 볼 수 있다 그렇지만 그들의 정치력이 완전히 소멸한 것일까. 그렇다면 그 소멸의 원인은 어디에서 구할 수 있는 것일까. 재지사족의 조직적 기반 및 그 붕괴와 관련하여 음미해볼 수 있는 문제인 것이다.

....

65 朴宗喜, 『晩村稿』「與友人問答鄉居利害」. 박종희는 순조의 외조부 박준원의 아들이다.

66 朴性陽, 앞의 책, 권9, 「藝窓鎖錄」.

4. 맺음말

앞의 검토과정에서 조선시기 재지사족의 거향관은 국가의 농민지배와 사족의 '하민(下民)'지배의 모순을 조정하기 위한 정치적 성격이 강한 사족들의 향촌지배 논리였음을 알 수 있었다. '거향관'은 성리학적 향당윤리를 기본으로 하는 것이었지만, 조선에서의 그것은 윤리적인 문제만이 아니라 향당의 결속력을 기반으로 사족의 향촌지배를 가능케 하는 정치적 사안, 즉 향촌사회 운영원리를 그 핵심 내용으로 갖고 있었다. 재지사족은 거향의 제일 급선무로서 '물론관정득실(勿論官政得失)', '근조부(謹租賦)'를 주문하였고 수령에게 민으로서의 예[민주지예(民主之禮)]를 다해야 함을 강조하였던 것이다.

그런데 위와 같은 주장은 단순히 관과의 마찰을 피하고 자신들을 보위하는 것만을 목적으로 제시한 것이 아니었다. 자신들의 향촌지배를 관철시키고 관으로부터의 협조를 끌어내기 위한 조건으로 특히 강조한 것이고, 관과의 관계에서는 어디까지나 대등한 입장임을 은근히 과시하고 있었던 것이다. 실제로 그들도 출사하면 같은 입장이었기 때문이었다. 관정에의 출입을 경계하였지만, 실제로는 수령은 사족의 도움이 없이는 관정을 제대로 수행하기가 매우 어려웠던 것이 실정이었다. 퇴계와 율곡은 이같은 점을 감안하여 향촌사회에서 하나의 전형을 제시하였던바, 재지사족의 거향관은 이 같은 규범에서 크게 벗어나는 것이 아니었다.

재지사족의 거향관이 받아들여지고 강조되었던 것은, 그들이 자신들의 결속력을 유지할 필요가 있고, 또 조직적으로 통제할 수 있는 장치를 갖추고 있기에 가능한 것이었다. 그리하여 거향의 자세는 인물평에까지 반영되었고 조정에서 논란의 대상이 되기도 하였다. 사족들은 사승관계에 따라 내용을 부분적으로 가감하기는 하였지만 대체로 퇴율의 거향관을 모범으로 하여 나름대로의 거향관을 '거향지도'로서 별도로 제시하고 있었다.

조선후기에도 재지사족은 변화된 정치지형 위에서 그들 나름의 거향관을 피력하고 있었다. 일반적으로 그것은 자손이나 문인들에게 내리는 훈계의 글로 표현되고 있지만, 그 가운데는 「거향잡의」 등과 같이 하나의 독립적인 논고로 정리되고 있는 경우도 있었다. 그리고 구체적 문자로 표현하지는 않았지만 집단적 행동이나 개인적 차원에서의 행동으로 거향관을 보여준 경우도 있었다. 사족들 간의 '약속'이나 '완의' 또는 '동계'나 '동약' 등으로 남아오는 자료들 속에서 이 같은 내용을 보게 된다. 그런데 후기의 그와 같은 자료들은 선배들이 제시했던 내용들에서 상당 부분 이탈한 것이거나, 특정 부분만을 강조한 협소성을 보이고 있을 뿐만 아니라 그것도 점차 시간이 지날수록 변질되고 있었다. 이들 자료를 통해서 우리는 조선후기의 거향관에서 몇 가지 중요한 변화가 일어나고 있었음을 확인할 수 있었다.

우선 문인이나 자손들에게 내리는 글들에서 발견할 수 있는 특징은 「거향여처자지설(居鄕如處子之說)」 등에서 단적으로 확인할 수 있듯이 매우 소극적이며 정치의식이 약화된 형태로 제시되고 있다는 점과, 그 같은 거향의 논리가 전혀 배제되는 것은 아니지만 그 내용이 '거가'의 논리 속에 흡수된다는 것이다. 전배들이 거가, 거향, 처세의 문제를 각각 구별해서 인식하고, 그 가운데 '거향'의 논리를 별도로 제시하고 있던 것과 대비되는바, 향촌 운영원리의 위축을 보여주는 것이었다. 후기에 향당의 논리가 위축되고 가족중심의 논리로 대치되는 것은 유교가 갖는 속성에 이미 배태되어 있는 것이고, 따라서 하등 자신의 논리를 수정하지 않고도 그 같은 상황을 합리화할 수 있는 여지가 없지 않았다. 그렇지만 그것은 약화된 그들의 정치적 입지의 반영이었다.

다음 거향의 문제를 체계적으로 검토하고 있는 경우에서는 원론적인 차원에서 거향관을 정리하고 있는 것과, 구체적으로 당시에 제기되고 있던 문제들을 지적한 것 두 가지 유형을 발견할 수 있었다. 전자의 경우는 선배들의 원론에 충실해야 한다는 점을 강조한 것으로 보아 당시의 정치적 현실에 대한 비판적 인식을 반영하고 있는 것으로 볼 수 있지만 관념적으로 흐를 위험을 내포한 것이고, 실제 이 같은 인식은 성인의 학문이 해이해져감을 안타까워하는 그런 것으로 변해갔다. 한편 후자의 경우는 당시 재지사족의 공통 관심사를 잘 반영하고 있다는 점에서 주목되지만, 그것은 관권과의 관계라든가 부세문제 등이 빠지고 향교나 서원을 중심으로 한 이해관계의 조정에서 벗어난 것이 아니었다는 점에서 거향관의 정치의식의 약화를 잘 보여주는 것이었다.

마지막으로 구체적 행동으로 거향의 자세를 보여준 경우 집단적 행위는 관권에 의해 철저히 부정되고 있었고, 개인적 차원의 것이 관권과 대립적이지 않는 범위 안에서 허용되고 있었지만 이것이 향당의 공론의 뒷받침을 받지 못할 경우 관념적인 것으로 되어가고 현실적으로 하층세력으로부터의 반발에 직면해 존속되기가 어려워지고 있었다. 이제 그들은 자신의 지위를 유지할 수 있는 마지막 보루를 강화하는 길을 택하게 된다. 이 점은 그들의 거향관이 주로 가족윤리를 중심으로 변화하고 있음에서 확인할 수 있다. 이 같은 유형 논리에서 과거 향촌사회 운영원리를 찾을 수는 없는 것이었고, 향당의 조직적 기반을 상실한 정치의식이라는 것도 힘을 발휘하기는 어려웠다고 하겠다.

결국 이 같이 본다면 거향관의 정치의식이라는 것이 재지사족의 향촌사회 운영원리와 밀접한 관련을 갖는 것이었기에 위와 같은 거향관의 변화를 가져온 기본적 원인은 재지사족의 조직적 기반의 와해와 악화에서 찾아야 할 것이다. 거향관에 있어 향촌 운영원리의 위축과 정치의식의 약화, 기존 향당윤리의 가족윤리화는 바로 변화된 정치적 조건에서 재지사족이 살아남기 위한 자구책을 모색한 결과를 보여준다. 하층민을 휘하에 두고 자신들의 결속 위에서 향당을 운영하였던 경험은 위와 같은 관념을 관념적 형태로나마 유지시키게 한 힘이 되고 있었지만, 그것을 감당할 현실적 힘을 갖지 못하게 될 때 그것은 변화하지 않을 수 없게 됨을 본다.

우리는 조선후기 재지사족의 거향관의 변화를 통해 과거 그들이 정치적 영향력을 발휘할 수 있었던 것은 향촌사회에 조직적 기반을 구축하고 있었기에 가능한 것이었고, 이제 그 조직적 기반을 상실하면서 중앙정치권으로부터 소외되어 갔으며, 향촌사회에서의 정치적 기반 상실은 그들의 거향관을 관념적인 것으로 만들었음을 다시 확인하게 된다.

7장 조선후기 향촌사회에서
'유교적 전통'의 지속과 단절

1. '전통'에 대한 역사적 이해의 필요성

'전통'처럼 비역사적이며 전혀 상반된 의미로 사용되는 어휘도 그렇게 많지 않은 것 같다. 전통이란 말은 극복의 대상이란 뜻을 가진 것으로 부정적으로 쓰여 왔는가 하면, 역으로 우리가 계승하고 발전시켜나가야 할 가치 있는 그 무엇으로 미화되기도 하였다. 그렇지만 전통이란 용어는 근대 사회의 산물로서 그 용법은 시대적 조건과 사용하는 이의 의도에 따라서 변화되어 나왔음을 확인할 수 있다.

서구에서 전통에 대한 부정적 이미지는 과학성과 합리성을 추구해온 계몽시대 이래 형성되어온 것으로서, 이때 전통은 미신적인 것 또는 무지몽매 등과 동일었다.[1] 사회과학자들은 전통에 대해 무지하거나 전통을 대면하기를 꺼렸고, 전통에 대해 보다 깊은 관심을 가졌던 인류학자나 역사학자의 경우에도 그 관심 대상은 주로 비 서구사회였으며 당시 전통에 대한 이해가 깊었던 것도 아니었다. 중국의 경우에 있어서 과거 봉건사회를 타파하고 신 사회를 건설하는 과정에서 제기된 '전통' 비판이나 그를 둘러싼 논쟁에서의 전통 이해도 마찬가지 수준의 것이었다.[2] 시대가 내려

---

1 Edward Shils, 1981 *Tradition*, The University of Chicago Press(김병서·신현순 옮김, 1992 『전통』, 민음사).
2 고병익, 1996 「근대 중국에서의 유교의 동향」 『동아시아사의 전통과 변용』, 문

와 '후진국'의 사회발전이 현저해지는 속에서도 많은 근대화론자들은 전통사회와 근대를 이질적인 것으로 대비하여 파악하는 경향을 보여주었는데, 그 같은 인식이 부적절한 것이며 근대화 과정에서도 전통은 지속성을 갖고 재구성되어 왔음이 지적된 바 있다.3

한국의 사정도 크게 다르지 않았다. 한국에서는 자주적 근대국가의 성립이 지연되면서 전통의 비판적 계승이란 과제는 시일을 기다리지 않으면 안 되었다. 전통의 문제가 학문적 대상으로 부각되기 시작하는 것은 1960년대 들어와서의 일이었는데, 당시 사회과학계의 일반적 인식은 전통을 곧 전근대적인 것으로서 극복의 대상으로 간주하는 형편이었다.4 물론, 서구 이론을 받아들임으로써 가능한 것이었겠는데, 전통이 근대화 과정에서 변화할 수밖에 없는 것이면서도 한편으로는 근대화의 기반이 된다는 점을 지적하는 경우도 없지 않았지만,5 이 같은 인식이 주류적 견해로 자리 잡기까지는 시일이 필요하였다.

일찍이 한국 역사학계에서도 민족문화의 전통 계승의 방향을 모색하는 가운데 전통에 대한 문제제기가 이루어진바 있다.6 여기에서 전통은

....

학과지성사, 270~273쪽 참조.

3 S.N. Eisenstadt, 1996 *Modernization: Protest and Change*, Prentice-Hall, Inc.,(이정동·김진균 옮김, 1972『근대화: 저항과 변동』, 탐구당); S.N. Eisenctadt, 1968 *Transformation of Social, Political, and Cultural Orders in Modernization, Comparative Perspectives on Social Change*, Edited by Eisenstadt, Little, Brown and Company, Boston, 256~279쪽.

4 이만갑, 1965「현대에 사는 전통사회」『전통과 현대성』(세계문화자유회의 한국본부 편), 춘추사, 19쪽 "전통적인 것이라는 것은 전근대적인 것을 의미한다고 생각해도 좋을 것으로 본다."

5 이해영, 1973「한국농촌의 전통과 변화」『한국의 전통과 변천』, 고려대 아세아문제연구소.

6 이기백,「민족문화의 전통과 계승」『이대학보』1958.11.15.(1974『민족과 역사』

과거로부터 전래된 것이면서도 그 가운데 현재의 문화적 창조에 이바지할 수 있다고 판단되어 선택되는 것으로 규정되었다. 전통은 부정적 의미의 인습과 구별되며 단순한 미화의 대상이 되어서도 안 되는 것으로서, 과거문화에 대한 객관적 이해와 비판적 계승을 통해 재창조되는 것이라는 정당한 지적이다.7 그러나 위와 같은 전통 논의는 일반 학계의 근대화 논쟁이나 당시 정부의 근대화정책 추진 과정에 묻혀 더 이상 깊이 있게 진전되지 못하였다.

사회 일반에서는 1970년대 이후부터 부쩍 전통문화의 계승이라는 구호가 만연하는 가운데 전통의 긍정적 측면을 강조하는 경향이 두드러졌는데, 주로 정치적 목적과 연결된 것이라는 혐의를 피하기 어려웠고 그 내용이 실을 갖추고 있는 경우는 드물었다. 이 같은 상황 하에서 전통, 특히 민족문화의 전통을 어떻게 이해할 것인가에 대한 고민이 없을 수 없었다. 이기백 교수는 그간의 역사·철학계의 전통 이해에 보이는 공통점으로서, '전통 혹은 전통문화를 현대 혹은 현대문화와의 관계 속에서 이해해야 한다는 것', 나아가 보다 적극적으로 '현대에서의 새로운 전통 혹은 새로운 전통문화의 창조라는 관점에서 이해해야 한다는 것'으로 정리한 바 있다.8 한우근 교수도 전통과 근대의 단절을 극복하고 주체적 입장에서 전통을 재구성해 나가야 한다고 지적한 바 있는데,9 역사학계의 전통에 대한 공감대를 확인할 수 있게 해준다. 대체로 보아 일제의 한국 강점

        ·····················

    일조각 재수록)

 7 위의 글 "그러므로 어느 의미에서 고정불변의 신비로운 전통이라는 것이 존재한
    다기보다는 오히려 우리 자신이 전통을 찾아내고 창조한다고도 할 수가 있다."

 8 이기백, 1997 「전통문화와 현대문화」『서강인문논총』7(2002 「한국전통문화론」
    『이기백한국사학논총』11, 일조각 재수록).

 9 한우근, 「전통의 올바른 재구성」『조선일보』1981.8.25.(1997『민족사의 전망』,
    일조각 재수록)

에 의한 식민사관론적 한국사인식의 만연, 광복 후 갑자기 들이닥친 외래문화의 홍수 속에서 민족문화 전통을 어떻게 비판적으로 계승하여 건강한 현대문화를 건설할 것인가 하는 문제의식에 기초한 실천적 노력의 결과였다고 이해된다.

위와 같은 전통에 대한 논의는 비록 단속적이긴 하나 이후에도 지속되었다. 그리고 학문적 연구가 축적되고 사회가 발전하는 가운데 전통에 대한 인식의 폭과 깊이도 더해갈 수 있었다. 그러나 현대문화의 건설 방향과 관련하여 '취사선택되는 전통'의 경우 자칫 그 전통이 갖는 역사적 의미와는 상당한 거리가 있게 된다는 점을 지적하지 않을 수 없다. 아울러 한 사회의 '전통'을 사회의 전 구조(변동)와 관련지움 없이 현전하는 특정의 '가치관'이나 외형적인 의례(제사형태) 등을 가지고 표피적으로 이해하는 경향이 지배적인데, 이 같은 인식 태도는 전통에 대한 역사적 이해를 왜곡할 위험이 있는 것으로 판단된다. 특히 한국의 '유교적 전통'의 경우가 그 대표적 예의 하나라고 하겠다. 예컨대, 동아시아의 유교적 전통에 대해 꾸준한 관심을 표명해온 고병익 교수의 경우,「현대 한국의 유교」를 설명하는 자리에서 유교(유교적 가치관; 유교적 전통)가 근대화에 장애가 되었다거나 역으로 근대화의 추진력이 되었다거나 하는 억지 설명을 정당하게 지적하고 있다.[10] 그럼에도 불구하고 그는 한국의 '유교적 전통'을

---

10 Koh, Byong-Ik, 1996 "Confucianism in Contemporary Korea" *Confucian Traditions In East Asian Modernity*(Edited by Tu Wei-Ming; Harvard Univ. Press)[1987년 1월 싱가포르 동서철학연구소가 주최한 학회 발표문으로 Tu Wei-Ming이 편한 1991 *The Triadic Chord-Confucian Ethics, Industrial East Asia and Max Weber* (Singapore)에 수록됨; 1996 『동아시아사의 전통과 변용』, 문학과 지성사에 번역 재수록] "얼마 전까지만 해도 유교가 현대화와 발전에 대한 주요 저해요인이라고 널리 인식되어 왔고, 또 한편 근년에 와서는 유교 유산이 바로 아시아의 네 마리의 '작은 용'들의 국적인 경제 발전의 원동력이라는 주장이 커져가고 있으나 이 두 가지 견해는 모두 일방적이고 또 지나치다 할 것이다. 한국의 경우에

노인층에 의해 지지되어온 유교적 가치관이나 현대에도 끈질기게 존속하는 조상에 대한 유교적 제사나 성묘와 같은 행습(행동이나 습관) 등으로 파악하고 있다. 이 같은 '유교전통' 이해는 한국의 '전통사회'를 '유교적 전통사회'로 규정하고 유교문화의 잔존형태를 일괄하여 조선사회의 전통적 특질로 규정하는 공동연구에서도[11] 볼 수 있는 바와 같이 일반적 현상으로 파악된다. 그러나 문제는 이제 설명할 바와 같이 이 같은 이해방식이 한국의 유교적 전통에 대한 '역사적 이해'와는 상당한 거리가 있다는 점이다.

최근 유교적 전통을 다시 보자는 논의가 활발해지다 보니, 이는 근대극복과 관련된 '동아시아 담론'과도 관련된 것으로 보이는데, 동학이나 1894년 농민전쟁의 유교적 기반을 거론하는 경우까지 나타나고,[12] 그 사이 '양반사회 지속론'이 고개를 드는가 하면,[13] 나아가 기존의 조선후기 신분제변동론을 재검토하기도 하였는데[14] 이러한 일련의 연구들은 조선 '양반사회'의 전통에 대한 이해를 돕기보다는 혼란을 가중시키고 있지는 않나 하는 의문을 가지게 한다. 모두 전통을 비역사적으로 다룬 결과로

....

는 급속한 경제성장은 자기 전통에 집착함으로써가 아니라 주로 전통에서 과감히 벗어남으로써 얻어진 것이다."

11 사회·민속연구실 편, 1993 「유교적 전통사회의 구조와 특성」『한국의 사회와 문화』 21, 한국정신문화연구원.

12 조혜인, 1990 「동학과 주자학: 유교적 종교개혁의 맥락」『한국사회사연구회논문집』 17; 유영익, 1994 「전봉준의거론: 갑오농민봉기에 대한 통설비판」『이기백선생 고희기념 한국사학논총 하』.

13 정진영, 1999 「조선후기 향촌 양반사회의 지속성과 변화상 (1)」『대동문화연구』 35; 정진영, 2000 「조선후기 향촌 양반사회의 지속성과 변화상 (2)」『대동문화연구』 36.

14 한국역사연구회 기획, 2003 「조선후기사회를 어떻게 볼 것인가 II-조선후기 신분제·신분변동의 재검토-」『역사와현실』 48.

판단된다.

여기에서 유럽의 '전통(tradition)'은 전통사회의 일반적인 관습(customs)과는 달리 근대사회, 특히 1914년(1차세계대전) 이전 30~40년 사이에 집중적으로 만들어진 것이라는 지적에[15] 주목하게 된다. 이기백 교수가 앞서 지적했고[16] 고병익 교수가 잘 정리한 바와 같이[17] 전통을 고정된 어떤 것으로 파악하기보다 변용·창조되어 나가는 것으로 보아야 한다는 것인데, 여기에서 문제는 우리가 무엇을 '전통'으로 파악하고 창조해 내는가 하는 점이다. 일찍이 신채호는 유교국인 한국이 쇠약히게 된 이유기 '유교를 신앙한 소이(所以)'에 있는 것이 아니라 '유교의 신앙이 그 도(道)를 부득(不得)한' 데서 비롯된 것이라고 정당하게 지적한 적이 있다.[18] 단재는 국망(國亡)이라는 위기의 시기에 형식과 수구에 빠져있는 유교계에 각성을 촉구하기 위하여 유교의 본질은 대동(大同)에 나아가기 위한 실천, 당시로 본다면 국운을 타개할 수 있는 신사업(新事業)의 착수에 있음을 강조한 것인데, 이 같은 파악 방식은 조선조 유교적 전통에 대한 이해에도 그대로 적용할 수 있다고 하겠다.

15 Eric Hobsbawm, 1983 "Mass-Producing Traditions: Europe, 1870~1914" *The Invention of Tradition*, (E.Hobsbaum and T. Ranger Ed., Cambridge Univ. Press) pp.263~307.
16 주 6과 같음.
17 고병익, 1996 「전통의 지속과 단절」 『동아시아사의 전통과 변용』, 문학과지성사.
18 「儒敎界에 대한 一論」 『대한매일신보』 1909.2.28. (1977 『개정판 단재신채호전집 별집』, 형설출판사, 108~110쪽)

2. 조선후기 '양반사회 지속론'의 허실

한국은 근대로의 전환기에 자주적인 민족국가 건설에 실패하고, 정작 '전통'을 주체적으로 새롭게 수립해야 할 시기에 일제의 식민지로 떨어졌다. 36년간의 일제 식민지배 하에서 근대적 전통의 수립이라는 과제는 지연되고 그와는 정반대의 '식민지적 전통'이 구축되었고, 그 결과는 광복 후 한민족이 떠안아야 할 큰 부담으로 남았다. 이 부담은 흔히 '식민지 잔재'라고 하여 청산의 대상으로 여겨져 왔는데, 이 가운데 본고에서 주목하고 싶은 점은 조선 사회를 총체적, 역사적으로 파악할 수 있는 안목을 상실함에 따라 초래된 잘못된 조선사회 전통, 유교문화 전통에 대한 인식이다.

1945년 8월 이후 상당기간까지도 자국 문화에 대한 한국인들의 인식은 극단적이었다. 자기비하적 인식이 만연하는 가운데 그와는 정반대의 관념적인 미화론이 공존하고 있었다. 그 가운데서 조선시대에 대한 인식의 주류는 '양반 망국론'이었고, 지배 양반층이 주도하던 조선사회, 조선 유교문화에서 계승 발전시켜 나갈 그 무엇을 찾는다는 것은 생각하기 어려웠다. 식민사관이 초래한 폐해였다.[19] 한국전쟁 이후 한국사학이 주력해온 것은 바로 이 식민사관의 극복이었고, 이를 주도해온 주류적 경향을, 그 이해에는 다소간의 오해가 없지 않지만, 일반적으로 '내재적 발전론'이라 불러왔다.[20]

이후 연구가 진행되어 나옴에 따라 그간 식민사관론자들에 의해 만들

19 김용섭, 1963「日帝官學者들의 韓國史觀」『사상계』 2월호 (역사학회 편, 1969 『한국사의 반성』, 신구문화사 재수록).
20 김인걸, 1997「1960, 70년대 '내재적발전론'과 한국사학」『김용섭교수 정년기념 논총 1: 한국사인식과 역사이론』, 지식산업사.

어진 왜곡된 조선사 인식은 많이 불식되게 되었다. 그렇지만, 조선 양반사회에 대한 이해, 특히 조선후기 양반사회의 동요·붕괴와 관련해서는 여전히 논란이 불식되지 않고 있다. 그간 국내 한국사 연구 성과 가운데는 조선사회의 신분제적 질서가 후기에 들어와 붕괴되어 나간다고 보는 견해가 주류를 이루고 있는 가운데서도, 다른 한 편에는 전통적 양반의 영향력은 여전하였으며 양반사회의 지속성은 조선사회의 주요한 특성으로 주목되어야 한다는 주장이 자리잡고 있다.

전자의 경우, 실증적 연구의 진전에 의하여 그 변화의 시기와 지역적 편차, 즉 변동의 시간과 공간에 대해 재고할 필요성이 있다는 지적에서[21] 알 수 있듯이 1960년대를 전후한 초기 성과들은 1980년대 이래 전반적으로 수정, 보완되어 나왔다고 할 수 있다. 그런데 후자의 경우, 최근 국내외 연구 환경의 변화에 힘입어 그동안의 침묵을 깨고 점차 목소리를 높이고 있다. 서구적 근대를 모델로 하여 세워졌던 '발전사관'에 입각한 내재적 발전론이 한계를 맞고 있다고 하는 지적이 연구자 내부로부터의 나오고 있는 현실, 현실 사회변혁의 가능성에 대한 회의가 만연하고 있는 세태가 그 배경을 이루는 것으로 보인다.

서구적 근대의 길과 동아시아의 길은 분명 같지 않았고, 조선사회에서 국왕이나 양반의 권위가 완전히 부정된 적은 없었다. 조선 양반들이 국가권력에서 소외되어 있는 경우에도 그들의 사회적 영향력은 무시할 수 없었고, 심지어 대한제국 국망 이후에도 '양반'은 일제 식민지권력의 주요 포섭대상으로서 그 중의 일부는 식민지 권력과 타협하여 사회적 지위를 유지해 나갔다. 그러나 그렇다고 해서 위와 같은 이유를 들어 일제시기까지 '양반사회'가 유지되었다고 하지는 않는다. 조선 지배층으로서의 양반

---

21 이태진, 1992 「조선후기 양반사회의 변화-신분제와 향촌사회 운영구조에 대한 연구를 중심으로-」『한국사회발전사론』, 일조각, 129~226쪽.

의 위상은 국가권력과 피지배층이라 할 민, 이들 3자 사이의 역관계에 의해 변화되어 나갔던 것이고,[22] 그러한 점에서 양반사회의 전통도 고정적인 것이 아니었다. 흔히 19세기 이래 지방사회 양반사족의 존재형태, 즉 동족마을을 이루고 향촌사회에서 권위를 유지해온 양반가문을 한 전형으로 하여 범주화 된 양반 개념을 제시하고, 그 같은 양반의 영향력 정도를 기준으로 조선 양반사회의 지속성을 논하는 경향이 있다.[23] 한편, 조선 전 시기를 역사적으로 검토함이 없이 조선 '양반사회'의 전통이 17세기 이후에 만들어진 것임을 주장하는 경우도 나타나고 있는데,[24] 모두 조선사회 전 시기를 총체적·역사적으로 파악한다고 하는 차원에서 보면 역시 많은 문제점을 안고 있는 견해들이라는 점을 지적해야 하겠다. 후대에서 확인되는 양반문화의 일부 특징을 조선사회 전반과 관련지움 없이 표피적 차원에서 전체로 확대해서는 곤란한 것이다.

본고에서는 위와 같은 문제의식 위에서 조선사회 '유교적 전통'의 지속과 단절이라는 주제를 조선 유교문화의 주 담지자였던 양반 사족의 '거향관(居鄕觀)'의 변화를 중심으로 검토하고자 한다. 주로 향촌사회에 그

....

22 한국 중세사회 지배구조를 국가, 지배계급, 민 3자간의 역관계의 변화를 중심으로 체계적으로 검토해야 함을 주장한 것으로는 한국역사연구회의 「특집: 한국 중세사회의 지배구조와 '민'의 성장」(1990 『역사와 현실』 3)이 있다. 여기에서는 특히 민의 성장에 초점을 맞추었는데, 조선사회의 경우 지배계급으로 통칭해온 '양반'과 그들의 이데올로기로서의 유교(성리학) 역시 주목되어야 할 것이다.

23 송준호, 1986 「조선의 양반제를 어떻게 이해할 것인가」 『전라문화논총』, 전북대 전라문화연구소; 1988 「진주에서 재확인되는 조선조사회의 지속성」 『종교 인간 사회』(서의필선생 회갑기념논문집 간행위원회) 등의 기획논문들에서도 양반사회, 양반문화를 사회 전체, 국가적인 차원에서 파악하기보다는 개별 양반들의 존재형태를 중심으로 이해하는 경향이 주류를 이루고 있다.

24 宮嶋博史, 1995 『양반-이조사회의 특권계층』, 일본: 중앙공론사; 1988 「조선 전통사회의 성립」 『明淸과 李朝의 시대』(세계의 역사 12), 중앙공론사, 244~291쪽.

존립기반을 가지고 있었던 사족들의 거향관은 조선사회의 운영 전체와
유기적으로 연결된 것이어서 조선 '양반사회'의 역사적 전통, '유교적 전
통'의 핵심 가운데 하나로 파악되기 때문이다.

3. 향당(鄕黨)윤리의 위축과 가족윤리의 전면적 대두: 정치적·유기체적 거향윤리의 붕괴

조선에서 흔히 '양반'이라 칭해온 사족은 초기 왕권의 전제화 경향 속
에서 국가권력으로부터 견제당하고 있었고, 군현제의 테두리 내에서 지배
층으로서의 위상을 유지하고 자치력을 확보하는 데 있어 상당한 어려움
을 겪기도 하였다.[25] 그러나 왕조가 안정기에 들어선 16세기 중엽 이후
사족들은 그들 나름의 자치조직을 만들어 운영해 나갈 수 있었다.

일련의 검토과정에서 필자는 16·17세기에는 지방사회에서 수령을 정
점으로 한 관의 행정조직 외에 향촌 사족들이 중심이 된 향촌 지배기구가
독자적으로 기능을 수행하고 있었다는 점, 그리고 군현제적 테두리 안에
서 사족들은 '향권(鄕權)'이라고 하는 나름의 자치권을 확보하고 있었음을
확인할 수 있었다.[26] 이 향권은 '조권(朝權)'과 대비되는 용어로서, 조권이
국가적 차원에서의 인사권(천망권)과 정책결정권을 의미하였던 것과 마
찬가지로 향권은 향촌 권력기구의 각 직임에 대한 인사권(천망권)과 운영
권(특히 부세운영권)을 지칭하는 것이었다. 그 중요한 기반이 되었던 것
은 향안(鄕案)과 향회(鄕會)였는데, 사족들이 거주지를 중심으로 시행하였

---

25 이태진, 1972·73「사림파의 유향소 복립운동(上·下)」『진단학보』34·35(1986『한
   국사회사연구』, 지식산업사 재수록).
26 김인걸, 1991『조선후기 향촌사회 변동에 관한 연구』, 서울대학교 박사학위논문.

던 동계(洞契)·동약(洞約) 역시 주요 기반이 되었다.

사족들이 군현단위의 향촌사회에서 독자적 권력기구를 확보하고 향권을 장악하고 있었기 때문에 그들 나름의 향촌 운영논리가 없을 수 없었다. 실제 조선 중기, 즉 16·17세기에 지방사회의 지배층이라 할 사족들은 거관(居官), 거향(居鄕), 거가(居家) 윤리를 통일적·유기적으로 사고하고 있었고, 그 가운데서 특히 향촌사회(鄕黨) 운영원리로시의 거향관을 곳곳에서 강조해마지 않았다.[27]

'거향(居鄕)' '거향지도(居鄕之道)'는 자의(字意) 그대로 향촌에 거주하는 것, 향당에서 지켜야 할 도리라는 뜻으로 쓰이는 것이 일반이었다. 이이가 그의 유명한 수신(修身) 교과서인 『격몽요결』의 「접인장(接人章)」에서 '거향지사(居鄕之士)'의 자세를 제시할 때 쓰인 용법이[28] 바로 그러한 예이다. 그런데 16, 17세기 인물들이 남긴 문집류 기록과 각종 연대기에서는 같은 용어가 오히려 향촌사회 사족·사부(士夫)들의 향당운영에서의 처신과 관련된 '특정한' 의미로 사용되고 있었다. 즉, 당시에는 '거가(居家; 處家)' '거향(居鄕; 處鄕)' '거관(居官; 處世)' 등 3가지 용어가 병렬적으로 독특하게 사용되고 있었는데, 인물평들에 반영되고 있던 다음과 같은 문구들에 보이는 '거향'이란 용어는 여타의 '거가'나 '거관'과는 구별되는 독자적 영역을 갖는 것이었음을 알게 해준다.

....

27 이하 사족들의 거향관과 그 변화에 관련된 설명은 본인의 아래 두 논문에 따르고 특별한 경우가 아니면 주를 달지 않는다. 김인걸, 1994 「조선후기 재지사족의 '거향관' 변화」, 『역사와 현실』 11; 1997 「16, 17세기 재지사족의 '거향관'」 『한국문화』 19, 서울대학교 한국문화연구소.

28 李珥(1536~1584), 『擊蒙要訣』 「接人章 第九」 "居鄕之士 非公事禮見及不得已之故 則不可出入官府"

'待人接物 居鄕位官 一於忠厚而不露圭角'[29]
'在鄕黨 則孝友彰達 在朝廷 則忠勤備至'[30]
'居家處鄕 無一毫苟且之事'[31]

　'거향지도'가 부자형제(父子兄弟), 독서(讀書), 행신(行身), 치산(治産) 등 향촌사회의 일상생활의 도리와는 구분되는 독자적 영역을 갖는 것이라는 점은 비록 당시에는 드문 예이지만 호서인(湖西人) 이유태가 남긴 「정훈(庭訓)」에서도 살펴볼 수 있다. 이유태는 「정훈」에서 6가지의 '봉선(奉先, 조상 모시기)'조목과 6가지의 '치가(治家, 가산관리)'조목, 그리고 8가지의 '예교상조(禮敎相助)'의 덕목을 제시한바 있는데, 후자 '예교상조' 안에 '거향지도', '처세지도'를 별도의 항목으로 각각 제시하고 있다.[32] 즉, 이유태는 관혼상장이나 가옥의 규모, 치가(治家)의 요법, 종족간의 유대 강화 방법 등과 같은 '거가'의 문제와는 별도로 '거향지도' '처세지도'를 첨부하여 가정의 교훈으로 삼게 하였던 것이다.

　위와 같은 '거향' 용례가 일반화된 것은 향촌 사족이 향당(향회, 향소) 운영에 깊이 관여하고 있었던 사실, 당시 국가의 지방지배가 향촌 사족을 매개로 하여 이루어지던 사정 등에 기인한 것으로 볼 수 있다. 실제 16·17세기 향촌사회에서 거향 처신을 문제삼을 경우 거의 모두가 관(수령)과의 마찰이나 정치세력간의 갈등에 관련된 것이었다. 그 구체적 내용은 사족의 향촌 권력기구(향회, 향소) 운영규약이라고 할 향규(鄕規)에 반영되고 있었는데, 그 핵심은 관정(官政)[주가정사(州家政事)]의 득실이나 시비를

....

29　丁熿(1524~1609), 『晚軒先生文集』 권4, 「墓誌」.
30　李廷馣(1562~1637), 『石泉先生遺稿』「知退堂先生行錄: 參判兄 李廷馨」.
31　郭嶠, 『丹谷集』 권5, 「師友錄」.
32　李惟泰(1607~1684), 『초려전집』 상, 「庭訓」.

따지는 것, 부세[조부(租賦)]를 제때 납부하지 않는 것 등을 경계하는 것으로서 관과의 마찰 방지라고 하는 정치적 성격을 띠고 있었다.[33]

따라서 사족의 거향처신은 정치쟁점화할 가능성이 많았고, 그 때문에 인물평에까지 중요 사안으로 올랐다. 송시열이 유식(1586~1650)이란 인물에 대해 평하면서 "50년동안 향촌에 거하였지만 터럭만큼도 비의(非義)로써 조정의 비판 대상에 오른 일이 없었다(鄕居五十年 無一毫以非義之事 見議於朝評)"라고 한 것은[34] 그 같은 일면을 잘 보여준 것이었다.[35] 반대의 사례로는 실제 효종 4년(1653) 당시 중앙 조정에서 헌납직을 수행하고 있던 이기발이 사헌부로부터 "성행(性行)이 삐뚤고 몸가짐이 비루하며 거향처신(居鄕處身)이 크게 괴이하다"는 이유로 탄핵받은 사실을[36] 들 수 있다. 당시 이기발의 거향처신에서 죄목으로 오른 내용은 죄정(訟庭) 출입, 향권 농단, 관부정령 간섭 등이었지만, 그 같은 죄목은 풍문에 따라 붙여진 것으로서 정치적인 성격이 짙은 사건이었다. 위와 같은 평가와 정반대로 이기발은 당시 전라도에서 절의가 있다고 인정받고 있던 몇 안 되는 이 가운데 첫째로 꼽혔던 인물이었다.[37]

위와 같은 거향관의 골격은 16세기 대표적 유학자 이황과 이이에 의해 그 기준이 제시된 이래 다양한 형태로 표현되었는데, 여기에서는 18세기 남인학자 안정복에 의해서 정리된 내용을 중심으로 검토하기로 한다. 안

----

33 영남인 李身圭(1600~1681)는 자신의 문집에서 수령의 정사득실에 대해 일체 언급하지 않는 것이 거향에서 제일 중요하다고 하였고, 호남인 변이중(1546~1611)은 공가에 내야 할 부역을 때맞추어 납부하는 것이 거향의 제일 급무라고 하였다.

34 庚軾(1586~1650), 『德谷先生文集』 권4, 「墓表」 송시열 찬.

35 유식은 옥천 사람으로서 관료 경력이 전혀 없었던 것은 아니었다.

36 『효종실록』 권10, 효종 4년 5월 무진.

37 曺煜(1600~1665), 『九峯遺集』 권3, 「事實輯錄」 [論議]. '先君子嘗云 南中 士以名節自守者 有李獻納起淳兄弟 李修撰壽仁 林佐郎堭 朴進士忠挺 纔數人耳'

정복은 총 15개조로 된 '거향잡의(居鄕雜儀)'를 남겼다.[38] 그는 여기에서 중국측 인사 6인과 조선측 인사 3인 등 총 9인의 거향 사례를 가지고 내용을 구성하였다. 기본이 된 것은 공자, 맹자, 주자의 향당윤리였는데,[39] 여기에서 주목되는 점은 향당에서의 시시비비를 분명히 해야 질서가 세워질 수 있다고 하는 공자의 태도를 강조한 점이다. 그러나 무엇보다도 중요한 특징은 인용된 조선측 인사 3인, 퇴계 이황, 학봉 김성일, 율곡 이이의 사례에서 잘 드러난다고 하겠다. 이이는 다른 두 인물과는 달리 서인계 학자였다.

우선 안정복이 이황의 예에서 주목한 것은, 1. 부역(賦役)은 반드시 하호(下戶)보다 먼저 내서 이서들에게 책잡히지 말 것 2. 비록 품관이라도 그들을 무시하지 말 것 3. 수령에게는 백성이 관장을 대하는 예, 즉 민(民)·주(主)의 예를 다할 것 등이었다. 특히 경상도 예안 지방의 사인(士人)들이 품관과 같은 반열에 서는 것을 수치스럽게 생각하는 점을 나무라면서 향당에서는 나이[치(齒)]가 중요함을 강조한 것이 주목된다. 이는 거향윤리가 향당 운영과 관련 있음을 보여주는 것이었다.[40] 다음 김성일의 예에서는 향당이 부형·종족이 있는 곳이기 때문에 항상 공경하는 자세를 가지라는 학봉의 말을 인용하면서, 향중(鄕中) 집강자(執綱者)를 만나면 그

....

38 安鼎福(1712~1791), 『순암집』 권15, 「居鄕雜儀」.

39 안정복이 기본으로 삼았던 것은 주자의 해석과 같이 향당은 부형과 종족이 사는 곳이므로 언행을 조심해야 한다는 점과 지방 향대부 등 지방 관리를 존중해야 한다는 점이었다.

40 안정복이 주목한 퇴계의 거향관은 안정복보다 한 세대 앞선 윤형로(후재와 도암에게서 사사받은 바 있는 인물로 수원에 은거하였다)에게서도 확인된다. 尹衡老, 『戒懼菴集』 권14, 「家訓」 [居鄕] "退溪先生 常守靜端居 未嘗出入 而若斯文雅會里社集會 亦時往焉 (중략) 鄕人志學者 或恥隨品官之列 先生逶援據古今 而極卞之曰 鄕人之所貴者齒也 雖居下 於禮於義 有何不可乎"

가 비록 자신보다 나이가 어리더라도 가례(加禮)하라고 한 것을 뽑아 기록
하였다. 여기서 집강자라 함은 좌수 별감이나 향회의 여러 직임을 지칭하
는 것으로서, 거향이 바로 향당(향촌사회 권력기구) 운영과 관련이 있었
다는 점을 반영하는 것이다. 끝으로 이이의 사례로는 앞서 인용한바 있는
『격몽요결』의 「접인장」의 거향관계 기록, 즉 거향지사는 공적인 일로서
예우를 갖추어야 할 방문이나 부득이한 경우가 아니면 관부에 출입하지 말
며 수령에게 무엇을 간청하는 일은 하지 말라는 내용을 뽑아 수록하였다.41

　　이상에서 안정복이 이황, 김성일, 이이 등 3인의 사례를 가지고 이야기
하려는 내용의 핵심은, 사족들이 향당 운영에 적극 협조하고 수령(관권)
과 일정한 거리를 유지하면서 사족으로서의 지위를 유지할 수 있도록 노
력하라는 것이었다. 그런데 위와 같은 16·17세기 사족들의 거향관은 단순
히 관과의 마찰을 피해 자신의 지위를 유지하기 위한 것만이 아니었다.
그들은 관과의 관계에서 어디까지나 대등한 입장을 견지하였고, 실제 출
사하게 될 경우 같은 지위에 놓이게 되었다. 위와 같이 자신들의 양보와
절제를 요구하였던 것은 역으로 관으로부터의 불법적인 요구를 견제하고
그들의 향촌지배를 관철시킬 목적에서 연유한 것으로 보아야 할 것이었
다. 이같이 16·17세기의 거향관은 단순한 향촌사회에서의 생활자세만이
아니라, 구체적으로 향소나 향회의 운영(향당 운영)과 관련하여 사족이
가져야 할 태도를 가리키는 정치적 성격이 매우 강한 것이었다.

　　그러나 19세기에 들어오면 위와 같은 거향관에 커다란 변화가 나타나
게 됨을 발견하게 된다. 19세기 이후에도 재지사족의 거향관은 여러 형태

----

41 안정복이 「거향잡의」를 구성하면서, 율곡 이이의 『격몽요결』 '거향' 장에서 '꼭
　 필요한 경우가 아니면 관부에 출입하지 말'고 하는 내용만 뽑아 쓰고 나머지
　 "세속의 비루한 말이나 시정득실, 수령의 賢否, 타인의 過惡 등을 일체 입에 담
　 지 말 것"이란 내용을 취하지 않은 것은 18세기 말 당시 관 주도의 향촌통제책
　 속에서 사족의 지위가 크게 저상된 사정을 반영한 것이라 하겠다.

로 제시되고 있었다. 그것은 자손에 주는 훈계나 가훈, 「거가잡의」 등의
형태로 표현되기도 하고, 그 가운데는 「거향잡의」 등과 같은 독립된 저술
의 형태도 간혹 발견된다. 그런데 이들 기록에서는 크게 두 가지 경향을
확인할 수 있다. 하나는 기존의 향당윤리가 크게 위축(퇴색)되는 경향이
고, 다른 하나는 그와 관련된 것이지만 형식적인 측면에서 기존 '거향윤
리'에서 다루어졌던 내용들이 '거가윤리'의 일부로 편입된다는 사실이다.

전자의 경우, 19세기 전반 경상도 영천인 박시원의 경우가 대표적인
예의 하나가 될 것이다. 그는 '거향은 처자와 같이(居鄕如處子)'라는 신조
로 살아왔기 때문에 큰 비난을 받지 않고 살아왔음을 상기하면서 자신과
같은 태도를 자손들에게 요구하였다.[42] 그는 공자의 말씀대로 향당에서는
공손해야 한다면서, '부딪치지 않고 어기지 않는 것'을 거향의 요결(要訣)
로 삼았다. 그리하여 간혹 향론이 분열된다고 하더라도 마치 빈 배와도
같이 조용히 처신하였기 때문에 심한 원망을 듣지 않을 수 있었다는 점을
70이 넘은 나이에 자손에게 다시 강조하기도 하였다. 이 같은 인식은 그
의 인물평에도 그대로 반영되었거니와, 동료 김영익에 대한 평에서는 '거
향은 처자(處子)와 같이 처세(處世)는 매미껍질같이' 매사에 조심스러웠다
고 호평했으며,[43] 자신의 조부 박정구에 대해서는 거가처향(居家處鄕)이 근
실했으며 '일찍이 다른 사람에 대한 시비, 혹은 수령의 정사 득실에 대해
말하거나 따진 바가 없었다'는 점을 강조하였다.[44] 자손에게 거향처신을
조심하라고 한 것에서 이들의 동향이 아직도 향촌에서 문제가 되고 있었
다는 점을 추론할 수 있지만, 과거 선배들이 향론의 통일을 위해 시비를
가리고 관권과 건강한 긴장관계를 유지하기 위해 거향관에 각별한 관심

42 朴時遠(1764~1842), 『逸圃集』 권5, 「居鄕如處子之說」.

43 위의 책, 권5, 「金僉樞永翼誄辭」.

44 위의 책, 권6, 「祖考處士公府君行狀」.

을 보여주었던 사정과는 현격한 차이를 보여준 것이었다.

그런데 위와 같은 현상보다 더욱 주목되는 것은 후자의 경우이다. 즉 거향 논의가 완전히 없어진 것은 아니지만 그것이 별도로 취급되는 경우는 드물고, 대부분 그것이 「거가잡의」, 「거가잡록」 등과 같은 거가 윤리를 다룬 글의 일부로 포함되고 있던 사실이다. 안동인 이가진이 「거가잡의」에서 여러 내용을 열거하는 가운데, 그 마지막 부분에서 관정(官政) 득실에 대해 말하지 말고 관에서 부과하는 세금을 기한 전에 완납하라고 하였던 것이[45] 그 대표적인 예의 하나이다. 이가진은 별도로 자손에게 조정 득실이나 관장(官長) 현부(賢否)에 대해 함부로 말하지 말라고 경계하고 있었는데,[46] 전 같으면 '거향지도'로서 별도로 취급하였을 이 같은 내용을 '거가' 차원에서 거론하고 있었던 것이다. 이제 '거향' 윤리가 향론이라든가 향촌 지배기구 운영과는 별개의 문제로 '거가' 윤리로 포함되게 됨에 따라, '거향지도'는 자연스럽게 '거린지도(居隣之道)'로까지 표현되는 경우를 다수 발견하게 된다. '거향'이 그야말로 향촌사회에서 거주하는 것 이상의 의미를 갖기 어렵게 되었으니, 향당 윤리의 위축과 가족윤리로의 흡수현상이라고 할 수 있으며, 거향 윤리에서 정치색의 탈색화 현상이라고 볼 수도 있는 것이었다.

한편 19세기 「거향잡의」류의 독립된 글에서도 역시 관부와의 관계라든가 향당운영윤리가 빠지거나 약화된 모습을 발견한다. 호남 장흥인 선시계가 남긴 「거향잡의십구조(居鄕雜儀十九條)」는[47] 그야말로 향촌 사족의 거가·처향·처세 모두에 관련된 관심사를 포괄하는 것이고, 거향과 관련해서는 교원(校院)(향교 및 서원) 출입에 관련된 사항만을 다루고 관권과

....

45 李可振(1832~1886), 『平潭文集』 권4, 「居家雜儀」.

46 위의 책, 권4, 「戒子孫」.

47 宣始啓(1742~1826), 『知吾齋遺稿』 권3, 「居鄕雜儀十九條」.

의 관계나 부세관련 문제를 다루고 있지 않았다. 경향을 넘나들었던 임헌회나[48] 호서 덕산인 이명우[49]의 경우 선배들의 거향관에 대한 이해를 토대로 원칙론적인 차원에서 거향의 문제를 다루고 있기는 하지만, 거기에서도 역시 향당운영의 핵심이라 할 향론이라던가 향회와 관련된 언급은 찾아볼 수가 없다. 모두 거향관의 정치의식의 약화를 반영하는 것이라고 하겠다.

위와 같은 현상 속에서 지방 사족, 양반들이 개인이나 가문의 지위를 유지하기 위해 거가윤리를 강화하고 있었다는 점을 들어 가족윤리를 통한 유교적 전통의 지속을 발견할 수 있을지 모르겠다. 그렇지만 거향윤리를 유기적 구성부분으로 포함하고 있던 조선 지배층으로서의 과거 모습에 비추어 본다면 조선 향촌사회에서 유교적 전통은 단절되어 나갔다고 보는 것이 보다 역사적 사실에 가까운 이해라고 생각한다.

4. '유교적 전통'의 지속과 단절

이상에서 살핀 바와 같이 16, 17세기 이래 정치적 성격을 강하게 띤 향촌 사족의 거향관이 19세기에 접어들면서 그 정치색을 탈색시키게 된 가장 큰 이유는 사족의 향촌 지배기구라 할 향회가 사족의 수중에서 떨어져 나가면서 관권에 예속되는 18세기 중엽 이후 지방사회의 정치사회적 변동과 깊은 관련을 갖는 것이었다. 즉, 18세기 중엽을 전후하여 사족의 결속력이 약화되고 향론이 분열되는 가운데 이제 사족은 수령의 지방지배에 동반자적 지위를 상실하고 향권에서 소외되어 나갔다. 그리고 그 과정

48 任憲晦(1811~1876),『鼓山集』권8,「居鄕八戒」.
49 李明宇(1836~1904),『默吾遺稿』雜著,「居鄕八戒」.

에서 기존 사족의 이해를 대변해오던 향회는 수령의 부세운영 자문기관적 성격의 기구로 변질되었다.[50] 정약용의 『목민심서』에, 부세 책정을 위해 마련된 향회석상에서 향반들이 수령과 아전들의 농간에 놀아나고 있음이 비판적 시각으로 그려지고 있었다는 것은[51] 저간의 사정을 보여준다.

이제 19세기의 향회는 사족만이 아니라 부세운영을 중심으로 한 향촌 사회 운영에 이해관계를 가진 향촌 '민'의 의견을 결집하는 장으로까지 전화하고 있었다.[52] 이 때 향회의 지향은 일면 '대동론(大同論)'에 기초하고 있어서 유교적 전통 내에 머무르는 것으로 인식될 여지가 없지 않으나, 그 구성원으로 볼 때도 그렇고 당시 향회에서 주장되고 있던 내용 자체는 과거 유교적 윤리와는 상당한 거리가 있는 것이었다. 그리고 이 같은 성격은 보다 구체화되어 1893년 농민전쟁의 초기 대규모 집회, 보은취회(報恩聚會)에서 극명하게 드러난 바 있다. 당시 모인 군중들은 자신들의 집회가 국가 대소사를 의논하는 서구의 의회와 성격이 같은 '민회'임을 선포하였던 것이다.[53]

물론 19세기의 향회에서 사족의 역할이 완전히 소진된 것은 아니었다. 특히 19세기 중앙권력의 한계가 노정되면서 관권에서 소외되어 나갔던 향촌 사족의 관권에 대한 비판적 인식은 이러저러한 형태로 잠복해 있었고, 1862년 대대적인 농민봉기의 시기에 그 전면에 드러나기도 하였다. 1862년 봉기의 단초를 열었던 '단성민란'에서 조관(중앙관리)을 지냈던

----

50 김인걸, 1991 위의 논문.

51 丁若鏞, 『목민심서』 권6, 「平賦」 戶典 第五條.

52 안병욱, 2000 『19세기 향회와 민란』 서울대학교 박사학위논문.

53 「宣撫使再次狀啓; 魚允中兼帶」 『동학란기록』 123쪽 "又曰 渠等此會 不帶尺寸之兵 乃是民會 嘗聞各國亦有民會 朝廷政令有不便於民國者 會議講定 自是近事 豈可措爲匪類乎 臣曰 汝等若有上達底情事 成文狀以來 當爲之轉達 汝等切不可西上 驚動京師也"

김인섭 부자의 활약상은 향촌사회에서 아직도 사족의 지배적 영향력이 관철되고 있음을 보여준 대표적 예의 하나였다. 진주민란 수습의 명을 받고 내려간 안핵사 박규수가 난의 책임을 '사민부로(士民父老)'에게 돌렸던 사실도[54] 이 지방 사족들의 영향력 정도를 보여준 것이었다.

최근 이루어진 호남 장성지방을 대상으로 한 사례연구는[55] 개항 이후는 물론 심지어 일제시기에까지도 지방사회에서 사족의 영향력이 여전하였음을 보여주고자 한다. 이 연구는 사족지배질서가 이완되고 난 후에 보다 광범한 신분·계층이 참가하는 지역사회의 합의시스템이 형성되어 나왔을 것이고, 그 가운데 하나의 흐름을 반영하려는 시도가 갑오개혁기의 「향회조규(鄕會條規)」 등으로 나타나기도 하였지만, 그 같은 시도는 좌절되고 오히려 일련의 과정에서 구래의 지배층이었던 사족이 그 중심적 역할을 하게 된다는 점을 주목한다.[56] 즉, 전라도 장성군에서는 갑오기부터 대한제국기에 걸쳐 「향약장정」과 일련의 '향약'에서 보이는바 지방관과 '재지사족'의 협력관계에 기반한 향약제정 및 그것을 통한 신분제적 질서 구축의 움직임이 지배적이었다는 것이다. 당시 향회의 성격도 지방관의 자문기구적 성격이 강하고 지역민의 합의에 기반한 구속력은 미약했던 것으로 파악되고 있다.

사례연구가 충분히 진행되지 않아 보다 다양한 각도에서 여러 지방의 사례가 검토되어야 하겠지만, 사실 기존의 연구에서도 향촌사회에서 사족의 사회 경제적 기반이 위축되면서 사족들이 횡적 연대를 강화하는 한편

---

54 「到晋州行關各邑」, 『임술록』(국사편찬위원회 편, 1974 한국사료총서 8, 탐구당, 5쪽).
55 吉川友丈(Yoshikawa Tomotake), 1999 「위로부터의 개혁과 지역사회-갑오개혁-대한제국기의 지역사회통합과 사족층(Reform from "Above" and Local Society: Integration of Local Society and the Elite Stratum from the Period of the Kabo Reforms to the Proclamation of the Great Korean Empire)」 『朝鮮史研究會論文集』 37.
56 위의 글.

가문(문중)의 유대를 강화하면서 그 지위를 유지하기 위한 노력을 지속해 왔다고 하는 점에 대해서는 충분한 지적이 있었다.[57] 19세기 내내 지속적인 것은 아니었지만 다양한 형태로 중수되고 있었던 동약(향약)들도[58] 당시 사족들의 자구책을 보여주는 것이었다. 그 같은 한에서 국가(중앙권력)가, 대원군의 일련의 양반 통제책에서 볼 수 있듯이, 사족들을 견제하는 것을 자신의 임무의 하나로 여겼다는 점, 모순되지만 19세기 후반 도 단위로 대대적으로 시도되었던 일련의 향약실시 사례 등은 유교적 전통의 여맥을 반증하는 것으로 해석될 수도 있겠다. 그러나 19세기 최 말기 지방민의 의사결정기구 틀을 마련하고자 하는 제도적 장치로서 「향회조규」와 「향약장정」이 대립되고 있었다는 사실, 그리고 양자 모두 기능을 발휘하지 못하고 허구화 되어나갔던 현상 자체는 조선 향촌사회 유교적 전통의 단절을 상징적으로 보여주는 것이었다고 판단된다.

현상적으로 각 가문의 입장에서 본다면 '양반가문'의 권위는 근래까지도 자부심의 원천이 되어온 것이고, 구래의 사족의 후예라 할 보수 양반층의 결집 양상은 시기에 따라 다양한 형태로 변화되어 왔는바, 그 사회적 영향력은 결코 과소평가할 수 없는 것이었다. 지배권력이 이들을 어떠한 형태로든 지배체제에 끌어들이고자 하는 유혹을 뿌리치지 못하는 데는 그 나름의 이유가 있었던 것이다. 그러나 사족의 후예들이 갖는 개개의 영향력이나 각 가문의 보존 능력이 그대로 양반 사족의 문화전통의 지속을 담보하는 근거로 인식되어서는 곤란하다고 생각한다. 향촌사회 사족

....

57 이해준, 1993 『조선후기 문중서원 연구』, 국민대학교 박사학위논문.

58 井上和枝, 1991 「이조후기 향촌지배권의 변동과 재지사족-경상도 단성현의 경우를 중심으로」『조선사연구회논문집』 28; 1991 「단성민란기에 있어서의 재지사족의 동향-해기 김령과 단계 김인섭 부자를 중심으로」『조사연구보고』 27, 학습원대학 동양문화연구소.

의 유교적 전통은 국가적 차원에서 체제적으로, 또 역사적으로 접근되어야 할 것이며 그 잔존 형태만을 가지고 피상적 차원에서 운위되어서는 곤란하기 때문이다. 앞서 언급하였듯이 구한말 신채호가 조선이 쇠약해진 것은 유교 때문이 아니라 오히려 유교의 근본정신을 잃고 있기 때문이고, 유자(儒者)가 형식에만 매달려 수구와 안일로 일관하는 것이야말로 유교와 한국을 같이 망하게 하는 것이라고 일갈하였던 것도 바로 그 같은 점과 무관하지 않다고 판단된다.

조선후기 향촌사회 사족은 변화된 국가의 지방정책에 능동적으로 대처할 수 없었고 그 지배적 지위를 유지하는 데 있어서 성공했다고 보기 어렵다. 18세기 이래 국가의 향촌 지배정책 자체가 하나의 제도로서 정착되지 못한 데에 그 원인이 있는 것이기도 하지만, 그들 스스로 새로운 대안을 제시할 수 있는 능력을 상실해가고 있었기 때문이다. 그들이 향촌사회에서 지배층으로서의 지위를 유지하기 위해서는 과거 그들의 보호 하에 있던 '하민'뿐만 아니라 새로이 성장하는 세력까지 장악하여 국가권력의 향배에까지 영향력을 행사할 수 있어야 했지만, 그것은 이미 자신들의 수중에서 떠난 일이었다. 그리고 그 한계는 자신들의 거향관 자체, 즉 관권과의 타협 위에서 지배층으로서의 지위를 유지한다고 하는 기본 전제에 이미 내포되어 있었던 것인지도 모른다.

우리가 앞에서 검토한 데서 드러났듯이 향촌사회의 양반사족들은 자신의 지위를 유지하기 위해 거가윤리를 보다 강화해 왔고, 이 같은 가문윤리, 가족윤리가 이후까지 지속적 영향력을 미처왔다는 점에서 본다면 우리는 그 같은 사실에서 전통의 지속을 발견할 수 있을 것이다. 그렇지만 앞서 지적한바 있듯이 거가(처가), 거향(처향), 거관(처세)윤리를 유기적으로 사고하고 사회적 차원에서 실천에 옮기고 있던 16세기 이래의 조선 '양반사회'의 과거 전통에 비추어 본다면 그 전통은 19세기에 들어와 단절되어 나갔다고 평가할 수 있다. 변화된 환경에 따라 향촌사회의 새로운 운영원리를 창출하여 그것을 개인윤리에서 나아가 국가운영원리로까지 확장시킬 수 있는 단계로 나갈 수 있었어야 '유교적 전통'의 지속을 애기할 수 있는 것이다.

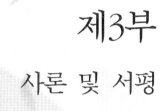

제3부

사론 및 서평

8장 1960, 70년대 '내재적 발전론'과 한국사학

1. 머리말

현대 한국사학의 기초는 1960·1970년대에 놓였다고 할 수 있다. 그것
은 현재 한국사학을 이끌고 있는 역사가의 대다수가 이 시기에 활동을 시
작하였거나, 각 대학의 사학과에서 정규수업을 받은 뒤 대학 강단에 자리
잡으면서 한국사학을 주도해왔을 뿐만 아니라, 남북분단과 6·25가 몰고
온 이데올로기적 폐허 위에서도 우리의 근대 역사학의 전통을 복원하고
과거 일제 식민사관론자들에 의해 왜곡된 한국사상(韓國史像)을 바로잡을
수 있는 기반을 마련하였기 때문이다.

현대 한국사학의 기반을 마련하는 가운데 우리의 역사학은 남북한 모
두 한반도의 정치적 지형에 강한 영향을 받을 수밖에 없었기 때문에, 연
구자들의 지향과도 관련하여 그 내부에 상당한 편차가 나고 있었다. 남한
의 경우 1960·1970년대는 4·19라는 민족민주운동이 5·16 군사쿠데타로
좌절되고, 군사정권에 의해 굴욕적인 한일회담이 추진되어 민족적 위기가
고조되는가 하면, 반공·근대화를 기치로 한 억압적인 정치풍토와 '한국적
민주주의' '민족주체성 확립' 등의 구호 속에서 객관적 학문연구가 쉽지
않았던 시기이다. 바로 이와 같은 어려운 조건에서 연구자들이 작업을 하
고 있었기 때문에 연구자들의 문제의식은 겉으로 드러나기 어려웠고 표
현은 매우 조심스러울 수밖에 없었다. 주어진 조건에 어떻게 대응하는가,
또 어떠한 한국사상을 세우고자 하는가, 그리고 그를 위한 방법을 어떻게

마련하는가 하는 등등의 문제를 둘러싸고 연구자들 간에 견해차가 나는 것도 당연한 일이었다.

최근 다수의 연구사 정리들은 이 시기의 역사 연구 일반을 '민족주의 사학'의 발전 또는 '민족사학'의 전개 등과 같은 시각에서 정리하면서 그 것이 '내재적 발전론'에 입각하고 있었던 것으로 설명하고 있다.[1] 즉, 당시의 민족(주의)사학은 식민사관의 타율성론과 정체성론을 비판하고 민족사의 주체적 내재적 발전과정을 추구하였는바, 그것을 '내재적 발전론' 으로 부르고 있는 것이다. 그런데 각 논자들이 파악하고 있는 '내재적 발전론'에 대한 인식 간에는 적지 않은 차이가 있고, 1960·1970년대의 연구 성과 역시 한 가지 방법론에 입각하고 있었던 것이 아니기 때문에 여기에 는 세심한 배려가 필요한 것 같다.

1960·1970년대의 한국사학에서는 식민사관의 타율성론과 정체성론 극복이 초미의 과제였다. 이 과제를 수행하는 한국사학의 내용이 단지 '타율성사관', '정체사관'의 대체물이거나 민족적 자긍심을 고취하기 위한 구호에 그치는 것이 아니라고 할진대, 핵심문제는 어떠한 방법론에 입각

....

1 1990년대에 들어와 1960, 1970년대의 한국사학에 대한 개괄적인 연구사적 검토 를 가한 대표적 논문은 ① 노태돈, 1991 「해방 후 민족주의사학론의 전개」, 『현 대 한국사학과 사관(史觀)』, 일조각 ② 한국역사연구회, 1992 「근현대 역사학의 발전」, 『한국역사』, 역사비평사 ③ 박찬승, 1994 「분단시대 남한의 한국사학」, 『한 국의 역사가와 역사학(하)』, 창작과비평사 ④ 이영호, 1994 「해방후 남한의 한국 사연구 성과와 과제」, 『한국사 23』, 한길사 ⑤ 이윤갑, 1995 「한국 현대의 민족사 학의 전개와 민중사학」, 『한국학논집』 22, 계명대 ⑥ 이세영, 1995 「현대 한국사 학의 발전」, 『한국역사입문』, 풀빛 등이 있다. 이들 가운데 ①은 민족주의사학론 이 다양한 연구방법론을 포함할 수 있다고 보았고, ②④⑥은 내재적 발전론 내 부에 크게 근대주의·문화사·사회구성체론적 경향이 존재하고 있음을 지적하였 다. 반면에 ⑤는 근대화론, 근대주의적 경향을 내재적 발전론에 대립하는 것으 로 본다. ③은 1960, 1970년대 역사학을 내재적 발전론의 대두, 심화로 설명하 였다.

하여 역사상을 구축하는가가 될 것이다. 식민사관을 비판하고 민족사를 주체적 발전적으로 설명하려고 할 때 그것을 모두 민족주의사학으로 간주하는 것도 문제려니와, 한국인이 한국사를 주체적이고 발전적으로 설명하는 것을 모두 민족주의의 발로로 치부하는 것도 우스운 일이 아닐 수 없다. 실제 새로운 한국사상을 구축하고자 했던 여러 연구가 진행되는 가운데 다양한 방법론이 모색되고 있었음은 공지(共知)의 사실이다. 따라서 당시의 실제 연구들과 그것이 입각하고 있던 방법론을 관련시키면서 '내재적 발전론'을 비판적으로 검토할 필요를 느끼게 된다.

일본 학계에서는 최근 내재적 발전론 '극복'에 남다른 관심을 보이고 있다. 당초 '내재적 발전'이라고 하는 말을 찾아낸 것은 일본인 연구자들이었고,[2] '내재적 발전론'이란 용어를 정식 등장시킨 것도 1981년의 『신조선사입문(新朝鮮史入門)』이 아닌가 생각된다.[3] 그런데 지금까지 '내재적 발전론'이란 용어를 만들어 전전(戰前)의 자신들의 잘못된 조선관(朝鮮觀)

....

2 梶村秀樹, 1971 「排外主義克服のための朝鮮史」 『朝鮮史と日本人-梶村秀樹著作集 第一卷』, 明石書店, 53쪽.
  (추기) 1969년 프린트판으로 문교부에 제출된 보고서에는 중고등학교 국사교육 개선을 위한 '교과서'의 <시안작성의 기본원칙> 5가지를 제시하면서 그 세 번째 항목에 "민족사의 전 과정을 내재적 발전방향으로 파악한다"는 점을 제시하고 있다(이기백, 이우성, 한우근, 김용섭 『중·고등학교 국사교육 개선을 위한 기본방향』1969). 여기에서 '내재적 발전'이라는 용어가 사용되고 있음을 주목하게 된다. 그렇지만 이 보고서는 널리 보급되지 않고, '내재적 발전론'의 자원으로 활용되지는 못한 것으로 보인다.
3 中塚明, 1981 「內在的發展論と帝國主義研究」 『新朝鮮史入門』, 龍溪書舍, 261~276쪽. 이 글에서 나카츠카 아키라는 내재적 발전론을 "한국을 단지 일본을 비롯한 열강 침략의 객체로만 생각하는 것이 아니라, 한국인의 입장에서 내재적으로 한국사를 분석하려고 하는 연구"로 설명하고, 그 방법론은 다름 아닌 "세계사적 발전법칙"임을 전제하면서, 일본에서 이러한 관점을 처음 주창한 학자로 하타다 다카시를 들고 있다.

을 바로잡는다는 것을 과제로 삼아왔던 일본인 연구자들은, 그 초기 문제의식을 발전시키기 보다는 내재적 발전론을 근대주의적 역사인식 정도로 규정하여 재고할 것을 주장하는가 하면,4 그 일부에 존재했던 근대 제국주의에 대한 대항이데올로기로서의 반근대적인 지향 자체에 대해서도 의문을 제기하고 있다.5 이러한 입장에서 보면 내재적 발전론은 서구의 경험에서 유추된 이른바 '세계사적 발전법칙'을 일국사에 적용하여 한국사에서의 '정체'를 단지 '발전'으로 읽은 것에 불과하게 된다.6 그리고 일국사적 발전을 지나치게 강조했을 경우 그 발전을 가로막고 있던 사회구조의 특성을 드러내지 못하고 역사전개에서의 국제적 계기를 소홀히 취급하게 된다는 점, 또 비서구적 발전을 지향했던 기존 사회주의의 '문제점'과 아시아 신흥공업국의 등장 등을 고려했을 때 그 일국사가 지향했던 '근대'라는 것도 쉽게 부정될 수 있는 것이 아니라는 점 등이 강조된다.7

자연히 그 대안으로 나서는 것은 아시아로부터 다시 보는, 아시아사회의 발전유형을 모색하는 연구가 될 수밖에 없으니, 이제 서구중심적 역사이해체계는 더 이상 세계사를 설명하는 틀이 될 수 없다는 점이 선언되게 된다. 그러나 국내적 계기만을 중시하고 국제적 계기를 무시하는 역사 연구, 역사가 일선적(一線的) 진보의 과정이라고 믿는 역사 연구란 비판을 위해 억지로 만들어낸 허상에 불과할 뿐, 동아시아사의 독자적 발전경로를 찾아나서는 것이 어떠한 의미를 갖는 것인지 궁금하지 않을 수 없다.

....

4 並木眞人, 1990「戰後日本における朝鮮近代史硏究の現段階-'內在的 發展論'再考」『歷史評論』482; 이해주·최성일 편역, 1995『한국근대사회경제사의 제문제』, 부산대학교출판부, 33~51쪽.
5 橋谷弘, 1991「韓國史における近代と反近代」『歷史評論』500; 이해주·최성일 편역, 위의 책 3~14쪽.
6 이해주·최성일 편역, 위의 책, 37쪽.
7 위의 책, 3~4쪽; 9~11쪽.

미국의 한국사학계 역시 한국의 1960·1970년대 연구들을 부정적으로 보고 비판하는 데서는 마찬가지 경향을 보여준다. 그들은 내재적 발전론의 해석을 거부하고, 내재적 발전론의 이론 기초를 제공했던 서구적 역사 발전 모델에 대해 심각한 회의를 드러낸다고 한다.[8] 그 모델이 서구의 경험을 유효하게 설명할 수 있는지에 대해서도 의문을 갖는데, 하물며 그것을 한국사에 적용할 수 있는지에 대해 의심하는 것은 당연하다는 것이다. 특히 근대사 연구자의 경우, 명시적으로 내재적 발전론을 거론하지는 않지만, 내재적 발전론을 자본주의 맹아론으로 보고, 맹아론의 강조는 한국 자본주의 발전의 근원적 힘이 일본의 침투 이전 '한국 자체 내에서 나왔다고 믿고 싶어하는' 민족주의적 열망, 그리고 마르크스주의의 '자본주의 발전의 보편성' 명제하에서 작업하는 그들의 태도 위에서만 성립 가능한 것이라고 치부한다.[9] 산업화와 근대적인 기술을 동반하지 못한 어떠한 경제적인 변화도 자본주의와는 상관이 없다고 단정하는 경제주의적 근대주의의 태도를 드러냄으로써 일본에서의 그것과는 상당한 차이를 보여주고 있지만 내재적 발전론에 대해 비판적인 데서는 공통점을 보여주었다.

내재적 발전론이 식민주의사학의 잔재를 청산하고 그것에 의해 왜곡된 한국사상을 바로잡아 한국사를 발전적으로 체계화하는 것을 목표로 하고 있었던 만큼, 위와 같은 내재적 발전론에 대한 비판들은 과거 식민사관의 재판이 되는 것은 아닌가 하는 우려가 제기되는 것은[10] 당연하다. 결국 일본인 연구자들이 강조하는 바에 따르면 한국인 연구자들 모두가

---

8 John Duncan, 1995 「미국대학 한국사 교육의 동향과 문제점」『歷史教育』58, 221쪽.

9 Carter J. Eckert, 1991 *Offspring of Empire: The Koch'ang Kims and Colonial Origins of Korean Capitalism, 1876-1945*, Seattle and London: University of Washington Press, pp.3~6.

10 이세영, 1992 「'내재적 발전론'을 가장한 또 하나의 식민주의 역사인식」『역사와 현실』 7.

민족주의적 근대화론자가 되는 것이고, 미국인의 충고에 따르면 한국의 민족주의 사학은 마르크스주의의 명제를 수용하였던 셈이 되는바, 어느 경우도 사실과는 일정한 거리가 있는 평가라고 하겠다.

일찍이 국내에서도 내재적 발전론의 '핵심'으로 간주되는 '자본주의 맹아론'에 대해 경제사학계의 일부에서 비판이 있었고,[11] 최근에 들어서도 "이념화된 내재적 발전론의 논리와 그 연장선상의 조선후기 자본주의 맹아론은 마땅히 현실 역사과정 속에서 재검토되어야 한다"는 문제제기가 있었다.[12] 이와 같은 분위기가 고조되면서 많은 연구자들은 '내재적 발전론 비판'의 유행에서 결코 자유스러울 수가 없게 된 듯하다. 최근 열린 공개 심포지움에서는 '한국사에서 내재적 발전론은 적용 가능한 개념인가, 아니라면 어떤 대안이 있을 수 있는가'라는 질문을 세부 토론주제의 마지막 항목으로 설정하였다.[13] 여기에서 전제하고 있는 내재적 발전론이란 '조선후기 이래 근대로의 이행과정이 미약하게나마 나타나고' 있었으며 '19세기 전반은 근대를 준비하고 있었던 시기였다'는 것으로서, 서구의 충격 없이도 한국사회가 자본주의사회로의 전환이 가능했을 것이라는 논리, 더 구체적으로는 자본주의맹아론 정도였다. 우리나라 1960·1970년대의 역사학의 내용을 이 정도로 평가할 수는 없다고 본다.

식민사학의 정체성론과 타율성론 극복이 초미의 과제가 되었던 1960년대의 역사적 과제를 해결한다는 연구방법론으로서 지위를 갖는 것이라면, 내재적 발전론은 식민사관 비판이나 단순한 근대화론이 아닌 어떤 내용을 갖는 것이 되겠고, 더 중요한 것은 그 내용을 어떻게 채우느냐 하는

---

11 이영훈, 1985 「조선후기 '자본주의맹아성립론' 비판」, 『대학』 창간호(12월).

12 안병직, 1990 「다산의 농업경영론」, 『駿臺史學』 80.

13 역사문제연구소·역사비평사 주최 학술대토론회 발표요지, 1996.9.14. 『19세기, 근대로의 이행인가 반동인가-세도정치기·대원군집권기에 대한 새로운 해석-』.

것이라고 하겠다. 이 글은 1960·1970년대의 한국사학과 내재적 발전론을 검토하는 데에서 필자에게 주어진 논제를 의식하여 국내외의 한국학자들에 의해 제기된 '내재적 발전론 비판'이 과연 적실한 것인가 하는 데 초점을 맞추어보았다. 그렇기 때문에 그간의 여러 연구성과에 대한 구체적인 검토가 소홀해졌다. 널리 양해를 구한다.

2. 식민사관 비판과 '내재적 발전론'

우리나라 근대 역사학의 수립기에 민족주의사학, 마르크스주의사학, 실증주의사학 등으로 나뉘어 발전하던 한국사학은 1945년 해방을 맞아 새로운 한국사학의 수립을 위해 여러 방향을 모색하였으나 1950년 한국전쟁으로 좌절을 경험하지 않으면 안 되었다. 그리고 전쟁의 폐허 위에서 한국 현대사학이 새롭게 자신의 모습을 갖추는 데는 상당한 시간을 기다려야 했다.

새로운 한국사학을 모색하는 작업은 전쟁 중에도 그친 것은 아니었다. 부산 피난시절 젊은 역사학도들은 당시 한국의 실정과도 관련하여 낙후한 현실을 직시하고 이를 타개할 수 있는 방안을 모색하고 있었다. 이들은 1952년 역사학회를 창립하여 구래의 문헌고증학을 뛰어넘는 사회과학적 인식을 지향하고 있었다. 그렇지만 기존의 한국사학의 체질 전반에 대해 본격적으로 비판할 수 있었던 것은 아니었고, 또 당시까지 학계를 지배하던 동양사회 정체론, 식민사관에 의해 채색된 조선사회 정체론을 부지불식간 전제로 논의를 진행시키는 수준에서 크게 벗어날 수 없었다. 조선후기 사회를 발전적 시각에서 다룬 첫 논문으로 주목되어 온 '실학(반계 유형원)'에 대한 연구조차도 조선에서 "세계사적인 '근세'의 맹아"가

외래자본주의의 유입으로부터 시작한다는 세간의 논의를 비판하면서 논지를 전개했지만, 결론에서는 실학이 "근대정신의 내재적인 배반(胚盤)의 역할을 담당"하였던 것을 인정할 수 있음에도 불구하고 그것은 "결코 근대의 의식도 근대의 정신도 아니다"는 점을 부연하고 있었다.[14]

1950년대까지만 하더라도 한국사학계는 그 입론의 여부에 관계없이 과거 일제 관학자들이 만들어 놓은 정체적인 조선사상을 부술 여력이 없는 형편이었다. 비교적 '양심적인 실증적 연구자'였다고 하는 시카타 히로시(四方博) 같은 이가 전전에는 물론 전후 1950년대 초까지도 정체성론을 답습한 것은 유명하지만,[15] 박극채가 "이조 말기에 이르기까지 조선은 내재적인 힘으로 자본주의적 변혁을 할 수 없었다"라고 한 것 등 다른 한국인의 경우에도 마찬가지였다.[16] 그러한 가운데 1952년 역사학회의 출범과 『역사학보』의 발간 등으로 인하여 연구 분위기가 일신될 수 있는 계기가 마련되고는 있었지만, 전쟁의 여파로 인한 정치사회적 곤란과 열악한 연구 여건은 환도 후에도 크게 나아지지 않았다. "선생은 동분서주하고 학생은 실지(失志) 배회하고 있는" 상황 속에서,[17] 대학은 본연의 역할을 감당하기가 힘든 상태였다. 이는 당시 6·25 후 반공을 기치로 반민주성을 노골화하고 있던 이승만정권하의 대학이 처한 일반적 조건이

....

14 천관우, 1953 「반계 유형원 연구 (下)」, 『역사학보』 3, 38쪽.

15 四方博, 1933 「朝鮮に於ける資本主義の成立過程」 『朝鮮社會經濟史研究-京城帝國大學法文學會 第1部論集 第6冊』, 東京: 京城帝國大學法文學會; 1951·1952 「舊來の朝鮮社會の歷史的性格について」 『朝鮮學報』 1·2·3.

16 박극채, 1946 「조선봉건사회의 停滯的本質」 『이조사회경제사』, 노농사; 최호진, 1954 「구래 조선농업에 있어서의 勞動器具의 停滯性 연구」 『경제학연구』 2-1; 이인영, 1948 「우리 민족사의 성격」 『학풍』 1; 이인영, 1950 『국사요론』, 민교사, 238~239쪽; 이병도, 1955 『국사와 지도이념』, 일조각, 9~10쪽.

17 한우근, 1957.3.3. 「三·一節을 다시 보내며」 『弘大週報』; 한우근, 1976 『慾望과 慾心』, 一潮閣, 172쪽.

었다.[18]

1950년대 후반의 열악한 사정 속에서 몇몇 주목할 만한 작업이 개인 적인 차원에서 모색되었다. 그러나 그러한 노력이 공론화되어 연구의 활성화로 이어질 수 있는 기반이 없었다. 정부가 과거 일제 36년간 일인(日人)들이 저지른 한국의 역사와 한국민의 민족성에 대한 왜곡을 바로잡기 위하여 정부가 5인의 사계의 권위자에게 위탁, 그들로 하여금 매월 국사상(國史上) 시정하여야 할 논문 한 편씩 쓰게 하고 이를 『국사상의 제문제』 라는 책자로 발간할 것을 구상하고 실행에 옮겼던 것이 당시의 연구 실정을 단적으로 반영한다.[19] '국사상의 제 문제'가 몇몇 원고들에 의해 다 밝혀질 수 없는 문제일 뿐만 아니라, 더 중요한 것은 일제에 의해 왜곡된 내용의 본질이 무엇인가에 대한 철저한 비판 위에서 어떠한 체제의 한국사를 만들 것인가 하는 방법론의 문제였는데, 당시에는 이 같은 문제가 논의될 수 없었던 것이다.

전후 현대 역사학의 수립과정에서 "일제시대의 식민사학을 충분히 검토할 겨를도 없이 그 유산을 그대로 물려받게 되었"기 때문에 당시 한국사학이 당면하고 있던 과제는 무엇보다도 일제 관학자들이 만든 식민주의 역사학을 극복하는 일이었고, 식민사관의 비판 극복에서는 당연히 우리 스스로의 문제로서 우리의 한국사학이 입각하고 있는 역사이론적인 기반에 대한 성찰이 있어야 할 것이었다.[20] 그러나 당시의 사회 분위기하

....

18 유진오, 1962 「우리나라 대학의 회고와 전망」 『사상계』 105.
19 국사편찬위원회, 1958.3. 「서문」 『국사상의 제문제 1』, 1~2쪽. 「국사상의 제문제」 라는 제하에 1959년부터 2개년 간 매월 국사상 왜곡된 사실을 시정하여 자주독립정신을 천명할 수 있는 논문 한 편씩을 쓰고, 이것이 끝난 다음 '표준 국사'를 편찬한다는 계획 아래에 집필을 위촉받은 5인의 '사학가'는 '이병도·이선근·김상기·이홍직·신석호' 등이었다.
20 김용섭, 1966 「일본·한국에 있어서의 한국사서술」 『역사학보』 31, 145~146쪽.

에서 그 같은 검토는 사실상 자유롭지 못했다. 이 같은 사정을 김용섭은 다음과 같이 표현한바 있다.

> 필자가 본서와 같은 농업사연구를 꿈꾸고 시도하게 된 것은 1955년경부터였다. (중략) 필자는 이 때 한국사의 이해에 관하여 그 기본자세의 문제로서 큰 벽에 부딪치고 있었다. 그것은 당시까지의 한국사학의 하나의 철칙으로 여기다시피하고 있었던 한국사에 있어서의 정체성이론과 타율성이론의 문제였다. (중략) 농민층의 동태를 농민들의 주체적 계기에서, 그리고 한국사의 내적 발전과정에서 파악해보려 하였던 필자는 이 벽을 극복하지 않으면 안 되었다. 그것은 결국 식민사학의 유산을 청산하는 문제였고, 새로운 역사학을 건설하는 문제로 생각되었었다. 지금은 지극히 당연한 일로서 모두가 그렇게 노력하고 있는 터이지만, 1950년대의 후반기에는 아직 생소한 문제였고, 여러 군데 눈치를 보지 않으면 안 되는 문제이기도 하였다.[21]

위 언급은 정체성론과 타율성론으로 왜곡된 한국사상을 바로잡고 한국사가 주체적 계기에서 발전적으로 전개되어 온 과정을 과학적으로 체계화하는 일이 국사학계에 주어진 과제라는 '지극히 당연한' 지적이 당시의 학계에 공유되지 못하고 있었음을 잘 보여주고 있다. 이 같은 과제가 단순히 근대의 맹아를 찾는 작업이 될 수 없는 것임은 물론이다.

또한 위의 지적은, 1950년대 후반까지도 식민사학의 유산을 청산하고 과학적 체계를 갖춘 새로운 역사학을 건설한다고 하는 문제의식이 공론화될 수 없었지만 이제 1960년대를 거쳐 1970년대에 들어서면 그 같은 문제의식이 보편화됨을 시사하고 있어 주목된다. 이 같은 과제는 당연하게도 단절된 근대 역사학의 전통을 비판적으로 계승하는 것이기도 하였

21 김용섭, 1970「서문」『조선후기농업사연구 Ⅰ』, 일조각.

다. 1960·1970년대의 역사학은 바로 그 과제를 자신의 임무로 삼아 작업을 수행해냈다. 1960년의 4·19가 이 같은 작업이 이루어질 수 있는 바람막이 역할을 하고 새로운 싹이 자랄 수 있는 토양을 제공했다고 하면, 위와 같은 지향을 가진 연구자들의 적극적인 노력이 그 작업을 가능케 한 원동력이었다고 하겠다.

1960년대 들어와 식민사관에 대해 처음 본격적인 비판을 가한 것은 이기백이었다. 그는 1961년 『국사신론』의 「서론」을 통해 식민사관의 반도적 성격론, 사대주의론, 당파성론 등을 비판하면서 1950년대 이래의 식민사관 비판을 총정리하고, 아울러 그동안 소홀히 취급되었던 정체성론의 문제를 제기하였다. 그는 동양사회 정체성론이 제국주의의 팽창과정에서 생긴 역사적 산물임을 지적하고,

> 동양사회가 서양사회와 어깨를 나란히 겨루게 되는 날에는 필연적으로 동양사회의 발전적 요소를 탐구하려는 노력이 행해질 것은 의심 없는 일이다. (중략) 현재 중국학계에서 서구자본주의의 침투 이전에 이미 중국사회에 자본주의의 맹아가 있었다는 증거를 찾으려고 열심인 것은 그러한 풍조로 생각해야 할 것이다. 한국사학계에 있어서도 점차 그러한 경향이 대두하여서, 신라 고려 조선의 각 왕조의 교체를 단순한 악순환으로는 보지 않고 그 속에서 발전적인 여러 가지 현상을 찾으려는 시도가 행해지고 있다.[22]

라고 하여 한국사 정체론 역시 조만간 불식될 수 있을 것임을 전망하였다.

1950년대 전반 중국의 '홍루몽논쟁'으로 유명해진 자본주의 맹아론의 영향을 읽게 해주는 위 글은, 한국사를 체계화하는 데 있어서 '그릇된 모든 선입관과 이론'을 우려해온 그의 지론과도 관련하여 주목된다. 그는

....

22 이기백, 1961 「서론」 『국사신론』, 일조각, 9쪽.

위와 같은 관심의 연장선상에서 그간 금기시되어 온 민족사학을 비판적으로 검토하는 가운데, 현대의 역사학이 "세계사적인 관점에서 사회의 발전과정을 규명하는 것을 중심과제로 삼고 있다"는 점을 지적하고, "한국 사회의 발전과정에 대한 올바른 인식"을 확립하여 민족의 역사발전을 이론적으로 체계화하는 것이 "과거의 민족사학을 계승 발전시키면서도 이를 극복 지양하는 길"이라고 강조하였다.[23] 식민사관을 비판하고 한국사를 세계사와의 관련 속에서 발전적으로 보기 위한 노력이 기울여지는 속에서도 그 길이 하나가 아니었음을 시사받게 된다.

1960년대의 한국사학의 목표를 식민사관 극복과 새로운 한국사상 수립으로 잡고, 식민사관의 내용을 타율성론과 정체성론으로 정식화하여 본격적인 비판을 가한 것은 김용섭이었다. 그는 일제 관학자들의 식민사관을 정면으로 비판하고 새로운 한국사상을 세우기 위한 새로운 한국사관의 수립이 필요함을 역설하였는데, 새로운 한국사관의 수립은 "오늘날의 역사학이 지향하는 세계사의 발전과정이라고 하는 일반성 위에 한국사의 특수성이 살려진 그러한 역사관이어야 할 것"임을 분명히 하였다.[24] 그는 이를 위해서, "오늘날 우리의 한국사연구는 세세한 문제에 대한 번쇄한 고증을 유일한 역사활동으로 보는 경향이 있고, 체제적인 연구나 거시적인 통찰 세계사적인 관련성에 대하여서는 이것을 도외시하는 풍조가 있다"는 외부로부터의 비판을 들어 이론적인 기반에 주목할 것을 요구하였다.[25] 여기에서 "체제적인 연구나 거시적인 통찰"은 뒤에 언급되듯이 과

．．．．．．．．．．．．．．．．．．．．

23 이기백, 1963 「민족사학의 과제 -단재와 육당을 중심으로」『사상계』 2월호; 역사학회 편, 1969 『한국사의 반성』, 신구문화사, 28쪽.
24 김용섭, 1963 「일제 관학자들의 한국사관-일본인은 한국사를 어떻게 보아왔는가」 『사상계』 2월호; 역사학회 편, 위의 책, 39쪽 참조.
25 김용섭, 1966 앞의 논문 참조.

거 사회경제사가들이 입론하고 있던 방법론, 역사인식을 의미하는 것으로 파악된다.

1960년대에는 식민사관 비판이 학계의 주 경향이 되는 가운데, 그 대안으로서 단지 식민사관에 대한 비판에 그치는 것이 아니라 한국사의 내적 발전과정을 체계적으로 이해하고자 하는 노력이 새로운 경향으로 대두하였다.[26] 식민사관이 일제의 한국지배를 합리화하기 위해서 한국은 자체 내에 근대로의 전환 능력을 갖추지 못한 정체된 사회였고, 한국의 역사적 변동이 모두 외래의 영향 하에서 이루어진 것으로 설명하고 있었기 때문에 자연히 식민사관을 비판하고 그 대안을 제시하기 위해서는 한국사회 내부의 문제를 주목하지 않을 수 없었다. 그리고, 사회발전의 동력이 한국사회 내부에 있었음을 강조하는 것도 자연스러운 일이었다. 그러나 당시 역사 연구자들은 그러한 사실을 체계적으로 제시하기 위한 방법론에 관심을 기울이지 않을 수 없었음에도 불구하고 그것을 명료하게 공론화할 수는 없었다. 이러한 상황 아래에서 이루어진 1960, 1970년대의 연구 경향을 최근의 연구사들은 '내재적 발전론'으로 설명하고 있다. 이것을 민족사학으로 설명하기도 하는 것은 당시의 새로운 방법론 모색이 남북 분단이라는 현실적 조건과 관련하여 민족(주의)의 외피를 쓰고 나타나지 않을 수 없었다는 점과 관련된 것으로 생각된다.

여기에서 우리는 1960년대 중반 이후 일본에서 과거 일인(日人)들의 조선사 인식을 비판적으로 보고 한국(인)의 입장에서 한국사를 주체적이고 발전적으로 파악하고자 하는 일련의 노력을 통괄하여 '내재적 발전

....

26 1968년 『역사학보』는 과거 5년간(1963~67) 국사학계의 연구성과 총괄에서 두 가지 특징, 곧 민족주체의식의 태동과 역사의 합법칙적 발전 모색을 들면서, "국사에 있어서 타율성을 배제하고 민족의 주체적 내재적 발전과정을 합법칙적으로 파악하려는 노력이 동시에 일어난 것"을 강조하였다. 이우성, 1968 「회고와 전망: (국사) 총설」 『역사학보』 39, 4~5쪽 참조.

(론)'이란 범주로 설명하고자 하는 경향이 자리잡기 시작하였다는 사실에 주목하게 된다. 앞서 언급하였듯이 '내재적 발전론'은 일본의 한국사학계에서 1960년대에 들어와 전전(戰前)의 연구사에 대한 비판 위에 발견해낸 하나의 입장이었다. 다음 가지무라 히데키(梶村秀樹)의 언급은 저간의 사정을 극명하게 보여준다.

> 정체적(停滯的)인 기축(基軸)으로부터 조선사를 보는 가치관 (중략) 그 자체를 뒤집는 것을 추구하지 않으면 안 된다. (중략) 그 기본적인 가치관에 관련된 방법의 문제로서, 우리들은 내재적 발전이라고 하는 단어(言葉)를 말하자면 찾아냈다. 해방 후, 조선의 역사가가 자기들의 역사를 자유롭게 연구하여 쓰기 시작하고, 거기에서부터 우리들은 많은 시사를 받으면서, 우리들이 만들어낸 것이 이 단어에 결정(結晶)되어 있는 역사에 대한 방법이었다고 생각된다.[27]

일본에서 전전의 정체론에 사로잡힌 연구자의 가치관에 근본적인 반성을 요구했던 이 언급은 한국인의 입장에서 한국사의 '내재적 발전'을 추구한다는 매우 당연한 입장을 밝힌 것이었다. 그것은 당연한 입장을 당연하지 않게 생각하는 경향이 있기 때문에 '자각적'으로 강조한 것이기도 하였다. 실제 한국사의 '내재적 발전'을 주목한 연구는 그 이전에도 없는 것은 아니었지만, 이를 하나의 입장, 가치관으로까지 강조했던 것은 당시의 연구사적 조건과도 관련하여 전전의 조선사 인식(식민사관)에 대한 비판을 겨냥하였기 때문이다. 이 같이 내재적 발전론은 제2차세계대전 이후, 특히 1960년대 이래 일본 조선사학계의 새로운 '자각적 연구태도'를 가리키는 것이었다. '자각적 연구태도'란 과거 조선에 대한 식민지 지배

....

27 梶村秀樹, 앞의 글.

의 합리화의 논거이자 민족차별의 이데올로기로서 기능하였던 조선사회 정체론·타율성 사관을 비판하는 것을 목적으로 하는 연구방법이었다.[28]

일본에서 전전의 조선사인식을 부정하면서 새로 내세운 '내재적 발전'이란 단어를 하나의 방법론으로까지 격상시켜 정식화한 것은 1980년대 초 나카츠카 아키라(中塚明)이었다.[29] 그는 일본에서 '내재적 발전론'에 입각한 한국사 연구가 활성화된 계기로서 세 가지를 들었다. 첫째, 한국 사학계의 민족주체성 확립 움직임, 둘째, 하타다 다카시(旗田巍)의 1951년『조선사』간행, 셋째, 제3세계의 민족운동 고양 등이 그것이다. 여기에서 그는 내재적 발전론이 종전(終戰) 이전의 조선사 연구를 비판하고 새로운 방향을 모색할 수 있는 기초를 제공한 하타다 타카시의 입장, 즉 "한국사가 내재적으로 한국인의, 그리고 한국사회의 측면에서 연구되어야 한다는 당연한 입장"을 계승한 태도로서, 그것이 1960년대 이후 한국에서의 연구성과들에 자극된 바 큰 것이긴 하지만 기존 일본에서의 조선사 연구에 대한 반성에서 나온 것임을 강조하고 있다.[30] 아울러 근대사의 경우 가지무라 히데키(梶村秀樹)의 연구 등을 특히 부각시킨바 있는데, 이 같은 사실들에서 미루어 내재적 발전론은 하타다(旗田)의 "한국인이 걸어왔던 한국인의 역사"와 가지무라(梶村)의 "내재적인 사회경제적 발전"을 결합한 발상에서 나온 것이라고 볼 수 있다.

위와 같은 내재적 발전론은 그러나 일본학계에만 국한시켜 볼 것이 아니라고 한다. 내재적 발전론을 정식화해 놓고 그들은 그 같은 경향을 일본뿐 아니라 한국에서도 볼 수 있는 것으로 설명한다. 요시노 마코토(吉野

....

28 梶村秀樹, 1993「朝鮮近代史研究における內在的發展の視覺」『朝鮮史の方法-梶村秀樹著作集 第二卷』, 明石書店.

29 中塚明, 앞의 논문.

30 위의 논문.

誠)가, "내재적 발전론은 이러한 역사관(식민주의사관)을 극복하기 위해 '타율적'이지 않고 '내재적'으로, '정체적'이지 않고 '발전적'으로 조선의 역사를 추구하는 방법적인 관점이다. 이러한 관점에 선 새로운 조선사상 구축의 시도가 1960년대 초두에는 조선민주주의인민공화국의 학계에서 의식적으로 추구되기 시작하고, 나아가 대한민국에 있어서도 기본적인 조류가 되어 갔다'라고 지적한 것이[31] 그러한 예이다. '내재적 발전론'이 일본은 물론 한국에서도 식민사관 비판의 '이론'으로 자리하고 있다는 것이다.

한국의 경우 앞에서 언급한 바와 같이 한국사회의 내재적 발전에 대한 관심은 진작부터 있어 온 것이었다. 그렇지만 거기에서는 '민족의 주체적 내재적 발전과정을 합법칙적으로 파악하려고 하는 노력'을 주목한 것이었지 '내재적 발전론'을 하나의 방법론으로 제시한 것은 아니었다. 1963년 김용섭이 일제 식민주의사관의 핵심을 정체성론과 타율성론으로 정식화하고 이를 비판하는 가운데, 그것을 극복하기 위해서는 한국사회의 '내적 발전과정'이 밝혀져야 한다는 점을 강조한 바 있는데,[32] 아직 '내재적 발전'이란 표현은 생소한 것이었고, 그의 주 관심은 사회구성상의 변화였다.[33]

그런데 이 같은 논의에서 우리의 주목을 끄는 것은 그 같은 주장이 주로 조선후기 사회경제사나 근대사 연구자들 사이에서 활발하게 제기되었고, 여타의 시대사나 분야사 연구자들 사이에서는 보기 드물다는 점이다. 처음 내재적 발전론이 근대사 연구자들에 의해 주로 거론되고, 그것이 식민사관의 정체성론과 타율성론에 대한 비판에 초점이 맞춰지는 과정에

....

31 吉野誠, 1993 「'朝鮮史の方法' 解說」 『朝鮮史の方法-梶村秀樹著作集 第二卷』, 明石書店, 375쪽.

32 김용섭, 1963 앞의 논문; 역사학회 편, 앞의 책, 39쪽 참조.

33 김용섭은 초기 논문에서 '내면적인 주체적인 계기', '한국적 내면적인 사회경제상의 발전과정', '변화되어가는 사회구성면'에 주목한바 있다. 김용섭, 1956 「철종조 민란발생에 대한 試考」 『역사교육』 1, 90~91쪽; 97쪽 참조.

서 내재적 발전론은 조선의 민족적 주체성을 강조하는 연구를 지칭하거나, 그렇지 않으면 조선후기 사회에서 자생적인 근대화의 가능성을 추구하는 연구 등을 지칭하는 것으로 받아들여지는 경향이 생겼다. 그 결과 내재적 발전론은 자본주의 맹아론을 의미하는 것으로 간주되기도 하였다. 조선후기 연구사를 정리함에서 내재적 발전론은 내용적으로는 식민사관의 타율성·정체성론을 극복하고 한국사회의 주체적 내재적 발전, 한국사회의 '합법칙적 발전'을 밝히고자 하는 연구로서, 그 목표를 조선사회 내부의 힘에 의해 부르주아적 발전이 이루어지고 있음을 밝히는 데 두는 일련의 연구경향을 뜻하는 것으로 파악한 것이[34] 그 대표적인 예의 하나였다.

여기에서 내재적 발전론이 하나의 연구방법이 될 수 있으려면 그것은 한국사 전체를 관통하는 그러한 것이 되지 않으면 안 되었고, 이를 위해서는 내재적 발전론에 대한 이해방식의 편차와 용어에 대한 혼란이 제거되지 않으면 안 되었다. 이 같은 요구에 따라 가지무라 히데키(梶村秀樹)는 1986년 「조선근대사연구에서의 내재적 발전의 시각」이란 논문을 통해 내재적 발전론에 대해 다음과 같은 엄격한 개념규정을 하였다.

가장 넓은 의미에서는 내재적 발전론이라는 것은 일국사를 정체적·타율적인 것으로 보지 않고, 국내적인 계기의 법칙적 전개에 의해 발전해온 것으로 취급하는 방법론이라고 할 수 있다. 그리고 거시적인 의미에서 일국사적 발전의 기본적인 원동력은 아래로부터의 계기, 즉 기층민중=직접생산자의 생산·재생산에 있어서 창조적 영위(營爲), 그 구조로서의 생산력과 생산관계의 대응관계와 모순, 그리고 그것으로 조건지워진 의식의 성장과 계급투쟁의 전개 등이라고 생각된다. 그 의미에서는, 그것은 사적유물론의 방법으로 일국사를 대상화한다

34 矢澤康祐, 1981 「李朝の社會と國家」 『新朝鮮史入門』, 東京: 龍溪書舍, 157~158쪽; 조선사연구회 편(조성을 옮김), 1983 『새로운 한국사입문』, 돌베개, 135~136쪽.

고 하는 것과 다르지 않으며, 말하자면 매우 당연한 것이지만, 전술한 바와 같이 그것을 당연하다고 생각하지 않는 경향이 존재하는 한 자각화시킬 필요가 있다."35

즉, 가지무라(梶村)는 내재적 발전론을 엄밀한 의미에서 사적 유물론의 방법을 가지고 일국사(조선사)를 대상화하는 것으로 제한하여 사용할 것을 제안한 것인데, 이는 그 같은 개념을 받아들이려 하지 않는 통속적 견해들을 겨냥한 것이었다. 내재적 발전론이 곧 '사적 유물론의 방법'이라고 했을 때, 앞에서 언급한 최근의 내재적 발전론에 가해진 비판, 즉 내재적 발전론이 국제적 계기를 소홀히 하고 '구조'를 무시하면서 서구의 경험에서 유추된 주어진 공식에 따라 역사를 끼워맞춘다거나 혹은 일국사의 발전만을 부조적(浮彫的)으로 강조한다는 비판이 설 자리는 매우 좁아지지 않을 수 없을 것이다.

위와 같은 일본에서의 일련의 경향을 국내에서도 발견하게 되는 것 또한 우연이 아니다. 한국에서 내재적 발전에 대한 관심을 촉발한 것은 조선후기사, 근대사 연구였고, '내재적 발전론'이란 표현도 일본에서 나온 한국 중세사회 해체기 관련 성과들을 소개한 책자, 『봉건사회 해체기의 사회경제구조』의 「해제」에서 처음 보인다.36 여기에서 소개하고자 하는 내재적 발전론이란 "한국사의 주체는 한국인으로, 따라서 한국사는 한국인의 입장으로부터 내재적으로 분석되고 연구되어야 한다는 역사연구상의 새로운 태도 방법"인데, 앞의 『신조선사입문(新朝鮮史入門)』의 그것과 다르지 않다. 다만 『신조선사입문』이 "1960년대에 이르러 한국의 역사학

....

35 梶村秀樹, 주 28의 논문.
36 청아 편집부, 1982 「내재적 발전론의 전진을 위한 방법론적 고찰-일본의 한국사 연구 수용과 관련하여」 『봉건사회 해체기의 사회경제구조』, 청아출판사.

계에서는 과거 일본인 역사가에 의한 한국사 연구를 비판하고 역사학의 분야에서 민족주체성을 확립시키려는 움직임이 대두"한 것을 강조한 데 비해, 「해제」는 이러한 새로운 인식을 통해서 일제에 의해 낙후되고 혼란된 사회로 왜곡된 한국사회의 객관적 실체를 재구성한다는 점을 더욱 강조하였다.[37] 여기서 문제는 그 재구성의 방법인데, 그 방법으로서 '내재적 발전론'이란 용어를 차용하였던 데에는 나름의 이유가 있었다. 위 「해제」가 일본에서의 내재적 발전론의 선구를 이룬 것으로 평가한 하타다 다카시(旗田巍)에 대하여, 외국인으로서 그가 "한국의 자주적 발전의 흐름, 한국사를 관통하는 세계사적 역사발전법칙을 검증하는 것이 한국사 연구의 과제라고 인식하는 반성적 태도 시각이 깔려 있는 것이다"라고 한 것에서[38] 그 방법론의 일단을 시사받게 된다.

이와 관련하여 「한국학연구반세기」의 근세사(조선후기) 부분을 담당한 정창렬이 백남운의 『조선사회경제사』(1933 東京: 改造社) 「서문」을 평가하면서 내린 다음의 지적은 내재적 발전론의 의미를 이해하는 데 중요한 단서를 제공한다.

아시아적 특질을 전제로 하였지만 봉건사회의 단계를 정면으로 확인하고 있고, 그 붕괴과정과 자본주의 맹아형태까지도 전망하고 있었다. 조선후기 사회의, 정체성론을 뛰어넘는 내재적 발전론과 조선후기 역사발전의 합법칙성에 대한 인식이 자리잡혀 있었다고 생각된다.[39]

위 정창렬의 지적은 내재적 발전론이 좁은 의미에서는 '자본주의 맹아

37 위의 책, 14쪽.
38 위의 책, 14~15쪽.
39 정창렬, 1984 「한국학연구반세기, 근세사(조선후기)」 『진단학보』 57, 88쪽.

론'과 궤를 같이 하는 것이지만, 그것을 가능케 하는 역사방법론으로서의 내재적 발전론은 '역사발전의 합법칙성'을 전제한 식민지시기 사회경제사학의 이론이었던 사적 유물론의 방법과 일치하는 것임을 우회적으로 표현한 것이었다고 판단된다.[40]

1960·1970년대 남한의 한국사학계에서 한국사를 발전적으로 파악한다는 점을 표방하는 경우에도 그 내부에는 사회구성사적인 시각 외에 문화사적인 시각, 근대화론적인 시각 등이 병존하고 있었고,[41] 그 발전론적인 접근에 조심스런 주의를 환기시키는 우려의 목소리가 없지 않았다.[42] 특히 6·25 후에는 사회경제사학이 쇠퇴하여, 한국사 연구의 주류는 실증사학이 차지한 만큼 국사의 체계화를 위해서는 실증사학의 책임이 크다고 보는 입장에 설 때, 민족사가는 물론 "사회경제사가들이 빠지기 쉬운 독단적인 사관과 방법으로는 국사의 바른 체계가 세워지기 어렵다"고 보게 되는 것은 자연스러운 일이었다.[43] 이러한 연장선상에서 한우근은

....

40 정창렬이 자본주의 맹아론과 사적 유물론의 방법을 분리해서 생각하고 있다는 점은 "한국 근대사에서는 존재하지 않았던 '자본주의 사회의 성립'이라는 것을 유일한 기준으로 하여 조선후기 시대의 역사발전의 모습을 구성하는 것은 어딘가 미흡하다는 느낌을 금할 수 없다"고 설명하는 데서 확인할 수 있다(위의 논문, 97쪽 참조).

41 근대사연구회 편, 1987 「총론: 한국근대역사학과 조선후기사연구」, 『한국중세사회 해체기의 제문제(상)』, 한울, 23~24쪽.

42 전해종, 1966 「한국사를 어떻게 보아 왔는가 (1)」 『신동아』 8월호, 205쪽; 역사학회 편, 1969 앞의 책, 15쪽. "정체성의 문제에 대한 반발로 내적 발전의 계기를 사실이상으로 꾸며보려고 하는 경향도 경계하여야 한다. 삼국시대에 민주적 정치양상이 있었다고 한다면 時代顚倒일 것이다. 또 우리나라 근대화의 계기를 개국 이전으로 멀리 더듬어 올라가는 것도 조심스러운 일이다. 한때 中共조차 「명말청초의 자본주의맹아」를 운운하였으나 수년 만에 스스로 부정하기에 이르렀다."

43 전해종, 위의 논문; 역사학회 편, 위의 책, 13~14쪽.

1960년대 이래의 새로운 한국사 인식체계의 수립과 관련하여 제기된 문제점들에 대해 다음과 같이 정리하였다.

아마도 60년대 후반부터 한국사연구에 대한 반성과 비판이 사적으로나 공적으로 널리 행해져 온 것으로 생각된다. (중략) 우리는 흔히 연구 방법상으로 문헌학적 연구 내지는 실증사학을 극복해야 한다는 비판의 소리와 또 체계있는 한국사를 하루 빨리 재구성해야 한다는 비판의 소리를 듣는다. 그러나 (중략) 우리 사학계의 수준으로 보아서는 설익은 이론이나 조급하게 된 체계보다는 먼저 여러 가지 사실(史實)을 보다 더 정확하게 실증해 나아가는 태도가 연구 분야를 보다 넓히는 일과 연구 내용을 보다 깊게 하는 일에 필요하다. (중략) 한국사의 체계화라는 일반적인 요망은 단순한 방법론적인 고찰이나 내실이 없는 반성의 되풀이나 또는 어중간한 지식에 근거한 토론의 되풀이로써는 충족시킬 수 없을 것이다. 그것은 구체적인 연구활동을 통해서만 진전될 것이다. 왜냐하면 웨버의 말대로 방법론이란 언제나 실제 연구에서 진실이라는 것이 확인되어진 방법의 자각에 지나지 않는 것이기 때문이다.44

위 한우근의 지적은 1960년대 이래 식민사관을 비판하고 한국사를 발전적으로 체계화한다는 목표 아래 이루어진 여러 논쟁과 '반성'들이 1967·1968년의 '한국사시대구분논쟁'의 결과에서 보듯 큰 성과를 내지 못했음을 지적한 것으로서, 그 바탕에는 여러 '발전론'이 소홀히 해온 실증적 기초의 문제를 환기시키고자 하는 우려가 깔려 있었다고 하겠다.

사정이 이러했기 때문에 1980년대 중반까지도 "우리 역사의 주체적 발전과정을 중시하고 이를 밝히려는 연구경향"을 '내재적 발전론'이라 부르게 되었으며, 그것을 '민족사학'의 연구방법론으로 환치시키는 가운데

....

44 한우근, 「한국사학도의 반성」, 『대학신문』 1976.1.9; 한우근, 1976 앞의 책, 219~222쪽.

그 내부에 다양한 연구경향이 존재한다고 설명하는 데에서 더 나아가기 어려웠던 것이 아닌가 한다.[45] 당시 민족(주의)으로 분식(粉飾)하지 않고는 존립할 수 없었던 방법론적인 모색의 한계를 단적으로 보여준 것이었다. 그리고 이러한 민족사학이 1960년대 이래 대세가 되어 간 것은 사실이지만,[46] 당시에는 그 같은 민족사학의 강조조차 결코 고운 눈길을 받지 못하였다.

이상에서 살핀 바와 같이 '내재적 발전론'은 식민사관의 타율성론·정체성론을 비판하고 한국사를 세계사적 발전과정이라는 보편성을 전제하면서 한국사의 특수성을 밝혀 민족사를 발전적으로 체계화하고자 하는 이론으로서, 그 핵심은 사회구성체 방법론을 한국사에 원용하는 그러한 것이었다고 하겠다. 따라서 그것이 단지 식민사관을 비판하고 한국사를 주체적이고 발전적으로 설명한다고 하는 수사학적인 의미를 넘어서기 위해서는 그것을 추구했던 연구자들의 초기 문제의식과 관련하여 보다 면밀한 검토를 필요로 하는 것이다. 내재적 발전론은 단순히 '세계사적 발전법칙'을 한국사에 기계적으로 적용하는 것도 아니었고, 양적 발전의 지표를 좇아 그것에 추수하는 근대주의적 관점과도 거리가 있는 것이었다. 조선후기에 한정해서 볼 때, 조선후기 '농민층의 동태를 농민들의 주체적 계기에서, 그리고 한국사의 내적 발전과정에서 파악'하고자 했을 때 바로 식민사학의 유산인 정체성이론과 타율성이론의 벽에 부딪치지 않을 수 없었다고 하는 앞서 인용한 김용섭의 언급은 많은 것을 시사한다.

그러나 1960·1970년대의 전체 연구성과들과 관련해서 본다면 그 내부에 근대주의적 경향이나 이른바 세계사적 발전법칙이라고 하는 '5단계 공

45 근대사연구회 편, 앞의 책, 23쪽.
46 천관우, 1972 「한국사를 어떻게 볼 것인가」 『지성』 3월호; 천관우, 1974 「한국사학의 반성」 『한국사의 재발견』, 일조각, 48쪽.

식'을 기계적으로 대입하려는 경향이 자리하고 있음을 간과할 수 없을 것 같다. 어느 경우이든 자본주의체제를 하나의 도달점이나 경과점으로 파악하는 근대주의적 속성으로 인해 비판될 소지를 안고 있었던 것이다. 바로 이 같은 점을 강조하여 최근 일본인 연구자들은 내재적 발전론이 함의하고 있던 초기 문제의식을 탈각시키고 내재적 발전론을 근대주의적 발상으로 재해석하고 있는 것이다. 모두(冒頭)에서 지적하였지만, 내재적 발전론의 출발점을 자본주의 맹아론으로 규정하고 그 연장선상에서 그것이 갖는 문제점을 지적한 입장이 단적인 예이다.47 이 연구는 서구지향적 내재적 발전론과 비서구지향적 경향으로 구분하여 비서구적 지향을 가진 내재적 발전론의 존재를 인정하면서도, 이것마저 서구의 근대가 달성한 지평에도 도달하기가 쉽지는 않다고 본다. 나아가 어느 경우에나 해당하는 '국제적 계기'를 소홀히 한 문제와 '수많은 실패·후퇴'의 문제 등을 주목할 필요가 있다고 강조한다. 이 같은 해석은 형식상으로는 서구중심적 근대주의, 부조적 발전관을 비판하면서 구조적 파악의 의의를 제언한 것으로 볼 수 있을지 모르나, 그 대안으로 제시되는 아시아적 특질론과 구조론의 이면에는 동아시아(일본) 중심의 경제적 근대주의가 깔려 있음을

....

47 橋谷弘, 1996 「일본에서의 한국근대사연구의 새로운 조류-최근의 일본·아시아 관계사의 진전과 관련하여」 『제24회 동양학 학술회의(발표요지)』, 성균관대학교 대동문화연구원, 146~147쪽. 하시야 히로시는 이미 내재적 발전론이 근대지향적 성격을 비판한 바가 있었는데, 그는 내재적 발전론의 흐름을 첫째, "이 말의 출발점이 된 자본주의 맹아론을 시작으로 하는 근대지향적인 틀로서, 극단적으로 말한다면 구미를 모델로 하면서 동일한 과정을 한국사에서도 구하고, 그 발전을 주장하는 입장"과 둘째, 가지무라 히데키가 제창한 "'일국사로서의 내재적 발전의 논리에 집착'하면서 '영세농민을 중심으로 하는 식민지민중'을 담당자로 하는 '비서구적 발전'으로의 지향성을 찾고자 하는 방법론" 등 두 가지로 대별해서, 전자는 이미 영향력을 잃은 것이며 후자 역시 그 적실성이 의문시된다고 한바 있다(橋谷弘, 1991 앞의 논문; 이해주·최성일 편역, 앞의 책, 5쪽).

본다.

아시아에서의 사회주의 실험의 '실패'와 한국의 NICs화 과정, 그리고 일본을 중심으로 한 동아시아 경제블럭의 대두 등과 관련하여 새롭게 해석되고 있는 위와 같은 '내재적 발전론 비판'에 관한 언술들은 현 자본주의 세계체제, 일본을 중심으로 한 동아시아 경제블럭의 구축 등을 합리화하기 위한 또 하나의 '식민사관'으로 귀착되는 것은 아닌가 주목해볼 일이다.

3. 식민주의사학 극복과 새로운 한국사상의 수립

식민사관을 비판하고 새로운 한국사상을 수립하는 문제와 관련하여 한국사를 어떻게 체계화할 것인가 하는 데 대한 문제의식은 일찍부터 자리하고 있었다. 이미 1930년대에 백남운은 일제 관학자들의 한국사 연구를 특수 관제적 역사학이라 하여 비판하고 사적 유물론에 바탕하여 한국사를 체계화하고자 하였다. 그는 직접 다루지는 못하였지만 '아시아적 봉건국가의 붕괴과정과 자본주의의 맹아형태' 등을 자신의 조선경제사의 기도 속에 포함시키고 있었던 것으로 미루어 '조선후기 사회의, 정체성론을 뛰어넘는 내재적 발전론과 조선후기 역사발전의 합법칙성에 대한 인식이 자리잡혀 있었다'고 볼 수 있다.[48] 민족주의 사학계열의 경우에서도 1930년대 안재홍·문일평 등의 실학에 대한 평가는 그것을 민족의식과 근대지향의식으로 파악하고 한국에서의 근대사상의 싹으로 보고 있다는 점에서 사회경제사가들의 그것과 일치하고 있었다고 볼 수 있다. 특히 이들

....

48 정창렬, 앞의 논문.

의 역사인식을 발전적으로 계승한 홍이섭·손진태·이인영 등은 1940년대에 들어와 "세계사적인 역사발전의 제단계를 염두에 두고서 작업을 하거나 그것을 직접 우리의 역사에 도입하여 적용"함으로써, "민족과 민족정신을 기층에 깔되 그것을 세계사적인 사회발전의 논리로서 전개하고 체계화"하려 하였다.[49]

실증사학 계열의 경우 일본인과의 학문적 경쟁의식에서 출발하여 "식민주의 역사학과의 정면대결이 아니라 일인 사학의 큰 테두리 속에서 한국인의 능력을 보여주고자 하는 동참적 경쟁의식"에서 크게 벗어나지 못하였던 반면,[50] 김상기의 경우에는 일제 강점기 "일본의 어용학자들에 의해 고의적으로 왜곡된 역사적 사실, 특히 대외관계에서의 왜곡을 시정하고 본연의 주체성을 천명하는 것"을 자신의 일관된 관심이었다고 피력한 바 있다.[51] 즉 상호교류를 통해 발전하는 동아시아 문화, 역사에서 각 나라와 민족의 주체적 능동성을 본연의 모습대로 확인한다는 역동적인 '동아시아 역사상'의 선구적 발견이었다고 평가되는 것이다.[52]

그러나 위와 같은 제반 논의들은 일제하에서 학적 체계를 갖추기에는 힘이 부쳤고, 그나마 발전적으로 계승되지 못하여서 일제 관학자들이 만들어 놓은 식민사관의 한국사상을 극복하는 데는 한계가 있었다. 해방 후 심지어 1950년대까지도 한국사회의 정체성, 상대적 후진성을 해명하는 것을 논문의 주제로 삼는 경우가 없지 않았다. 해방 후 과거의 잘못된 역사인식을 시정하고 '올바른 민족사관'을 수립하는 데 총력을 기울인다는

49 김용섭, 1971 「우리나라 근대 역사학의 발달-1930·40년대의 민족사학」 『문학과 지성』 여름호; 1976 『한국의 역사인식 (下)』, 창작과비평사, 498쪽.
50 한영우, 1994 「이병도」 『한국의 역사가와 역사학(하)』, 창작과비평사, 259쪽.
51 이성규, 1994 「김상기」 『한국의 역사가와 역사학(하)』, 창작과비평사, 269쪽; 김상기, 1974 「서문」 『동방사논총』, 서울대학교출판부 참조.
52 위와 같음.

점이 표방되어 왔지만 역사인식의 기초는 취약했다. 당시의 방법론적 모색은 서구의 경험에 비추어 만들어진 사회발전단계설이나 저급한 아시아적 생산양식론, 그렇지 않으면 근대주의적 설명방식 등에서 크게 벗어나지 못한 형편이었다. 한국사회의 역동적인 발전에 대한 전망이나 실천의 부재 속에서 사회발전의 동력을 역사적으로 밝히고 체계화한다는 것은 매우 힘든 일이었기 때문이다. 더욱이 한국의 분단과 한국사회의 후진성을 극복해야 한다는 현실인식 등과 맞물려 민족사 전체를 총체적으로 파악하는 데는 많은 한계가 따랐다. 분단현실은 그 같은 올바른 사관의 수립, 역사상의 구축을 위한 논쟁의 공간을 허락하지 않았다.

여기에서 마찬가지의 현실적 조건 위에서 "농민층의 동태를 농민들의 주체적 계기에서, 그리고 한국사의 내적 발전과정에서 파악"하고자 하는 입장에 설 경우[53] 식민주의 역사학을 극복하고 새로운 한국사상을 구축하는 것을 목표로 하지 않고는 한 발자국도 전진하기 어렵다는 인식에 도달하게 됨을 주목한다. 흔히 조선후기 경영형 부농설로서 '자본주의 맹아론'의 입론자 가운데 하나로 지목되었던 김용섭이 그의 초기 논문에서 철종조 민란 발생의 원인을 규명하는 데 삼정문란이라는 지배층 수탈에서만 이유를 찾을 것이 아니라 그와 같은 배경을 전제로 하면서도, "내면적인 주체적인 계기가 주구(誅求) 문제와 관련되면서, 추구되고 분석되어 나가야 할 것"을 제언하면서 "연구태도의 방향책정으로서 사회구성 요소의 변질과정과, 민중에 있어서의 대항의식의 성장 등에 관하여 그 초점만을 요약"하고자 하였던 것은[54] 이른바 내재적 발전론이 경제주의적 자본주의맹아론과는 상당한 거리가 있는 것임을 잘 보여준다. 이 같은 인식의 단면은 당시 연구자들이 자본주의 맹아의 문제를 포함하여 전 역사를 사회구

....

53 김용섭, 1963 앞의 논문; 역사학회 편, 앞의 책.
54 김용섭, 1956 앞의 논문, 90쪽; 100쪽.

성의 변동을 중심으로 구조적으로, 총체적으로 체계화한다는 원대한 구상을 하고 있었다는 좋은 예의 하나였다. 1950년대 후반까지만 하더라도 그 같은 문제의식은 매우 생소한 것이었고 여러 군데 눈치를 보지 않으면 안 되었던 사정이었지만, 이제 1960년 4·19를 계기로 위와 같은 문제의식이 확산될 토양이 갖추어지게 된다.

새로운 한국사학을 수립하는 데 있어서 4·19는 종래 금기시 되었던 민족을 재발견할 수 있는 길을 열어놓았다는 점에서 지성사적인 의미에서는 물론, 역사 연구의 진전에 획기적인 사건이었다. 이후 지금까지 개인적인 차원에서 소극적으로 이루어지던 작업이 공동의 작업과 연결되기 시작하고 식민사관 비판이 본격화되었으며, 민족주의와 근대화에 대한 토론이 봇물터지듯 쏟아져 나오기 시작하였다. 앞서 언급한 1961년의 이기백의 『국사신론』의 「서론」, 1962년 역사학회의 고려사의 성격에 대한 종합적 검토, 1963년의 민족사학과 일제 관학자들의 한국사관에 관한 『신동아』 2월호의 특집, 같은 해 강진철·김성준·이기백·이우성 등의 고려사연구회 결성 등 새로운 시도들이 속출하였다. 그 가운데서도 1962년 전국역사학대회가 개최한 심포지움과 1963년 한국사학회가 개최한 심포지움은 이후 연구의 방향을 기본적으로 제시한 것이었다.

1962년 제5회 전국역사학대회는 한국사학의 기반을 확인하고 공동의 방향을 모색하는 자리였다. 이 대회에서는 '한국사연구의 회고와 전망'이라는 공동주제 아래에 김철준·이기백·이광린·천관우·김용섭 등이 발표를 맡아 한국사의 각 시대의 연구현황을 점검하고 앞으로의 방향을 제시하였는바, 그것은 1960, 1970년대 역사학의 기본 과제, 즉 한국사의 발전적 체계화의 골격을 제시한 것이었다.[55] 1960, 1970년대의 주요한 '이론적

----

55 제5회 전국 역사학대회 심포지움 보고, 1963 「한국사연구의 회고와 전망」 『역사학보』 20, 117~136쪽. 고대 부분에서는 일제하의 문헌고등비평의 방법론적

기초로' 되어 온 '내재적 발전론'은 바로 이와 같은 지적들을 염두에 두면서 대두한 것이라고 할 것이었다. 그리고 그 밑바탕에는 당시 식민사관 비판과 방법론적인 반성이 자리하고 있었다. "과거에 있어서의 내외학자에 의하여 의식적 무의식적으로 저질러진 그릇된 이해나 왜곡된 해석을 바로잡아서 확호(確乎)한 주체성과 내재적인 발전성을 지닌 올바른 한국사의 체계를 세워야 한다는 반성과 요구가 절실했던 때문"이라고 할 수 있다.[56]

1963년 한국사학회 주최의 '조선후기에 있어서의 사회변동'에 관한 학술토론회는 조선후기 사회경제사 연구를 활성화하는 계기가 되었다. 김용섭, 유교성(유원동), 김용덕은 각각 조선후기의 농촌경제, 상공업, 북학사상 등을 다루었는데, 발표자들은 조선후기가 정체성론에서 말하는 바와 같이 낙후하고 정체되어 있던 사회가 아니라 조선봉건사회, 봉건적 생산체계의 붕괴와 새로운 사회, 생산양식의 대두를 가져왔던 매우 역동적인 사회였음을 강조하였다. 이 때 연구의 중심 주제는 당시의 근대화 논의와

....

결함이 지적되고, 정치사 중심, 대외관계사 중심의 이해체계 극복을 위한 인접 사회과학 이해의 필요성이 제기되었고(김철준), 고려 부분에서는 사회변동에 대한 해명을 위한 새로운 시도가 주목되었고 개념의 엄밀성과 금석문 등 자료에 대한 관심의 환기가 이루어졌으며(이기백), 근세전기 부분에서는 기본적 사실에 대한 해명이 시급하다는 점 등이 과제로 제시되었다(이광린). 근세후기에서는 조선후기가 근대화 과정을 살피기위한 배경이 되는 단계인 만큼, '당시의 사회, 당시의 문화에는 근대로의 싹이 있었는가, 싹이 없었다면 그런 소지라도 있었는가, 전근대적 체제는 붕괴하고 있었는가, 도리어 그것이 강화되고 있었는가' 등 많은 미해결의 과제를 안고 있음이 지적되었고(천관우), 최근세사는 근대로의 과도기이며 제국주의 열강의 침입에 맞선 민족운동기이였기 때문에 이와 관련된 주제가 선결되어야 하지만, 이것이 결실을 맺기 위해서는 '최근세사를 조선후기사회에서 단절된 시기로서가 아니라 그것에 연결된 하나의 과정으로 취급해가는 것이 긴요한 문제'임을 제언하였다(김용섭).
56 한우근, 「한국사학 발전을 위한 제언」, 『대학신문』 1970.3.30; 한우근, 앞의 책, 214쪽.

도 관련하여 자본주의적 발전의 전망을 전제하고 있었다는 점에 특색이 있었다. 이 학술토론회의 후속 연구로서 성균관대학교의 대동문화연구원에서는 19세기의 사회변동에 대한 공동연구를 추진하였는데, 여기에서의 중심주제는 조선후기의 자본주의 맹아론 검출이었다. 당시의 연구 주제 결정과 연구 수행과정에 대한 이우성의 회고담은[57] 그 같은 점을 잘 보여 준다.

이어 국민적인 저항 속에 강행된 1965년 한일회담의 비준이 일본제국주의의 부활을 가져올지 모른다는 위기의식 속에서 식민사관에 대한 철저한 비판은 단지 구호로서만이 아니라 새로운 한국사상의 수립에 의해 가능하다는 자각이 깊어짐에 따라 한국사 연구의 조직화와 연구역량의 증대를 위한 비상한 노력이 기울여졌다. 1967년의 한국사 연구자들의 독자적인 연구단체인 한국사연구회가 결성되게 된 것은 위와 같은 노력이 가져온 결실의 하나였다. 바로 이 시기에 1966년 전국역사학대회가 '고대 노예제의 문제'와 '역사이론과 역사서술'이란 공동주제를 가지고 개최된 것, 『신동아』가 '한국사의 쟁점'을 특집으로 기획하여 선사문화로부터 일제하까지 여러 문제를 집중적으로 다루고, 이어 1967년 한국사회경제사학회가 '한국사의 시대구분'이란 주제로 인접 사회과학자까지 참여한 대규모 학술토론대회를 열게 된 것 등은 그간 추구해온 새로운 한국사상의 수립의 기초가 마련되고 있음을 잘 보여주는 것이었다. 여기에서 마련된 방향타는 1970년대에도 크게 바뀌지 않았다.

한편 새로운 역사상의 수립 문제는 역사 연구자들의 문제로만 끝나는 것이 아닌 만큼 역사교육의 문제에 대한 관심으로 이어졌다. 1969년 한국사 연구에서 중심적 역할을 행하고 있던 연구자들은 그간의 연구성과와

---

57 이우성, 1992 「동아시아 지역과 자본주의 맹아론」, 『한국양회공업협회 회보』 128; 이우성, 1995 『실시학사산고』, 창작과비평사, 451~454쪽.

제기된 문제의식을 수렴하여 중·고등학교 국사교과서 내용의 개선에 대한 대안을 제시하였는데, 한우근·이기백·이우성·김용섭 등이 참여하여 작성한 『중·고등학교 국사교육개선을 위한 기본방향』이 그것이다.58 이 책자에는 「시안작성의 기본원칙」으로 다음 다섯 가지를 명시하였다.59

> 1. 국사의 전기간을 통하여 민족의 주체성을 살린다.
> 2. 민족사의 각시대의 성격을 세계사적 시야에서 제시한다.
> 3. 민족사의 전과정을 내재적 발전방향으로 파악한다.
> 4. 제도사적 나열을 피하고 인간 중심으로 생동하는 역사를 서술한다.
> 5. 각 시대에 있어서의 민중의 활동과 참여를 부각시킨다.

위 다섯 항목은 앞서 언급된 내재적 발전론이 함의하고 있는 중심 내용을 거의 망라한 느낌을 주고 있다. 그 내용의 큰 윤곽은, "부족연맹적 사회에서 고대 귀족국가체제로 발전함에서 그 계기를 한사군의 영향에 귀착시킬 것이 아니고 내부적인 산업의 발달과 관련하여 설명한다", "종래에는 갑신정변과 갑오경장을 주로 외세와의 관련에서 설명해왔으나, 그것은 주체적 내재적 요청에 의해서 이루어져 왔음을 강조한다" 및 "대한제국 특히 광무 연간의 개혁사업이 주체적 입장에서 갑신정변 및 갑오경장의 이념을 계승한 것임을 설명한다" 등과 같은 제언들에서 감지할 수 있다.60 다양한 방법론을 모색해왔던 당시 학계의 중심 연구자들이 위와 같은 내용에 동의할 수 있었던 것이 당시의 분위기였던 만큼 '내재적 발

58 프린트판, 본문 26쪽 분량의 문교부 보고서. 이우성 교수의 소개로 김윤곤 교수를 찾아 영남대학교 민족문화연구소에서 원 자료를 열람하고 복사본을 입수할 수 있었다. 두 분의 배려에 감사를 드린다.

59 위의 책, 4쪽.

60 위의 책, 18~19쪽; 26쪽.

전론'이란 논자에 따라 여러 의미로 받아들일 수 있는 여지가 없는 것은 아니라 할 수 있다. 굳이 공통분모를 찾자면 민족사를 주체적 입장에서 발전적으로, 세계사의 보편성을 고려하면서 체계화한다는 것이었다. 이 작업은 당시 정부가 내걸었던 '민족 주체성 확립', '조국근대화' 등의 구호를 최대한 이용하면서 한국사학의 기반을 확대하기 위한 노력의 일환으로 이루어진 것으로 보인다.

위와 같은 새로운 한국사상을 수립하기 위한 노력과 연구들에서 단연 중심적인 역할을 하였던 분야는 조선후기 사회경제사 분야였던 것으로 평가된다. 1950년대가 실학연구의 붐을 특징으로 한다면 1960년대는 실학연구가 이어지는 가운데 조선후기 사회경제사 연구가 집중적으로 조명되었다. 1970년대 초 단행본으로 제출된 김용섭·강만길·송찬식 등의 농업·상업·수공업에 관한 연구 등이 상징적 결과물이다.[61]

여기에서 1960·1970년대 연구에서 하나의 체제를 지향하는 구체적인 연구성과로서 연구의 방향을 주도한 것이 조선후기사 분야의 연구였다는 점을 주목하게 된다. 흔히 내재적 발전론의 문제점을 지목할 때 자본주의 맹아론을 거론했던 것도 우연은 아니었다. "60년대 이후의 사회경제사적인 연구성과와 내재적 발전론의 시각에 힘입어 '실학'의 성격도 발전적인 것으로 규정하려는 시도가 있었다"라는 평가에서 사정을 짐작할 수 있다.[62] 또한 1977년의 한 평가는 "식민사관의 극복문제만 하더라도 이것이 거의 어느 특정의 시대, 특정의 주제에 집중하여 수행되어 온 것이 사실

61 김용섭, 1970 『조선후기농업사연구 I』, 일조각; 김용섭, 1971 『조선후기농업사연구 II』, 일조각; 강만길, 1973 『조선후기 상업자본의 발달』, 고려대출판부; 송찬식, 1973 『이조후기 수공업에 관한 연구』, 서울대출판부.
62 김현영, 1987 「'실학'연구의 반성과 전망」 『한국중세사회 해체기의 제문제(상)』, 328쪽.

이다"라고 지적한 바,[63] 여기에서 '어느 특정의 시대'란 조선후기를 지칭하는 것이었다. 이들 조선후기 사회경제사를 중심으로 하는 연구는 아직까지 한국사 전 체계와 유기적 관련을 맺으며 진행되지는 못하고 있었지만, 다른 방면의 연구 활성화에 기여하고 각 시대를 설명하는 데 인식의 지평을 넓혀준 점은 인정할 수 있다. 김철준이 1970년대 초 한국의 역사학을 총평하는 자리에서 종래에는 자료난으로 폐쇄되었던 조선시대에 대한 연구가 해방 후 급증하게 되는 점을 지적하고, 1945년 이후 주목할 만한 업적을 낸 연구자 54인의 업적을 분야별로 나누어 소개하면서, "이상에 든 여러 학자들의 논문에 나타난 특징은 어떤 분야에 관한 논문이든 간에 대부분이 사회경제적 배경에서 이해하고 있는 것은 1945년 이전보다 사료검토의 범위나 역사인식의 폭이 확대된 것을 의미한다"라고 지적한 것은[64] 저간에 사회경제사 연구의 진전이 가져온 성과를 알려주는 것이다.

그런데 1960·1970년대의 역사학이 식민주의사학을 극복하고 새로운 한국사상을 수립한다는 목표를 공유하였다고 하더라도 그 작업이 항상 같은 방향을 향한 것은 아니었다. 식민사관을 극복하고 '올바른 민족사관'을 수립한다는 데에서는 견해가 다를 수 없었지만, 새로운 한국사상의 수립에는 어떠한 관점에서 접근하는가가 중요한 문제였다. 그것은 '체제적인 연구나 거시적인 통찰, 세계사적인 관련성'을 가져야 하는 것이기 때문에 그 같은 인식과의 상관관계나 거리에 따라 접근하는 방식에서는 상당한 차이가 있을 수밖에 없었다. 예컨대 한국사 체계화를 위한 최초의 대규모 학술논쟁이었던 1967년의 시대구분논쟁에서 '모든' 이들이 과거

63 김태영, 1977 「회고와 전망: 조선전기」, 『한국사연구휘보』 17, 국사편찬위원회, 11쪽.
64 김철준, 1972 「한국의 역사학」, 『한국학』, 현암사; 김철준, 1976 『한국문화사론』, 지지산업사, 226쪽.

의 정체론을 불식하고 한국사를 주체적 발전적으로 재구성한다는 점에 동의하면서 새로운 시대구분에 임했지만,[65] 그 논쟁에서 각 논자가 제시한 시대구분의 기준은 농민의 사회적 존재형태, 지배체제, 생산력 발전 등 각양이어서 어떤 잠정적 합의도 이끌어낼 수 없었던 것이다.

작업 내용에서 편차가 나게 되는 데에는 1960년대 논쟁의 인식지평 역시 넓지 못했다는 점도 지적되어야 한다. 이를테면 위 시대구분 논쟁이 있기 1년 앞서 1966년 '역사이론과 역사서술'이란 공동주제하에 개최된 전국역사학대회에서의 견해차를 들 수 있다. 여기에서 강진철은 한국사 시대구분에 비상한 노력을 기울여야 할 이유로, "① 한국사를 세계사적 시야에서 합법칙적으로 인식한다. ② 한국을 포함한 아세아사회의 소위 정체성 이론을 비판 배격한다. ③ 우리나라의 근대화라는 현실과제를 학문적으로 정리하는 이론적 토대를 구축한다" 등 세 가지를 지적하였다. 특히 그는 "시대구분은 역사의 법칙적인 인식과 관련되는 문제이기 때문에 역사를 세계사적인 일정한 법칙에 비추어 관찰하는 방법을 부정한다면 시대구분이란 거의 의미가 없어진다"고 강조하였다.[66] 같이 발표에 나섰던 양병우는 위의 견해와 달리 이론이나 가설은 연구의 수단이며, 그것이 본래 "역사 또는 현실을 파악하기 위한 것"이므로 본말을 전도하여 수단과 목적이 뒤바뀌어 버리는 날에는 가설이 진리로 되고 역사는 도그마가 될 것이라는 점을 강조하였다.[67] 한국사에 적용하여 본다면 한국사를 어떤 가설에 억지로 끼워 맞추는 것이 되어서는 안 된다는 것이다.

양병우는 그 뒤 별도의 논문을 통해 한국사를 세계사적인 시야에서 합

....

65 김영호, 1970 「보고: 경과·논문요약 및 문제점」 『한국사시대구분론』, 을유문화사, 307쪽.
66 강진철, 1966 「한국사의 시대구분에 대하여」 『역사학보』 31, 161쪽.
67 양병우, 1966 「역사연구와 가설」 『역사학보』 31, 159~160쪽.

법칙적으로 인식하기 위하여 시대구분이 필요하다고 강조하였던 강진철의 견해에 대해,

> 우리는 강교수가 말하는 역사의 '합법칙적' 인식이라는 것이 특정한 발전단계설에 의거하는 것이며, 그 특정한 발전단계설이 다름아닌 『경제학비판』의 저자가 그 서문에서 정식화한 그것이라는 것을 알 수 있다. 그것이 누구에 의하여 정식화되었던든 간에, 문제는 과연 발전단계설이 하나의 법칙일 수 있는가 하는 점에 있다. 그것은 하나의 법칙일 수 있을까. 아니다. 그것은 하나의 가설에 지나지 않는 것이다. (중략) 우리의 목적은 어디까지나 현실의 인식에 있는 것이고, 가설의 입증에 있는 것은 결코 아니다.[68]

라고 다시 원칙론적인 문제를 제기하였다. "구라파의 역사에 있어서는 극히 선명하게 나타나 있으나 우리나라를 포함한 아시아사회에 있어서는 그것이 매우 애매하게 되어 있다"고 하는 그 법칙은 당연히 그렇게 될 수밖에 없는 것이 서구의 경험에서 세워진 가설이기 때문이라는 것이다. 그것을 우리 사회에 적용하려는 데 무리가 따를 수밖에 없으니, 이렇게 보면 올바른 민족사관이라는 것도 "한국사와 한국문화의 특성을 설명하는 이론이요 가설이어야 하는 것"이고 주체적 민족사관이라고 한다면 그것은 "우리 문화의 적극적 가치를 치켜들고 우리의 주체적 조건을 적극적 요인으로서 내세우려 하고 있는 것만은 틀림없다"고 하게 될 것이었다.[69]

1960년대 이후 민족적 자각과 우리 역사에 대한 높은 관심에 힘입어

---

68 양병우, 1968 「시대와 시대 구분」 『역사학보』 37, 2~3쪽.
69 양병우, 1974 「'민족사관'의 재평가-참된 '민족사관'의 확립을 위해」 『월간중앙』 2월호, 75~76쪽.

민족사를 발전적으로 체계화하려는 노력이 본격적으로 전개되는 가운데, 그 극복의 대상이 되었던 식민사관의 타율성론과 정체성론에 대한 비판적인 인식의 기초가 마련되었다. 그러나 아직까지 그것이 하나의 체계로서 제시되고 있는 것은 아니었다. 실제 1960·1970년대에 들어서면 다양한 방법론과 주제를 가지고 연구가 급증하고 있었지만 하나의 체계를 갖춘 한국사관, 한국사 서술을 기대하기는 어려웠다. 양적인 측면에서만 본다고 할 때 1960년대 들어와, 특히 1970년대 연구인구의 급증과 연구 성과의 양산이 공통으로 지적된 바 있고,[70] 최근 조선시기만을 대상으로 이루어진 양적 비교 역시 그 같은 점을 잘 보여주고 있다. 1950년대를 기준으로 해서 볼 때 1960년대에는 저서는 2.2배, 논문은 3.5배 이상 증가하였고, 1970년대에는 1960년대에 비해 또 모두 2배 이상 급증하였음이 확인되었다.[71]

이 시기에 실학과 자본주의 맹아론에 입각한 연구가 연구를 주도해간 점은 대체로 인정할 수 있지만 전체 연구에서 이 분야가 차지하는 비중은 매우 낮다. 그리고 아직도 그 주류적 경향은 관련 연구들이 해당 시기 발전상만을 과도하게 부각시킨다는 문제점을 안고 있는 것이 사실이었다. 이미 1970년대 중반 재일교포학자 안병태가 지적한 "부조적 수법"의 문제가 있고, 따라서 전 구조적으로 살펴보아야 한다는 지적은 타당하다.[72]

....

70 『진단학보』 57(1984)의 「한국학연구 반세기」는 1934년부터 1984년까지의 한국사연구를 총괄적으로 검토하였는데, 각 시기별 집필자인 이기백·강진철·최승희·정창렬·윤병석 교수 등이 모두 1960, 1970년대에 한국사 연구가 본격적으로 시작되면서 연구의 양이 크게 증가하게 됨을 지적하고 있다.
71 정만조, 1995 「한국 근세사 연구의 성과와 과제」 『광복 50주년 국학의 성과』, 한국정신문화연구원.
72 안병태, 1975 『조선근대경제사연구』, 동경: 평론사; 조선사연구회 편, 앞의 책, 228쪽; 근대사연구회 편, 앞의 책, 47~48쪽 참조.

같은 견해는 국내 연구자들 가운데도 상당수의 지지자를 보유하고 있었다. 발전적인 측면을 강조하여 민족적 자긍심을 키우고 과거의 정체론, 자기비하 등등의 관념을 제거하는 데는 기여할 수 있었지만, 그 전체상과의 관련이 추구되지 않고는 그것의 역사성이 제대로 설명될 수 없기 때문이다. 조선후기 내재적 발전론에 입각한 사회경제사 연구가 자본주의 맹아만을 추구한 것은 아니었음에도 불구하고 본연의 문제의식은 아직 수면으로 떠오르지 못하고 있었다. 자연 새로운 역사상을 구축하는 작업이 순탄할 수 없었다. 이러한 작업은 과거 식민주의사학의 방법론을 계승하였던 이들의 입장에서 보면 결코 마땅한 일이 아니었다.

일찍이 이상백이 역사 해석에 있어 공식(마르크스주의)을 결부시키는 것은 오류라고 지적하고, 고고학·경제학·민속학·종교학·신화학 등의 적용을 생각하는 것도 위험하다고 하면서, "어떠한 원칙을 실증하고 결론을 단정함에는, 정밀한 관찰과 확호(確乎)한 사실을 전제로 할 것이요, 독단적 해석과 기계적 적용은 진리를 탐구하는 방도가 아니요, 참으로 과학적인 방법이 아니라는 것을 알아야 한다"라고 경고한바 있지만,[73] 그 같은 우려는 쉼 없이 지속되었다.[74] 이 같은 조건을 놓고 보면 1960·1970년대 새로운 한국사상을 추구하였던 작업 내부에는 실증주의 역사학 대(對) 그것을 극복하고자 하는 역사학과의 긴장이 내재하고 있음을 짐작케 된다.

그렇기 때문에 1960년대 중엽까지만 하더라도 역사학자들이 전면에 나서서 방법론적인 문제를 제기한다는 것이 매우 어려웠다. 그 예는 1966년 3월 『사상계』 특집 주제가 '일본 제국주의가 남긴 잔재'였는데도 불구하고 여기에 역사학자들의 참여가 없었고, 동 특집물에서 식민사관의 문

73 이상백, 1947 「서」, 『조선문화사연구논고』, 을유문화사.
74 한우근, 1976 앞의 논문; 이기백, 1989 「학문적 고투의 연속」, 『한국사시민강좌』 4, 일조각, 171~172쪽 참조

제는 거론조차 되지 않았던 데서도 찾을 수 있다. 이어 5월호의 특집 '왜 곡된 한국사의 새로운 해석'에도 천관우·이종복의 '한국사학의 새 시련' 과 '근세조선 당쟁의 재평가'만이 수록되었다. 이는 사학사적인 문제, 사관의 문제를 깊이 다룰 수 없던 당시 상황을 반영한 것이면서, 일반적으로 당시의 학계가 실증적 작업에 의한 새로운 사실의 발굴에 더욱 가치를 두었던 점을 반영하는 것으로 보인다.

1970년대에는 1960년대 초·중반 대학에서 정규 수업을 받은 4·19세대들이 연구자로 성장하고 대학에 자리잡으면서 1960년대의 문제의식을 한층 심화시키고 연구 성과들을 양산하여 체계화의 기초를 다져 나갔다. 연구자들은 출발부터 사회경제사에서 시작하는 경향이 있었고 문화 사상사 분야의 전공을 하는 경우라고 하더라도 사회경제사와의 관련을 중시하는 특색을 보여주었다. 이들은 4·19 이후 민족주의 역사학을 재평가하고 계승하려 하였으며, 마르크스주의 시대구분론에 대해서도 관심을 기울였다.[75] 또한 이 시기에는 그 같은 시대구분론만이 아니라 새로운 한국사상의 수립을 위해 많은 연구자들이 여타의 서구 역사이론에 대한 관심을 더욱 확대하였는데, 그 같은 이론들은 한국사의 설명체계를 풍부히 하는 데서는 성과를 내었으나 새로운 한국사상의 구축을 위한 이론적 기반으로까지 발전된 경우는 드물었다.[76]

한편 1970년대에는 당시 근대화정책의 한계가 드러나고 이를 호도하기 위한 기만적인 7·4 남북공동성명에 이은 유신체제의 성립이 학계의 전반적인 분위기를 보수화시켰다. 그러나 다른 한편으로는 1960년대 발

---

75 한영우, 1994 「우리나라 역사학의 흐름」『한국의 역사가와 역사학(상)』, 창작과 비평사, 21쪽.

76 김인걸, 1993 「조선시기 사회사연구 동향과 자료활용 방안」『조선시기사회사연구법』, 한국정신문화연구원, 25~27쪽.

전적 한국사상의 수립에 몰두하는 과정에서 그 한쪽에 자리잡고 있던 근대주의적 경향이라든가 군사정부에 의해 이용되고 있던 민족사관에 대한 조심스런 비판과 그 대안의 모색이 이루어지고 있었다. 민족사학이 국수주의적으로 흐르는 것을 경계하는 서양사가들의 비판적 문제제기에 대하여 그들이 제시하는 문화적 보편주의 또한 자기상실증을 가져올 위험이 있다는 점을 지적하고, 현대 민족사학은 정치적 목적에 이용되거나 국수주의적 함정에 빠지는 것을 경계하면서 "성장된 민중"을 기반으로 하여 새로운 경지를 개척하지 않으면 안 된다는 점을 강조하였던 것은77 당시 한국사학계의 고민을 잘 보여준다.

'민중'의 문제가 본격적으로 역사학의 대상이 되는 것은 1980년대에 들어서의 일이지만, 1970년대 조성된 억압적 정치사회적 상황은 연구자들로 하여금 역사발전의 주체와 방향에 대해 보다 깊이 천착하도록 하는 효과를 가져왔다. 1960년대 연구의 중요한 하나의 축을 이루며 연구 방향을 선도하였던 실학연구가 실학의 다양한 측면을 다루는 가운데서도 그것이 갖는 개혁적 성격을 강조하는 방향으로 가닥을 잡아나갔다. 또 지금까지 부정적으로만 평가되어 온 성리학에 대한 새로운 해석에 바탕하여 그것을 새롭게 조명한다는 의식이 확산되어 나갔는데,78 이러한 의식의 전환은 한 사회의 발전을 전체적으로 파악한다는 시각이 전제될 때 가능한 것들이었다. 1970년대 중반 국사학의 현재성 부재문제라던가 '분단시대 사학론'의 제기 역시 한국사학이 정치사회적 변동에 초연하지 않았음

<hr>

77 변태섭, 1974 「한국학의 올바른 좌표-문화보편성론의 반성-」 『월간중앙』 4월호, 64~72쪽.

78 계명대학교 한국학연구소 제1회 한국학 학술발표회(1974.5.18)의 주제가 「조선전기 성리학의 역사적 기능」으로 잡히고, 성균관대학교 대동문화연구원 제2회 동양학 학술회의(1976.11.17) 주제 역시 '성리학의 한국적 전개'를 다루었던 것은 당시 성리학에 대한 새로운 관심이 확산되고 있었음을 보여준다.

을 보여주는 예들이었다.[79]

1970년대에는 동시에 그간의 근대화가 가져온 폐해나 군사정권의 독소가 사회 전반에 만연하고 그 해결을 위한 사회운동이 대두되는 당시의 사회조건과도 관련하여 사회발전의 동력에 대한 관심이 증대되었다. 민중에 대한 새로운 관심도 그 같은 사정을 반영하거니와, 사회경제사 연구가 그동안 근대화나 민족주의 논쟁 속에 매몰되어 있던 지식계에 계급인식을 되살리는 작용을 한 점도 고려되어야 할 것이다. 이 같은 문제의식이 더 구체화하고 세련되는 데는 상당한 시일을 요하는 것이었지만, 사회변동과정에서 발전적인 측면만이 아니라 그 발전을 저지하는 힘과 기존의 사회체제(구조), 그 안에 존재하는 각 사회계층간의 역동적인 상호관계 등을 총체적으로 파악한다는 문제의식이 한편에 다시 자리를 잡기 시작한 것은 주목할 만한 일이었다.

이 시기에 새로운 역사상을 수립하는 데에서 다른 특기할 만한 점은 위와 같이 학계가 처한 정치사회적 현실에 적극적으로 대응한다는 점 외에, 연구역량의 축적되어 온 데 힘입어 우리나라 근대 역사학의 전통을 비판적으로 계승한다는 문제의식이 자리잡게 되고, 이에 기반한 작업이 수행되고 있었다는 점이다. 1960년대 확보한 민족사학 논의를 발전시켜 1970년대에 들어와 근대 역사학의 전통을 체계적으로 검토하여 우리의 근대 역사학의 전통을 복원하는 작업을 진행하는 과정에서 주도적 역할을 하였던 김철준·이기백·김용섭 등이 그간의 작업에 바탕하여 1970년대 후반 1980년대 초에 한국사의 전 체계를 나름대로 제시할 수 있었던 것은 결코 우연한 일이 아니었다. 이들은 각기 민족주의사학·사회경제사학·실증주의사학을 발전적으로 계승할 것을 강조하였던 것으로 볼 수 있는데,

---

79 강만길, 1976 「국사학의 현재성부재문제」 『한국학보』 5; 강만길, 1978 「분단시대 사학의 성격」 『분단시대의 역사인식』, 창작과비평사.

김철준은 '문화'의 계승 발전을 기준으로 한국사상을 체계화하고자 하였으며, 이기백은 일원론적인 역사관을 반대하고 다원론적인 역사관을 통하여 한국사의 발전과정을 파악할 것을 주장하고, 김용섭은 농업생산력의 발전과 그에 따른 생산관계, 그리고 그 위에 선 신분제와 국가의 토지와 농민에 대한 파악 등을 기준으로 한국사의 발전과정을 체계화했던 것이다.[80] 이들 연구는 아직 한국사의 진 구조를 이론적으로나 실증적인 측면에서 총체적이며 구조적으로 제시한 것은 아니고, 한국사의 변화 발전의 주체나 동력의 문제에까지 관심을 진전시키는 데는 한계를 안고 있었다. 그러나 그 같은 과제는 짧은 기간 동안 이들이 다 해결할 수는 없는 것이었다.

1960·1970년대의 새로운 한국사상을 수립하기 위한 노력을 위와 같이 평가할 수 있다면, 한국 현대 역사학은 다른 어느 학문분야도 갖기 어려운 중요한 전통을 보여주었다고 할 것이며, 앞으로 우리 역사학의 방향도 바로 이 같은 전통 아래서 가닥이 잡혀나가야 할 것임을 알게 된다. 한국전쟁이 낳은 황폐한 정신사적 풍토에서도 역사발전에 대한 믿음을 갖고 근대역사학의 전통을 복원하여 비판적으로 계승하면서 한국사를 발전적으로 체계화하고 후진을 양성한 1960·1970년대의 역사학은 우리 현대사학사에서 중요한 자산임에 틀림없다.

4. 맺음말

식민사관 극복과 새로운 한국사상 수립을 위한 기초를 마련한 것은 1960·1970년대 역사학이 이룬 최대의 성과였다. 그리고 4·19가 제공한

....

80 박찬승, 앞의 논문, 339쪽; 345~349쪽 참조.

열린 공간에서 당시 역사연구자들은 우리 근대 역사학의 큰 흐름인 민족주의사학·사회경제사학·실증사학을 재조명하여 비판적으로 계승할 수 있는 길을 열었다. 더욱이 이 시기 활동했던 역사가들이 새로운 한국사상의 수립을 위해 후진 양성이 절실함을 인식하고 많은 국사학도의 양성을 위해 부단한 노력을 기울였다는 점도 주목해야 할 것이다.

최근 1960·1970년대 역사학에 대한 정리가 이루어지는 가운데 이 시기 역사학을 '내재적 발전론'에 입각한 민족주의사학으로 설명하는 것이 하나의 추세로 되고 있다. 이때의 내재적 발전론은 "세계사의 발전과정이라고 하는 일반성 위에 한국사의 특수성이 살려진", "새로운 한국사관의 수립"을 목표로 했던 것으로서, 식민사관의 타율성론과 정체성론을 비판하고 한국사에서 세계사적 보편성을 찾는 의미를 갖는다. 이 '내재적 발전론'이란 용어는 일본인 한국사 연구자들이 발견하여 정식화한 것으로서, 초기 문제제기자들이 생각했던 방법론적인 핵심은 "사적 유물론의 방법으로 일국사를 대상화 한다는 것"과 크게 다르지 않은 것이었다. 그렇지만 그것을 원용함에서 분단 한국사회가 갖고 있는 특성과 관련하여 초기 문제의식은 제대로 드러나기 어려웠고, 한국사회의 근대화 물결 속에서 근대주의적 경향 등을 포함한 다양한 논의들이 들어오게 되면서 개념이 모호해진 면이 적지 않았다.

1960·1970년대는 모든 연구자들이 '올바른 민족사관'의 수립이란 명제에서 크게 벗어나지 못하였고, 또 한국사를 과학적으로 체계화하는 방법론의 모색에서 여러 한계를 가지고 있었기 때문에 한국사학은 '민족사학', 또는 '내재적 발전론'이란 이름으로 존재하였다고 볼 수도 있다. 그렇기 때문에 1960·70년대 역사학에 하나의 이름을 붙이기도 하고, 반대로 내재적 발전론에 여러 경향을 포함시킬 수도 있었으며, 그것은 일면 역사성을 갖는 것이었다고 할 수 있다. 그러나 한국의 역사학을 민족주

의 사학 한 가지로 일괄하는 것도 문제려니와, 더욱이 그것이 모두 근대주의적 지향을 갖는 것으로 단순평가하는 것도 사실에 부합하지 않는다.

초기 연구의 시작단계에서 역사인식상의 한계로 인해 많은 연구들이 근대주의, 근대화론에 기울어지는 경향이 있었던 것은 사실이다. 식민사관의 정체성론을 비판하고 발전을 얘기하며, 구제국주의를 비판하고 독립운동을 높이 평가하였으나 정작 그 발전을 저지하는 힘이나, 현실 자본주의의 질곡은 주목하지 않았다. 민족사의 주체성을 강조했으나 민족모순에 의해 야기되는 여러 현상 역시 주목의 대상에서 벗어나 있었다. 냉전체제 하에서 반공주의가 강요한 측면이 없지 않으나 근대화론(근대주의)에 매몰된 면이 없지 않았다고도 할 수 있다. 그렇기 때문에 또 하나의 근대주의로 비판받을 수 있는 여지를 남긴 것이다. 그러한 가운데서 몇몇 선진적인 문제의식은 당시의 국내 정세와 학문 여건 속에서 진지하게 검토될 기회를 갖기가 쉽지 않았다.

식민사관을 극복하고 새로운 한국사 인식체계를 수립하고자 했던 연구자의 노력이 단순히 자본주의 맹아를 찾거나, 주어진 과거의 도식적인 인식틀에 한국사를 억지로 맞추려 했던 그러한 것은 아니었다. 새로운 인식체계를 갖추는 데서 연구자들은 다양한 모색을 하고 있었고, 자연 그 과정에서 우리의 근대 역사학의 전통을 어떻게 발전적으로 계승할 것인가 하는 점을 고민하지 않을 수 없었다. 내재적 발전론은 그러한 가운데 굳이 계보를 갖다 댄다면 일제하의 사회경제사학을 발전적으로 계승하려는 그러한 성격을 갖는 것이었다.

1980년대 중반 이후 냉전체제가 해체되면서 대안의 가치추구가 어렵게 되자 갖가지 현실추수적인 이론들이 제기되고 있다. 최근 일본에서 있었던 '내재적 발전론 비판·극복'이란 언술들은 그러한 예의 하나이다. 이같은 문제제기는 한국사학계에 대한 하나의 도전이 아닐 수 없다. 1960년대초 한국사에 대한 이론의 빈곤이라는 비판에 직면했던 국사학계가 현재 역으로 한국사학의 '내재적 발전론'에 대한 비판에 답을 해야 하는 자리에 옮겨 앉게 되었다. 이 같은 전이는 1960·1970년대 연구성과의 축적이 있었기에 가능한 것이라고도 할 수 있다. 그러나 1960·1970년대 역사학이 위와 같은 성과를 냈음에도 불구하고 그에 대한 평가에 있어서는 아직 이견을 해소할 만한 수준에 오르지 못한 듯하다. 외국 학문의 홍수 속에서 자기 정체성을 견지하기 위해 노력해온 한국사학이 이 시기 역사학의 다양한 방향모색을 정면으로 평가하지 못하고 '내재적 발전론'이라고 하는 일본 연구자들이 이름 붙인 용어를 차용하여 연구 전반을 설명해온 것이 현실이다. 이는 역사발전 방향, 현대문화 건설의 방향을 제시하지 못하고 있는 우리 현대 한국사회의 사상적 문화적 빈곤상태를 반영하는 것이라고 할 수밖에 없다.

쏟아져 들어오는 외래이론에 휩쓸리지 않고 근대 역사학의 전통을 비판적으로 계승하면서 자신의 개성을 만들어 온, 매우 보기 드문 1960·1970년대 우리 현대 역사학의 전통이 어떻게 힘을 발휘할 것인가. 그 결과는 '후진'들의 대응 여하에 달려있다고 하겠다.

9장 현대 한국사학의 과제
- 과학적 역사학의 비판적 계승 -

1. 역사와 현실: 사회적 실천으로서의 역사학

세기 전환기 국내외의 정황 변화에 맞물려 현대 한국사학도 변화를 모색해야 한다는 목소리가 주위에 높다. 변화에 대한 요구는 민족의 진로에 대한 청사진을 제시하라는 한국 사회의 현실적 요구에서부터 국내외 학계에서 제기되고 있는 폐쇄적 민족주의 또는 서구중심적 근대주의 비판에 이르기까지 다양하며, 그 가운데는 기존 한국 역사학의 성과 자체를 근본적으로 재검토하게 하는 바 있어 우리의 주목을 요한다. '세계화'시대를 맞이하여 선진국으로 진입한다는 환상이 깨지고 미래에 대한 전망이 더욱 불확실해지고 있는 세기 전환기의 한국 현실에서 한국사학은 어떠한 화두를 준비해야 하는가? 민족사와 진로를 함께 해온 한국사학의 과거를 반추하는 데서부터 실마리를 찾지 않을 수 없다.

지난 한 세기, 20세기의 한국사학은 근대 학문으로 성장해오면서 민족이 처한 현실, 즉 식민지 지배와 분단이란 조건 때문에 이 같은 민족적 과제 해결을 위한 실천적 역사학으로서의 성격을 강하게 띠어왔다. 근대 한국사학의 기초를 마련한 것으로 평가되는 백암 박은식과 단재 신채호의 민족주의사학이 민족 독립을 목표로 했던 것은 공지하는 바이지만, 마르크스주의 역사학의 창시자라 할 동암 백남운이 한국사연구의 당면 목표를 '미래의 우리들을 전망'할 수 있는 실천적 역사학의 수립에서 찾고 민족해방에 기여하고자 했던 것도 마찬가지이다. 당시의 역사학은 학문적 차원을 아우르는 일본 제국주의와의 투쟁이었고 현실 변혁을 위한 싸움이었다. 일제시기에는 사회현실과 일정한 거리를 두고자 했던 실증주의 사가들조차 자신의 학문을 민족문화를 수호하고 일본인 학자들과 대결하는 것으로 생각했다.

역사학자들이 민족이 처한 현실 모순을 타개하고자 하는 목적을 가지고 자신의 학문을 추구했다는 점은 해방 전후 신민족주의 역사학에서 더욱 두드러졌다. 남창 손진태와 함께 새로운 학문을 모색하였던 도남 조윤제의 다음 발언은 신민족주의사학의 성격을 적실하게 표현하고 있다.

> 학문은 오로지 우리들이 현재 부닥처 몸부림치는 현실문제를 여하히 해결하여 우리의 생활을 건설하고 또 장래를 건설하느냐 하는 데에 그 목적이 있다고 우리는 규정하였다. (중략) 학문도 하나의 생활이다. 그러면 현실을 떠난 학문이란 것을 우리는 생각할 수 없다. (중략) 그러므로 우리는 과거의 우리 학문을 학문도락적인 일종의 관념론이라 하여 배격하고, 현실문제를 해결할 수 있고, 민족이 살아나갈 길을 명시하는 과학적인 학문을 요구하였다.[1]

위 도남의 발언은 1939~40년 전후한 시기 남창 손진태가 "동학 수우(同學數友)와 더불어 때때로 밀회하여 이에 대한 이론을 토의하고 체계를 구상하였다"라고 하던 신민족주의 조선사의 저술 태도와 기본적으로 동일한 것으로, "현실 문제를 해결할 수 있고, 민족이 살아나갈 길을 명시하는 과학적 학문"으로서의 신민족주의사학의 실천적 성격을 잘 보여주는 것이었다.

....

1 조윤제, 1964(1952) 「나와 국문학과 학위」 『陶南雜識』, 을유문화사, 379~ 380쪽; 정창렬, 1994 「손진태」 『한국의 역사가와 역사학 (하)』, 창작과비평사 참조.

해방을 전후한 시기는 신국가 건설을 둘러싸고 여러 정치세력이 각축하는 가운데 통일 민주국가 수립의 과제가 심각한 위기를 맞고 있었던바, 당시 민족적 위기는 역사가로 하여금 그 해결방안을 마련할 것을 강력히 요구하였고, 그 대응이 위와 같은 형태로 나타났던 것이다. 그 대응의 양상은 동암의 경우에서 확인되듯 현실 정치의 장으로 자리를 옮기는 경우마저 나타났다.[2] 실천적 역사학의 가장 극단을 체현한 셈이다. 따라서 이 시기의 역사학은 다분히 이데올로기적 경향을 띠지 않을 수 없었다. 실증주의사학을 통해 강단사학의 기초를 세우고 냉정한 학문적 태도를 견지한 것으로 평가되는 두계 이병도조차 6·25 이후 민족의 지도이념으로서 협동과 타협의 전통을 강조하여 국민적 단결을 호소하였던 것은 그의 이념지향적인 측면을 보여준 것이었다.[3]

이상과 같이 지난 20세기의 한국사학은 일제의 식민지배와 남북 분단이라는 질곡 속에서 근대 역사학으로 성립하고 현대 역사학으로서의 면모를 갖추어 왔기 때문에 그 이데올로기적 지형에 크게 제약받을 수밖에 없었고, 그 자체 이데올로기적 경향을 띠기가 쉬웠다. 남한의 경우 6·25 전쟁 이후 분단의 골이 깊어가는 가운데 권위주의적 군부독재체제 하에서 그 대립 양상이 표면화되기 어려웠지만, 그러한 가운데서도 이데올로기적 대립은 연구방법론에 관한 논쟁 속에서 잠복하고 있었고, 군부독재의 종식과 함께 새로운 형태로 재현되었다.

그러나 한국 근현대 역사학이 이룬 성과를 모두 이데올로기의 반영, 또는 그 종속물로 치환시켜 왜소화시키는 것은 곤란하다. 사회현실과 독립된 순수학문이라는 것이 존재하기 어려운 것은 사실이지만, 학문이 이

....

2 방기중, 1997 「해방후 국가건설문제와 역사학」 『김용섭교수 정년기념논총 1: 한국사인식과 역사이론』, 지식산업사.

3 한영우, 1994 「이병도」 『한국의 역사가와 역사학 (하)』, 창작과비평사, 260~261쪽.

데올로기를 위해 봉사한다고 했을 때 그것은 이미 학문이 아니라 정치선 전물로 전락하게 될 것이다. 마찬가지로 한국 역사학의 각 경향들이 입각하고 있는 사관을 일방적으로 옹호하거나 비난하는 것도 곤란하다. 그 성과물들을 객관적 역사와의 관련 속에서 검토함이 없이 어느 고정된 사관, 또는 특정 이데올로기의 반영으로 몰아서 포폄한다는 것은 있을 수 없는 일이다. '올바른 민족사관'의 수립을 위해 모두가 매진해오는 과정에서도 학문 경향은 결코 단일하지 않았고 그 내용도 획일적으로 평가할 수는 없는 것이었다.4 이제 역사학은 이데올로기의 시녀의 지위에서 벗어날 때가 되었다. 냉전이 종식된 후까지 어느 진영에 속할 것인가가 강요되는 한국 현실 속에서도.

역사학을 평가함에 있어서 비판의 기준이 되어야 할 것은 오직 역사적 진실이라고 하겠다. 그것에 어떻게 다가갈 것인가. 역사학자들이 다양한 방법론을 모색해 왔지만 그것 역시 역사적 조건에 제약받고 있는 것이 사실이고, 현재로서는 어떠한 설명방식이 더 선명하고 설득력을 갖는가 하는 점을 문제삼아야 할 것이다. 한국역사학이 한국인들의 손에 의해 본격적으로 연구되기 시작하면서 축적된 연구성과들은 그 자체 한국사의 체계화를 위한 소중한 자산인바, 그 입각하고 있는 사관 여부에 관계없이 일정한 거리를 가지고 충분히 검토할 필요가 바로 여기에 있다. 최근 학

---

4 조기준, 1970 「서문」 『한국사시대구분론』, 을유문화사. "해방 후 한국사의 연구 분야에서는 과거의 잘못된 역사인식을 시정하고 올바른 민족사관을 수립하는 데 모든 힘을 기울이고 있다. (중략) 해방 후 한국사를 연구하는 다수의 학자들의 노력으로 왜곡된 사실들은 바로잡히고 식민사관은 일단 배제되었다고 하겠다. 그러나 일인학자들의 식민사관은 물러났어도 거기에 대체되는 어떠한 새로운 사관이 태동되었다는 것일까. (중략) 해방 후의 한국 사회경제사가들은 유물사관은 이미 낡은 것이라고 하고 그로부터 탈출하려는 노력으로 일관하고 있다. 그러나 현재 한국의 사회경제사학은 이 낡은 사관의 테두리에서 얼마만큼이나 벗어났다고 할 수 있을 것인가."

계 내부의 한국사학에 대한 비판은 그러한 점에서 저간의 한국사학이 이룬 성과나 한국사학이 처한 조건에 대한 이해와 배려가 충분한 것인지 묻지 않을 수 없다.

최근 학계 내부에서는 이른바 내재적 발전론으로 설명되고 있는 1960·70년대 한국사학의 입론, 그 한계를 보완하고자 했던 1980년대 이래의 한국사학계의 연구성과를 전면적으로 재검토해야 한다는 주장이 제기되고 있다. 기존의 한국사학은 공히 민족사의 발전을 선험적으로 전제하고 서구 근대의 경험에 일치시키려 했던 근대주의적 민족주의 사관에서 이제 벗어나야 한다는 비판적 문제제기이다. 이 같은 비판은 최근의 현실 사회주의권 붕괴와 포스트모더니즘의 조류에 힘입은 '민족주의 비판'과 맥을 같이하는 것으로 보인다. 이제 역사학은 학문적 중립성을 지켜야 한다는 선배들의 뜻을 되살려 구시대의 유물이 된 유물사관을 청산하고 '올바른 민족사관'을 수립할 때가 되었다고 본격적으로 발벗고 나설 것인가? 아니면 이러한 비판들을 받아들여 '역사의 종말'을 인정하면서 '계급'과 '민족'을 해체하고 '개인'의 '일상생활'로 돌아갈 것인가?

해방 후 한국이 처해온 현실과도 관련하여 한국사학=민족(주의)사학이란 등식이 받아들여지기도 하였고,[5] 당면 과제인 식민사관 극복에 초점이 모아지면서 한국사학은 한국사에서의 발전양상을 찾고 그 '세계사적 보편성'을 확인하는 데 주력하였다. 이 때 그 기준을 주로 서구의 근대, 서구의 역사경험에서 찾았던 것이 일반 현상이었다. 따라서 이제 서구 중심적 근대주의의 옷을 벗을 때가 되었다는 제언은[6] 충분히 검토해야 할

....

5 노태돈, 1991 「해방후 민족주의사학론의 전개」, 『현대 한국사학과 사관』, 일조각; 박찬승, 1994 「분단시대 남한의 한국사학」, 『한국의 역사가와 역사학 (하)』, 창작과비평사.
6 이태진, 1997 「한국사학의 모더니즘으로부터의 탈출」, 『한국사시민강좌』 20, 일조각.

것이다. 그러나 민족주의는 그것이 내포하는 범위가 넓고 내용이 다양하여 비판적으로 검토될 필요가 있다. 예컨대 비판론자들은 한국사학을 기본적으로 내재적 발전론에 입각한 민족주의사학으로 규정하고, 이 내재적 발전론이 바로 서구의 경험에서 유추된 '세계사적 발전론'의 한국적 적용이라고 비판하는데, 이는 정곡을 찌른 것이라 보기 어렵다.

우선 1960·70년대 한국사학의 방법론적 기초가 되었다고 평가되는 내재적 발전론은 식민사관의 타율성·정체성론을 비판하고 한국사를 세계사적 발전과정이라는 보편성의 전제 위에서 한국사의 특수성을 밝혀 민족사를 발전적으로 체계화하고자 하는 이론이라고 할 수 있다. 그런데 그 가운데 근대주의적 편향이 없는 것은 아니었으나 그 핵심은 '사적유물론의 방법'의 한국적 적용이었고, 당시의 정황에 제약받아 그것은 민족주의사학으로 분식될 수밖에 없었음을 주목해야 할 것이다.[7] 1960년대 이래의 한국사학은 다양한 지향과 입론의 차이를 보이고 있었으며, 그것은 결코 서구의 경험에서 나온 일원적 발전론을 기계적으로 적용한 것도 아니었다.[8]

한편 내재적 발전론 비판이나 민족주의 비판이 한국의 '민족주의사학'이 안고 있는 문제점을 안으로부터 비판적으로 극복하는 것이 되지 못하고 밖으로부터 제기된 포스트모더니즘에 크게 의존하고 있는 점도 문제이다. 1970년대 후반 이래 '내재적 발전론' 비판이, 한편으로는 민족주의사학이 안고 있던 근대주의적 편향을 불식하고 사회구성의 변화를 변혁주체의 성장과 관련지어 설명하려는 노력을 기울여온 것과는 달리, 최근에는 기존 한국사학의 지향이나 성격을 그 내용의 면에서 구체적으로 검

----

7 김인걸, 1997 「1960, 70년대 '내재적 발전론'과 한국사학」『김용섭교수 정년기념한국사학논총 1: 한국사 인식과 역사이론』, 지식산업사.
8 박찬승은 한국사학의 다양성을 인정하여 1960, 70년대 한국사학을 총괄하여 '내재적 발전론'으로 설명할 경우, 그것을 사회구성체적 내재적 발전론과 근대주의적 내재적 발전론으로 나누어 설명할 수 있다고 본다. 박찬승, 앞의 논문 참조.

토하는 것을 생략하고 단지 그 입론이란 면에서 서구중심주의 또는 근대주의로 예단하는 데서 크게 벗어나지 못하고 있다. 이 같은 비판에서 벗어날 수 있는 내용은 오직 '실증적'인 연구 외에 다른 무엇이 있겠는가.

여기에서 그간의 이른바 '발전론'이 실증사학으로부터 끊임없이 비판받아온 사실을 주목하지 않을 수 없다. 즉 1960년대 이래 사회구성의 변화를 '체제적'으로 파악하고자 했던 연구들은 학계 내부에서 흔히 기존 실증주의사학과의 대결이란 형태로 자리잡아왔다.[9] 따라서 '1960·70년대 내재적 발전론'에 대한 비판이 '1980년대 민중사관' 비판으로 연결되는 것도 일면 자연스러운 일일 수 있게 된다.

최근 제기된 마르크스주의사학이나 민중사학(민중적 민족주의사학)에 대한 경고는[10] 사학사 검토라는 형태로 제기된 것이지만, 스스로 자유민주주의체제를 옹호하는 사학임을 자처하고 있는 데서 알 수 있듯이 그 자체가 강한 이데올로기성을 띠고 있다. 이는 신자유주의나 포스트모더니즘이라는 새 옷을 걸친 '실증사학'의 변주곡으로 들리며, 그것이 냉전 종식과 현실 사회주의체제 붕괴라는 현실변화에 추수하는 성격 이상을 지닌 것인지 의문이 아닐 수 없다. 이 같은 비판은 한국사학을 이데올로기 대립의 결과물로 치환시켜 한국사학을 황폐화시킬 뿐이다. 1960, 70년대의 한국사학이 그래도 학문적 성과를 거둘 수 있었던 것은 끊임없는 이데올로기적 공세 속에서 학문을 지켜내려는 선학들의 노력이 있었기 때문이라는 점을 상기할 필요가 있다.

한국사학의 진전은 외국 이론을 수입하거나 외국 사학을 형식적으로 모방한다고 저절로 이루어지는 것이 아니다.[11] '역사의 진실'을 밝힌다고

---

9 김인걸, 앞의 논문 참조.

10 이기동, 1993 「민중사학론」, 『현대 한국사학과 사관』, 일조각.

11 김철준, 1970 「한국사학의 제문제」 『문학과지성』 가을호. "설혹 비판이 가해지

하는 '학문을 위한 학문'이 그 진실을 밝히는 것을 구조적으로 가로막아왔던 '현실'의 타개를 위해 과연 어떠한 노력을 해왔는지 반문할 필요가 있을 것이다. 역사의 진실을 밝히기 위한 사회적 실천이 동반되지 않는 역사학은 학문 자체로서 한계가 있을 뿐만 아니라 역사의 왜곡을 막아내는 데 취약성을 드러내지 않을 수 없다. 분단 이후 선배들이 보여준 사회적 영향력, 한국사의 체계화를 통해 민족사의 진로를 밝히고자 노력 등에 비추어서 오늘날의 한국사학이 얼마만큼 진전을 이루어냈던가 곰곰이 따져볼 일이다.

오늘날 한국사학은 새로운 역사학의 전범을 찾는 데에서 중심을 찾지 못하고 있을 뿐만 아니라 민족의 진로를 제시하라는 현실로부터의 요구에도 답을 못하고 있는 것이 현실인 듯하다. 이 같이 이론적으로나 실증적으로나, 또는 현실 사회에 대한 영향력의 정도에서나 제 역할을 하지 못하고 있다는 지적을 받게 되는 이유는 어떻게 설명할 수 있을 것인가? 그 이유로는 우선 식민지하에서는 말할 나위 없지만, 해방 이후 분단이라고 하는 민족현실, 그로부터 오는 정치적·사상적 제약을 지적할 수 있겠다. 해방 후 한국 근대역사학의 전통 위에서 새로운 역사학을 수립하려는 분위기가 결실을 맺기도 전에 자주적 민족국가 수립운동의 좌절과 민족분단, 6·25 전쟁 등을 겪으면서 역사학계는 극도로 경색되고 위축되지 않을 수 없었다. 남한의 경우, 극우 반공정권 하에서는 다양한 이론적 접근

....

고 있다고 하더라도 현재에 대한 비판은 피하고 과거만 논한다든지, 현재의 단편적인 문제만을 논할 뿐 과거에까지 연결된 비판체계를 수립시키지 못하였고, 심지어는 비판을 해도 비판하는 효과가 없는 대상만 골라 공격하는 현상이 나타나고 있다. 이것은 현대문화에 대한 자기무능력의 고백인 동시에 과거문화에 대한 이해의 포기임을 말하는 것이다. 이러한 비판정신의 결여가 곧 식민지체질이 잔존하는 온상이고, 외국사학을 형식적으로만 모방할 뿐 보다 더한 전진을 불가능하게 하는 원인이다."

이나 '체제적 연구'는 물론 최소한의 사실을 밝히는 작업마저도 쉽지 않았다. 최소한의 진실을 밝히는 작업조차 큰 용기를 필요로 하는 상황에서 현실과 연결된 비판적 인식체계를 제시한다는 것은 여간 어려운 일이 아니었다. 역사학계가 문헌고증학 일색으로 비쳐질 수밖에 없는 상황에서 그 사회적 영향력에 대한 기대는 더더욱 생각하기 어려웠다.

그런데 위와 같은 정치적 제약 외에, 학문 내적으로 기술적인 취약점을 안고 있다는 점도 무시할 수 없을 것이다. 새로운 역사학의 수립을 위해서는 다양한 역사학 이론이나 방법론에 대한 검토가 실증적 연구와 깊이 연결되면서 진행되어야 할 터인데, 이론과 연구는 겉돌고 상보작용을 할 수 있는 수준에 이르지 못하고 있었다. 1952년 역사학회가 출범하면서 인접 사회과학 방법론에 대한 관심의 제고를 촉구한 이래 한국사학은 사회과학이나 여러 사학이론을 흡수하는 데도 적지 않은 노력을 기울였다. 전국 역사학대회가 1962년의 공동주제의 하나로 '역사학과 사회과학의 협동을 위하여'를 택한 이후 '역사이론과 역사서술', '역사학의 방법' 등이 공동주제의 중심을 차지해온 사실은 저간의 정황을 반증한다. 그렇지만 이들 이론이나 방법론은 여전히 하나의 적용 모델 정도로 치부되고 그것의 출자(出自)까지 포함된 전 내용이 본격적인 검토의 대상이 되었던 적이 드물었다.

외래의 이론을 전면적으로 검토하기 위해서는 그것을 수용할 수 있는 자체 연구 역량을 갖추어져야 하는데, 연구 인력이나 연구 여건이 부족했던 것은 말할 나위 없지만, 그것을 조직하고 타개해나갈 수 있는 역량이 전반적으로 취약했기 때문에 각 이론은 개인적인 차원에서 각양의 형태로 이해되는 수준을 넘지 못하고 있었다. 즉 지금까지 한국사연구자들은 다양하고 전문화된 인접학문의 성과를 충분히 소화할 수 있는 여유를 갖지 못하고, 시급한 과제로 떠안은 한국사의 체계화를 위해 시급히 메워야 할 빈 공간을 채우는 작업에 매달려왔다고 할 수 있다.

내외적으로 어려운 조건 속에서 연구가 진행되다보니 연구의 기초를 다지는 데에도 상대적으로 소홀할 수밖에 없었고, 그 결과 한국사·한국문화 연구역량의 확대를 기하기 어려웠고 연구 대상도 제한되게 되었다. 한국사 연구가 튼튼한 기반을 가지기 위해서는 인접 학문의 참여가 있어야 할 터인데, 이들이 한국의 사회와 문화에 접근할 수 있는 여건이 충족되지 못함으로써 역사학의 입지는 크게 넓어지지 못하였다. 한국학의 기반을 조성하는데 필수적이라 할 기초적인 자료정리나 각종 사료의 주석 작업조차 장기적인 안목에서 체계적으로 추진되지 못한 사실이 저간의 사정을 반영한다.

아울러, 현대사 연구가 제대로 추진되지 못했던 것도 문제였다. 현대사 연구의 부재는 한국사학의 입지를 위축시키고 현실에 대한 영향력을 약화시키는 결과를 가져왔다. 올바른 현대사의 이해체계 없이는 올바른 현실비판 능력을 가질 수 없는 것인데, 그간 현대사를 방기해온 것이 한국사학을 위축시키는 결과를 낳았다고 할 수 있다. 현실은 역사학의 분석 대상이 아니라 사회과학자들의 몫이라는 이유로 그 임무를 떠넘겨온 결과가 아닌지 따져보아야 할 일이다. 현대사 연구의 부재는 역사연구의 심화를 어렵게 하는 것일 뿐만 아니라 한국사학의 위상 제고를 스스로 포기하는 것이 아닐 수 없다.

흔히 역사는 과거의 사실을 다루는 것이라고 하지만 정리되지 않은 무수한 자료들을 발굴하면서 이루어지는 현대사 연구의 경험이 없이는 과거 연대기 등 '정리된 자료들'이 갖고 있는 한계까지를 밝힐 수 있는 인식의 제고가 쉽지 않은 것이다. 더욱이 분단 한국사에서 처음 있었다고 하는 평화적 정권교체기의 공문서 파기사태에서 확인된 바 있듯이 새롭게 생성되고 있는 많은 자료들이 역사가들의 통제를 쉽게 벗어나고 있는 데 대한 역사학자들의 책임 방기는 심각하다. 수많은 현대 사료에 대한 정리 능력 없는 과거사 정리란 어떤 의미를 갖는 것일까?

바로 위와 같은 사실들이 반증하는 바이지만, 결국 한국사학이 응분의 역할을 하지 못하고 있는 사정은 스스로 '과거에까지 연결된 비판체계'를 수립하여 현대문화 건설에 비판적 대안을 제시한다는 소임을 다하지 못한 데서 비롯된 것으로 설명할 수 있을 것이다.[12] 바꾸어 말하면, 한국사학이 현실과 건강한 관계를 유지하지 못하고 그로부터 유리되어 온 것이 문제인 것이다. 한국사학이 자신에게 굴레로 작용하고 있었던 반공주의의 벽을 허물고 사실을 사실대로 밝힐 수 있는 기초를 마련한 것이 겨우 1980년대 이후 우리 사회의 민주화의 결과라는 점을 상기할 필요가 있다. 역사연구가 사회현실과 긴밀히 연계되어 있다는 사실이 여기에서 확연히 드러난다.

역사연구가 학문 활동인 동시에 하나의 사회적 실천인 만큼, 그것이 건강성을 확보하기 위해서는 당해 사회와 건강한 긴장관계를 유지하면서 현실로부터의 소외를 극복하는 것이 과제이다. 과거 한국 역사학의 토대를 닦아온 선배들이 그러했듯이 진실을 밝히기 위한 용기가 필요한 것이고, 진실을 밝히기 위해서는 동시에 진실을 찾아나설 수 있는 무기가 필요하다고 하겠다.

여러 '이론'들은 나름의 '이력'을 갖고 있어서 그 출자(出自)를 거슬러 올라가면 그것에는 각각 일정한 정치적 함의가 내포되어있음을 발견하게 된다. 한국사에 적용하려 했던 여러 이론 역시 만찬가지이다. 유독 그것을 하나의 작업가설로서만 국한시켜 파악하는 태도는 실증주의에서 조금도 나아간 것이 아니며, 바로 역사학과 현실과의 관계에 대한 몰이해를 드러내주는 것이라 하겠다. 우리는 사실 설명이라는 수준에 머물지 않고 거기

----

12 위의 논문.

에서 나아가 사회변동의 원인과 변동과정의 특질을 파악하고자 하며, 또한 그러한 노력 자체가 사회적 여건의 변화와 밀접한 관련이 있음을 확인해 왔다. 역사학이 인접 학문에 대한 이해가 부족하다는 것도 따지고 보면 변화하는 현실에 대한 과학적 인식에서의 소외현상에서 비롯된 것으로 이해할 수 있는 것이고, 자료정리 능력의 한계라는 것도 한국사학계의 현실 소외현상을 반영하는 것이다.

한국사학의 학문적 역량은 한국의 전통문화에 대한 과학적 이해체계를 제시할 수 있는가 여부로 판가름된다. 여기에는 새롭게 제기되는 여러 '이론'들을 충분히 소화할 수 있는 학문 내적인 연마가 필요한 동시에 한국이 처한 객관적 현실과의 건강한 긴장관계를 유지하는 것이 관건이 아닐 수 없다. 현실에 대한 총체적 비판능력 없이는 외래 '이론'의 소화는 물론 전통문화의 정리라는 것도 한계를 가질 수밖에 없기 때문이다. 이를 위해서는 현실 자체에서 발언권을 가질 수 있는 힘을 길러야 하고 역량 강화를 위한 조건을 갖추는데 필요한 일을 찾아 나서야 할 것이다. 21세기의 한국사학은 이와 같은 과제를 어떻게 수행하는가에 따라 여러 다른 모습으로 나타날 것이다.

2. 한국사의 체계화

역사학이 현실과의 긴장관계 속에서 이루어지는 하나의 사회적 실천이라고 할 때 한국사학의 궁극적 목표는 전통사회의 발전방향에 대한 객관적 이해체계를 제시하여 현대 문화의 출발 기준을 제시하는 데 있다. 따라서 문제의 핵심은 현실을 보는 눈이고 체계화의 내용이며, 그 구현 형태는 역시 체계적 역사서이다. 그것은 외래 이론의 무매개적인 적용으로써 이루어질 수는 없는 것이고, 그 이론 자체가 현실을 보는 눈과 연결되어 의미가 살아나는 것임은 물론이지만, 그렇다고 하여 객관적 이해체계나 역사(서)가 어떤 현실 정치적 목적 따라 만들어질 수 있는 것은 아니다. 따라서 한국사의 체계화는 어떤 도식의 적용이 아닌 충실한 실증적 연구에 의해 뒷받침되어야만 과학적 역사학으로 설 수 있다.

위와 같은 점을 고려한다면 20세기 한국사의 체계화에 대한 본격적인 논의는 해방 후 신국가 건설의 방향을 둘러싸고 전개되기 시작하였다고 할 수 있다. 19세기 말에 우리나라의 근대역사학의 단초가 마련된 이래 20세기에 들어와 백암과 단재에 의해 근대역사학이 성립되고, 이어 실증사학과 사회경제사학의 연구성과가 나오기 시작하면서 한국사 연구의 수준이 크게 고양되고 있었다. 그렇지만 아직 한국사 전체의 체계화가 가능한 수준은 아니었고 오히려 일제하에서는 일제 관학자들의 식민사관에 입각한 이해가 주류를 이루었다. 일제하에서 그것을 극복하고자 하는 노력이 있었으나 성과를 보기는 어려웠고, 식민사관의 한국사 체계를 실증적 연구를 기반으로 하여 비판하고 그 대안을 마련하기 시작한 것은 해방 이후 한국인에 의한 한국사 연구가 본격화되면서부터라고 할 수 있다.

해방 후 한국사의 체계화작업은 신국가건설의 방향과 관련하여 일제하 사회경제사학 계열과 신민족주의 계열의 학자들에 의해서 적극적으로 추진되었다. 백남운과 손진태가 그 대표적인 예라고 하겠는데, 이들은 각각 도식성과 관념성이란 한계에도 불구하고 한국사의 전 체계를 민족사의 발전과 미래에의 전망을 기준삼아 체계화 하고자 하였다.

그러나 6·25 전쟁을 전후로 상당수 학자들이 남한 학계를 떠나고 연구 초기의 한계 등으로 인하여 1950년대까지는 아직 식민사학의 유산에서 자유롭지 못한 상태였다. 한 일제 관학자가 『동방학지』 제1권을 읽고 전후 한국사학계를 평하면서, 한국에서의 동방학 연구는 자기들이 깔아놓은 '레일' 위를 달리고 있으며, 따라서 일제강점기의 조선사 연구와 금후의 한국에 있어서의 조선 연구 사이에 단층은 없었을 것이라고 내다봤던 것처럼[13] '우리 자신에 의한 한국사의 체계화 또는 한국사관은' 여전히 일인들의 영향 하에서 크게 벗어난 것이 되지 못하였다.

실증적 연구 위에서 식민사관의 한국사상(韓國史像)을 불식시키고 한국사를 체계화할 수 있는 기반을 다질 수 있는 토대는 1960년대에 마련되기 시작하였다. 4.19혁명과 한일회담 반대운동을 거치면서 고양된 민족주의와, 한편으로는 세계적으로 확산되던 제3세계 민족해방운동에 자극을 받으면서, 역사학계는 식민사관 비판과 한국사의 체계화작업을 본격화하였다. '4.19 공간' 속에서 역사학계에서는 냉전체제에 안주했던 문헌고증사학에 대한 반성과 아울러, 식민주의사학에 대한 비판이 점차 고조되고, 민족주의사학과 마르크스주의사학에 대한 관심도 양성화되는 등 현대사학상 획기적인 변화가 나타났다.[14]

식민사관에 첫 포문을 연 것은 이기백으로서, 그는 일제 식민사관론자들이 한국사에서 강조한 '반도적 성격론' '사대주의론' '당파성의 문제' '문화적 독창성의 문제' '정체성의 이론' 등을 들어 비판하였으며,[15] 김용섭은 일제 식민사학의 본질을 세밀하게 검토하여 '타율성론'과 '정체성이론'으로 규정하고 그 극복의 초석을 놓았다.[16]

당시 이기백은 "현대 역사학은 세계사적인 관점에서 사회의 발전과정을 구명하는 것을 중심 과제로 삼고 있다"는 것을 전제하고, 한국사의 과

13 高橋亨, 1955 「동방학지 제1권 서평」『조선학보』 7; 김용섭, 1966 「일본·한국에 있어서의 한국사서술」『역사학보』 31 참조.

14 한영우, 1991 「총론」『한국사특강』, 서울대학교 출판부, 18쪽.

15 이기백, 1961 「서론」『국사신론』, 일조각.

16 김용섭, 1963 「일제 관학자들의 한국사관」『사상계』 2월호.

제는 "민족의 역사적 발전과정을 어떻게 이론적으로 체계화하느냐 하는 것"임을 강조하였다. 그는 "물론, 한국사는 한국사대로의 특수성이 있을 것임이 분명하다. 이 특수성은 그러나, 영구불변의 민족적 성격이거나 민족정신으로 설명될 것이 아니라, 역사적 특수성으로 이해되어야 할 것"임을 분명히 하고 그 과제를 해결하는 것이 과거의 민족사학을 계승 발전시키면서도 이를 극복 지양하는 길임을 지적하였다.[17] '특수성'이 '정체성'으로 흔히 받아들여지고 있던 사정에 대한 비판적 인식이 주목된다.

이 같은 점을 김용섭은, "한국사는 한국사로서의 개별성을 살려가면서 세계사의 발전과정을 일반화시킬 수 있는 이론이 있다면 그 이론으로써 체계화시켜야 하는 것"으로 설명하고 있다.[18] 아직은 실증적 연구의 기반이 취약하고 이론적으로 충분한 검토가 이루어지지 못하고 있던 사정에서도 한국사의 보편성과 특수성의 문제, 세계사적인 차원에서 어떻게 한국사를 체계화할 것인가 하는 문제를 화두로 본격적인 한국사 체계화작업을 시작하였던 것이다.

이 같은 기조 위에서 1960년대에는 고고학계의 구석기시대 유적과 청동기시대 유물·유적 등에 대한 본격적인 발굴에 기초하여 고대사의 새로운 체계화의 기초가 마련되었다. 이후 시기 한국사 전반의 연구가 활성화되는 가운데 특히 조선 후기 사회경제사에 대한 연구가 집중적으로 이루어진 것이 주목된다. 한편, 근대사의 경우 식민통치사에서 독립운동사로 관점의 변화를 이루는 등[19] 한국사의 체계화작업의 기초가 착실하게 다져지게 되었다.

....
17 이기백, 1963 「민족사학의 문제-단재와 육당을 중심으로-」『사상계』 2월호; 역사학회 편, 1969 『한국사의 반성』, 신구문화사, 28쪽.
18 김용섭, 1963 「일제 관학자들의 한국사관-일본인은 한국사를 어떻게 보아 왔는가?-」『사상계』 2월호; 역사학회 편, 위의 책, 37쪽.
19 조동걸, 1998 『한국현대사학사』, 나남출판사, 56쪽.

위와 같은 작업에 기초하여 이제 1960년대 후반에 이르면 한국사 시대구분을 논의할 수 있는 수준에까지 이르게 되었다. 단시간에 이루어진 성과로는 실로 눈부신 것이었다. 이 시기의 연구는 '국사에 있어서 타율성을 배제하고 민족의 주체적 내재적 발전과정을 합법칙적으로 파악하려는 노력이 동시에 일어난 것'이라고 평가할만한 것이었으며,[20] 이는 근대 역사학을 성립시킨 민족사학을 계승하고 사회경제사학의 성과를 비판적으로 수용한 것으로 평가될 수도 있는 것이었다.[21] 이 같은 기조는 그대로 1970년대로 이어졌다.

1970년대에는 사회경제사 연구가 활성화되었고 사회변동기가 주목되었으며, 그 밖에 전통사회에 대한 연구에서도 당시 권위주의적 군사정권의 장기집권 의도가 노골화됨에 따라 그에 대한 비판적 성격을 띤 연구가 뒤를 이었다.

여기서 우리는 해방 후 새로운 한국사학을 건설하려는 노력이 결실을 보지 못하고, 분단과 전쟁으로 남북 역사학이 크게 위축된 상태에서 그것은 매우 고단하게 추진되지 않을 수 없었다는 점을 주목해야 할 것이다. 김용섭 교수가 자신의 첫 저서의 서문에서, "농민층의 동태를 농민들의 주체적 계기에서, 그리고 한국사의 내적 발전과정에서 파악해 보려 하였던 필자는 이 벽을 극복하지 않으면 안 되었다. 그것은 결국 식민사학의 유산을 청산하는 문제였고, 새로운 역사학을 건설하는 문제로 생각되었다. 지금은 지극히 당연한 일로서 모두가 그렇게 노력하고 있는 터이지만, 1950년대의 후반기에는 아직 생소한 문제였고, 여러 군데 눈치를 보지 않으면 안 되는 문제이기도 하였다"[22]라고 토로한 것은 당시의 분위기를 상

20 이우성, 1968 「67년도 회고와 전망-국사-총설」, 『역사학보』 39.
21 김도형, 1997 「근대사회성립론」, 『김용섭교수정년기념한국사학논총 1: 한국사 인식과 역사이론』, 지식산업사.

징적으로 보여준다. 즉, 1960년대 후반, 70년대 초에 들어서야 한국사의 새로운 체계화가 본격적으로 논의되기 시작하고, 1950년대 중반만 하더라도 그 같은 시도 자체가 '여러 군데 눈치를 보지 않으면 안 되는 문제'였던 것이다. 이 같은 사정은 이후에도 크게 개선되지는 않았다.

실제 당시에는 이른바 체제적 연구, 한국사의 체계화작업의 방향에 대한 우려가 여러 차원에서 제기되고 있었다. 1960년대 중반 한창 '발전론'이 운위될 때 서양사학계에서 제기한 의문은 그 대표적 예이다. 역사학의 목적은 가설의 입증에 있는 것이 아니고 사실인식 그 자체에 있는 만큼 역사를 어떤 가설에 끼워 맞추는 것이 되어서는 안 된다는 점을 강조한 것 등이[23] 그것으로서, 이 같은 비판은 역사가 어떤 도식이나 당위에 의해 좌우될 수 없음을 지적한 것이었다.

동양사학 쪽에서도 "사회경제사학의 연구가 국사의 내적 발전의 결여 내지는 정체성의 이론을 배척하고 국사를 체계화하는 데 시사를 준 것은 사실"이지만 "사회경제사가들이 빠지기 쉬운 독단적인 사관과 방법으로는 국사의 바른 체계사 세워지기 어렵다"는 점을 강조하였다.[24] 이 같은 비판은 1970년대에도 지속되었다. 그간 한국사학이 식민사관의 극복에는 어느 정도 성공하였다고 하더라도 새로운 체계화에는 부족한 점이 많다는 인식이 일반적이었다.[25] 방법론적인 문제제기는 아니지만 유신정권하

22 김용섭, 1971 「서」『조선후기농업사연구 1』 일조각.
23 양병우, 1966 「역사연구와 가설」『역사학보』 31; 양병우, 1968 「시대와 시대구분」, 『역사학보』 37. 양병우 교수는 1970년대 후반 국사학의 '현재성 부재' 문제나 '분단시대사학' 극복론이 제기되었을 때 '분단극복 사학론'이 역사의 방법론이 될 수는 없음을 지적했다. 양병우, 「통일지향 민족주의사학의 허실」(1987 『역사논초』, 지식산업사 재수록) 참조.
24 전해종, 1966 「한국사를 어떻게 보는가」『신동아』 8월호; 역사학회편 편, 앞의 책, 13쪽.
25 민석홍, 1978 「역사의식의 방향과 역사학의 과제」『제21회 전국역사학대회 발

의 역사학이 자칫 소홀하기 쉬운 정치적 예속의 문제에 대한 경계[26] 역시 당시 한국사학이 주의를 기울여야 할 것이었다.

1960, 70년대 일련의 한국사 체계화 작업에 대한 비판은 한국사학계 자체에서도 제기된바 있었는데, 한우근 교수의 다음과 같은 지적은 저간의 학계 분위기 일반에 대한 비판적 견해를 잘 보여주고 있다.

> 우리는 흔히 연구 방법상으로 문헌학적 연구 내지는 실증사학을 극복해야 한다는 비판의 소리와 또 체계 있는 한국사를 하루빨리 재구성해야 한다는 비판의 소리를 듣는다. 그러나 (중략) 우리 사학계의 수준으로 보아서는 설익은 이론이나 조급하게 된 체계보다는 먼저 여러 가지 사실을 보다 더 정확하게 실증해 나아가는 태도가 연구 분야를 보다 넓히는 일과 연구내용을 보다 깊게 하는 일에 필요하다. (중략) 한국사의 체계화라는 일반적인 요망은 단순한 방법론적인 고찰이나 내실이 없는 반성의 되풀이나 또는 어중간한 지식에 근거한 토론의 되풀이로써는 충족시킬 수 없을 것이다. 그것은 구체적인 연구 활동을 통해서만 진전될 것이다.[27]

위 한 교수의 지적은 한국사 체계화를 위해서는 연구 분야의 확대와 연구 내용의 심화가 필요하고, 이를 위해서는 실증적 연구가 더 활발해져

....

표요지』, 19~20쪽 "해방 후의 한국사연구에 주어진 긴급하고도 중요한 과제는 일제시의 식민사관의 타파와 새로운 주체적인 한국사상의 정립이었다. 전자의 경우 여러 학자의 적극적인 노력으로 상당한 성과를 거두었음은 주지하는 바와 같으나, 후자의 경우는 아직도 미흡한 감이 없지 않다. (중략) 새로운 한국사상의 정립을 위하여는 보다 더 활발한 이론적 방법론적 검토가 필요할 것 같다."

26 민두기, 1978 「중국에 있어서의 역사의식의 전개」 『제21회 전국역사학대회 발표요지』, 35쪽.

27 한우근, 「한국사학도의 반성」 『대학신문』 1976.1.9; 1976 『욕망과 욕심』, 일조각, 220~222쪽.

야 함을 강조한 것으로서, 당시 열악한 연구 여건 하에서 고단하게 추진되고 있던 한국사연구의 수준에 대한 이해를 반영한 것이기도 하다. 이같은 지적이 성급한 체계화를 우려한 것이었다고 하면, 다른 한편에서는 체계화의 방법을 더 문제 삼는 경우도 있었다.[28] 1960, 70년대 한국사의 체계화작업에 이견이 표출된 셈이었다.

당시 체계화 작업에 대해 비판적인 입장을 취하는 경우, 이는 대부분 실증을 강조하는 데서 크게 나아간 것은 아니었다. 구체적 연구, 사실을 사실대로 밝히는 것이 갖는 중요성은 더 말할 나위 없이 강조되어야 할 것이다. 그렇지만, 이미 오래 전 역사학회 출범 당시에도 지적되었듯이 실증은 역사연구의 출발, 기초 조건이지 필요충분 조건이 되는 것은 아니고, 중요한 것은 언급했다시피 체계화의 방법과 내용이다.

남한학계에서 처음 한국사 체계화의 방법과 내용이 공개적으로 토론의 대상이 된 것은 1967년 12월과 다음해 3월 한국경제사학회가 주관한 '한국사의 시대구분 문제'라는 논제 하의 심포지엄에서였다. 북한학계에서 전쟁 후 바로 북한 사회주의의 정당성을 확인하기 위한 체계화작업이 진행되어 일정한 성과를 올린 것에[29] 비하면 상대적으로 늦은 감이 있으나, 이 심포지엄은 해방 후 남한 사학이 이룬 성과가 있었기에 가능한 것이었다. 1967년 12월과 1968년 3월에 각각 열린 한국사 시대구분에 관한 심포지엄과 종합토론에서는 당시까지 한국사연구가 도달한 수준을 점검하고 동시에 (근대화라고 하는) '역사의 대전환기'에 처하여 앞날의 조망

----

28 이기백, 1982 「한국사 연구의 방법론적 반성-신민족주의사관을 중심으로-」『제25회 전국역사학대회 발표 요지』, 49쪽(1991 『한국사상의 재구성』, 일조각, 80쪽에 재수록).

29 북한학계의 연구성과와 시대구분 논쟁에 관해서는 한국정신문화연구원 편, 1991 『북한의 한국학 연구성과 분석-역사 예술편-』, 한국정신문화연구원; 국사편찬위원회 편, 1994 「한국사의 이론과 방법(2)」『한국사 24』, 한길사 등 참조.

에 대한 요청에 부응하기 위하여 역사학자뿐 아니라 사회과학자들까지 대거 참여하여 토론을 벌였다. 그런데 다음 심포지엄 결과 보고자의 다음과 같은 지적처럼 심포지엄에 참여하였던 이들의 설명 기준은 각양이었다.

> 한국사 전체적 파악이 없이 고대나 중세 혹은 근대를 따로따로 떼어서 각각 다른 논리적 근거 위에서 시대구분을 할 수는 없지 않으냐, 말하자면 세계사 속에서 한국사의 개성적인 발전의 논리를 찾는 작업이 선행되어야 그 논리 위에서 시대구분의 바탕이 이루어질 수 있지 않겠느냐, 무엇인가 새로운 주체적인 역사관 내지 현실관이 바탕이 되어 그 위에서 일관된 시대구분의 논리가 세워져야 할 것인데, 만일 그렇지 못하고 한갓 기술적이고 형식적으로만 이 문제를 처리한다면 시대구분의 실천적 의의가 어디에 있겠느냐 하는 견해도 몇몇 토론자에 의해서 제기된 바 있읍니다.[30]

이 지적은 당시 심포지엄 참석자들이 과거의 정체론을 비판하고 한국사를 발전적으로 체계화한다는 문제의식에는 일치하였지만, 그들의 시대구분의 기준 내지 방법론이 각기 달라 각 시대간 이행의 획기 설정에 현격한 기준 차이가 있었음을 지적한 것이었다. 당시 시대구분의 기준으로 사회·문화의 총복합체로서의 성격을 반영하는 '지배체제'를 상정하는 경우가 있었는가 하면, 그밖에도 '농민의 사회적 존재형태', '자본주의맹아', 시민사회의 성립 및 사업자본의 확립 등 다양하였고, 적용하는 방법론에 있어서도 문화사적 방법론에서 근대경제학적 방법론까지 그 편차가 매우 컸다. 시기구분에 있어서 대체로 서양의 3시기구분법을 받아들이고 서구

---

30 김영호, 1968 「경과·논문요약 및 문제점」(한국경제사학회, 1970 『한국사시대구분론』, 을유문화사, 316쪽).

의 발전모델이 전제가 되는 경우도 있었으나 토론 과정에서는 유럽세계의 '근대'에 대한 지나친 동경도 경계해야 한다는 지적이 있었다.

당시에 토론에서 시대구분의 주요한 지표로 '사회경제적인 질서'를 공히 강조한 점은 주목되어야 할 것이었다. 그렇지만 이러한 문제가 이론적으로 쟁점이 될 수 있는 분위기가 조성된 것은 아니었고, 더욱이 한국사 전체를 일관할 수 있는 토지제도라든지 생산력 수준이나 생산관계의 변화 등에 대한 체계적인 연구가 뒷받침되지 못한 상태에서 논의가 진행되었기 때문에 정작 각 시대간 이행의 동력 등에 대해서는 다루기 어려웠다.

그럼에도 불구하고 주목되는 점은 당시의 시대구분에서 논자들이 모두 시대구분의 통일성 결여를 문제삼았다는 것이다. 1990년대의 그것이 어느 일면적인 방법에 의한 시대구분이 갖는 문제점을 지적하고 다양한 시대구분의 방법을 강조하였던 것과는 현격한 차이였다.

체계적인 연구의 부족으로 그러한 시대구분의 한계는, 일제시기에 대한 연구의 부족으로 일제시기 사회성격에 대한 검토가 불가능하여 공백으로 처리되거나, 해방후 현대사의 성격은 아예 토론의 대상으로 삼을 수 없었던 데서도 드러났다. 한편 이와 관련된 것이기는 하지만, 별도로 우리가 주목해야 할 점은 당시 시대구분 논의에서 '북한'을 전혀 고려에 넣을 수 없었다는 점이다. 당시 근현대의 문제를 사고함에 있어서 논자들은 남한 한국 자본주의의 기원과 남한의 근대화 문제 못지않게 분단 문제나 북한 사정을 고려해야 한다는 문제의식은 겉으로 드러나지 못하였던 것이다. 당시 '민족주의사학'의 한계이자 실천적 역사학의 편향성(분단사학으로의 특성)을 보여주는 대목이다. 이 같은 한계는 1970년대 중반 분단사학 문제 제기로 인해 더욱 두드러졌다.

그렇지만 당시 학계 일반이 민주주의의 실현과 민족의 통일을 민족사의 과제로 제기하고 있었고, 한국사의 특수성을 살리면서 세계사적 보편성을 추구할 수 있는, 한국사를 일관하는 시대구분론을 추구하고 있었기 때문에 한국사의 체계화에서 현실의 북한체제가 고려의 대상에서 제외되었을 리는 없었을 것이다. 다만 반공을 제1의 국시로 삼고 출발한 3공화국 이하 군부독재하에서 그것이 겉으로 드러나지는 못하고 있었던 것으로 이해된다.

1970년대에는 1960년대의 문제의식 위에서 실증적 연구가 한층 진전되고, 특히 사회경제사 연구의 축적이 두드러지면서 이를 바탕으로 새로운 한국사의 체계화 시도가 가능하게 되었다. 1970년대 중반, 80년대 초 김철준, 이기백, 김용섭 등이 보여준 한국사 체계화의 몇몇 전범은 당시 남한 역사학의 내용과 수준을 보여준 대표적 예라고 할 수 있을 것이었다. '문화'의 계승 발전을 기준으로 한 김철준의 한국사 인식체계 모색, 다원론적 입장에서 지배세력의 변천과정을 기준으로 체계화를 시도한 이기백의 한국사체계, 생산력·생산관계, 신분제 및 국가의 토지·농민 지배방식의 변화 등을 기준으로 한국사의 발전과정을 체계화하고자 했던 김용섭의 노력 등은 당시 한국사 체계화의 수준을 반영한 것으로서,[31] 일제시기 민족주의사학, 실증주의사학, 사회경제사학 및 해방전후 신민족주의사학 등 한국 근현대사학의 전통을 그 나름으로 비판적으로 극복 계승하는 성격을 갖는 것이었다.

이상 검토한 바와 같이 해방 후 한국사학은 어려운 조건 속에서도 식민사관을 불식하고 실증적 연구의 토대 위에서 한국사를 체계화할 수 있는 기초를 마련할 수 있었다. 그리하여 이제는 누구나 자신의 연구가 한국사의 체계화에 있어서 어떠한 역할을 할 수 있을 것인가 하는 문제의식

....

31 박찬승, 1995 「분단시대 남한의 역사학」『한국의 역사가와 역사학 (하)』, 창작과비평사.

을 가질 수 있게 되었다. 한국사를 주체적 계기에서 발전적으로 설명하는 틀이 형성된 것이다.

그러나 동시에 앞서 보았듯이 체계화의 방법을 둘러싸고는 아직도 많은 견해차가 드러나고 있었고, 성급한 체계화에 대한 우려도 지속되고 있었다. 그 가운데 발전적 측면만을 과도하게 부각시킨다는 지적도 경청해야 할 것이었다. 이는 한국사의 체계화가 만족할 만한 수준에 이르기 위해서는 아직도 구명해야 할 많은 과제가 미해결 상태로 남아있다는 것을 의미하는 것이기도 하고, 더 중요하게는 체계화를 위한 이론이나 방법론적 검토가 거의 불가능했던 시대적 제약을 반영한 것이라 하겠다.

위와 같은 한계는 1980년대 들어오면서 부분적으로 해소되기 시작하였다. 또한 동시에 많은 문제가, 특히 방법론의 차원에서 새롭게 제기되기도 하였다. 우선 이 시기에는 1960·70년대의 연구성과가 종합적으로 정리되는 가운데 연구가 심화되었고, 그 주제가 넓은 의미에서 사회사, 특히 사회변동에 맞추어지면서 한국사 체계화의 실증적 기반이 확대되었다.[32]

....

32 1979년부터 1983년까지 5년간 한국사학에서 표면상 두드러진 특징의 하나는 많은 단행본 논문집이 출판되었다는 것이다. 이 가운데 학문적인 연구서에 값하는 것만 해도 100권이나 되며, 그 중 기존의 연구 성과들을 모은 연구논문집만 해도 28권이며 79년에 나온 것 5종을 제외하면 80~83년 사이에 나온 것이 23권이나 된다. 28권은 한국사 전 시기를 대상으로 한 것이지만, 근대, 일제시기 관련 4종을 제외하면 나머지는 고중세사 특히 조선시대에 집중되고 있음이 주목된다. 이기백, 1984, 「과학적 한국사학을 위한 반성과 제의-1979~1983년도 한국사학의 회고와 전망」, 『역사학보』 104; 1991 『한국사상의 재구성』, 일조각, 122~123쪽 참조.
이기백 교수는 위 글에서 연구서들에 나타나는 특징으로서 연구 대상 시기가 짧아지고 주제도 특정 문제에 국한되게 된 것을 연구의 심화를 반영한 것으로 파악하고, 특히 사회사적인 측면, 사회변동 등에 집중되고 있음을 주목하였다. 그러나 사료의 부정확한 인용이나 불충분한 검토에 대한 우려를 동시에 표명하고 있다. 80년대 전반의 경향은 80년대 중후반에도 그대로 이어지는 것으로 파악된다. 특히 80년대 후반에는 근현대사 연구가 활성화된 점이 주목된다.

여기에서 1980년이 열어놓은 열린 공간이 갖는 의미는 지대한 것이었다. 한국 현대사를 보는 객관적 안목을 확보할 수 있었고, 특히 1980년대 중반 이후 민중의 사회적 진출에 힘입어 근현대사 연구가 활성화되고 사회변혁에 대한 전망을 가지게 됨에 따라 사회변동의 동력에 대한 논의가 심화될 수 있었다. 이를 주도한 것은 1980년대 새롭게 성장한 '민중적 민족주의사학' 또는 '과학적 실천적 역사학'을 추구하고자 하였던 연구자들이다.

1980년대 '과학적 실천적' 역사학을 추구한다고 표방하였던 연구자들은 기존의 연구성과들에 기반을 두면서도 기존 연구에서 불식되지 못하고 있던 근대주의적·경제주의적 편향을 극복하고자 하였다. 조선 후기사 연구의 경우 기존 '자본주의 맹아'를 찾거나 상품화폐경제의 발달을 추적하는 연구경향에서 이제 그와 같은 발전을 저지하는 힘(구조)을 검토하고 사회변동과정에서 나타나는 각종의 투쟁양상을 삶의 현장에서 구체적으로 확인하는 작업을 진행하였던 것은 그 한 예라 할 것이었다.[33] 이들은 역사를 보다 구조적으로 파악하고 그 가운데서도 변혁주체의 성장에 초점을 맞추어 설명하고자 하였다.[34]

'과학적 실천적 역사학'은 한국사 체계화의 방법으로 '사회구성체' 개념을 채택하였다. 즉 한국사를 '사회구성체(론)'에 의하여 사회의 모순과

33 1980년대 조선 후기사 연구의 새로운 경향에 대해서는 근대사연구회 편, 1987 『한국중세사회 해체기의 제문제 (上·下)』, 한울 참조.

34 1980년대 한국 역사연구가 한 가지 흐름으로 진행된 것은 아니었다. 1970년대 후반 이후 '현대 민족주의사학'은 ① 자유주의사학, ② 문화사학, ③ 사회경제사학, ④ 근대주의사학 등으로 분화되었다고 할 수 있는데, '과학적 실천적 역사학'을 추구하였던 이들은 세번째 사회경제사학에서 경제주의·근대주의적 성격을 비판적으로 극복하려 했던 것으로 파악할 수 있겠다. 이세영, 1997 「1980, 90년대 민주화문제와 역사학」 『김용섭교수 정년기념논총 1: 한국사 인식과 역사이론』, 지식산업사, 164쪽 참조.

사회변혁세력이 배태되는 사회구조에 대한 공시적, 통시적 분석을 통해 '넓은 의미의 사회사' 혹은 '전체사'를 제시하고자 하였다. 그것은 사회의 경제적, 정치적, 사상적 및 이데올로기적, 문화적 영역 등 모든 영역과 이에 참여하는 모든 개인과 집단들이 어떻게 구조화되는가, 그리고 그 구조화과정에서 배태되는 차이와 모순, 굴절의 내용과 양상 그리고 그 모순의 해결 주체를 파악함으로써 또한 그 '구조의 운동'을 설명하고자 하는 것이었다.

특히 그 구조 속에서 역사 행위의 주체이자 사회변혁세력으로서 '민중'의 형성과 발전에 주목하였다. 여기에서 민중은 어느 특정 계급, 계층만을 가리키는 것이 아니라 여러 계급, 계층이 연합한 운동체이며, 민중의 구성은 경제적 구조의 조건 변화와 변혁과 반변혁의 정세변화에 따라 달라진다고 보고 있다. 말하자면 이 '과학적' 역사학은 전체 사회의 구조와 발전 그리고 그 모순구조를 파악하고, 그 모순의 해결주체, 즉 변혁주체로서 '민중'을 설정하며, 그 '민중'이 계급적, 민족적 해방을 이루어 가는 과정이자 운동으로 역사를 이해하고자 하였다.[35] 이 같은 '과학적 실천적 역사학'은 기존지배세력 중심의 정치사나, 지배계급 혹은 지식인계층을 축

....

35 '과학적 역사학'에 의해서 한국사를 개설한 것으로는 『한국사강의』(1989)와 『한국역사』(1992)를 들 수 있다. 특히 후자는 해방 이후 '사회구성체론'에 입각한 남한 최초의 개설로 평가되고 있다. 사회구성체의 발전이라는 관점에서 각 시대의 모순구조, 변혁세력의 형성과 발전을 중심으로 서술하여 각 시대의 역사상을 부각시키고자 하였고, 사회구성체의 발전단계를 기준으로 하여 시대구분하였다. 여기서 사회구성체는 경제적 사회구성체나 생산양식을 포괄하는 전체 사회구조의 의미로 사용되고 있다. 고대사회의 기점을 고조선으로, 중세사회의 기점을 통일신라로 잡은 점이 지금까지의 개설서와는 다른 점이다. 사회구성체의 개념을 확장했기 때문인지 각 시대별 사회구조의 성격을 굳이 규정하지 않았는데, 그러다 보니 시대구분의 적극적 의미가 없어졌다. 여전히 선형적인 역사발전법칙론이나 도식적인 발전단계론에 매였던 관성 때문에 시대구분을 한 것이 아닌가 하는 느낌을 갖게 한다.

으로 하는 문화사의 한국사 이해체계를 벗어나 민중을 중심으로 하는 '아래로부터의 전체사'를 제시하고자 함으로써 역사학의 학문적 지평과 한국사 체계화의 새로운 가능성을 열었다는 점에서 사학사적 의의를 지닌다고 하겠다.

한편 1990년대에 이르러 역사학계에는 위의 흐름과는 다른 새로운 변화양상들이 나타났다. 역사와 역사학의 주체에 있어서 탈이념화, 대중화, 지역화가 이루어지고, 역사의 기술, 서술 형식도 다양해졌다. 아울러 인식과 기술, 서술의 대상 즉 주제에도 큰 변화가 일어났다. 시대사별로 보면 1980년대에 부상했던 근현대사 연구가 퇴조하고 대신 근대 이전의 시대사에 대한 연구가 다시 각광을 받고 있다. 사회가 전체적으로 보수화되는 분위기 탓인지 고대 국가들의 홍성기로서 고대사에 대한 연구가 특히 활발하다.

분야사와 주제별로 보면, 1980년대 진보적 역사학계의 경제사, 사회사, 사회운동사 연구가 다소 주춤거리는 대신 사상사, 문화사 연구가 활발히 이루어지고 있다. 즉 연구의 초점이 정치, 경제, 사회에서 사상과 문화, 일상생활 등으로 바뀌고 있다. 이전에는 거의 주목하지 않았던 모든 분야와 영역, 대상들이 새로운 연구 주제로 떠오르고 있으며, 그에 따라 더욱 많은 사료들이 발굴되고 실증적 기반이 넓혀지고 있다.

특히 두드러진 현상은 다양한 분야와 주제에 대한 연구결과들과 각 시대를 엮을 역사발전론이나 시대구분론 같은 거대 이론이나 담론들, 그리고 그에 대한 논의가 수그러들면서 어떠한 체계화의 노력도 나타나지 않는다는 점이다. 이전으로 말하면 연구의 중심, 주체, 대상 등이 다원화되고 있으며, 그 기술, 서술 방식도 다양해졌다. 말하자면 역사와 역사연구의 '해체'현상으로 이해될 수 있을지도 모르겠다. 이러한 현상은 이전의 거대 담론들, 이론과 연구방법론 등의 허구성을 반증하는 것일까? 이러한 연구경향과 연구성과들을 바탕으로 한 한국사 체계화에는 상당한 시간이 필요할 것으로 보인다.

위와 같은 국사학계의 이론과 연구방법론 그리고 그것들에 의한 한국사 체계화에 대한 비판은 1980년대 초반부터 경제사학계와 외국 학계로부터 제기되었다. 국내 경제사학계의 일부에서는 한국사학계의 작업에 대해 근본적인 반성을 촉구하고 한국사 체계화의 새로운 대안을 제시하였다.36 이른바 '내재적 발전론' 비판이다. 비판의 핵심은 '내재적 발전론'이 구래의 조선사회에 대한 학문적 검토 위에서 나온 것이 아니고 부르주아 민주주의혁명 과정에서 정치적 목적에 의해 만들어진 논리를 그대로 채용한 것이기 때문에 실증적인 뒷받침이 부족하다는 것이다. 대신 기존 자본주의맹아론을 축으로 하는 근대사상(近代史像)을 비판하는 이론으로는 '아시아사회론', 혹은 '소농사회론'이 제기되어 있다.

'내재적 발전론' 비판은 한국의 전근대사회에 대한 전면적 재검토를 요구함으로써 새로운 패러다임을 모색할 수 있는 계기를 제공했다는 데 의의가 있다. 그러나 동시에 국가의 계급성을 사상하고 역사발전의 경로에 대한 대안 제시에 약점을 보인다는 한계를 안고 있다. 나아가 이 같은 논리는 최근 문제되고있는 '식민지근대화론'의 전근대편 짝으로 보일 수 있다는 점도 염두에 두어야 할 것이다.

비판적 견해들이 가장 크게 문제삼고 있는 것은 그간의 한국사학계의 체계화 작업이 이른바 서구의 경험에서 추출된 '세계사 기본법칙', '보편적 발전법칙'을 한국사에 적용해왔다고 하는 점인 것 같다. 그러나 이들의 문제제기는 앞서 지적한 바 있듯이 정곡을 벗어난 것이다. 내재적 발

36 이영훈, 1980 「자본주의맹아론 비판」, 『대학』 창간호; 이영훈, 1986 「조선사회구성의 역사적 성격에 대한 약간의 고찰」, 『태동고전연구』 2; 이영훈, 1988 「조선봉건론의 비판적 검토」, 『한국자본주의 성격논쟁』, 대왕사.

전론이 그 한편에 서구중심적 근대주의의 편향을 보인 것은 사실이지만 그 핵심은 사적유물론의 '사회구성사적 인식'에 기초를 두고 있고, 마르크스주의 역사관은 '세계사적 발전법칙', 스탈린주의의 '5단계 공식' 그 자체를 부정하는 터이다.[37] 그 밖에 미국 학계에서 제기되고 있는 것으로서, 미국의 한국학계는 포스트모더니즘의 영향하에서 한국에서 이루어진 기존 한국사학의 성과를 일괄하여 민족주의론에 입각한 것으로 치부하는데,[38] 이들의 한국사 인식 역시 같은 문제점을 드러낸다.[39]

정작 문제는 한국사학이 위와 같은 비판에 정면으로 대응하여 한국사 체계화의 대안을 마련하지 못하고 있다는 사실이다. 1990년대에는 1980년대 후반 이후 학문적 사상적 발전과 사회민주화의 진전을 배경으로 한국사의 과학적 체계화를 위한 연구성과가 비약적으로 축적되어 1960년대 후반에 미루어두었던 시대구분 논의를 진전시킬 수 있는 가능성을 확보하게 되었고, 실제 많은 논의가 이루어졌다.[40] 그런데 이때의 시대구분에

----

37 이른바 '세계사적 발전법칙'의 오류나 그것을 사적유물론과 동일시하는 시각이 갖는 오류에 대해서는 이미 명쾌하게 지적된바 있다. 유재건, 1988 「역사법칙론과 역사학」『창작과 비평』 봄호 참조.

38 존 던컨, 1995 「미국대학 한국사교육의 동향과 문제점」『역사교육』 58; 존 B 던컨, 1997 「미국 내 한국 전근대사 연구동향」『역사와 현실』 23.

39 최근의 미국학계의 민족주의 비판에 대한 종합적 검토는 박찬승, 1999 「한국사학은 민족주의를 버려야 할 것인가」『한국사학사학회 제2회 발표회 발표문』; 1999 "Should Korean Historians Abandon Nationalism?" Korea Journal Vol.39 No.2 Summer 번역 수록 참조.

40 한국역사연구회, 1993 「토론: 한국 근대의 기점 논의」『역사와현실』 9, 180쪽. 이하 1990년대 전반 한국역사연구회의 시대구분에 관한 논의는 다음의 기획 글들을 참조. 한국역사연구회, 1993 「한국 근대의 시작은 언제인가」『역사와현실』 9; 1994 「식민지 조선사회를 어떻게 볼 것인가」『역사와현실』 12; 1994 「신라 통일기 사회를 어떻게 볼 것인가」『역사와현실』 14; 1995 「조선사회를 어떻게 볼 것인가」『역사와현실』 18.

관한 토론들이 군사정권의 몰락과 민주화의 진전이라는 국내정세의 변동 및 동구권의 변화와 구소련의 해체라는 세계사적 변동기를 맞아 구래의 시대구분론에 대한 비판적 검토를 표방하였으면서도 기존의 연구성과들을 정리하는 차원에 머물렀고, 이론적인 면에서도 기존 논의구도에서 크게 나아가지 못하였다.[41]

1990년대 전반 시대구분론, 이를 2차 시대구분 논쟁이라 부를 수 있을지 모르겠는데, 논쟁의 종합편이라 할 수 있는 1996년 전국역사학대회(경제사학회 주관)가 '한국사시대구분론'이란 공동주제를 가지고 토론을 조직했으나, 이 역시 서구의 역사적 경험에서 나온 '시대구분론'을 무리하게 적용하는 것을 지양하고 다원적인 시대구분을 시도하는 것이 필요하다는 점을 지적할 뿐 어떤 결론도 도출하지 못하고 토론은 중단되고 말았다.

다만 여기에서 외국 한국사학계의 이론적 도전에 대한 대응의 필요성과 전근대사회와 근대사회와의 연결성 여부의 문제를 어떤 식으로 해결할 것인가 하는 경제사가의 문제제기가[42] 눈에 뜨일 뿐이었다. 이는 연구성과의 부족에서 비롯된 점도 있지만 한국사학계의 실천적 문제의식의 한계에서 기인한 것이라고 해야 할 것이다. 분단사학을 극복하려고 할 때, 분단극복에 도움이 되는 사실을 강조하는 것으로 새로운 체계화가 되는 것은 아니고, 그 내부의 작동논리를 찾아야만 되듯이, 전근대사회의 구조

---

41 국사편찬위원회, 1993 「한국사 시대구분의 제문제」『국사관논총』50(1992년 10월; 괄호 안은 토론이 이루어진 시기. 이하 동일); 한국고대사연구회, 1994 「고대와 중세 한국사의 시대구분」『한국고대사연구』8, 신서원(1993년 2월); 단국대학교 한국학연구소, 1994 「한국학의 시대구분」『한국학연구』1; 차하순 외, 1994 『한국사시대구분론』, 도서출판 소화; 한국정신문화연구원 편, 1995 『한국사의 시대구분에 관한 연구』, 정문연.

42 이영훈, 1996 「한국사에 있어서 근대로의 이행과 특질」『제39회 전국역사학대회 발표요지』.

와 그 작동 논리를 과학적으로 검토하고 그 이행의 동력까지를 시야에 확보하려는 노력이 필요할 것이다.

지금까지 우리는 역사현상의 해석에서 기존의 여러 '이론'들로부터 많은 도움을 받아 왔다. 성읍국가론, 추장사회론, 계층이동론, 기대욕구론, 도덕경제론 등이 한국의 전근대사회를 이해하는데 큰 도움을 준 바 있고, 현재에도 아날의 전체사 이해체계, 세계체제론, 소농사회론, 동아시아론 등이 신선한 자극을 주고 있다. 특히 최근 포스트모더니즘의 물결을 타고 들어오는 여러 '담론'들은 기존 역사분석의 단위가 되어 왔던 국가와 민족을 해체시키고 계급을 부정하며 개체성과 다원화를 강조하면서 기존의 이해체계를 전면 재고할 것을 요구하면서 그 동조자를 늘려나가고 있다.

이들 '새로운 역사학'의 주장자들은 기존 계급 개념에 입각한 마르크스주의적 분석이 부적절한 것으로 입증되었음을 강조하고, 그간 위세를 떨쳤던 사회과학적 역사도 인간을 집단적 구조 속에 가두어 인간을 역사의 수인으로 전락시켰다고 비판한다. 이들은 일상적 생활이나 경험의 조건으로서 광의의 문화를 역사연구의 주제로 삼고자 하며, '더 새로운 역사학'은 객관적 역사를 추구할 가능성에 대해서도 회의적이라 한다. 역사의 객관성을 부정하거나 그것에 유보적인 태도를 취하는 것은 결국 역사를 과학이라기보다는 문학으로 이해할 가능성을 높여주기도 한다.[43] 그렇다면 과연 '과학적 역사학'은 폐기 대상이 되어야 할 것인가?

이상의 여러 이론들이 역사 현상을 설명하는데 일정한 도움을 주고 있는 것은 사실이다. 그렇지만 정작 문제는 그것들이 역사발전의 동인에 대한 총체적인 이해체계를 제시하지는 못하고 있다는 점, 더 구체적으로는 현실 변혁에 대한 전망에 눈을 감는다는 점에 있다. 그들은 사회를 더 잘 이해하기 위한 방안으로 이러저러한 견해들을 제시한다고 했지만 정작

----

43 이민호, 1999 『20세기 끝에 서서』, 느티나무, 310~311쪽.

현실사회를 어떻게 보며, 현실 모순의 해결에 대해서는 어떠한 입장을 취하는가 하는 점에 대해서는 언급을 회피하고 있다.

여기에서 우리는 미완의 '과학적 역사학'이 아직도 생명력을 잃지 않고 있으며, 오히려 그 내부의 갖은 티를 털어내고 완성시키는 것이야말로 적극적인 대안일 수 있다고 믿는다. 우리가 완성시켜 나아가야 할 과학적 역사학은 한국사 전반에 대한 구체적이고도 풍부한 실증적 연구에 기반하여 각 시대의 사회운영 원리를 밝히는 것을 목표로 하면서도 각 시대 내부의 재생산 메카니즘, 나아가 시대간의 사회변동의 계기나 동력까지 설명할 수 있는 것이 되어야 할 것이다.

과학적 역사학을 구축하는 작업이 기존의 여러 이론을 충분히 소화한 위에서 한국사 발전의 새로운 패러다임을 제시할 수 있는 수준에까지 오르게 될 때, 그 결과로 확보할 수 있는 체계적 한국사 인식만이 역사학계의 발전 및 현대문화 성장에 기여할 수 있을 것이다.

3. '과학적 역사학'과 21세기의 한국사학

지난 20세기, 특히 해방 후 한국인에 의한 한국사가 본격적으로 연구되기 시작한 이래 한국사학의 화두는 '과학'이었다. '역사과학'을 표방한 사회경제사학의 경우는 더 말할 나위 없지만, 해방 전후 신민족주의사학 역시 '현실문제를 해결할 수 있고, 민족이 살아나갈 길을 명시하는 과학적인 학문'을 추구하였다. 이때의 과학적 역사학은 사회경제사학의 그것과 마찬가지로 사회적 실천과 긴밀히 연결된 것이었다. 그러나 모든 역사가들이 과학적 역사학을 위와 같은 의미로 사용하였던 것은 아니었다. 사회경제사학 계열의 역사가 대부분이 북한으로 학문의 장을 옮기고 신민족주의사학을 추구하였던 손진태, 이인영마저 사라진 남한학계에서 과학적 역사학은 기존의 의미와 정반대로 받아들여지기도 했다. 실천성을 담보한다는 의미의 과학적 역사학은 금기시되는 가운데 잠복하였고, 과학적 역사학은 '실천성'을 가급적 배제해나가야 했다. 이제 실천성을 강조하는 것이 거꾸로 비과학적 역사학임을 드러내는 상징으로 치부되었다. 그럼에도 불구하고 모든 역사가들이 과학적 역사학을 표방하였던 점은 어떻게 이해해야 할 것인가?[44]

과학적 역사학을 구분짓는 특징은 '실천성' 여부에 있는 것만은 아니었다. 역사 주체로서의 인간의 능동성을 인정하면서도, 인간 활동의 객관적 조건인 사회구성의 성격과 그 제약을 인정하고 양자간의 상호작용을 파악할 수 있는 객관적 인식체계를 확립하고 있는가의 여부가 중요한 기준이 된다.[45] 이러한 의미에서는 20세기 전반 한국 근대사학의 전통, 즉 민족주의사학, 사회경제사학, 실증사학을 어떻게 비판적으로 계승할 것인가 하는 점이 문제가 되겠다.

여기서 위 3자의 비판적 계승자로 인정되어온 신민족주의사학을 설명함에 있어서, 신민족주의사학과 사회경제사학의 상호관계에 대해서 이기백의 경우 "그 이질성과 상호 배격적인 측면을 비교적 강조하고" 김용섭의 경우는 "신민족주의사학이 사회경제사학을 일정하게 수용 소화하는

....

44 해방 후 한국사학의 화두가 '과학'이었다고 하는 점은 이병도, 1948『朝鮮史大觀』, 同志社의「總說」의 첫마디가 '역사는 과학이다'라는 선언으로 시작한다는 사실에서도 확인할 수 있다. 이병도는 역사는 과학이라는 점을 강조하면서, 역사학을 역사의 진보에서 "人間事爲의 어떤 질서 목적 또는 진리를 파악"하는 것이라고 하였다. 1920년대 초반 자신의 글과 비교하면 격세지감을 느끼게 된다. 조동걸, 1998「제5장 해방 후 한국사연구의 발흥과 특징」『현대한국사학사』, 나남출판, 343~344쪽 참조.

45 정창렬, 1976, <해제>,『한국의 역사인식(하)』, 창작과비평사.

측면을 비교적 주목하고 있는 듯하다"라고[46] 본 견해를 주목하게 된다. 우리가 해방정국에서 새로운 한국사학 수립의 기초를 제공할 가능성을 가졌던 것으로 평가하는 신민족주의사학도 그 '다분히 관념적이고 목적론적인 성격을 내포하고 있다'는 점을 고려할 때, 과학적 역사학은 주어지는 것이 아니라 기존 역사학을 비판적으로 계승하면서 새롭게 그 내용을 채워나가야 하는 것임을 알게 된다.

흔히 자연과학과 구분되는 '역사과학'의 수립에 큰 공헌을 하였다는 랑케의 사학을 과학적인 역사학으로 간주해왔다. 역사가의 주관을 배제하고 인과관계에 따라 합리적으로 이루어진 역사서술로서의 근대역사학을 수립하는 데 그가 결정적인 역할을 하였다는 것이다. 그러나 19세기 랑케 사학은 20세기 벽두부터 도전받아 그 본연의 모습을 견지할 수 없게 되었음은 잘 알려진 사실이고, 이후 객관적 역사와 그 합리적 해석의 변증법으로 역사를 이해하는 태도가 일반화되었다.

이러한 점에서 본다면 1950년대 이래 남한에서 통용되어온 '과학적 역사학'이란 인접 사회과학 등의 방법론을 소화하여 합리적 해석에 다가간다는 의미에서 '체계적인 역사서술'을 지향하는 역사학 정도로 규정할 수 있을지 모르겠다. 김철준이, 한국사학이 "일제의 식민사학이 왜곡한 한국사의 인식체계를 많이 수정한 것을 사실이라 하겠으나, 한국사학이 역사과학으로서 성립하는 일은 아직도 먼 장래에 속할 뿐"이라고 했을 때의 그것과 같은 의미이다.

그러나 해방 후, 특히 6·25 전쟁 이후 남한 역사학계의 구도 속에서 '과학적 역사학'은 보다 광범위하게 '실증적 역사학'을 의미하는 것으로 쓰여졌던 점을 부인할 수는 없다. 이 때 과학적 역사학은 흔히 과거의 관념적 역사학(민족주의사학), 목적론적 역사학(마르크스주의사학)에 대비되

---

46 위와 같음.

는 것이 된다. 이 같은 의미의 과학적 역사학을 일관되게 주장해온 것은 이기백이었다.

이기백은 일제하 실증사학자들을 설명할 때, "그들은 어떤 이론적 선입견을 가지고 역사를 연구하는 것은 과학적 방법이 아니라고 믿었던 것"을 강조하고, 이들 실증사학자들이 "한국사학을 역사과학으로 이끌어가는 데 획기적인 공헌을 한 것"으로 평가한다. 그는 또 실증적인 학문에 어느 정도 충실한가 여부를 과학성의 척도로 삼았다.[47] 물론 이기백이 과학적 역사학을 단순히 실증에 끝나는 것으로 이해하는 것은 아니다. 그는 실증의 문제에 못지 않게 체계화를 강조하고 그 내용을 채우는 것이 중요함을 지적한다. 다만 사회경제사학의 체계화는 유물사관의 '공식'에 따르고 있어서 역사의 진실을 왜곡해왔기 때문에 받아들일 수 없고, 체계화의 방법은 다원적으로 접근해야 한다는 것이다.[48]

한편 위와 같은 의미의 과학적 역사학은 개인적인 차원에서만 강조된 것이 아니라 그대로 한국사 관련 연구단체의 지향으로도 연결되어 왔다. 그 지향이 단일한 것이 아니었지만 한국사 관련 중요 학회들은 '과학적 방법'을 항상 앞에 내세우고 있었다. 국사, 동양사, 서양사의, 당시로는 소

----

47 이기백, 1984「과학적 한국사학을 위한 반성과 제의 - 1979~1983년도 한국사학의 회고와 전망」『역사학보』104; 1991『한국사상의 재구성』일조각, 121~134쪽. 133쪽의 다음 글 참조. "우리의 한국사학은 근대사학으로 성장하는 과정에서 민족적인 수난기를 거쳤기 때문에, 어느 편인가 하면 지사적 기풍이 강하고 반면에 실증적인 학문으로서의 성격이 약한 것으로 판단된다. 혹은 더 나아가서 말한다면 과학적인 성격이 약하다고 할 수가 있다."

48 이기백, 1995「서문」『한국사시대구분론』, 도서출판 소화. "불행히도 한국사의 경우에서는, 구체적인 사실과 어긋나는 이론에 토대를 둔 시대구분을 절대적인 진리로 믿고, 이를 일방적으로 적용하는 것이 곧 과학적인 한국사연구라고 믿는 사람들이 상당히 많이 있다. 그 대표적인 예가 유물사관의 공식을 따르는 경우라고 하겠다. (중략) 이 굴레에서 벗어나야만 한국사의 진실을 올바로 이해할 수 있다는 것이 본 연구책임자의 입장이다."

장학자들이 중심이 되어 창립한 1952년 역사학회는 창립 취지문에서, '국내 역사학의 새로운 건설'을 목표로 '각지에 산재한 동학의 사를 규합하고 그 학문에의 불타는 정열과 그 과학적인 냉철한 방법을 구사하여 안으로 국내의 확고한 결속을 꾀하고 밖으로 국제적인 광범한 제휴를 기다려 역사학 재건의 초석'이 될 것을 다짐하였다. 참여자들이 식민주의 역사학에 대한 비판의식과 반일의식이 강하고, 서양의 자유주의 사조와 사회과학 방법론에 보다 세련된 감각을 가지고 있었다는 점에서[49] 이들이 지향한 과학적 역사가 단순한 실증 차원의 것만은 아니었음을 알게 된다.

1967년 12월 창립한 한국사연구회 역시 '한국사를 과학적으로 연구하고 체계화함으로써 민족문화 발전에 기여함을 목적으로 한다'고 천명하였다. 그리하여 한국사로 하여금 세계사의 일환으로서 그 정당한 위치를 차지하게끔 하는 임무를 자임하였다. 그런데 1967년 한국사연구회의 취지문을 채택할 당시 '과학적'이라는 용어가 논란의 대상이 되었던 데서 알 수 있듯이[50] 과학적 역사학에 대한 기존의 인식이 잔존하는 가운데 그 해석을 둘러싸고는 다양한 입장이 표출되고 있었다. 당시에 '이 말(과학적)이 일제시기의 사회경제사학을 의미하는게 아니냐' 해서 기피되었다는 사실이 당시의 분위기를 전한다.

1988년 9월 출범한 한국역사연구회는 '올바른 세계관에 입각한 과학

---

49 한영우, 1991 「한국 근·현대 역사학의 흐름」, 『우리 역사와의 대화』, 을유문화사, 26쪽.

50 1992 「한국사연구회 창립 25주년 기념 좌담회」, 『한국사연구』 79, 138쪽.
"김용섭 : 참, 강선생, 취지문은 누가 썼지요?
강만길 : 김선생이 써 와서 나와 같이 검토했지요. 다음 심의에 부쳤을 때 '과학적'이 무슨 말이냐고 말이 나왔어요. 당시 이 말이 일제시기의 사회경제사학을 의미하는 것이 아니냐 해서 기피했어요.
김용섭 : 기억을 전혀 못하겠어…… (웃음).
강만길 : 왜 자꾸 도망가려 해요(웃음)."

적 역사학을 수립하고 끊임없는 실천을 통해 우리 사회의 진정한 민주주의의 실현과 조국의 자주적 통일에 동참'한다는 목표를 제시하였다. 20년 전에만 하더라도 전면에 내걸 수 없었던 '사회경제사학'의 비판적 계승을 천명한 셈이다. 이는 과거 사회경제사학의 '도식성'을 극복하고 한국사의 전 과정을 총체적으로 검토한 위에서 과학적으로 체계화할 수 있겠다는 자신감을 보여준 것이기도 하지만, 동시에 한국 근대사학의 전통이라 할 실천성을 회복함으로써 현대역사학으로서의 개성을 확립하고 그 본연의 위상을 확립하겠다는 의지를 표명한 것이라고 이해할 수 있다.

1960년대 이래 과학적 역사학을 표방하는 경우, 그 지향이 전통적인 실증사학을 강조하는가, 또는 비약적으로 발전하고 있는 '사회과학'의 방법론을 적극적으로 받아들여 역사학의 면모를 일신하고자 하는가, 그렇지 않고 일제하 사회경제사학을 비판적으로 계승한 사회구성사학(마르크스주의사학)의 완성을 지향하는가 그 입론에서는 각각 차이가 있는 것이었다. 그렇지만, 그것이 왜곡된 역사와 현실의 모순을 바로잡고 개성을 가진 한국 '역사과학'을 세우기 위한 역사학자들의 지난한 노력 위에서 이루어진 것이라는 점에서 공감대를 형성해왔던 것이다.

지난 반세기 이상 과학적 역사학이 그렇게 끈질기게 추구되어왔음에도 불구하고 과연 그 추구했던 목적은 충분히 달성되었던가? 전 민족사의 체계화를 통한 미래에의 전망을 제시하고자 하는 노력이 부단히 이루어져 왔음에도 불구하고 그것은 과연 어느 수준에 도달하고 있는가? 만족할 만한 답을 갖고 있는 이는 많지 않을 것이다. 앞서 누누이 지적된 바와 같이 그것은 한국사학이 일차적으로 식민지, 분단이라고 하는 민족이 처한 현실에 크게 규정되어 왔기 때문이었다. 한국사학이 근대주의, 서구중심적 인식의 틀에서 벗어나 새롭게 비상하라는 요구를 받고 있지만 과연 한국사학은 현실 조건을 벗어나 자유롭게 날개를 펼 수 있는 것일까?

또 어떻게 해야 날개를 펼 수 있을까? 한국사 연구자들이 예외 없이 분단현실의 해소와 통일의 문제에 지나치다 싶을 정도로 집착해왔다고 비난받는 이유를 이해 못할 바는 아니지만 그렇게 간단한 문제만은 아닌 것이다.

현대 한국사학이 갖는 한계는 비단 분단으로부터 비롯된 것만은 아니었다. 한국사학에 가해지는 제약은 넓게 보면 한국의 문화수준 자체에서 오는 것으로서, 새로운 역사학, 진보적 역사학에 대한 무관심과 몰이해가 바로 그것이다. 객관적 역사, 역사의 진실을 추구하는 노력마저 받아들일 수 없는 이데올로기적 경직성, 그러한 구각을 타개하지 않고는 한 발자국도 진전할 수 없는 진보적 역사학이 처한 현실 사회구조, 이 현실의 제약을 타개하려는 노력 없이는 과학적 역사학이 성립할 수 없다는 엄정한 사실 앞에서 현실변혁이라는 사회적 실천과 분리된 객관적 역사란 어떠한 의미를 갖겠는가? 실천성의 강조가 곧 비과학적인 것으로 치부되는 기존 학계의 현실은 어떻게 이해할 수 있겠는가?

여기에서 진정 과학적 역사학을 추구하기 위해서는 기존 체제만이 아니라 기왕의 과학적 역사학의 본질을 밝히고 그것을 부정하지 않으면 안되었던 점을 이해하게 된다. 1980년대 후반 새롭게 '과학적 실천적 역사학'을 추구했던 이들이 기존 역사학의 이데올로기적 함의에 지나치다 싶을 정도로 민감했던 데에는 나름의 이유가 있었던 것이다.

과학적 역사학이 그것을 제약하는 현실 사회의 억압적 구조를 타개하는 노력을 병행해야 한다고 해서 역사학의 본령을 놓쳐서는 하나의 정치선전물로 전락할 위험이 크다는 점도 간과해서는 안 된다. 실제 한국사학은 식민지, 분단현실 속에서도 그 체제유지의 이데올로기적 학문 사상체계와 싸우면서 한국사를 역사과학의 반열에 올리고 한국사의 과학적 체계화작업을 위한 노력을 지속해왔기에 오늘날 한국사학계가 이만한 모습을 갖추게 되었다는 점을 인식해야 할 것이다.

한편 정부나 사회 일반의 한국사에 대한 관심과 이해가 한국사학계의 그것과 커다란 거리를 보이고 있다는 점도 문제이다. 인접 학문분야의 경우 역시 마찬가지이다. 정권유지 차원의 현대사에 대해서는 그렇게 민감하게 반응하면서도 정작 국제화·세계화시대에 자국사, 자국 문화에 대한 교육을 방기하고 있는 정부의 한국사 교육정책의 부재현상, 최근 일반인들의 상고사에 대한 복고적 환상을 부채질하는 비역사적 사고의 풍미현상 등은 반드시 역사학계의 대응 노력이 부족한 데서 비롯된 것만은 아닐 것이다.

여기에는 그간 한국사 연구성과에 대한 몰이해와 지식인 일반이 가져왔던 한국사에 대한 편견이 작용하고 있음을 발견한다. 따라서 현대 한국사학이 그 목표로 삼아온 과학적 역사학의 내용을 확보하기 위해서는 그 발전을 저해해온 각종 편견과 무관심을 걷어내고, 아울러 억압적인 한국사회의 구조, 분단현실을 극복하려는 노력을 기울여야 할 것이다. 이것은 바로 한국 현대문화의 수준을 제고하는 작업이기도 하다.

흔히 한국사학이 과거 군사정권 하에서 받은 특혜로 인해 양적 성장을 이룬 점을 지적한다. 그러나 한국사 연구는 한국사를 정략적으로 이용하려고 하는 정치권과 일정한 거리를 두고 학문적 자세를 견지하고자 노력했던 점을 간과해서는 안 될 것이다. 다른 학문분야라고 해서 예외일 수는 없는 것이지만, 한국사 연구는 한국의 사회현실과 직접적으로 관계된다는 사실로 인하여 밖으로부터 오는 압력을 막아내는 데 힘을 쏟지 않을 수 없었고, 동시에 새로운 사회의 건설과 관련하여 기존 체제유지적 학문비판에 엄정함이 요구되었기 때문에 새로운 방법론의 모색이라든가 연구조건의 개선을 위한 노력에는 상대적으로 소홀할 수밖에 없었다. 사정이 이러했기 때문에 학문적 기초는 아직도 완전한 것이 될 수 없었고, 국내

동·서양사학과의 유대는 물론 인접 학문과의 관계설정에 있어서도 아직 취약성을 드러내고 있는 것이다.

새롭게 일구어내야 할 과학적 역사학은 연구자 개인이나 연구단체의 주체적 노력에 의해 그 모습이 갖춰지게 될 것임은 물론이지만, 한국사학계가 처한 내외의 열악한 여건을 고려할 때 연구 여건의 개선 문제는 특히 심각한 것이어서 보다 적극적인 대처가 필요하다. 여기에서 우선 제기할 수 있는 문제가 한국사연구 지원체계의 불비(不備) 문제이다.

외국인에게 '구걸식 보조'를 받을 뿐 정부나 사회단체의 지원을 받는 연구소 하나 변변치 않았던 1960년대 초의 사정에[51] 비하면 현재의 연구 여건은 괜찮은 것이 아니냐는 인식이 있을 수 있다. 그러나 한국학에 대한 지원이 이루어지기 시작했다고 하는 1970년대 이래 30년 가까이 지난 현재까지도 열악한 환경은 근본적으로 개선된 것이 없다는 점에서 상대적으로 더 취약해진 것으로 인식할 필요가 있다.

한국사학계에서는 그간 한국사학의 기초가 다져지기 위해서는 개별논문의 양산만으로는 부족하고 장기적인 연구계획에 입각한 체계적인 사료정리, 공동연구가 필요함을 지적하고, 그것을 수행하기 위한 연구소지원 강화, 연구원 제도의 확충 등을 주장해왔으나 오늘날까지 거의 변한 것이 없다. 많은 진전이 있었다고는 하지만 이미 간행된 문헌들에 대한 종합문헌목록 하나 갖추지 못하고 있는 것이 현실이다. 새로 발굴되는 자료에 대한 국가적 차원의 체계적인 정리작업이 이루어지고 있다는 소식을 접할 수 없는 이유는 어디에 있는 것일까?

그간 양적으로 성장한 연구인력에 대한 체계적인 지원이 이루어지지 못하고 있는 것은 더욱 큰 문제이다. 1960년대 중엽 대학원이 명색에 지

----

51 한우근, 「연구기관 설치의 필요성」 『민국일보』 1961.1.13; 1976 『욕망과 욕심』, 일조각, 194~197쪽 재수록.

나지 않는 상황에서 국사학이 제대로 하나의 학계를 이루고 있다고 볼 수 있겠느냐고 하는 반성의 소리가 있었던 점을[52] 상기하면 격세지감을 느낄 수도 있다. 그러나 이제야말로 한국사연구는 자신에 요구되는 과제를 본격적으로 수행해야 할 단계에 접어들고 있고, 앞으로 주어질 역할에 비하면 전문인력은 오히려 크게 부족한 형편이다. 그런데 지금까지 양성된 연구인력이 작업할 수 있는 공간은 태부족이고 당분간 획기적으로 늘어날 전망도 불투명하다. 연구인력이 장기적인 계획 하에 집중적으로 작업을 할 수 있는 공간이 되어야 할 연구소에는 전임 교수나 전임 연구원을 찾아보기 힘들며, 연구소가 제 기능을 하지 못하는 상태에서는 각 대학이 기본적인 연구활동의 장이 될 수밖에 없는데, 각 대학은 구조조정으로 몸살을 앓고 있다.

연구자들이 처한 사회적 환경 역시 당분간은 크게 개선될 전망이 보이지 않는다. 그 한 가지 예를 역사교육의 황폐화 문제에서 발견한다. 한국사연구가 활성화되기 위해서 가장 중요한 것은 역사교육의 토대가 튼튼해야 한다. 그러나 중·고등학교 교과과정에서 그간 독립성을 유지하고 있던 '국사' 과목이 사회과에 통합될 예정이어서 한국사 교육이 크게 위축될 전망이고, '세계사' 교육의 사정은 더욱 열악하다. 대학의 교육환경 역시 중·고등학교의 그것과 큰 차이가 없어 역사교육의 장은 날로 위축되고 있다.

한편, 중·고등학교, 대학교에서의 역사교육이 부실해진 결과 다른 한편에서는 국수주의적인 대중추수적인 역사 대중서가 인기를 끌고 있다. 학문적 여과장치를 거치지 않은 대중서들은 우리의 역사인식을 황폐화시킴은 물론이고 건강한 역사인식이 설 자리를 위협하여, 역으로 역사학의 발전 기반을 위축시킨다. 과거 5공화국 군사정권에서 일어났던 비학문적

---

52 한우근, 「한국사연구에 대한 반성」『대학신문』 1965.10.11.

인 상고사 논쟁이 그러했거니와 최근의 '단군 논쟁'은 학문적 발전에 장애요인이 되고 있다. 이 같은 문제의식 역시 1970년대 이래 줄곧 제기되어 왔음에도 사정은 크게 나아지지 않고 있는 것이다.

위와 같은 연구 여건의 제약은 어찌 보면 한국사학이 자초한 것일 수도 있고, 따라서 그 해결을 위해 여러 차원에서 보다 적극적으로 노력한다면 해결될 수도 있을 것이다. 이를 위한 지혜가 요구되는 시점이기도 하고, 다른 측면에서 보면 이제야 말로 그 가능성을 확보하기 위한 본격적인 싸움이 전개될 시기이기도 하다. 그러나 보다 강조되어야 할 것은 학문적 차원에서 새로운 과학적 역사학의 내용을 채우기 위한 방법론적인 모색이 치열해져야 하겠다는 점이다.

방법론과 관련하여 한국사학이 안고 있는 문제점으로 민족주의가 자주 거론되는 데 대해서 학계 일각에서는 '열린 민족주의'로 대처하고자 하는 듯하다. 과거 제국주의시대에 민족주의가 포기되어서는 곤란했듯이 신자유주의·신식민주의시대에 민족의 정체성마저 포기할 수는 없는 것이기 때문이라는 이유가 설득력 있게 다가올 수 있다. 그에 짝해서 새로운 과학적 역사학도 '열린 과학적 역사학'을 주장해봄직하다. 그러나 그 열린 민족주의는 우리 현대문화를 얼마나 잘 설명해줄 수 있을 것이며, 열린 과학적 역사학은 민족사를 어떻게 체계화할 수 있을 것인가? 민족사라고 하는 '근대'의 신화를 폐기하고, 이러저러한 새로운 방법론 가운데 장점들을 취합해서, 그동안 소홀히 하거나 지나쳤던 현상들에 새로운 빛을 비추어 빚어낸 민족사는 과연 어떠한 모습을 띨 것인가?

20세기 한국사학의 주된 흐름에서는 과학적 역사학을 수립하기 위하여 실증주의를 기반으로 하면서도 단지 그것에 머무르지 않고 선진적인 외국사학의 방법론, 사회과학적 성과들을 충분히 수렴해야 한다는 점을 강조해왔다. 따라서 누구라도 한국의 역사학과 사회과학 간에는 격의 없는 대화가 활발히 진행되어왔을 것이라고 생각할 것이다. 그렇지만 현실은 어떠했는가? 역사학계 내부에서도 마찬가지였던 것은 아닌가?

그간 한국사회에서 국사학과 동양사학, 서양사학이 한국의 역사학이란 차원에서 건강한 유대를 맺어왔는지, 한국사학의 사회과학에 대한 인식 태도는 과연 바른 것이었는지 반성할 점이 있다. 흔히 비교사가 강조되고 있지만 문제는 우리 스스로 연구를 통해 한국사의 어떤 새로운 패러다임을 만드는 준비가 없이는 비교를 할 수 없는 것이다. 사회과학에 대해서도 마찬가지이다.

기존의 사회과학이, 최근 사회과학을 포함하여, 각각 일정 사회의 자기 설명방식에 다름아닌 것임을 알기 위해서는 한 사회를 주체적으로 운영해본 경험이 있어야 할 것이다. 그런데 민족분단 이후 과거 식민지유산을 청산하지도 못한 상태에서 외부로부터 밀려오는 각종 선진 학문의 세례는 연구자들에게 소화불량증뿐만 아니라 착시현상을 가져다주었다. 새로운 사회과학이 던지는 화두인 '해체'의 대상이 근대주의, 서구중심주의만이 아니라 그것을 굳건히 뒷받침해주고 있는 현실 자본주의세계체제까지 포함하고 있는지 물을 수 있는 힘을 가질 때 그 선진 이론을 소화했다고 말할 수 있을 것이다.

한국사연구자들에게 요청되는 것은 일정한 운영원리를 가진 각 단계의 사회가 다음 단계로 이행하는 원인까지를 포함하여 한국사의 총체적 역사발전을 설명할 수 있는 설명틀을 만들어가는 일이다. 이는 민족분단의 해소만이 아니라 현실의 사회변혁을 전망하는 일이며, 사회과학을 포함하여 모든 인간과학, 인간학의 중심에 서는 것이기도 하다. 우리는 이같은 내용의 역사학이 바로 오늘의 현실이 요구하는 역사학이라고 믿는다. 이러한 역사학에 부여된 과제는 현대문화의 창조과정에 적극 참여하는 것, 바꾸어 말한다면 '전통문화의 역량'을 확인하고 앞으로 열어갈 현

대문화의 발전 방향을 제시하는 것이라고 할 수 있을 것이다.[53]

이상의 작업은, 한국 현대사학사에서 볼 때, 과학적 한국사학의 수립을 위해 헌신해온 선진 연구자들이 남긴 풍부한 자산을 토대로 기존 20세기 역사과학의 전통을 비판적으로 극복, 계승하는 일에 다름아닙니다. 그리고 이 작업은 이미 파산 선고된 냉전체제의 마지막 보루인 분단 한국에서 앞으로 21세기 통일한국의 역사학을 열어나갈 후진들이 든든히 버티고 있는 한 그 전도가 어둡지만은 않다고 하겠다.

. . . .

53 "전통문화에 대한 신념을 가지는 것도 각 시대마다 새로운 문화를 창조하는 활동이 있을 때 가능한 것으로, 전통문화의 역량을 증가시키는 문화활동이 지속되지 못할 때에는 진정한 근대화와 식민지 근대화도 구분할 수 없는 암흑의 상태로 떨어지고 마는 것이다."(김철준, 1975.3. 「홍이섭 사학의 성격」『나라사랑』18)

10장 우리 시대의 한국사 교육

1. 한국사 교육의 의의

'세계화'를 피부로 실감하고 있는 시대를 살아가는 우리들에게 한국사 교육은 어떤 의미를 갖는 것일까? 이제 이만큼 살게 되고 또 세계 각국이 어깨 걸고 나아가는 세상이 되었으니 한국사 교육은 용도 폐기해야 하는 것인가. 아니면 초국적 자본이 세계를 전일적으로 지배하고, 지구의 환경을 파괴하고, 각 나라와 민족의 고유한 역사와 문화의 생명력을 고갈시키는 세계화 시대를 지혜롭게 헤쳐 나갈 힘의 원천을 찾기 위한 방안으로 그것을 더더욱 강화해야 할 것인가.

'문민정부'가 내세웠던 '신자유주의 교육개혁'과 맞물려 추진되었던 중고등학교의 교과과정 개편안이라든가, 이후 대학교의 학부제 시행에 따른 교양과목 개편 내용들은 한국사교육의 의의를 근본적으로 부정하기까지 하는 것이었다. 1995년 말 교육부가 제시한 제7차 교과과정개정안은 중등교육에서 독립 필수과목으로 존재하던 '국사'를 폐지하여 사회과에 통합시키고, 고등학교 2, 3학년 과정에서는 국사 등 역사과목을 학교나 학생의 선택에 맡김으로써 역사교육의 축소를 가져올 우려가 있음에도 불구하고 강행되었다. 교육부는 개정안이 갖고 있는 문제점을 지적하는 역사학계의 공론을 완전히 무시하는 한편, '민족사의 수호자'임을 자임하는 단체들의 항의에 대해서는 기존의 국정 국사교과서는 절대 폐기하는 것이 아니라고 둘러댐으로써 세간의 조소거리가 되기도 하였다. 세계화시대에는 한국사교육을 강조하는 것이 곤란하다고 보는 정부가 극우적 민족감정에 떠밀려서 '국정 국사교과서 제도'는 고수하겠다는 발상을 어떻게 이해해야 할 것인가.

오늘의 우리 현실은 전 지구적 규모로 획일화를 강요하는 자본주의가 야기하는 문명의 황폐화를 극복할 수 있는 대안을 요구하고 있다. 냉전의 마지막 보루인 한반도에서의 민족 분단을 극복하고 인간이 인간답게 살 수 있는 세상을 원하고 있다. 희망을 현실화할 수 있는 힘의 비축은 그와 같은 과제를 짊어진 젊은이들의 자기 정체성의 확립이 없이는 불가능하다. 자신이 서 있는 역사적 현실에 대한 과학적 분석을 통해 시대적 과제를 정확히 인식하고 그 해결에 참여할 수 있는 주체적 인간을 길러내는 것이 바로 한국사교육, 역사교육의 기본 임무다. 그런데 정부와 교육부는 한국사 교육의 당위성과 방향을 올바르게 인식하지 못하고 교육자 집단들의 이해 다툼에 매몰되어 단기적·즉흥적인 미봉책으로 일관해 왔다.

그러므로 현재 중고등학생들이 이수하고 있는 7차 교육과정의 한국사교육과 역사교육은 현실에 능동적으로 대처할 수 있는 능력을 가진 젊은이들을 길러낸다는 교육 고유의 기능은 물론, 자기 정체성을 바탕으로 세계화를 추진해야 한다는 상식마저 도외시한 것이라는 점을 지적하지 않을 수 없다. 이는 '문민정부'의 교육개혁, 세계화정책이 교육을 시장기능에 맡기고 자본의 전일화에 무방비상태로 국민을 내모는 것과 짝하는 현상으로서 사회의 민주화와 조국의 자주적 통일을 이루어 보다 나은 세계 문화의 건설에 우리 민족이 주체적으로 참여해야 한다는 시대적 과제와도 배치되는 것이다.

물론 역사교육이라고 하는 것이 실용적인 목적, 실천적인 과제의 해결이라고 하는 기능적 관점에서 획일적으로 이루어져서는 곤란하다. 역사교육도 교육의 일환으로 이루어지는 것인 만큼 그것 역시 바람직한 인격형성을 목표로 해야 할 것이다. 역사교육은 과거 다양한 집단적 삶을 살아온 인간들의 모습을 있는 그대로 보여줌으로써 삶의 양식이 갖는 무한한 가능성에 대한 인식을 높이고, 다양한 지향성을 가진 인간에 대한 이해의 폭을 넓히는데 기여한다는 인문학적 사명도 포기할 수 없다. 그렇지만 시대적 과제를 인식하고 그 과제의 해결에 동참할 수 있는 인간을 기른다는 역사교육의 실천적 목표가 바람직한 가치관의 형성이라든가 인간 개개인의 다양성을 인정한다고 하는 인문학적 목표와 배치되는 것은 아니다. 다양한 조건 속에서 다양한 삶을 살아온 인간에 대한 이해가 역사성을 무시하고는 완전할 수 없는 것이고, 그에 대한 올바른 이해란 그 인간들이 시대적 과제에 어떻게 대응했는가 하는 바로 각 개인들의 실천행위를 이해하는 문제이기 때문이다. 역사교육은 역사적 지식의 전달에 그치는 것이 아니라 역사 속에서의 인간들의 삶의 방식을 총체적으로 이해시키는 것이어야 한다고 한 것은 바로 이를 말함이다.

문제는 역사교육의 내용이다. 흔히 한국사 교육을 강조하면 '국수주의자'로 오인하는 경향이 있다. 실제 우리의 근대사는 제국주의의 침략에 대항하여 민족국가를 보존하기 위한 투쟁으로 점철되어 왔기 때문에 국사의 내용이 민족주의적 성격을 띠게 되는 것이었지만, 그러나 그것은 편협한 관념론으로 떨어지지만은 않았다. 자기나라의 것을 먼저 알아야 한다고 강조하는 것은 자연스러운 일임에도, 계몽기의 황성신문·독립신문·대한매일신보 등의 사설들은 본국사와 외국사, 본국학과 외국학, 조선문화와 세계문화를 동시에 가르치고 연구해야 한다고 주장하였다. 민세 안재홍은 조선적·민족적인 것을 주장하는 이들을 덮어놓고 '반동적 보수주의'나 '감상적 복고주의'로 매도하는 경향을 비판하였으며, 동암 백남운은 그것이 편협한 민족의식을 고취하는 그러한 차원에 머무는 것을 경계하였다. 이 같은 전통은 우리 민족사와 한국사교육의 전통이 갖는 폭을 보여주는바 '국수주의'와는 거리가 먼 것이었다.

역사교육의 내용은 당대의 역사학의 수준이나 교육 주체, 국가나 사회의 요구 등에 의해 달라져 왔고, 또 달라져야 한다. 사회가 변화함에 따라 교육내용을 적절히 보완하고 바꾸어나가는 것은 당연하며 그 변화를 통해 보다 더 역사적 진실에 가까이 갈 수 있었다. 전근대 역사교육이 주로 치자의 윤리 확립에 초점을 맞춘 것인 반면, 한말 계몽운동기 그것은 전 국민을 상대로 애국심을 고취하고 부강한 국가를 건설한다는 점을 표방한 것, 일제 식민지지배 아래서 그것이 식민사관을 주입하기 위한 도구로 이용되고 나아가 우리 민족사의 말살을 획책했던 데서 역사교육의 역사성을 확인할 수 있다.

해방 후 우리의 선배들이 한국사교육의 목표로서 자기를 망각하고 살아온, 자기인식을 말살당해 온 이 민족이 먼저 자기를 올바로 인식하고 자기를 주체로 삼는 이념의 수립을 강조했던 사정을 충분히 수긍할 수 있다. 그러나 그것은 식민지교육에 대한 단순한 반발만이 아니었다. 그것은 식민지교육이 남긴 유산과의 싸움이었고 식민사관에 의해 왜곡된 한국사상(韓國史像)을 바로잡기 위한 실천적 역사연구였으며, 그것 자체가 또한 보다 나은 사회를 만들어 나가는 새로운 사회건설 작업이기도 하였다. 그리고 그것은 과거의 잘못된 교육을 바로잡고 새로운 사회를 이끌어갈 새로운 인간을 키워내는 한국사교육으로 이어졌다. 이렇듯 우리 역사교육의 내용은 사회의 발전과 함께 보다 객관적이고 풍부한 것으로 변해왔다. 그리고 우리는 새로운 한국사연구의 결과를 다음 세대에 전달하여 이들이 더 이상 자기비하에 빠지지 않고 당당하게 현대문화의 주역으로 설 수 있기를, 또 그 결실을 거두기를 기대하는 것이다.

한때 '국사'가 '국책과목'으로 지정되어 군사정권의 정당성을 치장하는 도구로 이용된 적이 있었다고 하여 국사과목을 필수에서 제외하여야 한다거나, 과거 역사교육의 방법이 잘못되었으니 그 같은 잘못을 저지를 위험성이 있는 한국사교육을 축소해야 한다고 주장하는 것은 구더기 무서워 장 못 담그고 벼룩 잡으려다 초가삼간 태우는 격이라 하지 않을 수 없다. 지금은 잘못된 제도를 바꾸어 교사와 학생이 같이 교과서를 선택할 수 있는 새로운 교과서제도의 틀을 모색해야 할 때이고, 세계사적 시야에서 국사를 보아야 할 때이다. 과거의 잘못을 다시 저지르지 않기 위해 반드시, 더욱 잘 가르쳐야 할 때인 것이다. 그러기 위해서는 한국사교육이 제대로 이루어질 수 있는 공간을 제대로 마련해야 한다.

오늘날 한국사교육은 정보의 홍수 속에서 중심을 잃지 않고 학생들이 균형감각을 갖고 각종 정보를 소화해 낼 수 있는 힘을 갖도록 도와주는 것이 되어야 한다. 민족사의 주체로 설 수 있는 힘은 개인의 역량만이 아니라 한 사회의 문화역량으로부터 오는 것인데, 문화역량이란 자기 사회가 안고 있는 문제들을 해결할 수 있는 다음 세대를 제대로 키워낼 수 있는 힘이다. 그러므로 한국사교육은 단순한 전통의 확인이 아니라 전통문화가 발전되어오면서 어떻게 내용을 풍부히 해 왔는가를 역사적으로 탐구할 수 있도록 안내하는 것이 되어야 한다. 식민주의, 서구중심주의, 상업주의에 찌들고 전도된 가치관을 역사적으로 접근하여 객관화 하고, 전통과 역사는 골동품이 아니라 현실에 되살려 발전의 토대로 삼아야 하는 것이며 또 전통을 무시하고 만들어가는 현대문화란 모래성에 불과한 것임을 인식시켜야 할 것이다.

결국 한국사교육의 의의는 민족사의 전통 위에서 현대사회가 요구하는 바람직한 인간과 세계 어디에 내놔도 손색없는 현대문화 건설의 주역을 키우는 데 있다고 하겠다. 세계의 여러 문화들과 당당히 어깨를 겨루고, 나아가 현존 문명이 앓고 있는 각종 질병까지를 고치겠다는 자부심을 가진 미래의 주역을 양성하는 것이 한국사교육이라면 그보다 보람된 일이 어디 있겠는가. 민세 안재홍은 1930년대 중반 엄혹했던 일제의 지배 아래서도 "후진 낙오적인 어떠한 국민 혹은 민족에 있어서는 자국적 또는 민족적인 충동 각성 및 염원이 도리어 진보적 약진적 그리고 세계적으로 되는 것이다"라고 정당하게 지적한바 있다. 이 말은 또 다른 의미에서 오늘날 냉전의 마지막 보루인 민족 분단의 한반도가 세계문화의 새로운 방향을 제시하는 발원지가 될 수도 있음을 시사하는 울림으로 다가온다.

2. 일제의 식민지 지배기의 한국사교육

조선시대에 역사는 유교의 경전과 함께 강조되어 유학을 공부하는 선비들이 읽어야 할 독서목록에 필수로 포함되어 있었다. "경(經)은 도(道)를 싣는 그릇이고 사(史)는 일을 기록한 것인데, 경이 아니면 다스리는 근원을 맑게 할 수 없고 사가 아니면 치란(治亂)의 궤적을 고찰할 수 없는 것"이기 때문이다. 조선에서 독서목록의 체계를 세운 율곡 이이가 「학교모범」에서 "글을 읽는 순서는 『소학』을 먼저 배워 그 근본을 배양하고, 다음은 『대학』과 『근사록』으로써 그 규모를 정하고, 그 다음에는 『논어』, 『맹자』, 『중용』 등 오경을 읽고, 이어 사기(역사기록)와 성현의 성리서를 간간이 읽어 뜻을 넓히고 식견을 정밀하게 할 것"을 요구했는데, 이도 같은 뜻에서 나온 것이라 하겠다.

그런데 조선시대에 역사는 그것을 읽음으로써 역대의 다스려짐과 혼란함을 아는 데 참고한다는 의미에서 강조된 지배층 중심의 역사였고, 그것도 『사기』, 『한서』, 『통감』, 『사략』 등 중국 측의 역사서가 중심이었다. 조선후기에 들어와 자기문화에 대한 인식이 심화되고 본국사에 대한 관심이 제고되는 가운데, 이만운이 아동용 역사책 『기년아람(紀年兒覽)』(1~4

권; 지나역사, 5~7권; 본국사)에 본국사를 넣었던 것은 커다란 발전이 있었다. 그렇지만 아직 국사가 국민교육의 일반 내용으로 되지는 못한 상태였다. 전근대의 사서 일반은 통치의 교훈을 얻으려는 것을 목적으로 한 것이었고 그 교육의 대상도 주로 지배층에 국한되어 있었다.

일반 국민을 대상으로 한국사교육이 본격적으로 실시되는 것은 한말 계몽운동기에 들어와서의 일이다. 그 계기가 된 것은 1895년 2월의 고종이 내린 「교육조서」에 따라 이루어진 각급 학교의 설립이다. 이들 각급 학교에서는 국사(본국사) 및 만국사가 공히 다루어지게 되었다. 국사의 중심 내용은 당시 만들어진 교과서를 통해 알 수 있는데, 일부 교과서의 경우 일본과의 운명공동체를 강조한다거나 임나일본부설을 수용하는 등 한계를 보인 것도 있지만 기본적으로는 국민정신의 함양과 민족정신의 고취를 목표로 하고 있었다. 그러나 일본이 1904년 러일전쟁에서 승리한 뒤 1905년 소위 을사보호조약으로 한국의 주권이 침탈되면서 한국사교육은 크게 제약받기 시작했다.

학부 교육행정의 주도권이 일인에게 이양되면서 관립학교에서는 한국사교육이 폐지되었다. 1906년 학제변경으로 소학교가 보통학교로 개편되면서 교과목에서 역사와 지리는 제외되고, 역사는 일어와 조선어과에서 포함하여 가르치게 되었다. 한국사교육에 대한 통제는 1908년 사립학교령과 학부령 16호 「교과용도서검정규정」으로 더욱 강화되었다. 당시 국권상실의 위기를 맞아 사립학교를 중심으로 민족교육이 활발히 진행되고 있었는데, 일제의 조종을 받고 있던 정부는 사립학교령을 내려 학부대신의 인가를 받지 않은 사립학교는 그 존속을 불허하고, 일반 교과용 도서는 학부대신의 인가를 얻지 않으면 사용을 못하게 하였던 것이다. 교과서의 인허가 기준에서 '과격한 문자를 써서 자주독립을 설하며 국권을 만회치 못함이 불가함을 절언한 것', '대언장담으로 그릇된 애국심을 고취한 것' 등이 금지 대상의 핵심 내용이었다.

한국사교육이 결정적으로 위축된 것은 1910년 한국이 일본의 식민지로 떨어진 뒤부터다. 일제는 수차에 걸친「조선교육령」등 각종 법령을 통해 한국사교육을 압살해 나갔다. 당시 조선인에 대한 교육은 일본천황의「교육에 관한 칙어」의 취지에 따라 "충성스럽고 착한 '국민'을 양성하는 것을 본의로 한다"고 표명되었다. 1911년의 1차「조선교육령」에 따라 당시 보통학교에서는 역사를 국어(일본어)과나 조선어과 안에서 다루었는데, 여기서 국사는 일본사를 의미했다. 새로 만들어진 사립학교규칙에 의해 조선인 교육자가 만든 교과서는 몰수되었고, 법령에 위반하는 학교 또는 '안녕질서를 문란하고 또는 풍속을 해칠 염려가 있는' 학교는 폐쇄되었다. 합방 전 1,400여 개의 민족계 사립학교가 1919년에는 약 3분의 1로 줄어들었다. 이제 민족사교육은 지하에서 혹은 간도, 상해, 미주 등지에서 이루어지지 않으면 안 되었다.

3.1운동이 일어나자 일제는 문화정치를 표방하였지만 한국사교육은 더욱 강하게 통제하고 나섰다. 고등보통학교의 경우 당초 교과과정 편성에서 주당 2시간의 조선사를 허용했으나, 1919년 12월 관련 규칙의 개정을 통해서 조선사를 제외시키고, 1921년에는 일본사를 교과과정에 편입하였다. 각급 사립학교의 경우도 공립학교규칙에 준하도록 조치하였다. 당시 총독부 학무과장이, "3·1운동의 최대 원인은 조선인의 독립욕에 있다. 때문에 조선인이라는 의식을 없애고 마침내는 자기가 일본인이라는 관념을 갖도록 하는 것이 필요하다"고 지적한 것은 일제의 교육방침을 잘 보여준 것이었다.

그러나 일제의 위와 같은 조치로도 민족사 교육의 열기를 잠재울 수는 없었다. 1920년대 전 시기를 통해 지속되었던 학생들의 맹휴에서 나타났던 공통의 구호는 '조선인 교육은 조선인 본위로'라는 것이었고, 그 핵심은 조선사 교육이었다. 1929년 절정에 달한 광주학생운동의 구호는 '일본 제국주의 타도', '식민지 노예교육 철폐' 바로 그것이었다. 식민교육에 대한 저항은 비단 학생층으로부터만 일었던 것은 아니다. 동아일보는 교과서를 개정하여 조선민족의 전설과 역사를 다룰 것을 요구하고 나아가 조선사를 정규 교과목으로 다시 채택할 것을 주장하였다. 또 역사교육은 '학교에서만 행할 바가 아니라 사회적으로도 행해야 하는 만큼, 총독부 당국은 조선역사의 각양 저술에 대하여 관용할 뿐만 아니라 일층 장려할 것'을 요구하였다. 민족운동의 총 본부로서 1927년 성립한 신간회가 1928년에 채택한 6개의 행동강령 가운데 '조선농민의 교양에 적극적으로 노력한다', '조선인 본위의 교육을 확보한다'는 점을 포함시킨 것은 일제의 노예교육 거부가 당시의 전 민족적 요구임을 알 수 있게 해준다.

한국사교육운동은 비단 국내에서만 진행된 것은 아니었다. 따라서 일제의 한국사교육 통제는 한반도 내에만 국한되지 않았다. 그들은 총독부의 한인교육정책 통제를 만주지역에까지 확대하여 그곳의 서당 등 교육기관을 보조금 등으로 회유하여 포섭하고, 조선총독부가 편찬한 교과서를 사용토록 하고 일본어교육을 독려하는가 하면, 종래 항일 민족운동의 기초가 되고 있던 교과서 사용을 금지시켰다. 만주지역에서조차 민족주의적 교육을 금지시켜 일제의 시정에 부응케 하자는 것이었다. 당시 간도지역에서는 간민 교육회의 활동을 통해 일제에 의해 발행이 금지된『조선역사』등을 편찬하여 민족교육을 강화하고 있었던 것이다.

그런데 위와 같은 민족교육에 대한 열기도 1937년 중일전쟁 이후 전시체제로 전환되면서 일제의 악랄한 억압정책으로 인해 수그러들 수밖에 없었다. 일제는 1938년 교육령 개정(제3차 조선교육령) 황국신민화를 목표로 황한한국사교육을 강화하였다. 이어 1941년에는 국민학교령을 내려 소학교를 국민학교로 바꾸고 수신, 국어, 지리, 국사를 묶는 '국민교과'를 설치하였다. 1943년에는 중학교 교과과정까지 개편하여 국민과를 설정하였다(4차 조선교육령). 이들 국민교과는 황국신민을 만들기 위한 것을 목표로 하였음은 물론이다.

이렇게 일제가 한국사를 일본사로 대체하는 과정은 대한제국이 국권을 상실해 나가고 민족운동이 좌절되는 과정과 맞물려 있었다. 당시 한국사교육이 민족정신을 고취하고 국가 중흥을 꾀하는 민족교육의 핵심적 위치에 있었기 때문에 일제는 집요하게 한국사교육을 축소, 왜곡, 말살하고자 하였다. 그런 의미에서 민족사교육은 국권의 유지와 회복 운동이라고도 할 것이었다. "단재의 일념은 첫째 조국의 씩씩한 재건이었고, 둘째로는 그것이 미처 못될진대 조국의 민족사를 똑바로 써서 시들지 않는 민족정기가 두고두고 그 자유 독립을 꿰뚫는 날을 만들어 기다리게 하자 함이었다"는 민세 안재홍의 증언은 바로 이를 두고 한 말이었다.

일제가 만든 '국사'에서 조선은 일본의 일개 부속물에 지나지 않았으며, 거기에서 나타난 조선사의 모습은 정체되고 타율적인 역사로서 일본의 합병에 의해 비로서 그 본연의 지위를 얻고 문명화가 가능하게 된 그러한 역사였다. 그리고 이와 같은 조선사에 대한 인식은 해방 뒤에도 상당기간 한국인들의 뇌리에서 떠나지 않게 되었다. 일제는 그 막바지에 한국인으로부터 말을 빼앗고, 성을 빼앗고, 나아가 역사까지 빼앗으려고 하였다. 식민지교육을 통해 한국인들의 혼까지 빼앗고자 하였으니 그들의 정책이 반쯤은 성공한 것인지도 모른다.

3. 해방 이후의 한국사교육

1945년 해방 이후 지금까지 한국사교육은 괄목할 만한 발전을 이루어

왔다. 한국사교육이 발전하는 데 있어서는 높은 교육열과 일선에서 한국사에 대한 잘못된 역사인식을 바로잡기 위해 분투해온 역사교사들의 노력, 식민사관을 극복하고 새로운 한국사상(韓國史像)을 세우기 위해 연구를 수행해 온 역사가들의 고투가 그 기반이 된 것이다. 그렇지만, 자기 문화에 대한 애착을 가지고 그것을 지키고 발전시키려 했던 민족적 역량, 그리고 무엇보다도 우리의 역사를 객관적으로 파악할 수 있도록 우리 사회를 성장시켜온 국민의 힘의 성장, 그 자체가 가장 큰 공헌을 한 것이라 하지 않을 수 없다. 그리하여 이제는 자조하거나 과장하지 않고 우리의 역사를 이해하고 우리의 문화전통에 대한 애정을 가질 수 있는 수준까지를 전망할 수 있게 되었다.

한국사교육의 발전은 우선 학교 교육에서 국사가 중요한 비중을 차지하고 있다는 점에서 발견할 수 있다. 1970년대 초까지만 하더라도 교사를 양성하는 교육대학에 문화사 과목은 있었지만 국사 강좌조차 개설할 수 없었던 사정에서 보듯이 초기 서양학문 중심의 학문경향과 교과과정 운영체제 아래서 국사가 홀대받던 상황과 비교한다면 현재 한국사교육이나 국사학의 위치는 크게 향상된 것임을 알 수 있다. 그런데 무엇보다도 주목되는 것은 한국사교육의 내용상의 발전이다. 과거 식민사학자들이 만들어 놓은 왜곡된 역사상을 불식하고 우리의 역사를 주체적 시각에서 발전적으로 파악하여 새로운 한국사상을 제시할 수 있게 된 것이다.

사실 1950, 60년대까지만 하더라도 일반인들의 뇌리에는 과거 식민지교육이 만들어 놓은 우리의 역사와 문화에 대한 비관적, 자조적 인식이 크게 자리하고 있었다. 한국은 반도라고 하는 지정학적 위치로 인해 항상 외세에 시달려야 했고, 개성적이고 독자적인 문화를 가질 수 없었으며, 고질적인 당파주의로 국력을 모으지 못했으며, 원시적 농업사회가 지속되어 자력으로는 근대화를 이룰 수가 없었다고 하는 등의 인식이 그것이었다.

해방이 된 후에도 일본에서 한국사연구의 대가라고 하는 이 조차 조선의 역사를 논하는 자리에서 반도적 성격, 사대주의, 정체성, 유교의 한계 등을 강조하면서 조선사회의 '취생몽사적 시간의 경과'를 포괄적으로 이름하여 '정체성'이라고 규정하고 있었으며, 또 한국 학자의 논문 제목 가운데서도 조선사회의 '정체적 본질'이 운위되고 있는 실정이었다. 그리고 그 정반대에는 역사적 맥락과 동떨어진 한국문화의 우수성만을 강조하는 맹목적 국수주의가 자리하고 있었다.

국사에 대한 잘못된 인식과 선입견들은 이후 한국사연구자들의 이론적 실증적 연구가 진전되고, 객관적이고 과학적인 역사상을 구축하기 위한 노력이 경주되는 가운데 서서히 불식되어 나갔다. 1960년대 전국에서 구석기시대 및 청동기시대의 유물 발굴로 인해 구석기시대와 청동기시대가 설정된 것, 변동기에 주목하여 조선후기의 발전상을 밝혀냄으로써 정체성론을 극복하게 된 것 등은 그 대표적 성과들이었다. 그리고 이 성과들은 곧 교육현장에 전달되었다.

여기에서 1969년 당시 중견역사학자들이 올바른 한국사교육에 필요한 국사교과서 서술 준거 안으로 「중고등학교 한국사교육 개선을 위한 기본방향」을 작성한 것이 주목된다. 준거 안 작성의 기본 원칙으로 든 다섯 가지는 '민족의 주체성을 살린다, 세계사적 시야에서 제시한다, 내재적 발전방향으로 파악한다, 인간중심으로 생동하는 역사를 서술한다, 민중의 활동과 참여를 부각시킨다' 등이었다. 이 원칙은 해방 이후 한국사학이 거둔 성과를 다음 세대에게 전달하여 그들이 더 이상 자기비하에 빠지지 않고 당당하게 현대문화의 주역으로 우뚝 설 수 있기를 바랐던 선배들의 충정에서 나온 것으로서 오늘날에도 여전히 생명력을 갖고 있다. 그리고 시대가 발전하여 1980년대 이후 위에서 다섯 번째로 강조한 '민중의 활동과 참여를 부각시킨다'는 것은 이제 '민중이 중심이 된 역사'로 바뀌게 되었다.

그러나 한국사교육이 결코 순탄한 길을 걸어온 것만은 아니었다. 해방 50년의 한국사교육은 그간의 현대사가 그러하였듯이 매우 불완전하여 절름발이 신세를 면하기 어려웠던 것 또한 사실이다. 한국사교육이 제대로 이루어지기 어려웠던 것은 가르쳐야 할 국사의 내용의 제약에서 비롯된 면이 크다. 이는 연구축적의 빈약에서 비롯된 측면도 없지 않으나 냉전체제 하에서 체제경쟁에 몰두하던 남북의 정권이 강요하던 외적 제약도 그에 못지않게 커다란 요인이 되고 있었다. 특히 이 체제적 한계는 연구 자체를 제약하였을 뿐만 아니라 교육 내용마저도 제약하였다.

해방 당시 민족적 과제로 제기된 신 국가건설에 있어서 통일 민족국가의 건설이나 민족경제 수립의 과제에 못지않게 신문화의 건설이 요청되고 있었는데, 이 신문화 건설이란 일제 잔재의 청산을 통해 건강한 우리 민족문화를 재건하는 것이었고 여기에서 국사 교육이 절실히 요청되고 있었다. 그런데 민족적 염원을 다 담아낼 수 없었던 한계를 가지고 출발했던 남북의 정권은 그 기반의 취약성 때문에 자신의 약점을 지적하는 어떠한 논의도 받아들이지 못했다. 심지어 한국사교육을 정권의 약점을 합리화하는 도구로 이용하려는 유혹을 뿌리치지 못함으로써 현실을 왜곡하고 역사의 진실에 눈을 가리도록 강요하였던 것이다.

해방 후 여러 단체와 연구자, 교사들은 한국사교육에 특별한 관심을 갖고 작업을 시작하였다. 그런데 그러한 활동들은 처음부터 미군정의 정책에 크게 저촉되지 않을 수 없었다. 초기 한국사교육에서 미군정이 행한 역할은 결정적이었다. 군정은 1946년 역사를 과거 수신, 지리교과와 함께 사회(생활)과에 묶어 교수하는 교과과정안을 통과시켰는데, 이는 내용적으로는 거의 영향력을 발휘하지 못하면서도 형식상으로는 이후 한국사교육을 묶는 족쇄로 작용하였다. 사회과는 미국식 민주주의를 전파하는 '진보성'을 띤 것이었지만 민족문제의 해결에는 눈을 돌릴 수밖에 없도록 하는 기능을 하였던 것이다.

이 시기 국사교재는 군정청의 의뢰를 받은 진단학회가 편찬을 맡았다. 김상기·이병도 2인이 집필한 「국사교본」은 국사학습의 의의를, "우리 민족 및 문화의 전통에 대하여 인식을 깊게 하고, 민족성의 본질을 체득하여 건전한 국민정신과 국민적 도덕 및 정조를 배양함"에 있다고 밝히고 있었다. 아직 식민사관의 흔적을 곳곳에 담고 있는 것이었지만 1946년 5월 초간 된 이래 48년 6월까지 4만여 권이 발간되어 중등학교 학생 및 전문수준 혹은 국민학교 교사들의 참고용도서로 활용되고, 이후 국사교재의 전형이 되었다.

이어 미군정기가 끝나면서 남북 분단이 기정사실화되고, 남과 북에 각각 지향을 달리하는 정권이 들어서게 됨으로써 민족사교육은 파행적으로 진행되는 운명을 맞게 된다. 체제대립 과정에서 정권안보에 저해되는 교육은 철저히 통제되었으며, 미군정기에 확립된 중앙집권적 교육(행정)체제는 그 통제의 견인차가 되었다. 물론 그 과정에서 교육체제의 자치적 전통을 수립 발전시키려는 노력이 없었던 것은 아니었지만 그 같은 노력은 큰 성공을 거두지 못했고, 다른 분야와 마찬가지로 중앙집권적 관료주의의 틀 속에 갇히게 되었다.

1950년대 6·25를 겪은 뒤 이 같은 체제는 더욱 강화되었다. 초대 교육부장관은 '일민주의'를 내세우며 학도호국단을 창설하여 단장으로 취임하고, '우리의 맹세'를 외우게 하며 학생들을 반공시위에 동원하였다. 평화통일을 주장한 인사가 '반공법'에 저촉되어 사형에 처해지는 그러한 시대였다. 그동안 저자의 자유로운 저술에 의존하고 있던 교재가 1954년부터는 검인정제도로 전환되고, 1963년 이것이 더 강화된 것은 이미 예정되었던 일이라 할 수 있다.

국적 있는 교육, 민족사교육을 강화한 것은 역설적이게도 반공을 제일의 국시로 삼은 군사정권이었다. 4·19혁명으로 분출되었던 민주화, 민족통일에 대한 열망을 잠재우고 등장한 군사정권, 정권의 정당성을 경제발전에서 찾으려 했던 군사정권은 일단 어느 정도 안정적 지위를 확보하자 이데올로기적 정지작업에 손을 댔다. 1968년 「국민교육헌장」의 선포는 그 상징이었다. 교육의 면에서 정권의 정당성을 확보하고자 했을 때 역사교육은 무엇보다 매력적인 것이었다. 영구집권을 꾀하면서 '유신'을 단행한 군사정권은 1974년 한국사교육 강화방안의 하나로 국사교과목을 독립 필수과목으로 지정하여 각급학교에서 필수적으로 가르치도록 하고, '국사' 교재를 국정(1종도서)으로 '격상'시켰다. 여기에서 현대사는 정권의 정당성을 미화하는 장식물이었으며, 이로써 현대사는 누구도 제대로 가르치지 않는 분야가 되어 버렸다. 국사 교과서는 다만 입시를 위해 암기해야 하는 과목으로서 자신의 삶이나 생활과는 동떨어진 재미없는 책이 되고 말았다. 한국사교육이 강화되었다고는 하나 민족의 통일이나 사회의 민주화 문제는 도외시되었고, 자신이 역사의 주체로서 현대사회를 이끌어가는 주역이라는 의식 부재의 문제는 당분간 해결하기 어려운 것으로 보였다.

그러나 정권의 의도와는 관계없이 한국사교육의 장이 확보됨으로써 교육의 질에 커다란 변화가 나타나기 시작하였다. 연구자들의 수가 급격히 증가하고 연구 성과가 쌓이기 시작하였고, 그 성과를 교육에 적극적으로 반영하고자 하는 역사교사(교수)들의 노력에 힘입어 교육의 내용도 달라지기 시작하였다. 여기에서 특히 1980년대 사회민주화운동의 진전과 국민의 역량의 향상은 역사교육을 떠받치는 결정적인 힘이었다. 그것은 그 자체로 산 역사교육이었으며, 나아가 참신한 연구를 촉발하고 그동안 금기시되었던 연구 분야와 주제의 확대를 가져왔다. 그리고 한국사교육의 한 단계 발전을 요구하였다. 우리는 지금 '올바른' 역사교육을 위해 헌신하였던 선배들의 노력의 결과를 산 역사를 통해 보상받고 있는 것이다.

4. '국사'교과서의 문제점과
새로운 교과서제도의 모색

자기 나라의 역사에 관한 기본 지식과 이해체계를 가지게 되는 때는 중고등학교 학생시기이다. 때문에 이 시기 청소년을 대상으로 이루어지는 한국사교육의 유일한 교재인 '국사' 교과서는 처음 만들어질 때부터 세인의 주목을 받았고, 줄곧 비판의 초점이 되어왔다. 국사교과서의 편찬 방식이 검인정제에서 '국정'제도로 바뀌어 교과서가 하나로 '통일'됨으로써 여러 가지 문제점이 드러났기 때문이다.

현행 중고등학교용 '국사'가 유일한 교과서가 된 데는 1960년대 말, 70년대 초 박정희정권의 정책적 의도가 크게 작용하였다. 박 정권은 1968년 국민교육헌장을 반포한 이후, 1972년에는 한국사교육 강화위원회를 발족시켜 한국사교육 강화방안을 마련하고, 미군정시기에 만들어진 '교수요목'에 따라 사회과에 묶여있던 국사과목을 독립시켰다. 그리고 기존에 상이한 체제로 간행되어오던 검인정 교과서들을 정리하고 국사교과서를 '국정'으로 전환시켰다. 일련의 경제개발계획을 통해 통치기반을 확보한 군사정권은 근대화론을 앞세워 정권의 정당성을 치장하기 위해 국민교육까지 이용하려고 하였는데, 여기에서 한국사교육은 좋은 방편이 될 수 있었다.

물론 학교 교육이라는 것이 사회가 요구하는 덕목을 함양하는 데 목표를 두고 있는 만큼 거기에서 다루어지는 합법적 지식이라는 것도 그 사회의 정치, 경제체제를 유지하는 가치와 배치되는 것이 될 수 없다. 실제 우리의 교육법은, '대학, 교육대학, 사범대학, 전문대학을 제외한 각 학교의 교과용 도서는 교육부가 저작권을 가졌거나 검정 또는 인정한 것에 한한다'고 규정하고 있다. 그리고 대통령령으로 정한 「교과용 도서에 관한 규정」은, '이 령에 의한 교과용 도서 이 외의 도서는 이를 수업 중에 사용하지 못한다'고 못 박고 있다. 초, 중등학교에서 가르치는 지식은 '교과서'에 담아 전적으로 정부의 통제를 받도록 하고 있는 것이다. 그렇기 때문에 국사교과서를 정부가 나서서 잘 만들어보겠다고 하는 조치가 하등 이상할 것이 없다고 여길 수도 있다.

그렇지만 70년대 초 군사정권이 1954년 이래 검인정제 아래서 유지되어 오던 국사교과서를 '국정'으로 바꾼 것은 1972년 '유신'이라는 정국의 변화와 관련해서도 오해를 불러일으킬 만한 충분한 이유가 있었다. 교과서란 당시 학계의 수준에 제약될 수밖에 없는 것이므로 교육 내용은 다양한 교과서를 참고하여 교사가 주체적으로 만들어가야 하는데, 정부가 주도하여 일체의 다양성을 부정하고 하나로 모으겠다는 발상은 그 결과에 관계없이 역사를 부정하고 역사교육을 황폐화시킬 것이었다. 과연 이후에 정권이 바뀔 때마다 교과서는 다시 씌어져야 했으며 필자가 달라지면 내용도 바뀌어 교과서의 내용은 그야말로 '교과서적 지식'으로 치부되었고, 현대사는 교육 자체가 불가능하였으며, 양식 있는 교사들은 여러 가지 새로운 시도들을 해보다가 지친 나머지 역사교육을 포기해야 하는 것이 아닌가 하는 자괴감에 빠지기도 하였다.

정부는 국정교과서의 문제를 보완한다는 차원에서 1979년부터는 연구와 집필을 전문 연구기관이 담당하는 '연구개발형' 교과서(1종)제도를 도입하기도 하고, 82년의 4차 교육과정부터는 한국사교육의 계열성을 명문화하여 국민학교는 사건, 인물사 중심의 생활사, 중학교는 사건 주제 중심의 시대(정치)사, 고등학교는 문화사와 사회경제사를 중심으로 지도한다는 점을 명문화하였다. 이후 '1종 국사교과서'로 제도는 바뀌었지만 국가가 편찬을 주도하는 방식은 변함이 없었다. 국사교과서가 국정으로 지정된 이래 그 이전에 비하여 학계의 연구 성과를 상대적으로 많이 반영하게 된 점은 모두가 인정하고 있는 터이지만 아직도 그 내용이 크게 개선되지는 않고 있고, 오히려 집필자의 교과서 서술 기피현상과 맞물려 그 수준이 의심스러운 경우마저 나타나고 있는 것이 작금의 실정이다.

이 같은 국정 '국사'교과서가 갖는 문제점으로서 일반적으로 지적되고 있는 것은 그 이데올로기적 편향성이다. 한국사교육 역시 국민통합을 이루고 사회체제를 유지하기 위한 교육 일반의 목표에서 크게 벗어나는 것이 아니라면, 국사교과서의 내용은 전문학자만이 아니라 사회 구성원의 합의에 기초한 일정한 기준을 가질 수밖에 없는 것임을 인정해야 할 것이다. 학생들이 현실 문제를 이해하는 데 도움이 되는 객관적 지식과 정보를 편견 없이 제공한다고 하는 미국의 역사교과서가 특정한 집단에 유리하도록 편파적으로 기술되어 있다고 하는 지적은 교과서의 함의를 잘 반영한다. 따라서 문제는 그 기준이 어떻게 정해지고, 누가 어떻게 교재를 편찬하며, 학교에서는 어떠한 방식으로 그 교재를 채택하는가 하는 점이다.

때문에 위와 같은 비판은 국정(1종) 교과서제도에도 그대로 적용되는 문제라고 할 수 있다. 즉, 이데올로기적 편향성에 대한 지적의 핵심은 국정에 의한 단일 국사교과서가 지배세력의 정당성을 선전하기 위한 도구로 이용되어서는 안 된다고 하는 데 있다고 하겠다. 따라서 국정교과서가 갖는 가장 큰 문제점은 형식적인 면으로 국정교과서제도 그 자체에서 비롯된 것이라고 할 수 있다. 국정 '국사' 교과서는 국정제의 목표 자체가 현저히 퇴색한 이후에도 특히 '국사'교과서의 현대사부분에서 곡예를 하는 듯한 표현으로 역사의 의미를 훼손하여 교과서의 품위를 떨어뜨리고 있는 점이 문제점이다. 실제 전반적으로 내용이 부실하여 학생들의 인식에 혼란을 초래한다는 등의 비판을 면치 못하고 있기도 하다. 이는 교과서가 단기간에 편찬을 끝내야 하는 시간상의 문제에서 비롯된 것만은 아니고, 집필자가 주관을 가지고 공을 들일 수 없도록 만드는 현행 교과서

제도의 전반적인 문제에서 비롯된 것이라고 여겨진다.

문제는 교과서 편찬과정에도 있다. 현행 교과서제도 아래서는 교육부가 최종 확정, 고시한 '교육과정'에 따라 집필지침을 마련하고, 이 집필지침에 따라 편찬을 담당한 기관(국사편찬위원회)이 집필세목을 작성한 다음 집필의 기본 방향과 유의점 등을 제시하면, 그것을 받아서 시대별 담당자가 집필에 임하게 된다. 여기에서 기초가 되고 있는 것이 교육과정(안)인데, 그것은 당시 정책의 기본 목표와 직결되어 있는 것으로서, 교과서의 계열성을 갖추어 학습효과를 증진시킨다는 본연의 취지와는 달리 집필자에게 전혀 영향을 미치지도 못하고, 도리어 집필자의 기운을 빼기가 일쑤였다.

위와 같이 주어진 형식에 따라 단시간에 집필자들이 서술에 임하기 때문에 내용적인 면에서도 문제가 없을 수 없었다. 학계에서 가장 많이 지적해온 것은 교과서가 학계의 정설을 담아야 하고 학계의 연구 성과를 제대로 반영해야 한다는 것이었다. 이 같은 지적은 결과적으로 교과서의 내용을 보다 풍부히 하는 데 기여하였지만, 역으로 집필에 책임을 지고 일관성 있게 내용을 취사선택하기 어렵게 만들기도 하고, 학자적 양식을 견지하는 것이 용이하지 않다는 점 때문에 연구자들로 하여금 교과서 집필을 기피하도록 하는 문제를 낳았다.

반면 교육학계에서는 국사교과서가 통사나 개설서의 축쇄판에 불과하여 교과과정과 일치하지 않는다고 하는 점을 줄곧 지적해 왔다. 한국사교육도 교육인 만큼 국사전문가를 양성하는 것이 아니고 학생의 흥미를 유발하고 학생의 인지발달 정도에 적합한 내용으로 계열화되어야 한다는 점을 지적하는 것이다. 더욱이 국사교과서는 학생들의 현실문제 해결능력을 제공하는 것이라야 하는데 집필을 담당한 전문 역사가들은 그 같은 점에는 관심을 두지 않는다는 점도 지적사항이다. 이 같은 지적은 국사교과서의 내용이 다만 국사학자만이 아니라 교과과정 전문가, 현장교사, 지역사회(학부모와 학생) 등 관련자들의 관심과 참여를 이끌어내야 하는 점을 환기시켜 주는 것으로 경청해야 할 점이다. 그러나 이러한 지적은 역사서술이 현실적 요구에 의해 좌우될 수도 있다는 잘못된 인식을 전파할 수 있는 위험을 갖고 있음도 알아야 한다.

오늘의 중고등학교 학생들은 국사교과를 단지 암기과목으로, 국사교과서는 재미없고 답답한 것으로 여기고 있다. 역사가들은 자신의 새로운 연구가 반영되지 않는다고 불평하고, 교육전문가들은 나름의 이유를 가지고 필자들에 불신을 보내고 있다. 이 같은 틈을 타고 갖가지 국사관련 서적들이 서점가에서는 불티나게 팔리고 있고, 대학 문을 들어선 학생들은 지금까지 받은 한국사교육이 '잘못'되었음을 '현실'로부터 알고는 불평을 토로한다. 그만큼 국사에 대한 국민적 요구가 많다는 것인데 역사교육 관련자들은 그 같은 요구에 눈을 감고 있다.

가장 감수성이 예민하고 호기심 많은 우리의 자제들에게 학교 문을 나서면 '아무짝에도 쓸모없는' 그런 '국사'가 이대로 방치되어서는 곤란하다. 문제를 현 입시위주의 교육풍토에 돌릴 수만은 없다. 국정교과서가 그렇게 많은 문제점을 안고 있어도 한편에서는 우리의 젊은이들이 보다 객관적인 안목을 갖추고 스스로 주변을 둘러보고 자신의 과거 문화를 찾아나서는 단계에 오르고 있지 않은가. 우리의 젊은이들은 역사의 진실을 알고 싶어 하고 자신의 정체성을 확인하고 싶어 한다. 이는 과거 홀대받던 한국사교육이 강화됨으로써 얻어진 성과이니 대가가 너무 비쌌다고 할 수 있을지 모르겠다. 아는 만큼 볼 수 있고 느낀 만큼 행할 수 있다는 사실은 저절로 터득할 수 있는 것이 아니다.

이제 정권에 의해 이용되어온 국정교과서 제도를 폐지하고 교과용 도서규정도 전면적으로 손질해야 하는 시점에 이르렀다. 국사 교과서에 실릴 내용은 정부의 요구사항에 좌우되어서는 안 되고, 더구나 그것은 토론을 통해 다수결로 결정될 성질의 것도 아니다. 이제 다양한 교재개발이나 창의적인 사고를 제약했던 한계를 인정하면서 보다 정확하고 풍부한 내용을 가진 교재를 어떻게 만들어낼 수 있을까를 고민해야 한다. 국사교과서 역시 학교교육에서 쓰이는 것이기 때문에 국가의 교육정책의 테두리 내에서 만들어져야 할 것임은 물론이다. 그러나 그렇다고 하여 그것이 현실 정권의 목표에 절대적으로 종속될 필요는 없다. 교과서라고 하여 무턱대고 우리 문화의 우수성만을 강조해야 한다는 의식을 가지고서는 급변하는 현실에 대처할 수 없다.

여기에는 우리는 국사 연구자와 교육주체들의 주체적이고 창의적인 능력이 충분히 구현될 수 있는 새로운 교과서제도를 시급히 마련해야 할 필요를 절감한다. 새로 편찬되는 국사교과서는 한국사교육에 애정과 전문성을 가진 개인, 또는 집단의 책임 아래 엄격히 만들어져야 하고, 그것은 공개적이고 민주적인 절차를 통해서 검증받아 학생들에게 제공되어야 할 것이다. 그리고 새로운 교과서제도를 만들 때는 국사 교사가 학부모나 학생을 포함한 지역사회 구성원 및 역사 전문가들과 함께 공론을 모아 제시할 수 있어야 할 것이고, 학교에서 가르쳐야 할 교재를 스스로 결정할 수 있는 방안도 강구해야 할 것이다.

5. 한국사교육의 과제와 방향

현재 한국사교육의 강화를 위해 주어진 일차적 과제는 현행 7차 교육과정의 수정작업에 착수하여 '올바른' 민족사교육, 균형 잡힌 역사교육이 이루어질 수 있는 기반을 마련하는 일이다. 현행 7차 교육과정에서는 이

전까지 중고등학교에서 독립 필수과목이었던 '국사'를 없애 '실과'로 대체하고 국사는 사회과에 통합시키며, 고등학교 2, 3학년생에 한해 8개 영역 가운데 하나인 '인문'영역의 일부로 들어있는 역사과목을 선택하여 학습하도록 규정하고 있다. 그런데 이것은 형식적인 측면에서 볼 때 필수과목을 줄이고 선택의 폭을 확대한다는 점에서 참신성을 가진 것이긴 하나, 그 실행이 현재 고등학교의 여건으로서는 구조적으로 불가능할 뿐 아니라 현재 우리 사회가 필요로 하는 바람직한 인재를 키워낸다고 하는 교육 목표에도 크게 배치되는 결함을 가지고 있다. 당시 인문영역의 역사분야에 포함될 수 있는 과목으로 예시한 것은 '국사, 역사, 세계사, 유럽사, 미국사, 중국사, 근대사, 현대사'등 매우 다양했지만, 그러나 그것은 비현실적이어서 그대로 시행될 수도 없었을 뿐만 아니라, 더욱이 이들 여러 과목 가운데 하나로 국사를 선택하도록 한 것은 세계화 시대에 필요한 자기정체성 확립에 필수적이라 할 수 있는 한국사교육을 포기하는 것이나 다름없는 조치였다.

'가장 한국적인 것이 곧 가장 세계적인 것'이라는 구호 아래 세계화 정책을 추진한다고 하는 정부가 국사과목을 사회과에 다시 통합시키고 필수에서 선택으로 돌린다고 하는 것은 납득하기가 어렵다. 정보화, 세계화시대에는 실용교육도 중요하지만 그를 뒷받침할 수 있는 인문학적 토대가 필수적이다. 따라서 자기나라의 역사와 문화에 대한 체계적 이해와 자부심을 가질 수 있도록 하는데 공헌해 온 국사과목을 경시한 7차 교육과정의 사회과통합 조치는 과거 문민정부의 세계화 정책은 물론 현 참여정부의 동북아 균형자론 프로젝트와도 배치되는 것이라 하겠다.

7차 교육과정을 바라보는 관련 교사나 학자들은 크게 두 가지 질문을 던지고 있다. 하나는 그간 실행에 옮겨지지 못하고 줄곧 문제시 되어온 사회과통합 안을 왜 굳이 강행했는가 하는 점과, 다른 하나는 한국사교육,

나아가 역사교육이 지금 우리의 현실에서 더욱 강화되어야 함에도 불구하고 그것을 축소시키려하는 의도가 무엇인가 하는 점이다. 결과론적인 평가이지만, 학교 현장에서 역사 전공교사의 수가 크게 부족하여 비 역사 전공자가 역사교육을 담당하는 비중이 날로 커져가고 있는 현실에 비추어 볼 때 어떤 다른 '교육외적'인 의도가 있는 것이 아닌가 의심하게 된다는 지적에 어떻게 답할 수 있을까.

따라서 이제 정부는 국민기본교육과정에서 '도덕'이나 '실과'등을 새롭게 필수과목으로 정하면서 대신 지금까지 필수과목으로 있던 '국사'를 제외시킨 이유를 솔직히 해명하고 그야말로 교육적인 차원에서 구태를 벗고 교육이 정상화될 수 있는 방안 마련에 적극 나서야 할 것이다. 국사가 원래 (미군정의 제시에 따라) 사회과에 포함되어 있다가 유신정권 아래서 민족 주체성을 확립한다는 명분 아래 독립 필수과목으로 되었던 것이기 때문에 군사정권을 청산하는 마당에서 원상태로 환원시켰다는 대답이 있을 수 있다. '역사 바로 세우기'를 진행하겠다던 당시 '문민정부'가 군사쿠데타를 미화해온 '국사'교과서를 단죄한다는 뜻을 보였다고 할 수도 있겠다. 그러나 그것은 본말을 전도한 설명이고 지금까지의 한국사교육의 성과를 무시한 몰역사적이고도 천박한 발상에서나 가능한 것이다. 그렇다면 지금 '과거사 청산'을 추진하고 있는 '참여정부'는 '국사' 교과서에 대해 어떻게 생각하고 있는 것일까?

7차 교육과정의 사회과통합 안이 현실적으로나 논리적으로 맞지 않는다고 하는 점은 누차 지적된 바 있고, 이미 1991년에 6차 교육과정안이 제안되었을 당시에도 역사과목의 특성상 중등교육과정에서 국사를 일반사회과와 통합하여 가르칠 수는 없다는 점이 강조된 바 있다. 역사를 일반사회 등과 통합하여 가르치는 것이 논리적으로 모순이라는 것은 7차 교육과정의 '심화학습과정'에서 역사를 '인문'영역에 포함시키고 사회나 지리과목은 '사회' 영역에 포함시킨 것을 통해서도 확인할 수 있다.

그런데 보다 중요한 것은 사회과통합 안이나, 국사과목을 선택과목으로 하는 것이 우리 시대의 요청에 부응할 수 없을 뿐 아니라 시대적 조류에 역행하는 것이라는 점이다. 그동안 사회과통합 안이 민주화의 문제에 대한 이해를 심화시키는 데 기여한 점은 인정할 수 있는 것이지만 민족문제의 해결에는 소홀했다는 한계를 가지고 있었다는 점도 인정해야 할 것이다. 더욱이 지금 우리 사회는 냉전의 해소에도 불구하고 민족의 이질감은 좁혀지지 못한 채 현실로서 성큼 다가온 통일을 준비해야 하며, 세계화란 구호 아래 치루는 무한 경제전쟁 속에서 살아남아야 한다는 어려운 과제를 안고 있다. 이 같은 과제는 우리의 현실에 대한 역사적 이해를 절실히 요구하는 것이다.

무릇 역사교육만이 아니라 모든 교육은 자국의 현실 요구와 전통에 기반하여 자주적으로 이루어져야 한다. 그런데도 이제껏 그 사회과라는 교육과정상의 이해체계만을 강요하는 교육당국의 처사를 어떻게 이해해야 할까. 해방 후 미군정이 제시한 사회과통합 안이 당시는 물론 이승만 정권, 군사정권 아래서도 계속 냉대를 받아오다가 이제야 제 위치를 찾게 되었다고 축하해야 할 것인가? 현재 그것을 제창한 미국에서는 사회과가 쇠퇴하고 역사교육, 특히 미국사교육을 강화하려는 경향이 증대되고 있고, 가까운 일본에서는 2차 대전 패전 후 미국이 강요했던 사회과를 폐기하고 지리역사과를 독립시키고 세계사를 필수로 하여 일본의 눈으로 세계를 보겠다고 도전장을 이미 내 놓은 상태이다. 이 같은 현상이 바람직한 것인가의 여부는 쉽게 가늠할 수 없는 것이지만 우리의 교과과정을 담당하는 이들이 타산지석으로 삼아야할 것임은 분명하다. 따라서 정부는 우리의 현실에 맞지 않는 사회과통합 안이 갖고 있는 문제점을 정확히 인식하고 역사교육, 민족사교육이 제 자리를 찾을 수 있도록 하는 수정된 사회과 교과과정 안의 검토를 신중히 고려해야 할 것이다.

물론 학교 교육에서 국사과목이 필수로 자리하게 된다고 해서 바람직한 한국사교육이 저절로 이루어지는 것은 아니다. 현행 한국사교육이 많은 문제점을 안고 있다는 것은 자타가 인정하는 터이고, 또한 역사교육이 비단 학교 교육만을 통해 이루어지는 것은 아니기 때문이다. 따라서 지금은 학교 안팎의 한국사교육이 갖고 있는 문제점에 눈을 돌려 그것을 해결하기 위해 배전의 노력을 기울어야 할 때다.

중고등학교 교육에서는 국사과목이 암기과목으로 간주되고 있다는 것이 가장 큰 문제이다. 이는 일차적으로 현 입시위주의 교육풍토에도 원인이 있는 것이지만, 현행 교과과정에 따른 국사교과서의 내용에서 비롯된 측면도 간과할 수 없다. 역사에 관심을 갖고 있는 학생조차도 '국사'교과서는 따분하고 어려운 책 정도로 여기고 있다고 한다. 국사 교과과정은 단계별 특성에 맞게끔 초등교육에서는 인물사 중심으로, 중학교에서는 제도사(사회경제사)를 중심으로, 그리고 고등학교 단계에서는 사회사, 문화사 중심으로 가르치도록 하고 있지만 그 같은 취지는 교과서에 제대로 반영되지 못했다. 따라서 학생의 인지발달 정도에 맞고 상호 연계성을 가진 쉽고도 재미있는 역사교과서가 만들어져야 한다. 현행 국정(1종)교과서제도 아래서는 어떠한 개인과 집단도 책임을 가지고 일관성 있게 그러한 교과서를 집필할 수 없기 때문에 이들의 적극적인 참여를 유도할 수 있는 새로운 교과서제도를 만들어야 한다.

교과과정별로 상호 연계성을 가지지 못하고 암기의 대상으로 된 것은 한국사교육이 학생들의 현실 생활이나 관심과 괴리된 채 진행된 데에도 큰 원인이 있다. 여기에서 중요한 것은 학생과 더불어 지나온 역사를 현실의 경험에 비추어서 학생들이 이해할 수 있는 언어로 같이 고민해보려는 자세를 갖는 것이 필요하지 않을까 싶다. 동아시아 '세계질서' 속에서 어떻게 개성을 가진 문화국가를 발전시켜 나올 수 있었는가, 근대로 이행하는 시기에 식민지로 떨어졌던 이유는 무엇인가, 그것을 극복하고 새로운 세계질서 속에서 통일 민주국가로 도약하는 데 있어서 장애가 되고 있는 것이 무엇인가, 지금 우리가 갖추어야 할 자세가 어떠해야 할 것인지 같이 고민해야 한다.

지금까지의 교육과정에서는 줄곧 한국사교육의 의의를 민족의 정체성 확립에 두고, 교과 목표로는 우리의 현실에 대한 역사적 이해와 민족문화 발전에의 기여라고 강조해 왔다. 그렇지만 그 구체적 내용은 무엇이었던 가. 가르치는 이의 진지한 고민이 반영되지 않은 지적들을 학생들은 한낱 고리타분한 잔소리로밖에 여기지 않을 것이다. 그렇기 때문에 '올바른' 민족사교육이 이루어지기 위해서는 사회 전체가 바로 교육의 장이라는 생각을 가지고 우리가 처한 현실 문화풍토를 바꾸기 위해 공동의 노력을 해야 한다. 학교에서는 우리문화의 전통, 우수성을 귀 따갑도록 듣지만 집안에 들어오면 무분별한 외래문화와 외국상품이 판을 치고, 그토록 자랑스러워해야 할 '국보'가 위조되며 또, 계승·발전시켜야 할 무형문화재의 선정에 뇌물이 오고간다는 사실을 학생들이 접하고 있는 현실에서 기성세대들은 무엇을 어떻게 가르칠 수 있겠는가.

우리는 어려운 여건 속에서도 해방 후 식민사관을 극복하고 올바른 한국사상을 세워 정체성 확립의 기초를 놓는 단계에까지 올 수 있었다. 그리하여 패배주의적 자기비하나 국수주의적 민족사 예찬론에서 벗어나 우리의 역사를 보다 균형 있고 성숙된 관점을 가지고 바라보며, 민중의 참여를 부각시키는 역사에서 나아가 민중이 주체가 되는 역사까지를 전망할 수 있게 되었다. 이는 그간 엄청난 대가를 치르고 얻어낸 값진 성과이며 국민 역량의 강화 위에서 가능한 것이었다. 그리고 여기까지 이르는 데 한국사교육이 행한 역할도 결코 작지 않았다.

지금 세계질서는 우리로 하여금 한 단계 비상을 요구하고 있다. 현 단계에서 역사교육에 부과되고 있는 과제는 당위가 아닌 현실로 다가온 통일을 대비해 민족의 동질성을 회복하는 일, 중앙집권적 문화풍토를 일신하여 지방자치를 정착시키는 일, 무엇보다도 현존 세계자본주의체제가 야기하고 있는 문명의 황폐화를 극복할 수 있는 대안을 마련하는 일 등 산적해 있다. 이 같은 여러 과제들은 자기의 역사와 문화에 대한 자긍심이 없이는 해결할 수 없을뿐더러 또 엄정한 역사적 성찰을 요구하는 것이어서 어설픈 절충주의로 감당할 수 있는 것도 아니다. 동시에 자기 문화가 갖고 있는 한계를 인식하고 이를 극복할 수 있는 후세를 길러낼 문화역량을 갖추지 않으면 결코 해결할 수 없다. 역사교육의 중요성이 바로 여기에 있다고 하겠다.

세계화 시대에 필요하다면 기술도 다른 나라에서 사다가 쓰면 된다는 식의 천박한 상업주의 문화로는 냉엄한 세계무대에 명함을 내밀 수 없고, 현실 경제의 양적 성장이라고 하는 시의에 편승한 타락한 근대주의로는 앞으로 전개될 새로운 문명을 개척할 수 없음을 알아야 한다. 지금, 역사는 역사적 진실에 근거하여 옳고 그름을 구분할 줄 아는 시비지심이 희미해져 가는 것을 더욱 안타까운 눈으로 보고 있다.

11장 조선시대사 연구가 걸어온 길:
'근대 기획' 넘어서기

1. 머리말

1987년 창간 후 전문 학자들의 연구 성과를 시민들에게 전달하면서 큰 반향을 불러왔던『한국사시민강좌』는[1] 2007년 40호 특집에서 '한국사의 15개 대쟁점'을 다룬 바 있는데, 이 특집에서는 각 시대별로 크게 문제가 되어왔던 주제들을 다루면서 첫 번째 쟁점으로「한국사 파악에서 내재적 발전론의 문제점」을 들고 제일 앞에 위치시켰다.[2] 이는 내재적 발전론을 '한국사 연구의 방법'으로 다룸을 의미한다. 여기서 이헌창은 내재적 발전론을 "과거 식민주의사학의 정체성(停滯性)·타율성(他律性) 이론을 비판한다는 뚜렷한 인식 아래 1960년대부터 한국사 연구의 주류로 자리잡게 된 연구 경향"으로 정의하였다. 그런데 정작 검토 대상의 대부분은 조선시대 연구들이다.[3] 그리고 조선시대의 '발전적' 면모를 다룬 일반 연구들을 소개하면서 이들 모두를 내재적 발전론의 범주에 포함시킬 수 있

---

1 『한국사시민강좌』(책임편집 이기백)는 1987년 창간하면서「식민사관 비판」을 창간호 특집으로 구성하였고, 지난 2012년 2월 50호 종간호를 내면서는「대한민국을 가꾼 사람들」을 특집 주제로 다루었다.
2 이헌창, 2007「한국사 파악에서 내재적 발전론의 문제점」『한국사시민강좌』40.
3 일제 식민주의사관의 정체성론 비판과 관련하여 봉건제 결여론이나 토지 국유론에 기초한 정체성론 비판 부분에서만 부분적으로 고·중세사를 다루었던 백남운 등의 연구가 인용되고 있다.

는지 의문을 제기하면서도 내재적 발전론의 핵심 내용으로는 '자본주의 맹아론'을 들고 있다.

내재적 발전론을 흔히 '자본주의 맹아론'적 인식으로 간주해온 것은 식민주의사관론자들의 한국사 연구 내용이 조선의 자생적 근대화를 부정했기 때문에 그렇게 된 것이겠지만, 해방 후 한국사 연구에서 '새로운' 방법을 추구했던 이들은 민족적 과제 해결과도 관련하여 조선시대의 도달점에서 한국의 근대를 전망하고 있었기 때문에 조선시대 연구는 한국사 전체의 체계화 작업과 분리될 수 있는 것이 아니었다. 그렇지만 조선시대 자체가 한국의 전통사회가 도달한 역사의 한 단계라는 면에서, 그리고 근대와의 접점에서 근대 국민국가, 민족국가 수립이라는 시험대에 올라있었다는 점에서 조선시대 연구가 한국사 연구에서 중심이 되고 한국사의 '대쟁점'에서도 제일 앞자리에 서게 된 것으로 보인다.

처음 근대적 학문방법에 의한 조선시대 연구는 일본의 조선 침략사로부터 시작되었다. 백암 박은식이 『한국통사(韓國痛史)』에서 개항 이후 당시까지의 일제 침략사를 인과관계로 서술한 것이 그 시초이다. 그러나 주·객관적 조건과 관련하여 한국사의 전 체계는 물론, 조선왕조사 자체에 대해서도 총체적으로 검토할 여유를 가질 수 없었다. 오히려 이 틈을 이용하여 일제는 한국사 연구를 장악하고 한국인에 의한 한국사를 철저히 통제하였다. 그들의 한국사 연구는 식민통치를 위한 학문적 기반을 마련하고 한반도 침략을 합리화하기 위한 목적에서 이루어지는 것으로서, 그들이 파악한 한국사의 본질은 이른바 타율성론, 정체성 이론으로 압축된다.[4]

식민주의사관의 핵심 내용을 총결산하였던 것은 경성제대 교수를 지낸 시카타 히로시(四方博)였다. 그는 이미 일제시기에 한국이 자생적으로

4 김용섭, 1963 「일제 관학자들의 한국사관」, 『사상계』 2월호(1969 『한국사의 반성』, 신구문화사 재수록).

근대화를 달성하는 것이 불가능하다고 결론지은 바 있는데,[5] 전후(戰後) 『조선학보』에 연재한 글에서는 한국문화의 특징을 반도적 성격, 사대사상, 정체성, 당쟁, 봉건제 결여, 유교주의의 폐해 등 한국사에서 모든 어두운 측면을 다 드러내었다.[6] 그의 글은 한국전쟁 기간 학회지에 발표하는 모습을 취했지만, 그 전에 이미 일본 대장성이 식민지배를 긍정적으로 총결산한 비공개자료 『일본인의 해외활동에 관한 역사적 조사』 제2권(조선편, 1947)에 수록된 것을 제목만 약간 바꾼 것으로서 그 정치적 성격을 잘 드러내준 것이었다.[7]

식민사관론자들의 주장 가운데 조선사 인식과 관련하여 가장 널리 받아들여지고 영향을 끼쳐온 것이 이른바 '유교 망국론'이다. 그 핵심적인 내용은 조선이 스스로 근대화를 이룰 수 없을 정도로 정체된 사회였으며, 지배계급인 양반들의 무능과 당파싸움으로 나라가 망할 수밖에 없다는 것이었다. 이러한 양반 망국론, 유교 망국론은 사대주의론, 당파성론, 소규모 농업사회론 등과 결합하여 조선인들의 뇌리에 각인되었다. 일제로부터 벗어나 우리 스스로의 손으로 한국사 연구가 시작되자 자연 정체성, 타율성의 근거가 되고 부정적 평가의 핵심 대상인 '이씨왕조', 조선국가에 대한 연구가 주요 과제의 하나로 된다.

이 글에서는 첫째, 연구의 배경으로서 한국 사학계의 일반 동향과 조선시대사 연구, 둘째, 1960년대 이후 한국사 연구의 주된 경향으로 평가되는 내재적 발전론의 조선사 인식과 1980년대 이래 제기되어온 그 비판

5 四方博, 「조선에 있어서 근대자본주의의 성립과정」 『조선사회경제사연구』(1933 경성제국대학법문학회제1부논집 제6호).

6 四方博, 「구래의 조선사회의 역사적 성격에 대하여(1)(2)(3)」 『조선학보』 제1, 2, 3호(천리대학 조선학회, 1951, 1952).

7 이영호, 2011 「'내재적 발전론' 역사인식의 궤적과 전망」 『한국사연구』 152, 주 7) 참조.

및 대안 모색, 그리고 마지막으로 조선시대사 연구에서 추구되어왔고 앞으로 추구해야 할 과제들을 살펴보기로 한다. 해방 후 한국 '근세사' 연구가 걸어온 길을 따라가는데 지면의 제약과 독자의 편의를 위해 쟁점 주제를 길잡이로 삼았기 때문에 구체적 연구 내용들이 자세히 다루어지지 못하게 된 점 널리 양해를 구한다.

2. 해방 후 한국사학계의 성립과 조선시대사 연구

식민사관론자들의 한국사 연구가 일제 당국의 지원하에 조직적이고 체계적으로 이루어졌던 만큼 그 잔재를 불식하고 새로운 역사상을 수립하기 위해서는 역사가 개개인의 노력을 넘어서는 지원이 필요했다. 그렇지만 해방 후 한국사회는 최소한의 인적, 물적 자원도 갖추기 힘든 상태였고 학문적 기초가 마련되기까지는 한 세대의 헌신이 더 필요했다. 작금 한국사학계에는 해마다 1,000여 편, 그 가운데 조선시대 관련 논저만 하더라도 해마다 300편 가까이 양출되고 있다. 1950년대 나온 논문 가운데 조선시대 논문이 10여 편에 불과했다는 점에서 금석지감(今昔之感)을 느끼게 한다.

해방 후 연구자들은 일제시기의 활동 경험과 관련하여 각자 새로운 진로를 모색하는 가운데 일부 인사들이 중심이 되어 일제하 활동이 중단되었던 진단학회를 재건하거나 조선사연구회, 역사학회 등 새로운 단체를 만들어 학술 활동을 재개하였다. 그러나 참여자의 숫자는 손으로 꼽을 정도였고 새로이 건설될 국가의 장래와 관련하여 아직 새로운 통일민주국가 건설에서 역사학이 해야 할 역할에 대한 어떠한 공동의 모색은 이루어질 수 없는 단계였다.[8]

당시 역사학 연구의 기반이 된 것은 각 대학에 새롭게 신설되고 있던 사학과들이었는데, 그 기반 역시 그리 탄탄하지 못했다. 학계를 주도하게 된 서울대의 경우도 1960년대 전반까지 사학과의 전임 교수가 10인이 못 되었고, 더구나 일제로부터 물려받은 3분과 체제 아래서[9] 국사 전공은 3~4명의 교수가 이끌고 있었다. 2005년 현재 국사학 전임교수가 서울대 11인, 고려대 8인, 연세대 7인이고, 전국 74개 대학의 사학계열 학과에 한국사 담당 전임교수 221명이 활동하고 있다.[10]

분단이 고착화되고 동족상잔의 전쟁을 거치면서 학자를 양성하던 각 대학의 한계를 보완하고 하나의 학계 형성에 구심점이 된 것은 1952년 전시하 부산에서 결성된 역사학회였다. 앞서 말한 학회지 『역사학보』 2, 3호에 천관우의 「반계유형원 연구」가 연재된 것은 조선시대사 연구와 관련하여 상징적인 의미를 갖는다. 이른바 근대사상의 맹아로 인식되던 실학연구의 단서를 연 논문이다. 1952년 창립된 역사학회 이후 한국사 연구와 관련하여 한 획기(劃期)를 그은 것은 1967년 창립된 한국사 연구회였다.

한국사연구회는 4·19 이후 새로운 연구활동이 학술문화운동으로 발전하는 가운데, 당시 군사정부가 추진하던 한일회담이 가져올 문제들을 해결함에 있어 공동의 대응이 필요하다는 요구에서 추진된 것이었다. 한국사연구회가 1968년 발간한 『한국사연구』 창간호에 실린 조선시대사 논문은 강만길 교수의 「조선후기 상업자본의 발달」 1편이었고, 같은 해 나온

....

8 방기중, 1997 「해방후 국가건설 문제와 역사학」 『김용섭교수정년기념 한국사학 논총 1: 한국사 인식과 역사이론』, 지식산업사.

9 신주백, 2011 「역사학의 3분과제도 형성과 역사연구」 『한국인문학의 형성』, 한길사.

10 김인걸, 2012 「한국대학 역사교육의 도전과 과제」 『관악사론』 1, 서울대학교 역사연구소, 40~41쪽, <표 2> 참조.

제2호에는 「조선후기에 있어서의 도시상업의 새로운 전개」(김영호), 「조선후기의 농업문제」(김용섭), 「개항당시의 위기의식과 개화사상」(한우근) 등 3편이 실렸는데, 당시 한국사 연구자, 그 가운데에서 조선시대 연구자들의 관심사항을 잘 보여준다. 이는 뒤에 설명할 바와 같이 '발전'과 '근대성' 확인 작업의 성격을 갖는 것이었다.

위 한국사학계 전반을 아우르는 학회지들 외에 1950년대부터 연세대, 고려대, 동국대 등 각 대학의 사학과 및 연구소에서 발간해온 잡지들이 현재까지 꾸준히 나오고 있고, 각 지역 단위에서 조직한 일반 학회 및 미술사 등 각 분야사, 한국고대사연구회 등 시대사 학회를 포함하여 170여 개의 학회 및 관련 학술지들이 다수 만들어져 활동하고 있어 가히 학회 전성기라 할 수 있다. 이들 학회의 활성화와 학회지 발간은 기본적으로 각 대학의 연구 인력의 증대를 반영하는 것이기도 하면서 다른 한편으로는 연구 시각이나 내용의 변화를 담는 새로운 그릇의 필요성에서 비롯된 경우가 적지 않았다.

연구인력의 증대에 맞추어 자연 조선시대사 연구에서도 양적으로 큰 변화가 있었다. 1945년부터 1995년 사이에 이루어진 '국학'의 성과를 점검하면서 정만조 교수가 확인한 바에 따르면 조선 건국부터 1863년까지를 대상으로 한 연구는 단행본 396권과 논문 4,477편이었다.[11] 연도별 발표 숫자를 보면, 1945~49년 사이의 논문 편수가 32편이었으며, 1950년대 127편, 60년대 442편, 70년대 997편, 80년대 1,455편으로, 1950년대부터 10년 단위로 보면 3.5배, 2.3배, 1.5배 증가 추세를 보였다. 단순 계산하더라도 1950년대에는 1년에 13편이었는데 견주어 1960년대에는 1년에 44

---

11 정만조, 1996 「한국 근세사연구의 성과와 과제」 『광복50주년 국학의 성과』, 한국정신문화연구원. 검토대상으로 삼은 4,477편의 논문 가운데는 어문학사, 미술사 등 예술사, 서지·인쇄·복식·건축 등 특수 분야사 논저가 포함되지 않았다.

편, 70년대 100편, 80년대 150편, 90년대 259편이 각각 나온 것이다.

위와 같은 경향은 1990년대 이후로도 지속되는바, 『진단학보』, 『역사학보』, 『한국사연구』, 『역사와현실』, 『조선시대사학보』 등 5개 학보만을 대상으로 조선시대사 연구들을 뽑아본 다음 <표 1>에서도 확인된다.

〈표 1〉 1950년대 이후 5개 학술지 수록 분야별 논문 편수

시대＼분야	정치	경제	사회	사상	인물	기타	계
1950년대	2	3	0	4	0	3	12
1960년대	10	14	4	3	0	25	56
1970년대	5	21	15	8	1	23	73
1980년대	19	21	34	8	1	31	114
1990년대	51	48	71	47	10	63	290
2000년대	93	75	99	67	30	164	528
2010~13년	30	13	19	18	6	61	147

* 비고: 5개 학술지는 『진단학보』, 『역사학보』, 『한국사연구』, 『역사와현실』, 『조선시대사학보』임.

위 <표 1>에서 시대별 통계를 보면 1970년대와 80년대 사이에 큰 차이가 나고 계속 10년 단위로 논문 편수가 2배씩 증가하고 있음을 알게된다. 이와 같은 논문 편수의 지속적인 증가는 늘어난 대학원 졸업생들의 사회 진출과 대학 교원의 증가 및 업적평가 등과 관련된 것으로 보인다. 내용에서 주목되는 사실은 시대별로 보아 1960·70년대 경제사 논문의 증가가 눈에 띄고, 1970·80년대에는 사회사가, 90년대에는 사상사·정치사의 증대가 주목된다. 특히 주목되는 점은 전통적인 정치·경제·사회·사상사 이외에 '기타'에 속하는 연구들이 2000년대 이후 비약적으로 증대한 사실이다. 새로운 자료 발굴과 관련된 생활사, 의례관계 연구, 지방사, 대외관계사, 사학사, 법제사, 미술사 등 문화사, 여성사, 소외계층에 대한 역사 등이 그 범주에 속하는 것들이다.

3. '내재적 발전론'의 조선시대 인식과 그 대안 모색

'내재적 발전론'은 1960년대 이래 '세계사의 발전 과정이라고 하는 일반성 위에 한국사의 특수성이 살려진' '새로운 한국사관 수립'을 목표로 추진되었던 한국사의 방법을 일컫는다.[12] 내재적 발전론은 과거 식민주의 사관의 정체론, 타율성론을 비판하고 한국사회도 '세계사' 일반과 같이 주체적 계기에서 내적 발전을 이루어 나왔음을 증명하고자 하였던 것이다. 그러나 그 길이 순탄한 것만은 아니었다. 다음 글은 그간의 사정을 잘 보여준다.

> 필자가 본서와 같은 농업사연구를 꿈꾸고 시도하게 된 것은 1955년경부터였다. 당시 필자는 19세기후반기의 농민층의 동태를 '동학란성격고(東學亂性格考)'라는 주제 하에 연구하고 있었는데, 필자는 이 때 한국사의 이해에 관하여 그 기본자세의 문제로서 큰 벽에 부딪치고 있었다. 그것은 당시까지의 한국사학의 하나의 철칙으로 여기다시피 하고 있었던 한국사에 있어서의 정체성이론과 타율성이론의 문제였다. (중략) 농민층의 동태를 농민들의 주체적 계기에서, 그리고 한국사의 내적 발전과정에서 파악해 보려 하였던 필자는 이 벽을 극복하지 않으면 안 되었다. 그것은 결국 식민사학의 유산을 청산하는 문제였고, 새로운 역사학을 건설하는 문제로 생각되었었다. 지금은 지극히 당연한 일로서 모두가 그렇게 노력하고 있는 터이지만, 1950년대의 후반기에는 아직 생소한 문제였고, 여러 군데 눈치를 보지 않으면 안 되는 문제이기도 하였다. (김용섭, 1970 『조선후기농업사연구 1』 「서」, 일조각)

----

[12] 김인걸, 1997 「1960·70년대 '내재적 발전론'과 한국사학」『김용섭교수정년기념 한국사학논총 1: 한국사 인식과 역사이론』, 지식산업사.

비판 대상인 식민주의사학 전모를 검토하기 시작한 것은 6·25 전쟁의 폐허가 조금씩 복구되기 시작하고, 특히 1960년 4·19에 의해 민주화와 민족주의 문제가 본격적으로 거론되면서부터이다. 이때 한국사학계는 시대적 과제로서 식민주의 역사학 청산과 '우리의 자주적인 새로운 역사학' 건설을 목표로 공동으로 대처하고 있었다.[13]

내재적 발전론이 식민주의사학의 한국사 인식을 정면으로 극복하기 위한 것이고, 식민사학론자들이 한국사를 설명함에 타율성론과 봉건제 결여론에 기초한 한국사의 정체성을 주장하고 있었기 때문에, 자연히 조선시대에 대한 설명에서 핵심은 조선후기를 근대로의 이행기, 곧 중세 '봉건사회' 해체기로 규정하고 거기에서 근대적 요소를 찾는 내용이 되었다. 여기에서 '조선 봉건사회'는 지주제와 신분제에 바탕을 둔 것으로 상정되며, 후기 발전의 내용은 자본주의 맹아를 찾는 것으로 간주된다. 한편 위와는 일정한 시각 차이를 보이면서 조선사회의 발전을 설명함에 있어 나말여초, 여말선초 등과 같은 왕조교체기를 사회변동, 사회발전이라는 각도에서 주목하고 연구를 진행시키기도 하였다. 조선사회를 한국사에서 '근세'로 보는 이른바 근세사회론이다. 처음 조선왕조를 '근세'로 이름붙인 것은 진단학회에서 펴낸 『한국사』(전7권)였는데,[14] 1930년대 조선학 운동기에 붙여진 이름을 그대로 따온 것으로서 시대구분론으로서의 큰 의미가 부여된 것은 아니었다.

....

13 김용섭, 2011 「1960년대의 문화학술운동」 『역사학의 오솔길을 가면서』, 지식산업사.

14 1959년부터 1965년에 걸쳐 간행된 진단학회 편 『한국사』는 조선시대를 임란 전후로 근세전기, 근세후기 편 둘로 나누고, 개항 이후를 최근세로 다루었다. '근세'설을 내세우는 특별한 논리는 없다. 근세를 전기와 후기 둘로 구분한 것도 원고의 분량 때문에 나눈 것이고 특별한 의미는 없었다고 한다. 이상백, 1962 「서문」 『한국사(근세전기편)』, 을유문화사 참조.

내재적 발전론이 조선시대에서 '발전'을 찾아내는 모든 연구들을 포함하는 것으로 간주되었기 때문에 내재적 발전론을 보는 시각이나 내용도 다양하다. 그 기원의 측면에서는 식민주의사학의 정체성론을 비판한 1930년대 유물사관론자 백남운에게서 찾는 경우가 있고,[15] 1930년대 조선학 연구에서 편린을 보인 자생적 근대화론의 계통을 이은 것으로 평가하는 경우도 있다.[16] 방법론의 측면에서도 문화주의, 근대주의, 사회구성체론 등을 어떻게 위치지울 것인가에 이견들이 있고, 내용의 측면에서는 '사회적 갈등을 통해서 역사발전의 추이를 설명하려는 「갈등사관」'으로 표현하는 것이 적절하다고 보는 경우도 있다.[17] 내재적 발전론을 교묘히 왜곡하여 성가를 올리고 있는 '식민지근대화론'의 「경제성장사관」을 대비시킨다면 훨씬 설득력을 가질 것이기 때문이라는 것이다.

이상 살펴본 바와 같이 내재적 발전론은 크게 보아 과거 식민주의사관의 정체성론, 타율성론을 불식하고 조선사회의 발전과 근대로의 전환을 확인할 수 있는 기반을 제공하였으나, 그 준거가 되는 것은 이른바 세계사의 보편성이라는 서구 역사경험에서 나온 패러다임이었고, 실증적 연구가 진행됨에 따라 수정되거나 풍부한 내용을 갖추지 않으면 안 되는 것이었다. 과연 1980년대 이후 거센 도전을 받게 되고 그만큼 새로운 모색의 발길도 빨라지게 된다.

1980년대에 들어와 비판은 제일 먼저 한국경제사학계로부터 제기되었

....

15 방기중, 1997 「해방 후 국가건설 문제와 역사학」, 『김용섭교수정년기념사학논총 1: 한국사인식과 역사이론』, 지식산업사; 이영호, 2011 「'내재적 발전론' 역사인식의 궤적과 전망」, 『한국사연구』 152.

16 정만조, 앞의 논문.

17 이승렬, 2011 「서평: '근대역사담론의 융합'을 시도한 '장기근대사론', 정연태, 『한국근대와 식민지근대화논쟁―장기근대사론을 제기하며―(2011 푸른역사)』」, 『역사와현실』 82.

다. 이른바 자본주의 맹아론 비판이다. 한국경제사학계의 일각에서 지속되고 있는 비판론은 비판 대상을 자본주의 맹아론으로 축소해놓고 비판의 창을 들이대는 것이라는 점에서 일면적이고, 그 비판의 방법 역시 서구중심주의에서 크게 벗어난 것이 아니라는데 문제가 있다. 오히려 서구중심주의 극복을 제안하고 있는 소농사회론이[18] 함의하는 바가 크다고 판단된다.

소농사회론은 내재적 발전론의 서구중심주의에서 벗어나, 서구와 달리 소농이 압도적인 비중을 차지하였던 동아시아 전체를 시야에 넣고 재검토할 것을 주장하는 하나의 가설이다. 이는 동아시아 전통사회의 모습을 복원하고 근대이행의 특질을 파악하려는 것을 목적으로 한다지만 역시 근대화 프로젝트의 담론장을 크게 벗어난 것인지 의문이다. 이 소농사회론이 근대역사학의 한계, 즉 국민국가라는 '상상의 공동체'에 복무해온 역사학에서 벗어나고자 하는 의도를 가지고 있다고 하지만, 과거와 미래를 잇는 인간 역사를 설명하는 틀로서 어떠한 새로움을 더할 수 있을지 따져보아야 할 것이다. 소농사회론과 마찬가지로 유교적 근대 담론으로서 최근 중국, 베트남, 한국의 과거제(科擧制)에 기초한 관료제 시스템에서 근대(근세) 형성의 다양한 경로를 모색하려는 시도도[19] 같은 유형의 고민에 속한다고 하겠다.

경제사학계나 해외 한국사 연구자들이 내재적 발전론이 갖는 민족주의적 성격, 서구적 역사방법론 적용이나 일국사적 '세계사 발전법칙' 추수 등을 문제삼아온 데 반하여 국내 한국사 연구자들은 신중하게 대안을 모색해오고 있는 것으로 보인다. 새로운 한국사상의 형성, 한국사의 새로

....

18 宮嶋博史(진상원 옮김), 1999 「동아시아 소농사회의 형성」 『인문과학연구』 5, 동아대; 이영훈, 2002 「조선후기 이래 소농사회의 전개와 의의」 『역사와 현실』 45.
19 알렉산더 우드사이드(민병희 옮김), 2012 『잃어버린 근대성들』, 너머북스

운 체계화라는 것이 자생적 근대화의 가능성, 한국사의 발전적 면모를 찾아내는 것만으로 되는 것이 아니기 때문이다. 1960년대 이래 주체적 한국사상을 구축하려 했던 한국사 연구자들의 문제제기 자체도 '자본주의 맹아론' 정도로 축소될 성질의 것이 아닌 만큼 그 대안 역시 발전적 면모의 추구만으로 되는 것이 아님은 물론이다.

국내 한국사학계에서 1980년대 이후 이루어진 성과들로 방법론적인 차원에서 주목되는 내용을 유형적으로 나누어 본다면 대략 4가지를 들 수 있을 것 같다. 첫째, 기존 자료에 대한 실증적 연구를 통해 과거 엄밀성을 결여한 기존 연구의 한계를 보완한 연구들을 지적할 수 있다. 1970년대 양천제·양반제를 둘러싸고 제기되었던 신분제 논쟁의 엄정성 결여를 비판하고 양반계급 형성이라는 시론을 제출한 것이[20] 대표적인 예라고 하겠다. 다음 둘째로는 새로운 자료의 발굴과 재해석으로 조선사회 구조를 밝히는 데 다가간 연구를 들 수 있다. 내재적 발전론 구축에 기본 자료가 된 양안(量案: 토지대장) 외에 16·17세기 고문서를 발굴하여 노비노동을 이용한 양반 직영지 경영[작개제(作介制)]을 실증함으로써 기존 지주제론의 보완을 기한 연구[21] 등이 그것이다.

셋째, 내재적 발전론을 강하게 의식하면서 논지를 전개하였는가에 강온의 차이가 있는 것이지만, 조선 전 시대를 염두에 두고 하나의 체계를 추구해 나간 연구를 들 수 있다. 정치사 연구를 포함하는 대부분의 연구들이 이 같은 방향을 취하고 있다고 할 수 있지만, 내재적 발전론의 한계를 비판적으로 계승한다는 차원에서 진행하여 1980년대 크게 활성화되었다고 평가되는 지방사 등 사회사 연구나, 기존 실학 논의의 한계를 넘어 주자학을 새롭게 해석해 나간 사상사·문화사 등이 이에 속할 것이다. 마

20 유승원, 2007 「조선시대 '양반'계급의 탄생에 대한 시론」 『역사비평』 79.
21 김건태, 1993 「16세기 양반가의 '작개제'」 『역사와현실』 9.

지막 넷째, 자료 이용의 확대나 새로운 방법론을 개발하여 새로운 영역을 개척하려 한 연구들을 들 수 있다. 한·중·일의 자료를 적극 활용하여 자국사 중심 이해를 넘어 비교사적 연구의 토대를 마련한 연구, 내재적 발전론의 기본 자료였던 양안과 장적(帳籍: 호구대장)의 전산화를 통해 역사 인구학의 기초를 놓고 자료의 성격에 대해서까지 다가가고자 한 연구 등이 그것이다.

위와 같은 여러 연구들은 과거 근대로의 전환, 근대 기획과 관련하여 조선사회를 이분법적으로 이해하던 방식을 지양하고 각 역사 주체들의 능동적 활동이나 상호관계들을 검토하거나 사회구조의 변동에서 나아가 조선왕조 사회의 성격 그 실체에 다가가려 한 노력의 결과들이라고 할 수 있다. 지난 시기 '발전과잉' 사관에 대한 비판, 새로운 자료의 발굴, 기존 자료에 대한 재해석 등을 통해서 이룬 성과였다.

4. 조선시대가 걸어간 길

내재적 발전론의 본령을 다루는 조선시대 연구자들은 아직도 조선사회가 왜 19세기 이후 '서세동점'의 물결을 제대로 읽어 스스로 근대로 전환을 보지 못하고 결국 일제의 식민지로 전락하고 말았는가 하는 질문으로부터 자유롭지 못한 상태이다. 그런데 모순되게도 내재적 발전론을 부정해온 한국경제사가들은 한 손에 '수량경제사'와 '19세기 위기론'을 들고 다른 한 손에는 소농경제론을 들고서 소농경제의 성장이 있었기 때문에 조선이 일제하에서 근대 자본주의로의 길에 순탄하게 편승할 수 있었다고 주장한다.

해방 후 우리 근대 역사학을 계승하여 새로운 역사학을 건설하고자 했던 과거 선배들이 자생적 근대화의 길에 매달릴 수밖에 없었던 이유가 있었다. 현대 역사학이 민족적 과제 해결을 위해 매진해온 실천적 역사학으로서의 근대 역사학을 발전적으로 계승할 수 있는 방법은 어디에서 찾아야 할 것인가? 분단 현실을 타개하는 데 도움을 주는 주제를 선택하는 역사학이 실천적 역사학이고, 통일민주주의 사회가 달성되기 전의 '분단사학'은 현대 역사학으로서 절름발이로 남을 수밖에 없는 것인가. 세계체제 아래서 분단구조가 작동되는 메커니즘을 읽어내는 능력을 회복하는 것이 현대사라고 할 때, 조선시대사 역시 조선사회 역사의 작동 기제를 읽어내는 것이 되어야 하지 않겠는가. 조선에서 근대의 싹이나 근대적 요소를 찾아내는 데 머무르지 않고, 그 '발전'을 발목 잡는 체제적 모순을 포함한 변화의 방향까지 읽어내는 차원으로 나가야 하는 것이 아닐까? 조선으로 다시 걸어 들어갈 필요가 여기에 있다.

우리는 조선시대 하면 흔히 중앙집권적 양반관료국가, 또는 양반사회를 떠올린다. 그러나 이 양반사회의 성격이나 변화 과정에 대해서는 아직 만족할 만한 답을 제시하지 못하고 있다. 외부의 시선으로는 앞서 언급한 동아시아의 특성과 관련해서 제기된 소농사회론, 유교사회론이 제시되어 참조되고, 조선왕조의 장기지속에 대한 설명도 있다. 조선왕조가 장기지속할 수 있었던 것은 국왕과 사대부 관인의 견제와 균형이 이루어지고 있었기 때문이라는 것이다.22 그렇지만 어느 경우나 시공을 날줄과 씨줄로 엮는 조선사상을 만들어내는 데는 한계가 있는 것이었다.

앞서 언급하였듯이 기존 내재적 발전론의 연구 성과들이 갖는 이론적, 실증적 한계들을 비판적으로 극복하기 위한 노력들은 조선시대 전체를

---

22 팔레 교수는 조선왕조의 장기지속을 두고 왕조국가와 양반 귀족의 상호의존에 주목한 바 있다. James B. Palais, 1991 *Politics and Policy in Traditional Korea*, Cambridge, Mass.: Harvard University Press, pp.4~6.

어떻게 볼 것인가 하는 안으로부터의 시각 위에 전개되어왔다고 할 수 있다.. 이후 실증적 연구의 진전에 따라 16, 17세기(18세기 전반 포함)를 하나의 독자적 시기로 구분하여 조선중기로 설정하는 견해가 설득력을 얻어가고 있다. 이는 조선 지배층 스스로 변화된 환경에 맞추어 자신들의 존재형태를 변모시켜 가고 있었던 점을 주목한 것이다.

역사에 대한 정의는 역사학의 유파만큼, 아니 역시가 개개인의 마음만큼이나 다양할 수 있다. 그러나 역사가 한 시대의 문제를 직시하고 그 문제를 해결하기 위해 노력해온 인간 활동의 산물이라는 점에 대해서 이의를 제기할 사람은 많지 않을 것이다. 그러한 점에서 조선시대사는 조선의 국체를 이끌어갔던 국왕, 지배계급, 민 3자가 연출해간 거대한 서사시라고 볼 수 있을 것이다. 각 주체들이 공적 영역에서 체제 유지와 체제 유지를 위한 개혁을 내걸고 경쟁하였던 모습, 계급적 이해를 관철시키기 위해 벌인 정치사회적 경쟁들을 구체적으로 검토할 필요를 느낀다. 그러나 위에서 검토한 바와 같이 지금까지 조선시대 이해는 망국의 원인을 따지는 것으로부터 시작하여 스스로 근대화할 수 있는 조건이 됐는가, 그렇지 못한가를 두고 부정과 긍정으로 대립하는 과정이었다. 20세기 한국사의 경험이 생존을 건 투쟁을 요구하였고, 미래의 사회 전망과 관련하여 학문적 자유를 쉽게 허락하지 않았기 때문에 어찌 보면 당연한 듯이 보인다. 그러나 이제 이러한 질곡으로부터 벗어나 진정 조선시대를 역사적으로 검토할 수 있는 여유를 가져보는 것은 사치스러운 일일까?

5. 맺음말

이상에서 해방 후 조선시대사 연구들이 조선(사회)이 한국 근대의 형성에서 어떠한 지위를 차지하는가 하는 점을 중심으로 양 진영으로 나뉘어 대립해 나왔음을 확인할 수 있었다. 과거를 현재와 절연된 공간으로 밀어내는 것은 역사 연구의 본령을 포기하는 것이나 다름없고, 현재에 대한 관심으로부터 과거에 접근한다는 것은 지극히 당연한 것이기 때문에 이를 금기시할 것이 아니라 오히려 장려해야 할 것이다. 그렇지만 문제는 현실을 파악하는 방법이다.

우리는 지금까지 역사를 어떻게 해석할 것인가에 너무 치우쳐왔다. 역사학을 현실로부터 분리하여 과거라는 굴레를 씌운 서구 근대 사회과학이 만들어 놓은 근대역사학의 프레임에서 벗어나지 못하고 있기 때문이다. 전통시대 가장 많은 사랑을 받아왔던 사서(史書), 『사기(史記)』를 편찬하여 "천(天)과 인간의 관계를 구명하고 고금의 변화를 관통하는 (원리를 밝혀) 스스로 독자적인 입론(立論)의 체계를 이루려" 했던 사마천의 '역사적 행위'를[23] 생각해보는 것도 호연지기를 기르는 데 도움이 될 것이다. 우리는 이에 역사란 무엇인가, 어떻게 볼 것인가라는 질문으로부터 '역사'는 어떻게 형성되어왔는가, 한 걸음 나아가 역사를 어떻게 만들어갈 것인가 하는 질문을 던져볼 수도 있어야 하겠다. 역사 연구자가 힘을 가지기 위해서는 역사의 힘, '시세(時勢)'의 동력을 밝혀 현 제국주의는 물론 국가 폭력 등 세계 전체를 시야에 넣고 당면 모순들을 해결해 나갈 수 있는 혜안을 제시할 수 있어야 할 것이 아닌가.

역사는 과거를 다루는 학문이라고 '오해'를 받아왔지만 역사는 오직

....

23 이성규 편역, 1987 『사기―중국고대사회의 형성―』, 서울대학교출판부, 8~9쪽.

하나, 존재하는 '시간 속의 인간에 대한 학문'으로서, "이 명칭은 다른 어느 것보다 함축성 있고 가장 덜 배타적이고, 몇 백 년 이상에 걸친 (인간들의) 노력의 감동적인 기억으로 충만한 이름이다."[24] 자신들이 처한 입지의 정당성을 주장하기 위한 목적론적인 설명체계들은 현실 사회의 문제를 파악하는 넓은 통로를 막고 시야를 제한하고 만다. 복잡하게 얽혀 진행되고 있는 현대사회의 저 넓은 세계, 무한한 가능성을 지닌 미래로의 길을 개척하기 위해서는 과거 그 자체도 역사적으로 접근할 수 있도록 열어두어야 한다.

....

24 마르크 블로흐(정남기 옮김), 1979 『역사를 위한 변명』, 한길사, 60쪽.

12장 사회 '제도'와 '조직' 사이의 거리 좁히기
(서평 : 김필동, 1992 『한국사회조직사연구-
계 조직의 구조적 특성과 역사적 변동-』, 일조각)

1.

김필동 교수의 『한국사회조직사연구』(이하 『조직사연구』로 약함)는 경험적 사실과 이론(화) 사이의 긴장 속에 발전해온 사회과학이 1980년대에 들어와 자신의 이론적 지평을 확보할 수 있는 기반을 마련하기 시작하였다는 판단을 하게 하는 또 하나의 근거를 제공하였다. 과거 서구 이론의 수입 적용의 단계에서 벗어나 자신의 이론을 추구하는 단계에 접어들게 됨을 보는 것은 연구자들에게 큰 즐거움이 아닐 수 없다. 이 같은 성과가 선배들의 다양한 이론적 모색과 엄정한 실증적 연구의 기초 위에서 가능한 것이었다는 점도 시사하는 바 크다.

『조직사연구』는 80년대 초반 이후 10여 년간에 걸친 그의 연구 성과들을 집성한 것이다. 이 주제와 관련해 작성된 아래의 논문들에서 우리는 그의 작업이 수미일관하게 하나의 대상, 즉 한국사의 오랜 전개과정 속에서 가장 기본적이고 보편적인 조직형태였다고 하는 '계'를 중심으로 한 이론적 모색과 실증적 분석 및 그에 바탕한 개념화에 집중되어 왔음을 알수 있다.

1985 「'계'연구의 성과와 반성, 재정향-'계'의 사회사적 연구를 위

하여-」『한국사회학연구』 8
1986 「삼국-고려시대의 향도(香徒)와 계의 기원」『한국사회사연구
회논문집』 4
1987 「고려시대 계의 단체개념」『현대 자본주의와 공동체이론』
1988 「조선시대 말기의 계의 변모」『한국사회연구회논문』 11
1989 「조선시대 계의 구조적 특성과 그 변동에 관한 연구」, 서울
대 대학원 박사학위 논문
1990 「계의 역사적 분화·발전 과정에 관한 시론」『한국사회사연
구회 논문집』 17

   저자가 '계'에 대해 관심을 갖고 이 주제를 지속적으로 다루어 온 것은
'역사에 관심을 갖는 사회학도로서의 일종의 사명감'에서 비롯된 것으로
서, 80년대 초 종래 신분사적 맥락에서 다루어져 오던 조선후기 '향리'집
단의 조직구조와 그 변동을 통해 이론적 경험적 한계에 봉착하게 된 '자
본주의맹아론' 형태의 '내재적 발전론'에 대한 새로운 대안을 모색해 본
것이 계기가 되었음을 술회하고 있다. 바꾸어 말하면 구체적 사회조직의
발전(구조와 구조변동)에 대한 검토를 통해서 근대로의 이행을 새롭게 설
명할 수 있는 길이 있겠다는 가정에서 처음 작업을 시작했다는 얘기가 되
겠다. 이 같은 문제의식은 자연스럽게 필자로 하여금 '한국인의 생활세계
의 기본바탕을 형성해 왔던 집단생활 조직생활의 역사적 발전과정'을 주
목하게 하였고, 그 대표적 형태라 할 수 있는 '계'에 관한 연구로 나아가
게 하였던 것이다.
   저자는 그 결과에 대해 역시 「머리말」에서, 계라는 '제도'의 구조와 구
조변동에 대한 이해를 위해 '계의 개념을 새롭게 정립하고, 계의 역사적
분화과정의 논리를 제시하면서, 특히 조선후기 사회에서 계를 비롯한 사
회조직이 겪고 있던 구조변동의 추세를 발전론적으로 해석'한 것을 소기

의 성과로 언급하고 있다. 이는 그간 저자의 작업이 두 가지 내용을 중심으로 짜여왔다는 것을 지적한 것으로서, 그 하나는 계조직의 구조(조직원리)를 밝히는 것이고 다른 하나는 계 자체의 역사적 변동(실체)을 추적하여 그 변동의 논리를 제시하는 것이라 하겠다. 이는『조직사연구』의 부제; 계조직의 구조적 특성과 역사적 변동이 단적으로 말해준다.

그런데 위 두 과제는 별개로 추구되는 것이 아니고 상호 밀접한 관련 속에서 연결되어 나타난다. 김 교수가 계조직의 성격에 관한 종래의 논의들을 공동체론의 관점과 결사체론의 관점으로 나누어 살피면서도(112쪽) 자신이 이 같은 이분법적 도식의 유형론을 취하지 않고 조직의 실체(내용)에 토론의 초점을 맞추고자 생각하였던 것(118쪽)은 그가 종시 이론과 경험적 사실과의 결합을 염두에 두고 작업에 임하였음을 보여주는 것이다. 그는 모든 검토에서 계의 구조적 특성을 밝히기 위해 이러저러한 분류기준을 세우고 이론화를 시도하면서도 항상 구체적 실체를 염두에 두고 예외적 현상을 지적, 일일이 유보조건을 다는 정성을 보였던 것도 마찬가지 사정을 보여준다.

결국 김 교수의 작업은 계라는 '제도'를 구체적 '조직'에 비추어 이론적으로 설명해 내고(구조), 그 '제도'가 조직 자체의 발전에 따라 변화되어 나간다는 점(구조변동)을 유기적으로 설명하고자 한 것이다. 말하자면 기존의 제도나 구조파악에 치우친 이해, 또는 기성의 이론적 틀에 입각한 도식적 이해에서 오는 편견을 불식하기 위해 그것을 '조직'이라는 구체적 실체로 끌어내려 재해석하려는 노력, 즉 사회 '제도'와 '조직' 사이의 거리를 좁히기 위한 작업이라고 할 수 있을 것이다. 이는 또한 그가 자임하고 있는 사회학과 역사학의 거리 좁히기, 그의 '사회사' 작업이기도 하다.

2.

『조직사연구』는 총 4부로 이루어져 있는데, 전체 구성에 대한 이해를 위해 저서의 목차를 간략히 소개하면 다음과 같다.

머리말
제1부 '계'의 사회사적 연구를 위하여
  1. '계'연구의 성과와 반성, 재정향(再定向)
제2부 '계'의 기원과 초기 형태
  1. 삼국~고려시대의 향도와 계의 기원
  2. 고려시대 계의 사례와 단체개념
제3부 조선시대 계조직의 구조와 변동
  1. 서론
  2. 기존연구의 검토와 연구시각의 재정립
  3. 이론적 쟁점과 연구지침
  4. 자료 및 연구방법
  5. 조직구성
  6. 조직과정
  7. 계의 기능과 사회구조적 위치
  8. 다른 조직형태들과의 관계
  9. 결론
제4부 계조직의 역사적 변동과 그 해석
  1. 조선시대 말기의 계의 변모
  2. 계의 역사적 분화 발전과정에 관한 시론

다루는 대상 시기가 매우 길고 주제도 넓기 때문에 이제 저서의 구성 순서에 따라 그 내용을 소개하고 드러난 문제점을 간략히 지적해 보기로 하자.

『조직사연구』의 제1부는 계에 관한 시대별 연구사를 비판적으로 검토하여 필자 나름의 계에 관한 견해를 밝히고 계연구의 진전을 위한 '사회사적' 연구방법론을 제시하는 부분이다. 연구사 검토에서 필자는 기존 연구의 방법론상 문제점과 실증적 기초가 취약한 점 등을 지적하고 이 같은 한계로 말미암은 계에 관한 편견과 연구시각의 협소성을 비판한다.

이 연구사검토는 새로운 연구 작업의 준비를 위한 시각의 재정립에 목표를 둔 것으로서, 단체(또는 조직)로서의 계의 역사적 성격을 드러내기 위한 문제의식에 비추어 선택된 대상들을 중심으로 하고 있기 때문에 망라적인 것은 아니라고 하지만, 일제시기 이래 실태조사적 연구와 역사적 연구, 해방 후의 경제사적 연구 및 인류학, 사회학, 역사학계의 이 방면의 연구들을 일관된 문제의식 하에 비판적으로 다루고 있다.

여기에서 저자의 주 비판의 대상이 된 것은 경제사적 연구의 이른바 '계=공동체'론이고, 인류학적 연구가 주로 촌락과의 관련 속에서 계를 검토해 온 점도 비판되고 있다. 이 두 분야의 연구가 일정한 성과를 거둔 것이 사실이지만, "첫째, 계는 전근대사회의 조직·제도이므로 기본적으로는 공동체다. 둘째, 계의 중요한 본질은 그 식리성(殖利性)에 있다. 셋째, 계는 촌락에 기초하고 있다."는 것과 같은 편견을 낳게 한 원인을 제공하였다고 보기 때문이다. 즉,

> "경제사적 접근은 '계'문제를 주로 '경제적' 맥락에서 포착하려 함으로써 계의 식리성(殖利性)을 과장하는 결과를 초래하였고, 계의 '역사성'을 이해함에 있어서도 경제사적 일반 법칙을 당연한 것으로 전제함으로써 계를 '공동체'로 파악하는 시각이 이의없이 받아들여졌던 것이다. 또한 인류학적 접근은 계의 역사성에는 관심을 기울이지 않은 채 그것의 조직원리만을 형식적으로 파악하고 인류학적 연구의 인습적인 연구단위인 '촌락'에 그것을 종속시킴으로써 계 연구의 시각을 협

소한 것으로 만드는 데 기여했다.”(31쪽)

고 보는 것이다.

그리하여 필자는 연구사 검토를 통해서 가설적이기는 하지만,

"첫째, 계는 기본적으로 결사체다. 둘째, 계의 본질은 그 단체성·목적성에 있으며 식리성은 부차적인 것이다. 셋째, 계는 촌락의 범위를 넘어서 또는 촌락적 기반과는 무관하게 조직될 수 있다.”

고 하는 점을 대안으로 제시한다. 계가 기본적으로 전근대사회의 산물이기 때문에 공동체로 보아야 한다는 편견은 불식되어야 하고, 계가 촌락과 깊은 관련 하에 발전했던 조선후기적 사실을 토대로 계가 촌락에 기초하고 있다고 단정해버리는 것도 곤란하다는 것이다.

그리고 위와 같은 한계를 극복하기 위해서는 ‘사회사적 연구’의 발전이 필요한바, 이는 사회사적 방법론의 우월성 때문이 아니라 기본적으로 계가 갖는 결사체로서의 본질적 특성 때문이라는 점을 강조한다. 그 사회사적 방법론이란 계에 관한 ① ‘역사주의적’ 연구방법, ② 자료의 새로운 발견과 적극적 활용, ③ 이론적 정비와 분석틀의 정립, ④ 전근대의 계와 유사한 제도나 조직과의 비교연구 등을 종합한 것이다. 요약한다면 경험적 자료 분석에 기초한 실증적 연구의 축적과 비교연구를 통한 새로운 분석틀의 정립이라고 하겠다. 기본적으로 타당한 지적이다.

그런데 필자가 위와 같이 기존의 연구들에 대해 여러 가지 주문을 할 수 있었던 것은 기왕의 계를 시기적으로나 유형상에 있어 총체적으로 파악하고자 했던 필자의 노력에서 비롯된 것이지 그것이 ‘사회사적’ 방법론을 채택했다거나 계의 결사체적 성격 때문은 아니지 않는가 하는 의문점을 갖게 된다. 사실 위와 같은 연구태도(여러가지 주문)는 경제사적 연구

나 인류학적 연구라고 해서 양해받을 수 있는 것이 아니기 때문이다. 한편 필자의 의도에도 불구하고 이 연구가 계의 단체개념(결사체적 성격)의 부각에 초점이 맞춰진 결과 계 자체의 성격이 드러나고 있지 않은 점도 아쉽다. 다시 말하면 여기에서는 계의 구조(조직원리)가 집중적으로 다루어지고 있고 조직 자체(역사적 성격)는 소홀히 취급된 면이 보이는 것이다. 계에 관한 경험적 자료를 시계열적으로 확인하는 것과 계를 역사적으로 검토하는 것(계 구성원들과 그들이 처한 객관적 조건을 유기적으로 관련지어 설명하는 것)과는 차이가 있는 것이라 하겠다. 이 문제는 다음 2부에서 보완된다.

제2부는 계의 기원을 밝히고 계의 초기형태를 검토하여 계의 개념을 규정하는 부분이다. 계의 기원과 관련해서 우선 필자는 삼국~고려시대의 '향도(香徒)'에 주목한다. 필자는 기본적으로 향도를 단순히 불교신도들을 지칭하는 일반명사로 보는 견해나 향도 그 자체를 공동체(향촌공동체)로 보는 견해를 반대하고 특정 목적을 추구하는 구성원들의 '비교적 자발적 참여에 의해 의도적으로 만들어진 불교의 신앙결사'로 규정하고 있다. 그리고 이 향도는 '불교수용 이후 삼국사회에서 계 원리에 입각한 최초의 조직형태'로 파악한다. 향도는 "어떤 신앙상의 목적을 추구하기 위하여 신도 및 승려들의 비교적 자발적인 참여에 의해 의도적으로 만들어진 불교의 신앙결사"로서, 필자는 이 향도를 계의 선행형태 또는 계 원리의 최초의 구현형태로 파악하여 계의 기원을 향도에서 구하는 것이다. 그리고 계의 개념규정과 관련해서 필자는 고려시기의 각종 계에 관한 사례들을 분석한 기초 위에서, "계는 어떤 목적을 수행 달성하기 위하여, 구성원들의 자발적인 참여와 합의(약속)에 의해 의도적으로 만들어지는 비교적 지속적이고 조직적인 모임(단체)이다"(89쪽)라고 규정한다. 여기에서 흥미로운 것은 방법론상에 있어 '계의 원리'와 '계' 자체를 분리하는 이분법적

해석이다.

이미 필자는 제1부 검토과정에서 사회학적 연구의 성과로 '계방식'과 '계집단'을 분리해서 파악하였던 스즈키 에이타로우(鈴木榮太郎)의 견해(12쪽)와, 동계(洞契)를 동(공동체)과 계(결사체)의 결합으로 파악한 김경일의 시각(25쪽)에 주목한 바 있다. 이 가운데 필자는 후자의 경우를 높이 평가하고, 이 같은 분석적 관점에 착안하지 못했기 때문에 동이 계 형성의 기반이 된 경우 공동체인 동의 성격 때문에 동계까지도 공동체로 파악하는 잘못을 범했던 것이라고 설명하면서 이 같은 분석틀을 활용할 수 있다고 보았던 것이다.

그런데 전자의 경우에 대해서는 계의 형식을 내용으로부터 분리시켜 추상화함으로써, 계의 단체성과 그 역사적 실체성을 사장시켜 버리는 위험성을 내포하고 있다고 비판한다. 이는 스즈키가 '계방식'을 재물에 의한 협력의 하나의 방식(어떤 집단이 계의 방식을 채용할 때 그 집단은 계집단이라고 간주된다)으로 (잘못) 파악하고, 각종 계의 명칭에 보이듯 구성원들의 다양한 결집 그 자체가 갖는 역사적 의미를 부여하지 못하였기 때문이라고 설명하고 있다(12쪽). 만일 그가 계방식을 잘못 파악하지만 않았다면 어떤 평가가 이루어졌을까? 구성원들의 다양한 결집 그 자체에서 결집의 원리를 분리해내는 것이 어떤 의미를 갖는 것일까? 이를테면 동계의 실체, 다시 말하면 동이라는 공동체적 조건에 제약받는 구성원들이 만든(그것도 초기에는 지배신분층에 의해 만들어진) 동계에서 동을 계와 분리시켜 이해하는 것은 어떠한 '사회사적' 의미를 지니는 것인가 하는 의문을 제기해 볼 수 있을 것이다.

제3부의 「조직구성」부분의 설명에 따르면, 신분적 지배를 목적으로 하는 동계가 그 내에 상·하계의 구분을 두고 있었던 것은 계 특유의 조직원리인 '평등성'을 보장하기 위해 불가피했던 것이라 한다(56~57쪽). 그

리고 이와 같은 동계가 갖는 신분적 지배의 기능은 그것의 조직적 기반이 되고 있는 지역공동체의 계급성 때문이지 계 자체가 갖는 계급성 때문은 아니라는 점을 강조한다(157쪽). 다시 말하면 신분적 지배를 목적으로 했던 사족(양반)이 동계를 구성하고 여기에 상·하계의 구분을 두었던 이유는 계가 갖는 조직원리(평등성) 때문이었다는 것이고, 그 동계가 갖는 신분적 지배의 기능은 동이란 지역공동체의 속성에서 비롯된다는 설명이다. 이는 구성원들의 다양한 결집의 역사적 성격을 파악하고자 하는 필자의 노력에는 배치되는 것이 아닐 수 없다. 다양한 형태로 성립 발전해 왔던 계의 구성원들이 계가 갖고 있는 '조직원리'의 포로가 되어서는 곤란할 것이고, 계의 발전사에서 구성원들의 능동성이 배제될 경우 계의 사회사적 연구가 또 하나의 사회(조직) 유형론의 형태로 환원될 위험이 있는 것이다.

이 같은 이분법은 향도와 계와의 관계를 설명하는 데서도 나타난다. 필자는 이 양자가 다소의 차이는 있지만 "구성원들의 자발적 참여에 기초하는 목적 지향적인 의도적인 결합"이라는 점에서 공통점을 찾고, 이 향도를 '계의 원리'에 입각한 최초의 조직형태로 파악한다. 향도에 구현되고 있는 계의 원리는 그 이전에는 존재하지 않았던 새로운 사회조직의 원리로 설명된다. 여기서 향도의 조직원리는 곧 계의 원리가 되고 향도는 계의 기원이 되는 것이다. 계와 계의 조직원리가 확연히 분리됨을 본다. 이 때 '계의 원리'란 계라는 구체적인 명칭을 갖는 보다 후대의 '계집단'과 계집단의 조직원리와는 분석적으로 구별되면서, 후자뿐만이 아니라 구체적인 명칭을 달리하는 '향도집단'의 조직원리까지도 함께 포섭하는 일반화된 개념이고(64쪽), 또한 이 '계의 원리는 사회학적 집단유형론의 관점에서 보면 기본적으로 결사체적인 조직원리라고 할 수 있다'(65쪽)고 한다.

이 같은 사회조직으로서의 계로부터 그 조직원리를 분리하고 추상화하는 것이 갖는 의의와 한계는 무엇일까. 저서의 곳곳에서 시도되고 있듯이 여러 다양한 조직형태들과의 비교사적 검토가 가능하다는 장점을 먼저 들 수 있을 것이다. 위 '계의 원리'가 향도 이전의 모든 조직형태에 두루 관철되어 온 공동체적 조직 원리와는 구별되는 새로운 조직원리로 나타나고 있음을 발견한 것은 큰 성과이다. 향도 이전의 형태에 대한 탐구나 그 이후의 '(광의의) 계'에 대한 연구를 촉발할 수도 있을 것이다. 그렇지만 '조직원리'라는 관점에서 본다면 공동체적 원리와 결사체적 원리에 대한 기왕의 분류법에서 한 걸음 나아갈 수 있는 무엇이 더 있는가 생각해 볼 일이다. 이 같은 분류법의 한계는 무엇보다도 앞서 언급하였듯이 계 자체의 성립 발전의 역사성에 소홀해진다는 점을 들 수 있을 것이다. 계 일반의 '구조와 구조변동'이란 차원에서 접근할 경우 시대적 특성, 계 구성원들의 주체적 움직임과 그들이 처한 조건과의 유기적 관계에 대한 설명이 취약해질 위험이 따르는 것이다.

특정 목적을 위한 구성원들의 자발적 참여에 의한 결집의 형태는 매우 다양하며, 따라서 그 각각을 유형론적으로 비교하고 거기에서 하나의 일반 원리를 찾는 것은 매우 의미 있는 작업임에 틀림없다. 구조의 특성(조직원리)을 다루는 것과 각 사회조직[그것이 향도가 되었던 회(會), 사(社), 혹은 계(契)이던]의 각 유형을 다루는 것과는 차이가 있는 바, 이 양자를 접근시키는 작업에 더 큰 진전이 있기를 기대하는 바이다.

아울러 향도에 관한 설명 가운데, 필자가 삼국 고려시기의 향도 사례들을 가능한 모두 모아 실증적 분석을 가하고 그 규모상의 다양한 편차와 그 참여층의 성격, 지역기반의 다양성 등을 근거로 해서 그것이 공동체, 특히 고려시기의 '거군적(擧郡的) 공동체'와는 무관한 것임을 지적한 것은 시사하는 바가 매우 크지만, 고려시기의 군현민들이 향도와 결합되어 있는 측면에 대한 해석이 보충될 필요가 있음을 느낀다. 자료 자체가 시기상으로나 내용상 매우 비균질적이고 숫적으로도 제한되어 있기 때문에 향도의 발전 양상을 고려하면서 재해석하는 것이 가능할지 의문이다. '계' 가 고려, 조선초기까지는 지배층 중심으로 만들어지다가 그 족인(族人)이 나 동민(洞民)들까지 아우르기도 하였던 점 등과도 비교해 볼 수 있는 문 제라 하겠다.

다음 고려시기의 계 사례분석은 ① 문무계(文武契), ② 등하불명계(燈 下不明契), ③ 향도계(香徒契), ④ 사천 매향비(埋香碑)의 '천인결계(千人結 契)', ⑤ 계의 일종으로서의 '정혜사(定慧社)', ⑥ 기로회(耆老會) 등의 사례 를 '단체적 성격'에 비추어 분석하고 그 단체의 형성과정에 초점을 맞춰 계의 개념을 규정하고 있다. 이는 기왕에 계가 갖는 기능에 초점을 맞춰 성격 규정하였던 연구들에 비해 크게 진전된 것이라 하겠다. 기능상의 분 류에 따른 개념규정으로서는 그 구조적 성격을 드러내기 곤란하기 때문 이다. 그렇지만 역시 여기에서 받는 전체적인 인상은 앞서도 언급한 바와 같이 필자가 '계의 원리'가 작용하는 조직형태에만 관심을 갖고 그 계조 직의 실체, 역사성에는 소홀함을 드러내고 있다는 느낌이다. 이는 공동체 론(향도공동체를 포함하여)에 대한 비판에 연구의 초점이 과도하게 맞춰 진 것과 관련된 것이 아닌가 생각된다.

제3부는 이 연구의 본론에 해당하는 부분으로 조선시기의 계조직의 구조와 그 변동을 실증적 자료에 입각하여 설명, 추적하고 나아가 계의 조직 원리와 개념의 재정립을 시도하는 한편 계조직의 구조변동 추세까 지 검토하고 있다. 필자는 이 작업을 위해 조선시대 계의 기본자료인 '계 첩(契帖)'을 중심으로 한 150개의 사례를 수집 분석하고, 몇 가지 기준을 세워 통계적으로 그 내용을 우리에게 보여주고 있다.

필자는 검토 과정에서 계를 종류에 따라 ① 동계(洞契), ② 족계(族契), ③ 상계(喪契), ④ 송계(松契), ⑤ 사교계(社交契), ⑥ 학계(學契), ⑦ 기타계

(其他契) 등으로 나누고 이들 계의 '종류'와 그것이 존속했던 '시기' 두 가지를 기준으로 삼아 각종의 계의 구조와 그 변동에 관한 많은 정보들을 우리에게 전달해 주고 있다. 그 가운데 주목되는 점을 간략히 정리하면 다음과 같다.

우선 계의 구조와 관련해서는 1, 2부의 성과를 재확인하는 위에서 계를 공동체로 볼 것인가 결사체로 볼 것인가를 비교하고 기존의 일제 관변학자들의 실태조사적 연구, 경제사적 연구, 인류학적 연구, 역사학적 연구들을 비판적으로 검토하여 사회사적 연구의 적합성을 확인하고 계를 하나의 조직형태, 즉 결사체임을 재확인한다. 이 때 사회사적 접근방법이란 다수의 계조직에 대한 경험적(자료) 연구와 비교를 통한 유형화에 의한 총체적 접근을 의미한다.

그리하여 위와 같은 분석을 통해 "조선시대의 계가 조직 내부적으로는 (개인 및 계집단의 수준) 조직성원들이 공동으로 추구하는 목적을 달성하고 조직성원들 간의 결속을 강화하며, 구성원들의 사회적 안정성을 도모하는 수단으로서의 기능을 수행하는 한편, 외부적으로는(공동체 및 전체 사회수준) 조직성원들 사이의 체제의 지배적 이데올로기의 표현인 유교적 의례를 내면화·일상화하는 체제유지적 장치의 하나로 기능하였던 것"으로 결론짓고 있다.

한편 위와 같은 기능상의 특성 외에 사회구조적 위치와 관련해서는 다음 세 가지 특징을 보인다고 설명한다.

① 촌락과의 관계에서 상대적으로 자율성을 갖고 있고,

② 국가와의 관계는 조선말기로 갈수록 좀더 밀접해지는 양상을 보이며,

③ 신분제와의 관련에서는 계가 신분적 지배의 수단으로 기능하기도 했지만, 기층민들의 계활동이 보다 적극적으로 이루어져가면서 역으로 계는 신분제적인 질서를 해체시켜가는 힘으로도 작용했다. 그

리고 그러한 힘은 계가 갖는 '결사체'로서의 성격에서 유래되는 것
이라고 볼 수 있다.

그런데 여기에서 무엇보다 주목되는 것은 위 계의 변화양상에 대한 아
래와 같은 7가지의 지적이다. 이 같은 지적은 필자가 "계조직의 구조적
특성들이 뚜렷이 변하고 있음이 확인된다면, 우리는 그것을 통하여 조선
사회의(넓게는 한국 전통사회의) 내생적 발전과정의 일단을 이해할 수 있
게 될 것"이라는 점을 기본적 문제의식으로 삼았기 때문에 특별히 강조된
것이다. 계의 변화양상의 내용을 요약하면 다음과 같다.

① 앞 시기에는 거의 전적으로 양반에 의해 계가 주도된다. 그러다가
　 시대가 내려오면서 양반주도의 경향이 뚜렷이 약화된다.

② 공동체적 기반으로부터 자유로워진다.

③ 위 여러 종류의 계가 일시에 성립 발전하였던 것은 아니고, 상계(喪
　 契)는 17세기에, 송계(松契)와 학계(學契)는 18세기에 비로소 나타나
　 기 시작한다.

④ 신분적 차별성을 내포하는 계의 중층성(重層性)의 측면에서, 중층구
　 조를 갖는 계는 16세기에는 거의 보이지 않다가 17세기와 18세기
　 에는 거의 절반정도의 비중을 차지하며, 19세기에 들어오면 현저
　 하게 줄어들어 19세기 말에 가면 거의 사라지는 현상을 보여준다.

⑤ 시대가 내려갈수록 계의 목적이 상당히 특정화되어가는 추세를 뚜
　 렷하게 읽을 수 있다.

⑥ 계의 비용이 기존의 갹출로부터 기금과 과실금에 의존하게 되며, 이
　 와 관련하여 식리 활동이 강화된다.

⑦ 교환관계에 있어서도 노동력-현물-금전으로 바뀌어져 갔다. 이는 상
　 품화추세의 반영으로 '내생적 발전'의 지표가 될 수 있는 것이다.

한편 위와 같은 분석의 기초 위에서 계의 조직원리와 계의 개념을 재정립하고 있는데, 계의 조직원리로서는 개체성, 평등성, 합리성 세 가지를 들고 계의 개념에서는 계를 '자발적 결사체' '원형적(原型的) 조직'으로 규정할 수 있다고 제안한다. 조직원리 부분에서 '개체성'은 집단성이나 전체성과 대비되는 것으로 공동체로부터 상대적으로 독립된 개인의 자유 자율성의 지표가 되는 것이고, '평등성'은 위계관계를 부정하는 논리로서 계가 동류적 기반을 가진 성원들의 조직이라는 것에서 추출된 개념이다. 개념 부분에서 '원형적 조직'이라고 한 것은 근대의 공식조직과의 차이를 염두에 둔 것으로 이해된다.

이상의 성과들은 앞서 필자가 제시한 여러 가지 문제들에 대한 '경험적 연구'와 '이론적' 검토를 통한 답변이 되는 셈이다. 대체적인 경향성에 있어서는 계의 조직발전 방향과 일치하는 설명이고, 또 설명 과정에서 기존에 크게 주목되지 못했던 새로운 양상들이 많이 밝혀져서 조선시기 사회상을 밝히고 그 안에서의 각 개인, 집단의 움직임을 파악할 수 있게 해준다는 점에서 큰 공감대를 형성할 것으로 기대된다.

그렇지만 몇 가지 보완되어야 할 면도 있지 않은가 생각된다. 우선 분석 방법의 문제에서 비롯된 점을 지적한다면, 여러 비균질적인 종류의 계들을 특정한 기준에 맞추어 통계처리함에 따라 각종의 계(조직)의 특징과 그 변화가 제대로 설명되지 못하고 있다는 점이다. 다시 말하면 위에서 설명하고 있는 특징을 모든 계들이 다 보여주고 있었는가 하는 점이 의문스러운 것이다. 이를테면 계의 중층성, 즉 신분적 차별성을 설명하는 부분은 동계 등과 같은 조직을 설명하는 데는 타당할지 모르지만, 그 기준을 여타의 모든 계에 적용시킬 수 있는가 하는 의문을 제기할 수 있다. 통계처리의 방식은 발생 시기나 조직의 성격에서 차이가 나는 각종 계들을 효과적으로 설명하는 데는 한계가 있는 것이다. 그 대안으로 같은 성격(종류)의 계에 대한 시계열적 접근이 시도될 수 있을 것이다.

그리고 필자 자신도 지적했지만, 위 6(7)가지 계의 분류가 '조직기반'과 '목적(기능)'이라고 하는 상이한 기준에 따라 설정되고 있고, 사례의 부족으로 인해 성격이 같지 않은 계가 특정 종류에 분류되어 처리되고 있는 것도 문제라 하겠다. 어디까지나 잠정적인 것이고 사례의 추가에 의해 보완되어야 할 것이지만, 최소한 이 같은 분류에 따른 문제점이 무엇인가 하는 데 대한 보완도 필요한 것이 아닌가 한다.

그런데 무엇보다도 평자가 갖는 가장 큰 의문은 저자가 앞서 2부에서, "전근대사회에서 결사체로서의 계가 어떻게 성립할 수 있었는가, 또 공동체적 조직원리와 어떻게 조화될 수 있었는가 라는 문제들이 이론적으로 해명될 필요가 있다." "또한 역사적으로 어떠한 성격 변모를 겪게 되었으며 그것이 갖는 사회발전론적 의미는 무엇인가도 규명되어야 할 과제"라고 지적한 것(90쪽)에 대해 본론격인 이 3부에서 명시적으로 언급하지는 않고 있다는 점이다. 이 역시 본 저서의 주제가 계조직 자체보다는 계의 조직원리(결사체적 성격) 구명에 치우친 데서 비롯된 것이 아닌가 생각된다.

제4부는 한말 일제초기의 계의 변모 양상을 살피고, 조선시대를 중심으로 한 계의 역사적 분화·발전을 체계적으로 고찰한 부분이다.

한말 계의 변모 양상을 살핌에 있어서는 '전근대사회의 계의 가장 대표적인 형태인 동계'의 모습과 그 변모, '한말 애국계몽운동의 전개과정'에서의 계의 공헌, 한말 성행한 식리·도박계의 존재 등을 살피고 나아가 계가 보다 근대적인 조직형태로 변모 발전해가는 모습을 검토하고 있다. 대상 자료가 매우 비균질적이고, 따라서 특정의 계의 시기별 추이를 분석하거나 동시기의 계자료에 대한 유형별 분석이 불가능하다는 점에서 계의 변모 양상을 밝히기에는 어려운 점이 없지 않으나 시대별 추이를 살피는 데는 큰 무리가 없는 것으로 보인다.

한편 계의 역사적 분화 발전을 검토하는 데 있어서는 앞서의 풍부한 연구들이 효과적으로 활용되고 있어 계의 발전사를 살피는 데 커다란 도움을 준다. 여기에서는 조선시대 계의 대표적 형태로 설정한 사교계, 족계, 동계, 상계, 송계, 학계 등 6가지 각각에 대해 그 초기형태가 무엇이고 그 후의 변화과정은 어떠하며, 그것과 다른 종류의 계와의 관계는 어떠한가 등을 그 생성 순에 따라 검토하고 있다. 그리하여 '사교계'를 다른 형태 종류들의 원형으로 파악하고, 이로부터 족계, 동계, 상계, 학계 등이 분화되어 나온 것으로 파악하고 있다. 송계는 동계로부터 분화된 것으로 설명된다.

　그런데 여기에서는 시계열적으로 그 발생을 실증적으로 검토하고 있는 것이 주목되지만 각각의 후대 생성된 계의 유형들이 어떻게 사교계로부터 분화되어 나왔는지, 사교계가 그렇게 분화되어 나갔다면 사교계가 무엇과 무엇으로 분화되어 나갔는지, 사교계 자체는 그 뒤에도 그 원형을 크게 달리하지 않았고 또 달리할 성질의 것이 아니었음을 고려해 본다면 문제가 아닐 수 없다. 계의 분화 발전을 계가 갖고 있는 유형 형식상의 유사점만을 가지고 설명하는 것은 곤란하다고 생각된다. 계가 그 구성원들의 자발적 의사에 의해 결성된 인위적 조직체라고 한다면, 중요한 것은 그 구성의 방법 외에도 구성원들의 성격과 특정한 시기에 특정 계를 조직한 목적이 더 고려되어야 할 것이다. 다시 말하면 구조론적·유형론적 설명은 역사적 실체 파악에 한계를 갖는 것이고, 이 한계는 다시 말하면 구성원들의 계조직 형성의 동기·목적과 그들이 처한 조건 등을 중심으로 사고해야 보완될 수 있을 것이다.

　한편 이와 관련하여 후반부에서 기존의 계활동의 경험이 근대로 접어들어서 새로운 조직생활에 기초가 되고 있다는 점을 지적한 것이 주목된다. 주체들의 활동이 착목되고 있기 때문이다. 그런데 여기에서도 '과거

계활동이 있었기 때문에 한말 각종 사회단체들이 조직될 수 있었다'고 말하고 있는데, 이는 '당시 사람들이 조직적 기반이 없이는 문제를 해결할 수 없다는 경험 위에서 각종 단체를 만들어 활동하였다'고 설명하는 것과는 차이가 있다고 생각된다. 이는 구조를 중시하는가 아니면 그 안에서의 인간의 능동적 활동을 중시하는가와 연결되는 문제이다. 필자가 사회 '제도'와 '조직' 사이의 거리를 좁히는 작업을 목표로 하였음에도 불구하고 상당부분에서는 계조직 자체로부터 계의 구조와 계의 원리, 즉 계라는 제도가 자꾸 떨어져나가는 것 같은 느낌을 불식시키지 못하고 있다는 판단을 갖게 하는 이유가 여기에 있다.

3.

김필동 교수의 『조직사연구』는 기존의 계연구가 갖고 있는 한계들을 이론적인 면에서나 실증의 면에서 극복하고 계연구의 새로운 기초를 놓은 1980년대 사회사학의 중요한 성과이다. 이로 인해 우리는 기존의 계에 대해 가졌던 많은 편견들을 수정할 수 있게 되었고, 과거 밝혀지지 않았던 많은 새로운 사실에 대해 접근할 수 있었다. 이제 이 연구로 인하여 '계=원시공동체' 기원설이라던가, '계=식리단체' 또는 '계=촌락공동체'설 등은 그대로 존속할 수 없게 되었다. 무엇보다도 큰 성과는 우리나라 전근대 사회조직으로서의 계의 조직원리를 밝히고 계를 새롭게 개념규정한 것이 되겠다.

그런데 여기에서 평자가 크게 주목하는 것은 위 연구가 우리의 전근대 사회에서 많은 이들이 공동체적 제약이나 혈연적 제약을 벗어나 나름대로의 목적을 중심으로 결집, 활발한 활동을 벌여왔음을 확인할 수 있게 해준 사실이다. 이 같은 작업이 가능했던 것은 무엇보다도 필자가 우리의 조직생활의 기초가 되어왔던 계에 대해 장기간에 걸친 자료들을 매우 풍부하게 모으고 엄정하게 분석하면서 총체적인 시각을 확보하고자 끊임없이 노력하였기 때문이라고 할 수 있다. 이 같은 바탕이 있었기 때문에 저자가 계연구의 새로운 방향을 제시하고 계의 이론화 작업의 기초를 마련할 수 있었던 것이기도 하다. 따라서 본서는 1964년 김삼수 교수의『한국사회경제사연구-계의 연구』이후 30년 만에 보게 되는 계에 관한 본격적연구서로서 계연구를 한 차원 높인 학계의 성과로 받아들여질 것이다.

그렇지만 앞서 언급한 바 있듯이 저자가 공동체론과 결사체론이라는 이분법적 도식에서 벗어나 계의 실체에 접근하고자 하였으면서도 계조직에 관한 설명을 하는 데 있어서는 다시 이분법으로 회귀하는 모습을 보인 것은 여전히 문제로 남는 것 같다. 이는 계의 원리와 계조직 자체를 분리하는 문제와 관련된 것으로 판단된다. 이 같은 방법론상의 문제점이 우리의 조직생활의 기초가 되어왔던 계의 발전사를 통해 우리 전근대사회의 발전의 동력을 밝히려는 저자의 당초 목표와 저자의 작업내용간의 거리를 멀어지게 만든 것이 아닌가 한다. 저자가 계에 나타나는 변화를 정확히 지적하면서도, 그것을 설명할 때는 그 변화가 당시 사회변화와 짝하는 것이었다거나 혹은 사회변화를 반영하는 것이었다는 차원에서 더 나가지 않는 것도 마찬가지 이유 때문인 것으로 생각되는 것이다.

이렇게 된 데는 다른 한편으로 저자가 계라고 하는 조직형태, 또는 조직 원리에 집착함으로써 계를 구성하는 구성원의 동향과 그들이 처한 객관적 조건과의 관계 속에서 계조직의 발전을 검토해야 한다는 역사주의적 접근에서 한계를 보인 때문이라고 할 수 있다. 계라는 '제도'와 구체적인 사회 조직으로서의 계에 과한 거리를 좁히고자 했던 저자의 의도에 비추어 저자 자신이 '반쯤 성공'하고 있다고 했던 것은 바로 이 점을 가리킨 것이었다.

저자의 당초 의도를 완성시키기 위해 각 시대 조건 속에서 자신에게 주어진 문제를 해결하기 위한 각 개인, 집단들의 주체적 활동을 보다 주목하고, 그 각각의 유형화와 비교연구를 통한 이론화를 꾸준히 모색하는 데 있어 모범을 보여줄 것이 기대된다. 이 같은 작업만이 위에서 저자가 작업을 처음 시작할 때 목표로 했던 '자본주의맹아론'의 한계를 극복할 수 있는 대안을 가져다줄 것으로 믿는 바이다.

13장 조선후기 정치사상사연구에 보내는 쇳소리
(서평 : 정석종, 1994 『조선후기의 정치와 사상』, 한길사)

1.

정석종 교수의 『조선후기의 정치와 사상』이 오랜만에 발간되었다. 그의 『조선후기 사회변동 연구』가 나온 것이 1984년이니 만 10년이 되는 셈이다. 얼마 전 갑작스런 병고로 자유롭지 못한 처지에도 불구하고 이같은 책을 만들어 강호제현에게 그의 건재함을 보여주니, 특히 그의 후배들에겐 귀중한 경종이 아닐 수 없다.

격동의 현대사회에서 그간 정 교수는 역사와 민중에 대한 열정으로, 때론 선가(禪家)적 여유와 부드러운 인간애로써 주위사람들에게 무언의 동료가 되어왔고, 노비 관련 고문서, 추국안(推鞫案) 등 광범한 일차 사료에 대한 애정과 여러 사료에 대한 엄밀한 고증은 후학이 쉽게 접근하지 못하는 경지를 보였다. 무엇보다도 그의 연구는 늘상 민중의 움직임과 조선후기 민중에 대한 깊은 신뢰를 보여주었던 다산사상 두 가지에 초점을 맞춰왔는바, 자신의 삶과 학문을 일치시키기가 어려운 현대사회에서 보기 드문 연구자의 한 전형을 보여주려 했던 정 교수 작업의 향기를 이 책은 물씬 풍겨주고 있다.

2.

『조선후기의 정치와 사상』은 2부로 구성되어 있다. 제1부 정치편은 저자의 정치사 인식을 잘 보여주고 있는데, 「조선후기 정치사 연구의 과제」 1·2, 「조선후기 이상향 추구 경향과 삼봉도」, 「영조 무신란의 진행과 그 성격」, 「홍경래란의 성격」, 「홍경래란과 내응세력」 등 6편의 정치사 관련 글로 구성되었다.

정 교수의 정치사 인식은 당쟁사와 민중운동사 연구에 대한 연구사적 검토, 「조선후기 정치사 연구의 과제」에서 단적으로 나타난다. 그 핵심은 "치자 계층 내부의 갈등으로서의 당쟁 자체도 조선시대 정치사의 일부로 포함되어야 하지만, 치자와 피치자 사이의 갈등으로 이루어지는 피치자의 사회운동이나 그 갈등의 폭발인 민란들도 정치사에 포함되어야한다"는 것이다.

물론 저자가 강조하는 것이 민중운동사를 정치사에 포함시켜야 한다는 것만은 아니다. 당쟁사를 이해하지 못하고는 조선의 정치사를 제대로 파악할 수 없다는 것이 저자의 지론이다. 오히려 그가 더 문제삼는 것은 조선후기 사상사 연구나 사회경제사 연구 등 다른 분야사 연구도 정치사와 밀접한 관련 하에 이루어져야 하는데 그렇지 못하다고 보는 현재의 연구실정이다. 이 같은 사정은 일제시기 당쟁사연구의 폐단에 기인하는 것으로서, 그 폐해가 정치사를 당쟁사로 편협하게 이해하고 기피하는 결과를 가져왔다고 본다. 이렇게 본다면 정 교수는 역사연구를 정치사를 중심으로 하여 총체적으로 파악할 것을 제안하는 셈이 되는 것이다.

그렇지만 그 가운데서도 민중의 동향을 중심에 놓고 사고하는 것이 정 교수의 정치사 인식의 핵심임은 물론이다. 정 교수는 "어떠한 정치현상으로서의 입법조치나 새로운 시책의 결정 등은 하층민중의 반항과 그 지향에 대한 일정한 양보 또는 타협의 산물이거나 그 지향을 억압하려는 의지의 표현이라는 사실들도 아울러 고려해야 할 것"임을 정당하게 지적한다. 이는 모든 정치현상을 민중의 동향과 관련지어 이해해야 한다는 그의 주장을 잘 보여준다. 그런데 한 가지, 바로 위와 같은 내용은 선언으로서가 아니라 역사적 서술로서, 역사 안에서 실증적으로 밝혀져야 하는 것이라는 점을 잊지 말자. 역사적 작업이 힘든 이유는 바로 여기에 있는 것이다. 우리가 그 같은 점을 인식하고 밝히는 데는 많은 시간이 필요했고 앞으로 더 많은 노력이 필요하다는 점도 주목하자.

1972년에 발표된 「홍경래란의 성격」 이후 민중의 움직임을 다룬 일련의 연구들은 바로 위와 같은 저자의 인식을 반영하고 있는 것들이다. 그의 연구는 초기 다소간의 도식성이 문제되기는 하였지만 당시 발전하고 있던 사회경제사 연구의 성과를 충분히 흡수하여 정치사(운동사) 연구를 성공시킨 사례로서 주목되었다. 이후 이루어진 위의 연구들은 저자의 연구 대상이 운동의 계급적 기반으로부터 그에 참가한 개인들의 처지, 의식과 회원 등으로 꾸준히 확대 발전해온 점을 보여준다.

이상의 민중운동사(정치사)에서 우리가 크게 주목하는 것은 운동의 주체와 조직, 계급적 기반, 중앙정국의 동향 등을 수미일관 조응시켜 파악하려는 정 교수의 열정이다. 이는 당위로 주어지는 것만이 아니라 확증을 가진 쇳소리[쟁성(錚聲)]로 들려온다. 다만 중앙정국의 변화와 민중의 동향이 저자가 설명하고 있듯이 그렇게 직접적인 인과관계로 설명될 수 있을 것인가는 여전히 의문으로 남아있다. 그럼에도 불구하고 아직까지도 완전히 불식되지 않고 있는 운동사에 있어 '빈곤폭동설'(이를테면 가난에 찌들린 민중들이 어쩔 수 없이 들고 일어난 것이 민란이라고 하는)을 배제하고 당시 성장하고 있던 계층(실력자들)이 운동의 주체로 나서고 있음을 실증적으로 밝힌 저자의 연구성과는 높이 평가되어야 할 것이다.

제2부 사상편은 다산사상의 면모를 밝히는 「정약용과 정조 순조 연간의 정국」, 「남고 윤지범과 다산」, 「다산 정약용의 경제사상」, 「순조 연간의 정국변화와 다산 해배운동」 등 4편의 글로 짜여 있다. 다산 『경세유표』의 '정전제'와 『시문집』의 '여전제'를 비교하여 다산의 혁명적 토지개혁안은 후자, 즉 여전제를 통해서 파악할 것을 제안한 「다산 정약용의 경제사상」을 제외하면 나머지 글은 모두 다산이 살던 당시의 정치현실과 그가 영향을 주고받은 주변 인물들에 많은 배려를 아끼지 않고 있음이 특징이다.

정 교수가 이렇게 당시의 정국에 배려를 하는 것은 그 나름의 목적을 가지고 있다. 조선시대 최대의 개혁사상가로서의 면모를 지녔던 다산 정약용이 실학사상 연구의 핵심적 대상으로 되어왔고, 정 교수 자신 다산의 민중에 대한 신뢰, 민중을 위한 노력을 높이 평가하고 '반평생' 다산사상 연구에 몰입해왔지만 연구자들이 '다산교도'가 되어서는 안 된다고 판단하기 때문이다. 정 교수는 "다산도 하나의 인간이다. 그도 당시의 사회적 조건 속에서 뛰어넘을 수 없는 고뇌를 가지고 있었으며 그러한 고뇌가 당시의 어떠한 현실 속에서 이루어지고 있었는가 하는 면이 밝혀져야 한다"고 설파한다. 모든 사회사상을 역사적 조건 속에서, 하나의 역사적 총체로서 다루어야 한다는 지적인 동시에, 이는 역으로 역사성을 몰각한 어떠한 공허한 이론도 민중의 호응을 얻을 수 없으며 역사에 공헌할 수 없다는 점을 강조하는 말이라 하겠다.

이 같은 전제 위에서 정 교수는 다산을 중심으로 그를 둘러싼 당시 중앙정계의 동향을 자상하게 설명하고 있는데, 여기에서는 특히 정조 사후 노론 벽파가 집권하여 남인을 일망타진할 목적으로 일으킨 신유사옥에 연루된 다산이 생의 큰 전기를 맞게 됨이 자세하다. 다산과 서학과의 관계에 관한 막연하고 짧은 지식을 정확하고 풍부하게 해줄 뿐 아니라 관런자들의 말을 자세히 인용하고 있어 당시의 실정을 읽게 해준다.

한편 남고 윤지범과의 관계에 대한 연구는 다산 자신보다 10살이나 위인 시우(詩友) 남고의 글을 편집함으로써(『열수잡저』) 다산이 은연중 남고에 기대어 자신의 주장을 드러내려 했던 점을 밝히고 있다. 남고 윤지범의 시론(詩論), 노장(老莊)적 철학세계, 천주교 비판, 주자 비판, 노론집권현실 비판 등과 같은 견해에 다산이 동의하고 있던 심정을 알게 된다. 그리고 이러한 글에서 저자가 당시 다산이 주고받은 글이나 다산 주변 인물들의 생활, 시국관 등을 자세히 인용하여 당시인들의 풍모를 느끼게 해주는 점은 더욱 인상적이다.

위와 같은 저자의 서술 태도는 당시의 정치현실이나 사상, 개혁안들을 당시를 살던 개인의 경험과 그들이 처했던 조건과 연결지어 파악해야 한다는 생각에서 비롯된 것으로 이해된다. 그의 역사에의 천착을 느낄 수 있게 해주는 대목이다. 굳이 사족을 달자면 저자가 다산의 개인 일신상의 처지를 지나치게 확대하는 대목이 일견 발견된다는 점을 지적할 수 있겠다. 이를테면 다산의 경제사상에서 다산이 '정전(의)제' 단계에서는 토지소유 문제를 크게 고려하지 못하다가 그의 말년에 '여전론' 단계에서 생산성 문제와 토지소유 문제를 아울러 고려하여 혁명적인 토지개혁안을 내놓을 수 있었던 것을 다산 자신의 토지 상실과 연결시켜 설명하는 것이 그것이다. 음미해볼 수 있다고 하겠다.

3.

이상 살핀 바에서 드러나듯이 이 책은 조선후기 정치사상사 연구에 보내는 하나의 중요한 쳇소리임에 틀림없다. 저자는 이 책을 통해서 식민사관의 당파성론, 정체성론에 입각해 이루어진 잘못된 당쟁사 인식을 버리고 조선시기 정치사 연구를 제 자리에 위치지워야 한다는 것, 정치사를 치자(지배계급)의 전유물로가 아니라 피치자(피지배 민중)를 포함한 것으로 파악해야 한다는 것, 좁은 의미의 정치사를 다루건 민중의 폭동을 다루건 또는 사상사를 다루건 개인의 경험과 그들의 처지를 중시해야 한다는 것 등을 우리들에게 웅변하고 있다.

저자의 소리에 제대로 귀 기울임으로써 우리는 당쟁사를 보다 적극적으로 파악하고 아울러 타 분야사와의 연계를 확보하여 올바른 정치사를 복원할 수 있으며, 민중의 움직임을 중심에 놓고 역사를 파악할 수 있는 안목을 확보할 수 있고, 나아가 그 역사를 서술하는 데 있어 결국 행위의 주체는 주변 조건에 영향을 받는 동시에 그 조건을 변화시켜 나간다고 하는 지극히 자명한 논리를 잊지 않을 수 있을 것이다.

이 같은 문제제기 외에도 이 책은 그 서술상의 방법에서 우리에게 많은 시사점을 제공하고 있다. 지루할 정도로 긴 인용문을 친절하고 자세하게 배치하는 것, 저자의 주관을 가급적 개입시키지 않고 등장인물 본인들의 입을 통해 나온 말들을 직접 제시함으로써 독자로 하여금 다시 생각해보도록 하는 표현방법은 어떻게 보아야 할 것인가. 이는 바로 독자로 하여금 가능한 한 옛 선인들의 풍모와 생활 자체에 가까이할 수 있는 기회를 주고자하는 것이고 또 독자들에게 '역사'를 읽는 재미를 더해주고자 하는 것이 아닐까. 그러나 후배 연구자들에게는 또다른 의미로 다가온다. 자신들의 단견과 고정관념들에 의해 박제화되고 파편화된 역사상에 대한 경고, 컴퓨터를 이용한 작업 속에 상실해가는 연구자 고유 문체의 향기를 되살리라는 경고는 아닐까.

실제 이 책에서 주제와 관련하여 정 교수가 조선후기 정치사연구에 보내는 쓴소리는 위와 같은 서술상의 특징으로 인하여 많이 부드러워진 면이 없지 않은 것으로 보인다. 행여 이로 인해 그 반향, 메아리가 조그맣게 잦아들어서는 안 될 일이다.

14장 사회사에서 향촌사회사로
(서평 : 김현영, 1999『조선시대의 양반과 향촌사회』, 집문당)

1.

　1980년대 이래 조선후기사 연구는 1960·70년대의 '내재적 발전론'을 비판적으로 계승하는 차원에서 진행되어왔다고 할 수 있다. 그 가운데는 기존 연구의 이론적 기반을 근본적으로 부정하고 새로운 조선사회상을 모색하는 경우가 없지 않았으나, 한국사학계의 주류적 흐름은 실증적 토대 위에서 기존 연구의 한계를 보완하는 차원에서 이루어지고 있는 것으로 판단된다. 전자의 경우, 기존 '내재적 발전론'에 대한 편협한 이해도 문제려니와 사회변혁 전망에 눈을 감는다는 점 등으로 인해 아직까지는 큰 호응을 얻고 있지 못한 것으로 보인다. 물론 후자의 경우에도 그 내부에 조선후기 사회발전을 이해하는 데 있어 극단적 대립이 있긴 하지만 조선시대를 파악하는 시각에 근본적 차이가 있는 것은 아니었다.

　주지하는 바와 같이 그간 조선후기 '발전론'을 주도한 것은 사회경제사 분야였다. 농업사, 상공업사가 중심이 된 사회경제사 연구의 눈부신 성과는 과거 식민사관의 정체성론을 일거에 불식시키고 부정적으로만 인식되던 조선사회상을 일신시키는 기폭제가 되었다. 나아가 정치사, 사상사, 사회사(신분사), 사회운동사 등 여타 분야 연구를 활성화시키는 데도 중요한 밑거름을 제공하였다. 이 때 사회경제사 연구는 조선사회의 근간을 지주제와 신분제로 전제하고 있었기 때문에 자연히 조선후기사상(朝鮮後

期史像)의 재구성에서 사회경제사 연구의 진전과 더불어 논의의 초점이 된 것은 신분사 분야였다. 친족제도, 촌락공동체 등 여러 분야 외에 특히 신분사연구가 역사연구자들의 주요 작업대상이 된 것이다.

연구의 진전에 따라 다양한 논점이 제시되고 그 가운데 이견이 대립하면서 상당한 성과가 축적되어 왔다. 조선 전기에서 기존의 통설이라 할 '4신분제론'에 대해 '양천제론'의 문제제기가 이루어져 신분사 이해의 깊이를 더해주었다고 한다면, 조선후기에서는 '자본주의맹아론'과 짝을 이루었다고 할 수 있는 '신분제 동요론'이 논란의 대상이 되면서 조선후기 사회변동에 대한 '향촌사회사적' 해석의 진전이 있게 된다. 본 서평의 대상이 된 아래의 책은 바로 위와 같은 연구사의 중심에 서 있는 일련의 작업 가운데 하나이다.

2.

『조선시대의 양반과 향촌사회』는 1960·70년대 이래 '통설'로서 자리를 잡아왔던 조선후기 '신분제 동요론'을 사회사적으로 재검토한 역작으로서, 조선후기 사회사연구의 한 축을 이루어 온 '향촌사회사'의 현황을 이해하는 데 많은 시사점을 제공한다. 저자 스스로 머리말에서 조선후기 신분제 동요론과 양반신분제 지속론이라고 하는 '양측의 평행선에 대한 돌파구를 필자는 향촌사회사라고 생각하였다'라고 언급하였듯이, 본서는 기존 신분사 중심의 사회사가 갖는 한계를 향촌사회사를 통해 극복하고자 하는 의욕을 보여주고 있다.

본서는 2부 8장으로 구성되어 있는데, 제1부는 저자의 서울대학교 박사학위논문『조선후기 남원지방 사족의 향촌지배에 관한 연구』(1993)이고 제2부는 경상도 안동(제5장), 대구(제6장), 충청도 연기(제7장) 지역에 대한 사례연구 및 '사족의 향촌지배에 관한 연구와 사료'라고 하는 방법론에 관한 글(제8장)이다. 본서의 연구 방향을 제시하고 있는 다음 언급들은 저자의 문제의식과 연구의 핵심을 잘 보여주고 있다.

"다양한 시간과 공간을 의식하지 않고 일률적으로 안정이다 변동이다를 논하는 것만큼 어리석은 질문이 어디 있겠는가? 따라서 시간과 공간을 명확히 한 위에서 하나하나의 사례 연구를 축적시키고 그것을 유형화하여 전체적인 조선사회상을 그려내는 것만이 우리나라 전근대의 사회상을 올바로 이해하는 지름길일 것이다." (머리말, 4쪽)

"조선시대 향촌사회사 연구는 조선시대 사족지배체제의 구체적인 실상을 보다 생생하게 제시하는데 큰 의미가 있다. 즉 조선시대의 지배체제를 이해하는 세 축이라 할 수 있는 국가-양반사족-민들의 구체적인 상호관계를 이해하고, 근대사회로 들어오면서 그것이 어떻게 붕괴되어 가는가를 이해하는 것이 조선시대 사회사 연구의 목표라고 한다면, 사족지배체제의 이해는 국가와 사족과의 관계, 사족과 하민과의 관계를 이해하는 관건이 된다고 하겠다." (제5장, 243쪽)

"필자는 평소 지방사 연구를 통하여 기존의 조선시대 신분사 연구의 한계를 타파할 수 있으리라고 생각해 왔다. 특히 조선후기의 신분이동과 경제력이 어떠한 상관관계를 가지고 있는가를 검토하는 것이 조선후기 신분의 구조와 변동을 이해하는 하나의 관건이라고 생각하였다." (제6장, 285쪽)

위 언급에서 드러난 저자의 문제의식은 다음 두 가지로 요약될 수 있을 것이다.

첫째, 지금까지의 사회사 연구, 그 핵심이라 할 신분사 연구는 향촌 차원에서의 검토가 불충분하여 납득하기 어려운 점이 있기 때문에 그 실상을 생생하게 재구성 할 충분한 실증적 자료에 바탕하여 향촌사회사의 차원에서 재검토될 필요가 있다. 둘째, 조선시기 향촌사회사 연구의 중심은 '사족지배체제'의 구조에 대한 해명이라고 할 수 있으며, 그 구조와 구조변동을 올바로 이해하기 위해서는 사례연구의 축적에 의한 유형화가 필요하고 그 경제적 기반이 해명되어야 한다.

저자는 실제 위와 같은 문제의식에 입각하여 기존 연구를 광범위하게 검토하고, 각각의 한계를 보완하기 위해서 광범위한 자료들을 섭렵하고 있다. 기존 연구에 대한 자상한 배려, 발로 뛰어서 확보한 광범위한 일차자료에 대한 검토는 본서의 귀중한 미덕이라고 판단되며, 무엇보다도 기존의 모든 설명에 대해 의심의 눈초리를 보내고 있는 것은 저자의 학자적 열정을 반영하는 것으로 우리가 높이 사야 할 대목이다.

3.

본서는 일차자료에 바탕해서 많은 새로운 사실들을 밝히고 있어서 이 분야의 연구자들에게 새로운 안목과 도움을 제공한다. 후대 간행본 자료의 오류를 보완할 수 있는 초고본 자료의 확보, 가문·계파를 고려치 않은 성씨 분석의 문제점 지적, 단순한 한 계열자료의 통계분석이 야기하는 오류 수정 등등은 이제 다양한 일차자료의 확보와 현장 이해를 통해서 수정되어야 함을 절감케 한다. 저자가 "이제는 단순히 호적대장만을 가지고 어떠한 결론을 내리는 것은 한계가 있다는 것을 알 수 있다. 새로운 시각과 방법이 필요한 것이다"라고 자부하고 있는 것은 하나의 예에 불과하지만, 그러한 점에서 수긍이 간다.

본서가 실증적인 면에서만 설득력을 제공하는 것은 아니다. 저자는 새로운 가설을 세우며 그 가설을 입증하기 위해서 다양한 자료들을 동원하고 새로운 해석을 가하기도 한다. 아직 이론적 검토가 이루어진 바 없는 '사족지배체제론'을 과감하게 제기하여 그 선상에서 향촌사회사를 재구성하고, 그 입론을 뒷받침하기 위하여 노력하고 있는 것은 주목해야 할 것이다. 이 작업이 충분한 설득력을 확보한다면 조선사회에 대한 이해에 큰 진전을 가져올 수도 있을 것이다. 그러나 저자의 의욕이 강한 만큼 자료 해석이나 이론적 모색에서 보완되어야 할 점이 눈에 띠는 것은 어쩌면 당연한 것으로 보이며, 이 또한 앞으로의 발전에 활력소가 될 수도 있을 것이다. 이하 지면관계상 본서의 장점보다는 같이 음미해볼 수 있는 내용을 중심으로 간략히 정리하고 문제점을 지적해 본다.

본서의 중심이라 할 1부 남원 사례에서는 16세기에 형성된 '사족지배체제'가 인조반정을 계기로 우여곡절이 있기는 하였지만 대체로 17세기까지 유지되는데, 1700년 이후 사족 내부에서 유족(儒族)과 향족(鄕族)의 분기로 인하여 사족지배체제의 기반이 되어왔던 향안(향적)이 더 이상 작성될 수 없기는 하였지만, 이후에도 사족(유족)은 '직월안'으로, 향족은 '좌수안'을 중심으로 향권을 분점하면서 그런대로 19세기 중반까지는 기존 체제를 유지할 수 있었음을 설명하고 있다. 이는 기존 연구가 사족의 향권 상실 또는 사족지배체제의 동요를 18세기 중반 왕권(수령권) 강화와 관련지워 설명한 것을 비판한 것인데, 신분사의 측면에서 본다면 조선후기 신분제 동요론이 적어도 남원의 경우에서는 19세기 중반까지는 유보되어야 한다는 점을 시사한 것이라고 할 수 있다. 다양한 자료를 구사하여 실상을 생생하게 전함으로써 크게 설득력을 얻고 있다고 판단된다. 다만 관권과의 관계, 향안 파치 이전과 이후와의 차이에 대한 설명이 보완될 필요가 있다는 점이 지적될 수 있겠다.

1부에서 주목되는 다른 하나는 기존에 애매하게 처리되고 있었던 '사족지배체제'를 설명하기 위하여 사족 개념, 사족의 특권을 법제적으로 검토하고 그것을 향촌사회의 사족 명부라 할 향안과 관련지워 적극적으로 검토하고 있다는 점이다. 그런데 문제는 '향안이 과거 응시자격을 부여하고 군역을 면제해주는 기준이 되었다'고 보고, 이로 인해 17세기에 전국적으로 향안이 작성되게 되며, 역으로 향안이 '지역사회에서 사족의 향촌지배를 확고히 해주는 중요한 근거가 되었다'고 보는 것이다. 근거로 삼고 있는 자료가 광해군 4년(1612) 8월 신사조의 『실록』기사인데, 사헌부가 과거제 문란을 문제삼으면서 '外方設場 非但無鄕籍者 冒錄濫入 而至於守令子弟 公然隱赴小無忌憚 法綱解弛 士習之不正 莫此爲甚'이라고 한데서 '향적(鄕籍)'을 향안(鄕案)이라고 해석한 것이다. 그런데 이 기사는 문맥상에서 수령 자제의 응시 금지와 마찬가지로 지방 향시에 타지인을 응시하지 못하게 한 것으로서, 이 때 '향적'은 지방 장적(帳籍)을 의미하는 것으로 보는 것이 타당한 것으로 보인다. 더욱이 첫째, 관직이 있어도 일정한 요건을 갖추지 않으면 향안 입록이 쉽지 않았다는 점, 둘째 위 논의가 이루어지고 있는 시점이 경재소 복설논의가 지지부진한 가운데 폐지 쪽으로 가닥이 잡혀가던 때라는 사실 등과 관련해서도 향안에 이름이 올라야 과거 응시가 가능하다는 점을 사헌부에서 공식적으로 확인해준 것으로 보기는 어렵지 않나 생각된다.

　제2부에서는 대구의 경우, 속현인 화원현 월촌과 조암방의 양안, 호적대장, 단양우씨 가문문서 등의 종합적 검토를 통해서 양반호와 노비호의 구성비가 유기적인 관련을 갖는다는 점, 기존 호적분석에 있어 양반신분으로 간주되던 직역으로 기재된 호들을 그대로 양반신분으로 간주할 수 없다는 점을 밝힌 것이 주목된다. 그 가운데 기존 연구에서는 호적 기재상의 변동을 곧바로 신분변동으로 해석하였는데, 이들의 납속직 등의 신

분 표기는 자녀와는 무관하며 당대에 그치고 세습되는 것도 아니었고, 향촌사회에서 실제 양반으로 대접받지도 못하는 '중인층'이었음을 확인하고 있다. 그런데 그들 역시 18세기에 들어오면 양반 직역(유학 등)을 모칭하는 현상을 실제 호주의 신분 상승을 의미하는 것이 아니라 단지 호적 기재상의 변화에 기인하는 것으로 설명한 점은 여전히 의문으로 남는다. 과거 일인학자 시카다는 관료 부패의 결과라고 하였는데 이제 어떻게 설명할 것인가?

다음, 안동, 연기의 사례에서 주목되는 점은 '사족향' 안동의 경우 향안 파치의 계기는 1782년 정조의 전교에 의한 서얼의 향안 입록에서 비롯된다는 점, 연기의 경우 통설과 달리 이곳에서는 17세기 일찍부터 유향분기가 나타나며 17세기 중반에 '유향합석'이 선언되고 있는 등 지역적 특수성을 주목하고 있다. 우리가 사례연구를 하고 새로운 자료를 지속적으로 발굴 검토함으로써 지역적 특수성을 밝혀나가야 함을 강조한 점이 높이 평가되어야 할 것이다. 그런데 타 지역사례에 비해 이용하는 자료가 적어 불균형을 느끼게 하고 설명이 소략한 점은 아쉬움을 남긴다. 사료의 선후관계 파악, 사료 해석 등에서도 재고되어야 할 점도 눈에 뜨인다. 가끔 보이는 "흔적이 발견되지 않는다" "어떤 관련이 있을 것이다" 등의 표현은 실증의 어려움을 느끼게 해주는 대목이다.

4.

전체적으로 보아 본서는 광범한 일차자료의 발굴과 다종의 관련 자료에 대한 세밀한 검토를 토대로 지방 실정을 생생하게 전달하는 데 성공하고 있다고 판단된다. 간혹 기존 연구의 핵심을 비껴나가는 부분이 눈에 뜨이기는 하지만 기존의 자못 도식적인 신분 구분을 재고케 하는 등 연구사적 검토도 설득력을 보여주었다. 무엇보다도 가능한 여러 지역의 사례를 검토하여 유형화 하고 그것을 토대로 새로운 종합적인 조선시대사상(朝鮮時代史像)을 그리고자 하는 의욕을 높이 살 수 있을 것이다. 그런데 위 작업에서 이루어진 조선시대사 상은 과연 어떠한 것인가.

저자는 최근 다른 논문을 통해 1970년대 이래의 조선 사회사 연구를 사족지배체제론으로 정리하고 그 반성을 촉구한바 있다(1999 「조선시기 '사족지배체제론'의 새로운 전망」『한국문화』23). 그는 여기에서 기존의 내재적 발전론을 비판하고 '지역사회론'으로 관심을 옮길 것을 제안하고 있다. 저자는 사족지배체제론이 '정당하게' 내재적 발전론의 연장선상에 있다고 이해하면서도 사족지배체제론 또한 벗어나야 할 것임을 얘기하고 있는 것이다. 그러기 위해서는 '조선후기 발전론을 포기해야 한다'고도 하였다. 그런데 그러면서도 '계급론'의 대극이라 할 '지역사회론'의 한계로 운위되는 '국가론'까지 포괄해야 한다고 제언한다. 왜냐하면 조선의 지배층이라 할 사족의 권위는 바로 '국가'로부터 나오기 때문이라는 것이다. 방법론의 재검토가 요구된다.

머리말에서 저자는 이 저서의 출간을 계기로 기존의 작업을 일단 정리하고, 향촌사회사로부터 더 나아가 일기 자료를 중심으로 한 '생활사'에 침잠하고 있음을 얘기하고 있다. 개인, 지역(공동체), 국가의 역사를 넘나들며 '새로운 역사학'을 추구해보겠다고 하는 저자의 희원이 이루어지기 바라며, 아울러 사회사로부터 향촌사회사로의 이행에 일익을 맡아왔던 저자의 강점이 살아있는 향촌사회사에도 큰 기여가 있기를 기대한다.

찾 아 보 기

김인걸(金仁杰)

1975년 서울대학교 문리과대학 국사학과를 졸업하고 1991년 서울대학교 대학원에서 "조선후기 향촌사회 변동에 관한 연구"로 박사학위를 받았다. 1982년부터 1986년까지 한신대학에 근무하였고, 1986년 9월 이후 서울대학교 국사학과 교수로 재직하고 있다. 저서로 『조선시기 사회사 연구법』(공저, 1993), 『20세기 역사학, 21세기 역사학』(공저, 2000), 『정조와 정조시대』(공저, 2011), 『조선후기 공론정치의 새로운 전개』(2017) 등이 있다. 주로 조선시대 향촌사회사 관련 글들을 써 왔고, 근자에는 전통문화와 한국인의 정체성에 관한 주제에 관심 갖고 글을 발표하고 있다.

조선시대 사회사와 한국사 인식

2017년 8월 25일 초판 1쇄 발행
2018년 9월 21일 초판 2쇄 발행

지 은 이	김인걸
발 행 인	한정희
발 행 처	경인문화사
총 괄 이 사	김환기
편 집 부	김지선 박수진 유지혜 한명진
관리·영업부	유인순 하재일
출 판 신 고	제406-1973-000003호
주 소	파주시 회동길 445-1 경인빌딩 B동 4층
대 표 전 화	031-955-9300 팩 스 031-955-9310
홈 페 이 지	http://www.kyunginp.co.kr
이 메 일	kyungin@kyunginp.co.kr

ISBN 978-89-499-4293-3 93910
값 44,000원